사기 열전 1

司馬遷 · 史記列傳 · 원문 대역

사기 열전 1

사마천 지음 | 장세후 옮김

연암서가

서문 —— **간단한 해제를 겸하여**

1. 사마천(司馬遷)을 찾아서

2014년 11월 초 섬서성(陝西省) 한성(韓城)에 있는 사마천의 사당과 무덤을 찾았다. 그곳에는 1년 전쯤인 2013년에 조성한 널찍한 광장이 있었다. 양쪽으로는 『사기(史記)』의 내용을 보여주는 거대한 석각군(石刻羣), 정면에는 태사공(太史公) 사마천의 동상을 설치해 놓았다. 중국에서는 최근 들어 부쩍 사마천을 부각시키는 데 열을 올리고 있는 모습이다.

이 가운데 단연 돋보이는 것은 뭐니 뭐니 해도 광장의 중앙 끝 쪽에 우뚝하게 서 있는 사마천의 동상이다. 동상의 오른쪽 하단에는 사마천의 동상을 설치한 경위를 알려 주는 안내판이 설치되어 있다. 그 설명에 의하면 이 동상은 높이가 12미터(m)이다. 이는 『사기』의 「본기(本紀)」가 모두 12편(篇)으로 구성된 것을 의미한다고 한다. 또한 재질은 청동이며 그 무게가 26톤(t)이라고 하는데 이를 냥(兩)으로 환산하면 52만 냥이라고 한다. 이는 『사기』 전체의 자수(字數)가 대략 52만 자라는 것을 의미한다고 한다.

동상을 왼쪽으로 끼고 돌아 올라가면 사마천의 사당과 무덤이 나온다. 이미 사당으로 진입하는 길부터 용문육수(龍門毓秀: 용문에서 인재를 낳아 기르다)라는 현판이 보이기 시작하며, 사당을 오르는 도중에는 『시경(詩經)』에서 따온 "고산앙지(高山仰止: 높은 산을 우러러 본다)", "사필소세(史筆昭世: 역사의 붓이 세상을 밝히다)" 같은 패방이 붙어 있다. 그리고 사당에는 "사성천추(史聖千秋: 역사의 성인으로 천 년)", "군자만년(君子萬年: 군자로서 만 년)"이라는 현판이 걸려 있고, 사당의 사마천 소상 위에는 "목연청풍(穆然淸風)"이라는 글귀를 붙여 놓았다. 이 말은 『사기』의 서문에 해당하는 「태사공자서(太史公自序)」(이하 「자서」)의 "受命於穆淸(부드럽고 맑은 데서 천명을 받았다)"이란 말에서 따온 것이다. 여기서 목(穆)은 부드럽다, 아름답다는 뜻을 가지고 있다. 사당에 안치된 사마천의 소상(塑像)은 수염을 기른 모습으로 표현되어 있는데 『사기』를 완성할 무렵에는 궁형을 받은 상태이므로 수염이 없는 것이 올바를 것이다.

그리고 사당 뒤에는 그의 무덤이 있는데 무덤을 뚫고 측백나무 다섯 그루가 자라고 있다. 이 측백나무는 마치 사마천의 기백을 상징하는 듯하였다. 책을 통하여 사마천의 『사기』를 처음 접한 때로부터 그의 출생지와 그가 묻힌 곳까지 찾아오는 데 35년 가까운 시간이 걸린 셈이다.

2. 사마천에 대하여

사마천의 사적에 대하여 알려진 것은 의외로 생각보다 많지 않다. 많은 연구가들이 그동안 사마천의 사적을 파헤치고자 부단히 노력해 왔으며, 그러한 일련의 과정은 지금도 꾸준히 이어지고 있다. 많은 연구를 하면서 그간 들인 공력만큼 많은 것을 밝혀내기도 하였지만 사실 그 근원을 파헤치면 모두 전적으로 사마천 자신의 저술과 진술에 의존하고 있음을 알게 된다. 곧 그가 지은 『사기』와 그가 사형을 당할 위기에 놓인 동료인 임안(任安)에게 자신은 그를 구원해 줄 수 없는 처지에 있다는 것을 변명조로 밝힌 「보임소경서(報任少卿書)」 같은 것을 말한다. 이는 『한서(漢書)』의 저자인 반고(班固)가 지은 「사마천전(司馬遷傳)」(권62)을 위시하여 현대의 연구가들에게까지 공히 적용되고 있는 사실이다. 그야말로 『사기』 전체가 그의 사적을 연구할 수 있는 중요한 자료인 것이다.

그러나 그의 사적에 대하여 직접적으로 말해 주는 부분은 거의 없다. 은연중에 심경을 밝힌 내용이 대부분이어서 사마천의 의도를 정확하게 파악하기란 결코 쉽지 않다. 다만 「자서」에서 밝힌 행적 외에, 각 편의 중간 중간에서 현지에 가보았음을 밝힌 부분을 종합적으로 살펴보면 「자서」의 내용을 보완해 주고 있어서 그의 행적을 연구하는 근거자료로 삼기에 충분하다.

그러면 그의 사적이 그 자신의 진술 외에는 거의 남아 있지 않다는 사실은 무엇을 말하는 것일까? 이는 지금은 세계적으로 그 가치를 인정받고 있으며, 불후의 명작으로 남아 있는 『사기』가 자칫하면 후세에 전하여지지 못하였을 수도 있었을 것이라는 사실을 반영하는 것이다. 『사기』가 당대(當代)에 용인되고 알려졌다면 아마 그에 대한 연구도 활발히 이루어졌을 것이다. 그러나 『사기』의 내용을 보면 또한 그 당대에 발표되었을 경우 금서로 간주되어 어쩌면 모두 폐기될 운명에 처하여졌을지도 모르겠다는 짐작을 해보게 된다. 『사기』가 금서나 다름없는 처지에 놓인 까닭에 자연히 그의 행적에 대하여 언급하는 것이 터부시되었을 것이다. 이는 지금도 생각해 보면 참으로 안타까운 마음이 들게 하는 것이다.

사마천의 가계와 일생을 대략적으로 살펴보면 자(字)는 자장(子長)이며, 한나라 좌풍익(左馮翊) 하양(夏陽: 지금의 陝西 韓城) 사람으로, 한나라 경제(景帝) 중원(中元) 5년[B.C. 145, 이하 B.C.는 전(前)으로 표기]에 태어났다. 그 생년에 대해서는 여러 가지 설이 있는데 대체로 청대(淸代)의 학자인 왕국유(王國維)와 양계초(梁啓超)의 설을 정설로 받아들이는 추세이므로 여기서도 그 설을 따른다. 사마천의 조부는 사마희(司馬喜)인데 오대부(五大夫)의 관작을 돈으로 사들일 수 있었을 정도로 가계가 부유한 형편이었다. 부친은 사마담(司馬談)인데 한나라의 태사령(太史令)이었다. 태사령은 사마천 자신이 「보임소경서」에서 밝힌 바에 의하면 사(史) 자가 들어가기는 하지만 사관이라기보다는 문헌(文獻), 사적(史籍), 천문(天文), 역법(曆法)과 같은 일을 담당하였으므로 점복(占卜)과 무축(巫祝)에 가까운 직책이었다고 하였다. 한무제 때 진시황 이후 끊겼던 봉선(封禪) 의식의 실무를 주관하는 관직이 바로 태사령이었다. 그러나 봉선을 수행하던 중 낙양에서 병이 들어 눕는 바람에 정작 의식을 행할 때는 수행을 하지 못하게 되어 화병으로 죽고 만다. 그나마 다행이었던 것은 사마천이 그의 임종을 지켜볼 수 있었다는 점이다.

사마천은 본인의 입으로는 용문(龍門)에서 태어났다고 주장하고 있는데, 실제 탄생지는 화지(華池)라는 곳으로 용문의 남쪽 수십 리 지점에 있다. 이는 사마천 자신이 용문에서 치수(治水)를 한 우(禹)임금을 흠모하여 그와 관계가 있음을 갖다 붙이고, 또 그 계승자임을 은연중에 강조하기 위하여 그렇게 공공연히 밝힌 것이다. 10세가 좀 넘어서 한무제가 그의 무덤인 무릉(茂陵)을 조성할 때 부친을 따라 그곳으로 이주하였다. 『사기』에 의하면 백성을 무릉으로 강제 이주 시킨 일은 두 번인데 어느 때인지는 확실치 않다. 이때 동중서(董仲舒)와 공안국(孔安國) 등으로부터 학문을 배웠다. 20세 때는 뜻을 넓히기 위해 거의 중국 전역을 도는 수년에 걸친 여행을 하였다. 이 여행은 나중에 한 번 더 행하여졌고, 또 무제를 따라 주유한 것과 단독으로 사명을 띠고 행한 것 등을 모두 합쳐 대략 다섯 번쯤 된다. 이 일곱 차례에 걸친 사적 · 공적 주유(周遊)는 모두 나중에 『사기』를 집필하는 데 큰 도움이 되었다. 약 25세 되던 무렵에는 그다지 높은 벼슬은 아니지만 낭중(郎中)으로 출사하였다. 낭중으로 있을 때 주목할 만한 일은 한무제의 봉선을 호종한 것이다. 이는 부친이 못 다 이룬 일을 자기 대(代)에서 이룬 것이다. 그리고 곧 부친의 관직이었던 태사령 직을 물려받게 된다. 이는 부친이 유언으로 남긴 역사서 저술에 큰 동기 부여가 되었다.

태사령으로 있으면서 가장 큰 족적을 남긴 것은 역법(曆法)의 개정인 태초력(太初曆)을 정하는 일에 참여한 것이다. 이어서 부친의 유지를 받들어 『태사공서(太史公書)』의 집필에 착수하였는데 얼마 되지 않아 의외의 사건에 휘말리게 된다. 바로 '이릉(李陵)의 화(禍)'이다. 이릉은 흉노를 치는 데 혁혁한 공을 세운 명장 이광(李廣)의 손자이다. 그는 5천 명에 불과한 소규모 군사를 이끌고 흉노와 용감하게 싸우면서 초반에는 승승장구하였지만 나중에는 결국 중과부적으로 버티지 못하고 항복을 하였다. 사마천은 이에 대한 무제의 물음에 이릉을 두둔하였다. 이는 무제의 노여움을 사는 구실이 되었다. 당시 함께 흉노를 치러 갔던, 무제가 총애하던 이부인의 오빠인 이광리(李廣利)의 실패를 지적하는 듯한 모양새가 되었던 것이다. 결과적으로 무제의 판단이 옳지 못하였다는 것을 지적한 꼴이 되었으니 무제의 노여움을 사게 된 것은 어쩌면 당연하다 하겠다. 당시 무제는 이미 수십 년간 제위에 있어서 무소불위의 권력을 휘두르고 있었다. 사마천은 결국 사형 판결을 받았는데 죄목은 "주상을 무고하였다."는 것이었다. 당시 사형 판결을 받은 사람은 세 가지 방법 가운데 하나를 선택할 수 있었다. 첫째는 그대로 사형을 받는 것, 둘째는 속죄금을 내고 풀려나는 것, 셋째는 사형의 대안으로 궁형[宮刑: 부형(腐刑)이라고도 하며 남성을 거세하는 형벌]을 선택하는 것이었다. 사마천은 부친의 유지를 받들어 가장 큰 효도인 "입신양명하여 후세에 이름을 떨쳐 부모를 드러내는" 쪽을 택하였다. 이는 당시의 사회적 분위기로 볼 때 죽음보다도 더 치욕적인 궁형을 감수해야 하는 것이었다. 관작쯤은 돈을 주고 살 만큼 부유했던 조부 사마희와, 봉록이 그리 많은 편은 아니었지만 비교적 순탄한 관직 생활을 한 덕에 부친의 재산을 별로 축내지 않은 것으로 보이는 사마담은 분명 재력이 상당하였을 것이다. 그럼에도 불구하고 당시 속죄금으로 바쳐야 할 돈이 없었던 이유는 아마 위에서 언급한 바 있는 사마천의 교육비와 여행비로 충당되었기 때문일 것이다. 개인적으로는 불운의 극치였으나 이것이 그를 발분(發憤)하게 하여 『사기』의 저작에 더욱 몰입하게 하였다. 이때가 무제 천한(天漢) 2년[전(前) 99]으로 그의 나이 47세 되던 해였다.

50세 되던 해에는 대사령(大赦令)으로 출옥하여 중서령이 되었다. 이때부터 그는 『사기』의 저작에 매진하여 결국 '이릉의 화(禍)'가 있은 후 6년 만인 53세 무렵에 거의 완성을 하였을 것으로 본다. 그리고 그의 죽음에 대해서는 자세히 알려진 바가 없다. 다만 태자의 무고(巫蠱) 사건 때문에 하옥된 그의 동료 임안(任安)에게 쓴 편지가 그를 죽음에 이르게 한 것이 아닌가 하는 것이 설득력을 얻고 있다. 「보임소경서」가 다시 무제의 심기를 건드려 하옥되어 결국 죽음에까지 이른 것이 아닌가 하는 것이다. 임안의 자는 소경(少卿)이다. 이릉의 자도 소경(少卿)이다. 이 설이 맞다면 사마천은 두 소경에 의하여 두 번 죽음을 당하는 기구한 운명을 타고난 것이다.

3. 『사기』에 대하여

『사기』의 위대성은 그가 고안한 역사 서술 방식인 기전체(紀傳體)에 있다. 기본적으로 『춘추(春秋)』로 대표되는 사실(史實)을 연대순으로 묶는 방식인 편년체(編年體)와 함께 역사 서술의 대표적인 방식이다. 그러나 『춘추』가 어디까지나 사실(史實) 중심의 서술이라면 『사기』는 인물 중심의 서술을 채택한 사서이다. 그리고 이를 고안하고 완성한 사람은 어디까지나 사마담과 사마천 부자이다.

이 기전체는 제왕의 전기인 「본기(本紀)」와 「세가(世家)」, 「표(表)」, 「서(書)」[또는 「지(志)」], 그리고 「열전(列傳)」을 다 갖춘 것을 말한다. 그러나 기본적으로는 「본기(紀)」와 「열전(傳)」 부분만 있어도 기전체로 인정된다. 실제로 기전체 가운데 유일한 통사(通史)인 『사기』

를 빼면 그 이후의 정사(正史)에는 이미 제후국의 역사와 열후(列侯)의 전기를 다루는 「세가」는 보이지 않는다. 전사사(前四史)의 하나인 남조 송나라 범엽(范曄)이 지은 『후한서(後漢書)』는 실제 「본기」와 「열전」 밖에 없다. 지금 보이는 「지(志)」와 「표(表)」는 모두 후인이 보충해 넣은 것이다. 그리고 이 가운데 표면적으로 가장 축이 되는 부분은 「본기」이지만 실제로는 인물들의 전기인 「열전」이 가장 핵심이 되는 부분이라고 할 수 있다. 『사기』는 「보임소경서」를 쓸 때는 이미 완성이 된 것으로 보이는 듯 "위로는 헌원(軒轅)에서 아래로는 지금에 이르기까지 「표(表)」 10편, 「본기(本紀)」 12편, 「서(書)」 8장, 「세가(世家)」 30편, 「열전(列傳)」 70편 등 모두 130편을 지었습니다."라고 하였다. 그리고 「자서」에서는 "52만 6천5백 자이며 『태사공서』이다."라 하였다. 이 가운데 「열전」은 제61편에서 제130편까지이다.

『사기』는 사마담이 구상을 끝내고 집필을 하다가 죽으면서 사마천에게 물려주었을 것으로 보인다. 아마 사마담에 의하여 집필된 부분도 분명 상당량 있을 것인데 사마천의 보완과 가필을 거쳐 현재는 정확하게 사마담이 지은 부분이 어느 부분인지는 알 수 없게 되었다. 인물 중심의 역사서인 기전체를 처음으로 고안해 내서인지 분류와 서술 면에서 『사기』는 이후의 정사들과는 다른 부분을 많이 보여준다. 분류의 측면에서는 후세의 정사를 기준으로 기껏해야 「세가」에 열입(列入)되어야 할 항우(項羽)와 무후(武后)를 「본기」에, 「열전」에 열입되어야 할 진승(陳勝)과 공자를 「세가」에 넣은 것 같은 따위가 있다. 서술적인 측면에서는 과연 이게 역사인지 사론(史論)인지 헷갈리게 만드는 것들이 있다. 전편에 걸쳐서 역시 획기적인 "태사공은 말한다."라는 찬(贊)을 통하여 인물과 사실에 대한 역사적 논평을 가하고 있다. 심지어 「열전」의 첫머리인 「백이열전(伯夷列傳)」은 전체가 고작 6백여 자에 불과한데 그중 전기에 해당하는 부분은 겨우 3분의 1의 분량에 해당하는 2백여 자에 불과할 정도이다.

그리고 이후의 사서에 결정적인 영향을 끼치는 당시로서는 획기적인 면이 보인다. 이런 것은 후세에서는 당연하게 받아들여졌지만 이전의 기준으로 보면 매우 이례적으로 보이는 부분이다. 곧 「자객열전(刺客列傳)」이나 「골계열전(滑稽列傳)」 같은 보잘것없는 인물들을 열전에 올리는가 하면, 「화식열전(貨殖列傳)」 같은 요새로 치면 경제인들의 「열전」, 그리고 주변 민족들에 대한 서술인 「흉노열전(匈奴列傳)」 등과 같은 것들이다. 당시에서는 아마 큰 논란을 불러일으켰을 것이다. 실제로 반고 등은 사마천이 『사기』에 이런 편(篇)들을 수록한 것을 크게 비판하였다.

『사기』는 전승 과정에서 우려할 만한 정도는 아니지만 내용이 조금 유실된 곳도 있고 변형된 것도 있어 보인다. 이런 부분을 손본 사람은 저선생(褚先生)이라고 밝힌 한나라 저소손(褚少孫)이란 사람인데, 역대의 주석가들이 모두 내용이나 문장의 측면에서 공히 사마천의 것에 비할 바 없는 것이라고 거의 무시하는 경향을 보인다. 『사기』는 완성된 후 즉각 발표가 되지 않았고 상당 기간 비밀리에 깊이 간직되어 있다가 사마천의 외손자인 평통후(平通侯) 양운(楊惲)에 이르러서야 널리 알려지게 되었다. 그리고 그때까지만 해도 『사기』는 『태사공서』로 불렸다. "사기"라는 말은 『사기』가 서명으로 굳어지기 전까지는 그냥

"역사"라는 뜻의 일반명사로 쓰였다. 『춘추』가 공자가 편술한 역사책을 나타내는 고유명사가 되기 전까지는 그냥 역사라는 뜻의 일반명사였던 것과 같다. 『태사공서』가 『사기』라는 명칭으로 굳어진 시기는 후한 말엽이다.

『사기』는 이후에 그 가치를 크게 인정받아 주석을 다는 사람들이 많이 나왔다. 그중에 일찍부터 명성을 날린 사람으로는 세 사람이 가장 유명하다. 이들은 바로 가장 이른 시기인 남조(南朝) 송(宋)나라 사람으로 『사기집해(史記集解)』(80권)를 지은 배인(裴駰: ?~?)과 공히 당나라 사람인 『사기정의(史記正義)』(30권)를 지은 장수절(張守節: ?~?), 그리고 『사기색은(史記索隱)』(30권)을 지은 사마정(司馬貞: 679~732)이다[이하 공히 사기(史記)는 생략]. 특히 배인은 진수(陳壽)의 (정사)『삼국지(三國志)』에 주석을 단 배송지(裴松之)의 아들이다. 사마담과 사마천 못지않은 역사가 집안인 셈이다. 나머지 사람들도 간단한 사적만 전해질 뿐 상세한 인적 사항은 그다지 알려지지 않았다. 어쨌든 이들 주석도 그 가치를 인정받아 이후의 『사기』에는 이들의 주석을 합각(合刻)하여 함께 수록하기에 이르렀다. 이 책에서는 이들의 주석도 모두 번역하여 수록하였다.

『사기』는 언뜻 단순한 역사의 기록으로 보이지만 사실은 사마천이 우리가 상상하는 것 이상으로 굉장히 정교하게 배치한 획기적인 저작이다. 『사기』에서 계발하여 채택한 호견법(互見法)은 사실 아무리 칭찬해도 모자라지 않는 역사 서술 방식이다. 동시대에 같은 학문으로 활약한 종횡가(縱橫家) 소진(蘇秦)과 장의(張儀)의 「열전」을 비교해 보면 이를 알 수 있다. 이 두 사람은 유세(遊說)라는 외교 방식으로 승부를 건 인물들이기 때문에 중복 수록은 불가피해 보인다. 그러나 막상 이들의 「열전」을 읽어보면 이들이 동시대에 비슷한 영역에서 활동을 했음에도 불구하고 중복되는 부분이 의외로 적다는 데 놀라게 된다. 이는 하나의 사실이 누구에게 더 중요한 것인가를 판단하여 서술하였기 때문이다. 그리고 본전에는 가급적이면 그 해당 인물들에게 보다 긍정적인 표현으로 서술한다. 그래서 전체를 다 읽어보지 않으면 그 사람의 면모를 제대로 파악할 수 없는 것이 호견법이고, 그 방식을 적용한 것이 이 『사기』이다. 이를테면 한고조 유방(劉邦)을 알려면 그의 「본기」뿐만 아니라 그와 관련 있는 인물들인 항우(項羽)와 장량(張良), 소하(蕭何), 한신(韓信), 번쾌(樊噲) 등의 전기를 다 읽어보아야 제대로 된 그림이 나온다는 것이다.

일단은 위에서 말한 것처럼 사실상 가장 핵심이 되는 「열전」만 번역을 하였다. 여력이 되면 나머지 부분도 같은 방식으로 번역을 하여 독자들을 찾아보고 싶다.

4. 역자와 『사기』

거의 누구나 마찬가지이겠지만 역자 또한 「열전」을 통하여 『사기』를 처음 접하였다. 그 시기는 대학교에 입학하면서였다. 당시에도 지금이나 마찬가지로 「열전」 전체를 수록한 전역(全譯)과, 또 중요한 편들만 모아서 편집한 발췌 번역본이 함께 있었다. 지금처럼 「본기」, 「세가」, 「지」, 「표」까지 다 번역이 된 것은 없었다. 발췌본과 전역본 전체를 다 사서 읽었고 이후에 몇 번을 되풀이해서 읽었다. 3학년 때쯤 중문학과가 중심이 된 서클에서 여름방학 특강으로 『사기열전』 강독을 주관한 적이 있었다. 그때 원문으로 된 『사기』를 처음으로 접하게 되었는데, 대만의 정중서국(鼎中書局)이라는 곳에서 중화서국(中華書局) 표점본(標點本) 『사기』를 영인한 것을 보게 되었다. 한쪽에 중화서국판 『사기』를 4쪽씩 영인하여 넣은 것이었다. 그 뒤로 중화서국 판 원본을 구입하게 되었는데 바로 이 번역의 대본(臺本)이 되는 판본이다. 그 뒤로 원문을 체계적으로 읽지는 못하다가 몇 년 전부터 성균관 유도회 대구지부에서 『사기열전』의 강의를 요청해 와 지금까지 읽게 되었다. 현재는 약 3년여에 걸쳐서 전체 분량의 3분의 1을 조금 더 읽은 상태이다.

현재 나온 번역판 가운데는 훌륭한 것이 많다. 그러나 『사기』도 이제는 일반화 되다시피 한 『논어』나 『좌전』 같은 경서들과 함께 원문과 함께 읽고자 하는 독자들의 욕구를 충족시켜줘야 할 때가 된 것 같다. 원문을 옆에 나란히 두고 읽자니 이런 생각이 들었다. 번역은 축자역(逐字譯)이 되어야 하니 조금 딱딱해질 수도 있겠다. 그러나 원문을 보니 원래 문장의 힘이라든가 기(氣) 같은 것이 느껴진다. 이런 기분을 독자들도 느꼈으면 좋겠다. 모쪼록 독자들이 원문과 함께 읽어서 사마천이 고심한 흔적을 조금이라도 같이 느꼈으면 하는 바람이다. 역자의 역량 부족으로 사마천의 의도를 충분히 못 살렸거나 표현의 한계 같은 것은 일면 우려되기도 한다. 식견 있는 독자들은 원문과의 대조를 통해 역자의 부족함을 채우고 이를 극복할 수 있으리라 믿는다.

아직까지 갈 길이 멀고 수강 인원이 적은 데도 오랜 시간을 할애해 강의를 개설해 준 유도회 회장님께 고맙다는 말을 전하고 싶다. 그리고 이 책이 나오면 수강생들과 기쁨을 함께 누렸으면 한다. 초역이 나오기까지 3년 반이라는 시간을 주고 관심과 애정 어린 시선으로 독려를 해주신 연암서가 권오상 사장님께도 고마움을 전한다. 적지 않은 분량의 편집을 맡은 출판사 편집부와 교열 및 교정이라는 쉽지 않은 일을 맡아 수고해 주신 윤현식 선생, 남계순 선생에게도 심심한 감사의 말씀을 전한다. 마지막으로 이 책이 나오기까지 묵묵히 지켜봐 준 가족들에게 고맙다는 말을 전한다.

2017년 1월 대구 매호동에서

장세후

차례 ——

사기열전 1

차례

사기열전 2

차례 ———

사기열전 3

일러두기

1. 이 책은 사마천의 『사기』 중 「열전」 부분을 번역한 것이다.

2. 대본(臺本) 및 표점(標點)은 북경 중화서국의 1959년 판(1987년 10차 인쇄)의 것을 따랐다.

3. 남조 송나라 배인(裴駰)의 『사기집해(史記集解)』 및 당나라 사마정(司馬貞)의 『사기색은(史記索隱)』, 장수절(張守節)의 『사기정의(史記正義)』의 3가주(三家註: 『사기』에 대한 대표적인 주석서)도 모두 번역하였다.

4. 번역은 원문을 나란히 배열한 대역(對譯)의 형식을 취하였으며 가능한 한 원문의 의미를 살리기 위한 축자역(逐字譯)에 의한 직역을 원칙으로 하였다.

5. 설명을 돕기 위해 꼭 필요하다고 생각될 경우 ( )로 보충역(補充譯)을 하였다.

6. 3가주의 주석 중 음가(音價)에 관한 부분은 현재의 음가와 같아 굳이 밝히지 않아도 될 경우는 삭제한 것도 있으며, 현재와 다르게 읽히는 부분은 모두 수록하였다.

7. 3가주를 위시하여 인용 서목이나 고유명사는 처음 나오는 것만 한자를 병기하였다. 앞에 나온 것이라도 편이 바뀌거나 헷갈릴 수가 있다고 판단되는 경우에는 다시 병기하였다.

1 백이 열전 伯夷列傳

夫學者載籍極博	대체로 학자들의 (역사를 기록한) 전적(典籍)은 지극히 많지만
猶考信於六藝	그래도 사실을 상고할 수 있는 것은 『육경』에 있다.
詩書雖缺[1]	『시』와 『서』는 비록 잔결(殘缺)된 곳이 있긴 하지만
然虞夏之文可知也[2]	우나라와 하나라의 기록을 알 수 있다.
堯將遜位	요는 왕위를 물려주려고 하여
讓於虞舜	우순에게 양위하였으며
舜禹之間	순과 우 사이에는
岳牧咸薦	사악(四岳)의 제후와 주의 장관이 모두 추천하여

1 색은 『공자계가(孔子系家)』(系家는 곧 世家인데 당나라 사람인 司馬貞이 당태종 李世民의 휘를 피하여 이렇게 말하였다.-옮긴이)에서는 고시(古詩)가 3천여 편이라고 하였는데 공자가 3백5편을 산정하여 『시(詩)』를 지었으니 지금 5편이 없어졌다. 또한 『서위(書緯)』에서는 공자가 황제(黃帝)의 현손(玄孫) 제괴(帝魁)의 책을 구하여 얻었는데 진목공(秦穆公)에 이르기까지 모두 3천3백30편이었으며, 이에 1백 편으로 산정하여 『상서(尙書)』를 지었으며 18편으로 「중후(中候)」를 지었다고 하였다. 지금 1백 편 가운데 없어진 것 42편이 보이니 이것이 『시(詩)』와 『서(書)』에 또 빠져서 없어진 것이 있는 것이다.

2 색은 『상서』에는 「요전(堯典)」과 「순전(舜典)」, 「대우모(大禹謨)」가 있는데, 우(虞)나라와 하(夏)나라가 선양(禪讓)한 일을 상세히 말하였으므로 "우나라와 하나라의 기록을 알 수 있다."고 말하였다.

乃試之於位	이에 (제왕의) 직위에서 시험해 보고
典職數十年[3]	직무를 수십 년 맡아보게 하여
功用既興	공적이 드러난
然後授政	그런 다음에야 정권을 주었다.
示天下重器[4]	천하는 중기이고
王者大統	제왕은 대통이며
傳天下若斯之難也	천하를 전하는 것이 이렇게 어려움을 보여주는 것이다.
而說者曰堯讓天下於許由[5]	논자들은 말하기를 요가 천하를 허유에게 양보하였는데
許由不受	허유는 받지 않고
恥之逃隱	그것을 부끄럽게 여겨 도망가 숨었다고 한다.
及夏之時	하나라에 이르러
有卞隨務光者	변수와 무광 같은 사람이 있었는데

---

3 **정의** 순(舜)과 우(禹)는 모두 20여 년 동안 직무를 맡아본 다음에야 제위에 올랐다.

4 **색은** 천하는 왕자(王者)의 중기(重器)임을 말하였다. 『장자(莊子)』[「양왕(讓王)」]에서 "천하는 대기이다(天下大器)."라 한 것이 이러하다. 곧 대기(大器) 또한 중기(重器)이다.

5 **정의** (晉나라 皇甫謐의) 『고사전(高士傳)』에서는 말하였다. "허유는 자가 무중(武仲)이다. 요(堯)가 천하를 양보하려 한다는 말을 듣고 이에 물러나 중악(中嶽)의 영수(穎水) 북쪽 기산(箕山) 아래로 달아나 숨었다. 요가 다시 불러서 구주(九州)의 우두머리로 삼으려 하자 허유는 듣고 싶어 하지 않아 영수 가에서 귀를 씻었다. 그때 소보(巢父)가 송아지를 끌고 물을 먹이다가 허유가 귀를 씻는 것을 보고 그 까닭을 물어보았다. 대답하기를 '요가 나를 불러 구주의 우두머리로 삼으려 하는데, 그 말을 들은 것을 싫어하여 그런 까닭에 귀를 씻었소.'라 하였다. 소보가 말하기를 '그대가 높은 언덕 깊은 골짜기에 거처하여 사람의 길이 통하지 않는다면 누가 그대를 알아보겠소? 그대는 일부러 떠돌아다니며 알려지기를 바라서 명예를 추구한 것이오. 내 송아지의 입을 더럽혔소.'라 하고 송아지를 상류로 끌고 가서 물을 먹였다. 허유는 죽어서 이 산에 장사 지냈으므로 또한 허유산이라고도 한다." 낙주(洛州) 양성현(陽城縣) 남쪽 13리 지점에 있다.

此何以稱焉[6]	이들은 어찌하여 칭송되고 있는가?
太史公曰	태사공은 말한다.
余登箕山[7]	내가 기산에 올랐었는데
其上蓋有許由冢云	그 위에는 아마 허유의 무덤이 있었을 것이다.
孔子序列古之仁聖賢人	공자는 옛날의 인덕이 있고 성스러운 현인을 차례로 열거하였는데
如吳太伯伯夷之倫詳矣	오태백과 백이 같은 무리에 대해 상세하다.
余以所聞由光義至高[8]	내가 들은 바로는 허유와 무광의 절의가 매우 높은데
其文辭不少概見	그 문사는 개략도 거의 보이지 않으니
何哉[9]	어째서인가?

孔子曰	공자는 말씀하셨다.

---

6 **색은** '논자[說者]'의 말은 제자(諸子)의 잡기(雜記)를 이른다. 그러나 요가 허유에게 양위하였으며, 하나라 때에는 변수와 무광 등이 있어서 은(殷)나라 탕(湯)이 그들에게 천하를 양위하려 하자 모두 받지 않고 도망갔는데, 이 일은 모두 『장자』의 「양왕(讓王)」편(篇)에 보인다.
정의 경사(經史)에는 백이와 숙제만 일컬을 뿐 허유와 변수, 무광에 대하여서는 언급하지 않아 개략이 조금도 보이지 않으니 어째서인가? 그러므로 "어째서 칭송하는가"라는 것은 그들을 칭송하여 말하지 않았기 때문이다.

7 **색은** 대체로 양운(楊惲: ?~B.C. 54, 前漢. 司馬遷의 외손)과 동방삭(東方朔: B.C. 154~?B.C. 93, 前漢)이 그 글을 보고 '여(余)'라 일컬었으며, 그래서 "태사공(太史公: 司馬遷이 자기를 스스로 이르는 말. 사마천이 太史 벼슬을 한 데서 유래)은 말한다."라는 말을 더한 것이다.

8 **색은** 태사공이 장주(莊周)가 말한 허유와 무광 등에 관하여 들은 것을 말한다.
색은 요가 천하를 허유에게 양보하려 하자 허유는 마침내 기산으로 달아나 영수에서 귀를 씻었으며, 변수는 스스로 동수(桐水)에 투신하였고, 무광은 노수(盧水)에서 스스로 돌을 지고 빠져 죽은 것을 이르는데, 이는 절의(節義)가 지극히 높은 것이다.

9 개(概): **색은** 개(概)는 경개(梗概)로 대략이라는 말이다. 대체로 허유와 무광이 지극히 절의가 높은데 『시』와 『서』의 문사에 결국 거의 개략적인 기록마저 보이지 않으니 어째서 이와 같은가? 이는 아마 태사공이 설자(說者)의 말이 어쩌면 사실이 아닐 것이라고 의심해서일 것이다.

伯夷叔齊	"백이와 숙제는
不念舊惡	옛 원한을 생각지 않았으므로
怨是用希	원망하는 일이 드물었다."
求仁得仁	"인을 구하여 인을 얻었으니
又何怨乎	또 무엇을 원망하겠는가?"
余悲伯夷之意	나는 백이의 뜻을 슬퍼하는데
睹軼詩可異焉[10]	일시를 보면 기이하게 여길 만하다.
其傳曰	그 전기에서는 다음과 같이 말하였다.
伯夷, 叔齊	백이와 숙제는
孤竹君之二子也[11]	고죽군의 두 아들이다.
父欲立叔齊	부친은 숙제를 세우고 싶어 하였는데

---

10 **색은** 형제가 서로 양보한 것을 슬퍼한 것을 이른다. 또한 절의를 지켜 주나라의 곡식을 먹지 않고 굶어죽은 것을 슬퍼한 것이다. 도일(睹軼)은 일시(逸詩)의 글에 보이는 것을 말하는데, 곧 아래의 「채미(采薇)의 시」이다. 「삼백편(三百篇)」에 편입되지 않았으므로 일시(逸詩)라고 말한 것이다. 기이하게 여길 만하다는 것은 『논어(論語)』[「술이(述而)」]에서 말한 "인을 구하여 인을 얻었으니 또한 무엇을 원망하겠는가?"라 한 것이다. 지금 전하는 『시』에서 "내 어디로 귀의하겠는가? 아아 가자꾸나, 명 쇠했구나."라 한 것이 원망의 말이다. 그러므로 기이하게 여길 만하다고 한 것이다.

11 **색은** '그 전기(傳記)'는 아마 (前漢의 韓嬰이 지은 『詩經』의 解說書인) 『한시외전(韓詩外傳)』 및 『여씨춘추(呂氏春秋)』일 것이다. 그 전(傳)에서 이르기를 고죽군은 은나라 탕이 3월 병인일에 봉하였다고 하였다. 전하여지기로는 백이와 숙제의 부친은 이름은 초(初)이고 자는 자조(子朝)라 한다. 백이는 이름이 윤(允)이고 자는 공신(公信)이다. 숙제는 이름이 치(致)이고 자는 공달(公達)이다. 주해자(註解者)는 말하기를 이(夷)와 제(齊)는 시호이며, 백(伯)과 중(仲)은 또한 장소(長少)에 따른 자라고 하였다. 「지리지(地理志)」에 의하면 고죽국의 도성은 요서(遼西) 영지현(令支縣)에 있다. 응소(應劭)는 말하기를 백이의 나라라고 하였다. 그 임금의 성은 묵태(墨胎)씨이다. **정의** 본래 앞의 주 '병인(丙寅)'은 '은(殷) 탕(湯) 정월 3일 병인일'로 되어 있다. (唐나라 濮王泰 등이 편찬한 지리지인) 『괄지지(括地志)』에서는 말하였다. "고죽의 옛 성은 노룡현(盧龍縣)의 남쪽 2리 지점에 있으며, 은(殷)나라 때의 제후국인 고죽국이다."

及父卒	부친이 죽자
叔齊讓伯夷	숙제가 백이에게 양보하였다.
伯夷曰	백이가 말하였다.
父命也	"부친의 명이다."
遂逃去	(그러고는) 마침내 달아나 버렸다.
叔齊亦不肯立而逃之	숙제 또한 즉위하지 않으려 하여 달아났다.
國人立其中子	백성들은 가운데 아들을 세웠다.
於是伯夷, 叔齊聞西伯昌善養老	이에 백이와 숙제는 서백창이 노인들을 잘 봉양한다는 말을 듣고
盍往歸焉[12]	그곳으로 가서 귀의하였을 것이다.
及至	이르렀을 즈음에
西伯卒	서백은 죽고
武王載木主	무왕이 (서백의) 신주를 싣고
號爲文王	문왕이라 부르며
東伐紂	동으로 주를 치러 가는 길이었다.
伯夷, 叔齊叩馬而諫曰	백이와 숙제는 말고삐를 붙잡고 간하여 말하였다.
父死不葬	"부친이 죽고 장사도 치르지 않았는데
爰及干戈	이에 전쟁을 일으키니
可謂孝乎	효라고 할 수 있습니까?
以臣弑君	신하로서 임금을 죽인다면
可謂仁乎	어질다 할 수 있겠습니까?"

12 색은 유씨(劉氏)는 말하였다. "합(盍)은 의문사이다. 아마 연로하여 서백에게 귀의하러 간 것을 말할 것이다."

左右欲兵之	좌우에서 그를 죽이려고 하였다.
太公曰	태공이 말하였다.
此義人也	"이들은 의로운 사람입니다."
扶而去之	부지하여 그곳을 떠나게 하였다.
武王已平殷亂	무왕이 이미 은나라의 난을 평정하고
天下宗周	천하가 주나라를 종주로 삼았지만
而伯夷, 叔齊恥之	백이와 숙제는 이 사실을 부끄럽게 여겨
義不食周粟	의리를 지켜 주나라의 곡식을 먹지 않고
隱於首陽山[13]	수양산에 숨어서
采薇而食之[14]	고사리를 캐서 먹었다.
及餓且死	굶어서 죽으려 할 즈음에
作歌	노래를 지었다.

13 **집해** 마융(馬融: 79~166, 後漢)은 말하였다. "수양산은 하동(河東)의 포판(蒲阪) 화산(華山)의 북쪽, 하곡(河曲) 가운데 있다." **정의** 조대가(曹大家: 後漢 班固의 누이동생, 이름은 班昭. 반고가 저술한 『漢書』의 미완성 부분을 이어서 완성)는 (반고의) 「유통부(幽通賦)」에 주석을 달고 "백이와 숙제는 수양산에서 굶어 죽었는데 농서(隴西)의 첫머리에 있다."라 하였다. 또한 대연지(戴延之)의 「서정기(西征記)」에서는 "낙양(洛陽) 동북쪽 끝머리의 수양산에 백이와 숙제의 사당이 있다."라 하였다. 지금은 언사현(偃師縣) 서북쪽에 있다. 또한 맹자는 말하였다. "백이와 숙제는 주(紂)를 피하여 북해(北海)가에 머물렀다." 수양산은 (後漢 許愼의) 『설문해자(說文解字)』(이하 『설문』)에서는 요서(遼西)에 있다고 하였다. 사전(史傳) 및 여러 책에는 백이와 숙제가 수양산에서 굶주렸다는 곳이 모두 다섯 곳이나 되는데 각기 근거한 곳이 있어서 그 선후가 확실치 않다. 『장자』에서는 "백이와 숙제는 서로 기양(岐陽)에 이르러 주무왕(周武王)이 은나라를 치는 것을 보고 말하기를 '내가 듣건대 옛날의 선비는 잘 다스려진 세상을 만나면 그 맡은 바 임무를 피하지 않지만 어지러운 세상을 만나면 구차하게 살지 않는다고 하였소. 지금 천하는 어둡기만 하고 주나라의 덕은 쇠퇴하였으니 어찌 주나라와 나란히 하여 내 몸을 더럽히겠는가? 피하여 나의 행실을 깨끗이 함만 못하다.'라 하였다. 두 사람은 북으로 수양산에 이르러 마침내 굶어 죽었다."라 하였다. 또한 아래의 시에서도 "저 서산에 오른다."라 하였는데 지금의 청원현(淸源縣) 수양산으로 기양(岐陽) 서북쪽에 있으니 곧 백이와 숙제가 굶어 죽은 곳임에 분명하다.

其辭曰	그 가사에서는 말하였다.
登彼西山兮[15]	"저 서산에 오름이여,
采其薇矣	고사리 캐는도다.
以暴易暴兮	폭력으로 폭력을 바꿈이여,
不知其非矣[16]	그 잘못을 모르는도다.
神農, 虞, 夏忽焉沒兮	신농과 우, 하 갑자기 죽음이여,
我安適歸矣[17]	내 어디로 귀의하겠는가?
于嗟徂兮	아아, 가자꾸나!
命之衰矣[18]	명 쇠하였구나."
遂餓死於首陽山	마침내 수양산에서 굶어 죽었다.

由此觀之	이로써 살펴보건대
怨邪非邪[19]	원망하는 것인가, 아닌가?

14 미(薇): 색은 미(薇)는 궐(蕨)이다. 『이아(爾雅)』에서 말하기를 "궐(蕨)은 고사리이다."라 하였다. 정의 (삼국시대 吳나라) 육기(陸璣)의 『모시초목소(毛詩草木疏)』(곧 『毛詩草木鳥獸蟲魚疏』)에서는 "미(薇)는 산나물이다. 줄기와 잎이 모두 팥과 비슷하며 덩굴식물로 그 맛은 또한 팥잎과 같은데 국을 끓일 수도 있고 날로 먹을 수도 있다."라 하였다.

15 서산(西山): 색은 서산은 곧 수양산이다.

16 색은 무왕이라는 폭력을 쓰는 신하가 은나라 주의 폭력을 쓰는 임금을 바꾸었는데 그 잘못을 자각하지 못한다는 것을 말한다.

17 색은 복희(伏羲)와 신농(神農), 우나라와 하나라의 도탑고 순박하며 선양하는 도가 어느덧 없어진 지 오래되어 끝내 사라졌음을 말한다. 지금 이 군신이 다투어 약탈은 때를 만났으므로 나는 어디로 가서 귀의하겠는가 하는 것이다.

18 색은 우차(于嗟)는 탄식하는 말이다. 조(徂)는 간다는 뜻이니 죽는 것이다. 자기는 오늘 굶어 죽으며 또한 운명이 쇠하고 박하여, 대도를 만나지 못했을 때 깊은 근심을 만나 굶어 죽음을 말하였다.

19 색은 태사공이 자기가 이 시의 뜻을 보니 백이와 숙제의 행실이 원망하는 것 같은 것이 있는지, 또한 그 말하는 것이 원망하는 것이 아닌가? 하는 의심이 든다는 것을 말한다.

或曰	혹자는 말한다.
天道無親	"하늘의 도는 가까이함이 없이
常與善人	항상 선한 사람을 가까이한다."
若伯夷, 叔齊	백이와 숙제 같은 이는
可謂善人者非邪[20]	선한 사람이라 할 수 있을까, 없을까?
積仁絜行如此而餓死	인을 쌓고 행실을 깨끗이 함이 이러하였는데도 굶어 죽었다!
且七十子之徒	또한 70제자의 무리들 가운데서
仲尼獨薦顏淵爲好學	중니는 유독 안연이 학문을 좋아한다고 찬미하였다.
然回也屢空	그러나 안회는 자주 곤궁해졌고
糟糠不厭[21]	술지게미와 겨조차 실컷 먹지 못하고
而卒蚤夭	마침내 일찍 죽었다.
天之報施善人	하늘이 선인에게 보답함이
其何如哉	그 어떠한가?
盜蹠日殺不辜[22]	도척은 날마다 무고한 사람을 죽이고
肝人之肉[23]	사람의 간을 회 쳐 먹고

20 색은 또한 서론(敍論)에서 백이와 숙제의 행실이 이와 같다면 선인이라 할 수 있겠는가? 또한 선인이 아니겠는가?라 하여 또한 의심하였다.

21 색은 염(厭)은 실컷 먹는 것이며, 불염(不厭)은 배불리 먹지 못하는 것을 말한다. 조강(糟糠)은 가난한 사람들이 먹는 것이므로 '조강지처(糟糠之妻)'라 한 것이 이를 말한다. 그러나 안회(顏回: B.C. 521~B.C. 490, 춘추시대 魯나라. 자가 子淵이므로 顏淵으로도 불림. 공자가 가장 신임했던 제자)는 단사표음(簞食瓢飮)하였으나 또한 '조강'이라는 글은 보이지 않는다.

22 색은 도척(盜蹠)은 유하혜(柳下惠: 춘추시대 魯나라의 賢者이자 大夫)의 아우이며, 또한 『장자』에도 보이는데, 편명이다. 정의 척(蹠)은 황제(黃帝) 때의 대도(大盜)의 이름이다. 유하혜의 아우로 천하의 대도가 되었으므로 세상에서는 옛일을 본떠 도척(盜蹠)이라고 불렀다.

暴戾恣睢[24]	흉포하고 제멋대로 굴어
聚黨數千人橫行天下	수천 명이나 되는 무리를 모아 천하를 마음껏 누비다가
竟以壽終[25]	마침내 천수를 누리고 죽었다.
是遵何德哉[26]	이는 어떤 덕을 따른 것인가?
此其尤大彰明較著者也[27]	이는 아마 더욱 뚜렷하고 현저한 예일 것이다.
若至近世	근세에 이르면
操行不軌	품행이 법도에 맞지 않고
專犯忌諱	전적으로 꺼리는 것을 범해도

---

23 색은 유씨(劉氏)는 "인육(人肉)을 취하여 생간으로 삼았다는 말이다."라 하였는데 틀렸다. 『장자』에서는 "도척은 바야흐로 태산 남쪽에서 졸개들을 쉬게 하고 사람의 간을 회 쳐 먹었다."라 하였다.

24 색은 '폭려(暴戾)'는 흉포하고 패악하다는 뜻이다. 남제(南齊)의 추탄생(鄒誕生: 곧 鄒誕. 생은 높임말)은 '恣'의 음은 자(資)라 하였고, '睢'는 음이 저[千餘反]라고 하였다. 유씨(劉氏)는 '恣'는 음이 자이고, '睢'는 음이 혜[休季反]라고 하였다. 자휴는 제멋대로 행동하고 흉악한 모양이다. 정의 휴(睢)는 눈을 부릅뜨는 것으로 노한 모양이다. 도척이 흉포하고 패악하여 제멋대로 하였으며 노하면 눈을 부릅떠서 흰자위가 보였다는 말이다.

25 집해 (삼국시대 魏나라 文帝의 명으로 王象, 繆卜 등이 편찬한 중국 최초의 類書, 즉 백과사전인) 『황람(皇覽)』에서는 말하였다. "도척의 무덤은 하동(河東) 대양(大陽)에 있으며, 하곡(河曲)을 굽어보고 있는데, 곧 홍농(弘農) 화음현(華陰縣)의 동향(潼鄉)이다." 도척은 유하혜의 아우이다. 색은 동(潼)은 하천의 이름인데 그대로 향(鄉)의 이름으로 삼았으며, 지금의 동진관(潼津關)이 이곳으로 또한 현이다. 정의 『괄지지』에서는 말하였다. "도척의 무덤은 섬주(陝州) 하북현(河北縣) 서쪽 20리 지점에 있다. 하북현은 본래 한나라 대양현(大陽縣)이다. 또한 지금의 제주(齊州) 평릉현(平陵縣)에 도척의 무덤이 있는데 확실치 않다."

26 색은 도척은 무도하여 천하를 횡행하였는데도 마침내 천수를 누리고 죽었으니 이는 그 사람이 어떤 덕을 따라서 행하여 이에 이르렀다는 것인가?라는 말이다.

27 색은 교(較)는 밝다는 뜻이다. 백이는 덕이 있었는데도 굶어 죽었고 도척은 포악하였는데도 천수를 누리다 죽었으니 이는 현자는 불우하고 악한 도는 오래간다는 것의 더욱 현저한 예증이라는 말이다.

而終身逸樂[28]	죽을 때까지 편안하게 즐기며
富厚累世不絕	재부의 두터움이 여러 대 동안 끊이지 않는다.
或擇地而蹈之[29]	혹은 땅을 가려가며 걷고
時然後出言[30]	때를 기다린 다음에야 말을 꺼내며
行不由徑[31]	길을 갈 때는 지름길을 가지 않고
非公正不發憤	공명정대한 일이 아니면 분을 발하지 않는데도
而遇禍災者	재화를 당한 사람을
不可勝數也[32]	이루 다 헤아릴 수가 없다.
余甚惑焉	내 심히 그것을 의혹스럽게 여기니
儻所謂天道	만약에 이것이 이른바 하늘의 도라면
是邪非邪[33]	옳은 것인가, 그른 것인가?

---

28 색은 노환공(魯桓公)과 초영왕(楚靈王), 진헌공(晉獻公), 제양공(齊襄公) 같은 무리들이 모두 이러하다.

29 색은 혼암(昏闇)한 임금은 섬기지 않고 도천(盜泉)의 물은 마시지 않으며 높은 산꼭대기에서 머무르며 창해의 바닷가에 자취를 숨김이 이러하다는 것을 말한다. 정의 북곽락(北郭駱)과 포초(鮑焦: 周나라 때의 隱士) 등이 이러함을 말한다.

30 색은 『논어』[「헌문(憲問)」]에서 "부자는 때에 맞은 다음에 말씀하셨다(夫子時然後言)."라 하였다.

31 색은 『논어』의 담대명멸(澹臺滅明)의 행실이다.

32 색은 신하의 절개는 공정한 일이 아니면 감격하여 분을 발하지 않음을 이른다. 혹 충성스런 말을 꺼내기도 하고 혹 목숨을 바치기도 하였는데 끝내 재화를 당한 자를 이루 다 헤아릴 수가 없다. 용봉(龍逢)과 비간(比干), 굴평(屈平: 屈原), 오서(伍胥: 伍子胥) 같은 무리를 이른다.

33 색은 태사공은 법도를 지키지 않는 데도 편안하고 즐거우며 공정한 데도 재해를 만나게 되니 천도가 그른 것인가 아니면 옳은 것인가? 의혹을 가졌는데, 매우 의혹스럽게 여긴 것이다. 대체로 하늘의 도가 아득하고 멀며 밝게 들음을 잠시 내버려두어 혹 궁하고 통달함이 여러 번 만나 일을 행하는 데 말미암지 않기 때문에 선을 행한다 해도 반드시 복이 오지 않고 악을 행한다 해도 반드시 화가 오지는 않으므로 선대의 통달한 자들이 모두 여전히 애매하게 여긴 것이다. 정의 당(儻)은 정하여지지 않은 말이다. 천도를 행하면 감히 분명히 시비를 말하지 않으므로 당(儻)이라고 말한 것이다.

子曰道不同不相爲謀	공자께서 말씀하시기를 "도가 다르면 함께 도모하지 않는다." 하셨는데
亦各從其志也[34]	또한 각기 그 뜻을 따른 것이다.
故曰富貴如可求	그러므로 말씀하시기를 "부귀를 구할 수만 있다면
雖執鞭之士	비록 채찍을 잡는 사람이라도
吾亦爲之[35]	내 또한 할 것이다.
如不可求	구할 수 없다면
從吾所好[36]	내가 좋아하는 것을 따르겠다."라 하였고,
歲寒	"해가 추워진
然後知松柏之後凋[37]	다음에야 소나무와 측백나무가 나중에 시듦을 안다."고 하셨다.
舉世混濁	온 세상이 흐리고 탁하면
清士乃見[38]	맑은 선비가 드러나게 된다.

34 정의 태사공은 공자의 말을 인용하여 앞의 일을 증명하였다. 하늘의 도와 사람의 도는 같지 않으며 그 운대로 만남에 일임하여 또한 각기 그 뜻을 따른다는 것을 말한다.

35 집해 정현(鄭玄: 127~200, 後漢 말)은 말하였다. "부귀는 구하여 얻을 수 있는 것이 아니며 마땅히 덕을 닦아서 얻는다. 도를 구하여 얻을 수 있는 것이라면 비록 채찍을 잡는 천한 일이라도 나는 또한 그렇게 하겠다는 것이다."

36 집해 공안국(孔安國: B.C. 156?~B.C. 74, 前漢. 孔子의 11대손, 孔忠의 아들)은 "좋아하는 것은 고인의 도이다."라 하였다.

37 집해 하안[何晏: 193?~249, 삼국시대 魏나라의 학자. 後漢의 대장군 何進의 손자로, 王弼과 함께 魏晉의 玄學(老壯學)의 시조로 일컬어짐]은 말하였다. "혹한이 든 해에는 뭇 나무들이 모두 죽은 다음에야 소나무와 측백나무가 조금 시들고 상하며, 평년에는 뭇 나무들 또한 죽지 않으므로 반드시 해가 추워진 다음에야 구별된다. 범인(凡人)들도 치세(治世)에는 또한 스스로 가지런하게 닦을 수 있으며, 군자와 함께 탁한 세상에 있게 된 다음에야 군자가 정말 굽히어 용납되지 않음을 알게 됨을 비유한다."

38 색은 『노자(老子)』(제18장)에서 말하기를 "'나라가 혼란해야 비로소 충신이 나온다(國家昏亂, 始有忠臣).'라 하였는데 대대로 혼탁하면 선비 가운데 맑고 깨끗한 자가 이에 환히 드러

豈以其重若彼	어찌 그 중히 여김이 저와 같고
其輕若此哉[39]	그 가벼이 여김이 이와 같은가?

君子疾沒世而名不稱焉[40]	"군자는 죽고 난 다음에 이름이 일컬어지지 않음을 싫어한다."
賈子曰[41]	가자는 말하였다.
貪夫徇財[42]	"탐욕스런 자는 재물을 좇고

나므로 아래의 글에서 '해가 추워진 다음에야 소나무와 잣나무가 나중에 시듦을 안다.'"라고 하였는데 먼저 이 말의 복선을 말한 것이다. **정의** 천하가 혼란하여도 청결한 선비는 꺾이지 않고 실로 도척과 합치되지 않음을 말하였다.

39 **색은** 백이가 덕을 양보한 것을 저렇게 중시하고 고사리를 캐며 굶어 죽은 것을 이렇게 경시한다는 것을 말한다. 또 한 가지 해석은 행실이 법도에 맞지 않는데 재부의 두터움이 여러 대나 가니 저렇게 중시하고, 공명정대하게 분을 발하여도 재화를 당하니 이렇게 경시한다는 것이다. **정의** 중히 여긴다는 것은 도척 등이다. 가볍게 여긴다는 것은 백이와 숙제, 허유와 무광 등을 이른다.

40 **색은** 이 이하는 비록 백이가 부자를 얻어 이름이 빛나게 되었고 안회가 천리마 꼬리에 붙어 행실이 드러나게 되었음을 논하였지만 아마 또한 자기의 저술이 그치지 않을 것임을 은연중에 드러내고자 하였고 또한 죽은 후에 이름이 일컬어지지 않음을 싫어한다 하였으므로 가자(賈子)의 "탐욕스런 자는 재물을 좇고 열사는 명예를 좇는다."라 한 것이다. 또한 "같은 밝음을 서로 비추고 같은 무리는 서로 추구한다.", "구름은 용을 좇고 바람은 호랑이를 따른다."는 것을 인용한 것은 사물이 각기 유유상종함을 말한 것이다. 그러므로 태사공은 자신 또한 행실이 청렴하고 곧은데 당대에 쓰이지 않고 마침내 억지로 덮어씌운 죄에 빠져 백이와 같은 무리가 되었으므로 여기에 기탁하여 의논을 제기함을 말하였다. **정의** 군자는 세상을 떠난 뒤에 이름이 인멸되어 일컬어지지 않음을 우려하는 것을 싫어하는데 백이와 숙제, 안회 같은 사람은 깨끗한 행실로 이름을 날려 후대에 칭찬을 받고 서술되었으며 또한 태사공도 점차 자신의 이름을 세우고 저술하는 아름다움을 드러내고자 하였다.

41 **색은** 가자(賈子)는 가의(賈誼)이다. 가의는 「복조부(鵩鳥賦)」를 지었다 하였으므로 태사공이 인용하여 '가자'라고 일컬었다.

42 **정의** 순(徇)은 구한다는 뜻이다. 찬(瓚)은 "몸으로 사물을 좇는 것을 순(徇)이라 한다."라 하였다.

烈士徇名	열사는 명예를 좇으며
夸者死權[43]	자랑하는 자는 권세에 죽고
衆庶馮生[44]	뭇 백성들은 (자기의) 생에 의지한다."
同明相照[45]	"같은 밝음은 서로 비추고
同類相求[46]	같은 무리는 서로 추구한다."
雲從龍	"구름은 용을 좇고
風從虎[47]	바람은 호랑이를 따르며
聖人作而萬物睹[48]	성인이 일어나면 만물이 보이게 된다."

43 색은 권세를 탐내어 뻐기고 자랑하는 것을 죽을 때까지 그치지 않으므로 "권세에 죽는다."라고 하였다.

44 색은 빙(馮)은 믿는다는 뜻이다. 뭇 서인들의 마음은 대개 그 생을 믿고 자랑한다는 말이다. 추탄(鄒誕)의 판본에는 '매생(每生)'으로 되어 있다. 매(每)는 모(冒)의 뜻으로 곧 탐내고 무릅쓴다는 뜻이다. 정의 태사공은 가자(賈子)의 비유를 인용하여 『사기(史記)』를 지었는데, 탐욕한 자는 재물을 좇고 열사는 명예를 좇으며, 자랑하는 사람은 권세에 죽고 뭇 서인들은 생을 믿는다는 것 같은 것으로 『사기』를 이루었다.

45 색은 이하는 모두 『역경 · 계사(易經 · 繫辭)』의 글이다.

46 정의 하늘에서 비가 내리려 하면 주춧돌이 축축해지는데 덕이 같은 사람은 서로 상응한다는 것을 이른다.

47 집해 왕숙(王肅: 195~256, 삼국시대 魏나라)은 말하였다. "용이 날아오르면 상서로운 구름이 따르며, 호랑이가 울면 골짜기의 바람이 일어난다." 장번(張璠)이 말하였다. "용은 구름을 좇고 호랑이는 바람을 좇는다는 말과 같다."

48 집해 마융이 말하였다. "작(作)은 일어난다는 뜻이다." 색은 또 이 구절을 인용한 것은 성인이 일어나 자리를 잡으면 만물의 정이 모두 드러나게 되므로 자기도 오늘 또한 책을 지어 세정(世情)의 경중을 말할 수 있게 되었다는 것을 이른다. 정의 여기에는 기록이 있다. 성인은 양생하는 덕이 있고 만물은 생장시키고 길러 주는 정이 있으므로 서로 감응하는 것이다. 이 위에서 "같은 밝음은 서로 비추어 준다."까지는 『주역 · 건괘(周易 · 乾卦)』의 상사(象辭)이다. 태사공이 이런 것들을 인용하여 서로 감응한 것은 저술하는 뜻을 드러내어 만물이 드러나게 하려는 것이다. 공자가 죽은 후 5백 년 만에 자기가 당하였으므로 『사기』를 지어 만물이 드러나게 하였다. 「태사공서전(太史公序傳)」에서는 말하였다. "선친께서 말씀하시기를 '주공이 죽고 난 뒤 5백 년 만에 공자가 있었다. 공자가 죽은 후 지금까지가

伯夷, 叔齊雖賢	백이와 숙제가 비록 어질기는 하지만
得夫子而名益彰[49]	부자(의 칭송)를 얻어서 이름이 더욱 빛나게 되었다.
顏淵雖篤學	안연이 비록 학문을 도타이 하기는 하였지만
附驥尾而行益顯[50]	천리마의 꼬리에 붙어서 행실이 더욱 드러나게 되었다.
巖穴之士	바위 구멍의 (은거하는) 선비도
趣舍有時若此	나아가고 그만둠이 이따금 이와 같아
類名堙滅而不稱	이름이 비슷한데 인멸되어 일컬어지지 않으니
悲夫[51]	슬프도다!

5백 년이니, 능히 밝은 세상을 이어 『역전(易傳)』을 바르게 하고 『춘추(春秋)』를 이으며 『시경(詩經)』 및 『서경』, 『의례』, 『악경』에 근거하여야 할 때가 아니겠느냐?'라 하셨다. 여기에 뜻이 있지 않겠는가? 소자가 어찌 감히 그것을 사양하겠습니까?" 『육경』을 창작하고 전술하여 말하였다. "『주역』은 천지와 음양, 사시, 오행을 드러내었으므로 변화에 뛰어나다. 『예경』은 인륜의 기강을 바로잡았으니 행실에 뛰어나다. 『서경』은 선왕의 일을 기록하였으므로 정치에 뛰어나다. 『시경』은 산천과 계곡, 금수, 초목, 동물의 암컷과 수컷, 날짐승의 암컷과 수컷을 기록하였으니 풍속을 살피는 데 뛰어나다. 『악경』은 즐거움을 세우는 것이니 조화에 뛰어나다. 『춘추』는 옳고 그름을 변별하였으므로 사람을 다스리는 데 뛰어나다. 그런 까닭으로 『예경』을 가지고 사람을 절도 있게 하며, 『악경』을 가지고 조화를 펴고, 『서경』을 가지고 일을 말하며, 『시경』을 가지고 뜻을 이르게 하고, 『역경(易經)』을 가지고 변화를 말하며, 『춘추』를 가지고 의를 말한다. 난세를 다스려 정도로 돌아가게 하는 데는 『춘추』보다 가까운 것이 없다." 생각건대 서술하여 지어 만물이 드러났다.

49 **정의** 백이와 숙제가 아무리 아름다운 덕행이 있었다고 하더라도 부자[공자(孔子)]의 찬양을 얻어서 이름이 더욱 환하게 드러나게 되었다. 만물이 아무리 낳고 기르는 성질을 가졌다고 하더라도 태사공의 저술을 얻어서 세상의 일이 더욱 드러나게 되었다.

50 **색은** 쉬파리는 천리마의 꼬리에 붙어 천 리를 가는데, 안회가 공자 때문에 이름이 빛나게 되었음을 비유하는 것이다.

51 **정의** "취(趣)는 향하는 것이다. 사(捨)는 그만두는 것이다. 은거하는 선비는 이따금 천리마의 꼬리에 붙어 이름이 환히 알려지기도 하며, 인멸되어 수를 일컫지 못하는 것 같은 것은 또한 비통해할 만하다는 것을 말한다."

閭巷之人	마을의 거리에 있는 사람들이
欲砥行立名者[52]	행실을 연마하고 이름을 세우고자 하는 자들이
非附青雲之士	청운의 선비에 붙좇지 않는다면
惡能施于後世哉	어찌 후세에 베풀 수 있겠는가?

52 정의 "행실을 연마하고 덕행을 닦으며 향리에 있는 자라도 고귀한 선비에게 기탁하지 않으면 어떻게 후작에 봉해지고 작록과 상을 받으며 이름을 후대에 남길 수 있겠는가?"

2 관·안열전 管晏列傳

管仲夷吾者	관중 이오는
潁上人也[1]	영상 사람이다.
少時常與鮑叔牙游	젊었을 때 늘 포숙아와 어울렸는데
鮑叔知其賢	포숙은 그가 현명하다는 것을 알았다.
管仲貧困	관중은 가난하고 곤궁하여
常欺鮑叔[2]	늘 포숙을 속였는데도
鮑叔終善遇之	포숙은 끝내 그를 잘 대해 주었으며
不以爲言	아무 말도 하지 않았다.
已而鮑叔事齊公子小白	얼마 후 포숙은 제나라 공자 소백을 섬겼고,
管仲事公子糾	관중은 공자 규를 섬겼다.
及小白立爲桓公	소백이 즉위하여 환공이 되자
公子糾死	공자 규는 죽고
管仲囚焉	관중은 수감되었다.

1 **색은** 영(潁)은 물 이름이다. 「지리지(地理志)」에서 영수는 양성(陽城)에서 나온다고 하였다. 한나라 때에는 영양(潁陽)과 임영(臨潁)의 두 현이 있었고, 지금도 영상현(潁上縣)이 있다. **정의** 위소(韋昭)는 말하였다. "이오(夷吾)는 희성(姬姓)의 후예이며, 관엄(管嚴)의 아들 경중(敬仲)이다."

2 **색은** 『여씨춘추』에서는 말하였다. "관중은 포숙과 함께 남양(南陽)에서 장사를 하였는데 재화와 이익을 나눌 때 관중이 일찍이 포숙을 속여 자기가 많이 가져갔다. 포숙은 그에게 어머니가 있고 가난하다는 것을 알고 탐욕스럽다고 생각하지 않았다."

鮑叔遂進管仲[3]	포숙은 마침내 관중을 추천하였다.
管仲既用	관중은 기용되자마자
任政於齊[4]	제나라의 국정을 맡았는데,
齊桓公以霸	제환공이 패권을 잡고
九合諸侯	제후를 규합하여
一匡天下	천하를 한번 바로잡은 것은
管仲之謀也	관중의 계책이다.

管仲曰	관중은 말하였다.
吾始困時	"내가 처음에 곤궁하였을 때
嘗與鮑叔賈[5]	일찍이 포숙과 함께 장사를 한 적이 있는데
分財利多自與	재화와 이익을 나눌 때 내가 많이 가져갔는데도
鮑叔不以我爲貪	포숙은 나를 탐욕스럽다 하지 않았으니
知我貧也	내가 가난한 것을 알았기 때문이다.
吾嘗爲鮑叔謀事而更窮困	내가 일찍이 포숙의 일을 주선해 주다가 더욱 곤궁하게 한 적이 있었는데도

---

3 **정의** 『사기 · 제세가(史記 · 齊世家)』에서는 말하였다. "포숙아가 말하였다. '임금님께서 제나라를 다스리시려고 하시면 고혜(高傒)와 저로 충분합니다. 임금께서 패왕이 되시고자 하신다면 관이오가 아니면 아니 되옵니다. 이오가 사는 나라는 나라가 중해질 것이니 놓칠 수 없습니다.' 이에 환공이 그대로 따랐다." 위소는 말하였다. "포숙은 제나라의 대부로 사성(姒姓)의 후예이며 포숙(鮑叔)의 아들 숙아(叔牙)이다."

4 **정의** 『관자(管子)』에서는 말하였다. "제나라의 재상으로 아홉 가지 인정(仁政)을 베푸는 정치를 하였는데, 첫째는 늙은이를 공경하는 것이고, 둘째는 어린이를 자애롭게 대하는 것이며, 셋째는 고아를 돌보는 것, 넷째는 병자를 봉양하는 것, 다섯째는 독신자를 결합시키는 것, 여섯째는 병자를 문안하는 것, 일곱째는 궁한 것을 통하게 하는 것, 여덟째는 곤궁한 자를 진휼하는 것, 아홉째는 끊어진 대를 잇게 하는 것이다."

5 **정의** 음은 고(古)이다.

鮑叔不以我爲愚	포숙은 나를 어리석다고 생각하지 않았으니
知時有利不利也	때에는 이로움과 이롭지 않음이 있음을 알았기 때문이다.
吾嘗三仕三見逐於君	내가 일찍이 세 번 벼슬을 하여 임금에게 세 번 다 쫓겨난 적이 있었는데도
鮑叔不以我爲不肖	포숙은 나를 변변치 못하다 생각지 않았으니
知我不遭時也	내가 때를 만나지 못하였음을 알았기 때문이다.
吾嘗三戰三走	내가 일찍이 세 번 전쟁에 나가 세 번을 도망친 적이 있었는데도
鮑叔不以我怯	포숙은 나를 겁쟁이라고 생각지 않았으니
知我有老母也	나에게 늙은 어머니가 있다는 것을 알았기 때문이다.
公子糾敗	공자 규가 패하여
召忽死之	소홀은 그를 따라 죽고
吾幽囚受辱	나는 깊이 유폐되어 욕을 보고 있는데도
鮑叔不以我爲無恥	포숙은 나를 수치를 모른다고 생각지 않았으니
知我不羞小節而恥功名不顯于天下也	내가 작은 절개는 부끄러워하지 않지만 공명이 천하에 드러나지 않음을 부끄럽게 여긴다는 것을 알았기 때문이다.
生我者父母	나를 낳아준 사람은 부모이지만
知我者鮑子也	나를 알아준 사람은 포자이다."

鮑叔既進管仲	포숙은 관중을 추천하고는
以身下之	그의 아래로 들어갔다.
子孫世祿於齊	자손들은 제나라에서 대대로 녹봉을 받았으며

有封邑者十餘世[6] 봉읍을 가진 것이 10여 대나 되었고

常爲名大夫 항상 이름난 대부였다.

天下不多管仲之賢而多鮑叔能知人也

천하에는 관중이 현명한 것은 높이 치지 않았으나 포숙이 사람을 잘 알아봄은 높이 쳤다.

管仲既任政相齊[7] 관중이 국정을 맡아 제나라의 재상이 되자

以區區之齊在海濱[8] 보잘것없는 바닷가에 있는 제나라를

通貨積財 재화를 유통시키고 재물을 축적하여

富國彊兵 나라가 부유해지고 군사는 강하게 되었으며

與俗同好惡 백성들과 호오를 함께하였다.

故其稱曰[9] 그러므로 그의 책에서는 말하였다.

倉廩實而知禮節 "창고가 차면 예절을 알고

衣食足而知榮辱 의식이 풍족하면 영욕을 알게 되며

---

6 **색은** 『계본(系本)』에서는 말하였다. "장중산(莊仲山)은 경중(敬仲) 이오(夷吾)를 낳았으며, 이오는 무자(武子) 명(鳴)을 낳았고, 명은 항자(桓子) 계방(啟方)을 낳았으며, 계방은 성자(成子) 유(孺)를 낳았고, 유는 장자(莊子) 로(盧)를 낳았으며, 로는 도자(悼子) 기이(其夷)를 낳았고, 기이는 양자(襄子) 무(武)를 낳았으며, 무는 경자(景子) 내섭(耐涉)을 낳았고, 내섭은 미(微)를 낳았는데 모두 10대이다." 『계보(系譜)』도 마찬가지이다.

7 **정의** 『국어(國語)』에서는 말하였다. "제환공이 포숙에게 재상에 되게 하였으나 사양하여 말하였다. '신이 이오보다 못한 것이 다섯 가지가 있습니다. 너그럽고 겸허하게 백성에게 은혜를 베풂이 그만 못하며, 국가를 다스림에 그 근본을 잃지 않음이 그만 못하고, 충성과 인애로 백성을 결속시킬 수 있음이 그만 못하며, 예의를 제정하여 사방에서 본받을 만하게 함이 그만 못하고, 전시(戰時)의 북을 잡고 군문에 서서 백성들에게 모두 용기를 더하여 줌이 그만 못합니다.'"

8 **정의** 제나라의 동쪽 가는 바다이다.

9 **색은** 이오(夷吾)가 책을 지어 칭한 『관자(管子)』「목민(牧民)」로, 그 책에 이 말이 있으므로 대략 그 요점만 들었다.

上服度則六親固[10]	위에서 법도를 지키면 육친이 굳게 결속된다.
四維不張	사유가 펼쳐지지 않으면
國乃滅亡[11]	나라는 곧 망하게 된다.
下令如流水之原	명령을 내림이 물이 흘러나오는 근원처럼 해서
令順民心	백성의 마음을 따르게 한다."
故論卑而易行[12]	그러므로 논한 것이 낮아서 쉽게 행해졌다.
俗之所欲	세상에서 원하는 것을
因而予之	그대로 그들에게 주었고,
俗之所否	세상에서 원치 않는 것은
因而去之	그대로 그들에게서 없애 주었다.

其爲政也	그가 정치를 함에
善因禍而爲福	화가 복이 되게 하고
轉敗而爲功	실패를 성공이 되게 함을 잘하였다.
貴輕重[13]	경중을 중요하게 여겼고
愼權衡[14]	득실을 신중히 하였다.
桓公實怒少姬[15]	환공이 실은 소희 때문에 노하여

---

10 **정의** 임금이 사물을 부림에 제도가 있으면 육친이 견고해진다. 육친은 외조부모(外祖父母)가 첫째이고, 부모가 둘째이며, 자매가 셋째, 처의 형제가 넷째, 이모의 자식이 다섯째, 딸의 자식이 여섯째이다. 왕필(王弼)은 "부(父), 모(母), 형(兄), 제(弟), 처(妻), 자(子)이다."라 하였다.

11 **집해** 『관자』[「목민(牧民)」]에서는 말하였다. "사유는 첫째는 예(禮)이며, 둘째는 의(義), 셋째는 염(廉), 넷째는 치(恥)이다."

12 **정의** 정령이 낮고 적어서 백성들이 행하기가 쉽다는 말이다.

13 **색은** 경중(輕重)은 돈을 이른다. 지금 『관자』에 「경중(輕重)」편이 있다.

14 **정의** 경중은 치욕을 말하고 권형은 득실을 말한다. 치욕이 있으면 귀중히 여기고 득실이 있으면 신중히 여긴다.

南襲蔡	남쪽으로 채나라를 쳤는데
管仲因而伐楚	관중은 이참에 초나라를 쳐서
責包茅不入貢於周室[16]	주나라 왕실에 포모를 공물로 바치지 않음을 꾸짖었다.
桓公實北征山戎	환공이 실은 북으로 산융을 쳤는데
而管仲因而令燕修召公之政	관중은 이참에 연나라로 하여금 소공의 정치를 닦게 하였다.
於柯之會[17]	가(柯)의 회맹에서
桓公欲背曹沫之約[18]	환공은 조말과의 약속을 어기려 하였는데
管仲因而信之[19]	관중은 그대로 믿고 따르게 하니
諸侯由是歸齊	제후들이 이 때문에 제나라로 귀의하였다.
故曰	그러므로 말하기를
知與之爲取	"주는 것이 취하는 것임을 아는 것이
政之寶也[20]	정치의 보배이다."라 하였다.

管仲富擬於公室	관중의 부유함은 공실에 비길 만하여
有三歸反坫[21]	삼귀와 반점을 가졌지만

15 **색은** 배를 흔든 첩에게 화를 내어 (친정으로) 돌려보내고 관계를 채 끊지도 않았는데 채나라 사람이 시집을 보냈다.

16 포모(包茅)는 종묘의 제사 때 올리는 술을 거르는 띠풀이다.-옮긴이.

17 **정의** 지금의 제주(齊州) 동아(東阿)이다.

18 **색은** '沫'의 음은 매(昧)이며, 또한 말(末)이라고도 한다. 『좌전(左傳)』[『춘추좌전(春秋左傳)』]에는 '조귀(曹劌)'로 되어 있다. **정의** '沫'의 음은 말[莫葛反]이다.

19 **정의** 협박으로 허락하여 노나라에서 침탈한 땅을 돌려주었다.

20 **색은** 『노자』(제36장)에서는 "앞으로 빼앗으려거든 반드시 먼저 주어라."라 하였는데 이는 정치를 함에 보배로운 것을 아는 것이다.

21 **정의** 삼귀(三歸)는 세 성의 여인이다. 부인이 시집을 가는 것을 귀라고 한다.

齊人不以爲侈	제나라 사람들은 사치롭다고 생각지 않았다.
管仲卒[22]	관중이 죽은 뒤에도
齊國遵其政	제나라는 그의 정치를 따라
常彊於諸侯	항상 다른 제후국보다 강하였다.
後百餘年而有晏子焉	백여 년 뒤에 안자(晏子)가 있었다.

晏平仲嬰者	안평중 영(嬰)은
萊之夷維人也[23]	내(萊)의 이유 사람이다.
事齊靈公莊公景公[24]	제나라의 영공과 장공, 경공을 섬겼는데
以節儉力行重於齊	근검절약과 힘써 실천함으로 제나라에서 존중되었다.

22 **정의** 『괄지지(括地志)』에서는 말하였다. "관중의 무덤은 청주(青州) 임치현(臨淄縣) 남쪽 21리 지점 우산의 기슭에 있다." (前漢 말 劉向의) 『설원(說苑)』에서는 말하였다. "제환공이 관중에게 나라를 다스리게 하였는데 관중이 대답하여 말하였다. '신분이 천한 자는 귀한 자를 굽어볼 수 없습니다.' 환공은 (관중을) 상경으로 삼았으나 그래도 나라는 다스려지지 않았다. 말하기를 '무슨 까닭인가?'라 하니 관중이 대답하였다. '가난한 사람은 부자를 부릴 수 없습니다.' 환공이 그에게 시장의 세금 1년 치를 내렸는데, 그래도 다스려지지 않았다. 환공이 말하였다. '무슨 까닭인가?' 대답하였다. '(관계가) 먼 자는 가까운 자를 제어할 수 없습니다.' 환공이 그를 세워 중부(仲父)로 삼으니 제나라는 크게 편안하여졌고 마침내 천하를 제패하였다. 공자가 말하였다. '관중의 현명함으로도 이 세 가지 권리를 얻지 못하였다면 또한 그 임금으로 하여금 남면을 하여 패자로 일컬어지게 하지 못하였을 것이다.'"

23 **집해** 유향(劉向)의 『별록(別錄)』에서는 말하였다. "내(萊)는 지금의 동래(東萊) 땅이다." **색은** 이름은 영(嬰)이고, 평(平)은 시호이며, 중(仲)은 자이다. 부친인 환자(桓子)의 이름은 약(弱)이다. **정의** 안씨(晏氏)의 『제기(齊記)』에서는 "제성(齊城) 3백 리에 이안(夷安)이 있는데, 곧 안평중(晏平仲)의 읍이라고 하였다. 한나라 때는 이안현(夷安縣)이 되었는데 고밀국(高密國)에 예속되었다. 응소(應劭)는 옛 내(萊)의 이유(夷維) 읍이라고 했다."

24 **색은** 가계(家系) 및 『계본』에서는 영공은 이름이 환(環)이고, 장공은 이름이 광(光), 경공은 이름이 저구(杵臼)라고 하였다.

既相齊	제나라의 재상이 되고서도
食不重肉	식사에 두 가지 고기가 없었으며
妾不衣帛	첩은 비단옷을 입지 않았다.
其在朝	조정에 있을 때
君語及之	임금이 그에 대해 언급하면
即危言[25]	말을 위험하게 여겼고,
語不及之	언급이 없으면
即危行[26]	행동을 위험하게 여겼다.
國有道	나라에 도가 있으면
即順命	명을 따랐고,
無道	도가 없으면
即衡命[27]	명을 잘 헤아렸다.
以此三世顯名於諸侯	이 때문에 3세에 걸쳐 제후들에게서 이름을 떨쳤다.

越石父賢	월석보는 현명하였는데
在縲紲中[28]	포박을 당하여 구금되어 있었다.

---

25 **정의** 스스로 겸양하여 재능을 말하지 않았다는 것을 말한다.

26 **정의** 임금이 자기를 알아주지 않으면 학업과 덕행을 더욱 쌓는 것을 말하는데, 책임이 미칠까 두려워하는 것이다.

27 **정의** 형(衡)은 저울로 다는 것이다. 나라에 도가 없으면 잘 저울질하여 행할 수 있으면 행한다는 말이다.

28 **정의** 유(縲)는 검은색 새끼줄이다. 설(紲)은 묶는 것이다. 『안자춘추(晏子春秋)』에서는 "안자가 진(晉)나라에 가는데 중모(中牟)에 이르러 해진 관에 갖옷을 뒤집어 입고 섶을 진 채 길 옆에서 쉬고 있는 자를 보았다. 안자가 물었다. '어떠한 자인가?' 대답하였다. '저는 석보(石父)입니다. 구차하게 굶주림과 추위를 면하고자 남의 종이 되었습니다.' 안자는 왼쪽 곁말을 풀어 속량시켜 주고 수레에 태워 함께 돌아왔다."라 하여 이 문장과는 조금 다르다.

晏子出	안자가 나갔다가
遭之塗	길에서 만났는데
解左驂贖之	왼쪽 곁말을 풀어주고 속량하여
載歸	태우고 돌아왔다.
弗謝	그와 하직하는 말도 없이
入閨	문으로 들어갔다.
久之	한참 있다가
越石父請絕	월석보가 절교를 청하였다.
晏子戄然[29]	안자는 화들짝 놀라
攝衣冠謝曰	의관을 여미고 사죄하며 말하였다.
嬰雖不仁	"제가 비록 어질지 못하나
免子於厄	그대를 곤액에서 벗어나게 하였는데
何子求絕之速也	어찌하여 그대는 이렇게 빨리 절교를 하려 하오?"
石父曰	월석보가 말하였다.
不然	"그렇지 않습니다.
吾聞君子詘於不知己而信於知己者[30]	제가 듣기에 군자는 자기를 모르는 사람에게는 굽히고 자기를 아는 사람은 뜻을 펴 준다고 하였습니다.
方吾在縲紲中	바야흐로 제가 포박 중에 있었던 것은
彼不知我也	저들이 나를 알지 못한 것입니다.
夫子既已感寤而贖我	부자께서 이미 알고 저를 속량시켜 준 것은

29 삭(戄): **정의** '戄'의 음은 삭[床縛反]이다.

30 **색은** 신(信)은 '펼 신(申)' 자와 같은 뜻으로 읽는데, 옛 『주례(周禮)』에서는 다 그렇게 쓰였다. '申於知己'는 저 사람이 나를 알면 나의 뜻을 펼 수 있다는 것을 말한다.

是知己	저를 안 것인데
知己而無禮	저를 알면서도 예를 표하지 않으셨으니
固不如在縲紲之中	실로 포박당하여 있을 때보다 못합니다."
晏子於是延入爲上客	안자는 이에 상객으로 맞아들였다.

晏子爲齊相	안자가 제나라의 재상이었을 때
出	외출을 하려는데
其御之妻從門間而闚其夫	마부의 아내가 문틈으로 그의 남편을 엿보았다.
其夫爲相御	그 남편은 재상의 마부였는데
擁大蓋	큰 일산(日傘)을 안고
策駟馬	네 마리 말에 채찍질을 하며
意氣揚揚甚自得也	의기양양하여 매우 득의한 모습이었다.
旣而歸	조금 후 (남편이) 돌아오자
其妻請去	그의 아내가 떠날 것을 청하였다.
夫問其故	남편이 그 까닭을 물었다.
妻曰	그의 아내가 말하였다.
晏子長不滿六尺	"안자는 키가 6척도 되지 않는데
身相齊國	몸은 제나라의 재상이고
名顯諸侯	이름은 제후들에게 드러났습니다.
今者妾觀其出	지금 첩이 그분이 외출하는 것을 살펴보았더니
志念深矣	뜻과 신념이 매우 깊고
常有以自下者	늘 스스로 낮추려는 것이 있습니다.
今子長八尺	지금 그대는 키가 8척이나 되는데도
乃爲人僕御	남의 마부가 되었지만
然子之意自以爲足	그대는 스스로 만족스런 뜻을 가지고 있으니

妾是以求去也	첩은 이 때문에 떠나고자 하는 것입니다."
其後夫自抑損	그 후로 남편은 스스로 겸손해졌다.
晏子怪而問之	안자가 이상하게 여겨 그에게 물어보았더니
御以實對	마부가 사실대로 대답하였다.
晏子薦以爲大夫[31]	안자는 그를 대부로 천거하였다.

太史公曰	태사공은 말한다.
吾讀管氏牧民山高乘馬輕重九府[32]	
	내가 관씨의 「목민」과 「산고」, 「승마」, 「경중」, 「구부」편과
及晏子春秋[33]	『안자춘추』를 읽어보았는데
詳哉其言之也	그 말한 것이 상세하였다.
旣見其著書	그 지은 책을 보고 나니

31 **집해** 『황람(皇覽)』에서는 말하였다. "안자의 무덤은 임치성(臨菑城) 남쪽 치수(淄水)의 남쪽 환공(桓公)의 무덤 서북쪽에 있다." **정의** 『황람』의 주에서는 "안자의 무덤은 임치성 남쪽 치수의 남쪽 환공의 무덤 서북쪽에 있다."라 하였다. 『괄지지』에서는 말하였다. "제환공의 무덤은 청주(青州) 임치현(臨淄縣) 동남쪽 23리 지점의 정족(鼎足) 위에 있다." 또 말하기를 "제나라 안영(晏嬰)의 무덤은 제나라의 소성[子城] 북문 바깥에 있다. 안자가 이르기를 '나는 저자 가까이서 났으니 죽어서 어찌 내 뜻을 바꾸겠는가?'라 하여 이에 고택의 뒤에 장사지냈는데 사람들이 청절리(清節里)라고 하였다."라 하였다. 『황람』의 말은 잘못되었을 것이며, 곧 관중의 무덤이다.

32 **집해** 유향의 『별록』에서는 말하기를 "「구부(九府)」는 민간에 없는 것을 기록하였다. 「산고(山高)」는 「형세(形勢)」라고도 한다."라 하였다. **색은** 모두 관씨가 지은 책의 편명이다. 「구부」는 아마 돈을 넣어두는 창고일 것으로, 돈을 주조하는 경중에 대하여 논하였으므로 「경중(輕重)」과 「구부」라고 하였다. 나머지는 『별록』의 설과 같다. **정의** (劉歆의) 『칠략(七略)』에서는 『관자』는 18편이며 법가(法家)에 들어 있다고 하였다.

33 **색은** 안영이 지은 책 이름은 『안자춘추』이다. 그 책에는 7편이 있으므로 아래에서 이르기를 "그 책은 세상에 많이 있다."고 하였다. **정의** 『칠략』에서는 『안자춘추』는 7편으로 유가(儒家)에 들어 있다고 하였다.

欲觀其行事	그 한 일을 살피고 싶었으므로
故次其傳	그 전기를 편차하였다.
至其書	그(들이 지은) 책은
世多有之	세상에 많이 있으므로
是以不論	여기서는 논하지 않고
論其軼事[34]	그 일사만 논하였다.

管仲世所謂賢臣	관중은 세상에서 이른바 현신이지만
然孔子小之	공자는 그를 하찮게 여겼다.
豈以爲周道衰微	어찌 주나라의 도가 쇠미해졌고
桓公旣賢	환공이 현명한데도
而不勉之至王	왕이 되게끔 힘쓰지 않고
乃稱霸哉[35]	패자로만 일컬어지게끔 해서가 아닐까?
語曰將順其美	전하는 말에 "그 아름다운 점을 잡고 따르며
匡救其惡	그 나쁜 점을 바로잡고 구원하므로
故上下能相親也[36]	상하가 서로 친하게 될 수 있다."라 하였다.
豈管仲之謂乎	어찌 관중을 이름이 아니겠는가?

34 정의 '軼'은 '일(逸)'의 뜻으로 읽는다.

35 정의 관중은 세상에서 이른바 현신이지만 공자는 그를 하찮게 여겼다라 한 것은 아마 주나라의 도가 쇠미하였고 환공은 현명한 임금인데도 관중이 어찌 보필이 제왕에 미치게끔 권면하지 않고 그저 패주로 자칭하게 하였는가라 생각하였으므로 공자가 작게 여긴 것이라는 말이다. 아마 앞에서 부자가 관중을 작게 여긴 것이 이 때문일 것이다.

36 정의 관중이 제나라의 제상이 되어 백성의 아름다움을 따르고 나라의 나쁜 점을 바로잡아 군신과 백성들이 서로 가까워지게 하였는데 이것이 관중이 잘하는 것이라는 말이다. 『효경 · 사군(孝經 · 事君)』편에 나오는 말이다.

方晏子伏莊公尸哭之	바야흐로 안자가 장공의 시체에 엎드려 곡을 하여
成禮然後去[37]	예를 다한 후에 떠난 것은
豈所謂見義不爲無勇者邪	어찌 이른바 "의를 보고도 행하지 않으면 용기가 없다."라 한 것이 아니겠는가?
至其諫說	간언할 때는
犯君之顔	임금의 안색을 범하였으니
此所謂進思盡忠	이것이 이른바 "나아가서는 충성을 다할 것을 생각하고
退思補過者哉[38]	물러나서는 허물을 보완할 생각을 한다."는 것일 것이다!
假令晏子而在	안자가 살아 있다고 한다면
余雖爲之執鞭	내 그의 (마부가 되어) 채찍을 잡는 일을 하더라도
所忻慕焉[39]	기꺼이 바라는 바이다.

37 색은 『좌전(左傳)』의 최저(崔杼)가 장공(莊公)을 죽이자 안영이 들어가 장공의 시신을 넓적다리에 눕히고 예를 행한 후에 나오자 최저가 그를 죽이려 하였다는 것이다.

38 역시 『효경 · 사군』편에 나온다.

39 색은 태사공이 안평중의 덕행을 흠모하고 앙망하여 가령 안자가 세상에 살아 있다고 한다면 자기가 비록 그의 종이 되어 그의 말을 모는 채찍을 잡아 준다고 하더라도 또한 기꺼이 그리워하는 바라는 것이다. 그 어짊을 좋아하고 선을 즐김이 이와 같다. 어질도다, 훌륭한 사관이 신하 된 도리의 밝은 경계를 보여줄 수 있음이!

3 노자·한비 열전 老子韓非列傳

老子者[1] 노자는

楚苦縣厲鄉曲仁里人也[2] 초나라 호현 여향곡의 인리 사람으로

1 정의 『주도옥찰(朱韜玉札)』 및 『신선전(神仙傳)』에서는 "노자는 초나라 고현(苦縣) 뇌향곡(瀨鄕曲) 인리(仁里) 사람이다. 성은 이(李)이고 이름은 이(耳)이며 자는 백양(伯陽)으로, 또한 이름을 중이(重耳), 자를 달리 담(聃)이라고도 하였으며, 신장이 8척 8촌이었고 황색의 아름다운 눈썹에 귀는 길었고 눈은 컸으며 이마가 넓고 이가 드문드문 났으며 입은 모나고 입술은 두터웠으며, 이마에는 삼오(三五)의 달리(達理)가 있었고 가운데가 해 모양으로 솟았으며 달이 걸려 있었고, 코에는 콧잔등이 두 개였으며, 귀에는 문이 세 개였고, 발은 이오(二五)를 밟고 손에는 열 개의 무늬를 쥐고 있다. 주나라 때 사람으로 노자의 어머니가 81세에 낳았다."라 하였다. 또한 『현묘내편(玄妙內篇)』에서는 "노자의 어머니가 회임을 한 지 81년 만에 자두나무 아래를 소요하다가 곧 왼쪽 겨드랑이를 가르고 태어났다."라 하였다. 또 말하기를 "현묘옥녀(玄妙玉女)가 유성이 입으로 들어가는 꿈을 꾸고 임신을 하였는데 72년 만에 노자를 낳았다."라 하였다. 또한 『상원경(上元經)』에서는 "노자의 어머니는 밤낮으로 오색의 구슬이 보였는데 크기가 탄환만 하였고 하늘에서 내려와 이에 삼켰더니 곧 임신을 하였다."라 하였다. 장상군(張君相)은 "노자라는 것은 호이지 이름이 아니다. 노(老)는 고(考)의 뜻이다. 자(子)는 자(孳)의 뜻이다. 뭇 이치를 고찰하여 가르쳐 통달하여 이루고 성스러움을 많게 하여 이에 모든 이치를 번식시켜 낳고 교화에 뛰어나고 사물을 구제함에 남김이 없는 것이다."라 하였다.

2 집해 「지리지(地理志)」에서는 호현(苦縣)은 진(陳)나라 땅이라고 하였다. 색은 「지리지」에서 호현은 진나라에 속한다고 한 것은 잘못되었다. 호현은 본래 진나라에 속한 땅이었지만 춘추시대에 초나라가 진나라를 멸하여 호는 또 초나라에 속하게 되었으므로 초나라 호현이라고 하였다. 고제(高帝) 11년에 이르러 회양국(淮陽國)을 세웠는데, 진현(陳縣)과 호현(苦縣)이 모두 거기에 속하였다. (『집해』의 저자) 배인(裴駰)이 인용한 것은 명확하지 않아 호현이 진현 아래에 있다고 보았으므로 호(苦)가 진(陳)에 속한다고 하였다. 지금 「지리지」를 검

姓李氏[3]	성은 이씨이고
名耳	이름은 이이며
字聃[4]	자는 담으로
周守藏室之史也[5]	주나라 장서실을 관장하던 사관이었다.

孔子適周	공자가 주나라로 가서
將問禮於老子[6]	노자에게 예를 물으려 했다.
老子曰	노자가 말하였다.
子所言者	"그대가 말한 것은
其人與骨皆已朽矣	그(것을 만든) 사람과 뼈는 모두 벌써 썩어 문드

토하여 보면 호는 실로 회양군(淮陽郡)에 속하여 있다. '苦'는 음이 호(怙)이다. **정의** 「연표(年表)」에서는 회양국(淮陽國)이라 하였는데, 경제(景帝) 3년에 폐하였다. 천한(天漢) 연간에 이르러 역사를 수찬할 때 초절왕(楚節王) 순(純)이 팽성(彭城)을 도읍으로 하였는데, 서로 가까웠다. 호(苦)는 이때 초나라에 속하였을 것이므로 태사공이 그렇게 기록한 것 같다. 『괄지지(括地志)』에서는 "호현(苦縣)은 박주(亳州) 곡양현(谷陽縣) 경계에 있다. 노자의 집 및 사당[廟]이 있는데, 사당 내에는 아홉 개의 우물이 아직도 남아 있으며 지금의 박주 진원현(真源縣)에 있다."라 하였다. '厲'의 음은 뇌(賴)이다. 『진태강지기(晉太康地記)』에서는 "호현(苦縣)의 성 동쪽에는 뇌향사(瀨鄉祠)가 있는데, 노자가 태어난 곳이다."라 하였다.

3 **색은** 갈현(葛玄: 164?~ 244?, 『신선전』을 지은 吳나라 葛洪의 증조부)은 "이씨(李氏) 여인이 낳았는데 어머니의 성을 따랐다."라 하였다. 또 말하기를 "나면서 자두나무[李樹]를 가리켰으므로 성으로 삼았다."라 하였다.

4 **색은** 허신(許慎)은 "담(聃)은 귓바퀴가 없는 것이다."라 하였다. 그래서 이름을 이(耳), 자를 담(聃)이라 하였다. 본래 자를 백양(伯陽)이라는 설이 있는데 옳지 않다. 그러나 노자를 백양보(伯陽父)라 부르는데 이렇게 전할 뿐 일컫지는 않는다. **정의** 담(聃)은 귓바퀴에 테가 없는 것이다. 『신선전』에서는 "달리 자를 담(聃)이라 한다."라 하였다. 생각건대 자(字)는 호(號)이다. 노자가 귓바퀴에 테가 없었으므로 세상에서는 담(聃)이라 불렀을 것이다.

5 **색은** 장실사(藏室史)라는 것은 주(周)나라 장서실(藏書室)의 사관이다. 또한 「장창전(張蒼傳)」[『한서(漢書)』]에서는 "노자는 주하사(柱下史)가 되었다."라 하였으니 아마 곧 장실(藏室)의 주하(柱下)일 것이며, 이로 인해 관직으로 삼았다.

6 **색은** (戴德이 지은) 『대대기(大戴記)』(곧 『大戴禮記』)에서도 그렇다고 하였다.

	러졌고
獨其言在耳	다만 그 말만 남아 있을 따름이오.
且君子得其時則駕	또한 군자는 때를 얻으면 멍에를 지워 나가며
不得其時則蓬累而行[7]	때를 얻지 못하면 쑥대처럼 굴러다닌다오.
吾聞之	내가 듣건대
良賈深藏若虛	훌륭한 장사치는 (재화를) 깊이 감추어 빈 듯하고,
君子盛德容貌若愚[8]	덕이 성한 군자는 용모가 어리석은 듯하다고 하였소.
去子之驕氣與多欲	그대의 교만한 기세와 탐욕 많음,
態色與淫志[9]	득의만만한 기색과 방탕한 마음을 버리시오.
是皆無益於子之身	이것들은 모두 그대의 신상에 도움이 되지 않소.
吾所以告子	내가 그대에게 일러주려는 것은

---

7 색은 유씨(劉氏)는 "봉루(蓬累)는 부지(扶持)와 같다. '累'는 음이 루[六水反]이다. 논자들은 말하기를 머리에 이는 것으로, 두 손으로 받쳐서 가기 때문에 봉루라고 한다."라 하였다. 생각건대 봉(蓬)은 덮는 것이며, 루(累)는 따르는 것이다. 현명한 임금을 만나면 수레를 타고 가서 관복을 입고, 때를 만나지 못하면 스스로 덮어 서로 손을 잡고 따라서 떠날 따름이라는 것을 말하였다. 정의 '봉(蓬)'은 모래들판을 굴러다니는 쑥이다. 루(累)는 굴러다니는 모양이다. 군자가 현명한 군주를 만나면 수레를 타고 가서 섬기고 때를 만나지 못하면 쑥대와 같이 굴러서 이리저리 옮겨 다니다가 머물 만하면 머문다는 것을 말한다. 봉(蓬)은 그 모양이 흰 쑥과 같아 잎이 가늘고 사막에서 덩굴져 나며 바람이 불면 뿌리가 끊어져 바람을 따라 옮기어 다닌다. 파호(皤蒿)는 강동(江東)에서는 사호(斜蒿)라 한다고 한다.

8 색은 양고(良賈)는 물건을 잘 파는 사람을 말한다. '賈'는 음이 고(古)이다. 심장(深藏)은 그 보화를 숨기어 남들이 보지 못하게 하므로 "빈 듯하다."라 하였다. 그리고 군자는 몸에 성한 덕이 있어서 그 용모가 겸손하고 물리어 어리석고 노둔한 사람 같은 것이 있다. (삼국시대 魏나라) 혜강(嵇康: 223~262?)의 『고사전(高士傳)』에도 이 말이 실려 있는데 문장은 조금 달라 "훌륭한 장사치는 깊이 감추어 겉모습이 빈 듯하고, 군자는 덕이 성하여 용모가 부족한 듯하다(良賈深藏, 外形若虛, 君子盛德, 容貌若不足)."라 하였다.

9 정의 득의만만한 기색과 방탕한 마음은 모두 부자(夫子)에게 아무런 도움이 되지 못하니 반드시 없어야 한다는 것이다.

若是而已	이와 같은 것일 따름이오."
孔子去	공자는 떠나서
謂弟子曰	제자들에게 말하였다.
鳥	"새는
吾知其能飛	내 잘 낢을 알고,
魚	물고기는
吾知其能游	내 헤엄을 잘 침을 알며,
獸	짐승은
吾知其能走	내 잘 달림을 안다.
走者可以爲罔	달리는 것은 그물질을 할 수 있고
游者可以爲綸	헤엄치는 것은 낚을 수 있으며
飛者可以爲矰	나는 것은 주살을 쓸 수 있다.
至於龍	용은
吾不能知其乘風雲而上天	내 바람과 구름을 타고 하늘로 오름을 알 수 없다.
吾今日見老子	내 오늘 노자를 만나 보니
其猶龍邪	그는 용과 같았도다!"

老子脩道德	노자는 도덕을 닦았는데
其學以自隱無名爲務	그 학문은 스스로 숨기어 이름을 드러내지 않음을 힘썼다.
居周久之	주나라에 산 지 오래되어
見周之衰	주나라가 쇠퇴하는 것을 보고
迺遂去	이에 마침내 떠났다.
至關[10]	관문에 이르자

關令尹喜曰	관령인 윤희가 말하였다.
子將隱矣	“선생님께서 숨으려 하시니
彊爲我著書	어쨌거나 제게 책을 지어주십시오.”
於是老子迺著書上下篇	이에 노자가 곧 상하편의 책을 지어
言道德之意五千餘言而去	도와 덕의 뜻을 5천여 자로 말하고 떠났는데
莫知其所終[11]	그가 일생을 마친 곳을 아무도 몰랐다.

或曰	혹자는 말한다.
老萊子亦楚人也[12]	노래자 또한 초나라 사람으로
著書十五篇	책 15편을 지어
言道家之用	도가의 쓰임을 말하였는데
與孔子同時云	공자와 동시대 사람이라고 한다.

---

10 **색은** 이우(李尤)의 「함곡관명(函谷關銘)」에서는 “윤희(尹喜)는 노자에게 2편을 지어 남기도록 부탁하였다.”라 하였으며, 최호(崔浩)는 윤희는 또한 바로 산관령(散關令)이라고 하였다. **정의** (東晉의 葛洪이 지은) 『포박자(抱朴子)』에서는 “노자는 서쪽으로 가면서 산관(散關)에서 관령 윤희를 만나 윤희에게 『도덕경(道德經)』 1권을 지어주고 『노자(老子)』라고 하였다.”라 하였다. 『괄지지』에서는 “산관(散關)은 기주(岐州) 진창현(陳倉縣) 동남쪽 52리 지점에 있다. 함곡관은 섬주(陝州) 도림현 서남쪽 20리 지점에 있다.”라 하였다. ‘強’은 음이 강[其兩反]이다. ‘爲’는 음이 위[于僞反]이다.

11 **집해** 『열선전(列仙傳)』에서는 “관령(關令) 윤희(尹喜)는 주(周)나라의 대부이다. 신선술(神仙術)과 성수(星宿)에 뛰어났으며 정화(精華)를 복용하고 덕을 감춘 채 인을 행하였는데 당시 사람들은 아무도 그를 알아보지 못하였다. 노자가 서쪽으로 갈 때 윤희는 그 기운을 먼저 보고 진인(眞人)이 지나갈 것임을 알고서 검색을 하면서 자취를 찾아 과연 노자를 찾아냈다. 노자 또한 그 기이함을 알아보고 책을 지어주었다. 노자와 함께 유사(流沙) 서쪽으로 가서 참깨 씨를 복용했다. 아무도 그가 일생을 마친 곳을 몰랐다. 또한 책 9편을 지었는데 『관령자(關令子)』라 하였다.”라 하였다. **색은** 『열선전』은 (前漢의) 유향(劉向)이 기록한 것이다. 검색을 하면서 자취를 찾았다는 것은 그 기물(氣物)에 특이한 기색이 있어서 자취를 찾아낸 것이다. 또 생각건대 『열선전』에서는 “노자가 서쪽으로 감에 관령 윤희가 보라색 기운이 관문에 떠 있는 것을 바라보았는데 노자가 과연 푸른 소를 타고 지나갔다.”라 하였다.

蓋老子百有六十餘歲	노자는 백60여 세를 살았을 것이라고도 하고
或言二百餘歲[13]	혹자는 2백여 세를 살았다고도 하는데
以其脩道而養壽也	도를 닦아 보양하여 수명을 늘렸기 때문이라고 한다.

自孔子死之後百二十九年[14]	공자가 죽은 뒤 129년에
而史記周太史儋見秦獻公曰	사서(史書)에서는 태사 담이 진헌공을 찾아보고 말한 것을 기록 하여
始秦與周合	"처음에 진나라와 주나라는 하나로 합쳐졌었는데
合五百歲而離	합쳐진 상태에서 5백 년 만에 분리되었고

---

12 **정의** 태사공은 노자가 혹 노래자(老萊子)일 것으로 의심하였으므로 이렇게 기록하였다. 『열선전』에서는 "노래자는 초나라 사람이다. 당시에 세상이 어지러워서 세상을 피하여 몽산(蒙山)의 남쪽에서 농사를 지으며 왕골과 억새로 담을 만들고 쑥대로 집을 지었으며 장목(杖木)으로 침상을 만들고 시초와 쑥으로 자리를 만들었으며 절임 채소와 마름으로 식사를 하였고 산을 개간하여 오곡을 파종하였다. 초왕이 문 앞에 이르러 그를 맞으려 하니 마침내 떠나 강남에 이르러서야 그만두었다. 말하기를 '조수(鳥獸)의 깃털과 털이 떨어지면 이어서 옷을 만들 수 있고, 그들이 남긴 낟알로 먹을 수 있다.'라 하였다."라 하였다.

13 **색은** 이전에 옛 호사자들이 『외전(外傳)』에 근거하여 노자가 산 해가 공자 때에까지 이른다 하였으므로 백60세라고 하였다. 혹자가 2백여 세라고 말한 것은 곧 주나라 태사 담(儋)을 노자로 생각하였으므로 2백여 세라 한 것이다. **정의** 개(蓋)와 혹(或)은 모두 의문을 표시한 말이다. 세상에서 분명히 모르므로 '개(蓋)'니 '혹(或)'이니 한 것이다. 『옥청(玉清)』에서는 노자가 주평왕(周平王) 때 쇠퇴하는 것을 보고 이에 떠났다고 하였다. 「공자세가(孔子世家)」에서는 공자가 노자에게 예를 물은 것은 주경왕(周景王) 때이며 공자는 나이가 서른 살로 평왕과는 12왕의 거리가 있을 것이다. 이 전에서는 담(儋)이 곧 노자이다라 하였으며, 진헌공(秦獻公)은 열왕(烈王)과 동시대인으로 평왕과는 21왕의 거리가 있다. 설이 일치하지 않는 것은 알 수가 없다. 그러므로 갈선공(葛仙公)의 서문에서는 "노자는 자연을 몸으로 삼고 대시(大始)에 앞서 태어났으며 무인(無因)에서 일어나 천지의 종시(終始)를 두루 돌아다녀 기록할 수가 없었다."라 하였다.

14 **집해** 서광(徐廣)은 말하였다. "실은 119년이다."

離七十歲而霸王者出焉[15]	분리된 지 70년 만에 패왕이 그곳에서 나왔다."라 하였다.
或曰儋即老子	혹자는 담이 곧 노자라 하고
或曰非也	혹자는 아니라 하여
世莫知其然否	세상에서는 아무도 그런지 아닌지를 알지 못한다.
老子	노자는
隱君子也	은둔한 군자이다.

老子之子名宗	노자의 아들은 이름이 종으로,
宗爲魏將	종은 위나라의 장수가 되어서
封於段干[16]	단간에 봉하여졌다.
宗子注[17]	종의 아들은 주이고
注子宮	주의 아들은 궁이며
宮玄孫假[18]	궁의 현손은 가인데

15 **색은** 주나라와 진나라의 두 「본기」에서는 모두 "처음에 주나라와 진나라는 합쳐진 상태였다가 나누어졌고 나누어진 지 5백 년 만에 다시 합쳐졌으며 합쳐진 지 70년 만에 패왕이 나왔다(始周與秦國合而別, 別五百載又合, 合七十歲而霸王者出)."라 하였다. 그러나 이 전(傳)과는 이합(離合)이 정반대인데 그 뜻을 살펴보면 또한 결코 서로 어긋나지 않는다.

16 **집해** 여기서 단간(段干)에 봉하였다 하였는데, 단간은 위(魏)나라의 읍 이름일 것이다. 그리고 「위세가(魏世家)」에 단간목(段干木)과 단간자(段干子)가 있고, 「전완세가(田完世家)」에 단간붕(段干朋)이 있는데 아마 이 세 사람은 단간을 성으로 삼은 것일 것이다. 본래 대체로 읍을 따라 성으로 삼는 것은 『좌전(左傳)』에서 이른바 "읍 또한 이와 같다(邑亦如之)."라 한 것이 바로 이런 경우이다. (後漢 應劭가 편한) 『풍속통 · 씨성주(風俗通 · 氏姓注)』에서는 성은 단(段)이고 이름이 간목(干木)이라 하였는데 아마 잘못 알았을 것이다. 천하에 단(段)이 성인 사람이 분명히 따로 있는데 하필이면 단간목(段干木)이라 하였겠는가!

17 **색은** 음은 주(鑄)이다. **정의** 음은 주[之樹反]이다.

18 **색은** 음은 가[古雅反]이다. **정의** '瑕'가 되어야 하며 음은 하(霞)이다.

假仕於漢孝文帝	가는 한 효문제 밑에서 벼슬을 했다.
而假之子解爲膠西王卬太傅	그리고 가의 아들 해는 교서왕 앙의 태부가 되어
因家于齊焉	내친김에 제나라에 눌러 앉았다.

世之學老子者則絀儒學[19]	세상에서 노자를 배우는 사람은 유학을 내치고
儒學亦絀老子	유학자들 또한 노자를 내친다.
道不同不相爲謀	"도가 같지 않으면 서로 도모하지 말아야 한다." 하였으니
豈謂是邪	아마 이를 이르는 것일 것이다.
李耳無爲自化	이이는 함이 없어도 스스로 교화되었고
淸靜自正[20]	맑고 깨끗하여 스스로 바르게 되었다.

莊子者	장자는
蒙人也[21]	몽현 사람으로
名周	이름은 주이다.
周嘗爲蒙漆園吏[22]	장주는 일찍이 몽현 칠원의 관리가 된 적이 있으며

---

19 **색은** '絀'은 음이 출(黜)이다. 출(黜)은 물리친다는 뜻이다.

20 **색은** 이는 태사공이 그 한 일에 따라 이 편(篇)의 끝에서 이 말로 맺은 것으로 또한 찬(贊)이다. 노자는 "내가 함이 없어도 백성이 스스로 교화되고, 내가 고요하기를 좋아하니 백성이 스스로 바르게 된다(我無爲而民自化, 我好靜而民自正)."라 하였는데, 이는 옛사람이 노담의 덕을 평한 것이므로 태사공이 이곳에 인용하여 기록하였다. **정의** 이는 모두 노자의 가르침을 맺은 것이다. 인위적으로 하는 것이 없어도 저절로 교화되고 맑고 깨끗하며 휘지 않아도 백성들이 절로 올바른 곳으로 돌아감을 말한 것이다.

21 **집해** 「지리지」에서 몽현(蒙縣)은 양(梁)나라 땅이라고 하였다. **색은** 「지리지」에서 몽현(蒙縣)은 양(梁)나라 땅이라고 하였다. 유향의 『별록(別錄)』에서는 송(宋)나라의 몽(蒙) 사람이라 하였다. **정의** (晉나라) 곽연생(郭緣生)의 『술정기(述征記)』에서는 몽현(蒙縣)은 장주의 본읍(本邑)이라고 하였다.

與梁惠王, 齊宣王同時	양혜왕 및 제선왕과 동시대의 인물이다.
其學無所不闚	그의 학문은 엿보지 않은 것이 없지만
然其要本歸於老子之言	그 핵심은 노자의 말로 귀착된다.
故其著書十餘萬言	그러므로 그의 저서 10여만 언(言)은
大抵率寓言也[23]	대부분이 우언의 유(類)이다.
作漁父盜跖胠篋[24]	「어부」와 「도척」, 「거협」을 지어서
以詆訿孔子之徒[25]	공자의 무리를 비방하였으며
以明老子之術	노자의 학술을 밝혔다.
畏累虛亢桑子之屬	「외루허」와 「경상자」 따위는
皆空語無事實[26]	모두 빈말로 사실무근이다.

---

22 **정의** 『괄지지』에서는 "칠원(漆園)의 옛 성은 조주(曹州) 원구현(冤句縣) 북쪽 17리 지점에 있다."라 하였다. 여기에서 장주가 칠원의 관리가 되었다 한 것이 바로 이곳이다. 생각건대 그 성은 옛날에는 몽현(蒙縣)에 속하였다.

23 **색은** 대저(大抵)는 대략(大略)이라는 말과 같다. 그의 책 10여만 언(言)은 거의 모두 주인과 객을 세워 서로 대화하게 한 것이므로 '우언(偶言)'이라고 하였다. (偶는) 또 음을 우(寓)라고도 하는데, 우(寓)는 기탁하는 것이다. 그러므로 『별록』에서는 "사람의 성과 이름을 지어서 서로 대화를 나누게 하는데 이는 남에게 말을 기탁한 것이므로 『장자』에 「우언(寓言)」편이 있다."라 하였다. **정의** '率'은 음이 율(律)이다. '寓'는 음이 우(遇)이다. 율(率)은 유(類)와 같다. 우(寓)는 기탁하는 것이다.

24 **색은** 거협(胠篋)은 상자를 연다(開篋)는 것과 같은 말이다. '胠'의 음은 거(袪)이고, 또한 음을 거(去)라고도 한다. '篋'은 음이 겁[去劫反]이다. **정의** '胠'는 음이 거[丘魚反]이다. '篋'은 음이 겹[苦頰反]이다. 거(胠)는 여는 것이다. 협(篋)은 상자 따위이다. 이 『장자』 3편의 이름은 모두 예로부터의 성군(聖君)과 현신, 공자의 무리를 무고하고 비방하는 것이며, 명예를 추구하면 모두 몸을 잃게 된다는 것으로 소박함을 지키고 참됨에 맡기는 도가 아니다.

25 **색은** 저(詆)는 들추어낸다는 뜻이다. '詆'의 음은 저(邸)이다. '訿'의 음은 자(紫)이다. 공자를 꾸짖어 단점을 들추어내고 비방하여 헐뜯음을 이른다.

26 **색은** 『장자(莊子)』「외루허(畏累虛)」는 편명으로 곧 노담(老聃)의 제자 외루(畏累)이다. 추씨(鄒氏)는 '畏'는 음이 외[於鬼反]이고, '累'는 음이 루[壘]라 하였다. 유씨(劉氏)는 '畏'의 음은 외[烏罪反]이고, '累'는 뢰[路罪反]라고 하였다. 곽상(郭象)은 "지금의 동래(東萊)이다."라 하였다. '亢'의 음은 경(庚)이다. 경상자(亢桑子)는 왕소(王劭)의 판본에는 '경상(庚桑)'으로

然善屬書離辭[27]	그러나 글을 잘 짓고 말을 잘 엮어
指事類情	이치를 가리키고 정상을 비유하여
用剽剝儒墨[28]	이로써 유가와 묵가를 공격하니
雖當世宿學不能自解免也	아무리 당세의 노련한 학자라도 스스로 벗어날 수가 없었다.
其言洸洋自恣以適己[29]	그 말이 한없이 넓고 마음 내키는 대로 하여 자득하였으므로
故自王公大人不能器之	왕공대인들도 그를 쓸 수가 없었다.

楚威王聞莊周賢[30]	초위왕이 장주가 현명하다는 것을 듣고
使使厚幣迎之	사자를 보내어 예물을 두터이 하여 그를 맞아
許以爲相	재상이 되게 하려 했다.
莊周笑謂楚使者曰	장주가 웃으면서 초나라의 사자에게 일러 말하였다.
千金	"천금은
重利	큰 이익이고,

되어 있다. (西晉의) 사마표(司馬彪)는 "경상(庚桑)은 초나라 사람의 성명이다."라 하였다. **정의** 『장자』에서는 "경상초는 노자의 제자로 북쪽의 외루산에 살았다(庚桑楚者, 老子弟子, 北居畏累之山)."라 하였다. 성막(成瑛)은 "산은 노(魯)나라에 있으며 또한 심주(深州)에 있다고도 한다."라 하였다. 이 편은 경상초에게 기탁하여 지인(至人)의 덕과 양생의 도를 밝히고 있는데, 마른 나무에는 정이 없다, 불 꺼진 재는 마음이 없다, 화와 복이 이르지 않으니 어찌 인간 세상의 재화가 있겠는가?라 한 것과 같은 것이다. 『장자 · 잡편(莊子 · 雜篇)』「경상초(庚桑楚)」 이하는 모두 말만 헛되이 늘어놓아 사실성이 없다는 것을 말한다.

27 **정의** '屬'의 음은 촉(燭)이다, 이사(離辭)는 그 사구(辭句)를 분석한다는 말과 같다.

28 **정의** '剽'의 음은 표[疋妙反]이다. 표(剽)는 공격이라는 말과 같다.

29 **색은** '洸洋'의 음은 왕양(汪羊)이며 또 황양(晃養)이라는 음도 있다. 또한 '瀁' 자로 된 판본도 있다. **정의** '洋'의 음은 상(翔)이다. '己'의 음은 기(紀)이다.

30 **정의** 위왕(威王)은 주현왕(周顯王) 30년(B.C. 339)에 해당한다.

卿相	경상은
尊位也	높은 지위요.
子獨不見郊祭之犧牛乎	그대는 교제의 희생으로 쓰이는 소도 보지 못하였소?
養食之數歲	여러 해 동안 기르고 먹이어
衣以文繡	무늬를 수놓은 옷을 입혀
以入大廟	태묘로 들여보내오.
當是之時	이때는
雖欲爲孤豚	아무리 작은 돼지가 되려고 하나
豈可得乎[31]	어찌 되겠소?
子亟去[32]	그대는 속히 가서
無污我[33]	나를 더럽히지 마시오.
我寧游戲污瀆之中自快[34]	내 차라리 작은 도랑에서 마음 내키는 대로 놀지언정
無爲有國者所羈	통치자에게 얽매이지 않고
終身不仕	죽을 때까지 벼슬을 하지 않으며
以快吾志焉[35]	내 뜻을 즐기려 하오."

31 **색은** 고(孤)는 작다, 특(特: 세 살 난 짐승)이다. 작은 돼지가 되고자 하나 될 수 없는 것이다. **정의** 무리를 이루지 않는 것이다. 돈(豚)은 작은 돼지이다. 희생될 때 작은 돼지가 되고자 하나 될 수 없는 것이다.

32 **색은** 음은 극(棘)이다. 극(亟)은 급(急)과 같다.

33 **색은** '污'는 음이 오[烏故反]이다.

34 **색은** 음은 오독(烏讀)이다. 오독(污瀆)은 고여서 흐르지 않는 작은 도랑이다.

35 **정의** 『장자』에서는 "장자가 복수의 가에서 낚시를 하고 있었는데 초왕이 대부를 보내어 말하였다. '원컨대 나라의 일로 장자에게 누를 끼치려 합니다.' 낚싯대를 잡고 돌아보지도 않고 말하기를 '내가 듣자 하니 초나라에는 신귀(神龜)가 있다 하는데 죽은 지가 2천 년이 되었으며 수선으로 싼 상자에 넣어서 묘당(廟堂) 위에 보관하고 있다 하더이다. 이 거북은 죽어서 뼈를 남기어 귀하게 되기를 바라겠습니까? 차라리 살아서 진흙 속에서 꼬리를 끌

申不害者	신불해는
京人也[36]	경현 사람으로
故鄭之賤臣	옛 정나라의 미천한 신하였다.
學術以干韓昭侯[37]	형명법술을 배워 한소후를 찾아뵈었는데
昭侯用爲相	소후는 그를 재상으로 삼았다.
內脩政教	안으로는 정치와 교화를 닦고
外應諸侯	밖으로는 제후들에게 대응하기를
十五年	15년간 하였다.
終申子之身	신자가 죽을 때까지
國治兵彊	나라는 다스려지고 군사는 강하여져
無侵韓者[38]	한나라를 침략하는 나라가 없었다.

申子之學本於黃老而主刑名	신자의 학문은 황로에 뿌리를 두고 형명을 주로 하였다.
著書二篇	책 2편을 지었는데
號曰申子[39]	『신자(申子)』라 하였다.

韓非者[40]	한비는
韓之諸公子也	한나라의 여러 공자 중 하나이다.

고자 하겠습니까?' 대부가 말하였다. '차라리 진흙 속에서 꼬리를 끌려 할 테지요.' 장자가 말하였다. '가시오, 내 진흙 속에서 꼬리를 끌려 하오.'"라 하여 이 전과는 같지 않다.

36 **색은** 신자(申子)의 이름은 불해(不害)이다. 『별록』에서는 "경(京)은 바로 지금의 하남(河南) 경현(京縣)이다."라 하였다. **정의** 『괄지지』에서는 "경현(京縣)의 옛 성은 정주(鄭州) 형양현(滎陽縣) 동남쪽 20리 지점에 있으며 정(鄭)나라의 경읍(京邑)이다."라 하였다.

37 **색은** 술(術)은 곧 형명(刑名)의 법술(法術)이다.

38 **색은** 왕소(王劭)는 『기년(紀年)』에서는 "한소후(韓昭侯) 때 군사가 자주 쳐들어왔다."라 하여 이 말과는 다르다고 하였다.

喜刑名法術之學[41]	형명법술의 학문을 좋아하였는데
而其歸本於黃老[42]	그 귀착점은 황로에 근거하였다.
非爲人口吃[43]	한비는 사람이 말을 더듬어
不能道說	말을 잘하지는 못하였지만
而善著書	책을 잘 지었다.
與李斯俱事荀卿[44]	이사와 함께 순경을 사사하였는데
斯自以爲不如非	이사는 스스로 한비만 못하다고 생각하였다.

---

39 **집해** 유향의 『별록』에서는 "지금 민간에 있는 것은 상하의 2편, 중서(中書) 6편인데 모두 2편으로 합하여 이미 갖추어져서 태사공이 기록한 것보다 많다."라 하였다. **색은** 지금 세상에는 상하 2편이 있는데 또한 중서 6편이 있으며 그 편 중의 말은 모두 상하 2편에 합쳐져 이 책이 이미 갖추어진 것으로 태사공이 기록한 것보다 많다. **정의** (南朝 梁나라) 완효서(阮孝緖)의 『칠록(七錄)』에서는 『신자(申子)』는 3권이라 하였다.

40 **정의** 완효서의 『칠록(七錄)』에서는 "『한자(韓子)』 20권"이라 하였다. 「한세가(韓世家)」에서는 "왕안(王安) 5년에 한비는 진나라에 사신으로 갔다. 9년에 왕인을 사로잡아 마침내 한나라는 망하였다."라 하였다.

41 **집해** (前漢 劉向의) 『신서(新序)』에서는 "신자의 책은 인주(人主)는 술(術)을 잡음에 형(刑)은 없어야 한다고 하였으며 이어서 신하를 감독하고 책벌하였는데 그 질책이 심각하므로 '술(術)'이라고 하였다. 상앙(商鞅)이 지은 책은 '법(法)'이라 하였다. 모두 '형명(刑名)'이라 하였으므로 '형명법술의 책'이라 하였다."라 하였다. **색은** 저서가 30여 편인데 "『한자(韓子)』"라 하였다. [한자(韓子)는 곧 한비자(韓非子)를 말한다. 당대까지는 한자로 불렀는데 당나라 때부터 한유(韓愈)를 한자로 부르면서 둘을 구분하기 위하여 한비자로 부르게 되었다.-옮긴이]

42 **색은** 유씨는 "황로의 법은 번화함을 숭상하지 않고 맑고 간소하며 인위적이지 않아 임금과 신하가 절로 바르다. 한비가 논한 것은 부박하고 황음한 것을 꾸짖고 반박하여 법제(法制)에 사사로움이 없어서 명실(名實) 상칭한다. 그래서 '황로로 귀착된다'라 한 것이다."라 하였다. 이는 본래의 취지를 제대로 터득하지 못하였다. 지금 생각건대 『한자(韓子)』에는 「해로(解老)」와 「유로(喩老)」 2편이 있는데 이는 대체로 또한 황로의 학술을 숭상하는 것일 따름이다.

43 **정의** 음은 흘(訖)이다.

44 **정의** 『손경자(孫卿子)』[곧 후세의 『순자(荀子)』]는 22권이다. 이름은 황(況)으로 조(趙)나라 사람으로 초나라 난릉령(蘭陵令)이다. 한나라 선제(宣帝)의 휘를 피하여 성을 손(孫)으로 고쳤다.

非見韓之削弱	한비는 한나라가 국토가 깎이고 약해짐을 보고
數以書諫韓王[45]	여러 차례 글을 올려 한왕에게 간언하였지만
韓王不能用	한왕은 그를 쓸 수가 없었다.
於是韓非疾治國不務脩明其法制	이에 한비는 나라를 다스리는 데 그 법제를 닦고 밝히어
執勢以御其臣下	권세를 잡고 그 신하를 부리며
富國彊兵而以求人任賢	나라를 부유하게 하고 군사를 강하게 하는 데 사람을 구하여 현능한 이를 임용하지 않고
反擧浮淫之蠹而加之於功實之上	부유하고 황음한 좀벌레 같은 사람만 등용하여 절실하고 공이 있는 사람 위에 둠을 미워하였다.
以爲儒者用文亂法	유자는 문으로 법을 어지럽히고
而俠者以武犯禁	협자는 무로 금법을 범한다고 생각하였다.
寬則寵名譽之人	태평하면 명예를 탐하는 사람을 총애하고
急則用介冑之士[46]	다급하면 갑옷에 투구를 한 무사를 쓴다고 하였다.
今者所養非所用[47]	지금 양성하는 것은 쓸모 있는 사람이 아니며
所用非所養[48]	쓸모 있는 사람은 기르지를 않는다고 하였다.
悲廉直不容於邪枉之臣[49]	청렴하고 곧음은 간사하고 굽은 신하에게 용납되지 않음을 슬퍼하여

45 색은 한왕 안(安)이다.

46 정의 개(介)는 갑옷이다. 주(冑)는 투구이다.

47 색은 한비가 당시 임금이 녹봉으로 그 신하를 양성함이 모두 녹봉을 편안히 여기어 봉당이나 일삼는 신하들이지 용감하고 충성스러우며 용감한 무신이 아님을 미워한다는 말이다.

48 색은 또 임금이 지금 일에 임하여 임용함이 평상시에 녹봉을 주어 양성하는 선비가 아니어서 그 사력을 다하기 어렵다는 것을 말하였다.

49 색은 또한 간사하고 아첨하는 신하가 강직한 선비를 수용하지 않음을 슬퍼하였다.

觀往者得失之變[50]	지난 득실의 변화를 살피어

故作孤憤五蠹內外儲說林說難十餘萬言[51]

「고분」과 「오두」, 「내외저」, 「설림」, 「세난」 10여만 언을 지었다.

然韓非知說之難	그러나 한비는 유세의 어려움을 알고
爲說難書甚具	「세난」을 지어 매우 잘 갖추어 썼으나
終死於秦	끝내 진나라에서 죽어
不能自脫	스스로 벗어날 수가 없었다.

說難曰[52]	「세난」에서는 말하였다.

凡說之難	무릇 유세의 어려움은

---

50 **정의** 한비가 왕(王) 안(安)이 충량한 신하를 쓰지 않아 지금 나라가 깎이고 약하여졌으므로 지난날 나라를 통치한 임금들을 살펴 득실의 변이를 얻어 『한자(韓子)』 20권을 지었다는 것이다.

51 **색은** 이는 모두 한비가 지은 책의 편명이다. 「고분」은 고고(孤高)하여 당시 받아들여지지 않음을 분하게 여긴 것이다. 「오두」는 정치를 좀먹는 일이 다섯 가지가 있다는 것이다. 「내외저」는 『한자(韓子)』에는 「내저」와 「외저」편이 있는데, 「내저」는 명군(明君)은 법술을 집행함으로 신하를 제압하는데 제압하는 것은 자신의 안에 있다는 것을 말하였으므로 '내'라 하였고, 「외저」는 명군은 신하의 언행을 살펴서 상벌을 판단하는데 상벌은 신하에게 있다는 것을 말하였으므로 '외'라고 하였다. 두 가지 일을 저축하는 것이 이른바 명군이다. 「설림」은 여러 가지 일을 널리 말함이 그 많기가 마치 숲과 같으므로 '설림'이라고 하였다. 지금 『한자』에는 「설림」 상하 2편이 있다. 「세난」은 전인이 일을 행함이 자기와 같지 않음을 힐난하였으므로 그 책에 「세난」편이 있게 되었다.

52 **색은** '說'의 음은 세(稅)이다. '難'의 음은 난[奴干反]이다. 유세의 도가 어려움을 말하였기 때문에 「세난」이라고 한 것이다. 그 글은 말이 지극히 깊으므로 특별히 수록하였다. 그러나 이 편 또한 『한자』와는 미묘한 차이가 있으며 번거로운 것을 생략하였는데 대동소이하다. 유백장(劉伯莊) 또한 그 뜻을 펴서 그 미묘한 문장과 깊은 뜻을 거칠게 풀이하였으므로 유씨의 설이 있다.

非吾知之有以說之難也[53]	나의 지식으로 상대를 설복시키기가 어렵다는 것이 아니며,
又非吾辯之難能明吾意之難也[54]	또한 나의 구변으로 나의 뜻의 어려움을 잘 밝히기 어려운 것도 아니며,
又非吾敢橫失能盡之難也[55]	또한 내가 감히 거리낌 없이 다 표현할 수 있는 어려움도 아니다.
凡說之難	무릇 유세의 어려움은
在知所說之心	유세하려는 자의 마음을 알아
可以吾說當之[56]	나의 유세를 상대에 맞게 할 수 있느냐에 있다.

所說出於爲名高者也[57]	유세하려는 자가 높은 명예를 쌓고자 하는 자인데
而說之以厚利	두터운 이익으로 유세를 한다면

---

53 정의 무릇 유세는 정리를 알기가 어려우며 인주의 마음을 당하지 못하여 역린을 범할까 두렵다. 유세는 알기가 어려우므로 나의 지식으로 유세하기는 곧 어려운 것이 아니라고 하였다.

54 정의 내 뜻을 분명히 말할 수 있는 것 또한 어려운 것이 아니며 오히려 그리 어렵지 않다는 것이다.

55 색은 『한자』에는 '橫失'이 '橫佚'로 되어 있다. 유씨는 "내가 말하는 것이 거리낌이 없고 말을 다하고 계책을 발하여 마음을 다할 수 있는 것은 비록 어렵기는 하지만 그래도 어렵지 않다."라 하였다. 정의 '橫'은 음이 횡[擴孟反]이다. 또한 내가 감히 거리낌이 있는 것이 아니라 문사의 정치(情致)가 나의 마음을 다 말할 수 있는데, 이것이 비록 어렵기는 하지만 그래도 아주 어려운 것은 아니다.

56 색은 유씨는 "진언(進言)의 어려움은 바로 여기에 있다."라 하였다. 유세하는 마음은 임금의 마음을 이른다. 신하가 멀어서 높은 사람의 뜻을 잡아내지 못하면 귀천(貴賤)이 모두 멀리 떨어져 있어 지취(旨趣)를 알기 어려운데 절로 높은 견식이 아니라면 거의 가까이 맞출 수가 없으므로 "유세가 어렵다."라 한 것이라는 말이다. 이에 반드시 인주(人主)의 뜻을 잘 살펴 반드시 나의 유세가 그 마음에 맞아야 하기 때문에 "나의 유세를 거기에 맞게 하는 것"이라 하였다. 정의 앞의 세 가지 유세는 결코 어려운 것이 아니고 무릇 유세의 어려움은 바로 여기에 있다. 앞에 있는 사람의 뜻을 깊이 분별하여 안다면 내 말이 상대에 맞게 할 수 있고 은연중에 앞에 있는 사람의 마음과 맞을 때 유세하면 행해지는데 이것이 곧 어려운 것이라는 말이다.

則見下節而遇卑賤	절조가 낮고 비천한 자를 만났다고 하여
必棄遠矣[58]	반드시 멀리 버려둘 것이다.
所說出於厚利者也	유세하려는 자가 두터운 이익을 바라는 자인데
而說之以名高	높은 명예를 가지고 유세를 한다면
則見無心而遠事情	생각이 없고 사정에 멀다고 하여
必不收矣[59]	반드시 거두어 쓰지 않을 것이다.
所說實爲厚利而顯爲名高者也[60]	유세하려는 자가 실제로는 두터운 이익을 바라나 드러내기는 높은 명예를 쌓고자 하는 자인데
而說之以名高	높은 명예를 가지고 유세를 한다면
則陽收其身而實疏之	겉으로는 그 몸을 거두어 쓰는 척하나 실은 멀리할 것이며,
若說之以厚利	두터운 이익으로 유세를 한다면
則陰用其言而顯棄其身[61]	몰래 그 말을 쓰면서도 내놓고는 그 몸을 버릴 것이다.
此之不可不知也	이는 알아두지 않을 수 없다.

57 **색은** 유세하는 임금이 마음속에서 높은 명예를 세우고자 함을 드러내는 것이다. 그러므로 유씨가 "옛 복희와 황제를 헤아려 요와 순을 조술(祖述)한다."라 하였다.

58 **색은** 임금이 높은 명예를 세우고자 하는데 유세하는 신하는 두터운 이익을 말하는 것은 절조가 낮다는 것을 이른다. 이미 고아한 정취를 만나지 못하였으므로 비천함을 만나면 반드시 멀리 배척되는 것이다.

59 **색은** 또한 유세하는 임금을 이르는데 뜻을 내는 것이 본래 두터운 이익을 생각하는데 유세하는 신하는 높은 명예를 늘어놓으면 유세하는 자가 생각이 없는 것이며 나의 사정과 멀어져 반드시 거두어 쓰이지 않게 됨을 이른다. 유씨는 "진효공(秦孝公) 같은 사람은 나라를 강하게 하는데 뜻을 두었는데 상앙(商鞅)은 제왕으로 유세하였기 때문에 노하여 등용하지 않았다."라 하였다.

60 **색은** 『한자(韓子)』에는 '實' 자가 '隱' 자로 되어 있다. 현(顯)이라는 것은 드러낸다는 뜻이다. 그 임금이 실은 두터운 이익을 추구하고자 하면서도 거짓으로 높은 명예를 추구하려 하는 척하는 것이다. **정의** 앞의 사람이 반드시 두터운 이익을 도모하고자 하면서도 거짓으로 높은 명예를 그리워하는 척하면 겉으로는 그 말을 받아들이지만 실은 그를 멀리하게 된다.

夫事以密成	대체로 일은 비밀을 지킴으로써 이루어지고
語以泄敗	말은 누설함으로써 실패하게 된다.
未必其身泄之也	꼭 그 몸이 누설하려고 한 것이 아닌데
而語及其所匿之事[62]	말이 그 숨기는 일을 언급하게 되면
如是者身危	이런 자는 몸이 위태롭게 된다.
貴人有過端	귀인이 과실을 저질렀는데
而說者明言善議以推其惡者	유세자가 드러내 놓고 좋은 의논을 말하여 그 잘못을 들추어내면
則身危[63]	몸이 위태롭게 된다.
周澤未渥也而語極知	은총이 두텁지 못한데 아는 것을 있는 대로 말하여
說行而有功則德亡[64]	말이 행하여져 공을 이루면 덕이 잊혀질 것이고
說不行而有敗則見疑	말이 행하여지지 않아 실패를 하게 되면 의심을 받게 될 것이니
如是者身危[65]	이런 자는 몸이 위태롭게 된다.

61 **색은** 아래의 글에서 정무공(鄭武公)이 몰래 오랑캐를 치려 하는데 그 생각에 관하여 깊은 계책을 극력 논하는 것과 같이한다면 비록 유세가 옳음을 알지만 끝내 드러내 놓고 죽임을 당하게 된다. **정의** 앞의 사람이 두터운 이익을 좋아하는데 거짓으로 명예가 높은 것을 그리워하는 척했을 때 두터운 이익으로 유세하면 몰래 유세자의 말을 쓰면서도 드러내 놓고 그 몸을 거두어 쓰지 않는다. 유세하는 선비는 살피지 않을 수 없다.

62 **정의** 일에는 서로 비슷한 것이 많은데 그 서로 비슷한 일을 말하거나 유세하여 앞의 사람이 깨닫게 되면 누설된 것이 되기 때문에 몸이 위태롭게 된다.

63 **정의** 임금에게 과실의 단서가 있는데 좋고 훌륭한 의논을 끌어다 임금의 나쁜 점을 끌어낸다면 몸이 위태롭게 된다.

64 **색은** 신하의 일에서 도가 합치되지 않고 심지어 아래로 은혜가 두루 미치지 못하는데도 문득 실로 극언을 토로한다면 그 유세로 공을 세워도 그 덕은 또한 없어진다는 것을 말한다. '亡'은 무(無)이다. 『한자』에는 '則見忘'으로 되어 있지만 '見忘'이 '德亡'보다 낫다. **정의** 악(渥)은 젖는 것이다. 신하가 임금을 섬기는 데 은택이 두텁지 않은데 유세한 일은 이치에 맞는다면 일을 행하여 공이 있어도 임금이 은덕으로 생각지 않으므로 덕이 없어지게 되는 것이다.

夫貴人得計而欲自以爲功	귀인이 계책을 얻어 스스로 공을 세우고자 하는데
說者與知焉	유세자가 그것을 알게 되면
則身危[66]	몸이 위태롭게 된다.
彼顯有所出事	상대가 겉으로는 하는 일이 있으면서
迺自以爲也故	곧 스스로 다른 일을 하려는데
說者與知焉	유세자가 그것을 알게 되면
則身危[67]	몸이 위태롭게 된다.
彊之以其所必不爲[68]	그 반드시 하지 않으려는 일을 강요하거나
止之以其所不能已者	그 그만둘 수 없는 것을 그만두게 하면
身危[69]	몸이 위태롭게 된다.

---

65 **색은** 또한 유세가 행하여지지 않고 실패한다면 의심을 받게 되는데 이런 자는 위험하다. 은의(恩意)가 깊지 않은데 문득 당시의 정치를 평하여 믿음을 받지 못한다면 더욱 혐의를 받게 되어 아래에서 말한 이웃의 아버지가 담이 무너지면 도둑이 생길 것이라고 생각하면 오히려 의심을 받게 된다는 것과 비슷한 것이다. **정의** 유세한 일이 행하여지지 않고 어쩌다 행하였는데 실패를 한다면 반드시 위태로움을 초래하게 되고 이런 자는 몸이 위태롭게 된다는 것이다.

66 **정의** '與'는 음이 예(預)이다. 임금이 먼저 자기가 공을 세울 계책을 얻었는데 유세자가 알고서 앞에서 그 종적을 밝히면 몸이 반드시 위태롭게 된다는 것이다.

67 **색은** 임금이 분명히 할 일이 있어 이에 스스로 공을 세우려는 데 유세자가 거기에 끼어들어 알게 되면 이는 이간하는 것으로 생각하는 것이기 때문에 몸이 위태롭다는 것이다. **정의** 임금이 할 일을 밝히고 이에 영위하는 것이 있는데 유세자가 그 계책을 알고 있다면 유세자는 몸이 위태로워진다.

68 **색은** 유씨는 "항우(項羽)는 꼭 비단옷을 입고 동쪽으로 돌아가고자 하였는데 유세자가 어거지로 관중을 말하여 뜻을 어기고 마음을 거슬러 죽음을 자초한 것과 같다."라 하였다. **정의** '彊'의 음은 강[其兩反]이다. 임금은 굳이 하려 하지 않는데 유세자가 억지로 그렇게 하게 하는 것이다.

69 **색은** 유씨는 "한경제(漢景帝)가 율태자(栗太子)를 폐하기로 결정하였는데 주아부(周亞夫)가 억지로 그만두게 하려 하였지만 결국 그 말을 따르지 않아 나중에는 마침내 하옥된 것과 같다."라 하였다. **정의** 임금이 이미 영위(營爲)해 나가는 데 유세자가 억지로 제지한다면 몸이 위태롭게 된다.

故曰	그러므로 말하기를
與之論大人	그와 함께 대인을 논하면
則以爲閒己[70]	자기를 이간질하려는 것으로 생각할 것이며,
與之論細人	그와 함께 소인을 논하면
則以爲粥權[71]	권세를 팔려 한다고 생각할 것이다.
論其所愛	그 좋아하는 것을 논하면
則以爲借資[72]	출세의 바탕으로 삼으려 한다고 생각할 것이며,
論其所憎	그 미워하는 것을 논하면
則以爲嘗己[73]	자기를 떠보기 위함이라고 생각할 것이다.
徑省其辭	그 말을 질러 줄여서 하면
則不知而屈之[74]	무지하게 여기어 무시할 것이며,
汎濫博文	있는 대로 말을 다하면
則多而久之[75]	말이 많고 지루하다고 생각할 것이다.

70 정의 '閒'의 음은 간[紀莧反]이다. 저 대인의 단점을 가지고 유세하면 자기의 사정을 훔쳐 이에 놀리어 풍자한다고 생각할 것이다.

71 색은 『한비자』에는 '粥權'이 '賣重'으로 되어 있다. 저 잔단 사람을 천거하면서 크게 쓸 만하다고 말한다면 거짓을 끼고 나의 권세를 판다고 의심할 것이라는 말이다. 정의 '粥'의 음은 육(育)이다. 유백장은 "논하면 속이어 자기의 권세를 판다고 의심하게 된다."라 하였다.

72 정의 임금이 잘 행하는 것으로 유세를 하면 임금은 자기에게서 출세의 바탕을 빌리려 한다고 생각할 것이다.

73 정의 임금이 증오하는 것으로 논하여 유세하면 임금은 자기를 시험해 보려 한다고 생각할 것이다.

74 색은 임금의 뜻이 문화(文華)에 있는데 유세자가 그 말을 단도직입적으로 간략하게 줄여서 말한다면 유세자를 무지하다고 여기어 굴욕을 당할 것이라는 말이다. 정의 '省'의 음은 성[山景反]이다.

75 색은 임금의 뜻이 간요(簡要)함에 있는데, 유세자가 부박한 말을 있는 대로 늘어놓아 널리 문화(文華)를 섭렵하는 데 힘을 쓴다면 임금이 그 많고 우활 허탄함을 싫어하여 문체가 있어도 타당함이 없게 됨을 이른다. 정의 범람(汎濫)은 말이 넘치는 것이다. 박문(博文)은 말을 널리 하는 것이다. 부유한 말을 널리 늘어놓으면 필시 문사의 의리가 많아져 시간을 오래 끌게 되어 임금이 지치게 된다는 말이다.

順事陳意	일에 따라 뜻을 펼쳐놓으면
則曰怯懦而不盡[76]	겁이 많고 나약하여 다하지 못한다고 할 것이며,
慮事廣肆	일을 생각하여 원대한 것까지 말하면
則曰草野而倨侮[77]	거칠고 비루하며 거만하다고 할 것이다.
此說之難	이것이 유세의 어려움으로
不可不知也	알아두지 않으면 안 된다.
凡說之務	무릇 유세를 할 때 힘써야 할 것은
在知飾所說之所敬[78]	유세의 대상자가 존중하는 것을 꾸미고
而滅其所醜[79]	그 싫어하는 것을 없애는 것을 아는 데 있다.
彼自知其計	저쪽에서 그 계책을 스스로 안다고 여기면
則毋以其失窮之[80]	그 실책을 가지고 추궁하지 말아야 하고,
自勇其斷	스스로 용단을 내린다고 여기면
則毋以其敵怒之[81]	대적하여 그를 노하게 하지 말아야 하며,

76 정의 '懦'는 음이 난[乃亂反]이다. 유세자가 말을 하는 것이 임금의 뜻대로 따르면 혹 겁이 많고 나약하여 사정을 다 말하지 않게도 된다.

77 정의 초야(草野)는 비루(鄙陋)와 같다. 언사를 널리 늘어놓다 보면 비루함이 많아져 곧 거만하고 업신여기게 된다.

78 색은 소세(所說)는 유세를 하고자 하는 임금을 이른다. 그 존중하는 것을 꾸민다는 것은 유세하는 선비가 임금이 존중하는 것을 알아서 때때로 언사를 가지고 그것을 꾸미고 밝혀야 하는 것이다.

79 색은 추(醜)는 임금이 피하여 꺼리는 것이 있어서 싫어하는 것을 이르는데, 유세자는 마땅히 그 일의 단서를 없애어 말하지 않아야 한다.

80 정의 앞의 사람이 그 과실을 스스로 안다면 유세하는 선비는 과실을 가지고 끝까지 추궁하지 말아야 하는데 곧 임금을 헐뜯는 것이 되기 때문이다.

81 색은 임금이 스스로 용단을 내렸으면 유세하는 선비는 자신의 뜻으로 공격하여 틈을 내지 않아야 하는데 이는 아래 사람의 꾀로 윗사람을 대적하는 것으로 꾸짖음과 분노를 초래한다. 정의 '斷'의 음은 단[端亂反]이다. 유백장은 "귀인이 단정하기를 갑이 옳은데 유세자가 을로 그것을 공박하면 을의 이치는 같아지기 어려우며 아래에서 위에 대든다고 노하는 것이다."라 하였다.

自多其力	스스로 그 역량이 많다고 여기면
則毋以其難概之[82]	어려운 일을 가지고 막으려 하지 말아야 한다.
規異事與同計	다른 일과 같은 계책을 규획하고
譽異人與同行者	다른 사람과 행실이 같은 것을 기리어
則以飾之無傷也[83]	다치지 않도록 그것을 드러낸다.
有與同失者	더불어 같은 실수가 있는 자가 있다면
則明飾其無失也[84]	그가 실수가 없음을 분명히 드러내 주어야 한다.
大忠無所拂悟[85]	크게 충성하여 어기고 거스름이 없고
辭言無所擊排[86]	말이 배척당함이 없으면
迺後申其辯知焉	그런 다음에는 그 말과 아는 것을 펴게 된다.
此所以親近不疑[87]	이것이 가까워져서 의심을 받지 않아
知盡之難也[88]	다 말하는 것의 어려움을 아는 것이다.

---

82 색은 개(概)는 격(格)과 같다. 유씨는 "진소왕(秦昭王)이 조(趙)나라를 치고자 하는 쪽으로 결정을 내리자 백기(白起)가 그 어려움을 굳이 말하여 자신의 뜻을 이루어 임금의 행동을 막았으므로 두우(杜郵)의 죽음을 초래했다."라 하였다. 정의 '概'는 음이 개[古代反]이다.

83 정의 유백장은 "귀인이 갑과는 계책이 같고 을과는 행동이 같다고 한다면 유세자가 말을 함에 갑과 을을 상하게 하지 않아야 한다."라 하였다.

84 색은 위에서 임금이 일을 규획하고 남을 칭찬하는 것을 말하였는데 아무개와 계책이 같고 행동이 같으며, 지금 유세자의 말이 계책이 같고 행동이 같은 사람을 상하지 않게 한다면 또한 그 비슷함을 꾸미어 밝힐 수 있다는 것이다. 또한 만약에 임금과 같은 실수가 있으면 유세자는 그가 실수가 없음을 분명히 밝혀야 한다는 것이다. 정의 임금이 갑과 같은 실수를 하였으면 유세자는 갑이 실수가 없는 것을 밝혀야 한다는 것이다.

85 색은 '拂'의 음은 불(佛)이다. 크게 충성하는 사람은 뜻이 임금을 선으로 바로잡는 데 있어 임금이 처음에 따르지 않으면 잠시 물러서 멈추어 임금의 말을 기다렸다가 또 몇 번 간언하니 곧 임금을 어기거나 거스르지 않는다는 말이다. 정의 불오(拂悟)는 '咈忤'가 되어야 하며, 고자(古字)의 가차(假借)일 따름이다. 불(咈)은 어기는 것이며, 오(忤)는 거스르는 것이다.

86 색은 크게 충성하여 유세하고 간언하는 말은 본래 사람을 편안히 하고 교화를 일으키는 데로 돌아가고자 하여 따로 배척받아 밀쳐지는 일이 없음을 말한다. 『한자』에는 '擊摩'로 되어 있다.

得曠日彌久[89]	세월이 흘러 더욱 오래되어
而周澤既渥[90]	은총을 듬뿍 입고
深計而不疑	깊이 계책을 내어도 의심을 받지 않으며
交爭而不罪	서로 논쟁을 하여도 죄를 받지 않게 되면
迺明計利害以致其功	이에 이해를 명백하게 따져 그 공을 이루게 하며
直指是非以飾其身	시비를 바로 가리켜 몸을 바르게 꾸미게 하여
以此相持	이렇게 서로 지켜간다면
此說之成也[91]	이는 유세가 성공한 것이다.

伊尹爲庖[92]	이윤은 요리사였고

---

87 정의 크게 충성스런 말은 백성을 편안하게 하고 교화를 일으켜 일을 바로잡고 보필하려고 하는 데 있음을 말한다. 임금이 처음에는 또한 배척하지 않으며 이에 나중에는 은택을 두루 내려 임금과 신하의 도가 합치되어 이에 감히 말과 지혜를 말하게 된다. 이것이 친근하여 의심을 받지 않는 것이며 다 말하는 것의 어려움을 아는 까닭이다.

88 집해 서광은 "'知'는 '얻을 득(得)'으로 된 판본도 있다. 난(難)은 '말씀 사(辭)'로 된 판본도 있다."라 하였다. 색은 신하가 윗사람을 섬기는 도가 어려움을 모두 알고 있음을 말한다. 서광은 "'知'는 '얻을 득(得)'으로 된 판본도 있다. 난(難)은 '말씀 사(辭)'로 된 판본도 있다."라 하였다. 지금 『한자』에는 '得盡之辭'로 되어 있다. 정의 유세자가 담설의 어려움을 아는 것을 말하는데, 이 담설의 도를 다하여 임금의 마음을 얻어서 임금과 신하가 서로 합치된다면 이것이 곧 그것을 다하는 어려움을 아는 것이다.

89 색은 군신의 도가 합치되어 시일이 오래되면 이는 실로 임금과 가까워지는 것이라는 말이다.

90 색은 임금의 은택이 신하에게 두루 미치면 물고기와 물이 서로 필요로 하고 소금과 매실이 간을 잘 맞추는 것과 같음을 말한다.

91 정의 있는 대로 다 말하는 어려움을 안다면 임금과 신하의 도가 합치되므로 시일이 오래갈 수 있다. 은택이 흠뻑 무젖어 깊은 계책을 세워도 임금이 의심하지 않으며 임금과 서로 논쟁을 벌여도 죄를 받지 않고 나라의 이해를 분명히 헤아리게 되어 그 공을 이루어 곧장 옳고 그름을 가리키고 작록을 맡기어 이렇게 임금과 신하가 서로 유지해 가면 이 유세는 성공한 것이다.

92 정의 바로 「은본기(殷本紀)」에서는 "이에 유신씨(有莘氏)의 잉신(媵臣)이 되어 솥과 도마[俎]를 지고 (음식의) 맛을 가지고 탕(湯)임금을 유세하여 왕도에 이르게 하였다."라 한 것이다.

百里奚爲虜[93]	백리해는 포로였는데
皆所由干其上也	이는 모두 윗사람의 일에 참여하기 위한 수단이었다.
故此二子者	그러므로 이 두 사람은
皆聖人也	모두 성인인데도
猶不能無役身而涉世如此其汙也[94]	부역을 없게 할 수가 없었으며 세상을 살아가며 이렇게 욕을 보았으니
則非能仕之所設也[95]	재능 있는 관리가 부끄러워할 것이 아니다.
宋有富人	송나라에 부자가 있었는데
天雨牆壞	하늘에서 비가 내려 담이 허물어졌다.
其子曰不築且有盜	그 아들이 "쌓지 않으면 도둑이 들 것입니다."라 하였고
其鄰人之父亦云	그 이웃의 어른도 그렇게 말하였는데,
暮而果大亡其財	저녁에 과연 그 재물을 크게 도둑맞자
其家甚知其子而疑鄰人之父[96]	그 집에서는 그 아들을 매우 지혜롭다고 하였고 이웃의 어른은 의심하였다.
昔者鄭武公欲伐胡[97]	옛날에 정무공이 호를 치려고 하여
迺以其子妻之	이에 그 딸을 시집보냈다.
因問群臣曰	이어서 신하들에게 물어서 말하였다.

---

93 정의 「진세가(晉世家)」에서는 우공(虞公)을 습격하여 멸하고 대부 백리(百里)를 잡아 진목희(秦穆姬)의 종으로 삼았다고 하였다.

94 정의 '汙'는 음이 오[烏故反]이다. 요리사[庖]와 포로[虜]로 욕을 당한 것이다.

95 색은 『한자』에는 "재능 있는 선비가 부끄러워할 것이 아니다(非能士之所恥也)."로 되어 있다.

96 정의 그 아들과 이웃 어른의 말이 모두 옳았는데 매우 의심을 받았으니 처해야 할 곳이 아님을 아는 것은 어려운 것이다.

97 정의 『세본(世本)』에서는 "호(胡)는 귀성(歸姓)이다."라 하였다. 『괄지지』에서는 "호성(胡城)은 예주(豫州) 언성현(郾城縣) 경계에 있다."라 하였다.

吾欲用兵	"내가 군사를 일으키려 하는데
誰可伐者	누가 칠 만하겠는가?"
關其思曰	관기사가 말하였다.
胡可伐	"호가 칠 만합니다."
迺戮關其思	이에 관기사를 죽이고
曰	말하였다.
胡	"호는
兄弟之國也	형제의 나라인데
子言伐之	그대가 치라고 하니
何也	어째서인가?"
胡君聞之	호의 임금이 그 말을 듣고는
以鄭爲親己而不備鄭	정나라가 자기네와 가깝다고 여겨 정나라를 방비하지 않았다.
鄭人襲胡	정나라 사람이 호를 기습하여
取之	차지하였다.
此二說者	이 두 가지 말은
其知皆當矣[98]	그 앎은 모두 바로 알았으나
然而甚者爲戮	심한 경우에는 죽임을 당하고
薄者見疑	덜한 경우에는 의심을 샀다.
非知之難也	앎이 어려운 것이 아니라
處知則難矣	앎에 처함이 어려운 것이다.

昔者彌子瑕見愛於衛君	옛날에 미자하는 위나라 임금의 총애를 받았다.
衛國之法	위나라의 법에

98 정의 '當'의 음은 당[當浪反]이다.

竊駕君車者罪至刖	임금의 수레를 몰래 타는 자는 죄가 월형에 이르렀다.
既而彌子之母病	얼마 안 있어 미자(미자하)의 어머니가 병이 들었는데
人聞	어떤 사람이 듣고
往夜告之	가서 밤에 알려 주니
彌子矯駕君車而出	미자는 사칭하여 임금의 수레를 타고 나갔다.
君聞之而賢之曰	임금이 듣고는 어질게 여겨 말하였다.
孝哉	"효성스럽도다,
爲母之故而犯刖罪	엄마 때문에 월형의 죄를 저지르다니!"
與君游果園	임금과 과수원에서 놀았는데
彌子食桃而甘	미자가 복숭아를 먹다가 달다고 여겨
不盡而奉君	다 먹지 않고 임금에게 바쳤다.
君曰	임금이 말하였다.
愛我哉	"나를 사랑하는도다,
忘其口而念我	자기 입으로 먹던 것을 잊고 나를 생각하다니!"
及彌子色衰而愛弛	미자의 용모가 시들고 사랑이 시들해지자
得罪於君	임금에게 죄를 짓게 되었다.
君曰	임금이 말하였다.
是嘗矯駕吾車	"이놈은 일찍이 내 수레를 사칭하여 탔고
又嘗食我以其餘桃	또 일찍이 먹다 남은 복숭아를 내게 먹게 하였다."
故彌子之行未變於初也	여전히 미자의 행동은 전과 변하지 않았는데
前見賢而後獲罪者	전에는 현명하게 보았지만 나중에는 죄를 얻은 것은
愛憎之至變也	사랑과 미움이 변하게 한 것이다.
故有愛於主	그러므로 임금의 사랑이 있으면
則知當而加親	지혜가 맞아떨어져 더욱 친하여지고,
見憎於主	임금의 미움을 사면
則罪當而加疏	죄에 맞아떨어져 더욱 멀어지게 된다.

故諫說之士不可不察愛憎之主而後說之矣

그러므로 간언하고 유세하는 선비는 사랑하는 임금인지 미워하는 임금인지 살핀 다음에 유세를 하지 않을 수 없다.

夫龍之爲蟲也[99]	저 용이라는 동물은
可擾狎而騎也	길들이면 탈 수도 있다.
然其喉下有逆鱗徑尺	그러나 목구멍 아래에 지름 한 자인 역린이 있는데
人有嬰之	사람이 건드리는 일이 있으면
則必殺人	반드시 사람을 죽인다.
人主亦有逆鱗	임금에게도 역린이 있는데
說之者能無嬰人主之逆鱗	유세자가 임금의 역린을 건드리지 않을 수만 있다면
則幾矣[100]	거의 성공한 것이다.

人或傳其書至秦	사람 중에 그의 책을 진나라에 전한 자가 있었다.
秦王見孤憤五蠹之書	진왕이 「고분」과 「오두」의 책을 보고는
曰	말하였다.
嗟乎	"아,
寡人得見此人與之游	과인이 이 사람을 만나 그와 교유하게 된다면
死不恨矣	죽어도 여한이 없겠도다!"
李斯曰	이사가 말하였다.
此韓非之所著書也	"이것은 한비가 지은 것입니다."
秦因急攻韓	진나라는 이에 급히 한나라를 쳤다.

99 정의 용은 충류(蟲類)이다. 그래서 '龍之爲蟲'이라고 하였다.

100 색은 기(幾)는 거의[庶]라는 뜻이다. 거의 간언이 잘 되었다는 것을 이른다. 정의 유세자가 임금의 역린을 범하지 않을 수만 있다면 거의 이루어진 것이다.

韓王始不用非	한왕은 처음에는 한비를 쓰지 않다가
及急	다급하여지자
迺遣非使秦	이에 한비를 진나라에 사신으로 파견하였다.
秦王悅之	진왕은 그를 보고 기뻐하였으나
未信用	믿고 쓰지를 않았다.
李斯姚賈害之	이사와 요가가 그를 해롭게 여겨
毁之曰	헐뜯어 말하였다.
韓非	"한비는
韓之諸公子也	한나라의 공자 중 하나입니다.
今王欲并諸侯	지금 임금께선 제후들을 병탄하시고자 하시는데
非終爲韓不爲秦	한비는 끝내 한나라를 위하고 진나라는 위하지 않을 것이니
此人之情也	이것이 인지상정입니다.
今王不用	지금 임금께서 쓰시지 않으시어
久留而歸之	오래도록 머물게 하다가 돌려보내시면
此自遺患也	이는 스스로 근심을 남기는 것이 되니
不如以過法誅之	허물을 씌워 법으로 죽임만 못합니다."
秦王以爲然	진왕이 그럴듯하게 여겨
下吏治非	한비를 법관에게 넘겨 죄를 다스렸다.
李斯使人遺非藥	이사는 사람을 보내 한비에게 약을 주어
使自殺	자살하게끔 하였다.
韓非欲自陳	한비는 직접 진술을 하고자 하였으나
不得見	뵙지 못하게 되었다.
秦王後悔之	진왕이 이를 후회하여
使人赦之	사람을 보내 용서해 주게 하였으나

非已死矣[101] 한비는 이미 죽었다.

申子韓子皆著書 신자와 한자는 모두 책을 지어
傳於後世 후세에 전하여
學者多有 학자들이 거의 가지고 있다.
獨悲韓子爲說難而不能自脫耳
한자가 「세난」을 지었지만 스스로는 벗어날 수 없었음이 특히 슬플 따름이다.

太史公曰 태사공은 말한다.
老子所貴道 노자가 귀하게 여긴 것은 도로
虛無 허무를 추구하였고
因應變化於無爲 변화에 따라 무위로 화하였으므로
故著書辭稱微妙難識 지은 책의 말이 미묘하고도 알기 어렵다.
莊子散道德 장자는 (유가의) 도덕을 흩어
放論 논조가 방자한데
要亦歸之自然 요점은 또한 자연으로 귀의하였다.
申子卑卑[102] 신자는 부지런히 힘을 써서

---

101 **집해** 『전국책(戰國策)』[「진책(秦策) 5」]에서는 "진왕이 요가(姚賈)를 1천 호(一千戶)에 봉하고 상경(上卿)으로 삼았다. 한비가 그 결점을 들어 말하였다. '요가는 양[梁: 곧 위(魏)나라] 도성 문을 지키는 소리의 아들로 양나라에서는 도둑질을 하고 조나라에서 신하가 되었으나 쫓겨났습니다. 대대로 도성을 지키는 자의 아들이며 양나라의 큰 도둑이자 쫓겨난 신하를 데려다가 함께 사직의 계책을 세우는 것은 뭇 신하들을 격려하는 것이 아닙니다.' 왕이 요가를 불러 물어보았더니 요가가 어쩌고저쩌고 대답을 하여 이에 한비를 죽였다."라 하였다.
102 **집해** 스스로 힘을 쓴다는 뜻이다. **색은** 유씨는 "비비(卑卑)는 스스로 힘을 쓴다는 뜻이다."라 하였다.

施之於名實	그것을 명실에 베풀었다.
韓子引繩墨	한자는 법도를 끌어
切事情	사정에 절실하였으며
明是非	시비를 밝혔는데
其極慘礉少恩[103]	극히 가혹하고 각박하였으며 은혜가 적었다.
皆原於道德之意	모두 도덕의 뜻에서 근원을 두었으니
而老子深遠矣	노자는 깊고도 멀다.

103 집해 '礉'은 음이 핵[胡革反]이다. 법을 씀이 가혹하고 준급(峻急)하며 국핵(鞠礉)이 매우 각박한 것이다. 색은 '慘'의 음은 참[七感反]이다. '礉'은 음이 핵[胡革反]이다. 법을 씀이 가혹하고 준급(峻急)하며 국핵(鞠礉)이 매우 각박한 것이다.

4 —— 사마 양저 열전 司馬穰苴列傳

司馬穰苴者[1]	사마 양저는
田完之苗裔也	전완의 먼 후손이다.
齊景公時	제나라 경공 때
晉伐阿甄[2]	진나라는 아와 견을 쳤고
而燕侵河上[3]	연나라는 하상으로 쳐들어갔는데
齊師敗績	제나라 군사가 크게 패하였다.
景公患之	경공이 근심하였다.
晏嬰乃薦田穰苴曰	안영은 이에 전양저를 추천하여 말하였다.
穰苴雖田氏庶孽	"양저가 비록 전씨의 서얼이기는 하지만
然其人文能附衆	그 사람의 문재는 사람들을 귀부하게 할 수 있고,
武能威敵	무재는 적을 위압할 수 있으니
願君試之	원컨대 임금께서는 그를 시험해 보십시오."
景公召穰苴	경공이 양저를 불러

1 양저(穰苴): **색은** 양저(穰苴)는 이름이며, 전씨(田氏)의 족속으로 대사마(大司馬)가 되었기 때문에 사마 양저(司馬穰苴)라고 하였다. **정의** '穰'의 음은 양[若羊反]이다. '苴'의 음은 저[子徐反]이다. 전양저(田穰苴)는 사마가 되어 군사를 주관하였다.

2 **색은** 아(阿)와 견(甄)은 모두 제나라의 읍이다. 『진태강지기(晉太康地記)』에서는 "아는 곧 동아(東阿)이다."라 하였다. 「지리지(地理志)」에서는 운성현(甄城縣)은 제음(濟陰)에 속한다고 하였다.

3 **정의** 하상(河上)은 황하(黃河) 남안(南岸)의 땅으로 곧 창(滄)과 덕(德) 두 주의 북쪽 경계이다.

與語兵事	함께 군사 문제를 이야기하여 보고
大說之	크게 기뻐하여
以爲將軍[4]	장군으로 삼아
將兵扞燕晉之師	군사를 거느리고 연나라와 진나라 군사를 막게 하였다.
穰苴曰	양저가 말하였다.
臣素卑賤	"신은 본디 비천하였는데
君擢之閭伍之中	임금께서 민간에서 저를 발탁하시어
加之大夫之上	대부의 위에 두셨으니
士卒未附	사졸들은 따르지 않을 것이고
百姓不信	백성들은 (저를) 믿지 않을 것입니다.
人微權輕	사람이 미천하고 권세가 가벼우니
願得君之寵臣	원컨대 임금께서 총애하시는 신하로
國之所尊	나라에서 높이는 사람을 얻어서
以監軍	감군으로 삼으면
乃可	곧 될 것입니다."
於是景公許之	이에 경공은 허락하여
使莊賈往	장가에게 가게끔 하였다.
穰苴既辭	양저는 이윽고 떠나면서
與莊賈約曰	장가와 약정하여 말하였다.
旦日日中會於軍門[5]	"내일 정오에 군문에서 만납시다."

4 **색은** 장수로 임명하여 장군이 된 것을 말한다. '將'의 음은 장[即匠反]이다. 마침내 장군을 관직 이름으로 삼았다. 그래서 (춘추시대 晉나라 尸校의) 『시자(尸子)』에서는 "10만의 군사라도 장군이 없으면 어지럽게 된다(十萬之師, 無將軍則亂)."라 하였다. 육국(六國) 때 그 관직이 있었다.

5 **색은** 단일(旦日)은 명일(明日)을 말한다. 정오에 군문에서 만나기로 약속을 한 것이다.

穰苴先馳至軍	양저가 먼저 달려 군문에 이르러
立表下漏[6]待賈	해시계를 세우고 물시계를 설치하여 놓은 후 장가를 기다렸다.
賈素驕貴	장가는 평소에 교만하고 현귀하여
以爲將已之軍而已爲監[7]	장군 자신이 군영에 갔고 자기는 감군이라 생각하여
不甚急	그리 서두르지 않았으며,
親戚左右送之	친척들이 좌우에서 그를 전송하자
留飮	눌러앉아 술을 마셨다.
日中而賈不至	정오가 되었는데도 장가는 이르지 않았다.
穰苴則仆表決漏[8]	양저는 곧 해시계를 쓰러뜨리고 물시계를 (깨뜨려) 터뜨리고
入	들어가
行軍勒兵	군대를 순시하고 군사를 조련하며
申明約束	거듭 법령을 밝혔다.
約束既定	법령이 정하여지고
夕時	저녁때가 되어서야
莊賈乃至	장가가 이에 이르렀다.
穰苴曰	양저가 말하였다.
何後期爲	"어째서 약속시간에 늦었소?"
賈謝曰	장가가 사죄하여 말하였다.

6 색은 입표(立表)는 나무를 세워 표시를 하여 해 그림자를 보는 것이고, 하루(下漏)는 물을 새게 하여 내려 보내 시각을 헤아려 알게 하는 것이다.

7 정의 '己'의 음은 기(紀)이다. '監'은 음이 감[甲暫反]이다.

8 색은 '仆'의 음은 부(赴)이다. 부(仆)는 해시계를 쓰러뜨린 것이다. 결루(決漏)는 항아리 속에서 새는 물을 터뜨려 보낸 것이다. 장가가 기한을 어기어 정오가 지났기 때문이다.

不佞大夫親戚送之	“저의 대부 친척들이 전송을 하느라
故留	좀 머물렀소.”
穰苴曰	양저가 말하였다.
將受命之日則忘其家	“장수가 명을 받은 날에는 집안일을 잊어야 하고
臨軍約束則忘其親	전쟁을 앞두고 법령을 내리면 양친도 잊어야 하며
援枹鼓之急則忘其身[9]	북채를 들 정도로 위급하게 되면 그 몸도 잊어야 하오.
今敵國深侵	지금 적국이 깊이 쳐들어와
邦內騷動	나라 안이 시끄럽고
士卒暴露於境	사졸들은 국경에서 노숙을 하며
君寢不安席	임금은 잠자리도 편치 않고
食不甘味	음식을 먹어도 단 줄을 모르며,
百姓之命皆懸於君	백성의 운명이 모두 그대에게 달려 있거늘
何謂相送乎	어째서 서로 전송을 한다고 이르오!”
召軍正問曰	군정을 불러 물어보았다.
軍法期而後至者云何	“군법에 기약을 하고 늦게 이르는 자는 어떻게 하여야 하는가?”
對曰	대답하였다.
當斬	“참수하여야 합니다.”
莊賈懼	장가는 두려워하여
使人馳報景公	사람을 시켜 경공에게 달려가 알리게 하고
請救	살려줄 것을 청하였다.
既往	(사자가) 가서

9 색은 윗 글자는 음이 원(袁)이고, 아래 글자는 음이 부(孚)이다. 정의 ‘원(援)’은 ‘조(操)’가 되어야 한다. ‘枹’는 음이 부(孚)이며 북채를 말한다.

未及反	미처 돌아오지 않았는데
於是遂斬莊賈以徇三軍	이에 마침내 장가를 참수하여 삼군에 조리돌렸다.
三軍之士皆振慄	삼군의 사병들은 모두 두려워 떨었다.
久之	한참 있다가
景公遣使者持節赦賈	경공이 사자를 보내어 부절을 지니고 장가를 용서하게 하려고
馳入軍中	군중으로 달려 들어갔다.
穰苴曰	양저가 말하였다.
將在軍	"장수가 군에 있을 때는
君令有所不受[10]	임금의 명령도 받지 않음이 있다."
問軍正曰	군정에게 물어 말하였다.
馳三軍法何	"삼군에서 말을 달리면 법이 어떻게 되는가?"
正曰	군정이 말하였다.
當斬	"참수하여야 합니다."
使者大懼	사자는 크게 놀랐다.
穰苴曰	양저가 말하였다.
君之使不可殺之	"임금의 사자이니 죽일 수 없다."
乃斬其僕	이에 그 종을 죽이고
車之左駙	수레의 왼쪽 받침나무를 자르고
馬之左驂[11]	왼쪽 곁말을 죽여서
以徇三軍[12]	삼군에 조리돌렸다.
遣使者還報	사자를 보내어 돌아가 알리게 하고

10 집해 위무제[魏武帝: 조조(曹操)]는 "일을 유리하게 이끌려면 임금의 명에도 구애받지 않는다."라 하였다.

然後行	그런 다음에 출발하였다.
士卒次舍井竈飮食問疾醫藥	사졸들이 쉬는 곳과 우물과 아궁이, 음식, 병들었을 때의 약까지
身自拊循之	자신이 직접 챙겼다.
悉取將軍之資糧享士卒	장군의 양식을 모두 가져다가 사졸들에게 주고
身與士卒平分糧食	자신은 사졸들과 양식을 고르게 나누었다.
最比其羸弱者[13]	야위고 약한 자들을 가장 가까이하여
三日而後勒兵	사흘 후에는 군대를 제대로 정비하였다.
病者皆求行	병자까지 모두 가기를 원해
爭奮出爲之赴戰	앞 다투어 분발하여 그를 위해 싸우러 나갔다.
晉師聞之	진나라 군사는 그 소리를 듣자
爲罷去	철수하여 떠났다.
燕師聞之	연나라 군사는 그 소리를 듣자
度水而解[14]	물을 건너 에움을 풀었다.
於是追擊之	이에 그들을 추격하여
遂取所亡封內故境而引兵歸	마침내 잃었던 경내의 옛 경계를 빼앗아 군사를 이끌고 돌아갔다.
未至國	도성에 이르지 않아,
釋兵旅	군대의 편성을 풀고

---

11 **색은** 사자의 종을 참수하고 아울러 수레의 왼쪽 차이(車耳)를 자른 것이다. '駙'는 '輔'가 되어야 하는데, 음은 모두 부(附)로, 차상(車箱) 바깥에 세운 나무로 겹 차이를 떠받치는 재목이다. 또한 말의 왼쪽 곁말의 목을 잘랐는데 어자(御者)가 왼쪽에 있기 때문이다.

정의 '輔'의 음은 부(附)이다. 유백장(劉伯莊)은 "부(駙)는 차상(車箱) 바깥에 세운 나무로 겹 차이(車耳)를 떠받치는 것이다."라 하였다.

12 **정의** 순(徇)은 돌려 보이는 것이다.

13 **정의** '比'의 음은 비[卑, 必耳反]이다.

14 **정의** 황하의 물을 건너 북으로 떠나 포위를 풀었다.

解約束	군령을 해지하고
誓盟而後入邑	맹세를 한 다음에 도읍으로 들어갔다.
景公與諸大夫郊迎	경공은 여러 대부들과 함께 교외에서 영접하고
勞師成禮	군사를 위로하고 예를 이룬
然後反歸寢	다음에야 돌아가 쉬었다.
旣見穰苴	양저를 접견하고는
尊爲大司馬	대사마로 높였다.
田氏日以益尊於齊	전씨는 날로 제나라에서 더 존중되었다.

已而大夫鮑氏高國之屬害之	얼마 후 대부 포씨와 고 · 국 등의 무리가 그를 해하여
譖於景公	경공에게 참소하였다.
景公退穰苴	경공이 양저를 물리니
苴發疾而死	양저는 병이 나서 죽었다.
田乞田豹之徒由此怨高國等[15]	전걸과 전표의 무리가 이 때문에 고 · 국 등을 원망하였다.
其後及田常殺簡公	그 후에 전상이 간공을 죽이자
盡滅高子國子之族	고자와 국자의 일족들을 모조리 죽였다.
至常曾孫和	전상의 증손 전화에 이르러
因自立爲齊威王[16]	내친김에 제위왕으로 즉위하여
用兵行威	용병으로 위세를 떨쳤는데

---

15 색은 전걸(田乞)은 전희(田僖)의 아들이다. 전표(田豹) 또한 전희의 아들 일족이다.

16 색은 생각건대 이 문장은 잘못되었으며 전화(田和)가 스스로 즉위하고 그 손자에 이르러 이에 제위왕(齊威王)으로 불렀다고 하여야 한다. 그러므로 세가[系家]에서는 전화가 스스로 즉위하였는데 태공(太公)이라 하였고 그 손자인 인제(因齊)에 이르러 위왕(威王)이라 불렀다 하였다.

大放穰苴之法[17] 대부분은 양저의 병법이었으며
而諸侯朝齊 제후들은 제나라에 조회하였다.

齊威王使大夫追論古者司馬兵法而附穰苴於其中
제위왕은 대부들에게 옛 『사마병법』을 좇아 논하게 하여 거기에 양저를 덧붙이고는
因號曰司馬穰苴兵法 『사마양저병법』이라고 불렀다.

太史公曰 태사공은 말한다.
余讀司馬兵法 내 『사마병법』을 읽어보니
閎廓深遠 넓고 깊고 멀어
雖三代征伐 삼대가 정벌을 한다 해도
未能竟其義 그 뜻을 다할 수 없을 것이다.
如其文也 그의 문장 같은 것은
亦少褒矣[18] 또한 기린 것이 적다.
若夫穰苴 저 양저 같은 사람은
區區爲小國行師 구구하게 작은 나라 때문에 군사를 움직였으니
何暇及司馬兵法之揖讓乎 어느 겨를에 『사마병법』의 읍양 같은 예의에 미치겠는가?
世既多司馬兵法 세상에 이미 『사마병법』이 많아
以故不論 그런 까닭에 논급하지 않고
著穰苴之列傳焉 양저의 열전을 지었다.

---

17 정의 '放'의 음은 방[方往反]이다.

18 색은 『사마법(司馬法)』에서 군사를 움직인 것에 말한 것이 읍양(揖讓)하여 삼대의 법이 있음을 말하였으며, 제나라는 구구한 작은 나라로 또한 전국시대에 있었으므로 "또한 기린 것이 적다."라 한 것이다.

5 손자·오기 열전 孫子吳起列傳

孫子武者	손자는 이름이 무인데
齊人也[1]	제나라 사람이다.
以兵法見於吳王闔廬	병법으로 오왕 합려를 찾아뵈었다.
闔廬曰	합려가 말하였다.
子之十三篇[2]	"그대의 병법 13편을
吾盡觀之矣	내 모두 보았는데
可以小試勒兵乎	군사 훈련을 조금 해볼 수 있겠는가?"
對曰	대답하였다.
可	"됩니다."
闔廬曰	합려가 말하였다.
可試以婦人乎	"여인들을 가지고도 해볼 수 있겠는가?"
曰	말하였다.
可	"됩니다."
於是許之	이에 허락하여
出宮中美女	궁중의 미녀를 나오게 하였는데

1 정의 위무제[魏武帝: 조조(曹操)]는 "손자는 제나라 사람이다. 오왕 합려를 섬겨 오나라 장수가 되었으며, 병법 13편을 지었다."라 하였다.

2 정의 『칠록(七錄)』에서는 『손자병법』 3권이라 하였다. 생각건대 13편은 상권인데 또한 중·하 2권이 있다.

得百八十人	모두 백80명이 되었다.
孫子分爲二隊	손자는 두 집단으로 나누어
以王之寵姬二人各爲隊長[3]	왕의 총희 두 사람을 각기 대장으로 삼아
皆令持戟	모두 극을 잡게 하였다.
令之曰	그들에게 명하여 말하였다.
汝知而心與左右手背乎	"너희들은 너희 가슴과 왼쪽 오른쪽 손 및 등을 아느냐?"
婦人曰	여인들이 말하였다.
知之	"알고 있습니다."
孫子曰	손자가 말하였다.
前	"앞, 하면
則視心	가슴을 보고,
左	왼쪽, 하면
視左手	왼손을 보며,
右	오른쪽, 하면
視右手	오른손을 보고,
後	뒤, 하면
即視背	등을 본다."
婦人曰	여인들이 말하였다.
諾	"예!"
約束既布	군령이 선포되자
乃設鈇鉞	(형벌을 집행할) 부월을 설치하고
即三令五申之	몇 가지 군령을 거듭 일러주었다.

3 **색은** 앞 글자의 음은 대[徒對反]이다. 아래 글자의 음은 장[竹兩反]이다.

於是鼓之右	이에 북을 치면서 '오른쪽'이라 하였으나
婦人大笑	여인들은 왁자하게 웃었다.
孫子曰	손자가 말하였다.
約束不明	"군령이 밝지 않아
申令不熟	호령이 익숙하지 못한 것은
將之罪也	장군의 죄이다."
復三令五申而鼓之左	다시 몇 가지 군령을 거듭 일러주고 북을 치며 '왼쪽'이라 하였으나
婦人復大笑	여인들은 다시 왁자하게 웃었다.
孫子曰	손자가 말하였다.
約束不明	"군령이 밝지 않아,
申令不熟	호령이 익숙하지 못한 것은
將之罪也	장군의 죄이며,
既已明而不如法者	이미 밝혔는데도 법령대로 하지 않는 것은
吏士之罪也	사졸들의 죄이다."
乃欲斬左右隊長	이에 좌우의 대장을 참수하려고 하였다.
吳王從臺上觀	오왕은 대 위에서 구경을 하였는데
見且斬愛姬	총희를 참수하려는 것을 보고는
大駭	크게 놀랐다.
趣使使下令曰[4]	급히 사령을 보내어 명을 내려 말하였다.
寡人已知將軍能用兵矣	"과인은 이미 장군이 군사를 부림에 능함을 알았소.
寡人非此二姬	과인은 이 두 사람이 없으면

4 **색은** '趣'의 음은 촉(促)이며 '급히'라는 뜻이다. 아래의 '使' 자는 음이 시[色吏反]이다.

食不甘味	밥을 먹어도 달지 않으니
願勿斬也	부디 참하지 말기를 바라오."
孫子曰	손자가 말하였다.
臣既已受命爲將	"신은 이미 장수의 명을 받았사온데
將在軍	장수가 군영에 있으면
君命有所不受	임금의 명도 받지 않습니다."
遂斬隊長二人以徇	마침내 대장 두 사람을 참수하여 조리돌렸다.
用其次爲隊長	그 다음 두 사람을 대장으로 삼고
於是復鼓之	이에 다시 북을 울렸다.
婦人左右前後跪起皆中規矩繩墨	여인들은 왼쪽 오른쪽, 앞과 뒤, 꿇어앉았다 서는 것이 모두 자로 잰 듯 먹줄을 댄 듯 딱 들어맞았으며
無敢出聲	감히 소리를 내지 않았다.
於是孫子使使報王曰	이에 손자는 사령을 보내어 왕에게 알리게 하였다.
兵既整齊	"군사가 다 정돈되었으니
王可試下觀之	임금께서 내려와 보실 만할 것이니,
唯王所欲用之	임금께서 쓰시고자만 하신다면
雖赴水火猶可也	물과 불 속을 간다 해도 될 것입니다."
吳王曰	오왕이 말하였다.
將軍罷休就舍	"장군은 그만두고 가서 쉬구려.
寡人不願下觀	과인은 내려가 보고 싶지가 않소."
孫子曰	손자가 말하였다.
王徒好其言	"임금께서는 한갓 말하는 것만 좋아하실 뿐

不能用其實	실천은 하실 수 없습니다.”
於是闔廬知孫子能用兵	이에 합려는 손자가 군사를 잘 부린다는 것을 알게 되었으며
卒以爲將	마침내 장수로 삼았다.
西破彊楚	서로는 강한 초나라를 격파하고
入郢	(서울인) 영(郢)에 들어갔으며,
北威齊晉	북으로는 제나라와 진나라를 위협하여
顯名諸侯	제후들에게 이름을 드러내었는데
孫子與有力焉	손자가 힘을 써준 덕분이었다.

孫武既死[5]	손무가 죽고
後百餘歲有孫臏	백여 년 뒤에 손빈이 나왔다.
臏生阿鄄之閒	손빈은 아현과 견현 사이에서 났는데
臏亦孫武之後世子孫也	손빈 또한 손무의 후세 자손이다.
孫臏嘗與龐涓俱學兵法[6]	손빈은 일찍이 방연과 함께 병법을 배운 적이 있다.
龐涓既事魏	방연은 위나라를 섬겨
得爲惠王將軍	혜왕의 장군이 되었는데
而自以爲能不及孫臏	스스로 재능이 손빈에게 미치지 못한다고 생각하여

---

5 **집해** 『월절서(越絕書)』에서는 “오현(吳縣) 무문(巫門) 밖의 큰 무덤은 손무의 무덤인데 현과는 10리 떨어져 있다.”라 하였다. **색은** 『월절서』는 자공(子貢)이 지은 것이라 하는데 아닐 것이다. 그 책에서는 오나라와 월나라가 망한 후의 토지를 많이 기록하였으니 아마 후인이 기록하였을 것이다. **정의** 『칠록(七錄)』에서는 『월절(越絕)』[곧 『월절서(越絕書)』] 16권은 아마 오자서가 지었을 것이라고 하였다.

6 **색은** ‘臏’의 음은 빈[頻忍反]이다. ‘龐’의 음은 방[皮江反]이다. ‘涓’의 음은 연[古玄反]이다.

乃陰使召孫臏	이에 몰래 손빈을 부르게 하였다.
臏至	손빈이 이르자
龐涓恐其賢於己	방연은 그가 자기보다 현명함을 걱정하여
疾之	미워하였으며
則以法刑斷其兩足而黥之	법으로 그의 두 다리를 자르고 경을 쳐서
欲隱勿見	숨어서 (모습을) 나타내지 않게 하고자 했다.

齊使者如梁[7]	제나라 사자가 양나라에 갔는데
孫臏以刑徒陰見	손빈은 형을 당한 몸으로 몰래 찾아가
說齊使	제나라 사신을 유세하였다.
齊使以爲奇	제나라 사신이 기재라 여겨
竊載與之齊	몰래 수레에 태워 함께 제나라로 갔다.
齊將田忌善而客待之	제나라 장수 전기는 그를 잘 대해 주어 빈객으로 우대하였다.
忌數與齊諸公子馳逐重射[8]	전기는 자주 제나라의 공자들과 함께 경마를 하여 큰돈을 걸었다.
孫子見其馬足不甚相遠	손자는 전기의 말이 빠르기가 그다지 차이가 나지 않고
馬有上中下輩	말에는 상·중·하의 그룹이 있다는 것을 알았다.
於是孫子謂田忌曰	이에 손자가 전기에게 일러 말하였다.
君弟重射	"그대가 큰돈을 걸기만 하면
臣能令君勝	제가 그대가 이길 수 있도록 하겠습니다."
田忌信然之	전기는 실로 그럴듯하게 여겨

7 **정의** 지금의 변주(汴州)이다.

8 **색은** 제(弟)는 다만[但]이라는 뜻이다. 중석(重射)은 많이 걸었음을 이른다.

與王及諸公子逐射千金[9]	왕 및 공자들과 천금을 걸었다.
及臨質[10]	대결할 즈음에
孫子曰	손자가 말하였다.
今以君之下駟與彼上駟	“지금 그대의 하등 사두마차를 저쪽 상등 사두마차와 붙이고
取君上駟與彼中駟	그대의 상등 사두마차를 저쪽 중등 사두마차와 붙이며
取君中駟與彼下駟	그대의 중등 사두마차를 저쪽 하등 사두마차와 붙이십시오.”
既馳三輩畢	세 그룹의 경주가 끝나자
而田忌一不勝而再勝	전기는 한 판은 이기지 못하였으나 두 판은 이겨
卒得王千金	마침내 왕에게서 천금을 땄다.
於是忌進孫子於威王	이에 전기는 위왕에게 손자를 추천하였다.
威王問兵法	위왕은 병법을 물어보고
遂以爲師	마침내 군사(軍師)로 삼았다.

其後魏伐趙	그 후에 위나라가 조나라를 쳐서
趙急	조나라가 위급해지자
請救於齊	제나라에 구원을 청하였다.
齊威王欲將孫臏	제위왕은 손빈을 장수로 삼고자 하였으나
臏辭謝曰	손빈이 사절하며 말하였다.
刑餘之人不可	“형을 받은 몸이라 안 됩니다.”

---

9 정의 ‘射’의 음은 석(石)이다. 경주마다 천금을 거는 것이다.

10 색은 질(質)은 대(對)와 같은 뜻이다. 상대방에게 돈을 걸려 할 때라는 뜻이다. 질(質)은 붕(堋)을 이른다고 한 사람도 있는데 틀렸다.

於是乃以田忌爲將	이에 곧 전기를 장수로 삼고
而孫子爲師	손자를 군사로 삼아
居輜車中	치거(덮개가 있는 물자 수송 수레)에 태우고
坐爲計謀	앉아서 계책을 세웠다.
田忌欲引兵之趙	전기가 군사를 이끌고 조나라로 가려 하자
孫子曰	손자가 말하였다.
夫解雜亂紛糾者[11]不控捲[12]	"어지러이 얽힌 실을 푸는 자는 주먹을 내뻗어서는 안 되며
救鬥者不搏撠[13]	싸움을 말리는 자는 치고받아서는 안 됩니다.
批亢擣虛[14]	요해처를 막고 약한 적은 쳐서
形格勢禁	형세가 막혀 행동에 제약이 걸리면
則自爲解耳[15]	절로 해결될 따름입니다.
今梁趙相攻	지금 양나라와 조나라는 서로 공격하여
輕兵銳卒必竭於外	날랜 병사와 정예병은 반드시 나라밖에 전력을 쏟을 것이며
老弱罷於內	국내에는 노약자들로 지쳐 있을 것입니다.

11 색은 일이 어지러이 얽혀서 치는 것이다.

12 색은 복잡하게 얽힌 것을 풀 때는 손으로 잘 풀어야 하며 주먹을 내밀어서 치면 안 된다는 것을 말한다. 권(捲)은 곧 주먹이다. 유씨(劉氏)는 "공(控)은 모으는 것이며, 권(捲)은 줄이는 것이다"라 하였는데 틀렸다.

13 색은 음은 박극(博戟)이다. 싸움을 말리는 자는 손으로 치고받고 해서는 안 되니 그렇게 되면 노함만 더욱 거세어진다는 것을 말한다. 극(撠)은 손으로 사람을 치는 것이다.

14 색은 비(批)는 안배하는 것이다. 항(亢)은 적이 항거하는 것이다. 도(擣)는 치는 것, 찌르는 것이다. 허(虛)는 빈 것이다. 전인이 요해한 곳이라 여긴 곳을 반드시 치는 것을 이른다. 저들의 군사가 비면 그곳을 친다. 양나라의 빈 곳을 치게 하려는 것이다. 이는 고어(古語)일 것이므로 손자가 그렇게 말하였다.

15 색은 요해처를 막고 저들의 빈 곳을 치면 세력이 막혀서 그 형세가 절로 금지하게 되어 저들이 저절로 군사를 풀 것이라는 말이다.

君不若引兵疾走大梁	그대가 군사를 이끌고 대량으로 빨리 달려가
據其街路	그 길을 점거하여
衝其方虛	그 바야흐로 빈 곳을 치면
彼必釋趙而自救	저들은 필시 조나라의 포위를 풀고 자구책을 구할 것입니다.
是我一擧解趙之圍而收獘於魏也[16]	이것이야말로 한꺼번에 조나라의 포위를 풀고 위나라를 거꾸러지게 하는 것입니다."
田忌從之	전기가 그대로 따르니
魏果去邯鄲	위나라는 과연 한단을 떠나
與齊戰於桂陵	제나라와 계릉에서 싸웠는데
大破梁軍	(제나라는) 양(위)나라 군사를 크게 깨뜨렸다.

後十三歲[17]	13년 뒤에
魏與趙攻韓	위나라가 조나라와 함께 한나라를 치니
韓告急於齊	한나라가 제나라에 위급함을 알렸다.
齊使田忌將而往	제나라는 전기를 장군으로 삼아 가게 하여
直走大梁	곧장 대량으로 달려갔다.
魏將龐涓聞之	위나라 장군 방연이 듣고
去韓而歸	한나라를 떠나 돌아갔으나

16 **색은** 제나라가 지금 군사를 이끌고 대량(大梁)의 거리를 점거하면 이것이 그 빈 곳을 찌르는 때이고 양나라는 반드시 조나라의 포위를 풀고 자구책을 구할 것이니 한꺼번에 조나라의 포위를 풀고 위나라를 거꾸러뜨릴 것이라는 말이다.

17 **색은** 왕소(王劭)는 『기년(紀年)』에서 "양혜왕(梁惠王) 17년(B.C. 353)에 제나라 전기가 계릉에서 양나라를 무찔렀으며 27년 2월에 제나라 전분(田盼)이 마릉에서 양나라를 무찔렀다."라 하였으니 서로간의 시차가 13년이 되지 않는다고 하였다.

齊軍既已過而西矣	제나라 군사는 이미 지나 서쪽으로 갔다.
孫子謂田忌曰	손자가 전기에게 일러 말하였다.
彼三晉之兵素悍勇而輕齊	“저 삼진의 군대는 평소에 사납고 날래어 제나라를 깔보며
齊號爲怯	제나라를 겁쟁이라 부르는데
善戰者因其勢而利導之	싸움을 잘하는 자는 그 형세를 따라 유리하게 이끕니다.
兵法	병법에
百里而趣利者蹶上將[18]	백 리를 행군하여 승리를 다투는 자는 상장군을 거꾸러뜨리고
五十里而趣利者軍半至	50리를 행군하여 승리를 다투는 자는 군사의 반만 이른다고 하였습니다.
使齊軍入魏地爲十萬竈	제나라 군사가 위나라 땅에 들어가면 10만 개의 아궁이를 만들고
明日爲五萬竈	다음 날에는 5만 개의 아궁이를 만들며
又明日爲三萬竈	또 다음 날에는 3만 개의 아궁이를 만들게 하십시오.”
龐涓行三日	방연이 사흘간 행군을 하고는
大喜	크게 기뻐하며
曰	말하였다.
我固知齊軍怯	“내 진작에 제나라 군사가 겁이 많다는 것을 알고 있었는데
入吾地三日	우리 땅에 들어온 지 사흘 만에
士卒亡者過半矣	도망친 사졸이 반이 넘었다.”

18 집해 위무제는 “궐(蹶)은 꺾인다[挫]는 뜻과 같다.”라 하였다. 색은 ‘蹶’은 음이 궐[巨月反]이다. 유씨는 “궐(蹶)은 넘어진다[斃]는 뜻과 같다.”라 하였다.

乃棄其步軍	이에 보병은 버리고
與其輕銳倍日并行逐之	가벼운 정예병과 함께 하루에 이틀 치 행군을 함께하여 쫓았다.
孫子度其行	손자는 그 행군을 헤아려 보고
暮當至馬陵	저녁이면 마릉에 이를 것이라고 하였다.
馬陵道陜	마릉은 길이 좁고
而旁多阻隘	곁에는 험요한 곳이 많아
可伏兵	복병을 숨길 만하여
乃斫大樹白而書之曰龐涓死于此樹之下	이에 큰 나무를 찍어 희게 벗겨내고 "방연이 이 나무 아래에서 죽다."라 적어놓았다.
於是令齊軍善射者萬弩	이에 제나라의 쇠뇌를 잘 쏘는 사람 만 명으로 하여금
夾道而伏	길을 끼고 매복하게 하고
期曰暮見火擧而俱發	약정하기를 "저녁에 횃불이 보이거든 일제히 쏘라."고 하였다.
龐涓果夜至斫木下	방연이 과연 밤에 찍어놓은 나무 아래에 이르러
見白書	흰 곳에 쓰인 글씨를 보고
乃鑽火燭之	부싯돌로 불을 밝혔다.
讀其書未畢	그 글을 채 다 읽기도 전에
齊軍萬弩俱發	제나라 군사의 만 개의 쇠뇌가 일제히 발사되니
魏軍大亂相失	위나라 군사는 크게 어지러워져 서로 잃었다.
龐涓自知智窮兵敗	방연은 스스로 지혜가 다하고 군사는 패하였음을 알고
乃自剄	이에 스스로 목을 치면서
曰	말하였다.

遂成豎子之名[19]	"결국 꼬마 녀석의 성가를 이루어 주었구나!"
齊因乘勝盡破其軍	제나라는 이에 승세를 타고 그 군사를 완전히 격파하였으며
虜魏太子申以歸	위나라 태자 신을 사로잡아 돌아왔다.
孫臏以此名顯天下	손빈은 이 일로 천하에 이름을 드러내었으며
世傳其兵法	세상에 그 병법이 전한다.

吳起者	오기는
衛人也	위나라 사람으로
好用兵	군사 쓰는 일을 좋아하였다.
嘗學於曾子	일찍이 증자에게 배운 적이 있으며
事魯君	노나라 임금을 섬겼다.
齊人攻魯	제나라 사람이 노나라를 공격하자
魯欲將吳起	노나라에서는 오기를 장군으로 삼고자 하였으나
吳起取齊女爲妻	오기가 제나라 여인을 취하여 아내로 삼아
而魯疑之	노나라가 이를 의심하였다.
吳起於是欲就名	오기는 이에 공명을 성취하고자 하여
遂殺其妻	마침내 그 아내를 죽이고
以明不與齊也	제나라 편이 아님을 밝혔다.
魯卒以爲將	노나라는 마침내 장군으로 삼았다.
將而攻齊	(군사를) 거느리고 제나라를 공격하여
大破之	크게 깨뜨렸다.

19 색은 수자(豎子)는 손빈을 이른다.

魯人或惡吳起曰	노나라 사람 가운데 누가 오기를 미워하여 말하였다.
起之爲人	"오기는 사람됨이
猜忍人也	의심이 많고 잔인한 사람이다.
其少時	그가 젊었을 때는
家累千金	집에 누천금이 있었는데
游仕不遂	벼슬을 구하러 돌아다녔지만 이루지 못하고
遂破其家	결국 가산을 다 탕진하여
鄕黨笑之	향리에서 그를 비웃으니
吳起殺其謗己者三十餘人	오기는 자기를 비방한 자 30여 명을 죽이고
而東出衛郭門	동으로 위나라 외성의 문을 나섰다.
與其母訣	그 어머니와 헤어지면서
齧臂而盟曰	팔뚝을 물어뜯어 맹세하여 말하기를
起不爲卿相	'내 경상이 되지 않으면
不復入衛	다시는 위나라에 들어오지 않겠습니다.'라 하였다.
遂事曾子	마침내 증자를 섬겼다.
居頃之	얼마 후
其母死	그 어머니가 죽었는데도
起終不歸	오기는 끝내 돌아가지 않았다.
曾子薄之	증자는 그를 각박하다 여겨
而與起絕	오기와 관계를 끊었다.
起乃之魯	오기는 이에 노나라로 가서
學兵法以事魯君	병법을 배워서 노나라 임금을 섬겼다.
魯君疑之	노나라 임금이 의심하자

起殺妻以求將	오기는 처를 죽여 장군이 되기를 구하였다.
夫魯小國	대체로 노나라는 작은 나라인데
而有戰勝之名	싸움에서 이겼다는 허명이 있으면
則諸侯圖魯矣	제후들이 노나라를 도모하게 될 것이다.
且魯衛兄弟之國也	또한 노나라와 위나라는 형제의 나라이니
而君用起	그래도 임금께서 오기를 쓰신다면
則是棄衛	이는 위나라를 버리는 것이다."
魯君疑之	노나라 임금이 의심하여
謝吳起	오기를 물리쳤다.

吳起於是聞魏文侯賢	오기는 이에 위문후가 현명하다는 것을 듣고
欲事之	그를 섬기고자 하였다.
文侯問李克曰	문후가 이극에게 물어 말하였다.
吳起何如人哉	"오기는 어떤 사람인가?"
李克曰	이극이 말하였다.
起貪而好色[20]	"오기는 명예를 탐하고 여색을 좋아하기는 하지만
然用兵司馬穰苴不能過也	용병술에는 사마 양저도 더 나을 수는 없습니다."

---

20 색은 왕소는 "이는 이극이 오기가 탐한다고 말한 것이다. 아래에서는 '위문후는 오기가 청렴하여 병사들의 마음을 완전히 얻을 수 있음을 알았다.' 하였고, 또한 공숙의 종도 오기를 일컬어 '사람됨이 절검하고 청렴하다.'라 하였으니 어찌하여 앞에서는 탐한다 하고 뒤에서는 청렴하다 하여 이렇게도 말이 상반되는가?"라 하였다. 지금 생각건대 이극이 오기가 탐한다고 한 것은 오기는 본래 집에 누천금이 있었는데 가산을 탕진해 가며 벼슬을 구하였으니 실제로 탐한 것은 아니며, 아마 탐한다고 한 것은 영명(令名)을 탐한 것일 따름일 것이기 때문에 어머니가 죽어도 가보지 않고 아내를 죽여 가면서까지 노나라 장군이 되었을 것이다. 혹은 오기가 위(魏)나라에 예물을 보내지 않아 여전히 탐낸 흔적이 있지만 그가 등용되었을 때는 청렴과 능력을 다하였을 것으로 또한 어찌 진평(陳平)의 사람됨과 다르겠는가!

於是魏文候以爲將	이에 위문후가 장군으로 삼아
擊秦	진나라를 쳐서
拔五城	다섯 개 성을 함락시켰다.

起之爲將	오기는 장군이 되자
與士卒最下者同衣食	졸병들 가운데 가장 낮은 자들과 의식을 똑같이 하였다.
臥不設席	누울 때는 자리를 깔지 않았고
行不騎乘	행군할 때는 말을 타거나 수레를 타지 않았으며
親裹贏糧	직접 남은 양식을 지면서
與士卒分勞苦	졸병들과 노고를 나누었다.
卒有病疽者	졸병 중에 등창을 앓고 있는 자가 있었는데
起爲吮之[21]	오기가 그것을 빨아주었다.
卒母聞而哭之	졸병의 어미가 듣고는 소리 내어 울기 시작하였다.
人曰	사람들이 말하였다.
子卒也	"자식이 졸병이고
而將軍自吮其疽	장군이 직접 그 등창(의 고름)을 빨아주는데
何哭爲	어째서 우는 거요?"
母曰	어미가 말하였다.
非然也	"그렇지 않습니다.
往年吳公吮其父	왕년에 오 공께서 그 아비의 고름을 빨아주었는데
其父戰不旋踵	그 아비가 싸움에 나가 돌아올 줄을 몰라

21 색은 '吮'은 추씨(鄒氏)는 음이 연[弋軟反], 또한 전[才軟反]이라고 하였다.

遂死於敵	마침내 적에게 죽었습니다.
吳公今又吮其子	오 공께서 이번에는 또 그 자식의 고름을 빨아 주었으니
妾不知其死所矣	첩은 그가 죽을 곳이 어디인지를 모르겠습니다.
是以哭之	이 때문에 통곡하는 것입니다.”

文侯以吳起善用兵	문후는 오기가 군사를 쓰는 일에 뛰어나고
廉平	청렴하고 공평하며
盡能得士心	병사들의 마음을 완전히 얻을 수 있다 하여
乃以爲西河守	이에 서하의 태수로 삼아
以拒秦, 韓	진나라와 한나라를 방어하였다.

魏文侯既卒	위문후가 죽자
起事其子武侯	오기는 그의 아들 무후를 섬겼다.
武侯浮西河而下	무후는 서하를 떠내려 가다가
中流	중류에서
顧而謂吳起曰	돌아보며 오기에게 일러 말하였다.
美哉乎山河之固	“아름답도다! 산하의 견고함이여.
此魏國之寶也	이는 위나라의 보배로다.”
起對曰	오기가 대답하여 말하였다.
在德不在險	“(정치는) 덕치에 있지 험고함에 있지 않습니다.
昔三苗氏左洞庭	옛날 삼묘씨는 왼쪽에 동정호를
右彭蠡	오른쪽에 팽려호를 끼고 있었습니다만
德義不修	도덕과 신의를 닦지 않아
禹滅之	우가 멸하였습니다.

夏桀之居	하걸의 도성은
左河濟	왼쪽으로는 하수와 제수
右泰華	오른쪽에는 태산과 화산이 있었으며,
伊闕在其南	이궐이 그 남쪽에 있고
羊腸在其北[22]	양장이 그 북쪽에 있었습니다만
修政不仁	정치를 닦음이 어질지 않아
湯放之	탕이 쫓아내었습니다.
殷紂之國	은주의 국도는
左孟門[23]	왼쪽에 맹문
右太行	오른쪽에 태항산이 있고
常山在其北	상산이 그 북쪽에 있으며
大河經其南	대하가 그 남쪽을 지났습니다만
修政不德	정치를 닦음이 부덕하여
武王殺之	무왕이 그를 죽였습니다.
由此觀之	이로써 살펴보건대
在德不在險	(국가의 공고함은) 덕치에 있지 천험에 있지 않습니다.
若君不修德	임금께서 덕치를 닦지 않으신다면
舟中之人盡爲敵國也[24]	배 안의 사람들도 모두 적국이 될 것입니다."

---

22 **집해** 찬(瓚)은 "지금의 하남성(河南城)이 바로 그곳이다."라 하였다. 황보밀(皇甫謐)은 "호관(壺關)에 양장판(羊腸阪)이 있는데, 태원(太原) 진양(晉陽) 서북쪽 90리 지점에 있다."라 하였다.

23 **색은** 유씨는 주(紂)는 조가(朝歌)를 도읍으로 삼았으며, 지금의 맹산(孟山)이 그 서쪽에 있다고 하였다. 지금 왼쪽이라 하였으니 동쪽에 따로 맹문이 있는 것이다.

24 **집해** 양자(楊子: 揚雄)의 『법언(法言)』에서는 "아름답도다! 말이. 오기의 용병(用兵)이 매번 이와 같게 하였더라면 태공(太公)이 어찌 그보다 낫겠는가!"라 하였다.

武侯曰	무후가 말하였다.
善	"훌륭하도다."

即封吳起爲西河守	바로 오기를 서하의 태수로 봉하였을 때
甚有聲名	자못 명성이 있었다.
魏置相	위나라에서 재상을 두었는데
相田文[25]	전문을 재상으로 삼았다.
吳起不悅	오기가 기뻐하지 않아
謂田文曰	전문에게 일러 말하였다.
請與子論功	"청컨대 그대와 공을 따지고자 하는데
可乎	괜찮겠소?"
田文曰	전문이 말하였다.
可	"괜찮습니다."
起曰	오기가 말하였다.
將三軍	"삼군을 거느리고
使士卒樂死	사졸들로 하여금 기꺼이 죽게 하면서
敵國不敢謀	적국이 감히 도모하지 못하게 함은
子孰與起	그대가 나에 비해 어떠하오?"
文曰	전문이 말하였다.
不如子	"그대만 못하오."
起曰	오기가 말하였다.
治百官	"백관을 다스리고
親萬民	만민을 가까이하며

25 색은 『여씨춘추』에는 '상문(商文)'으로 되어 있다.

實府庫	나라의 부고를 채움이
子孰與起	그대가 나에 비해 어떠하오?"
文曰	전문이 말하였다.
不如子	"그대만 못하오."
起曰	오기가 말하였다.
守西河而秦兵不敢東鄕	"서하를 지키어 진나라 군사가 감히 동쪽으로 향하지 않고
韓趙賓從	한나라와 조나라가 복종하게 함은
子孰與起	그대가 나에 비해 어떠하오?"
文曰	전문이 말하였다.
不如子	"그대만 못하오."
起曰	오기가 말하였다.
此三者	"이 세 가지를
子皆出吾下	그대가 모두 내 아래에서 나오는데
而位加吾上	지위는 내 위에 있으니
何也	어째서요?"
文曰	전문이 말하였다.
主少國疑	"임금이 어리고 나라에 의심이 많으며
大臣未附	대신들이 따르지 않고
百姓不信	백성들이 믿지를 않는데
方是之時	바야흐로 이러한 때라면
屬之於子乎	그대를 주목하겠소?
屬之於我乎	나를 주목하겠소?"
起默然良久	오기가 잠자코 한참이나 있다가
曰	말하였다.

屬之子矣	"그대를 주목할 것입니다."
文曰	전문이 말하였다.
此乃吾所以居子之上也	"이것이 바로 내가 그대의 위에 있는 까닭이오."
吳起乃自知弗如田文	오기는 이에 스스로 전문보다 못함을 알았다.

田文旣死	전문이 죽고 나자
公叔爲相[26]	공숙이 재상이 되었는데
尙魏公主	위나라 공주의 배필로
而害吳起	오기를 두려워하였다.
公叔之僕曰	공숙의 종이 말하였다.
起易去也	"오기를 제거하기는 쉽습니다."
公叔曰	공숙이 말하였다.
柰何	"어떻게?"
其僕曰	그 종이 말하였다.
吳起爲人節廉而自喜名也	"오기는 사람됨이 절검하고 청렴하며 명성을 즐깁니다.
君因先與武侯言曰	그대는 그러니 먼저 무후에게 이렇게 말씀하십시오.
夫吳起賢人也	'저 오기는 현명한 사람입니다만
而侯之國小	임금님의 나라는 작고
又與彊秦壤界	또한 강한 진나라와 경계를 맞대고 있어서
臣竊恐起之無留心也	신은 적이 오기가 남아 있으려는 마음이 없을까 걱정됩니다.'
武侯即曰	무후는 곧 이렇게 말할 것입니다.

26 색은 한(韓)나라의 공족이다.

柰何	'어찌해야 하는가?'
君因謂武侯曰	그대는 이에 무후께 말하십시오.
試延以公主	'공주를 가지고 꾀어보시면 되는데
起有留心則必受之	오기가 남을 마음이 있으면 받아들일 것이고
無留心則必辭矣	남아 있을 마음이 없으면 반드시 떠날 것입니다.
以此卜之	이로써 그 마음을 떠볼 수 있습니다.'
君因召吳起而與歸	그대는 이어서 오기를 불러 함께 돌아가
即令公主怒而輕君	곧 공주로 하여금 노하여 그대를 깔보게 하십시오.
吳起見公主之賤君也	오기는 공주가 그대를 천시하는 것을 보면
則必辭	반드시 사절할 것입니다."
於是吳起見公主之賤魏相	이에 오기는 공주가 위나라 재상을 천시하는 것을 보고
果辭魏武侯	과연 위무후의 청을 사절하였다.
武侯疑之而弗信也	무후는 의심하여 그를 믿지 않았다.
吳起懼得罪	오기는 죄를 얻게 될까 두려워하여
遂去	마침내 떠나
即之楚	곧 초나라로 갔다.

楚悼王素聞起賢	초도왕은 평소에 오기가 현명하다는 말을 듣고
至則相楚	이르자 초나라의 재상으로 삼았다.
明法審令	법을 밝히고 명령을 살피어
捐不急之官	당장 필요하지 않은 관직은 없애고
廢公族疏遠者	공족 가운데 소원한 자는 폐하여
以撫養戰鬥之士	전투에 임할 군사들을 잘 어루만지고 양성하였다.

要在彊兵	요체는 군사력을 강화하고
破馳說之言從橫者	유세하여 합종과 연횡을 말하는 것을 혁파하는 데 있었다.
於是南平百越	이에 남으로는 백월을 평정하였으며
北并陳蔡	북으로는 진나라와 채나라를 합병하였고,
卻三晉	삼진을 물리쳤으며
西伐秦	서로는 진나라를 쳤다.
諸侯患楚之彊	제후들은 초나라의 강함을 두려워하였다.
故楚之貴戚盡欲害吳起	그러나 옛 초나라의 귀척들은 모두 오기를 해치고자 하였다.
及悼王死	도왕이 죽자
宗室大臣作亂而攻吳起	종실의 대신들이 난을 일으켜 오기를 공격하였는데
吳起走之王尸而伏之	오기는 왕의 시신이 있는 곳으로 달아나 엎드렸다.
擊起之徒因射刺吳起	오기를 공격하는 무리들은 오기를 쏘아 맞히면서
并中悼王[27]	도왕을 함께 맞혔다.
悼王既葬	도왕을 장사 지내고
太子立[28]	태자가 즉위하여
乃使令尹盡誅射吳起而并中王尸者	이에 영윤으로 하여금 오기를 쏘다가 왕의 시신을 함께 맞힌 자를 모두 죽이게 하니

27 색은 『초계가(楚系家)』에서 도왕(悼王)의 이름은 의(疑)라고 하였다.

28 색은 숙왕장(肅王臧)이다.

坐射起而夷宗死者七十餘家	오기를 쏘다가 연좌되어 종족이 멸족되어 죽은 자가 70여 집이나 되었다.

太史公曰	태사공은 말한다.
世俗所稱師旅	세상에서 일컫는 군사의 일은
皆道孫子十三篇	모두 『손자』 13편과
吳起兵法	오기의 병법을 말하는데
世多有	세상에 많이 있으므로
故弗論	그것은 논하지 않고
論其行事所施設者	그들이 행한 일과 베풀었던 것만 논하였다.
語曰	속담에 말하기를
能行之者未必能言	"실행을 잘하는 자는 반드시 말을 잘하지는 않고
能言之者未必能行	말을 잘하는 자는 반드시 실행을 잘하지는 않는다."라 하였다.
孫子籌策龐涓明矣	손자가 방연(의 계책)을 헤아린 것은 명백하지만
然不能蚤救患於被刑	일찌감치 형을 당하는 근심에서는 구할 수가 없었다.
吳起說武侯以形勢不如德	오기는 무후를 유세하여 형세는 덕만 못하다고 하였지만
然行之於楚	초나라로 가서
以刻暴少恩亡其軀	각박하고 모질며 적은 은혜로 그 몸을 망쳤다.
悲夫	슬프도다!

6 오자서 열전 伍子胥列傳

伍子胥者	오자서는
楚人也	초나라 사람으로
名員	이름은 운이다.
員父曰伍奢	오운의 아버지는 오사이다.
員兄曰伍尚	오운의 형은 오상이다.
其先曰伍舉	그 선조는 오거인데
以直諫事楚莊王[1]	직간으로 초장왕을 섬겨
有顯	명성을 떨쳤으므로
故其後世有名於楚	그 후세가 초나라에서 이름을 떨쳤다.

楚平王有太子名曰建	초평왕에게는 태자가 있었는데 이름이 건이었으며
使伍奢爲太傅	오사를 태부로 삼고
費無忌爲少傅[2]	비무기를 소부로 삼았다.
無忌不忠於太子建	비무기는 태자 건에게 불충하였다.
平王使無忌爲太子取婦於秦	평왕은 비무기에게 진나라에서 태자에게 며느리를 취해 주게 하였는데

1 색은 오거(伍擧)의 직간은 『좌씨(左氏)』와 『초계가(楚系家)』에 보인다.

2 색은 『좌전(左傳)』에는 '비무극(費無極)'으로 되어 있다.

秦女好	진나라 여인이 아름다워
無忌馳歸報平王曰	비무기는 급히 돌아와 평왕에게 보고하여 말하였다.
秦女絕美	"진나라 여인이 매우 아름다우니
王可自取	임금께서 직접 취하시고
而更爲太子取婦	다시 태자에게 며느리를 취해 주면 될 것입니다."
平王遂自取秦女而絕愛幸之	평왕은 마침내 자신이 진나라 여인을 취하고 매우 총애하여
生子軫	아들 진을 낳았다.
更爲太子取婦	다시 태자에게 며느리를 취해 주었다.

無忌既以秦女自媚於平王	비무기는 이미 진나라 여인으로 평왕에게 아첨을 하여
因去太子而事平王	이에 태자를 떠나 평왕을 섬겼다.
恐一旦平王卒而太子立	하루아침에 평왕이 죽고 태자가 즉위하면
殺己	자기를 죽일까 두려워하여
乃因讒太子建	이에 곧 태자 건을 참소하였다.
建母	건의 어머니는
蔡女也	채나라 여인으로
無寵於平王	평왕의 총애를 받지 못하였다.
平王稍益疏建	평왕은 조금씩 건을 더 멀리하게 되어
使建守城父[3]	건으로 하여금 성보를 지키게 하고
備邊兵	국경의 군사를 대비하게 하였다.

3 집해 「지리지(地理志)」에 의하면 영천(潁川)에 성보현(城父縣)이 있다. 색은 본래는 진(陳)나라의 읍이었는데 초나라가 진나라를 치고 차지하였다. 「지리지」에는 영천에 성보현이 있다.

頃之	얼마 후
無忌又日夜言太子短於王曰	비무기는 또 밤낮으로 태자의 단점을 왕에게 말하기를
太子以秦女之故	"태자는 진나라 여인 때문에
不能無怨望	원망이 없을 수가 없을 것이니
願王少自備也	임금께서는 조금씩 스스로 대비를 하시기 바랍니다.
自太子居城父	태자는 성보에 있게 된 뒤로
將兵	군사를 거느리고서
外交諸侯	밖으로 제후들과 사귀어
且欲入爲亂矣	장차 들어와 난을 일으키려 하고 있습니다."라 하였다.
平王乃召其太傅伍奢考問之	평왕은 이에 그 태부인 오사를 불러 고문을 하였다.
伍奢知無忌讒太子於平王	오사는 비무기가 평왕에게 태자를 참소한 것임을 알고
因曰	이에 말하였다.
王獨柰何以讒賊小臣疏骨肉之親乎	"임금께서는 유독 어찌 중상 비방하는 소신 때문에 골육지친을 멀리하시는지요?"
無忌曰	비무기가 말하였다.
王今不制	"임금께서 지금 제압하지 않으시면
其事成矣	그 일이 이루어질 것입니다.
王且見禽	임금께서는 또 사로잡힐 것입니다."
於是平王怒	이에 평왕은 노하여
囚伍奢	오사를 가두고

而使城父司馬奮揚往殺太子[4]	성보사마 분양으로 하여금 가서 태자를 죽이게 하였다.
行未至	떠나면서 도착하기 전에
奮揚使人先告太子	분양은 사람을 시켜 먼저 태자에게 알렸다.
太子急去	"태자께서는 급히 떠나십시오.
不然將誅	그렇지 않으면 죽게 될 것입니다."
太子建亡奔宋	태자 건은 송나라로 달아났다.

無忌言於平王曰	비무기는 평왕에게 말하였다.
伍奢有二子	"오사에게는 두 아들이 있사온데
皆賢	모두 똑똑하니
不誅且爲楚憂	죽이지 않으면 초나라의 근심이 될 것입니다.
可以其父質而召之	그 아비를 인질로 삼으면 부를 수 있을 것이며
不然且爲楚患	그렇지 않으면 초나라의 우환이 될 것입니다."
王使使謂伍奢曰	왕이 오사에게 사자를 보내어 일러 말하였다.
能致汝二子則生	"네 두 아들을 오게 하면 살 것이고
不能則死	할 수 없으면 죽을 것이다."
伍奢曰	오사가 말하였다.
尙爲人仁	"상(尙)은 사람이 어질어서
呼必來	부르면 반드시 올 것입니다.
員爲人剛戾忍訽[5]	운(員)은 사람이 강팍하고 모질어
能成大事	큰일을 이룰 수 있어서

4 **색은** 성보 사마(城父司馬)의 성명이다.

5 **집해** 음은 후[火候反]이다. **색은** 추씨(鄒氏)는 "'詬'로 된 판본도 있으며, 꾸짖는다는 뜻이고, 음은 후(逅)이다."라 하였다. 유씨(劉氏)는 음은 후[火候反]라고 하였다.

彼見來之并禽	오면 함께 잡힐 것을 알 것이니
其勢必不來	아마 반드시 오지 않을 것입니다."
王不聽	왕은 듣지 않고
使人召二子曰	사람을 시켜 두 사람을 부르게 하여 말하였나.
來	"오면
吾生汝父	내 네 아비를 살려주겠고,
不來	오지 않으면
今殺奢也	지금 오사를 죽이겠다."
伍尚欲往	오상이 가려고 하자
員曰	오운이 말하였다.
楚之召我兄弟	"초나라에서 우리 형제를 부르는 것은
非欲以生我父也	우리 아버지를 살려주려는 것이 아니라
恐有脫者後生患	벗어나는 자가 있으면 후환이 생길까 두려워하므로
故以父爲質	아버지를 인질로 삼아
詐召二子	속이어 두 사람을 부르는 것입니다.
二子到	두 아들이 도착하면
則父子俱死	부자가 모두 죽게 됩니다.
何益父之死	아버지의 죽음에 무슨 도움이 되겠습니까?
往而令讎不得報耳	가면 원수를 갚을 수 없게 될 따름입니다.
不如奔他國	다른 나라로 달아나서
借力以雪父之恥	힘을 빌려 부친의 치욕을 씻음만 못하니
俱滅	함께 죽으면
無爲也	아무 소용이 없습니다."
伍尚曰	오상이 말하였다.

我知往終不能全父命	"내 가더라도 결국 아버지의 목숨을 부지할 수 없음을 알고 있다.
然恨父召我以求生而不往	그러나 한스러운 것은 아버지가 나를 불러 살기를 구하는 데 가지 않으면
後不能雪恥	나중에 치욕을 씻을 수 없게 되어
終爲天下笑耳	끝내 천하의 웃음거리가 될 따름이다."
謂員	오운에게 일렀다.
可去矣	"가거라!
汝能報殺父之讎	너는 아버지의 원수를 갚을 수 있으니
我將歸死	나는 죽으러 가겠다."
尚既就執	오상은 말을 마치고 붙잡히러 갔으며
使者捕伍胥	사자는 오서(오자서)를 잡으려 하였다.
伍胥貫弓執矢嚮使者[6]	오서가 활을 당기고 화살을 메겨 사자를 겨누니
使者不敢進	사자가 감히 나아가지 못하여
伍胥遂亡	오서는 마침내 도망쳤다.
聞太子建之在宋	태자 건이 송나라에 있다는 말을 듣고
往從之	가서 그를 좇았다.
奢聞子胥之亡也	오사는 자서가 도망갔다는 말을 듣고
曰	말하였다.
楚國君臣且苦兵矣	"초나라의 임금과 신하는 병화에 시달리게 될 것이다."
伍尚至楚	오상이 초나라에 이르자
楚并殺奢與尚也	초나라에서는 오사와 오상을 함께 죽였다.

6 **집해** '貫'의 음은 완[烏還反]이다. **색은** 유씨(劉氏)는 '貫'의 음은 완(彎, wan)이며, 또한 관[古患反]이라고도 하였다. 관(貫)은 활을 한껏 당기는 것이다.

伍胥既至宋	오서가 송나라에 다다르고 보니
宋有華氏之亂[7]	송나라에서는 화씨의 난이 일어나
乃與太子建俱奔於鄭	이에 태자 건과 함께 정나라로 달아났다.
鄭人甚善之	정나라 사람들이 그를 매우 잘 대해 주었다.
太子建又適晉	태자 건이 또 진나라로 가자
晉頃公曰	진경공이 말하였다.
太子既善鄭	"태자께서는 정나라와 사이가 좋을 뿐만 아니라
鄭信太子	정나라도 태자를 믿고 있소.
太子能爲我內應	태자께서 우리를 위해 내응을 해주고
而我攻其外	우리가 바깥을 공격한다면
滅鄭必矣	정나라는 반드시 멸망당할 거요.
滅鄭而封太子	정나라를 멸하면 태자를 봉하여 주겠소."
太子乃還鄭	태자는 이에 정나라로 돌아갔다.
事未會	일이 채 이루어지지 않아서
會自私欲殺其從者	마침 사사로이 그 종자를 죽이려 하였는데
從者知其謀	종자가 그 음모를 알아내고
乃告之於鄭	이에 정나라에 일러바쳤다.
鄭定公與子產誅殺太子建	정정공과 자산은 태자 건을 죽였다.
建有子名勝	건에게는 승이라는 아들이 있었다.
伍胥懼	오서는 두려워하여
乃與勝俱奔吳	이에 승과 함께 오나라로 달아났다.
到昭關[8]	소관에 이르자

7 색은 『춘추(春秋)』「소공(昭公) 20년」에 송나라 화해(華亥)와 상령(向寧), 화정(華定)이 임금과 다투고 달아난 일이 있는데 이를 말한다.

8 색은 관은 강서(江西)에 있는데 곧 오나라와 초나라의 경계이다.

昭關欲執之	소관에서는 그를 잡으려고 하였다.
伍胥遂與勝獨身步走	오서는 마침내 승과 함께 홀몸으로 걸어서 도망을 가게 되었는데
幾不得脫	거의 벗어날 수가 없게 되었다.
追者在後	쫓는 자들이 뒤에 있었다.
至江	강에 이르니
江上有一漁父乘船	강가에는 어부 하나가 배에 타고 있었는데
知伍胥之急	오서의 위급함을 알고
乃渡伍胥	오서를 건네주었다.
伍胥既渡	오서는 다 건너자
解其劍曰	그 칼을 끌러서 말하였다.
此劍直百金	"이 칼은 백금의 값어치가 나가는데
以與父	그대에게 주겠소."
父曰	어부가 말하였다.
楚國之法	"초나라의 법에
得伍胥者賜粟五萬石	오서를 잡는 자에게는 곡식 5만 석을 내리고
爵執珪[9]	집규의 작위를 내린다 하였는데
豈徒百金劍邪	어찌 한낱 백금짜리 칼이겠습니까!"
不受	받지 않았다.
伍胥未至吳而疾	오서는 오나라에 채 이르지도 못하여 병이 나서
止中道	중도에 머물러
乞食[10]	걸식을 하였다.

9 집규(執圭)라고도 하며 초(楚)나라의 작위(爵位) 이름이다. 규(圭)는 작위의 등급을 구분하는 것인데 규를 잡고 조회에 참석하게 하였으므로 이렇게 부른다.-옮긴이.

至於吳	오나라에 이르렀을 때는
吳王僚方用事	오왕 료(僚)가 바야흐로 정권을 잡고 있었으며
公子光爲將	공자 광(光)은 장군이었다.
伍胥乃因公子光以求見吳王	오서는 이에 공자 광을 통하여 오왕을 뵙기를 청하였다.

久之	한참 있다가
楚平王以其邊邑鍾離與吳邊邑卑梁氏俱蠶	초평왕은 변경의 읍인 종리와 오나라 변경의 읍인 비량지에서 함께 누에를 치는데
兩女子爭桑相攻	두 여자가 뽕나무를 가지고 다투어 서로 공격하였다 하여
乃大怒	이에 크게 노하여
至於兩國擧兵相伐	두 나라가 군사를 동원하여 서로 치기에 이르렀다.
吳使公子光伐楚	오나라는 공자 광에게 초나라를 치게 하여
拔其鍾離居巢而歸[11]	종리와 거소를 빼앗고 돌아왔다.
伍子胥說吳王僚曰	오자서는 오왕 료에게 유세하여 말하였다.
楚可破也	“초나라는 깨뜨릴 수 있습니다.

10 집해 장발(張勃)은 말하였다. “오자서가 걸식한 곳은 단양(丹陽) 율양현(溧陽縣)에 있다.”
색은 생각건대 장발(張勃)은 진(晉)나라 사람으로 오(吳)나라 홍려(鴻臚) 장엄(張嚴)의 아들이며 『오록(吳錄)』을 지었는데 배씨(裴氏)의 주석에서 인용한 것이 옳다. 율(溧)은 물 이름이다.

11 색은 두 읍은 초나라의 현이다. 종리현은 육안(六安)에 있으며, 옛 종리자(鍾離子)의 나라로 『계본(系本)』에서는 “종리(終犂)”라 하였으며, 영(嬴) 성의 나라이다. 거소 또한 나라이다. 걸(桀)이 남소(南巢)로 달아났으니 그 나라는 멀 것이다. 『상서(尙書)』의 서문에서는 “소백(巢伯)이 와서 조현하였다.”라 하였는데, 아마 회남(淮南)의 초나라 땅에 거처하였기 때문일 것이다.

願復遣公子光	원컨대 다시 공자 광을 파견하십시오."
公子光謂吳王曰	공자 광이 오왕에게 말하였다.
彼伍胥父兄爲戮於楚	"저 오서의 아비와 형은 초나라의 죽임을 당하였으니
而勸王伐楚者	임금께 초나라를 치도록 권하는 것은
欲以自報其讎耳	스스로 그 원수를 갚고자 하는 것일 따름입니다.
伐楚未可破也	초나라를 쳐도 아직은 깨뜨릴 수가 없습니다."
伍胥知公子光有內志	오서는 공자 광이 꿍꿍이속을 가지고
欲殺王而自立	왕을 죽이고 스스로 즉위하고자 하므로
未可說以外事	나라 바깥의 일로는 유세할 수 없음을 알고
乃進專諸於公子光[12]	이에 공자 광에게 전제를 추천하고
退而與太子建之子勝耕於野	물러나 태자 건의 아들 승과 함께 들에서 농사를 지었다.

五年而楚平王卒	5년 후에 초평왕이 죽었다.
初	처음에
平王所奪太子建秦女生子軫	평왕이 빼앗은 태자 건의 진나라 여인이 아들 진을 낳았는데
及平王卒	평왕이 죽자
軫竟立爲後	진이 마침내 즉위하여 후사를 이으니
是爲昭王	바로 소왕이다.
吳王僚因楚喪	오왕 료는 초나라가 국상을 당한 틈을 타서
使二公子將兵往襲楚	두 공자에게 군사를 거느리고 가서 초나라를 기습하게 하였다.

12 색은 『좌전』에서는 "전설재(專設諸)"라 하였다.

楚發兵絕吳兵之後 초나라가 군사를 보내어 오나라 군사의 뒤를 끊으니

不得歸 돌아가지 못하게 되었다.

吳國內空 오나라는 나라 안이 비어

而公子光乃令專諸襲刺吳王僚而自立

공자 광이 이에 전제에게 오왕 료를 습격하여 찔러 죽이게 하고 스스로 즉위하였는데

是爲吳王闔廬 바로 오왕 합려이다.

闔廬既立 합려는 즉위하자마자

得志 뜻을 얻어

乃召伍員以爲行人 이에 오운을 불러 행인으로 삼고

而與謀國事 함께 나라의 일을 도모하였다.

楚誅其大臣郤宛伯州犁 초나라가 그 대신(大臣) 극완과 백주리를 죽이자

伯州犁之孫伯嚭亡奔吳[13] 백주리의 손자 백비는 오나라로 달아났는데

吳亦以嚭爲大夫 오나라는 또한 백비를 대부로 삼았다.

前王僚所遣二公子將兵伐楚者[14]

전의 왕(王) 료가 파견한 두 공자로 군사를 거느리고 초나라를 치게 했던 자들이

道絕不得歸 길이 끊기어 돌아오지 못하였다.

---

13 **집해** 서광(徐廣)은 말하였다. "백주리는 진(晉)나라 백종(伯宗)의 아들이다. 백주리의 아들은 극완(郤宛)이고 극완의 아들은 백비(伯嚭)이다. 완(宛) 또한 성이 백(伯)이고 또한 달리 씨를 극(郤)이라 하였다. 「초세가(楚世家)」에서는 극완을 죽였는데 극완의 종성(宗姓) 백씨(伯氏)의 아들이 백비라고 하였다. 「오세가(吳世家)」에서는 초나라가 백주리를 죽이니 그 손자인 백비는 오나라로 달아났다고 하였다." **색은** 주리(州犁)는 백종(伯宗)의 아들이다. 극완(郄宛)은 주리의 아들이다. 백희(伯嚭)는 극완의 아들이다. 백씨(伯氏)의 별성은 극(郄)이다.

14 **색은** 공자 촉용(燭庸) 및 갑여(蓋餘)이다.

後聞闔廬弑王僚自立	나중에 합려가 왕 료를 죽이고 스스로 즉위하였다는 말을 듣고
遂以其兵降楚	마침내 그 군사를 가지고 초나라에 항복하였는데
楚封之於舒	초나라에서는 그들을 서(舒) 땅에 봉하였다.
闔廬立三年	합려가 즉위한 지 3년 되던 해에
乃興師與伍胥伯嚭伐楚	곧 군사를 일으켜 오서 및 백비와 함께 초나라를 쳐서
拔舒	서(舒)를 빼앗고
遂禽故吳反二將軍	마침내 지난날 오나라에서 반란을 일으킨 두 장군을 사로잡았다.
因欲至郢	내친김에 영(郢)에까지 이르고자 하였으나
將軍孫武曰	장군 손무가
民勞	"백성들이 지쳐서
未可	아직은 안 되니
且待之	조금만 기다려봅시다."라 하여
乃歸	이에 돌아왔다.

四年	4년에
吳伐楚	오나라가 초나라를 쳐서
取六與灊[15]	육과 첨을 빼앗았다.
五年	5년에는

15 **집해** 육(六)은 옛 나라로 고요(皋陶)의 후예가 봉해진 곳이다. 첨현(灊縣)에는 천주산(天柱山)이 있다. **색은** 육(六)은 옛 나라로 고요(皋陶)의 후예가 봉해진 곳이다. 첨현(灊縣)에는 천주산(天柱山)이 있다.

伐越	월나라를 쳐서
敗之	패퇴시켰다.
六年	6년에
楚昭王使公子囊瓦將兵伐吳[16]	조소왕이 공자 낭와에게 군사를 이끌고 오나라를 치게 하였다.
吳使伍員迎擊	오나라는 오운에게 맞아 싸우게 하였는데
大破楚軍於豫章[17]	예장에서 초나라 군사를 크게 깨뜨리고
取楚之居巢	초나라의 거소를 빼앗았다.

九年	9년에
吳王闔廬謂子胥孫武曰	오왕 합려는 자서와 손무에게 말하였다.
始子言郢未可入	"처음 그대들의 말이 영에는 들어갈 수 없다 하였는데
今果何如	지금은 과연 어떠하오?"
二子對曰	두 사람이 대답하였다.
楚將囊瓦貪	"초나라 장수 낭와는 탐욕스러워서
而唐, 蔡皆怨之	당나라와 채나라가 모두 미워합니다.
王必欲大伐之	왕께서 반드시 크게 치고자 하신다면
必先得唐蔡乃可	반드시 먼저 당나라와 채나라를 얻어야 할 것입니다."

16 **집해** 『좌전』에 의하면 초나라의 공자 자정(子貞)은 자가 자낭(子囊)이며, 그 손자는 이름이 와(瓦)이고 자는 자상(子常)이다. 여기서 공자라 하고 또 낭와(囊瓦)라 아울러 칭하였는데 잘못이다. **색은** 『좌전』에 의하면 초나라의 공자 자정(子貞)은 자가 자낭(子囊)이며, 그 손자는 이름이 와(瓦)이고 자는 자상(子常)이다. 여기서 공자라 하고 또 낭와(囊瓦)라 아울러 칭하였는데 잘못이다.

17 **집해** 예장(豫章)은 강남(江南)에 있다. **색은** 두예(杜預)는 "옛날에 예장은 강북에 있었는데 아마 나누어진 후에 강남으로 옮겼을 것이다."라 하였다.

闔廬聽之	합려는 그 말을 들어
悉興師與唐蔡伐楚	군사를 있는 대로 일으켜 당나라 채나라와 함께 초나라를 쳐서
與楚夾漢水而陳	초나라와 한수를 끼고 진을 쳤다.
吳王之弟夫槪將兵請從[18]	오왕의 아우 부개가 군사를 거느리고 따를 것을 청하였는데
王不聽	왕이 들어주지 않자
遂以其屬五千人擊楚將子常[19]	마침내 자기 부하 5천 명을 가지고 초나라 장수 자상을 쳤다.
子常敗走	자상은 패주하여
奔鄭	정나라로 달아났다.
於是吳乘勝而前	이에 오나라는 승세를 타고 전진하여
五戰	다섯 번의 전투 끝에
遂至郢[20]	마침내 영에 이르렀다.
己卯	기묘일에
楚昭王出奔	초소왕은 달아났다.
庚辰	경진일에
吳王入郢	오왕은 영으로 들어갔다.

昭王出亡	소왕은 도망쳐서
入雲夢	운몽으로 들어갔으며,
盜擊王	도적이 왕을 습격하여

18 **색은** 음은 개[古賚反]이다.

19 **집해** 영(郢)은 초(楚)나라의 도읍이다. **색은** '郢'은 초나라의 도읍이다. 음은 영[以正反] 또는 영[以井反]이다.

20 **집해** 자상(子常)은 공손와(公孫瓦)이다. **색은** 공손와(公孫瓦)이다.

王走鄖[21]	왕은 운나라로 달아났다.
鄖公弟懷曰	운공의 아우 회가 말하였다.
平王殺我父	"평왕이 우리 아버지를 죽였으니
我殺其子	내가 그 아들을 죽이는 것이
不亦可乎	또한 옳지 않겠는가!"
鄖公恐其弟殺王	운공은 그 아우가 왕을 죽일까 걱정하여
與王奔隨[22]	왕과 함께 수나라로 달아났다.
吳兵圍隨	오나라 군사가 수나라를 에워싸고
謂隨人曰	수나라 사람들에게 말하였다.
周之子孫在漢川者	"주나라 자손으로 한천에 있는 자는
楚盡滅之	초나라가 모두 죽였다."
隨人欲殺王	수나라 사람이 왕을 죽이려 하자
王子綦匿王	왕자기가 왕을 숨기고
己自爲王以當之	자기가 스스로 왕이라 하고 맞섰다.
隨人卜與王於吳	수나라 사람이 왕을 오나라에 주는 것을 점쳐 보았더니
不吉	길하지 않아
乃謝吳不與王	오나라의 청을 거절하고 왕을 넘겨주지 않았다.

始伍員與申包胥爲交	처음에 오운은 신포서와 교유하였는데
員之亡也	운이 도망가면서

---

21 **집해** 음은 운(云)이며, 나라 이름이다. **색은** 두 글자의 음은 주(奏)와 운(雲)이다. 주(走)는 향(向)한다는 뜻이다. 운(鄖)은 나라 이름이다.

22 **정의** 지금도 초소왕(楚昭王)의 고성이 있는데 소왕이 수(隨)나라로 달아난 곳은 궁궐의 북쪽 성이다.

謂包胥曰	신포서에게 말하기를
我必覆楚	“내 반드시 초나라를 엎어버리고 말 것이다.” 라 하였다.
包胥曰	신포서는 말하기를
我必存之	“나는 반드시 존속시킬 것이다.”라 하였다.
及吳兵入郢	오나라 군사가 영에 들어가자
伍子胥求昭王	오자서는 소왕을 찾았다.
既不得	이미 찾을 수 없게 되자
乃掘楚平王墓	이에 초평왕의 무덤을 파헤쳐
出其尸	그 시신을 꺼내어
鞭之三百	3백 대나 채찍질을 하였으며
然後已	그런 다음에야 그쳤다.
申包胥亡於山中	신포서가 산속으로 도망을 가면서
使人謂子胥曰	사람을 시켜 오자서에게 일러 말하였다.
子之報讎	“그대가 원수를 갚음이
其以甚乎	어찌 이다지도 심한가!
吾聞之	내가 듣건대
人衆者勝天	많은 사람이 하늘을 이기기도 하나
天定亦能破人[23]	하늘은 반드시 또한 사람을 파멸시킬 수도 있소.
今子故平王之臣	이제 그대는 옛 평왕의 신하로
親北面而事之	친히 북면을 하고 섬기었었는데
今至於僇死人	지금은 죽은 사람을 욕보이기에까지 이르렀으니

23 **정의** 신포서의 말은 많은 사람이 비록 한때의 흉포함으로 하늘을 이긴 적이 있다는 것을 들었으나 하늘이 그 흉포함을 굴복시켰을 때는 또한 강포한 사람에 의해 깨진다는 것이다.

此豈其無天道之極乎	이 어찌 천도가 없음이 극에 달한 것이 아니겠는가!"
伍子胥曰	오자서가 말하였다.
爲我謝申包胥曰	"내 대신 신포서에게 사죄하고
吾日莫途遠	'내 해는 저물고 길은 멀어
吾故倒行而逆施之[24]	내 일부러 행실을 거꾸로 하고 역으로 행하였다'고 말해 주오."
於是申包胥走秦告急	이에 신포서는 진나라로 달려가 위급함을 알리고
求救於秦	진나라에게 구원해 줄 것을 청하였다.
秦不許	진나라는 허락하지 않았다.
包胥立於秦廷	신포서가 진나라 조정에 서서
晝夜哭	밤낮으로 소리 내어 울었는데
七日七夜不絕其聲	이레 낮 이레 밤이 되도록 그 소리가 끊이지 않았다.
秦哀公憐之	진애공이 불쌍히 여기어
曰	말하였다.
楚雖無道	"초나라가 비록 무도하다지만
有臣若是	이런 신하가 있다면
可無存乎	존속시키지 않을 수 있겠는가!"
乃遣車五百乘救楚擊吳	이에 병거 5백 승을 보내어 초나라를 구원하여 오나라를 쳤다.

24 색은 오자서의 말은 복수에 뜻을 두어 늘 곧 죽어 본래의 마음을 이루지 못하게 될까 걱정되었는데 지금 다행히 복수를 하게 되었으니 어찌 이치를 논하겠는가 하는 것이다. 이를테면 사람이 길을 가는데 앞길은 아직 멀기만 하고 날은 저물어 가는데 순서를 바꾸어 빨리 행해야 하고 이치를 거슬러 일을 행해야 하니 어찌 내가 순리대로 함을 따지겠는가 하는 것이다.

六月	6월에
敗吳兵於稷[25]	오나라 군사를 직(稷)에서 무찔렀다.
會吳王久留楚求昭王	마침 오왕이 초나라에 오래 머물면서 소왕을 찾자
而闔廬弟夫概乃亡歸	합려의 아우 부개가 곧 도망쳐 귀국하여
自立爲王	스스로 왕이 되었다.
闔廬聞之	합려는 이 소식을 듣고
乃釋楚而歸	곧 초나라를 풀어주고 귀국하여
擊其弟夫概	그 아우인 부개를 쳤다.
夫概敗走	부개는 패하여 달아나
遂奔楚	마침내 초나라로 도망쳤다.
楚昭王見吳有內亂	초소왕은 오나라에 내란이 일어난 것을 보고
乃復入郢	곧 다시 영으로 들어갔다.
封夫概於堂谿[26]	부개를 당계에 봉하고
爲堂谿氏	당계씨로 삼았다.
楚復與吳戰	초나라는 다시 오나라와 싸워
敗吳	오나라를 물리치니
王乃歸	왕은 이에 돌아갔다.

後二歲	2년 뒤

25 **집해** 직구(稷丘)는 지명으로 교외에 있다. **색은** 『좌전』에는 "직구(稷丘)"로 되어 있다. 두예는 "직구는 지명으로 교외에 있다."라 하였다.

26 **집해** 서광은 "신현(慎縣)에 있다."라 하였다. 내[駰] 생각에 「지리지」에 여남(汝南)에 오방현(吳房縣)이 있다. 응소(應劭)는 "부개가 초나라로 달아나니 당계에 봉하였는데, 본래는 방자(房子)의 나라였는데 오나라 사람을 봉하였기 때문에 오방(吳房)이라 한다."라 하였다. 그렇다면 신현에는 있을 수가 없다. **정의** 지금 예주(豫州) 오방현은 주의 서북쪽 90리 지점에 있다.

闔廬使太子夫差將兵伐楚	합려는 태자 부차에게 장사병을 거느리고 초나라를 치게 하여
取番[27]	반을 빼앗았다.
楚懼吳復大來	초나라는 오나라가 다시 크게 쳐들어올 것을 두려워하여
乃去郢	이에 영을 버리고
徙於鄀[28]	약(若)으로 옮겼다.
當是時	이때
吳以伍子胥孫武之謀	오나라는 오자서와 손무의 계책으로
西破彊楚	서로는 강한 초나라를 격파하고
北威齊晉	북으로는 제나라와 진나라를 위협하였으며
南服越人	남으로는 월나라 사람을 복종시켰다.

其後四年	그로부터 4년 뒤
孔子相魯	공자가 노나라의 승상이 되었다.

後五年	5년 뒤
伐越	월나라를 쳤다.
越王句踐迎擊	월왕 구천이 맞아 싸워
敗吳於姑蘇	고소에서 오나라를 무찔렀는데
傷闔廬指[29]	합려의 발가락이 다쳐서
軍卻	군대가 퇴각하였다.

---

27 **집해** 음은 반[普寒反]이며, 또한 파(婆)라고도 한다. **색은** 음은 반[普寒反]이며, 또한 파(婆)라고도 한다. 아마 파양(鄱陽)일 것이다.

28 **집해** 초나라 땅으로 음은 약(若)이다. **색은** 음은 약(若)이다. 약은 초나라 땅인데 지금은 없어졌다.

闔廬病創將死[30]	합려는 상처가 곪아 터져 죽게 되었는데
謂太子夫差曰	태자인 부차에게 일러 말하였다.
爾忘句踐殺爾父乎	“너는 구천이 네 아비를 죽게 한 것을 잊겠느냐?”
夫差對曰	부차가 대답하였다.
不敢忘	“감히 잊지 않겠습니다.”
是夕	그날 저녁
闔廬死	합려는 죽었다.
夫差既立爲王	부차는 즉위하여 왕이 되자
以伯嚭爲太宰	백비를 태재로 삼았으며
習戰射	전투와 활쏘기 훈련을 시켰다.
二年後伐越	2년 뒤에 월나라를 쳐서
敗越於夫湫[31]	부초에서 월나라를 무찔렀다.
越王句踐乃以餘兵五千人棲於會稽之上[32]	월왕 구천은 이에 패잔병 5천 명을 데리고 회계산 어귀에 머물면서
使大夫種厚幣遺吳太宰嚭以請和[33]	대부 문종으로 하여금 예물을 두터이 하여 오나라 태재 비에게 주고 화친을 청하게 하고

29 **정의** 고소(姑蘇)는 ‘취리(檇李)’가 되어야 하며 문장의 오류이다. 『좌전』[「정공(定公) 14년」]에서 “취리에서 싸워 엄지발가락을 다쳐서 형에서 죽었다(戰檇李, 傷將指, 卒於陘)”라 한 것이 이것이다. 풀이가 「오세가(吳世家)」에 있다.

30 **집해** 음은 창[楚良反]이다. **색은** 음은 창(瘡)이다.

31 **집해** 음은 초(椒)이다. **색은** 음은 초(椒)이며 또한 본음으로도 쓴다. **정의** 태호(太湖)의 초산(椒山)이다. 풀이가 「오세가」에 있다.

32 **정의** 토지 이름으로 월주(越州) 회계현(會稽縣) 동남쪽 12리 지점에 있다.

33 **색은** 유씨는 “대부(大夫)는 성이고 종은 이름이다.”라 하였는데 틀렸다. 지금 오나라 남쪽에 문종보[文種堢]가 있으니 곧 종의 성은 문이며 대부는 관직이다. **정의** 고유(高誘)는 “대부 종(種)은 성이 무씨(文氏)이며 자는 자금(子禽)으로 초나라 영(郢) 사람이다.”라 하였다.

求委國爲臣妾	나라를 맡기고 신하와 첩이 되겠다고 하였다.
吳王將許之	오왕이 허락하려고 하였다.
伍子胥諫曰	오자서가 간하여 말하였다.
越王爲人能辛苦	"월왕은 위인이 고생을 견디어 낼 수 있습니다.
今王不滅	지금 임금께서 멸하지 않으신다면
後必悔之	나중에 반드시 뉘우치게 될 것입니다."
吳王不聽	오왕은 듣지 않고
用太宰嚭計	태재 백비의 계책을 써서
與越平	월나라와 강화하였다.

其後五年	그 후 5년에
而吳王聞齊景公死而大臣爭寵	오왕은 제나라 경공이 죽어 대신들이 총애를 다투고
新君弱	새 임금은 약하다는 말을 듣고
乃興師北伐齊	이에 군사를 일으켜 북으로 제나라를 쳤다.
伍子胥諫曰	오자서가 간하여 말하였다.
句踐食不重味	"구천은 먹을 때 두 가지 반찬이 없으며
弔死問疾	죽은 이를 조문하고 병자를 문안하니
且欲有所用之也	곧 그들을 쓰고자 함이 있는 것입니다.
此人不死	이 사람이 죽지 않으면
必爲吳患	반드시 오나라의 우환이 될 것입니다.
今吳之有越	지금 오나라에 월나라가 있는 것은
猶人之有腹心疾也	사람이 배 속에 병을 가지고 있는 것과 같습니다.
而王不先越而乃務齊	그런데도 임금께서 월나라를 먼저 도모하지 않

	고 제나라를 힘쓰시는 것은
不亦謬乎	또한 잘못이 아니겠습니까!"
吳王不聽	오왕은 듣지 않고
伐齊	제나라를 쳐서
大敗齊師於艾陵[34]	애릉에서 제나라 군사를 크게 무찌르고
遂威鄒魯之君以歸[35]	마침내 추나라와 노나라 임금을 위협하고 돌아왔다.
益疏子胥之謀	자서의 계책을 더욱 멀리하게 되었다.

其後四年	그로부터 4년 뒤에
吳王將北伐齊	오왕은 북으로 제나라를 치려고 하였는데
越王句踐用子貢之謀	월왕 구천이 자공의 계책을 써서
乃率其眾以助吳	이에 그 무리를 이끌고 오나라를 도왔으며
而重寶以獻遺太宰嚭	두터운 재물을 태재 백비에게 바쳤다.
太宰嚭既數受越賂	태재 백비는 이미 수차례나 월나라의 뇌물을 받은 터라
其愛信越殊甚	월나라를 사랑하고 믿음이 더욱 심하여져서
日夜爲言於吳王	밤낮으로 오왕에게 잘 말해 주었다.
吳王信用嚭之計	오왕은 백비의 계책을 믿고 썼다.
伍子胥諫曰	오자서가 간하여 말하였다.
夫越	"저 월나라는
腹心之病	배 속의 병인데

34 정의 『괄지지(括地志)』에서는 "애산(艾山)은 연주(兗州) 박성현(博城縣) 남쪽 백60리 지점에 있는데 본래 제나라 박읍(博邑)이었다."라 하였다.

35 정의 추나라 임금은 연주(兗州) 추현(鄒縣)에 살았다. 노(魯)는 곡부현(曲阜縣)이다.

今信其浮辭詐僞而貪齊	지금 그들의 부화한 말과 거짓을 믿고 제나라를 탐하고 있습니다.
破齊	제나라를 깨뜨리는 것은
譬猶石田	비유하자면 돌밭과 같아
無所用之	그리 쓸모가 없습니다.
且盤庚之誥曰	또한 「반경지고」에서는 말하기를
有顚越不恭	'타락하여 공경하지 않는 자가 있으면
劓殄滅之	그를 베어 멸망시키어
俾無遺育	남기어 자라지 않게 할 것이며
無使易種于茲邑	이 도읍에서 쉬 뿌리를 내리지 않게 할 것이다.' 라 하였는데,
此商之所以興	이것이 상나라가 흥한 까닭입니다.
願王釋齊而先越	원컨대 임금께서는 제나라를 놔두고 월나라를 먼저 도모하시고,
若不然	그렇지 않다면
後將悔之無及	후회막급하게 될 것입니다."
而吳王不聽	그러나 오왕은 듣지 않고
使子胥於齊	자서를 제나라 사신으로 가게 했다.
子胥臨行	자서는 떠날 즈음에
謂其子曰	그 아들에게 일러 말하였다.
吾數諫王	"내가 임금에게 여러 차례 간언하였는데도
王不用	임금이 듣지 않으니
吾今見吳之亡矣	내 지금 오나라가 망하게 되리라는 것을 알겠다.
汝與吳俱亡	네가 오나라와 함께 망하는 것은
無益也	아무 도움이 되지 않는다."

乃屬其子於齊鮑牧	이에 그 아들을 제나라 포목에게 맡기고
而還報吳	돌아와 오나라에 보고하였다.

吳太宰嚭既與子胥有隙	오나라 태재 백비는 자서와 틈이 생기자
因讒曰	이에 참소하여 말하였다.
子胥爲人剛暴	“자서는 사람됨이 강포한 데다
少恩	은혜를 거의 베풀지 않고
猜賊	음험하고 교활하여
其怨望恐爲深禍也	그 원망이 깊은 화가 될 것입니다.
前日王欲伐齊	전날 임금께서 제나라를 치시고자 할 때
子胥以爲不可	자서는 불가하다고 하였으나
王卒伐之而有大功	임금께서는 마침내 쳐서 큰 공을 세우셨습니다.
子胥恥其計謀不用	자서는 그 계책이 쓰이지 않은 것을 부끄럽게 여겨
乃反怨望	이에 도리어 원망을 하고 있습니다.
而今王又復伐齊	지금 임금께서 다시 제나라를 치시려는 데
子胥專愎彊諫[36]	자서만이 강경하게 간하여
沮毀用事[37]	하시려는 일을 방해하고 헐뜯으며
徒幸吳之敗以自勝其計謀耳	다만 오나라가 패하여 스스로 그 계책이 뛰어나다고 여기기만 바랄 것일 따름입니다.
今王自行	지금 임금께서 직접 출정하시어
悉國中武力以伐齊	나라의 병력을 다하여 제나라를 치는 데
而子胥諫不用	자서는 간언이 쓰이지 않았다 하여

36 픽(愎): 색은 음은 픽[皮逼反]이다.

37 저(沮): 집해 음은 저[自呂反]이다.

因輟謝	이에 그만두고 물러나
詳病不行	꾀병을 대고 가지 않습니다.
王不可不備	임금께서는 대비하지 않을 수 없으니
此起禍不難	이에 난을 일으키기는 어렵지 않을 것입니다.
且嚭使人微伺之	또한 제가 사람을 시켜 몰래 정탐해 보았더니
其使於齊也	그가 제나라의 사신으로 가서
乃屬其子於齊之鮑氏	그 아들을 제나라의 포씨에게 맡겨놓았다고 합니다.
夫爲人臣	대체로 신하가 되어
內不得意	나라 안에서 뜻을 얻지 못하자
外倚諸侯	밖으로 제후에 기대고 있으며,
自以爲先王之謀臣	스스로 선왕의 모신이라 생각하면서
今不見用	지금 쓰이지를 않으니
常鞅鞅怨望	늘 앙앙불락하여 원망하고 있습니다.
願王早圖之	임금께서는 일찌감치 도모하시기 바랍니다."
吳王曰	오왕이 말하였다.
微子之言	"그대의 말이 아니더라도
吾亦疑之	나 또한 의심하였소."
乃使使賜伍子胥屬鏤之劍[38]	이에 사자를 보내어 오자서에게 촉루라는 검을 내리며
曰	말하였다.
子以此死	"그대는 이 칼로 죽으라."
伍子胥仰天歎曰	오자서는 하늘을 우러러 한숨을 쉬고는 말하였다.

38 루(鏤): 집해 음은 루[錄于反]이다.

嗟乎	“아아!
讒臣嚭爲亂矣	참신 백비가 나라를 어지럽히고 있는데
王乃反誅我	왕은 이에 오히려 나를 죽이는구나.
我令若父霸	나는 네 애비가 패권을 잡게 하였다.
自若未立時	네가 아직 즉위하지 않았을 때
諸公子爭立	여러 공자들이 다투어 즉위하려 하였는데
我以死爭之於先王	내 죽음으로 선왕께 다투어서
幾不得立[39]	가까스로 태자가 될 수 있었다.
若旣得立	네가 이미 즉위하게 되어
欲分吳國予我	오나라를 나누어 나에게 주려고 하였지만
我顧不敢望也	나는 돌아보아 감히 바라지를 않았다.
然今若聽諛臣言以殺長者	그러나 지금 너는 아첨하는 신하의 말을 듣고 장자를 죽이는구나.”
乃告其舍人曰	이에 그 사인에게 일렀다.
必樹吾墓上以梓	“반드시 내 무덤가에다 가래나무를 심어
令可以爲器[40]	관으로 만들 수 있게 하고,
而抉吾眼縣吳東門之上[41]	내 눈을 도려내어 오나라 도성의 동문 위에 걸어

39 기(幾): 정의 ‘幾’의 음은 기(祈)이다.

40 정의 기(器)는 관(棺)을 이르는데, 오나라가 반드시 망할 것이기 때문이다. 『좌전』[「애공(哀公) 11년」]에서는 “내 무덤에 가래나무를 심을 것이니 가래나무가 재목이 될 만하면 오나라는 망할 것이다(樹吾墓檟, 檟可材也, 吳其亡乎).”라 하였다.

41 색은 음은 열[烏穴反]이다. 결(抉)은 또한 음이 결(決)이다.

정의 동문은 보문(鱃門)으로, 부문(鮃門)을 말하는데, 지금의 이름은 봉문(葑門)이다. ‘鱃’의 음은 보[普姑反]이다. ‘鮃’의 음은 부[覆浮反]이다. 월나라 군사가 시포(示浦)를 열자 오자서가 물결로 성 밖의 큰 성을 쓸어 이 문을 열었는데 보부(鱃鮃)가 물결을 따라 들어왔기 때문에 문의 이름으로 삼았다. 고야왕(顧野王)은 “보어(鱃魚)는 일명 강돈(江豚)이라고도 하는데 바람이 불려 하면 솟아오른다.”라 하였다.

以觀越寇之入滅吳也	월나라 침략자들이 오나라를 멸하는 것을 보게 하라.”
乃自剄死	이에 스스로 목을 쳤다.
吳王聞之大怒	오왕이 듣고 크게 노하여
乃取子胥尸盛以鴟夷革[42]	자서의 시체를 가져다 말가죽 부대에 담아
浮之江中[43]	강에다 띄웠다.
吳人憐之	오나라 사람들이 가엽게 여겨
爲立祠於江上[44]	강가에다 사당을 세워주고
因命曰胥山[45]	이에 서산이라고 하였다.

吳王旣誅伍子胥	오왕은 오자서를 죽이고
遂伐齊	마침내 제나라를 쳤다.
齊鮑氏殺其君悼公而立陽生	제나라 포씨가 그 임금 도공을 죽이고 양생을 세웠다.

42 **집해** 응소는 “말가죽을 가져다가 치이(鴟夷)를 만들었는데 치이는 통[榼] 모양이다.”라 하였다. **정의** ‘盛’의 음은 성(成)이다. ‘榼’의 음은 갈[古曷反]이다.

43 **집해** 서광은 “노애공(魯哀公) 11년(B.C. 484)이다.”라 하였다. **정의** 연표에서는 오왕 부차(夫差) 11년(B.C. 485)이라고 하였다.

44 **정의** 『오지기(吳地記)』에서는 “월나라 군사는 소주(蘇州) 동남쪽 30리에 있는 삼강구(三江口)에서 또 아래로 3리를 내려가 강의 북쪽 기슭을 내려다보며 제단을 쌓고 흰 말을 죽여 오자서를 제사 지냈으며 술잔을 돌려 술이 다 떨어지자 나중에 이 강가에 사당을 세웠다. 지금 그 곁에는 포(浦)가 있는데 단포(壇浦)라 한다. 진(晉)나라 회계 태수(會稽太守) 미표(麋豹)에 이르러 사당을 오나라 성곽 동문 안 길의 남쪽으로 옮겼는데 지금도 사당이 그곳에 보인다.”라 하였다.

45 **집해** 장안(張晏)은 “서산(胥山)은 태호(太湖) 가에 있으며 강과는 백 리가 되지 않으므로 강가[江上]라고 한 것이다.”라 하였다. **정의** 『오지기』에서는 “서산은 태호(太湖) 가 서호(胥湖)의 동쪽 기슭의 산에 있으며 서쪽으로 서호(胥湖)을 굽어보고 있는데 산에는 옛 승(丞)과 서(胥)의 두 왕의 사당이 있다.”라 하였다. 생각건대 그 사당은 오자서의 일과는 관련이 없으니, 이는 태사공이 틀렸으며 장수절(張守節)의 주석(『집해』) 또한 틀렸다.

吳王欲討其賊	오왕은 그 적신을 토벌하고자 하였으나
不勝而去	이기지 못하고 떠났다.
其後二年	그로부터 2년 뒤에
吳王召魯衛之君會之橐皋[46]	오왕이 노나라와 위나라 임금을 불러 탁고에서 회합하였다.
其明年	그 이듬해
因北大會諸侯於黃池[47]	이어서 북으로 가 황지에서 제후들을 크게 모아
以令周室	주나라 왕실의 이름으로 호령하였다.
越王句踐襲殺吳太子[48]	월왕 구천은 오나라 태자를 기습하여 죽이고
破吳兵	오나라 군사를 깨뜨렸다.
吳王聞之	오왕은 그 소식을 듣고
乃歸	이에 귀국하여
使使厚幣與越平	사신을 보내 폐백을 두터이 하여 월나라와 화평을 맺었다.
後九年	9년 뒤
越王句踐遂滅吳	월왕 구천은 마침내 오나라를 멸하고
殺王夫差	왕 부차를 죽였으며,
而誅太宰嚭	태재 백비를 죽였는데
以不忠於其君	그 임금에게 충성을 하지 않고
而外受重賂	밖으로 두터운 뇌물을 받아
與己比周也[49]	자기와 결탁하였기 때문이다.

46 색은 음은 탁고(拓皐)이다. 두예는 "지명으로 회남(淮南) 준주현(逡遒縣) 동남쪽에 있다." 라 하였다. 정의 탁고의 옛 현은 여주(廬州) 소현(巢縣) 서북쪽 56리 지점에 있다.

47 정의 변주(汴州) 봉구현(封丘縣) 남쪽 7리 지점에 있다.

48 색은 『좌전』에 의하면 태자의 이름은 우(友)이다.

49 정의 음은 기비(紀鼻)이다.

伍子胥初所與俱亡故楚太子建之子勝者	오자서가 처음에 함께 도망한 옛 초나라 태자의 아들 승은
在於吳	오나라에 있었다.
吳王夫差之時	오왕 부차 때
楚惠王欲召勝歸楚	초혜왕은 승을 불러 초나라로 돌아오게 하려 했다.
葉公諫曰[50]	섭공이 간언하였다.
勝好勇而陰求死士	"승은 용맹을 좋아하고 몰래 결사대를 구하고 있으니
殆有私乎	아마 사심이 있을 것입니다."
惠王不聽	혜왕은 듣지 않았다.
遂召勝	마침내 승을 불러
使居楚之邊邑鄢[51]	초나라의 변방 고을인 언(鄢)에 살게 하고
號爲白公[52]	백공이라 불렀다.
白公歸楚三年而吳誅子胥	백공이 초나라로 돌아간 지 3년 만에 오나라는 자서를 죽였다.

白公勝既歸楚	백공 승은 초나라로 돌아가자

---

50 **정의** 앞의 글자는 음이 섭[式涉反]이다. 두예는 "자고(子高)는 심제량(沈諸梁)이다."라 하였다.

51 **집해** 서광은 "영천(潁川)의 언릉(鄢陵)이다."라 하였다. **정의** '鄢'은 음이 언(偃)이다. 『괄지지』에서는 "옛 언성(鄢城)은 예주(豫州) 언성현(鄢城縣) 남쪽 5리 지점에 있으며, 포신(褒信) 백정(白亭)과 가깝다."라 하였다.

52 **집해** 서광은 "여남(汝南) 포신현(褒信縣)에 백정(白亭)이 있다."라 하였다. **정의** 『괄지지』에서는 "백정(白亭)은 예주(豫州) 포신현(褒信縣) 남쪽 42리 지점에 있으며, 또한 백공(白公)의 옛 성이 있다. 또한 허주(許州) 부구현(扶溝縣) 북쪽 45리 지점에도 백정(白亭)이 있다."라 하였다.

怨鄭之殺其父	정나라가 그 아비를 죽인 것을 원망하여
乃陰養死士求報鄭	이에 몰래 결사대를 양성하여 정나라에 보복하려 하였다.
歸楚五年	초나라로 돌아간 지 5년에
請伐鄭	정나라를 칠 것을 청하니
楚令尹子西許之	초나라 영윤 자서가 이를 허락하였다.
兵未發而晉伐鄭	군사가 출발하지 않았는데 진나라가 정나라를 쳐서
鄭請救於楚	정나라가 초나라에 구원을 청하였다.
楚使子西往救	초나라는 자서로 하여금 가서 구원하게 하여
與盟而還	더불어 맹약을 맺고 돌아왔다.
白公勝怒曰	백공 승이 노하여 말하였다.
非鄭之仇	"정나라가 원수가 아니라
乃子西也	곧 자서이다."
勝自礪劍	승이 직접 칼을 갈자
人問曰[53]	어떤 사람이 물었다.
何以爲	"무엇하시게요?"
勝曰	승이 말하였다.
欲以殺子西	"자서를 죽이려고 그런다."
子西聞之	자서가 그 말을 듣고
笑曰	웃으며 말하였다.
勝如卵耳	"승은 알과 같을 따름이니
何能爲也	무엇을 할 수 있겠는가."

53 색은 『좌전』에는 "자기의 아들 평이 그것을 보고 말하였다. '왕손이 어찌하여 스스로 칼을 가십니까?(子期之子平見曰, 王孫何自礪也)'"로 되어 있다.

其後四歲 그로부터 4년 뒤에

白公勝與石乞襲殺楚令尹子西司馬子綦於朝[54]

백공 승은 석걸과 함께 초나라 영윤 자서 사마 자기(子綦)를 조정에서 죽였다.

石乞曰 석걸이 말하였다.

不殺王 "임금을 죽이지 않으면

不可 안 됩니다."

乃劫(之)王如高府[55] 이에 왕을 위협하여 고부로 가게 하였다.

石乞從者屈固[56]負楚惠王亡走昭夫人之宮[57]

석걸의 종자 굴고가 초혜왕을 저버리고 소부인의 궁으로 도망쳐 달아났다.

葉公聞白公爲亂 섭공은 백공이 난을 일으켰다는 말을 듣고

率其國人攻白公 백성들을 이끌고 백공을 공격하였다.

白公之徒敗 백공의 무리가 패하여

亡走山中 산속으로 도망쳐 달아나

自殺[58] 스스로 목숨을 끊었다.

而虜石乞 그리고 석걸을 사로잡아

而問白公尸處 백공의 시체가 있는 곳을 물어

---

54 색은 『좌전』에는 "자기(子期)"로 되어 있다.

55 색은 두예는 "초나라의 별부(別府)이다."라 하였다.

56 집해 서광은 "'혜왕(惠王)의 종자 굴고(屈固)'로 된 판본도 있다. 「초세가(楚世家)」에도 '왕의 종자'로 되어 있다."라 하였다. 색은 생각건대 서광은 "혜왕(惠王)의 종자 굴고(屈固)"로 된 판본도 있다고 하였는데 아마 이 판본이 제대로 되었을 것이다. 그러나 『좌전』에는 "석걸에게 문을 지키게 하였다. 어공양이 궁궐에 구멍을 내어 왕을 업고 소부인의 궁으로 갔다(石乞尹門, 圉公陽穴宮, 負王以如昭夫人之宮)."라 하였으니 공양(公陽)이 초나라의 대부로 왕의 종자이다.

57 색은 소왕(昭王)의 부인 곧 혜왕(惠王)의 어머니로 월나라 여인이다.

58 정의 『좌전』에서는 백공은 달아나 목을 매어 죽었다고 하였다.

不言將亨	말하지 않으면 삶아 죽이려고 하였다.
石乞曰	석걸이 말하였다.
事成爲卿	"일이 성공하면 경이 되고
不成而亨	성공하지 못하면 삶겨 죽게 되니
固其職也	일이 실로 그런 것이다."
終不肯告其尸處	끝내 그 시체가 있는 곳을 말하려 하지 않았다.
遂亨石乞	마침내 석걸을 삶아 죽이고
而求惠王復立之	혜왕을 찾아 복위시켰다.

太史公曰	태사공은 말한다.
怨毒之於人甚矣哉	남을 원망하고 독을 품음이 심하도다!
王者尚不能行之於臣下	왕자도 오히려 신하에게 그렇게 할 수 없거늘
況同列乎	하물며 같은 반열이겠는가!
向令伍子胥從奢俱死	애초에 오자서가 오사를 따라 함께 죽게 하였더라면
何異螻蟻	땅강아지나 개미와 무엇이 다르겠는가.
棄小義	작은 의로움을 버리고
雪大恥	큰 치욕을 씻어서
名垂於後世	이름을 후세에 드리웠으니
悲夫	슬프도다!
方子胥窘於江上[59]	바야흐로 자서가 강가에서 고생하고
道乞食	길에서 걸식을 하면서
志豈嘗須臾忘郢邪	뜻이 어찌 일찍이 잠시라도 영을 잊었겠는가?

59 색은 '窘'의 음은 군[求殞反]이다.

故隱忍就功名	그러므로 참고 견디며 공명을 이루었으니
非烈丈夫孰能致此哉	장렬한 사나이가 아니라면 누가 이렇게 할 수 있겠는가?
白公如不自立爲君者	백공이 스스로 왕이 되고자 하지 않았더라면
其功謀亦不可勝道者哉	그 공과 계책 또한 이루 다 말할 수 없을 것이다!

7 중니 제자 열전 仲尼弟子列傳

孔子曰受業身通者七十有七人[1]	
	공자가 말하기를 “학업을 배워 정통한 자가 77명이다.”라 하였는데,
皆異能之士也	모두 재능이 특출한 선비였다.
德行	덕행에는
顏淵	안연,
閔子騫	민자건,
冉伯牛	염백우,
仲弓	중궁이 있었다.
政事	정사에는
冉有	염유,
季路	계로가 있었다.
言語	언어에는
宰我	재아,
子貢[2]	자공이 있었다.

1 색은 『공자가어(孔子家語)』에도 77인이 있으며, 문옹(文翁)의 「공묘도(孔廟圖)」에만 72인으로 되어 있다.

2 색은 『논어』에서는 첫 번째가 덕행, 두 번째가 언어, 세 번째가 정사, 네 번째가 문학이라 하였다. 지금 여기에서는 정사가 언어 위에 있는데, 이는 기록에 다름이 있기 때문일 것이다.

文學	문학에는
子游	자유,
子夏	자하가 있었다.
師也辟[3]	사는 편벽되었고,
參也魯[4]	삼은 노둔하였으며,
柴也愚[5]	시는 어리석었고,
由也喭[6]	유는 거칠었으며,
回也屢空	회는 자주 끼니를 굶었다.
賜不受命而貨殖焉	사는 천명을 받아들이지 않고 재화를 늘렸는데
億則屢中[7]	짐작이 자주 들어맞았다.

孔子之所嚴事	공자가 존중하여 섬긴 사람으로는

---

3 **집해** 마융(馬融)은 말하였다. "자장은 재주가 남들보다 뛰어났으나 사벽하고 문식이 잘못된 과실이 있다." **정의** (辟의) 음은 벽(癖)이다.

4 **집해** 공안국(孔安國)은 말하였다. "노(魯)는 둔한 것이다. 증자(曾子)는 느리고 둔하였다."

5 **집해** 하안(何晏)은 말하였다. "우직(愚直)하다 할 때의 우(愚)이다."

6 **집해** 정현(鄭玄)은 말하였다. "자로의 행실은 거친 과실이 있다." **색은** 『논어』에서는 시(柴)를 먼저 말하고, 다음에 삼(參)을, 다음에 사(師), 다음에 유(由)를 말하였다. 지금 이 전의 순서 또한 『논어』와 같지 않은데 그 잘못을 문득 말하지 못하겠다. **정의** '畈'의 음은 반(畔)이다. '喭'의 음은 안(岸)이다.

7 **집해** 하안은 말하였다. "안회는 거의 성인의 도에 가까워 비록 끼니를 자주 굶기는 하였으나 즐거움이 그 안에 있다는 말이다. 사(賜)는 교명(教命)을 받아들이지 않았으나 재화는 늘어났고 옳고 그름을 억측하여 헤아렸다. 안회를 아름답게 여긴 것은 사를 면려하기 위함 때문일 것이다. 어떤 사람은 누(屢)는 매번[每]이라는 뜻이며, 공(空)은 마음을 비운 것과 같다고 하였다. 성인의 훌륭한 도로 여러 제자들이 거의 성인이 되도록 가르쳤는데도 오히려 도를 앎에 이르지 않았으니 이는 각기 마음속에 이런 해악이 있었기 때문이다. 그 가운데 거의 매번 마음속을 비울 수 있었던 자는 안회뿐이었으니 도를 품음이 심원하였다. 마음을 비우지 않으면 도를 알 수 없다. 자공은 여러 제자의 병폐가 없었지만 또한 도를 알지 못한 자였으니 비록 이치를 궁구하지는 않았으나 다행히 들어맞았고, 비록 천명이 아니었으나 어쩌다 부유해졌으니 또한 마음을 비우지 않았기 때문이다."

於周則老子	주나라에서는 노자였고,
於衛	위나라에서는
蘧伯玉[8]	거백옥이었으며,
於齊	제나라에서는
晏平仲[9]	안평중,
於楚	오나라에서는
老萊子[10]	노래자,
於鄭	정나라에서는
子產	자산,
於魯	노나라에서는
孟公綽	맹공작이었다.

數稱臧文仲柳下惠銅鞮伯華介山子然[11],

여러 차례 장문중과 유하혜, 동제백화와 개산 자연을 칭찬하였는데,

---

8 집해 겉으로는 너그럽고 안으로는 곧으며 스스로 안으로 숨기고 묶어 단속하고 자기에게는 곧고 남에게는 곧지 않으며 인에 급급하며 선으로 일생을 마친 것은 아마 거백옥의 행실일 것이다. 색은 『대대례(大戴禮)』에서는 또한 "겉으로는 너그럽고 안으로는 곧으며 스스로 안으로 숨기고 묶어 단속하고 자기에게는 곧고 남에게는 곧지 않으며 인에 급급하며 선으로 일생을 마친 것은 아마 거백옥의 행실일 것이다."라 하였다.

9 집해 임금이 신하를 가려서 부리고 신하가 임금을 가리어 섬기며, 도가 있으면 명을 따르고 도가 없으면 명을 거역하는 것은 아마 안평중의 행실일 것이다. 색은 『대대기(大戴記)』에서는 "임금이 신하를 가려서 부리고 신하가 임금을 가리어 섬기며, 도가 있으면 명을 따르고 도가 없으면 명을 거역하는 것은 아마 안평중의 행실일 것이다."라고 하였다.

10 색은 『대대기』에서는 또한 "덕이 공경스럽고 행실에 신의가 있으며 종일 말을 하여도 뉘우치거나 허물을 말하지 않으며 가난하면서도 즐거운 것은 아마 노래자의 행실일 것이다."라 하였다.

11 집해 효성스럽고 공경스러우며 인자하고 실로 덕이 있고 의를 도모하며 재화를 하찮게 여기고 원망을 없애는 것은 아마 유하혜의 행실일 것이다. 색은 『대대기』에서는 또한 "효성스럽고 공경스러우며 인자하고 실로 덕이 있고 의를 도모하며 재화를 하찮게 여기고 원

孔子皆後之	공자는 그들보다 모두 뒤에 태어나
不並世[12]	세상을 함께하지는 않았다.

顔回者	안회는
魯人也	노나라 사람으로
字子淵	자는 자연이다.
少孔子三十歲[13]	공자보다 30세 어리다.

顔淵問仁	안연이 인에 대하여 묻자

망을 없애는 것은 아마 유하혜의 행실일 것이다."라 하였다.

동제(銅鞮): **색은** 「지리지(地理志)」에서는 현 이름이라고 하였는데, 상당(上黨)에 속한다. **정의** '鞮'의 음은 제[丁奚反]이다. 동제(銅鞮)는 노주현(潞州縣)이다.

12 **집해** 『대대례』에서는 말하였다. "공자가 이르기를 '나라에 도가 있으면 그 말을 족히 일으킬 수 있고, 나라에 도가 없으면 그 침묵으로 족히 용납하는 것은 아마 동제백화(銅鞮伯華)가 행한 것일 것이다. 사방을 살펴보고 그 어버이를 잊지 않으며 진실로 그 어버이를 생각하여 그 즐거움을 다하지 않는 것은 아마 개산자연(介山子然)의 행실일 것이다.'라 하였다." 『설원(說苑)』에서는 말하였다. "공자가 탄식하여 말하기를 '동제백화가 죽지 않았더라면 천하는 안정되었을 것이다.'라고 하였다." 『진태강지기(晉太康地記)』에서는 "동제는 진(晉)나라 대부 양설적(羊舌赤)의 읍으로 세상에서는 양설적을 동제백화라 부른다."라 하였다. **색은** 장문중 이하로는 공자가 모두 그보다 늦게 태어나 시대를 함께할 수 없었다. 그 존중하여 섬긴 사람은 노자 및 공작 이상인데 모두 공자와 동시대의 사람이다. 대덕(戴德)이 『예(禮)』를 지었는데, 『대대례(大戴禮)』라고 하였으며, 도합 85편으로 그 가운데 47편은 없어지고 지금 현존하는 것은 38편이다. 지금 배씨[裴氏: 배인(裴駰)]가 인용한 것은 「위장군(衛將軍)」편에 있다. 공자는 기해(祁奚)가 진평공(晉平公)에게 대답한 말을 칭찬하였는데 동제와 개산 두 사람의 행실만 들었을 뿐이다. 『가어(家語)』[『공자가어(孔子家語)』]에서는 또한 "이기려 하지 않고 꺼리지 않으며 옛 원한을 생각지 않는 것은 아마 백이와 숙제의 행실일 것이다. 하늘을 생각하면서도 사람을 공경하고, 선(義)을 따르면서도 신의를 행하는 것이 아마 조문자(趙文子)의 행실일 것이다. 임금을 섬기면서 죽음을 아끼지 않고, 몸을 도모하면서도 친구를 버리지 않는 것이 아마 수무자(隨武子)의 행실일 것이다."라 하였다.

13 **정의** '少'는 음이 소[戍妙反: 거성]이다.

孔子曰	공자가 말하였다.
克己復禮	"자신(의 사욕)을 이겨내고 예를 회복하면
天下歸仁焉[14]	천하는 인으로 돌아갈 것이다."

孔子曰	공자가 말하였다.
賢哉回也[15]	"어질도다, 회는!
一簞食	대 밥그릇 한 공기와
一瓢飮[16]	표주박의 물 한 모금으로
在陋巷	누추한 골목에 있는 것을
人不堪其憂	남들은 그 근심을 견디지 못하는데
回也不改其樂[17]	회는 그 즐거움을 바꾸지 않는구나."
回也如愚[18]	"회는 어리석은 것 같았는데
退而省其私	물러난 후에 그 사생활을 살펴보았더니
亦足以發	또한 충분히 발명하는 것으로 보아
回也不愚[19]	회는 어리석지 않다."
用之則行	"써주면 행하고

14 집해 마융은 "극기(克己)는 몸을 제약하는 것이다."라 하였다. 공안국은 "복(復)은 돌아가는 것이다. 몸이 예로 돌아갈 수 있다면 인이 되는 것이다."라 하였다.

15 집해 위관(衛瓘)은 말하였다. "큰 현자가 도를 즐기는 것이 아니면 이렇게 할 수 없으므로 이렇게 칭찬하였다." 색은 위관은 자가 백옥(伯玉)으로 진(晉)나라 태보(太保)이며, 또한 『논어』에 주를 달았으므로 배인이 인용한 것이다.

16 집해 공안국은 "단(簞)은 상자[笥]이다."라 하였다.

17 집해 공안국은 "안회는 도를 즐겨 대 밥그릇의 밥으로 누추한 골목에 있으면서도 그 즐기는 것을 고치지 않은 것이다."라 하였다.

18 집해 공안국은 "공자의 말에 묵묵히 아는 것이 마치 어리석은 것 같은 것이다."라 하였다.

19 집해 공안국은 "물러나 돌아가 제자들과 도의(道義)를 말하고 풀이하는 것을 살펴보니 대체(大體)를 발명하여 어리석지 않음을 안 것이다."라 하였다.

捨之則藏	버려지면 감추니
唯我與爾有是夫[20]	오직 나와 너만이 이러할 뿐이구나!"

回年二十九	안회는 나이 29세에
髮盡白	머리카락이 모두 희어졌으며
蚤死[21]	일찍 죽었다.
孔子哭之慟	공자가 통곡하여
曰	말하였다.
自吾有回	"내게 회가 있게 되면서부터
門人益親[22]	문인들이 더욱 가까워졌다."
魯哀公問	노애공이 물었다.
弟子孰爲好學	"제자 중에 누가 학문을 좋아합니까?"

---

20 집해 공안국은 "행할 만하면 행하고 멈출 만하면 멈추는 것은 오직 나와 안회만이 같다는 것을 말한다."라 하였다. 난조(欒肇)는 "자기를 쓴 후에 행하여 은둔하는 것을 빌려 스스로 높이지 않았고 도를 구부려 명예를 추구하지 않았는데, 당시 사람들은 그 실함을 모르고 오직 나와 너만이 이렇게 행한다."라 하였다. 정의 난조는 자가 영초(永初)로 고평(高平) 사람이며, 진(晉)나라의 상서랑(尙書郎)으로 『논어의석(論語疑釋)』 10권과 『논어박(論語駁)』 2권을 지었다.

21 색은 생각건대 『가어』에서도 "나이 29세에 머리카락이 희어졌으며 32세에 죽었다."라 하였다. 왕숙(王肅)은 "이는 오래된 책이어서 나이에 착오가 있으며 상세히 알 수 없다. 그 나이를 고찰해 보면 안회가 죽었을 때 공자의 나이는 61세였다. 그렇다면 백어(伯魚)가 나이 50세로 공자보다 먼저 죽었을 때 공자는 또한 나이가 70세이다. 지금 여기서 안회가 백어보다 일찍 죽었다고 생각하였으며 『논어』에서는 안회가 죽어 안로(顔路)가 공자의 수레를 청하[여 곽(槨)을 마련하자고 하]자 공자가 말하기를 '이(鯉)가 죽을 때도 관(棺)은 있어도 곽(槨: 덧널)은 없었다.'라 하였으니 아마 가설한 말일 것이다. 생각건대 안회가 백어보다 먼저 죽었기 때문에 『논어』의 말을 가설이라고 생각한 것이다."

22 집해 왕숙은 "안회는 공자의 (소원한 사람이 친근하게) 따르게 하는 벗이어서 문인들이 날로 공자와 가까이하게 할 수 있었다."라 하였다.

孔子對曰	공자가 대답하여 말하였다.
有顏回者好學	"안회라고 하는 자가 학문을 좋아하여
不遷怒	노여움을 (남에게) 옮기지 않았고
不貳過	(같은) 잘못을 두 번 저지르지 않았습니다.
不幸短命死矣	불행히도 명이 짧아 죽어서
今也則亡[23]	지금은 없습니다."

閔損字子騫[24]	민손의 자는 자건이다.
少孔子十五歲	공자보다 15세 어리다.

孔子曰	공자가 말하였다.
孝哉閔子騫	"효성스럽도다 민자건은!
人不間於其父母昆弟之言[25]	사람들이 그 부모 형제의 말에 트집을 잡지 못하는구나."
不仕大夫	대부의 벼슬을 하지 않았으며
不食汙君之祿[26]	혼탁한 임금의 봉록을 먹지 않았다.

23 **집해** 하안은 "무릇 사람은 감정에 맡겨 기쁘거나 화가 나면 이치를 어기게 된다. 안회는 도에 맡겨 노하여도 도를 넘지 않았다. 천(遷)은 옮기는 것인데 화가 나도 그 이치대로 하여 옮기지 않은 것이다. 불이과(不貳過)라고 하는 것은 선(善)하지 못한 것이 있으면 일찍이 다시 행한 적이 없는 것이다."라 하였다.

24 **집해** 정현은 "『공자제자목록(孔子弟子目錄)』에서는 노나라 사람이라고 하였다."라 하였다. **색은** 『가어』에서도 "노나라 사람이다. 공자보다 15세 어리다."라 하였다.

25 **집해** 진군(陳羣)은 "자건이 위로는 부모를 섬기고 아래로는 형제를 따름에 동정(動靜) 간에 모두 훌륭하여 친구들 중에 비난하는 말이 있을 수 없었던 것을 말한다."라 하였다.

26 **색은** 『논어』에 계씨(季氏)가 민자건을 비읍(費邑)의 읍재(邑宰)로 삼으려 하자 민자건은 "나를 위해 잘 말해 달라"고 하였는데, 이것이 대부의 벼슬을 하지 않고 혼탁한 임금의 봉록을 먹지 않은 것이다.

如有復我者[27]	“나를 다시 부르는 일이 있다면
必在汶上矣[28]	반드시 문수 가에 있게 될 것이다.”
冉耕字伯牛[29]	염경은 자가 백우이다.
孔子以爲有德行	공자는 덕행이 있다고 여겼다.
伯牛有惡疾	백우에게는 불치병이 있었는데
孔子往問之	공자가 가서 병문안을 하면서
自牖執其手[30]	남쪽 창에서 그 손을 잡고
曰	말하였다.
命也夫	“운명이로다!
斯人也而有斯疾	이런 사람이 이런 병에 걸리다니
命也夫[31]	운명이로다!”
冉雍字仲弓[32]	염옹은 자가 중궁이다.
仲弓問政	중궁이 정치에 대해 묻자
孔子曰	공자가 말하였다.

---

27 **집해** 공안국은 “‘復我者’는 다시 와서 나를 부르는 것이다.”라 하였다.

28 **집해** 공안국은 “문수(汶水)의 가로 가서 북으로 제나라로 가려는 것이다.”라 하였다.

29 **집해** 정현은 노나라 사람이라고 하였다. **색은** 『가어』에 의하면 노나라 사람이라고 하였다.

30 **집해** 포씨(包氏)는 “우에게 불치병이 있어서 남을 만나보려 하지 않았으므로 공자가 남쪽 창문으로 그 손을 잡은 것이다.”라 하였다.

31 **집해** 포씨는 “다시 말한 것은 매우 애통해했기 때문이다.”라 하였다.

32 **집해** 정현은 “노나라 사람이다.”라 하였다. **색은** 『가어』에서는 “백우의 종족은 공자보다 29세 어리다.”라 하였다.

出門如見大賓	"문을 나서면 큰 손님을 뵙듯 하고
使民如承大祭[33]	백성을 부릴 때는 큰 제사를 받들 듯이 한다.
在邦無怨	나라에 있을 때도 원망함이 없게 되고
在家無怨[34]	집에 있을 때도 원망함이 없게 된다."

孔子以仲弓爲有德行	공자는 중궁이 덕행이 있다고 여기어
曰	말하였다.
雍也可使南面[35]	"옹은 남면하게 할 만하다."

仲弓父	중궁의 아버지는
賤人	미천한 사람이었다.
孔子曰	공자가 말하였다.
犂牛之子騂且角	"얼룩소의 새끼가 붉고 또 뿔이 있다면
雖欲勿用	비록 쓰려고 하지 않으나
山川其舍諸[36]	산천이 어찌 그것을 버려두겠는가?"

冉求字子有[37]	염구의 자는 자유이며
少孔子二十九歲	공자보다 29세 어리다.

33 집해 공안국은 "공경함보다 더 높은 것은 없다."라 하였다.

34 집해 포씨는 "나라에서는 제후가 되고 집안에서는 경대부가 되는 것이다."라 하였다.

35 집해 포씨는 "남면을 하게 할 만하다는 것은 제후를 다스리는 일을 맡길 만하다는 것을 말한다."라 하였다.

36 집해 하안은 "리(犂)는 무늬가 섞인 것이다. 성(騂)은 붉은색이다. 각(角)은 뿔이 완전하고 단정하여 희생으로 쓰기에 적합한 것이어서 비록 얼룩소에게서 난 것이라 하여 쓰지 않고자 하나 산천이 어찌 기꺼이 버려두려 하겠는가? 아비가 비록 훌륭하지 않지만 자식의 아름다움에 해가 되지는 않는다는 말이다."라 하였다.

37 집해 정현은 노나라 사람이라고 하였다.

爲季氏宰	계씨의 가재가 되었다.
季康子問孔子曰	계강자가 공자에게 물어 말하였다.
冉求仁乎	"염구는 어집니까?"
曰	말하였다.
千室之邑	"천 호(戶)의 읍과
百乘之家[38]	백승의 집에
求也可使治其賦	구는 그 군사를 다스리게 할 수 있습니다.
仁則吾不知也[39]	어진지는 내 알지 못하겠습니다."
復問	다시 물었다.
子路仁乎	"자로는 어집니까?"
孔子對曰	공자가 대답하여 말하였다.
如求	"구와 같습니다."
求問曰	구가 물어 말하였다.
聞斯行諸[40]	"(옳은 것을) 들으면 이에 그것을 행해야 합니까?"
子曰	공자가 말하였다.
行之	"행해야지."
子路問	자로가 물었다.
聞斯行諸	"들으면 이에 그것을 행해야 합니까?"

38 집해 공안국은 "천실(千室)은 경대부의 읍이다. 경대부를 가(家)라 일컫는다. 제후가 천승이니 대부는 따라서 백승이라 한다."라 하였다.

39 집해 공안국은 "부(賦)는 병부(兵賦)이다. 인(仁)의 도는 지극히 커서 완전히 이름 부를 수 없다."라 하였다.

40 집해 포씨는 "궁핍한 사람들을 진휼하고 구원하는 일이다."라 하였다.

子曰	공자가 말하였다.
有父兄在	“부형이 계시는데
如之何其聞斯行之[41]	그 어찌 들었다고 이에 행하겠는가?”
子華怪之	자화가 이상하게 여겨
敢問問同而答異	“감히 여쭙건대 질문은 같은데 대답이 다르군요?”라 하자
孔子曰	공자가 말하였다.
求也退	“구는 물러나므로
故進之	나아가게 하였고,
由也兼人	유는 두 사람 몫을 하므로
故退之[42]	물러나게 한 것이다.”

仲由字子路	중유의 자는 자로인데
卞人也[43]	변읍의 사람이다.
少孔子九歲	공자보다 9세 어리다.

子路性鄙	자로는 성격이 거칠고
好勇力	용력을 좋아하였으며
志伉直	뜻이 강직하여
冠雄雞	수탉의 벼슬 같은 관을 썼으며

41 집해 공안국은 “부형에게 말하여야 하지 제멋대로 할 수 없다.”라 하였다.

42 집해 정현은 “염유는 성격이 겸손하고 물러나며, 자로는 남보다 앞서려고 하는 데 노력하므로 각기 사람의 단점에 따라 바로잡아 준 것이다.”라 하였다.

43 집해 서광(徐廣)은 말하였다. “『시자(尸子)』는 자로는 변읍(卞邑)의 야인(野人)이라고 하였다.” 색은 『가어』에서는 자를 계로(季路)라고도 하였으며, 또한 말하기를 변읍의 사람이라 하였다.

佩豭豚[44]	수퇘지의 형상을 차고 다녔는데
陵暴孔子	공자를 업신여긴 적이 있었다.
孔子設禮稍誘子路	공자가 예를 갖추어 조금씩 자로를 유도하니
子路後儒服委質[45]	자로는 나중에 선비의 복상을 하고 예물을 올려
因門人請爲弟子	문인을 통하여 제자가 되기를 청하였다.

子路問政	자로가 정치에 대하여 묻자
孔子曰	공자가 말하였다.
先之	"앞장서야 하고
勞之[46]	부지런히 해야 한다."
請益	더 말해 주기를 청하자
曰	말하였다.
無倦[47]	"게을리 하지 않아야 한다."

子路問	자로가 묻기를
君子尙勇乎	"군자는 용맹을 숭상합니까?"라 하자
孔子曰	공자가 말하였다.

44 집해 수탉 벼슬 모양의 관을 썼으며 수퇘지 형상을 차고 다닌 것이다. 두 동물은 모두 용맹한데 자로가 용맹함을 좋아하였으므로 쓰고 차고 다닌 것이다.

45 색은 복건(服虔)은 『좌씨(左氏)』에 주석을 달고 "옛날에는 처음 벼슬을 할 때 반드시 먼저 그 이름을 책(策)에 적고 임금에게 목숨을 맡긴다는 맹세를 한 다음에야 신하가 되는데, 반드시 그 임금에게 절조를 지켜 죽겠다는 것을 보이는 것이다."라 하였다.

46 집해 공안국은 말하였다. "먼저 덕으로 이끌어 백성들이 믿게 하고난 다음에 부지런히 하는 것이다. 『역(易)』에서는 '기쁘게 백성을 부리면 백성들은 그 수고로움을 잊는다.'라 하였다."

47 집해 공안국은 말하였다. "자로는 그 말해 줌이 적은 것을 싫어하였으므로 더 말해 줄 것을 청하였다. '게을리 하지 않아야 한다.'는 것은 위에서 말한 일을 행함에 게을리 하지 않으면 된다는 것이다."

義之爲上	"의를 으뜸으로 한다.
君子好勇而無義則亂[48]	군자가 용맹을 좋아하면서 의가 없으면 난을 일으키고
小人好勇而無義則盜	소인이 용맹을 좋아하면서 의가 없으면 도둑질을 한다."

子路有聞	자로는 (좋은) 말을 듣고
未之能行	그것을 채 실행할 수 없으면
唯恐有聞[49]	오직 (다른 말을) 들을까 두려워하였다.

孔子曰	공자가 말했다.
片言可以折獄者	"한쪽의 말만으로도 옥사를 결단할 수 있는 자는
其由也與[50]	아마 유일 것이다!"
由也好勇過我	"유는 용맹함을 좋아함은 나보다 나으나
無所取材[51]	적용할 만한 것은 없다."

48 집해 이충(李充)은 말하였다. "이미 군자라 한다면 혼란한 단계에서는 직위를 맡지 않는다. 임금이 도를 잃고 나라가 혼란해졌을 때 환란에 달려가 목숨을 바치면서 의를 돌아볼 줄 모르는 자는 또한 난을 일으키는데 빠져 의롭지 못하다는 질책을 받는다." 색은 이충은 자가 홍도(弘度)이며, 진(晉)나라의 중서시랑(中書侍郎)으로 또한 『논어해(論語解)』를 지었다.

49 집해 공안국은 말하였다. "전에 들은 것을 미처 실행하지 못하였으므로 다시 들어 함께 행하지 못하게 될까 두려워한 것이다."

50 집해 공안국은 말하였다. "편(片)은 편(偏)과 같다. 송사를 듣는 것은 반드시 양쪽의 말을 가지고 시비를 정해야 하는데 한쪽의 말만 믿고 판결을 내릴 사람은 자로만이 할 수 있다는 것이다."

51 집해 난조(欒肇)는 말하였다. "적용(適用)을 재(材)라 하며, 용맹함을 좋아함이 내가 쓰는 것보다 나으므로 '적용할 것이 없다.'고 한 것이다." 색은 난조는 자가 영초(永初)이며 진(晉)나라의 상서랑(尚書郎)으로 『논어의(論語義)』를 지었다.

若由也	"유 같은 사람은
不得其死然[52]	아마 제명에 죽지 못할 것이다."
衣敝縕袍與衣狐貉者立而不恥者[53]	
	"해진 핫옷을 입고도 여우나 담비 갖옷을 입은 자와 나란히 서서 부끄러워하지 않을 사람은
其由也與	아마 유일 것이다!"
由也升堂矣	"유는 대청에는 올랐지만
未入於室也[54]	아직 방에는 들어가지 못했다."

季康子問	계강자가 물었다.
仲由仁乎？	"중유는 어집니까?"
孔子曰	공자가 말하였다.
千乘之國可使治其賦	"천승의 나라에 그 군사는 다스리게 할 수 있습니다.
不知其仁	어진지는 알지 못하겠습니다."

子路喜從游	자로는 (공자를) 따라서 출유하기를 좋아하여
遇長沮桀溺荷蓧丈人	장저와 걸닉 그리고 하조장인을 만나기도 했다.

子路爲季氏宰	자로가 계씨의 가재가 되자
季孫問曰	계손이 물어 말하였다.
子路可謂大臣與	"자로는 대신이라고 할 만할지요?"

52 **집해** 공안국은 말하였다. "제 수명을 다 마치지 못하게 될 것이다."

53 **집해** 공안국은 말하였다. "온(縕)은 핫옷의 안이 삼인 것이다."

54 **집해** 마융은 말하였다. "나의 대청에는 올랐지만 아직 방에는 들지 못한 것일 따름이다."

孔子曰	공자가 말하였다.
可謂具臣矣[55]	"숫자를 채우는 신하라 할 만합니다."
子路爲蒲大夫[56]	자로가 포의 대부가 되어
辭孔子	공자에게 작별을 알렸다.
孔子曰	공자가 말하였다.
蒲多壯士	"포에는 장사가 많으니
又難治	특히 다스리기 어려울 것이다.
然吾語汝	그러나 내 너에게 말하노니
恭以敬	공경으로 공손히 하면
可以執勇[57]	용맹한 자를 잡을 수 있고,
寬以正	올바름으로 너그러이 대하면
可以比衆[58]	백성들을 가까이할 수 있을 것이며,
恭正以靜	조용함으로 공경하고 올바르게 하면
可以報上	위에 보답할 수 있을 것이다."
初	처음에
衛靈公有寵姬曰南子	위령공에게는 남자라고 하는 총희가 있었다.
靈公太子蕢聵得過南子	영공의 태자 괴외가 남자에게 죄를 지어
懼誅出奔	죽임을 당할까 두려워 달아났다.

---

55 집해 공안국은 말하였다. "신하의 수만 갖추게 될 따름이다."

56 색은 포는 위(衛)나라의 읍으로 자로가 그곳의 읍재가 되었다.

57 집해 공손하고 삼가고 겸손하고 공경하면 용맹한 자들이 해칠 수 없으므로 '집(執)'이라고 하였다.

58 집해 '음'은 비(鼻)이다. 관대하고 맑고 바르면 대중이 반드시 귀의하여 가까이할 것이다.

及靈公卒而夫人欲立公子郢	영공이 죽자 부인이 공자 영을 세우고자 하였다.
郢不肯	영은 수긍을 하지 않고
曰	말하였다.
亡人太子之子輒在	"도망한 사람의 아들 첩이 있습니다."
於是衛立輒爲君	이에 위나라에서는 첩을 임금으로 세웠는데
是爲出公	바로 출공이다.
出公立十二年	출공이 즉위한 지 12년이 되도록
其父蕢聵居外	그 아비인 괴외는 국외에 머물면서
不得入	(국내로) 들어올 수 없었다.
子路爲衛大夫孔悝之邑宰[59]	자로는 위나라 대부 공회의 읍재가 되었다.
蕢聵乃與孔悝作亂	괴외는 공회와 함께 난을 일으켜
謀入孔悝家	계책을 꾸며 공회의 집으로 들어가
遂與其徒襲攻出公	마침내 그 무리들과 함께 출공을 습격하여 공격하였다.
出公奔魯	출공은 노나라로 달아나고
而蕢聵入立	괴외가 들어가 즉위하니
是爲莊公	바로 장공이다.
方孔悝作亂[60]	막 공회가 난을 일으켰을 때
子路在外	자로는 외지에 있다가
聞之而馳往	그 소식을 듣고 달려갔다.
遇子羔出衛城門	자고가 위나라 도성 문으로 나오는 것을 만나게 되었는데

59 색은 복건은 말하였다. "공회의 읍재가 되었다."라 하였다.

60 색은 『좌전』에 의하면 괴외가 공회의 집에 들어갔을 때 공회의 어머니 백희가 뒷간에서 공회를 협박하여 강제로 그와 동맹을 맺어 괴외를 세웠으며 공회가 본래부터 스스로 난을 일으킬 마음을 먹은 것은 아니었다.

謂子路曰	자로에게 일러 말하였다.
出公去矣	"출공은 떠나고
而門已閉	문은 이미 닫혔으니
子可還矣	그대는 돌아가
毋空受其禍	공연히 화를 입지 말도록 하오."
子路曰	자로가 말하였다.
食其食者不避其難	"그 식읍을 먹는 자는 그 어려움을 피하지 않는 법이오."
子羔卒去	자고는 결국 떠났다.
有使者入城	어떤 사자가 도성으로 들어가
城門開	성문이 열리어
子路隨而入	자로가 따라 들어갔다.
造蕢聵	괴외에게 갔더니
蕢聵與孔悝登臺	괴외는 공회와 함께 대에 올랐다.
子路曰	자로가 말하였다.
君焉用孔悝	"임금께선 어찌 공회를 쓰십니까?
請得而殺之	청컨대 죽이게 해주십시오."
蕢聵弗聽	괴외는 그 말을 듣지 않았다.
於是子路欲燔臺	이에 자로가 대에 불을 지르려 하자
蕢聵懼	괴외는 두려워하여
乃下石乞壺黶攻子路	즉시 석걸과 호염을 내려 보내어 자로를 치게 하였는데
擊斷子路之纓	자로의 갓끈을 쳐서 떨어뜨렸다.
子路曰	자로가 말하였다.
君子死而冠不免	"군자는 죽어도 관을 벗지 않는다."

遂結纓而死	마침내 갓끈을 매고 죽었다.
孔子聞衛亂	공자는 위나라에 난이 일어났다는 것을 듣고
曰	말하였다.
嗟乎	"아뿔싸,
由死矣	유가 죽겠구나!"
已而果死	얼마 후 과연 죽었다.
故孔子曰	그러므로 공자는 말하였다.
自吾得由	"내가 유를 얻은 이래로
惡言不聞於耳[61]	나쁜 말이 귀에 들리지 않게 되었다."
是時子貢爲魯使於齊[62]	이때 자공은 제나라에 노나라의 사자로 갔다.
宰予字子我[63]	재여는 자가 자아이다.
利口辯辭	말을 잘했고 언변이 뛰어났다.
既受業	학업을 배우게 되자
問	물었다.
三年之喪不已久乎	"삼년상은 너무 긴 것 아닙니까?
君子三年不爲禮	군자가 3년 동안 예를 행하지 않으면
禮必壞	예가 반드시 무너질 것이며,
三年不爲樂	3년 동안 음악을 연주하지 않으면

61 집해 왕숙은 "자로가 공자를 모시고 지켜주었으므로 경멸하는 사람들이 감히 나쁜 말을 하지 못하여 이 때문에 나쁜 말이 공자의 귀에 들리지 않게 된 것이다."라 하였다.

62 색은 『좌전』에 의하면 자공이 노나라의 사신으로 제나라에 간 것은 애공(哀公) 15년인데, 아마 이곳이 잘못되었을 것이다.

63 집해 정현은 노나라 사람이라고 하였다. 색은 『가어』에서도 노나라 사람이라고 하였다.

樂必崩	음악이 반드시 허물어질 것입니다.
舊穀既沒	묵은 곡식이 다 없어지고
新穀既升	새 곡식이 이미 올라올 것이며
鑽燧改火	불쏘시개도 불이 바뀔 것이니
期可已矣[64]	1년이면 그칠 만할 것입니다."
子曰	공자가 말했다.
於汝安乎	"네게 편안하냐?"
曰	말하였다.
安	"편안합니다."
汝安則爲之	"네가 편안하면 그렇게 하려무나.
君子居喪	군자가 상을 모실 때는
食旨不甘	맛있는 것을 먹어도 달지가 않고
聞樂不樂	음악을 들어도 즐겁지가 않으므로
故弗爲也[65]	그렇게 하지 않는 것이다."
宰我出	재아가 나가자
子曰	공자가 말하였다.
予之不仁也	"재여는 어질지 못하구나!
子生三年然後免於父母之懷[66]	자식은 난 지 3년이 지난 다음이라야 부모의

64 **집해** 마융은 말하였다. "『주서 · 월령(周書 · 月令)』에 불을 바꾼다는 글이 있다. 봄에는 느릅나무와 버드나무의 불을 취하며 여름에는 대나무와 살구나무의 불을 취하고 늦여름에는 뽕나무와 산뽕나무의 불을 취하며, 가을에는 떡갈나무와 졸참나무의 불을 취하고 겨울에는 홰나무와 박달나무의 불을 취한다. 1년 동안 불을 피우는데 각기 나무가 다르므로 '불을 바꾼다.'라 하였다."

65 **집해** 공안국은 말하였다. "지(旨)는 맛있는[美] 것이다. 어버이에게 어질지 못한 것을 꾸짖었으므로 '네가 편안하면 그렇게 하려무나.'라 하였다."

66 **집해** 마융은 말하였다. "나서 세 살이 되지 않으면 부모의 품에 안기어 있는 것이다."

	품에서 벗어난다.
夫三年之喪	삼년상은
天下之通義也[67]	천하의 공통된 뜻이다."
宰予晝寢	재여가 낮잠을 잤다.
子曰	공자가 말하였다.
朽木不可雕也[68]	"썩은 나무로는 조각을 할 수 없고
糞土之牆不可圬也[69]	더러운 흙으로 쌓은 담은 흙손질을 할 수 없다."
宰我問五帝之德	재아가 오제의 덕에 대해서 묻자
子曰	공자가 말하였다.
予非其人也[70]	"나는 그 사람이 아니다."
宰我爲臨菑大夫[71]	재아가 임치의 대부가 되어
與田常作亂	전상과 함께 난을 일으켜
以夷其族	일가가 멸족되었으니
孔子恥之[72]	공자는 부끄러워하였다.

67 집해 공안국은 말하였다. "천자(天子)로부터 서인(庶人)에까지 이르는 것이다."

68 집해 포씨는 말하였다. "후(朽)는 썩은 것이다. 조(雕)는 조탁하고 그림을 새기는 것이다."

69 집해 왕숙은 말하였다. "오(圬)는 흙손이다. 이 두 가지는 아무리 솜씨를 내려 해도 오히려 이루지 못함을 비유하였다."

70 집해 왕숙은 말하였다. "오제의 덕을 밝히기에 부족하다는 말이다."

71 색은 제(齊)나라에서 벼슬한 것을 이른다. 제나라의 도성이 임치(臨淄)이기 때문에 "임치의 대부가 되었다."고 한 것이다.

72 색은 『좌씨전』에는 재아가 전상과 함께 난을 일으켰다는 문장이 없지만 궐지(闞止)라는 사람의 자가 자아(子我)인데 총애를 다투다가 마침내 진항(陳恆)에게 피살되었다. 아마 자가 재여와 상관이 있기 때문에 잘못 그렇게 말하였을 것이다.

端沐賜[73]	단목사는
衛人	위나라 사람으로
字子貢	자는 자공이다.
少孔子三十一歲	공자보다 31세 어리다.

子貢利口巧辭	자공은 말을 잘하였고 말솜씨가 좋아
孔子常黜其辯	공자는 항상 그 언변을 물리쳤다.
問曰	묻기를
汝與回也孰愈[74]	"너와 회는 누가 더 나으냐?"라 하였다.
對曰	대답하였다.
賜也何敢望回	"제가 어찌 감히 회를 바라겠습니까?
回也聞一以知十	회는 하나를 들으면 열을 알지만
賜也聞一以知二	저는 하나를 들으면 둘을 압니다."

子貢既已受業	자공이 이미 학업을 배우게 되면서
問曰	물었다.
賜何人也	"저는 어떤 사람인지요?"
孔子曰	공자가 말하였다.
汝器也[75]	"너는 그릇이다."
曰	말하였다.
何器也	"어떤 그릇입니까?"
曰	말하였다.

73 **색은** 『가어』에는 '나무 목(木) 자'로 되어 있다.

74 **집해** 공안국은 말하였다. "유(愈)는 승(勝)과 같다."

75 **집해** 공안국은 말하였다. "너는 기용(器用)이 되는 사람이라는 말이다."

瑚璉也[76]	"호와 연이다."

陳子禽問子貢曰	진자금이 자공에게 물어 말하였다.
仲尼焉學	"중니는 어디서 배웠습니까?"
子貢曰	자공이 말하였다.
文武之道未墜於地	"문왕과 무왕의 도가 아직 땅에 떨어지지 않아
在人	사람들에게 남아 있어
賢者識其大者	현자는 그 큰 것을 기억하고
不賢者識其小者	현명하지 못한 자들은 그 작은 것을 기억하여
莫不有文武之道	문왕과 무왕의 도를 가지지 않음이 없습니다.
夫子焉不學[77]	부자께서 어찌 배우시지 않았겠습니까만
而亦何常師之有[78]	또한 어찌 일정한 스승이 있었겠습니까?"
又問曰	또 물어 말하였다.
孔子適是國必聞其政	"공자가 이 나라에 이르면 반드시 그 정사를 듣습니다.
求之與	(공자가) 구해서일까요?
抑與之與[79]	아니면 (왕이) 말해 주어서일까요?"
子貢曰	자공이 말하였다.

76 집해 포씨는 말하였다. "호(瑚)와 연(璉)은 서직(黍稷)을 담는 기물이다. 하(夏)나라에서는 호(瑚)라 하였고, 은(殷)나라에서는 연(璉), 주(주)나라에서는 보궤(簠簋)라 하였는데, 종묘의 귀중한 기물이다."

77 집해 공안국은 말하였다. "문왕과 무왕의 도가 아직 땅에 떨어지지 않아 현명한 자와 현명하지 않은 자가 각기 기억하고 있는 것이 있어서 부자는 좇아서 배우지 않음이 없었다."

78 집해 공안국은 말하였다. "좇아서 배우지 않음이 없었으므로 일정한 스승이 없는 것이다."

79 집해 정현은 말하였다. "공자가 이르는 나라에서는 반드시 국정을 들려주니 구하여서 그렇게 되는 것인가? 아니면 임금이 스스로 다스리는 것을 알려 주는가? 하는 것이 이상한 것이다."

夫子溫良恭儉讓以得之	“부자께서는 온순과 어짊, 공손, 검소, 겸양함으로 얻습니다.
夫子之求之也	부자께서 구하시는 것은
其諸異乎人之求之也[80]	아마 남들이 구하는 것과는 다를 것입니다.”
子貢問曰	자공이 물어서 말하였다.
富而無驕	“부유하면서도 교만하지 않고
貧而無諂	가난하면서도 아첨하지 않는다면
何如	어떻습니까?”
孔子曰	공자가 말하였다.
可也[81]	“괜찮겠지.
不如貧而樂道	그러나 가난하면서도 도를 즐기고
富而好禮[82]	부유하면서도 예를 좋아함만은 못하다.”

田常欲作亂於齊	전상이 제나라에서 난을 일으키고자 하였으나
憚高國鮑晏	고씨와 국씨, 포씨, 안씨를 꺼리었으므로
故移其兵欲以伐魯	그 군사를 옮기어 노나라를 치려고 하였다.
孔子聞之	공자는 그 말을 듣고
謂門弟子曰	문하의 제자들에게 말하였다.
夫魯	“노나라는
墳墓所處	(祖宗의) 분묘가 있는 곳이고
父母之國	부모의 나라인데

80 집해 정현은 말하였다. “부자는 이 다섯 가지 덕을 행하여 얻어서 남들이 구하는 것과는 달라 밝은 임금이 스스로 알려 줌을 말한다.”

81 집해 공안국은 말하였다. “그 정도로는 아직 충분치 않다는 것이다.”

82 집해 정현은 말하였다. “즐겨 도에 뜻을 두고 가난 때문에 근심하고 괴로워하지 않는다고 말하는 것이다.”

國危如此	나라가 위태로움이 이와 같은데도
二三子何爲莫出	그대들은 어찌하여 아무도 출행하려 하지 않는 것인가?”
子路請出	자로가 출행하기를 청하였으나
孔子止之	공자는 제지하였다.
子張子石[83]請行	자장과 자석이 출행하기를 청하였으나
孔子弗許	공자는 그것을 허락지 않았다.
子貢請行	자공이 출행할 것을 청하자
孔子許之	공자가 그제야 허락하였다.

遂行	마침내 출행하여
至齊	제나라에 이르러
說田常曰	전상을 유세하여 말하였다.
君之伐魯過矣	“그대가 노나라를 치는 것은 잘못입니다.
夫魯	저 노나라는
難伐之國	치기 어려운 나라이니
其城薄以卑	그 성은 얇고 낮으며
其地狹以泄[84]	그 땅은 좁고 얕으며
其君愚而不仁	그 임금은 어리석고 어질지 못하며
大臣僞而無用	대신들은 거짓되고 쓸모가 없으며
其士民又惡甲兵之事	그 백성들은 또 전쟁하는 일을 싫어하니
此不可與戰	이런 나라는 더불어 싸울 만하지 못합니다.
君不如伐吳	그대는 오나라를 침만 못합니다.

83 색은 공손룡(公孫龍)이다.

84 색은 『월절서(越絕書)』에 의하면 ‘설(泄)’ 자는 ‘천(淺)’ 자로 되어 있다.

夫吳	저 오나라는
城高以厚	성은 높고 두터우며
地廣以深	땅은 넓고 깊으며
甲堅以新	갑옷은 단단하고 새로우며
士選以飽	군사는 선발되고 사기가 충천하며
重器精兵盡在其中	중병기와 정예병이 모두 그 안에 있는 데다
又使明大夫守之	현명한 대부로 하여금 지키게 하니
此易伐也	이는 치기 쉬운 것입니다."
田常忿然作色曰	전상은 벌컥 화를 내며 말하였다.
子之所難	"그대가 어렵다는 것은
人之所易	남들에게는 쉬운 것이고,
子之所易	그대가 쉽다는 것은
人之所難	남들에게는 어려운 것인데,
而以教常	그대는 그것으로 나를 가르치니
何也	어찌된 일이오?"
子貢曰	자공이 말하였다.
臣聞之	"신이 듣기에
憂在內者攻彊	근심이 내부에 있는 자는 강한 나라를 치고
憂在外者攻弱	근심이 외부에 있는 자는 약한 나라를 친다고 하였습니다.
今君憂在內	지금 그대의 근심은 내부에 있습니다.
吾聞君三封而三不成者	내가 듣기에 그대가 세 번 봉하여 세 번 성공하지 못한 것은
大臣有不聽者也	대신 가운데 듣지 않은 자가 있어서입니다.
今君破魯以廣齊	지금 그대가 노나라를 깨뜨리어 제나라를 넓히고

戰勝以驕主	싸움에 이겨 임금이 교만해지고
破國以尊臣[85]	나라를 깨뜨려 신하들이 높아졌는데
而君之功不與焉	그대의 공이 거기에 끼지 못하면
則交日疏於主	임금과의 교분이 날로 멀어질 것입니다.
是君上驕主心	이는 그대가 위로는 임금의 마음을 교만하게 하고
下恣群臣	아래로는 뭇 신하들을 방자하게 하는 것으로
求以成大事	대사가 이루어지기를 구하는 것은
難矣	어려워집니다.
夫上驕則恣	대체로 임금이 교만해지면 방자하게 되고
臣驕則爭	신하가 교만해지면 다투게 되니,
是君上與主有郤	이는 위로는 임금과 틈이 생기며
下與大臣交爭也	아래로는 대신과 서로 다투는 것입니다.
如此	이렇게 되면
則君之立於齊危矣	그대의 제나라에서의 입지는 위태로워집니다.
故曰不如伐吳	그러므로 오나라를 침만 못하다 한 것입니다.
伐吳不勝	오나라를 쳐서 이기지 못하더라도
民人外死	백성들은 밖에서 죽고
大臣內空	대신들은 안에서 비게 되니
是君上無彊臣之敵	이는 그대에게 위로는 강한 신하를 대적하지 않고
下無民人之過	아래로는 백성들이 책망함이 없는 것이니
孤主制齊者唯君也	임금을 고립시키고 제나라를 통제할 사람은 그

85 집해 왕숙은 "포(鮑)씨와 안(晏)씨 등이 군사를 거느리고 나라를 깨뜨리면 신하가 높아지는 것이다."라 하였다.

	대뿐입니다.”
田常曰	전상이 말하였다.
善	“훌륭하오.
雖然	비록 그러하나
吾兵業已加魯矣	나의 군사가 이미 노나라를 침공하고 있는데
去而之吳	떠나서 오나라로 가면
大臣疑我	대신들이 나를 의심할 것이니
柰何	어찌할 것이오?”
子貢曰	자공이 말하였다.
君按兵無伐	“그대가 군사를 멈추고 치지 않으면
臣請往使吳王	신은 청컨대 오왕에게 사신으로 가서
令之救魯而伐齊	노나라를 구원하고 제나라를 치게 할 것이니
君因以兵迎之	그대는 이에 군사로 그들을 맞으십시오.”
田常許之	전상은 이를 허락하고
使子貢南見吳王	자공을 남쪽으로 보내어 오왕을 뵙게 하였다.

說曰	유세하여 말하였다.
臣聞之	“신이 듣기에
王者不絕世	왕도를 행하는 자는 세가를 멸절하지 않고
霸者無彊敵	패도를 행하는 자는 강한 적이 없으며
千鈞之重加銖兩而移	천균의 무게는 조금만 더하여도 옮겨 간다고 합니다.
今以萬乘之齊而私千乘之魯	지금 만승의 제나라로 천승의 노나라를 사사로이 노리어
與吳爭彊	오나라와 강함을 다투니

竊爲王危之	가만히 임금님을 위태롭게 하는 것이라 생각합니다.
且夫救魯	또한 대저 노나라를 구원하는 것은
顯名也	이름을 드러내는 것이며,
伐齊	제나라를 치는 것은
大利也	크게 이로운 것입니다.
以撫泗上諸侯	사수(泗水) 가의 제후를 위무하고
誅暴齊以服彊晉	포악한 제나라를 주벌하여 강한 진나라를 복종시키면
利莫大焉	그보다 더 큰 이익은 없습니다.
名存亡魯	명분은 망하는 노나라를 존속시키는 것이지만
實困彊齊	실은 강한 제나라를 곤경에 처하게 하는 것입니다.
智者不疑也	지혜로운 자라면 (그렇게 하기를) 의심하지 않을 것입니다."
吳王曰	오왕이 말하였다.
善	"훌륭하오.
雖然	비록 그러하나
吾嘗與越戰	내 일찍이 월나라와 싸워
棲之會稽	회계에 깃들게 하였소.
越王苦身養士	월왕은 각고하며 병사를 길러
有報我心	내게 보복하려는 마음을 가지고 있소.
子待我伐越而聽子	그대가 내가 월나라 치는 것을 기다리면 그대의 말을 듣겠소."
子貢曰	자공이 말하였다.
越之勁不過魯	"월나라의 굳셈은 노나라를 넘지 못하고

吳之彊不過齊	오나라의 강함은 제나라를 넘지 못하는데
王置齊而伐越	임금께서 제나라를 버려두고 월나라를 치신다면
則齊已平魯矣	제나라는 이미 노나라를 평정할 것입니다.
且王方以存亡繼絕爲名	또한 임금께서는 바야흐로 망해 가는 것을 존속시키고 멸절된 것을 잇는 것을 명분으로 삼으시는데
夫伐小越而畏彊齊	북으로 작은 월나라를 치고 강한 제나라를 두려워하는 것은
非勇也	용기가 아닙니다.
夫勇者不避難	용감한 자는 어려움을 피하지 않고
仁者不窮約	어진 자는 맹약을 다하지 않으며
智者不失時	지혜로운 자는 때를 잃지 않고
王者不絕世	왕도를 행하는 자는 세가를 멸절시키지 않음으로써
以立其義	그 의로움을 세웁니다.
今存越示諸侯以仁	이제 월나라를 존속시켜 제후들에게 인을 보여주고
救魯伐齊	노나라를 구원하고 제나라를 치며
威加晉國	진나라에 위세를 가하면
諸侯必相率而朝吳	제후들은 반드시 잇따라 오나라에 조회를 할 것이니
霸業成矣	패권을 잡는 일은 이루어지는 것입니다.
且王必惡越[86]	또한 임금께서는 반드시 월나라를 두려워하시니
臣請東見越王	신은 청컨대 동쪽으로 월왕을 만나

86 색은 오(惡)는 외오(畏惡)와 같다.

令出兵以從	군사를 내어 따르게 할 것이니
此實空越	이는 실로 월나라를 비게 하는 것이며
名從諸侯以伐也	명분상으로는 제후를 따라서 치는 것이 됩니다."
吳王大說	오왕은 크게 기뻐하여
乃使子貢之越	이에 자공을 월나라로 보냈다.

越王除道郊迎	월왕은 길을 청소하고 교외에서 맞아
身御至舍而問曰	몸소 수레를 몰아 관사에 이르러 물었다.
此蠻夷之國	"이 오랑캐 나라에
大夫何以儼然辱而臨之	대부가 어찌하여 의젓하게 욕되이 왕림하셨소?"
子貢曰	자공이 말하였다.
今者吾說吳王以救魯伐齊	"지금 제가 오왕에게 노나라를 구원하고 제나라를 치라고 유세하였는데
其志欲之而畏越	뜻은 그렇게 하고자 하나 월나라를 두려워하여
曰待我伐越乃可	'내가 월나라를 치기를 기다려야 합니다.'라 하였습니다.
如此	이렇게 하면
破越必矣	월나라가 파멸하는 것은 필연적입니다.
且夫無報人之志而令人疑之	또한 남에게 보복하려는 뜻이 없는데도 남이 의심케 하는 것은
拙也	서툰 것이며,
有報人之志	남에게 보복하려는 뜻을 가지고 있는데
使人知之	남이 알게 하는 것은
殆也	위태로운 것이고,
事未發而先聞	일이 아직 시작되지도 않았는데 먼저 소문이 나면

危也	위태로운 것입니다.
三者擧事之大患	세 가지는 일을 거행하는 큰 근심입니다.”
句踐頓首再拜曰	구천은 머리를 조아리고 두 번 절하며 말하였다.
孤嘗不料力	“내가 일찍이 힘을 헤아리지 못하고
乃與吳戰	이에 오나라와 싸워
困於會稽	회계에서 곤경에 처하여
痛入於骨髓	통한이 골수에 사무쳐
日夜焦脣乾舌	밤낮으로 입술이 타고 혀가 말라
徒欲與吳王接踵而死	다만 오왕과 함께 연이어 나란히 죽고자 하는 것이
孤之願也	나의 바람이오.”
遂問子貢	마침내 자공에게 물었다.
子貢曰	자공이 말하였다.
吳王爲人猛暴	“오왕은 사람이 사납고 포악하여
群臣不堪	뭇 신하들이 견디지 못하고,
國家敝以數戰	나라는 여러 차례의 싸움으로 피폐해져
士卒弗忍	사졸들이 참아내지 못하며,
百姓怨上	백성들은 윗사람을 원망하고
大臣內變	대신들은 내홍을 겪으며,
子胥以諫死[87]	자서는 간언하다 죽고
太宰嚭用事	태재 비가 집권하고 있는데
順君之過以安其私	임금의 과실에 편승하여 사복을 채우고 있으니

87 색은 왕소(王劭)는 『가어』와 『월절서』에는 모두 이 다섯 자가 없다고 하였다. 이때까지만 해도 오자서는 죽지 않았다.

是殘國之治也	이는 망할 나라의 다스림입니다.
今王誠發士卒佐之徼其志[88]	지금 임금께서 군사를 일으켜 그를 도와 그 뜻을 격앙시키고
重寶以說其心	두터운 보화로 그 마음을 기쁘게 하며
卑辭以尊其禮	말을 낮추어 그 예를 높이면
其伐齊必也	제나라를 칠 것은 분명할 것입니다.
彼戰不勝	저들이 싸워서 이기지 못하는 것은
王之福矣	왕의 복입니다.
戰勝	싸워 이기면
必以兵臨晉	반드시 군사를 몰아 진나라로 나아갈 것이니
臣請北見晉君	신은 청컨대 북으로 진나라 임금을 찾아
令共攻之	함께 그들을 공격하게 하면
弱吳必矣	오나라가 약해질 것은 뻔합니다.
其銳兵盡於齊	그 정예병은 모두 제나라에 있고
重甲困於晉	중무장한 갑병들은 진나라에서 곤경에 처하여 있을 것이니
而王制其敝	왕께서 그 피폐함을 제압하시면
此滅吳必矣	이에 오나라를 멸하는 것은 분명합니다.”
越王大說	월왕은 크게 기뻐하며
許諾	허락하였다.
送子貢金百鎰	자공에게 황금 백 일(鎰)과
劍一	검 한 자루
良矛二	좋은 창 두 자루를 보냈다.

88 **집해** 음은 교[結堯反]이다.

집해 왕숙은 “그 뜻을 격발시킨 것이다.”라 하였다.

子貢不受	자공은 받지 않고
遂行	마침내 떠났다.
報吳王曰	오왕에게 알리어 말하였다.
臣敬以大王之言告越王	"신이 삼가 대왕님의 말을 월왕에게 알렸더니
越王大恐	월왕은 크게 두려워하면서
曰	말하기를
孤不幸	'나는 불행히도
少失先人	어려서 선친을 잃고
內不自量	안으로 스스로 (역량을) 헤아리지 못하여
抵罪於吳	오나라에 죄를 지어
軍敗身辱	군사는 패하고 몸은 욕을 당하여
棲于會稽	회계에 깃들어
國爲虛莽[89]	나라는 언덕과 잡초 밭이 되었는데
賴大王之賜	대왕의 은사에 힘입어
使得奉俎豆而修祭祀	제기를 받들어 제사를 닦게 하셨으니
死不敢忘	죽어도 감히 잊지 못할 것이며
何謀之敢慮	어찌 계책을 감히 생각하겠습니까!'라 하였습니다."
後五日	5일 후에
越使大夫種頓首言於吳王曰	월나라는 대부 종(種)으로 하여금 머리를 조아리고 오왕에게 말하게 하였다.
東海役臣孤句踐使者臣種	"동해의 역신 구천의 사자 신 종이

89 **집해** '虛'는 허(墟)의 뜻으로 읽는다. '莽'의 음은 망[莫朗反]이다. **색은** 어떤 판본에는 '극(棘)'으로 되어 있는데 아마 잘못되었을 것이다.

敢修下吏問於左右	감히 하리가 되어 대왕의 좌우께 문후 올립니다.
今竊聞大王將興大義	지금 가만히 듣자 하니 대왕께서 대의를 일으키시어
誅彊救弱	강한 나라를 주벌하고 약한 나라를 구원하시어
困暴齊而撫周室	포악한 제나라를 곤핍하게 하고 주(周) 왕실을 위무코자 하신다니
請悉起境內士卒三千人	청컨대 경내의 사졸 3천을 다 일으켜
孤請自被堅執銳	저희 임금께서 직접 견고한 갑옷을 입고 예리한 무기를 들고
以先受矢石	앞장서서 화살과 돌을 받고자 합니다.
因越賤臣種奉先人藏器	이에 월나라의 천신 종은 선조가 간직해 온 보기(寶器)와
甲二十領	갑옷 20벌,
鈇屈盧之矛[90]	굴로(屈盧) 창,
步光之劍	보광 검을 바쳐서
以賀軍吏	군리들을 경하합니다.”
吳王大說	오왕은 크게 기뻐하여
以告子貢曰	그대로 자공에게 알리어 말하였다.
越王欲身從寡人伐齊	“월왕이 몸소 과인을 따라 제나라를 치려고 한다니
可乎	되겠는가?”
子貢曰	자공이 말하였다.
不可	“아니 되옵니다.

90 색은 ‘鈇’의 음은 부(膚)이며 도끼이다. 유씨(劉氏)는 이 글자가 없는 판본도 있다고 하였다. 굴로(屈盧)는 창의 이름이다.

夫空人之國	대체로 남의 나라를 비우고
悉人之眾	남의 백성을 다 동원하며
又從其君	또 그 임금을 따르게 하는 것은
不義	의롭지 않습니다.
君受其幣	임금께옵선 그 예물을 받으시고
許其師	그 군사를 허락하시되
而辭其君	그 임금은 사절하십시오."
吳王許諾	오왕은 허락하고
乃謝越王	이에 월왕(의 청)을 사절하였다.
於是吳王乃遂發九郡兵伐齊	이에 오왕은 드디어 9개 군의 군사를 일으켜 제나라를 쳤다.

子貢因去之晉	자공은 이에 그곳을 떠나 진나라로 가서
謂晉君曰	진나라 임금에게 일러 말하였다.
臣聞之	"신이 듣건대
慮不先定不可以應卒[91]	생각을 먼저 정하지 않으면 갑작스런 일에 대응할 수 없고
兵不先辨不可以勝敵	군대를 먼저 정비해 놓지 않으면 적을 이길 수 없다고 하였습니다.
今夫齊與吳將戰	지금 제나라가 오나라와 싸우려 하는 데
彼戰而不勝	저들이 싸워서 이기지 못하면
越亂之必矣	월나라가 어지럽힐 것이 분명하고,
與齊戰而勝	제나라와 싸워 이기면

91 **색은** 졸(卒)은 급졸(急卒)이라는 말이다. 계책과 생각을 먼저 정하여 놓지 않으면 졸지에 생긴 비상사태에 대응할 수 없다는 말이다.

必以其兵臨晉	반드시 그 군사를 가지고 진나라에 닥칠 것입니다.”
晉君大恐	진나라 임금은 크게 두려워하여
曰	말하였다.
爲之柰何	“어떻게 하여야 하겠는가?”
子貢曰	자공이 말하였다.
修兵休卒以待之	“군사를 정비하고 사졸들을 쉬게 하여 기다리십시오.”
晉君許諾	진나라 임금이 허락하였다.

子貢去而之魯	자공은 그곳을 떠나 노나라로 갔다.
吳王果與齊人戰於艾陵[92]	오왕은 과연 제나라 사람과 애릉에서 싸워
大破齊師	제나라 군사를 크게 깨뜨려
獲七將軍之兵而不歸	7(七) 장군의 군사를 사로잡고도 돌아가지 않고
果以兵臨晉	과연 군사를 몰아 진나라로 나아가
與晉人相遇黃池[93]之上	진나라 사람과 황지 가에서 서로 마주쳤다.
吳晉爭彊	오나라와 진나라는 강함을 다투었다.
晉人擊之	진나라가 그들을 쳐서
大敗吳師	오나라 군사를 대패시켰다.
越王聞之	월왕이 듣고서
涉江襲吳	강을 건너 오나라를 습격하여
去城七里而軍	도성에서 7리 떨어진 곳에 주둔하였다.

92 색은 『좌전』에는 「애공(哀公) 11년」(B.C. 484)에 있다.

93 색은 『좌전』에 황지의 회합은 「애공 13년」(B.C. 482)에 있다. 월나라가 오나라로 들어가 오나라와 월나라는 화평을 맺었다.

吳王聞之	오왕이 듣고서
去晉而歸	진나라를 떠나 돌아가
與越戰於五湖	월나라와 오호에서 싸웠다.
三戰不勝	세 번 싸워 이기지 못하고
城門不守	성문을 지키지 못하니
越遂圍王宮	월나라가 마침내 왕궁을 에워쌌다.
殺夫差而戮其相[94]	부차를 죽이고 그 재상을 죽였다.
破吳三年	오나라를 깨뜨린 지 3년 만에
東向而霸	동쪽을 향하여 패권을 잡았다.

故子貢一出	그러므로 자공이 한번 나서서
存魯	노나라를 존속시켰고
亂齊	제나라를 어지럽혔으며
破吳	오나라를 깨뜨리고
彊晉而霸越	진나라를 강하게 하였으며 월나라가 패권을 잡게 하였다.
子貢一使	자공이 한번 사신으로 나가
使勢相破	판세를 서로 깨지게 하였고
十年之中	10년 만에
五國各有變[95]	다섯 나라에 각기 변화가 있게 하였다.

94 색은 『좌전』에 의하면 월나라가 오나라를 멸한 것은 애공 22년이니 일이 모두 수년 간격으로 일어났다. 대체로 이 문장에서 그 일을 마무리 지어 말하고자 하였으므로 그 말이 서로 이어졌다.

95 색은 『좌전』에 의하면 노나라와 제나라, 진나라, 오나라, 월나라이므로 "자공이 나서서 노나라를 존속시켰고 제나라를 어지럽혔으며 오나라를 깨뜨리고 진나라를 강하게 하였으며 월나라가 패권을 잡게 하였다."고 하였다.

子貢好廢擧	자공은 모아서 쌓아놓기를 잘하여
與時轉貨貲[96]	때맞춰 재화를 잘 굴렸다.
喜揚人之美	남의 미덕을 드러내기를 좋아하였고
不能匿人之過	남의 잘못을 숨기지 못하였다.
常相魯衛	일찍이 노나라와 위나라의 재상을 지냈고
家累千金	집에는 천금이 쌓였으며
卒終于齊	마침내 제나라에서 죽었다.

言偃	언언은
吳人[97]	오나라 사람으로
字子游	자는 자유이다.
少孔子四十五歲	공자보다 45세 어리다.

子游旣已受業	자유는 학업을 마치고
爲武城宰[98]	무성의 읍재가 되었다.

---

96 **집해** 폐거(廢擧)는 모아서 쌓아두는 것이다. 여시(與時)는 때에 따라라는 말이다. 물건이 싸면 사서 저장해 두고 값이 올라가면 때에 따라 굴리고 바꾸어서 재화를 팔아 이익을 취하는 것이다. **색은** 『가어』에는 '貨'가 '될 화(化)' 자로 되어 있다. 왕숙은 "폐거(廢擧)는 싼 것은 사고 귀한 것은 파는 것을 말하며, 전화(轉化)는 때에 따라 재화를 굴려서 자산을 증식시키는 것이다."라 하였다. 유씨(劉氏)는 "폐(廢)는 물자가 귀하면 파는 것을 말하며, 거(擧)는 물자가 싸면 사서 거두어들이는 것을 말하고, 전화(轉貨)는 귀한 것은 때 굴리고 싼 것은 거두는 것이다."라 하였다.

97 **색은** 『가어』에서는 노나라 사람이라고 하였다. 언(偃)은 노나라에서 벼슬하여 무성재가 되었을 따름이다. 지금 오군(吳郡)에 언언(言偃)의 무덤이 있으니 아마 오군 사람이 맞을 것이다.

98 **정의** 『괄지지(括地志)』에서는 말하였다. "연주(兗州)에 있으며 곧 남월(南城)이다. 『여지지(輿地志)』에서는 남무성현(南武城縣)으로 노나라 무성읍(武城邑)이며 자유가 읍재가 된 곳으로 태산군(泰山郡)에 있다."

孔子過	공자가 들르는 길에
聞弦歌之聲	현악과 노랫소리를 들었다.
孔子莞爾而笑曰[99]	공자가 빙그레 웃으면서 말하였다.
割雞焉用牛刀[100]	"닭 잡는 데 웬 소 칼을 쓰는고?"
子游曰	자유가 말하였다.
昔者偃聞諸夫子曰	"옛날에 제가 선생님께 듣기를
君子學道則愛人	군자가 도를 배우면 남을 사랑하게 되고
小人學道則易使[101]	소인이 도를 배우면 부리기가 쉽다고 하였습니다."
孔子曰	공자가 말하였다.
二三子[102]	"제자들이여
偃之言是也	언의 말이 옳도다.
前言戲之耳[103]	앞의 말은 농담한 것일 따름이다."
孔子以爲子游習於文學	공자는 자유가 문학에 익숙하다고 생각하였다.

卜商[104]字子夏	복상은 자가 자하이다.
少孔子四十四歲	공자보다 44세 어리다.

---

99 **집해** 하안은 말하였다. "완이(莞爾)는 미소를 짓는 모양이다."

100 **집해** 공안국은 말하였다. "작은 것을 다스리는 데 어찌 모름지기 대도(大道)를 쓰는가 하는 말이다."

101 **집해** 공안국은 말하였다. "따라다니는 사람들이다."

102 **집해** 공안국은 말하였다. "도(道)는 예악(禮樂)을 말한다. 음악으로 사람들을 화합하게 하며 사람이 화합하면 부리기 쉽다는 것이다."

103 **집해** 공안국은 말하였다. "작은 것을 다스리는 데 큰 것을 쓴다고 놀린 것이다."

104 **집해** 『가어』에서는 위나라 사람이라고 하였다. 정현은 온국(溫國)의 복상(卜商)이라고 하였다. **색은** 『가어』에서는 위나라 사람이라 하고, 정현은 온국 사람이라 하여 다른 것은 온국은 지금의 하내(河內) 온현(溫縣)으로 원래 위나라에 속하였기 때문이다.

子夏問	자하가 물었다.
巧笑倩兮	"'아름다운 웃음 보조개 예쁨이여,
美目盼兮	아름다운 눈에 눈동자 선명하니,
素以爲絢兮	흰 비단에 색칠한다네.'라 하였으니
何謂也[105]	무엇을 이름입니까?"
子曰	공자가 말하였다.
繪事後素[106]	"그리는 일은 비단이 있은 뒤라는 것이다."
曰：	말하였다.
禮後乎[107]	"예가 나중이라는 것인가요?"
孔子曰	공자가 말하였다.
商始可與言詩已矣[108]	"상과는 비로소 더불어 『시』를 말할 수 있겠구나."

子貢問	자공이 물었다.
師與商孰賢	"사와 상은 누가 똑똑합니까?"
子曰	공자가 말하였다.

105 집해 마융은 말하였다. "천(倩)은 웃는 모양이다. 반(盼)은 눈동자가 움직이는 모양이다. 현(絢)은 문채가 있는 모양이다. 이곳의 위 두 구절은 「위풍 · 석인(衛風 · 碩人)」의 2장에 있으며, 그 아래 한 구절은 일시(逸詩)이다."

106 집해 정현은 말하였다. "회(繪)는 그림의 채색이다. 무릇 그림을 그릴 때는 먼저 여러 펼쳐놓고 난 다음에 흰 비단으로 그 사이에 나누어 펼치어 무늬를 이루는데, 미녀가 비록 보조개와 눈동자의 아름다운 바탕이 있다 하더라도 또한 모름지기 예로 이룬다는 것을 비유한다."

107 집해 하안은 말하였다. "공자는 그림 그리는 일이 흰 비단이 있은 다음이라는 것을 말하였는데 자하는 듣고서 흰 비단으로 예를 비유하였다고 알았으므로 '예가 나중이라는 것인가요?'라 하였다."

108 집해 포씨는 말하였다. "나의 뜻을 발명할 수 있으니 더불어 『시』를 말할 수 있는 것이다."

師也過	"사는 지나치고
商也不及[109]	상은 미치지 못하느니라."
然則師愈與	"그렇다면 사가 낫다는 것입니까?"
曰	말하였다.
過猶不及	"지나친 것은 미치지 못함과 같다."

子謂子夏曰	공자가 자하에게 일러 말하였다.
汝爲君子儒	"너는 군자다운 유자가 되고
無爲小人儒[110]	소인 같은 유자는 되지 마라."

孔子既沒	공자가 돌아가시자
子夏居西河[111]教授	자하는 서하에 살면서 교수하였는데
爲魏文侯師[112]	위문후의 스승이 되었다.
其子死	그 아들이 죽어

---

109 **집해** 공안국은 말하였다. "모두 중용을 얻지 못하였음을 말하였다."

110 **집해** 하안은 말하였다. "군자다운 유자는 도를 밝히며, 소인이 유자가 되면 그 명성을 뻐긴다."

111 **색은** 하동군(河東郡)의 서쪽 경계에 있으며 아마 용문(龍門)에 가까울 것이다. 유씨는 "지금의 동주(同州) 하서현(河西縣)에 자하의 석실(石室) 학당이 있다."라 하였다. **정의** 서하군(西河郡)은 지금의 분주(汾州)이다. 『이아(爾雅)』에서는 "두 하(河) 사이를 기주(冀州)라 한다."라 하였다. 『예기(禮記)』에서는 "동하(東河)에서 서하(西河)에 이르렀다."라 하였다. 하동(河東)에서는 옛날에 용문하(龍門河)를 서하(西河)라 불렀으며, 한(漢)나라에서는 그대로 서하군(西河郡)으로 삼았는데 분주(汾州)이며, 자하가 가르친 곳이다. 『괄지지』에서는 "알천산(謁泉山)은 은천산(隱泉山)이라고도 하며 분주(汾州) 습성현(隰城縣) 북서쪽 10리 지점에 있다. 『주수경(注水經)』에서는 '그 산에는 벼랑이 다섯 개인데 벼랑의 반에는 석실이 하나 있으며 땅과는 50장(丈) 떨어져 있고 정상에는 평지가 10여 경(頃)이 있다. 『수국집기(隨國集記)』에서는 이것은 자하의 석실(石室)이며 물러나 서하에서 노년을 보내며 이곳에서 거처하였다고 하였다.' 복상의 신사(神祠)가 있었는데 아직도 있다."

哭之失明	곡을 하다가 시력을 잃었다.

顓孫師	전손사는
陳人[113]	진나라 사람으로
字子張	자는 자장이다.
少孔子四十八歲	공자보다 48세 어리다.

子張問干祿[114]	자장이 녹위(祿位)를 구하는 것을 묻자
孔子曰	공자가 말하였다.
多聞闕疑	"많이 듣되 의심나는 것은 제쳐두고
慎言其餘	그 나머지를 삼가 말하면
則寡尤[115]	허물이 적을 것이며,
多見闕殆	많이 보되 위태로운 것을 제쳐두고
慎行其餘	그 나머지를 삼가 행하면
則寡悔[116]	뉘우칠 일이 적게 될 것이다.

---

112 색은 자하의 문학은 사과(四科)에서 드러나 『시(詩)』의 순서를 정하고, 『역(易)』의 전(傳)을 달았다. 또한 공자는 『춘추』를 상(商)에게 위촉하였다. 또한 『예(禮)』의 전을 달았는데, 『예지(禮志)』에 드러난다. 그러나 이 전기에서는 모두 논하지 않고 다만 『논어』의 하찮은 일만 기록하였는데 또한 소략하다. 정의 문후(文侯)는 안읍(安邑)에 도읍을 두었다. 공자가 죽은 후에 자하는 서하(西河)의 가에서 가르쳤는데 문후가 그를 사사하여 국정에 대하여 자문하였다.

113 색은 정현은 말하였다. "『목록(目錄)』에서 양성(陽城) 사람이라고 하였다. 양성은 현의 이름으로 진군(陳郡)에 속한다."

114 집해 정현은 말하였다. "간(干)은 구하는 것이다. 녹(祿)은 녹위(祿位)이다."

115 집해 포씨는 말하였다. "우(尤)는 허물이다. 의심이 나면 제쳐두고, 그 나머지 의심스럽지 않은 것은 오히려 신중하게 말하면 허물이 적을 것이라는 말이다."

116 집해 포씨는 말하였다. "태(殆)는 위태로운 것이다. 본 것이 위태로운 것은 제쳐두고 행하지 않으면 뉘우칠 일이 적을 것이라는 말이다."

言寡尤	말에 허물이 적고
行寡悔	행함에 뉘우침이 적으면
祿在其中矣[117]	녹은 그 안에 있느니라."

他日從在陳蔡閒	훗날 진나라와 채나라 사이에서 따르다가
困	곤경에 처하자
問行	행해짐에 대하여 물었다.
孔子曰	공자가 말하였다.
言忠信	"말이 충성스럽고 신실하며
行篤敬	행실이 독실하고 공경스러우면
雖蠻貊之國行也	만맥의 오랑캐 나라라도 행해질 것이며,
言不忠信	말이 충성스럽고 신실하지 못하며
行不篤敬	행실이 독실하고 공경스럽지 못하면
雖州里行乎哉[118]	주나 이라고 하더라도 행하여지겠는가!
立則見其參於前也	서면 그것이 앞에 참여함을 보고
在輿則見其倚於衡	수레에 있으면 그것이 멍에에 기댐을 보니
夫然後行[119]	대체로 그런 다음이라야 행해지는 것이다."
子張書諸紳[120]	자장은 큰 띠에 그것을 받아 적었다.

117 **집해** 정현은 말하였다. "언행(言行)이 이와 같으면 녹을 얻지는 못하여도 녹의 도는 얻는 것이다."

118 **집해** 정현은 말하였다. "2천5백 가구가 주이며, 다섯 가구가 인(鄰), 5인이 이(里)이다. 행하여지겠는가라는 것은 행하여질 수 없음을 말한다."

119 **집해** 포씨는 말하였다. "형(衡)은 멍에이다. 충성과 신실함을 생각하여 서면 늘 보일 것을 생각하여 앞에 참여하는 듯하고, 수레에 있으면 수레의 멍에에 기대 있는 듯이 한다는 것을 말한다."

120 **집해** 공안국은 말하였다. "신(紳)은 큰 띠이다."

子張問	자장이 말하였다.
士何如斯可謂之達矣	"선비가 어떠하면 이 정도면 통달했다고 할 만합니까?"
孔子曰	공자가 말하였다.
何哉	"무엇이냐?
爾所謂達者	네가 이른바 통달이란 것은."
子張對曰	자장이 대답하였다.
在國必聞	"나라에도 반드시 알려져야 하고
在家必聞[121]	대부의 집에도 반드시 알려져야지요."
孔子曰	공자가 말하였다.
是聞也	"이는 알려지는 것이지
非達也	통달은 아니다.
夫達者	통달이라는 것은
質直而好義	질박하고 정직하며 의를 좋아하고
察言而觀色	말을 살피고 기색을 살펴
慮以下人[122]	남의 아래에 있기를 생각한다면
在國及家必達[123]	나라 및 대부의 집에서 반드시 통달할 것이다.
夫聞也者	저 알려진다는 것은
色取仁而行違	얼굴로는 인을 취하지만 행동은 어기면서
居之不疑[124]	인에 처하였다고 의심하지 않는 것이니
在國及家必聞[125]	나라 및 대부의 집에 반드시 알려지는 것이다."

121 집해 정현은 말하였다. "선비가 있는 곳에는 모두 명예가 있을 수 있다는 말이다."

122 집해 마융은 말하였다. "늘 겸양하고 물러서는 뜻을 가지고 언어를 살피고 안색을 살피어 그 하고자 하는 것을 알아 생각하는 것이 늘 남보다 낮추려고 하는 것이다.'"

123 집해 마융은 말하였다. "겸손하면 높고 빛이 나며, 낮추면 넘을 수가 없는 것이다."

曾參	증삼은
南武城人[126]	남무성 사람으로
字子輿	자는 자여이다.
少孔子四十六歲	공자보다 46세 어리다.

孔子以爲能通孝道[127]	공자는 효도에 능통하다고 생각하였으므로
故授之業	학업을 가르쳤다.
作孝經	『효경』을 지었다.
死於魯	노나라에서 죽었다.

澹臺滅明[128]	담대멸명은

---

124 집해 마융은 말하였다. "이는 아첨하는 사람이라는 것을 말한다. 아첨하는 사람은 인자(仁者)의 안색을 가장하여 행동은 어기고, 그 위선에 편안히 안주하여 스스로 의심하지 않는 것이다."

125 집해 마융은 말하였다. "사람의 무리에 아첨함이 많은 것이다."

126 색은 무성은 노나라에 속한다. 당시 노나라에는 따로 북무성이 있었기 때문에 남이라고 말한 것이다. 정의 『괄지지』에서는 "남무성은 연주(兗州)에 있으며, 자유가 재(宰)가 된 곳이다. 『지리지』에서는 정양(定襄)에 무성이 있고 청하(淸河)에 무성이 있으므로 여기에서는 남무성이라고 하였다."라 하였다.

127 정의 『한시외전』에서는 말하였다. "증자가 말하기를 '내 일찍이 벼슬을 하여 관리가 되어 녹이 종[踵: 6휘(斛, 휘 곡) 4두(斗)]이나 부(釜: 10종)도 되지 않았는데도 오히려 기뻐하여 좋아한 것은 많다고 여겨서가 아니라 도를 즐기며 어버이를 봉양하기 때문이다. 어버이가 돌아가신 후에 내 일찍이 남쪽 월나라를 유람하면서 높은 관직을 얻었는데 대청은 아홉 길이나 되고 서까래는 석 자나 되었으며 굴리는 수레가 백승이나 되었으나 오히려 북쪽을 보고 눈물을 흘린 것은 천하다고 여겨서가 아니라 내 어버이를 보지 못함이 슬퍼서였다.'라 하였다."

128 집해 포씨는 말하였다. "담대는 성이고, 멸명은 이름이다." 정의 『괄지지』에서는 말하였다. "연진(延津)은 활주(滑州) 영목현(靈昌縣) 동쪽 7리 지점에 있다. 『주수경(注水經)』에서는 '황하수(黃河水)가 이곳에 이르러 연진이 된다. 옛날에 담대자우가 천금의 벽옥을 가

武城人[129]	무성 사람으로
字子羽	자는 자우이다.
少孔子三十九歲	공자보다 39세 어리다.

狀貌甚惡	외모가 몹시 추악하였다.
欲事孔子	공자를 섬기려 하였으나
孔子以爲材薄	공자는 재주가 얕다고 생각하였다.
既已受業	학업을 배운 뒤로는
退而修行	물러나 수행을 함에
行不由徑	지름길을 가지 않았고
非公事不見卿大夫[130]	공적인 일이 아니면 경대부를 만나지 않았다.

南游至江[131]	남쪽으로 유람하여 장강에 이르니
從弟子三百人	따르는 제자가 3백여 명이었는데
設取予去就	주고받음 나아가고 물러남을 베풀어
名施乎諸侯	제후들 사이에 명성이 드러났다.
孔子聞之	공자가 듣고
曰	말하였다.

지고 황하를 건너는데 양후(陽侯)가 물결을 일으키고 교룡 두 마리가 배를 끼고 있었다. 자우가 말하였다. '내 의로는 구할 수는 있어도 위협하여 겁박할 수는 없다.'라 하고는 칼을 들고 교룡을 베었다. 교룡이 죽자 이에 황하에 벽옥을 던졌는데 세 번을 던졌으나 그때마다 문득 뛰어올라 이에 벽옥을 부수고 그곳을 떠났는데 또한 이상한 뜻이 없었다.'라 한 곳이 바로 이곳이다."

129 **정의** 『괄지지』에서는 또한 연주(兗州)에 있다고 하였다.

130 **집해** 포씨는 말하였다. "그가 공정하고 반듯하였음을 말한다."

131 **색은** 지금 오나라 동남쪽에 담대호(澹臺湖)가 있는데 곧 그 유적이 있는 곳이다.

吾以言取人	"내 말로 사람을 취하여
失之宰予	재여에게서 그르쳤고,
以貌取人	외모로 사람을 취하여
失之子羽[132]	자우에게서 그르쳤다."

宓不齊字子賤[133]	복부제는 자가 자천이다.
少孔子三十歲[134]	공자보다 30세 어리다.

孔子謂子賤君子哉	공자가 이르기를 "자천은 군자로다!
魯無君子	노나라에 군자가 없었다면
斯焉取斯[135]?	이 사람이 어디에서 이를 취하였겠는가?"라 하였다.

---

132 색은 『가어』에서는 "자우는 군자다운 용모가 있었으나 행실은 그 용모를 이기지 못하였다."라 하였다. 그러나 위에서는 "외모가 몹시 추악하였다."라 하였으니 자우의 외형이 못생겼다고 생각한 것이다. 지금 이곳에서 공자는 "외모로 사람을 취하여 자우에게서 그르쳤다."라 하여 『가어』와는 정반대이다. 정의 담자우의 무덤은 연주(兗州) 추성현(鄒城縣)에 있다.

133 집해 공안국은 노나라 사람이라고 하였다. 정의 『안씨가훈』에서는 "연주(兗州) 영창군(永昌郡)의 성은 옛 선보현(單父縣)이 있던 곳이다. 동쪽 성문에 자천의 비석이 있는데, 한나라 때 세운 것으로 곧 제남(濟南)의 복생(伏生)이라 하였는데 곧 자천의 후예이다. '복(虙)'은 '복(伏)'과 예로부터 통용하였는데, 글자가 잘못되어 '복(宓)' 자가 되었음이 비교적 분명하다. '복(虙)' 자는 '虍'의 부수를 따르는데 음은 호(呼)이며, '복(宓)' 자는 '宀'의 부수를 따르는데 음은 면(綿)이다. 아래는 모두 '필(必)' 자로 대대로 베껴 쓰면서 잘못한 것이다."라 하였다.

134 색은 『가어』에서는 "노나라 사람으로 자는 자천이며 공자보다 49세 어리다."고 하였다. 여기서는 '30'이라 하여 다르다.

135 집해 포씨는 말하였다. "만약 노나라에 군자가 없었더라면 자천이 어찌 이런 행실을 배웠겠는가?"

子賤爲單父宰[136]	자천이 선보의 재가 되어
反命於孔子	공자에게 복명하여
曰	말하였다.
此國有賢不齊者五人[137]	"이 나라에는 저보다 현명한 사람이 다섯 사람 있는데
教不齊所以治者	제게 다스리는 방법을 가르쳐 주었습니다."
孔子曰	공자가 말하였다.
惜哉不齊所治者小	"안타깝도다, 부제가 다스리는 곳이 작도다.
所治者大則庶幾矣	다스리는 곳이 컸더라도 거의 다스렸을 텐데."

原憲[138]字子思	원헌은 자가 자사이다.

子思問恥	자사가 부끄러움에 대하여 물었다.
孔子曰	공자가 말하였다.
國有道	"나라에 도가 있으면
穀[139]	녹을 받는다.

---

136 정의 송(宋)나라의 주현(州縣)이다. 『설원』에서는 말하였다. "복자천이 선보를 다스리는데, 거문고를 타며 몸은 대청을 내려가지 않아도 선보는 잘 다스려졌다. 무마기(巫馬期)는 별이 있을 때 나가 별이 있을 때 들어왔는데 선보는 또한 다스려졌다. 무마기가 그 까닭을 물었다. 복자천이 말하였다. '나는 사람에게 맡겼는데 그대는 힘에 맡겼소. 힘에 맡기는 자는 수고롭고 사람에 맡기는 자는 편안하오.'"

137 색은 『가어』에서는 "부제가 아비로 섬김 사람이 세 사람이고, 형으로 섬긴 사람이 다섯 사람이며, 벗으로 삼은 사람이 열한 사람이었다."라 하여 다르다.

138 집해 정현은 노나라 사람이라고 하였다. 색은 정현은 노나라 사람이라고 하였다. 『가어』에서는 "송(宋)나라 사람이다. 공자보다 36세 어리다."라 하였다.

139 집해 공안국은 말하였다. "곡(穀)은 녹(祿)이다. 나라에 도가 있으면 마땅히 녹을 먹는 것이다."

國無道	나라에 도가 없는데도
穀	녹을 받는다면
恥也[140]	부끄러운 것이다."
子思曰	자사가 말하였다.
克伐怨欲不行焉	"이기기와 자랑, 원망과 탐욕을 행하지 않으면
可以爲仁乎[141]	어진 것이라 할 수 있겠습니까?"
孔子曰	공자가 말하였다.
可以爲難矣	"(행하기가) 어렵다고는 할 수 있겠으나
仁則吾弗知也[142]	어진 것인지는 내 알지 못하겠다."
孔子卒	공자가 죽자
原憲遂亡在草澤中[143]	원헌은 마침내 도망쳐서 초택에 있게 되었다.
子貢相衛	자공은 위나라의 재상이 되어
而結駟連騎	사두마차를 줄줄이 거느리고
排藜藿入窮閻	명아주와 콩잎을 밀치고 궁벽한 이문으로 들어가
過謝原憲	원헌에게 들러 문후하였다.
憲攝敝衣冠見子貢	원헌은 해진 의관을 당기어 잡고 자공을 만났다.
子貢恥之	자공은 부끄러워하여
曰	말하였다.

140 **집해** 공안국은 말하였다. "임금이 무도한데 그 조정에 있으면서 그 녹을 받아먹으면 이것이 치욕이다."

141 **집해** 마융은 말하였다. "극(克)은 이기기를 좋아하는 것이다. 벌(伐)은 그 공을 자랑하는 것이다. 원(怨)은 꺼리는 것이다. 욕(欲)은 탐욕이다.'"

142 **집해** 포씨는 말하였다. "네 가지가 행하기는 어렵지만 인이라 하기에는 충분치 않다."

143 **색은** 『가어』에서는 말하였다. "위(衛)나라에 은거하였다."

夫子豈病乎	"그대는 어찌 그리 궁색하오?"
原憲曰	원헌이 말하였다.
吾聞之	"내가 듣건대
無財者謂之貧	재산이 없는 것을 가난하다 하고
學道而不能行者謂之病	도를 배웠으나 행할 수 없는 것을 궁색하다 한다 하였소.
若憲	저 같은 경우는
貧也	가난한 것이지
非病也	궁색한 것은 아닙니다."
子貢慚	자공은 부끄러워하여
不懌而去	즐거워하지 않으며 떠났는데
終身恥其言之過也	죽을 때까지 그 말실수를 부끄러워하였다.

公冶長	공야장은
齊人	제나라 사람으로
字子長[144]	자가 자장이다.

孔子曰	공자는 말하였다.
長可妻也	"장은 사위로 삼을 만하다.
雖在累紲之中[145]	비록 포승줄에 묶여 있었지만
非其罪也	그의 죄가 아니다."

144 색은 『가어』에서는 말하였다. "노나라 사람으로 이름은 장(萇)이며 자는 자장(子長)이다. 범녕(范甯)은 '자는 자지(子芝)이다.'라 하였다."

145 집해 공안국은 말하였다. "누(累)는 검은색의 끈이다. 설(紲)은 구속이다. 죄인을 구금하는 것이다."

以其子妻之[146]	그 딸을 그에게 시집보냈다.
南宮括字子容[147]	남궁괄은 자가 자용이다.
問孔子曰	공자에게 물었다.
羿善射	"후예는 활을 잘 쏘았고
奡盪舟[148]	오는 (땅에서) 배를 밀 수 있었는데
俱不得其死然	모두 제대로 죽지 못했으며,
禹稷躬稼而有天下	우와 후직은 몸소 농사를 지었는데도 천하를 가졌지요?"
孔子弗答[149]	공자는 거기에 대답하지 않았다.
容出	용이 나가자
孔子曰	공자가 말하였다.
君子哉若人	"군자로다, 이 사람은!
上德哉若人[150]	도덕을 숭상하는도다, 이 사람은!"

146 **집해** 장화(張華)는 말하였다. "공야장의 무덤은 성양(城陽) 고막성(姑幕城) 동남쪽 5리 남짓한 곳에 있는데 무덤이 매우 높다."

147 **집해** 공안국은 말하였다. "용(容)은 노나라 사람이다." **색은** 『가어』에는 '남궁도(南宮縚)'로 되어 있다. 그 사람은 맹희자(孟僖子)의 아들 중손열(仲孫閱)이며, 아마 남궁(南宮)에 살았으므로 그것을 성으로 삼았을 것이다.

148 **집해** 공안국은 말하였다. "예(羿)는 유궁(有窮)의 임금으로 하후(夏后)의 왕위를 찬탈하였으며, 그 무리 한착(寒浞)이 그를 죽이고 그 왕실에 인하여 오(奡)를 낳았다. 오는 힘이 세어서 육지에서 배를 끌 수가 있었는데 하후(夏后) 소강(少康)에게 피살되었다." **정의** '羿'는 음이 예(詣)이다. '盪'은 음이 탕[大浪反]이다.

149 **집해** 마융은 말하였다. "우(禹)는 구혁(溝洫)을 정비하는 데 힘을 다 쏟았고, 후직(后稷)은 백곡(百穀)을 파종하였으므로 '궁가(躬稼)'라 하였다. 우는 자신의 대에서, 후직은 후세에 이르러 모두 왕이 되었다. 남궁괄의 뜻은 우와 후직을 공자에 비기려 한 것이었는데 공자가 겸양하였으므로 대답하지 않은 것이다."

國有道	"나라에 도가 있으면
不廢[151]	버려지지 않을 것이며,
國無道	나라에 도가 없으면
免於刑戮	사형을 면할 것이다."
三復'白珪之玷[152]'	늘 "흰 규홀의 흠"을 반복하여 외었으며
以其兄之子妻之	그 형의 딸을 시집보냈다.

公皙哀字季次[153]	공석애는 자가 계차이다.

孔子曰	공자는 말하였다.
天下無行	"천하에서 (덕을) 행하지 않고
多爲家臣	거의 가신이 되어
仕於都	도읍에서 벼슬을 하는데,
唯季次未嘗仕[154]	계차만은 일찍이 벼슬을 한 적이 없다."

曾蒧[155]字晳[156]	증점의 자는 석이다.

---

150 **집해** 공안국은 말하였다. "불의한 것을 천하게 여기고 덕 있음을 귀하게 여겼으므로 군자라 한 것이다."

151 **집해** 공안국은 말하였다. "불폐(不廢)는 쓰여짐을 말한다."

152 **집해** 공안국은 말하였다. "『시』[「대아 · 억(大雅 · 抑)」]에서는 '흰 규홀의 흠은, 그래도 갈아 없앨 수 있으나, 이 말의 흠은 다스릴 수 없다네(白珪之玷, 尙可磨也, 斯言之玷, 不可爲也).' 라 하였다. 남용이 『시』를 읽다가 이곳에 이르러 여러 번이나 반복하여 외었는데 이는 그 마음이 말보다 신중한 것이다."

153 **집해** 『공자가어』에서는 제나라 사람이라고 하였다. **색은** 『가어』에서는 '공석극(公晳克)'이라고 하였다.

154 **색은** 『가어』에서는 "일찍이 절조를 굽혀 신하가 된 적이 없으므로 공자가 특히 찬양하여 감탄한 것이다."라 하였다. 또한 「유협전(游俠傳)」에도 보인다.

侍孔子	공자를 모시고 있는데
孔子曰	공자가 말하였다.
言爾志	"네 뜻을 말해 보거라."
蒧曰	점이 말하였다.
春服既成	"봄옷이 다 지어지면
冠者五六人	관을 쓴 성인 대여섯 명과
童子六七人	동자 예닐곱 명과 함께
浴乎沂	기수에서 몸을 씻고
風乎舞雩	서낭당에서 바람을 쐬며
詠而歸[157]	노래를 읊조리며 돌아오는 것입니다."
孔子喟爾歎曰	공자가 아아! 하고 탄식하며 말하였다.
吾與蒧也[158]	"나는 점의 뜻에 동의한다!"

顏無繇[159]字路	안무요는 자가 노이다.
路者	노는
顏回父[160]	안회의 아비로
父子嘗各異時事孔子	부자가 일찍이 각자 때를 달리하여 공자를 섬

155 집해 음은 점(點)이다. 색은 음은 점(點)이다. 또한 음을 감[其炎反]이라고도 한다.

156 집해 공안국은 말하였다. "석(晳)은 증삼(曾參)의 아비이다." 색은 『가어』에서는 "증점(曾點)의 자는 자석(子晳)으로 증삼의 아비이다."라 하였다.

157 집해 서광은 말하기를 말하였다. "'궤(饋)'로 된 판본도 있다." 내[駰]가 생각건대 포씨는 "모춘(暮春)은 늦봄 (음력) 3월이다. 봄옷이 다 지어졌다는 것은 홑겹 옷을 입을 때이며, 나는 관을 쓴 성인 대여섯 명과 (미성인) 동자 예닐곱을 얻어 기수의 가에서 몸을 씻고 서낭당 아래서 시원한 바람을 쐬면서 선왕의 도를 노래하여 읊조리며 부자의 문하로 돌아오고자 하는 것이다."라 하였다.

158 집해 주씨(周氏)가 말하기를 "증점 혼자 때를 아는 것을 칭찬한 것이다."라 하였다.

159 집해 음은 요(遙)이다. 정의 '繇'의 음은 유(由)이다.

겼다.

顔回死	안회가 죽자
顔路貧	안로는 가난하여
請孔子車以葬[161]	공자에게 수레를 팔아 장사를 치를 것을 청하였다.
孔子曰	공자가 말하였다.
材不材	"재주가 있건 없건
亦各言其子也	또한 각기 그 아들을 말하는 것이다.
鯉也死	(내 아들) 이가 죽었을 때도
有棺而無槨	관은 있었지만 덧널은 없었으니
吾不徒行以爲之槨	내가 걸어 다니면서 덧널을 만들어주지 못하는 것은
以吾從大夫之後	내가 대부의 뒤를 따르기 때문에
不可以徒行[162]	도보로 걸어 다닐 수 없기 때문이다."

商瞿[163]	상구는
魯人	노나라 사람으로
字子木[164]	자는 자목이다.

---

160 **색은** 『가어』에서는 "안유(顔由)는 자가 노(路)이며, 안회의 아비이다. 공자가 궐리(闕里)에서 처음 가르치기 시작하였을 때 그곳에서 배웠다. 공자보다 7세 어리다."라 하였으므로 이 전에서 "부자가 때를 달리하여 공자를 섬겼다."고 하였다. 그러므로 『역(易)』에서 '안씨부자(顔氏之子)'라 일컬은 것은 부자가 함께 공자의 문하에서 배웠기 때문이다.

161 **집해** 공안국은 말하였다. "팔아서 덧널을 만드는 것이다."

162 **집해** 공안국은 말하였다. "이(鯉)는 공자의 아들 백어(伯魚)이다. 공자는 당시 대부였는데 대부의 뒤를 따르기 때문에 걸어 다닐 수 없다고 한 것은 겸사이다."

163 **정의** 음은 구[具俱反]이다.

少孔子二十九歲	공자보다 29세 어리다.
孔子傳易於瞿	공자는 『역(易)』을 구에게 전하였으며
瞿傳楚人馯臂子弘[165]	구는 초나라 사람 한비 자홍에게 전하였고,
弘傳江東人矯子庸疵[166]	홍은 강동 사람 교자용 자에게 전하였으며,
疵傳燕人周子家豎[167]	자는 연나라 사람 주자가 수에게 전하였고,
豎傳淳于人光子乘羽[168]	수는 순우 사람 광자승 우에게 전하였으며,

---

164 **색은** 『가어』에서는 말하였다. "구(瞿)는 나이가 38세가 되도록 자식이 없어 어미가 다시 아내를 맞이하게 하려고 하였다. 공자가 말하기를 '구는 마흔이 지나면 5장(丈)의 부자(夫子)를 가질 것이다.'라 하였는데 과연 그랬다. 구는 양전(梁鱣)에게 아내를 맞이하지 말게 하고 '내 아들이 아마 혹 늦게 날 것 같은데 아내의 허물이 아니다.'라 하였다."

165 **집해** 서광은 말하였다. "(馯의) 음은 한(寒)이다."
색은 '馯'은 서광은 음이 한(韓)이라고 하였고, 추탄생(鄒誕生)은 음이 한(汗)이라고 하였다. 『사기 · 유림전(史記 · 儒林傳)』과 『손경자(荀卿子)』(곧 『순자』를 말한다.-옮긴이) 및 『한서(漢書)』에서는 모두 한비(馯臂)는 자가 자궁(子弓)이라 하였는데, 지금 여기서만 '홍(弘)'이라 한 것은 아마 잘못일 따름이다. 응소(應劭)는 자궁(子弓)은 자하(子夏)의 문인이라고 하였다. **정의** '馯'의 음은 한(汗)이다. 안사고(顏師古)는 "한(馯)은 성이다."라 하였다. 『한서』 및 『순경자(荀卿子)』에서는 모두 자는 자궁(子弓)이라 하였는데, 여기서 '홍(弘)'이라 한 것은 아마 잘못일 것이다. 응소는 "자궁(子弓)은 자하(子)의 문인이다."라 하였다.

166 **집해** (矯의) 음은 교(橋)이다.
집해 음은 지[自移反]이다. **색은** 「유림전(儒林傳)」 및 『계본(系本)』에는 모두 '교(蟜)'로 되어 있다. '疵'의 음은 지[自移反]이다. '疵' 자는 혹 '비(疪)'로 된 판본도 있다. 교(蟜)는 성이고 비(疪)는 이름이며, 자는 자견(子肩)이다. 그러나 교(蟜) 성은 노장공(魯莊公)의 공족이며 『예기(禮記)』에서는 "교고(蟜固)가 계무자(季武子)를 만나 보았다."라 하였다. 아마 노나라 사람일 것이며 『사기 · 유림전』에서는 모두 노나라 사람이라고 하였는데 여기서만 유독 강동 사람이라고 하였으니 또한 잘못된 것일 따름이다. 「유림전」에서는 한비(馯臂)는 강동(江東) 사람이고, 교자(橋疵)는 초나라 사람이라고 하였다. **정의** 『한서』에는 '교비(橋庇)'로 되어 있으며 노나라 사람이라고 하였다. 안사고는 교비(橋庇)의 자는 자용(子庸)이라고 하였다.

167 **색은** 주수(周豎)의 자는 자가(子家)이며, '임(林)'으로 된 판본도 있다. **정의** '豎'는 음이 서[時與反]이다. 주수(周豎)의 자는 자가(子家)이며, 『한서』에는 '주추(周醜)'로 되어 있다.

羽傳齊人田子莊何[169]	우는 제나라 사람 전자장 하에게 전하였고,
何傳東武人王子中同[170]	하는 동무 사람 왕자중 동에게 전하였으며,
同傳菑川人楊何[171]	동은 치천 사람 양하에게 전하였다.
何元朔中以治易爲漢中大夫	하는 원삭 연간에 『역(易)』을 연구하여 한나라 중대부가 되었다.

高柴字子羔[172]	고시는 자가 자고이다.
少孔子三十歲	공자보다 30세 어리다.

子羔長不盈五尺	자고는 키가 다섯(五) 자가 되지 않았으며
受業孔子	공자에게서 학업을 배울 때
孔子以爲愚	공자는 어리석다고 생각하였다.

---

168 **색은** 순우는 현 이름으로 북해(北海)에 있다. 광우의 자는 자승(子乘)이다. **정의** 광승(光乘)의 자는 우(羽)이다. 『괄지지』에서는 "순우(淳于)는 나라 이름으로 밀주(密州) 안구현(安丘縣) 동쪽 30리 지점에 있으며 옛 주국(州國)으로 주무왕(周武王)이 순우국(封淳于國)에 봉하였다."라 하였다.

169 **색은** 전하(田何)는 자가 자장(子莊)이다. **정의** 「유림전」에서는 "전하(田何)는 자가 자장(子莊)이다."라 하였다.

170 **집해** 서광은 말하였다. "낭야(琅邪)에 속한다."
색은 왕동(王同)은 자가 자중(子中)이다. **정의** 『괄지지』에서는 "동무현(東武縣)은 바로 지금의 밀주(密州) 제성현(諸城縣)이다."라 하였다. 『한서』에는 "왕동(王同)은 자가 자중(子仲)이다."라 하였다.

171 **색은** 상구에게서 『역(易)』을 전하여 양하까지 모두 8대를 서로 전하였다. 「유림전」에서 양하는 자가 숙원(叔元)이라고 하였다. **정의** 『한서』에서는 자가 숙원(叔元)이라고 하였다. 상구에서 양하까지는 모두 8대이다.

172 **집해** 정현은 위(衛)나라 사람이라고 하였다. **색은** 정현은 위(衛)나라 사람이라고 하였다. 『가어』에서는 "제나라 사람으로 고씨(高氏)의 별족이다. 키는 6척이 되지 않았으며 외모가 매우 추악하였다."라 하였다. 이곳의 전에는 '五尺'으로 되어 있는데 틀렸다. **정의** 『가어』에서는 제나라 사람이라고 하였다.

子路使子羔爲費郈宰[173]	자로가 자고를 비후의 읍재로 삼자
孔子曰	공자가 말하였다.
賊夫人之子[174]	"남의 아들을 해치는 것이다."
子路曰	자로가 말하였다.
有民人焉	"백성이 있고
有社稷焉	사직이 있는데
何必讀書然後爲學[175]	어찌 반드시 글을 읽고 난 다음이라야 학문을 한다 하겠습니까!"
孔子曰	공자가 말하였다.
是故惡夫佞者[176]	"이 때문에 말 잘하는 사람을 싫어하는 것이다."

漆彫開字子開[177]	칠조개는 자가 자개이다.

孔子使開仕	공자가 개(開)로 하여금 벼슬을 하게 했더니

---

173 정의 『괄지지』에서는 말하였다. "운주(鄆州) 숙현(宿縣) 23리 지점의 후정(郈亭)이다."

174 집해 포씨는 말하였다. "자고는 학문이 아직 익숙하지 않은데 정치를 시키니 이 때문에 남을 해친다는 것이다."

175 집해 공안국은 말하였다. "사람을 다스리고 귀신을 섬기는 것은 여기에서 익히면 또한 배우는 것이라는 말이다."

176 집해 공안국은 말하였다. "그 응함에 대어서 자신의 그릇을 이루면서도 궁한 줄을 모르는 것을 미워한 것이다."

177 집해 정현은 노나라 사람이라고 하였다. 색은 정현은 노나라 사람이라고 하였다. 『가어』에서는 "채(蔡)나라 사람으로 자는 자약(子若)이며, 공자보다 11세 어리다."라 하였다. 또한 "『상서』를 익혔으나 벼슬을 즐기지 않았다. 공자가 말하기를 '벼슬을 할 만하다.'라 하였는데 대답하기를 '저는 이쪽으로는 아직 믿음이 가지 않습니다.'라 하였다."라 하였다. 왕숙은 "아직 이 글의 뜻을 쓰지 못하겠기에 '믿음이 가지 않습니다.'라 하였다."라 하였다. 정의 『가어』에서는 "채(蔡)나라 사람으로 자는 자약(子若)이며, 공자보다 11세 어리다. 『상서』를 익혔으나 벼슬을 즐기지 않았다."라 하였다.

對曰	대답하였다.
吾斯之未能信[178]	"저는 이쪽으로는 아직 믿음이 가지 않습니다."
孔子說[179]	공자가 기뻐하였다.

公伯繚字子周[180]	공백료의 자는 자주이다.

周愬子路於季孫	주가 계손에게 자로를 참소하였는데
子服景伯以告孔子	자복경백이 그대로 공자에게 알리어
曰	말하였다.
夫子固有惑志[181]	"부자(계손)에게 실로 의심하는 뜻이 있는 것 같으며,
繚也	료 정도는
吾力猶能肆諸市朝[182]	내 힘으로도 아직은 그 시체를 시정에 늘어놓을 수 있습니다."

---

178 **집해** 공안국은 말하였다. "벼슬에 나아가는 도이다. 믿음이 가지 않는다는 것은 아직 연구하여 익히지를 못했다는 것이다."

179 **집해** 정현은 말하였다. "그 뜻과 도가 깊은 것을 훌륭하게 여긴 것이다."

180 **집해** 마융은 노나라 사람이라고 하였다. **색은** 마융은 노나라 사람이라고 하였다. 『가어』에는 공백료(公伯繚)가 없고 신료자주(申繚子周)가 있다. 그리고 초주(譙周)는 말하기를 "공백료가 참소한 사람으로 의심하였으며, 공자가 꾸짖지 않고 '운명을 그 어찌하겠는가'라 하였으니 제자의 무리가 아니다."라 하였다. 지금 또한 72현의 수에 나열해 넣었으니 태사공의 착오일 것이다. 또한 '繚'는 '遼'라고도 한다. **정의** 『가어』에 신료자주가 있다. 『고사고(古史考)』에서는 "공백료가 참소한 사람으로 의심하였으며, 공자가 꾸짖지 않고 '운명을 그 어찌하겠는가'라 하였으니 제자의 무리가 아니다."라 하였다.

181 **집해** 공안국은 말하였다. "계손이 참소를 믿고 자로에게 화를 낸 것이다."

182 **집해** 정현은 말하였다. "나의 기세가 아직은 계손에게 자로의 무죄를 분별할 수 있어서 사람으로 하여금 요를 죽여서 시체를 늘어놓게 하는 것이다. 죄가 있으면 처형을 한 다음에 그 시체를 늘어놓는 것을 사(肆)라고 한다."

孔子曰	공자가 말하였다.
道之將行	"도가 행하여지려는 것도
命也	운명이고,
道之將廢	도가 폐하여지려는 것도
命也	운명이다.
伯繚其如命何	백료가 운명을 그 어떻게 하겠는가!"

司馬耕字子牛[183]	사마경은 자가 자우이다.

牛多言而躁	우는 말이 많고 성급하였다.
問仁於孔子	공자에게 인에 대하여 묻자
孔子曰	공자가 말하였다.
仁者其言也訒[184]	"인자는 그 말을 참아서 한다."
曰	말하였다.
其言也訒	"그 말을 참아서 하면
斯可謂之仁乎	이를 인이라 할 수 있습니까?"
子曰	공자가 말하였다.
爲之難	"그렇게 하기가 어려우니
言之得無訒乎[185]	말을 함에 참아서 하지 않을 수 있겠는가!"

---

183 **집해** 공안국은 송나라 사람이라 하였다. **색은** 『가어』에서는 "송나라 사람으로 자는 자우(子牛)이다."라 하였다. 공안국 또한 "송나라 사람으로 아우인 안자(安子)는 사마리(司馬犁)이다."라 하였다. 우(牛)는 환퇴(桓魋)의 아우이며, 환퇴를 송나라 사마(司馬)로 삼았기 때문에 우는 마침내 사마를 씨(氏)로 삼았다.

184 **집해** 공안국은 인(訒)은 어려워하는 것이다.

185 **집해** 공안국은 말하였다. "인을 행하는 것이 어려우니 인을 말함 또한 참아서 하지 않을 수 없다."

問君子	군자에 대해서 묻자
子曰	공자가 말하였다.
君子不憂不懼[186]	"군자는 근심하지 않고 두려워하지 않는다."
曰	말하였다.
不憂不懼	"근심하지 않고 두려워하지 않는다면
斯可謂之君子乎	이를 인이라 할 수 있습니까?"
子曰	공자가 말하였다.
內省不疚	"안으로 성찰하여 꺼림칙하지 않으면
夫何憂何懼[187]	무엇을 근심하고 무엇을 두려워하겠는가!"

樊須字子遲[188]	번수는 자가 자지이다.
少孔子三十六歲	공자보다 36세 어리다.

樊遲請學稼	번지가 농사짓는 법을 배우기를 청하자,
孔子曰	공자가 말하였다.
吾不如老農	"내 늙은 농부만 못하니라."
請學圃	채마전 가꾸기를 배우기를 청하자
曰	말하였다.
吾不如老圃[189]	"내 늙은 채마지기보다 못하니라."
樊遲出	번지가 나가자

186 **집해** 공안국은 말하였다. "우의 형 환퇴(桓魋)가 난을 일으키려 하였는데 우가 송나라에서 배우러 와 늘 근심하고 두려워하였으므로 공자가 풀어준 것이다."

187 **집해** 포씨는 말하였다. "구(疚)는 병이다. 스스로 성찰하여 죄악이 없으면 근심하고 두려워할 만한 것이 없다."

188 **집해** 정현은 제나라 사람이라고 하였다. **색은** 『가어』에서는 노나라 사람이라고 하였다. **정의** 『가어』에서는 노나라 사람이라고 하였다.

孔子曰	공자가 말하였다.
小人哉樊須也	"소인이로다, 번수여!
上好禮	위에서 예의를 좋아하면
則民莫敢不敬	백성들이 감히 공경하지 않음이 없고,
上好義	위에서 도의를 좋아하면
則民莫敢不服	백성들이 감히 복종하지 않음이 없으며,
上好信	위에서 신용을 좋아하면
則民莫敢不用情[190]	백성들이 감히 성정대로 하지 않음이 없다.
夫如是	이렇게만 된다면
則四方之民襁負其子而至矣	사방의 백성이 그 자식을 포대기에 싸서 업고 이르게 될 것이니
焉用稼[191]	농사를 어디에 쓴단 말인가!"

樊遲問仁	번지가 인에 대하여 묻자
子曰	공자가 말하였다.
愛人	"남을 사랑하는 것이다."
問智	지혜에 대하여 묻자
曰	말하였다.
知人	"남을 잘 아는 것이다."

---

189 **집해** 마융은 말하였다. "오곡(五穀)을 심는 것을 가(稼)라 하고, 채소를 심는 것을 포(圃)라 한다."

190 **집해** 공안국은 말하였다. "정(情)은 실(實)이다. 백성이 위에 교화되어 각기 실한 것으로 응함을 말한다."

191 **집해** 포씨는 말하였다. "예와 의 그리고 신으로 족히 덕을 이룰 수가 있는데 무엇 때문에 농사를 배워 백성을 교화한다는 것인가! 아이를 업는 포대기를 강(繈)이라 한다."

有若少孔子四十三歲[192]	유약은 공자보다 43세 어리다.
有若曰	유약이 말하였다.
禮之用	"예의 쓰임은
和爲貴	화합이 귀함이 되니
先王之道斯爲美	선왕의 도는 이를 아름답게 여겼다.
小大由之	작고 큰일이 이로 말미암는다.
有所不行	행하지 않음이 있으니,
知和而和	화합을 알아 화합만을 행하여
不以禮節之	예로 절제하지 않는다면
亦不可行也[193]	또한 행할 수 없는 것이다."
信近於義	"믿음이 의에 가까우면
言可復也[194]	말을 실천할 수 있으며,
恭近於禮	공손함이 예에 가까우면
遠恥辱也[195]	치욕을 멀리하며,
因不失其親	의지함에 그 친밀함을 잃지 않으면
亦可宗也[196]	또한 종주로 삼을 수 있다."

192 **집해** 정현은 노나라 사람이라고 하였다. **색은** 『가어』에서는 "노나라 사람으로 자는 자유(子有)이며, 공자보다 33세 어리다."라 하였는데 지금 이 전에서는 '42세'라 하였으니 전이 잘못된 것인지 또는 본 것이 같지 않은 것인지를 모르겠다. **정의** 『가어』에서는 "노나라 사람으로 자는 자유(子有)이며, 공자보다 33세 어리다."라 하여 같지 않다.

193 **집해** 마융은 말하였다. "사람은 예를 알고 화합을 귀하게 여기는데, 매사에 화합을 따르고 예를 절제하는 것으로 여기지 않으면 또한 행할 수 없다."

194 **집해** 하안은 말하였다. "복(復)은 복(覆)과 같다. 의(義)가 반드시 믿음이 없으면 믿음이 의롭지 않은 것이다. 그 말을 덮을 수 있으므로 의에 가깝다고 한 것이다."

195 **집해** 하안은 말하였다. "공손함이 예에 합치되지 않으면 예가 아니다. 치욕을 멀리할 수 있기 때문에 예에 가깝다고 한 것이다."

孔子既沒	공자가 돌아가시고
弟子思慕	제자들이 그리워하여
有若狀似孔子	유약의 외모가 공자와 비슷하다 하여
弟子相與共立爲師	제자들이 서로 함께 스승으로 삼아
師之如夫子時也	부자가 살아있을 때처럼 스승으로 여겼다.
他日	다른 날
弟子進問曰	제자들이 나아가 물었다.
昔夫子當行	"옛날 부자께서 나가시려 할 때
使弟子持雨具	제자들에게 우비를 지니게 하였는데
已而果雨	얼마 있다가 정말 비가 내렸습니다.
弟子問曰	제자들이 묻기를
夫子何以知之	'선생님께서는 어떻게 아셨는지요?'라 하니
夫子曰	부자께서 말씀하셨습니다.
詩不云乎	'『시』에서 이르지 않았느냐?
月離于畢	「달이 필성 만났으니,
俾滂沱矣[197]	비 퍼붓게 하겠네.」라고.
昨暮月不宿畢乎	엊저녁에 달이 필수에 있지 않았더냐?'
他日	훗날
月宿畢	달이 필수에 있었는데도
竟不雨	끝내 비가 내리지 않았습니다.
商瞿年長無子	상구는 나이가 많았는데도 아들이 없어서

196 **집해** 공안국은 말하였다. "인(因)은 가깝다는 뜻이다. 친한 사람이 그 가까움을 잃지 않으니 또한 종주로 공경할 수 있다."

197 **집해** 『모전(毛傳)』에서는 "필(畢)은 주수(噣宿)이다. 달이 음성(陰星)을 만나면 비가 내린다."라 하였다.

其母爲取室[198]	그 어미가 아내를 맞아주었습니다.
孔子使之齊	공자가 그를 제나라에 가게 하자
瞿母請之	상구의 어미가 그에게 (이 일을 가지고) 청하였습니다.
孔子曰	공자가 말하였습니다.
無憂	'걱정하지 마라,
瞿年四十後當有五丈夫子[199]	구는 나이 40이 된 뒤에 오장부자를 갖게 될 것이오.'
已而果然	얼마 뒤에 과연 그러하였습니다.
問夫子何以知此	선생님께 여쭙습니다만 어떻게 이를 아셨는지요?"
有若默然無以應	유약은 잠자코 아무런 대꾸를 하지 못하였다.
弟子起曰	제자들이 일어나서 말하였다.
有子避之	"유자는 그 자리서 비키시오,
此非子之座也	이곳은 그대의 자리가 아니오!"

198 **정의** 『가어』에서는 말하였다. "구(瞿)는 나이가 38세인데 아들이 없어서 어미가 다시 아내를 맞아주려 하였다. 공자가 말하였다. '구는 나이 40이 지나면 오장부자가 생길 것이다.' 과연 그렇게 되었다." 『중비(中備)』에서는 말하였다. "노나라 사람 상구가 제나라로 사신으로 가는데 구는 나이가 40세로 지금 이후로 사행하는 길이 멀어 두려워하고 근심하며 대가 끊기고 자식이 없게 될까 걱정하였다. 부자가 정월에 구의 어미와 점을 쳤는데 일러 말하기를 '나중에 오장부자가 생길 것입니다.'라 하였다. 자공이 말하였다. '어떻게 아십니까?' 공자가 말하였다. '괘가 「대축(大畜)」과 「간(艮)」의 이세(二世)를 만났다. 구이(九二)는 갑인(甲寅)의 목(木)이 세(世)가 되고 육오(六五)는 경자(景子)의 수(水)가 응(應)이 된다. 세생(世生)과 외상(外象)이 상을 낳아서 효가 생겨나 내상(內象)과 호응하는데, 「간」괘는 아들과 헤어지는 것이니, 다섯 아들이 생길 것이며 한 아들은 단할 것이다.' 안회가 말하였다. '어떻게 아십니까?' '내상(內象)은 본래 아들인데 한 「간(艮)」이 2추(醜)로 변하여 세 양효가 다섯이니 이에 아들이 다섯인데 한 아들은 단명하느니라.' '어떻게 단명할 것을 아십니까?' '달리 까닭이 있다.'라 하였다."

199 **집해** 5남(男)이다. **색은** 5남을 이른다.

公西赤字子華[200]	공서적은 자가 화이다.
少孔子四十二歲	공자보다 42세 어리다.
子華使於齊	자화가 제나라에 사신으로 갔는데
冉有爲其母請粟	염유가 그 어미에게 곡식을 청하여 주었다.
孔子曰	공자가 말하였다.
與之釜[201]	"1부(釜)를 주어라."
請益	더 청하니
曰	말하였다.
與之庾[202]	"1유(庾)를 주어라."
冉子與之粟五秉[203]	염자는 곡식 5병(秉)을 주었다.
孔子曰	공자가 말하였다.
赤之適齊也	"적이 제나라로 갈 때는
乘肥馬	살진 말을 타고
衣輕裘	가벼운 갖옷을 입었다.
吾聞君子周急不繼富[204]	내 듣기에 군자는 위급한 자를 두루 구제하지 부자에게 계속 주지는 않는다."
巫馬施字子旗[205]	무마시는 자가 자기이다.

200 집해 정현은 노나라 사람이라고 하였다.

201 집해 마융은 말하였다. "6말 4되가 부(釜)이다."

202 집해 포씨는 말하였다. "16말이 유(庾)이다."

203 집해 마융은 말하였다. "16휘[斛(휘 곡)]를 병(秉)이라 하고, 5병은 모두 80휘이다."

204 집해 정현은 말하였다. "염유가 준 것이 아주 많은 것이 아니다."

205 집해 정현은 노나라 사람이라고 하였다. 색은 정현은 노나라 사람이라고 하였다. 『가어』에서는 "진(陳)나라 사람으로 자는 자기(子期)이다."라 하였다. 정의 음은 기(其)이다.

少孔子三十歲	공자보다 30세 어리다.
陳司敗問孔子曰[206]	진나라 사패가 공자에게 물어서 말하였다.
魯昭公知禮乎	"노나라 소공은 예를 알았습니까?"
孔子曰	공자가 말하였다.
知禮	"예를 알았지요."
退而揖巫馬旗曰	물러나 무마기에게 읍을 하며 말하였다.
吾聞君子不黨	"내가 듣건대 군자는 편당을 하지 않는다 하였는데
君子亦黨乎	군자도 편당을 합니까?
魯君娶吳女爲夫人	노나라 임금은 오나라 여인에게 장가가 부인으로 삼았으므로,
命之爲孟子	맹자라고 하였소,
孟子姓姬	맹자는 성이 희인데
諱稱同姓	동성이라고 일컫는 것을 꺼리어
故謂之孟子	맹자라고 하였소.
魯君而知禮	노나라 임금이 예를 알았다면
孰不知禮[207]	누가 예를 알지 못했겠습니까!"
施以告孔子	시가 그대로 공자에게 알렸더니
孔子曰	공자가 말하였다.
丘也幸	"나는 다행이다.

206 **집해** 공안국은 말하였다. "사패(司敗)는 관직 이름이다. 진나라의 대부이다."

207 **집해** 공안국은 말하였다. "서로 도와 비리를 숨기는 것을 당(黨)이라고 한다. 예에서 동성(同姓)은 혼인을 하지 않는데 임금은 아내로 맞았다. '오희(吳姬)'라고 해야 하는데 꺼려서 '맹자(孟子)'라고 하였다."

苟有過	실로 잘못이 있으면
人必知之	남들이 반드시 아는구나.
臣不可言君親之惡	신하가 임금과 어버이의 잘못을 말할 수 없고
爲諱者	꺼리는 것이
禮也[208]	예이다."
梁鱣字叔魚[209]	양전은 자가 숙어이다.
少孔子二十九歲	공자보다 29세 어리다.
顏幸字子柳[210]	안행은 자가 자류이다.
少孔子四十六歲[211]	공자보다 46세 어리다.
冉孺字子魯[212]	염유는 자가 자로이다.
少孔子五十歲	공자보다 50세 어리다.
曹邺字子循	조휼은 자가 자순이다.
少孔子五十歲[213]	공자보다 50세 어리다.

---

208 **집해** 공안국은 말하였다. "사패의 말을 가지고 알린 것이다. 나라에서 싫어하는 것을 꺼리는 것이 예이다. 성인의 도는 넓기 때문에 그것을 받는 것이 과실이다."

209 **집해** 어떤 판본에는 '리(鯉)'로 되어 있다.

집해 『공자가어』에서는 제나라 사람이라고 하였다. **색은** 『가어』에서는 제나라 사람으로 자는 숙어(叔魚)라 하였다.

210 **집해** 정현은 노나라 사람이라고 하였다. **색은** 『가어』에서는 "안행(顏幸)은 자가 류(柳)이다."라 하였다. 『예기』에 안류(顏柳)가 있는데 혹 이 사람인지도 모르겠다.

211 **색은** 『가어』에서는 "36세 어리다."라 하였는데 정현과 마찬가지이다.

212 **집해** 어떤 판본에는 '일찍 증(曾)' 자로 되어 있다. **색은** 『가어』에서는 자가 자로(子魯)이며 노나라 사람이라고 하였다. '염유(冉儒)'로 되어 있다.

伯虔字子析[214]	백건은 자가 자석이다.
少孔子五十歲	공자보다 50세 어리다.
公孫龍字子石[215]	공손용자는 자가 자석이다.
少孔子五十三歲	공자보다 53세 어리다.
自子石已右三十五人	자석의 위 35인은
顯有年名及受業見于書傳	나이와 이름 및 학업을 배운 것이 분명히 전에 기록되어 보인다.
其四十有二人	42인은
無年及不見書傳者紀于左[216]	나이 및 전에 기록되어 전하지 않는 자로 아래에 기록해 둔다.

---

213 **색은** 조휼(曹卹)은 공자보다 50세 어리다. 『가어』도 마찬가지이다.

214 **색은** 백건(伯虔)은 자가 자절(子折)이다. 『가어』에는 "백처(伯處)는 자가 자석(子晳)이다."라 되어 있는데, 모두 글자를 베껴 쓸 때의 잘못이며 어디를 따라야 할지 모르겠다. **정의** 『가어』에서는 '자철(子哲)'이라고 하였다.

215 **집해** 정현은 초나라 사람이라고 하였다. **색은** 『가어』에서는 혹자는 '총(寵)'이라고도 하고 또한 '롱(礱)'이라고도 한다고 하였는데, 『칠십자도(七十子圖)』에서는 '롱(礱)'은 아니라고 하였다. 자가 자석(子石)이면 '롱(礱)'이 어쩌면 틀리지 않았을 것이다. 정현은 초나라 사람이라 하였고, 『가어』에서는 위(衛)나라 사람이라고 하였다. 그러나 『장자(莊子)』에서 말한 "단단하고 흰 이야기(堅白之談)"를 한 사람이 바로 그 사람이다. **정의** 『가어』에서는 위(衛)나라 사람이라고 하였고, 『맹자』에서는 조(趙)나라 사람이라고 하였으며, 『장자』는 "단단하고 흰 이야기"를 하였다고 하였다.

216 **색은** 『가어』에는 이 예에 37인뿐이다. 그중 공량유(公良孺), 진상(秦商), 안해(顏亥), 숙중회(叔仲會)의 네 사람은 『가어』에 사적이 있는데, 『사기』에는 빠졌다. 그러나 공백료(公伯遼), 진염(秦冉), 교선(鄡單)의 세 사람은 『가어』에 수록되어 있지 않으며, 달리 금뢰(琴牢), 진항(陳亢), 현단(縣亶)의 세 사람의 수는 모두 번갈아가며 있다. 문옹(文翁)의 그림의 기록 같은 데는 또한 임방(林放), 거백옥(蘧伯玉), 신정(申棖), 신당(申堂)이 있는데 모두 후인에 의해 더 보태어진 것으로 지금은 거의 상고할 수 없다.

冉季字子產[217]	염계는 자가 자산이다.
公祖句茲字子之[218]	공조구자는 자가 자지이다.
秦祖字子南[219]	진조는 자가 자남이다.
漆雕哆[220]字子斂[221]	칠조치는 자가 자렴이다.
顏高字子驕[222]	안고의 자는 자교이다.
漆雕徒父[223]	칠조도보.
壤駟赤字子徒[224]	양사적은 자가 자도이다.
商澤[225]	상택.
石作蜀字子明[226]	석작촉은 자가 자명이다.
任不齊字選[227]	임부제는 자가 선이다.

---

217 **집해** 정현은 노나라 사람이라고 하였다. **색은** 『가어』에서는 염계(冉季)의 자는 산(產)이라고 하였다. **정의** 『가어』에서는 염계(冉季)의 자는 자산(子產)이라고 하였다.

218 **색은** '句'의 음은 구(鉤)이다. **정의** '句'의 음은 구(鉤)이다.

219 **집해** 정현은 진(秦)나라 사람이라고 하였다. **색은** 『가어』에서 자는 자남(子南)이라고 하였다.

220 **집해** 음은 자[赤者反]이다. **색은** 음은 자[赤者反]이다. 『가어』에서는 자가 자렴(子斂)이라고 하였다.

221 **집해** 정현은 노나라 사람이라고 하였다.

222 **색은** 『가어』에서는 이름이 산(產)이라 하였다. 공자가 위(衛)나라에 있을 때 남자(南子)가 부자를 불러 따르게 하고 시내를 지나갔는데 그때 산이 수레를 몰았다. **정의** 공자가 위(衛)나라에 있을 때 남자가 부자를 불러 뒤 수레를 타고 따르며 시내를 지나는데 안고(顏高)가 수레를 몰았다.

223 **색은** 『가어』에서는 자를 고(固)라 하였다.

224 **집해** 정현은 진(秦)나라 사람이라고 하였다. **색은** 『가어』에서 자가 자도(子徒)라고 한 자이다.

225 **집해** 『가어』에서는 자가 자계(子季)라고 하였다. **색은** 『가어』에서는 자가 계(季)라고 하였다.

226 **색은** 『가어』도 마찬가지이다.

227 **집해** 정현은 초나라 사람이라고 하였다. **색은** 『가어』에서는 자가 자선(子選)이라고 하였다.

公良孺字子正[228]	공량유는 자가 자정이다.
后處字子里[229]	후처는 자가 자리이다.
秦冉字開[230]	진염은 자가 개이다.
公夏首字乘[231]	공하수는 자가 승이다.
奚容箴字子晳[232]	해용잠은 자가 자석이다.
公肩定字子中[233]	공견정은 자가 자중이다.
顏祖字襄[234]	안조는 자가 양이다.
鄡單字子家[235]	교선은 자가 자가이다.

---

228 집해 정현은 말하였다. "진(陳)나라 사람으로 현명하고 용기가 있었다." 색은 『가어』에서는 '양유(良儒)'라 하였다. 진(陳)나라 사람으로 자는 자정(子正)이며 현명하고 용기가 있었다. 공자가 주유할 때 늘 집의 수레 다섯 대를 가지고 공자를 종유하였다. 『가어』에는 35인 중에 있다. 『계가(系家)』에도 보이는데 32인 중에 보이지 않으며 아마 전(傳)의 수 또한 잘못되었을 것이다. 추탄(鄒誕)본(本)에는 '공양유'로 되어 있다. 정의 공자가 주유할 때 늘 집의 수레 다섯 대를 가지고 공자를 종유하였다. 「공자세가」에서도 35인 가운데 있다고 하였는데 지금은 42인의 수에 있으니 아마 태사공의 잘못일 것이다.

229 집해 정현은 제나라 사람이라고 하였다. 색은 『가어』도 마찬가지이다.

230 정의 『가어』에는 이 사람이 없다. 왕숙의 『가어』에는 이런 사람이 37명이 있는데, 공량유(公良孺), 진상(秦商), 안해(顏亥), 중숙회(仲叔會) 네 사람은 『가어』에는 사적이 있으나 『사기』에는 빠졌다. 공백료(公伯寮), 진염(秦冉), 교선(鄡單)은 『가어』에는 실려 있지 않으며, 따로 금뢰(琴牢), 진항(陳亢), 현단(縣亶) 세 사람이 있다.

231 집해 정현은 노나라 사람이라고 하였다. 색은 『가어』도 마찬가지이다.

232 색은 『가어』도 마찬가지이다. 정의 위(衛)나라 사람이다.

233 집해 정현은 노나라 사람이라고 하였다. 혹자는 진나라 사람이라고 한다. 색은 『가어』도 마찬가지이다.

234 색은 『가어』에는 이 사람이 없다. 정의 노나라 사람이다.

235 집해 (鄡는) 음이 교[苦堯反]이다. 집해 (單은) 음이 선(善)이다.

집해 서광은 말하였다. "혹은 '오선(鄔單)'이라고도 한다. 거록(鉅鹿)에 교현(鄡縣)이 있고, 태원(太原)에 오현(鄔縣)이 있다." 색은 '鄡'는 음이 교[苦堯反]이며, '單'은 음이 선(善)이으로, 선은 이름이다. 서광은 "혹은 '오선(鄔單)'이라고도 한다. 거록(鉅鹿)에 교현(鄡縣)이 있고, 태원(太原)에 오현(鄔縣)이 있다."라 하였다. 『가어』에는 이 사람이 없다.

句井疆[236] 구정강.

罕父黑字子索[237] 한보흑은 자가 자삭이다.

秦商字子丕[238] 진상은 자가 자비이다.

申黨字周[239] 신당은 자가 주이다.

顏之僕字叔[240] 안지복은 자가 숙이다.

榮旂字子祈[241] 영기는 자가 자기이다.

縣成字子祺[242] 현성은 자가 자기이다.

左人郢字行[243] 좌인영은 자가 행이다.

燕伋字思[244] 연급은 자가 사이다.

鄭國字子徒[245] 정국은 자가 자도이다.

秦非字子之[246] 진비는 자가 자지이다.

---

236 집해 정현은 위(衛)나라 사람이라고 하였다. 정의 구(句)는 '구(鉤)'로 되어 있다.

237 집해 『가어』에서는 "한보흑은 자가 삭(索)이다."라 하였다. 색은 『가어』에는 "한보흑은 자가 삭(索)이라 하였다."라 하였다.

238 집해 정현은 초나라 사람이라고 하였다. 색은 『가어』에서는 "노나라 사람으로 자는 비자(丕慈)이다. 공자보다 네 살 어리다. 그 아비 근(堇)은 공자의 부친인 흘(紇)과 함께 용력으로 알려졌다."라 하였다. 정의 『가어』에서는 "노나라 사람으로 자는 비자(丕玆)이다."라 하였다.

239 색은 『가어』에 신료(申繚)가 있는데, 자는 주(周)이다. 『논어』에는 신정(申棖)이 있다. 정현은 "신정(申棖)은 노나라 사람으로 제자이다."라 하였다. 아마 신당(申堂)은 정(棖)임에 의심의 여지가 없는데 정(棖)과 당(堂)이 소리가 서로 가까워서이다. 위에 또한 공백료(公伯繚)가 있는데 또한 자가 주(周)이다. 『가어』에는 백료(伯繚)가 없는데 이는 『사기』에서 백료(伯繚)라고 한 사람이다. 정의 노나라 사람이다.

240 집해 정현은 노나라 사람이라고 하였다. 색은 『가어』도 모두 마찬가지이다.

241 색은 『가어』에서는 영기의 자가 자안(子顏)이라 하였다.

242 집해 정현은 노나라 사람이라고 하였다. 색은 『가어』에는 자모(子謀)라고 하였다. 정의 '縣'의 음은 현(玄)이다.

243 집해 정현은 노나라 사람이라고 하였다. 색은 『가어』도 마찬가지이다.

244 색은 『가어』도 마찬가지이다.

施之常字子恆	시지상은 자가 자항이다.
顏噲字子聲[247]	안쾌는 자가 자성이다.
步叔乘字子車[248]	보숙승은 자가 자거이다.
原亢籍[249]	원항적.
樂欬字子聲[250]	악해는 자가 자성이다.
廉絜字庸[251]	염혈은 자가 용이다.
叔仲會字子期[252]	숙중회는 자가 자기이다.
顏何字冉[253]	안하는 자가 염이다.
狄黑字晳[254]	적흑은 자가 석이다.
邦巽字子斂[255]	방손은 자가 자렴이다.

---

245 **색은** 『가어』에서는 설방(薛邦)의 자는 도(徒)라 하였고, 『사기』에는 '국(國)'으로 되어 있는데 『가어』에서는 '방(邦)'이라 한 것은 아마 한고조(漢高祖)의 휘를 피하여 고친 것일 것이다. '정(鄭)'과 '설(薛)'은 글자가 잘못되었다. **정의** 『가어』에서는 설방(薛邦)의 자가 도(徒)라 하였는데, 『사기』에는 '국(國)'으로 되어 있는 것은 고조의 휘를 피한 것이다. '설(薛)' 자와 '정(鄭)' 자는 잘못된 것일 따름이다.

246 **집해** 정현은 노나라 사람이라고 하였다.

247 **집해** 정현은 노나라 사람이라고 하였다.

248 **집해** 정현은 제나라 사람이라고 하였다.

249 **집해** 『가어』에서는 "이름은 항(亢)이고 자는 적(籍)이다."라 하였다. **색은** 『가어』에서는 이름이 항(亢)이고 자는 적(籍)이라고 하였다. **정의** '亢'은 '亢'으로 되어 있는데 음은 용[仁勇反]이다.

250 **색은** 『가어』와 같다. **정의** 노나라 사람이다.

251 **집해** 정현은 위나라 사람이라고 하였다. **색은** 『가어』와 같다.

252 **집해** 정현은 진(晉)나라 사람이라고 하였다. **색은** 정현은 진(晉)나라 사람이라고 하였다. 『가어』에서 "노나라 사람이다. 공자보다 54세 어리다. 공선(孔璇)과 나이가 서로 비슷한데 두 어린아이[孺子]가 모두 붓을 잡고 부자를 번갈아 모셨는데 맹무백(孟武伯)이 보고 쫓아냈다."라 한 것이 이들이다.

253 **집해** 정현은 노나라 사람이라고 하였다. **색은** 『가어』에서는 자로 칭하였다.

254 **색은** 『가어』와 같다.

孔忠[256]	공충.
公西輿如字子上[257]	공서여여는 자가 자상이다.
公西蒧字子上[258]	공서침은 자가 자상이다.

太史公曰	태사공은 말한다.
學者多稱七十子之徒	학자들은 70제자의 무리를 많이 일컫는데
譽者或過其實	기리는 자는 혹 그 실제보다 지나치기도 하고
毁者或損其真	헐뜯는 자는 혹 그 참됨을 덜어내기도 하는데
鈞之未睹厥容貌	이는 모두 그 모습을 제대로 보지 못했기 때문이니
則論言弟子籍	제자들을 논하여 말한 서적은
出孔氏古文近是	공씨의 고문에서 나온 것이 사실에 가깝다.
余以弟子名姓文字悉取論語弟子問并次爲篇	나는 제자의 성명과 문자를 모두 『논어』의 제자의 질문에서 취하였고 아울러 편차하였는데
疑者闕焉	의심이 가는 것은 빠뜨렸다.

---

255 집해 정현은 노나라 사람이라고 했다. 색은 『가어』에는 '손(巽)'이 '선(選)'으로 되어 있으며 자는 자렴이다. 문옹의 「공묘도」에는 '국선(國選)'으로 되어 있는데, 아마 또한 한(漢)나라의 휘를 피하여 고친 것일 것이다. 유씨는 '규손(邽巽)'이라 하여 본 것이 각기 다르다.

256 집해 『가어』에서는 "충(忠)의 자는 자말(子蔑)로 공자의 형의 아들이다."라 하였다. 색은 『가어』에서는 "충의 자는 자말(子蔑)로 공자의 형의 아들이다."라 하였다.

257 색은 『가어』와 같다.

258 집해 정현은 노나라 사람이라고 하였다. 색은 공서잠(公西箴)의 자는 자상이며, 『가어』에는 자상(子上)이 '子尙'으로 되어 있다.

8 상군 열전 商君列傳

商君者[1]	상군은
衛之諸庶孼公子也	위나라의 여러 서얼 공자 중의 하나로
名鞅	이름은 앙이고
姓公孫氏	성은 공손씨이며
其祖本姬姓也	그 선조는 본래 희성이었다.
鞅少好刑名之學	앙은 젊어서부터 형명의 학술을 좋아하여
事魏相公叔座爲中庶子[2]	위나라 재상 공숙좌를 섬겨 중서자가 되었다.
公叔座知其賢	공숙좌는 그가 현명함을 알았지만
未及進	미처 추천을 하지 못하였다.
會座病	마침 공숙좌가 병이 들어
魏惠王親往問病[3]	위혜왕이 친히 병문안을 가서
曰	말하였다.
公叔病有如不可諱	"공숙의 병이 불가피한 상황이 된다면

1 **정의** 진나라가 상(商)에 봉하였으므로 상군(商君)이라 하는 것이다.

2 **색은** 공숙(公叔)은 씨이고 좌(座)가 이름이다. '座'의 음은 좌[在戈反]이다.

색은 관직 이름이다. 위(魏)나라가 이미 설치하였으며 진나라에서 비롯된 것이 아니다. 『주례 · 하관(周禮 · 夏官)』에서는 '제자(諸子)'라고 하였으며, 『예기 · 문왕세자(禮記 · 文王世子)』에서는 '서자(庶子)'라고 하였는데, 공족(公族)의 일을 관장한다.

3 **색은** 곧 위후(魏侯)의 아들로 이름은 앵(罃)이며, 나중에 대량(大梁)으로 옮겨 양(梁)이라고 일컬었다.

將柰社稷何	장차 사직은 어떻게 되겠소?"
公叔曰	공숙이 말하였다.
座之中庶子[4]公孫鞅	"저의 중서자인 공손앙은
年雖少	나이는 비록 어리나
有奇才	특이한 재능이 있사오니
願王擧國而聽之	원컨대 임금께서는 온 나라(의 일)를 그에게 맡기십시오."
王嘿然	왕은 잠자코 있었다.
王且去	왕이 떠나려 하자
座屛人言曰	좌는 사람을 물리치고 말하였다.
王即不聽用鞅	"임금께서 앙을 등용하지 않으시려거든
必殺之	반드시 죽여서
無令出境	국경을 넘지 못하게 하십시오."
王許諾而去	왕은 허락하고 떠났다.
公叔座召鞅謝曰	공숙좌는 앙을 불러 알리어 말하였다.
今者王問可以爲相者	"지금 왕이 재상이 될 만한 사람을 묻길래
我言若	내 너를 말하였으나
王色不許我	왕의 기색을 보니 내 말을 허락지 않을 것 같다.
我方先君後臣	나의 원칙은 임금이 우선이고 신하는 나중이니
因謂王即弗用鞅	그래서 왕에게 당장 앙을 쓰지 않으려면
當殺之	죽여야 한다고 하였다.
王許我	왕은 내 말을 허락하였다.
汝可疾去矣	너는 빨리 떠나야 할 것이며,

4 색은 『전국책(戰國策)』에서는 위서자(衛庶子)라고 하였다.

且見禽	자칫하다가는 사로잡히게 된다.”
鞅曰	앙이 말하였다.
彼王不能用君之言任臣	“저 왕이 그대의 말을 써서 신하로 임용할 수 없다면
又安能用君之言殺臣乎	또한 어찌 그대의 말을 써서 저를 죽일 수 있겠습니까?”
卒不去	끝내 떠나지 않았다.
惠王既去	혜왕은 떠나가서
而謂左右曰	좌우에 일러 말하였다.
公叔病甚	“공숙의 병이 위중하니
悲乎	슬프도다.
欲令寡人以國聽公孫鞅也	과인에게 나라의 일을 공손앙에게 맡기게 하려 하니
豈不悖哉[5]	어찌 착란이 일어난 것이 아니겠는가!”

公叔既死	공숙이 죽고 나자
公孫鞅聞秦孝公下令國中求賢者	공손앙은 진효공이 나라에 영을 내려 현자를 구하여
將修繆公之業	목공의 패업을 닦고
東復侵地	동쪽으로 다시 영토를 조금씩 늘리려 한다는 말을 듣고
迺遂西入秦	이에 마침내 서쪽 진나라로 들어가
因孝公寵臣景監以求見孝公[6]	효공의 총신인 경감을 통하여 효공을 뵙기를

5 색은 병이 중해서 잘못되었다는 것이다. 정의 '悖'는 음이 배(背)이다. 지금은 '패'로 읽는다.-옮긴이.

	청하였다.
孝公既見衛鞅	효공이 위앙을 만나보고
語事良久	정세에 대해 한참 말하였는데
孝公時時睡	효공은 수시로 졸면서
弗聽	그 말을 듣지 않았다.
罷而孝公怒景監曰	만남을 끝내고 효공은 경감에게 노하여 말하였다.
子之客妄人耳	"그대의 손님은 망령된 사람이니
安足用邪	어찌 쓸 만하겠는가!"
景監以讓衛鞅	경감은 그대로 위앙을 나무랐다.
衛鞅曰	위앙이 말하였다.
吾說公以帝道	"내가 오제의 도로 공을 유세하였더니
其志不開悟矣	그 뜻을 깨닫지 못하였소."
後五日	5일 후에
復求見鞅	다시 위앙을 만나볼 것을 청하였다.
鞅復見孝公	위앙은 다시 효공을 만났는데
益愈	더 좋아졌으나
然而未中旨	아직도 뜻에 맞지 않았다.
罷而孝公復讓景監	끝나고 효공이 다시 경감을 나무라니
景監亦讓鞅	경감 또한 위앙을 나무랐다.
鞅曰	위앙이 말하였다.
吾說公以王道而未入也	"내 삼왕의 도로 공을 유세하였으나 아직 진입 못하였소.
請復見鞅	다시 앙을 만나도록 청하여 주십시오."

6 **색은** 경(景)은 성이며, 초나라의 공족이다. 감(監)의 음은 거성과 평성 모두 통한다.

鞅復見孝公	위앙은 다시 효공을 만났으며
孝公善之而未用也	효공은 훌륭하게 여기면서도 아직 쓰지 않았다.
罷而去	끝내고 떠났다.
孝公謂景監曰	효공이 경감에게 일러 말하였다.
汝客善	"너의 손님은 훌륭하여
可與語矣	더불어 말할 만하더군."
鞅曰	위앙이 말하였다.
吾說公以霸道	"내가 패도로 공을 유세하였더니
其意欲用之矣	그것을 쓰고자 하는 뜻이 있었소.
誠復見我	실로 다시 나를 만나면
我知之矣	내가 알아낼 수 있습니다."
衛鞅復見孝公	위앙은 다시 효공을 만나보았다.
公與語	공이 더불어 얘기를 하면서
不自知厀之前於席也	무릎이 자리의 앞쪽으로 나가는 것도 스스로 깨닫지 못하였다.
語數日不厭	며칠이나 말하여도 싫증을 내지 않았다.
景監曰	경감이 말하였다.
子何以中吾君	"그대는 어떻게 우리 임금(의 의중)을 맞추었소?
吾君之驩甚也	우리 임금께서 아주 기뻐하더이다."
鞅曰	위앙이 말하였다.
吾說君以帝王之道比三代[7]	"내 제왕의 도를 삼대에 견주어 임금을 유세하

7 색은 음은 세(稅)이며, 아래에서도 마찬가지로 쓰였다.
색은 비(比)는 삼(三)이다. 비(比)는 자주라는 뜻이다. 자주 효공을 뵙고 제왕의 도를 말한 것을 이른다. '比'의 음은 비[必耳反]이다. 정의 유세한 것이 오제와 삼왕의 일로 효공에까지 견주었는데 삼대 제왕의 도로 바야흐로 흥기하였다는 것이다. 효공은 "너무 멀어서 나는 할 수 없다."고 하였다.

	였는데
而君曰	임금께서는 말하였소.
久遠	'너무 멀어서
吾不能待	내 기다릴 수 없소.
且賢君者	또한 현군은
各及其身顯名天下	각기 그 당대에 이름을 천하에 드러내는 것이니
安能邑邑待數十百年以成帝王乎	어찌 근심스레 수십 수백 년을 기다려 제왕이 된단 말이오?'
故吾以彊國之術說君	그러므로 내 나라를 강하게 하는 방법으로 임금을 유세하였더니
君大說之耳[8]	임금이 크게 기뻐했을 뿐입니다.
然亦難以比德於殷周矣	그러나 또한 은 · 주와 덕을 나란히 하기는 어렵게 될 것입니다."

孝公既用衛鞅	효공이 위앙을 기용하자
鞅欲變法	위앙은 변법을 시행하고자 하였는데
恐天下議己	천하에서 자기를 논의할까 걱정하였다.
衛鞅曰	위앙이 말하였다.
疑行無名	"과단성 없는 행동은 명성을 누리지 못하고
疑事無功	과단성 없는 일처리는 공을 이루지 못합니다.
且夫有高人之行者	또한 저 남보다 뛰어난 행실이 있는 자는
固見非於世[9]	실로 세상에서 비난을 받고,

8 색은 음은 열(悅)이다.

9 색은 『상군서(商君書)』에는 '비(非)'가 '부(負)'로 되어 있다.

有獨知之慮者	혼자만 아는 생각을 가진 자는
必見敖於民[10]	반드시 백성들에게 놀림을 받게 됩니다.
愚者闇於成事	어리석은 자는 일을 이룸에 어둡고
知者見於未萌	지혜로운 자는 싹이 트기 전에 압니다.
民不可與慮始而可與樂成	백성들과는 더불어 시작을 도모할 수는 없으나 이룸을 더불어 즐길 수는 있습니다.
論至德者不和於俗	지극한 덕을 논하는 자는 세속과 화합하지 못하며
成大功者不謀於衆	큰 공을 이루는 자는 뭇 사람들과 도모하지 않습니다.
是以聖人苟可以彊國	그러므로 성인은 실로 나라를 강하게 할 수만 있다면
不法其故[11]	옛 법을 전범으로 삼지 않으며,
苟可以利民	실로 백성을 이롭게 할 수만 있다면
不循其禮	예법 따위는 따르지 않습니다."
孝公曰	효공이 말하였다.
善	"훌륭하도다."
甘龍曰[12]	감룡이 말하였다.
不然	"그렇지 않습니다.
聖人不易民而教	성인은 백성을 바꾸지 않아도 가르치고

---

10 색은 『상군서』에는 "반드시 남들에게 경시당하게 된다(必見驁於人)."라 되어 있다.
정의 '敖'의 음은 오[五到反]이다.

11 색은 넘어지는 나라를 구원하는 정치 기술을 말하였는데, 실로 나라를 강하게만 할 수 있다면 모름지기 옛 일을 본받을 필요는 없다는 것이다.

12 색은 효공의 신하로, 감(甘)은 성이고 용(龍)은 이름이다. 감씨는 춘추시대 감소공(甘昭公)의 왕자 대(王子帶)의 후손에게서 나왔다.

知者不變法而治	지혜로운 자는 법을 고치지 않아도 잘 다스립니다.
因民而教	백성에 따라 가르치고
不勞而成功	수고를 하지 않아도 공을 이루며,
緣法而治者	(원래의) 법을 따라 다스리는 것이야말로
吏習而民安之	관리들이 익숙하게 여기고 백성들도 편안히 여깁니다."
衛鞅曰	위앙이 말하였다.
龍之所言	"감룡이 말한 것은
世俗之言也	세속의 말입니다.
常人安於故俗	보통 사람들은 옛 풍속에 안주하고
學者溺於所聞	학자들은 들은 것에 빠져 있습니다.
以此兩者居官守法可也	이 두 가지를 가지고 관직에 있으면서 법을 지키는 것은 됩니다만
非所與論於法之外也	더불어 법 바깥의 것을 논할 것은 아닙니다.
三代不同禮而王	삼대는 예법을 같게 하지 않아서 왕이 되었고
五伯不同法而霸	오패는 법도를 같게 하지 않아서 패자가 되었습니다.
智者作法	지혜로운 자는 법을 만들고
愚者制焉	어리석은 자는 그 법을 따르며,
賢者更禮	현명한 자는 예법을 바꾸고
不肖者拘焉[13]	불초한 자는 거기에 얽매입니다."
杜摯曰	두지가 말하였다.

13 색은 현능하고 지혜로운 자는 법령을 만들고 예법을 고치며 어리석고 불초한 자는 변통에 밝지 않아 걸핏하면 법에 얽매여 행하여지지 않도록 하는데 이 또한 실로 그렇다는 말이다.

利不百	“이익이 백 배가 되지 않으면
不變法	법을 바꾸지 않으며,
功不十	공이 열 배가 되지 않으면
不易器	기물을 바꾸지 않습니다.
法古無過	옛것을 본받으면 허물이 없고
循禮無邪	예법을 따르면 잘못됨이 없습니다.”
衛鞅曰	위앙이 말하였다.
治世不一道	“세상을 다스림에는 도가 하나가 아니며
便國不法古	나라를 편하게 함에는 옛것을 본받지 않습니다.
故湯武不循古而王[14]	그러므로 탕왕과 무왕은 옛것을 따르지 않아 왕업을 이루었고
夏殷不易禮而亡[15]	하나라와 은나라는 예법을 바꾸지 않아 망하였습니다.
反古者不可非	옛것을 반대하는 자는 비난할 수 없으며
而循禮者不足多	예법을 따르는 자는 칭찬할 만하지 못합니다.”
孝公曰	효공이 말하였다.
善	“훌륭하다.”
以衛鞅爲左庶長	위앙을 좌서장으로 삼고
卒定變法之令	마침내 변법의 조령을 정하였다.

令民爲什伍[16]	백성들로 하여금 십과 오로 편성하여

14 색은 『상군서』에는 ‘脩古’로 되어 있다.

15 색은 은나라의 주(紂)와 하나라의 걸(桀)을 가리킨다.

16 색은 유씨(劉氏)는 “5가를 보(保)로 하고, 10보를 서로 잇는 것이다.”라 하였다. 정의 어떨 때는 10보로, 어떨 때는 5보로 하는 것이다.

而相牧司連坐[17]	서로 고발하여 연좌되도록 하였다.
不告姦者腰斬	간악한 자를 고발하지 않은 자는 요참형에 처하였고
告姦者與斬敵首同賞[18]	간악한 자를 고발한 자는 적의 목을 벤 자와 같은 상을 내렸으며
匿姦者與降敵同罰[19]	간악한 자를 숨겨준 자는 적에게 항복한 것과 같은 벌을 내렸다.
民有二男以上不分異者	백성 가운데 남자가 둘 이상인데 따로 분가하지 않은 자에게는
倍其賦[20]	부세를 갑절로 하였다.
有軍功者	군공을 세운 자는
各以率受上爵[21]	각기 조례에 따라 상등의 관작을 받았으며,
爲私鬥者	사사로이 다툰 자는
各以輕重被刑大小	각기 경중에 따라 크고 작은 형을 받았다.
僇力本業	본업에 힘을 다하도록 하였고
耕織致粟帛多者復其身	농사를 짓고 베를 짜 곡식과 비단을 많이 바친 자는 부역을 면제하여 주었다.
事末利及怠而貧者	(상공업 같은) 말업(末業)에 종사하거나 게을러 가

17 **색은** 목사(牧司)는 서로 규발(糾發)하는 것을 말한다. 한 집에 죄가 있으면 아홉 집이 연달아 고발하고, 고발하지 않는다면 열 집이 연좌되는 것이다. 바뀐 법령이 행하여지지 않을까 봐 중한 금법을 설치한 것이다.

18 **색은** 간악한 자 한 사람을 고발하면 1등급의 관작을 얻게 되므로 "적의 목을 벤 자와 같은 상을 내렸다."라 한 것이다.

19 **색은** 법에 의하면 적에게 항복한 자는 그 몸을 죽이고 집안은 적몰하는데 지금 간악한 자를 숨겨준 자는 마땅히 그와 같은 벌을 내린다는 것을 말한다.

20 **정의** 백성 가운데 아들이 둘인데 따로 살지 않는 자는 한 사람이 두 배의 세금을 낸 것이다.

21 **집해** 음은 율(律)이다.

	난해진 자는
擧以爲收孥[22]	모두 노비로 거두었다.
宗室非有軍功論	종실이라도 군공이 없으면 따져서
不得爲屬籍[23]	보적에 오르지 못하게 되었다.
明尊卑爵秩等級	작위와 봉록의 등급을 높이고 낮춤을 밝혀
各以差次名田宅	각기 등급과 차서를 나누어 이름에 따라 전택을 소유하고
臣妾衣服以家次[24]	신첩의 의복은 집에 따라 차서를 두었다.
有功者顯榮	공이 있는 자는 영화를 드러내었고
無功者雖富無所芬華	공이 없는 자는 부자라 하더라도 현달함이 없었다.

令既具	법령이 갖추어지고
未布	아직 공포되지 않았는데
恐民之不信	백성들이 믿지 않을까 걱정되어
已乃立三丈之木於國都市南門	이에 3장 길이의 나무를 국도 저자의 남문에 세우고

22 색은 말은 공상(工商)을 이른다. 대체로 농상(農桑)을 근본으로 하였으므로 위에서 "본업은 농사를 짓고 베를 짜는 것이다(本業耕織)."라고 하였다. 태(怠)는 게으르다는 뜻이다. 『주례(周禮)』에서는 '피민(疲民)'이라 하였다. 게을러서 해야 할 일을 하지 않아 가난해진 자는 적발하여 그 처자를 잡아들여 관노로 몰수하였는데, 이는 대체로 그 법이 옛날보다 특별히 중하다는 것을 말한 것이다.

23 색은 종실이라도 군공이 없다면 종실의 보적(譜籍)에 들지 못하게 된다는 것을 말한다. 보적을 없애어 공이 없으면 관작과 봉록에 미치지 못하게 된다는 것을 말한다.

24 색은 각기 그 집안의 관작의 반차(班次)를 따라 또한 함부로 사치하여 등급을 넘지 못하게 한 것을 이른다.

募民有能徙置北門者予十金	백성들을 불러 북문으로 옮겨 세울 수 있는 자에게는 10금을 주겠다고 하였다.
民怪之	백성들이 이상하게 여겨
莫敢徙	아무도 감히 옮기지 않았다.
復曰能徙者予五十金	다시 말하기를 "옮기는 자에게는 50금을 주겠다."고 하였다.
有一人徙之	어떤 한 사람이 옮기자
輒予五十金	즉시 50금을 주고는
以明不欺	속이지 않음을 밝혔다.
卒下令	마침내 법령이 내려졌다.

令行於民期年	백성들에게 법령이 행하여진 지 1년이 되었는데
秦民之國都言初令[25]之不便者以千數	진나라 백성들로 국도로 가서 새 법령이 불편하다고 말하는 자가 천을 헤아렸다.
於是太子犯法	이때 태자가 법을 어겼다.
衛鞅曰	위앙이 말하였다.
法之不行	"법이 행하여지지 않는 것은
自上犯之	위에서 어기기 때문이다."
將法太子	태자를 법대로 다스리려고 하였다.
太子	태자는
君嗣也	임금의 지위를 이어야 하므로
不可施刑	형법을 시행할 수가 없어서
刑其傅公子虔	태부인 공자 건(虔)을 처벌하고

25 **색은** 상앙의 새 변법(變法)의 법령을 일러 '초령(初令)'이라 하였다.

黥其師公孫賈	태사인 공손가는 경형에 처하였다.
明日	다음 날에
秦人皆趨令[26]	진나라 사람들이 모두 법령을 따랐다.
行之十年	시행한 지 10년 만에
秦民大說	진나라 백성들은 크게 기뻐하여
道不拾遺	길에서 (남이) 빠뜨린 것을 줍지 않았으며
山無盜賊	산에는 도둑이 없어졌고
家給人足	집집마다 모두 풍족하게 되었다.
民勇於公戰	백성들은 나라를 위해 싸우는 전쟁에서는 용감하여졌고
怯於私鬥	사적으로 다투는 것은 겁을 내었으며
鄉邑大治	향읍이 아주 잘 다스려졌다.
秦民初言令不便者有來言令便者	진나라 백성들 가운데 처음에는 법령이 불편하다고 하다가 와서 말하기를 법령이 편하다고 하는 자들이 있었는데
衛鞅曰此皆亂化之民也	위앙은 "이들은 모두 교화를 어지럽히는 백성들이다."라 하고는
盡遷之於邊城	모두 변방의 성으로 옮겼다.
其後民莫敢議令	그 후에 백성들은 아무도 감히 법령을 논하지 못하였다.
於是以鞅爲大良造[27]	이에 상앙을 대량조로 삼았다.

26 **색은** '趨'의 음은 추[七踰反]이다. 추(趨)는 향한다는 뜻이며 붙는다는 뜻이다.

27 **색은** 곧 대상조(大上造)로 진(秦)나라의 열여섯 번째 작위 이름이다. 여기서 '양조'라 한 것은 아마 나중에 그 이름을 바꾼 것일 따름이다.

將兵圍魏安邑	군사를 거느리고 위나라의 안읍을 에워싸서
降之	항복시켰다.
居三年	3년 만에
作爲築冀闕[28]宮庭於咸陽	함양에 높고 큰 성궐과 궁전을 지어
秦自雍徙都之	진나라는 옹(雍)에서 그곳으로 천도하였다.
而令民父子兄弟同室內息者爲禁	그리고 백성들로 하여금 부자와 형제가 한 방에서 쉬는 것을 금하게 하였다.
而集小鄕邑聚爲縣	또한 작은 향과 읍, 취를 모아 현을 만들고
置令丞	현령과 현승을 두었는데
凡三十一縣	모두 31개 현이었다.
爲田開阡陌封疆[29]	전지를 만들어 두렁길과 경계를 개척하니
而賦稅平	부세가 고르게 되었다.
平斗桶[30]權衡丈尺	말과 되, 저울과 자를 통일시켰다.
行之四年	실행한 지 4년 만에
公子虔復犯約	공자 건이 다시 법을 어겼는데
劓之	코를 베는 형벌에 처하였다.
居五年	5년 만에
秦人富彊	진나라 사람들은 부강해졌으며

28 색은 기궐(冀闕)은 곧 위궐(魏闕)이다. 기(冀)는 기록한다는 뜻이다. 교령을 내리면 이 문궐(門闕)에다 기록하였다.

29 정의 남북으로 난 길을 천(阡)이라고 하고, 동서로 난 길을 맥(陌)이라고 한다. 밭두둑 사이의 역도(驛道)를 말한다. 봉(封)은 흙을 쌓는다는 뜻이며, 강(疆)은 경계라는 뜻으로, 경계를 표시하는 것이다.

30 집해 정현(鄭玄)은 말하였다. "음은 용(勇)이며, 지금의 휘[斛]이다." 색은 음은 통(統)이며, (양곡을) 되는 기물 이름이다.

天子致胙[31]於孝公	천자가 효공에게 제사 지낸 고기를 내려 주니
諸侯畢賀	제후들이 모두 축하하였다.
其明年	그 이듬해에
齊敗魏兵於馬陵	제나라가 마릉에서 위나라 군사를 무찌르고
虜其太子申	그 태자 신(申)을 사로잡았으며
殺將軍龐涓	장군인 방연을 죽였다.
其明年	그 이듬해에
衛鞅說孝公曰	위앙이 효공에게 말하였다.
秦之與魏	"진나라가 위나라와 함께하는 것은
譬若人之有腹心疾	비유하자면 사람에게 속병이 있는 것과 같으니
非魏幷秦	위나라가 진나라를 병탄하지 않는다면
秦即幷魏	진나라가 위나라를 병탄해야 합니다.
何者	어째서이겠습니까?
魏居領阨之西[32]	위나라는 험준한 고개의 서쪽에 있으면서
都安邑	안읍에 도읍을 두고
與秦界河而獨擅山東之利	진나라와는 황하를 경계로 하고 산동의 이익을 독차지하고 있습니다.
利則西侵秦	유리하면 서쪽으로 진나라를 침공할 것이며,
病則東收地	불리하면 동쪽으로 땅을 거두어들입니다.
今以君之賢聖	지금은 임금님의 현명하고 성스러움으로
國賴以盛	나라가 이에 힘입어 번성하고 있습니다.

31 정의 (胙의) 음은 조[左故反]이다.

32 색은 아마 곧 안읍(安邑)의 동쪽일 것이며, 험준한 고개가 있는 땅은 곧 지금의 포주(蒲州) 중조(中條)의 동쪽, 분(汾)과 진(晉)을 잇는 험한 고개이다.

而魏往年大破於齊	반면에 위나라는 지난날 제나라에게 크게 격파당하고
諸侯畔之	제후들도 등을 돌렸으니
可因此時伐魏	이때를 틈타 위나라를 칠 만합니다.
魏不支秦	위나라는 진나라에 버티지 못하고
必東徙	반드시 동쪽으로 옮겨갈 것입니다.
東徙	동쪽으로 옮겨가면
秦據河山之固	진나라는 황하와 효산의 견고함에 의거하여
東鄉以制諸侯	동쪽을 향하여 제후들을 제압할 것이니
此帝王之業也	이는 제왕의 패업입니다."
孝公以爲然	효공은 그럴듯하다고 여겨
使衛鞅將而伐魏	위앙을 장수로 삼아 위나라를 쳤다.
魏使公子卬將而擊之	위나라는 공자 앙(卬)을 장수로 삼아 그들을 치게 하였다.
軍既相距	양군이 대치하자
衛鞅遺魏將公子卬書曰	위앙은 위나라 장수 공자 앙에게 편지를 보내어 말하였다.
吾始與公子驩	"내 처음에 공자와 친하였는데
今俱爲兩國將	지금은 모두 두 나라의 장수가 되어
不忍相攻	차마 공격을 못하겠으니
可與公子面相見	공자와 만나서
盟	맹약을 하고
樂飮而罷兵	술을 즐기고 군사를 물리어
以安秦魏	진나라와 위나라를 편안하게 했으면 하오."
魏公子卬以爲然	위나라의 공자 앙은 그럴듯하게 여겼다.

會盟已	회맹이 끝나고
飮	술을 마실 때
而衛鞅伏甲士而襲虜魏公子卬	위앙이 갑사를 매복시켰다가 기습하여 위나라 공자 앙을 사로잡고
因攻其軍	이어서 그 군사를 공격하여
盡破之以歸秦	그들을 모조리 격파하고 진나라로 돌아갔다.
魏惠王兵數破於齊秦	위혜왕의 군사는 자주 제나라와 진나라에 격파되어
國內空	나라 안이 비고
日以削	날로 깎여 나가자
恐	두려워하여
乃使使割河西之地獻於秦以和	이에 사신을 보내어 진나라에 하서의 땅을 떼어주고 화친하였다.
而魏遂去安邑	그러자 위나라는 마침내 안읍을 버리고
徙都大梁[33]	대량으로 도읍을 옮겼다.
梁惠王曰	양혜왕이 말하였다.
寡人恨不用公叔座之言也	"과인은 공숙좌의 말을 쓰지 않은 것을 원통하게 여긴다."
衛鞅旣破魏還	위앙이 위나라를 깨뜨리고 돌아오자
秦封之於商[34]十五邑	진나라에서는 그를 어와 상의 열다섯 읍에다 봉하고

33 색은 『기년(紀年)』에서는 "양혜왕 29년에 진나라 위앙이 양나라 서쪽 변경을 쳤다."라 하였으니 대량으로 천도를 한 것은 혜왕 29년에 있었다. 정의 포주(蒲州)의 안읍(安邑)에서 변주(汴州)의 준의(浚儀)로 옮긴 것이다.

號爲商君	상군이라 하였다.
商君相秦十年[35]	상군이 진나라의 재상이 된 10년 동안
宗室貴戚多怨望者	종실의 귀척 중에 원망하는 자가 많았다.
趙良見商君	조량이 상군을 찾아보았다.
商君曰	상군이 말하였다.
鞅之得見也	"내가 (전에) 뵙게 된 것은
從孟蘭皋[36]	맹난고를 통해서였는데
今鞅請得交	지금은 내가 사귀었으면 하니
可乎	되겠소?"
趙良曰	조량이 말하였다.
僕弗敢願也	"저는 감히 그것을 원하지 않습니다.
孔丘有言曰	공자는 다음과 같이 말하였습니다.
推賢而戴者進	'현명한 자를 추대하는 자는 나아가고
聚不肖而王者退	불초한 자를 모아 왕이 되는 자는 물러나게 된다.'
僕不肖	저는 불초하므로
故不敢受命	감히 명을 받지 못합니다.

34 집해 서광(徐廣)은 "홍농(弘農)의 상현(商縣)이다."라 하였다. 색은 어(於)와 상(商)은 두 현의 이름으로 홍농에 있다. 『기년』에서는 진나라에서 위앙을 봉한 일은 30년에 있었다고 하여 이 글과 부합한다. 정의 어(於)와 상(商)은 등주(鄧州) 내향현(內鄕縣) 동쪽 70리 지점에 있으며 옛 어읍(於邑)이다. 상락현(商洛縣)은 상주(商州) 동쪽 89리 지점에 있으며 본래 상읍(商邑)으로 주(周)나라의 상국(商國)이다. 생각건대 열다섯 읍(邑)은 이 두 읍(邑)에 가깝다.

35 색은 『전국책』에서는 효공(孝公)이 상군의 법을 행한 지 18년 만에 죽었다 하여 이곳과 다른데 생각건대 여기서는 다만 진나라의 재상이 된 지가 10년이라고 말한 것일 따름이며, 『전국책』에서 상군의 법을 행한 지가 18년이라 한 것은 아마 말년에 재상이 된 해를 이어서 말한 것일 따름일 것이다.

36 색은 맹난고(孟蘭皋)는 사람의 성명이다. 상앙이 전에 맹난고를 통하여 조량과 만날 수 있었다는 말이다.

僕聞之曰	제가 듣건대
非其位而居之曰貪位	'그 있을 자리가 아닌데 차지하는 것을 자리를 탐한다 하고
非其名而有之曰貪名	누릴 명예가 아닌데 가지는 것을 명예를 탐한다 한다.'라 하였습니다.
僕聽君之義	제가 그대의 뜻을 듣는다면
則恐僕貪位貪名也	아마 제가 자리를 탐내고 명예를 탐내는 것일 것입니다.
故不敢聞命	그러므로 감히 명을 듣지 않겠습니다."
商君曰	상군이 말하였다.
子不說吾治秦與[37]	"그대는 내가 진나라를 다스리는 것이 기쁘지 않은가?"
趙良曰	조량이 말하였다.
反聽之謂聰	"돌이켜 듣는 것을 일러 귀가 밝다고 하고,
內視之謂明	안을 살펴보는 것을 일러 눈이 밝다고 하며,
自勝之謂彊[38]	자신을 이기는 것을 일러 강하다고 합니다.
虞舜有言曰	우순이 한 말에
自卑也尙矣	'스스로 낮추어야 숭상받게 된다.'라는 말이 있습니다.
君不若道虞舜之道	그대는 우순의 도로 이끎만 한 것이 없으니
無爲問僕矣	저에게 물으실 것이 없습니다."
商君曰	상군이 말하였다.
始秦戎翟之教[39]	"처음에 진나라는 오랑캐의 풍속을 가져

37 색은 '說'의 음은 열(悅)이다. '與'의 음은 여(予)이다.

38 색은 겸손하고 공경함을 지키는 사람을 일러 스스로를 이긴다고 하는데, 이와 같은 자가 곧 강하다는 말이다. 만약 명예를 다투어 이긴다면 이는 강하게 되는 도가 아니다.

父子無別	부자간에 구별이 없었고
同室而居	같은 방에서 살았습니다.
今我更制其教	지금 내가 그 풍속을 바꾸어
而爲其男女之別	남녀 사이에 구별이 있게 하였고,
大築冀闕	높은 궁궐을 크게 지었으며
營如魯衛矣	다스림을 노나라와 위나라와 같게 하였소.
子觀我治秦也	그대가 보기에 내가 진나라를 다스리는 것을
孰與五羖大夫賢	오고대부에 비한다면 누가 더 낫겠소?"
趙良曰	조량이 말하였다.
千羊之皮	"천 장의 양가죽이
不如一狐之掖	한 마리 여우 겨드랑이 털가죽만 못하며,
千人之諾諾	천 사람이 연이어 응낙하는 것이
不如一士之諤諤	한 선비가 대놓고 말함만 못합니다.
武王諤諤以昌	무왕은 (선비들이) 대놓고 말함으로써 창성하게 되었고,
殷紂墨墨以亡[40]	은나라의 주왕은 잠자코 있는 바람에 망하였습니다.
君若不非武王乎	그대가 무왕(의 방법을 쓰는 것)이 아님이 아니라면
則僕請終日正言而無誅	저는 종일토록 바른 말을 하여도 죽지 않음을 청하고자 하니
可乎	되겠습니까?"
商君曰	상군이 말하였다.
語有之矣	"말하기를

39 여기서 적(翟)은 적(狄)과 같다. 오랑캐를 통칭하는 말이다.

40 **정의** 은나라 주왕(紂王)을 상군(商君)에 비긴 것이다.

貌言華也	거짓된 말은 꽃이며
至言實也	직언은 열매이고
苦言藥也	쓴 말은 약이며
甘言疾也	달콤한 말은 병이라 하였소.
夫子果肯終日正言	그대가 과연 기꺼이 종일 바른 말을 한다면
鞅之藥也	나의 약이 될 것이오.
鞅將事子	내 그대를 섬길 것이니
子又何辭焉	그대가 또한 어찌 거절하겠소!”
趙良曰	조량이 말하였다.
夫五羖大夫	“저 오고대부는
荊之鄙人也[41]	형(荊) 땅의 변두리 사람이었습니다.
聞秦繆公之賢而願望見	진목공이 현명하다는 말을 듣고 만나 뵙기를 바라
行而無資	길을 떠났는데 노자가 없어
自粥於秦客	진나라 나그네 집에서 직접 죽을 끓여먹고
被褐食牛	거친 옷을 입고 소를 먹였습니다.
期年	1년 만에
繆公知之	목공이 알아보고
擧之牛口之下	그를 소의 입 아래에서 천거하여
而加之百姓之上	백성의 위에다 놓으니
秦國莫敢望焉	진나라에서는 아무도 감히 그를 바라지 못하였습니다.
相秦六七年	진나라의 재상으로 있은 지 6, 7년 만에

41 정의 백리해(百里奚)는 남양(南陽)의 완(宛) 사람이다. 초(楚)나라에 속하기 때문에 형(荊)이라 한 것이다.

而東伐鄭	동으로는 정나라를 치고
三置晉國之君[42]	세 번이나 진나라의 임금을 세웠으며,
一救荊國之禍[43]	한 차례 초나라의 화를 구원하였습니다.
發教封內	나라 안에서 교화를 펴니
而巴人致貢	파국 사람들이 공물을 바쳤고,
施德諸侯	제후들에게 덕을 베푸니
而八戎來服	여덟 융족(戎族)이 와서 복속하였습니다.
由余聞之	유여가 듣고서
款關請見[44]	관문을 두드리고 뵙기를 청했다 합니다.
五羖大夫之相秦也	오고대부가 진나라의 재상으로 있을 때는
勞不坐乘	일을 할 때 수레를 타지 않았고
暑不張蓋	더울 때도 일산(日傘)을 펴지 않았으며,
行於國中	도성에 행차할 때도
不從車乘	(수행하는) 수레가 따르게 하지 않았고
不操干戈	갑사(甲士)를 따르게 하지 않았으며,
功名藏於府庫	공명(의 기록)은 창고에 보관하여 두었는데도
德行施於後世	덕행이 후세에 베풀어졌습니다.
五羖大夫死	오고대부가 죽자
秦國男女流涕[45]	진나라에서는 남자 여자 할 것 없이 눈물을 흘렸고
童子不歌謠	아이들은 노래를 부르지 않았으며

42 색은 진나라 혜공(惠公)과 회공(懷公), 문공(文公)을 세운 것을 이른다.

43 색은 「12제후 연표(十二諸侯年表)」에 따르면 목공 28년(B.C. 632)에 진나라와 회합하고 초나라를 구원하였으며 주나라에 조회한 것을 말한다.

44 집해 위소(韋昭)는 말하였다. "관(款)은 두드린다[叩]는 뜻이다."

45 정의 음은 체(體)이다.

舂者不相杵[46]	곡식을 찧는 사람은 절구 찧는 소리를 내지 않았습니다.
此五羖大夫之德也	이것이 오고대부의 덕입니다.
今君之見秦王也	지금 그대가 진왕을 뵐 때
因嬖人景監以爲主	총애를 받는 경감을 통하여 임금으로 삼았으니
非所以爲名也	명예를 이룬 것이 아닙니다.
相秦不以百姓爲事	진나라의 재상으로 백성을 위하여 일하지 않고
而大築冀闕	대대적으로 높은 궁궐을 지었는데
非所以爲功也	공을 세운 것이 아닙니다.
刑黥太子之師傅	태자의 사부를 경형에 처하고
殘傷民以駿刑	엄벌로 백성을 죽이고 다쳤으니
是積怨畜禍也	이는 원망을 쌓고 화를 모으는 것입니다.
教之化民也深於命[47]	교령이 백성을 변화시킴이 명령보다 깊고
民之效上也捷於令[48]	백성들이 윗사람을 따라함이 명령보다 빠릅니다.
今君又左建外易	지금 그대는 또한 (권위를) 잘못 세우고 (법도를) 그릇되이 바꾸는데
非所以爲教也[49]	이는 교화를 행하는 것이 아닙니다.
君又南面而稱寡人	그대는 또한 남면(南面)하고 과인이라 칭하며

46 집해 정현이 말하였다. "상(相)은 절구질할 때 내는 소리이다. 소리를 내어 스스로 면려하는 것이다."

47 색은 유씨는 말하였다. "교(教)는 상앙의 영(令)을 말하며, 명(命)은 진나라 임금의 명을 말한다. 사람들이 상앙을 두려워함이 진나라 임금보다 심하다는 말이다."

48 색은 상(上)은 상앙의 처분을 이른다. 영(令)은 진나라 임금의 영이다.

49 색은 좌건(左建)은 좌도(左道)로 위엄과 권세를 세우는 것을 이른다. 외역(外易)은 바깥에서 임금의 명을 바꾸는 것을 이른다.

日繩秦之貴公子	날로 진나라의 귀공자들을 속박하였습니다.
詩曰	『시경』에서는 말하기를
相鼠有體	'쥐를 보아도 몸집이 있는데,
人而無禮	사람이면서 예가 없다네.
人而無禮	사람이면서 예가 없다면,
何不遄死[50]	어찌 빨리 죽지 않겠는가!'라 하였습니다.
以詩觀之	『시경』의 뜻으로 살펴보건대
非所以爲壽也	천수를 누리지 못할 것입니다.
公子虔杜門不出已八年矣	공자 건이 두문불출한 지가 이미 8년이 되었으며,
君又殺祝懽而黥公孫賈	그대는 또한 축환을 죽이고 공손가를 경형에 처하였습니다.
詩曰	『시경』에서 말하기를
得人者興	'사람(의 마음)을 얻은 자는 흥하고,
失人者崩	사람을 잃은 자는 망한다.'라 하였습니다.
此數事者	이 여러 가지 일은
非所以得人也	사람을 얻은 것이 아닙니다.
君之出也	그대가 집을 나설 때는
後車十數	뒤따르는 수레가 10여 대나 되며
從車載甲	수레에 갑사를 태워 딸리고
多力而駢脅者爲驂乘	힘이 세고 건장한 자를 수레의 곁말로 삼으며
持矛而操闟[51]戟者[52]旁車而趨	긴 창을 지니고 갈래창을 쥔 자들이 수레 곁에서 쫓아 달립니다.

50 『시경 · 용풍 · 상서(詩經 · 鄘風 · 相鼠)』에 나오는 말이다.-옮긴이.

51 **집해** 음은 삽[所及反]이다.

此一物不具	이 중 한 가지라도 갖추어지지 않으면
君固不出	그대는 실로 나가지를 않습니다.
書曰	『서경』에서는 말하기를
恃德者昌	'덕을 믿는 자는 창성하고,
恃力者亡[53]	힘을 믿는 자는 망하게 된다.'라 하였습니다.
君之危若朝露	그대는 위태롭기가 아침 이슬 같은데
尚將欲延年益壽乎	그래도 더 오래 살고자 하십니까?
則何不歸十五都[54]	곧 어찌하여 열다섯 성을 돌려주고
灌園於鄙	변두리에서 동산에 물이나 주며
勸秦王顯巖穴之士	진왕에게 암혈지사임을 드러내고
養老存孤	노인을 봉양하고 고아를 돌보지 않습니까?
敬父兄	부형을 공경하고
序有功	공이 있는 자에게 등급에 따라 관직을 내리며
尊有德	덕이 있는 자를 존경하면
可以少安	조금 편안해지게 될 것입니다.
君尚將貪商於之富	그대가 여전히 상과 어의 부유함을 탐내고

---

52 **집해** 서광은 말하였다. "'료(尞)'로 되어 있는 판본도 있다. 굴로(屈盧)의 경모(勁矛)이고, 간장(干將)의 웅극(雄戟)이다." **색은** 흡(闟)은 또한 '삽(鈒)'이라고도 한다. 추탄(鄒誕)은 음이 탑[吐臘反]이라 하였다. '尞'의 음은 료(遼)이다. '屈'은 음이 굴[九勿反]이다. 굴로과 간장은 모두 옛날의 창을 잘 만드는 장인의 이름이다. **정의** 고야왕(顧野王)은 "연(鋋)이다."라 하였다. (前漢 揚雄의) 『방언(方言)』에서는 말하기를 "모(矛)는 오(吳)와 양(揚), 강(江), 회(淮), 남초(南楚), 오호(五湖) 일대에서는 연(鋋)이라 한다. 그 자루를 긍(矜)이라 한다."라 하였다. (後漢 劉熙의) 『석명(釋名)』에서는 "극(戟)은 격(格)이다. 방(旁)에 격(格)이 있다."라 하였다.

53 **색은** 이는 (『서경』) 「주서(周書)」의 말로, 공자가 산거하고 남은 부분이다.

54 **색은** 위앙(衛鞅)이 봉하여진 상(商)과 어(於) 두 현을 나라로 삼았는데 그 가운데에는 모두 열다섯 성이 있었으므로 조량(趙良)이 돌려주도록 권한 것이다. **정의** 공손앙(公孫鞅)은 상과 어의 열다섯 읍에 봉하여졌으므로 '십오도(十五都)'라고 하였다.

寵秦國之教	진나라의 교령을 멋대로 하여
畜百姓之怨	백성들의 원망을 쌓아
秦王一旦捐賓客而不立朝	진왕이 하루아침에 죽어 조정에 서지 못한다면
秦國之所以收君者	진나라에서 그대를 붙잡으려는 자가
豈其微哉[55]	어찌 적겠습니까?
亡可翹足而待	망하는 것은 발돋움하여 기다릴 수 있을 것입니다."
商君弗從	상군은 그 말을 따르지 않았다.

後五月而秦孝公卒	다섯 달 뒤에 진나라 효공이 죽고
太子立	태자가 즉위하였다.
公子虔之徒告商君欲反	공자 건의 무리가 상군이 모반하려 한다고 무고하여
發吏捕商君	관리를 풀어 상군을 잡으려 했다.
商君亡至關下	상군은 도망쳐서 관문 아래에 이르러
欲舍客舍	객사에 묵으려 하였다.
客人不知其是商君也	객사의 주인은 그가 상군인 줄 모르고
曰	말하였다.
商君之法	"상군의 법에
舍人無驗者坐之	증빙서류가 없는 자를 재워 주면 연좌됩니다."
商君喟然歎曰	상군은 아아 하면서 탄식하여 말하였다.
嗟乎	"아뿔싸!
爲法之敝一至此哉	법을 만든 폐단이 이 지경에까지 이르렀구나!"

55 색은 위앙은 진나라에서 인은(仁恩)을 베풀지 않았으므로 진나라에서 상앙을 붙잡으려는 자가 있으리라는 것이 분명함을 이르며, 그러므로 "어찌 적겠습니까?"라 하였다.

去之魏	떠나서 위나라로 갔다.
魏人怨其欺公子卬而破魏師	위나라 사람들은 그가 공자 앙을 속이고 위나라 군사를 깨뜨린 것을 미워하여
弗受	그를 받아들이지 않았다.
商君欲之他國	상군은 다른 나라로 가려고 하였다.
魏人曰	위나라 사람이 말하였다.
商君	"상군은
秦之賊	진나라의 죄인이다.
秦彊而賊入魏	진나라는 강한데 죄인이 위나라로 들어왔으니
弗歸	그를 돌려보내지 않으면
不可	안 된다."
遂內秦	마침내 진나라로 들여보냈다.
商君既復入秦	상군은 다시 진나라로 들어간 후
走商邑[56]	상읍으로 달아나
與其徒屬發邑兵北出擊鄭[57]	그의 무리들과 함께 읍의 군사를 내어 북으로 나가 정현을 쳤다.
秦發兵攻商君	진나라는 군사를 내어 상군을 공격하여
殺之於鄭黽池[58]	정현의 면지에서 그를 죽였다.
秦惠王車裂商君以徇	진혜왕은 상군을 거열형에 처하여 조리돌리고는
曰	말하기를
莫如商鞅反者	"상앙처럼 모반을 일으켜서는 안 된다!"라 하고는

56 색은 '走'의 음은 주(奏)이다. 주(走)는 향한다는 뜻이다.

57 집해 서광은 말하였다. "경조(京兆)는 정(鄭)나라의 현이다." 색은 「지리지(地理志)」에 의하면 경조(京兆)에 정현(鄭縣)이 있다. 「진본기(秦本紀)」에서는 "처음으로 두(杜)와 정(鄭)을 현으로 삼았다."라 하였는데, 그곳은 정환공(鄭桓公) 우(友)가 봉한 곳이었다.

遂滅商君之家	마침내 상군의 일가를 멸족시켰다.

太史公曰	태사공은 말한다.
商君	상군은
其天資刻薄人也[59]	그 타고난 바탕이 각박한 사람이다.
跡其欲干孝公以帝王術	그가 제왕의 술책을 가지고 효공에게 (써줄 것을) 구한 것을 캐보면
挾持浮說	뜬소리만 가졌을 뿐
非其質矣[60]	그의 본바탕이 아니었다.
且所因由嬖臣	또한 총신을 통하여
及得用	기용되었을 때
刑公子虔	공자 건을 처벌하고
欺魏將卬	위나라 장수 앙을 속였으며
不師趙良之言	조량의 말을 따르지 않았으니
亦足發明商君之少恩矣	또한 상군이 은혜가 적었다는 것을 밝힐 만하다.

---

58 **집해** 서광은 말하였다. "면(黽)은 '팽(彭)'으로 된 판본도 있다." **색은** 정(鄭)의 면지(黽池)라는 것은 당시에는 면지가 정(鄭)에 속하였기 때문이다. 그리고 서광이 "면(黽)은 '팽(彭)'으로 된 판본도 있다."라고 한 것은 (前漢 桓寬의) 『염철론(鹽鐵論)』에서 "상군이 팽지에서 곤경에 처하였다(商君困於彭池)."라 하였기 때문이다. **정의** 면지는 정(鄭)과 3백 리 떨어져 있는데, 아마 진나라 군사가 정에 이르러 상읍(商邑)의 군사를 격파하자 상군(商君)이 동쪽으로 달아났으며 면(黽)에 이르러 그를 사로잡아 죽였을 것이다.

59 **색은** 그 사람의 타고난 바탕이 행실이 각박하다는 것을 말한다. 각(刻)은 형벌을 씀이 심각하다는 것을 이르고, 박(薄)은 인의를 버리고 정성스럽지 않음을 이른다.

60 **색은** 설(說)의 음은 본자(本字)와 같다. 부설(浮說)은 곧 허황된 말이다. 상앙은 기용이 되자 형벌과 정치가 심각하였으며, 또한 위나라 장수를 속이기도 하였는데 이는 천성이 절로 교활하고 속임이 있다는 것이니 처음에 효공(孝公)을 위하여 제왕의 술책을 논한 것은 부화한 설일 뿐 본성이 아니라는 것을 말한다.

余嘗讀商君開塞耕戰書	내가 일찍이 상군의 「개색」과 「경전」 등의 글을 읽어 보았더니
與其人行事相類[61]	그 사람이 행한 일과 비슷하였다.
卒受惡名於秦	끝내 진나라에서 악명을 얻었으니
有以也夫[62]	이유가 있는 것이다!

---

61 **색은** 『상군서(商君書)』에 의하면 개(開)는 형벌이 엄준하니 정치 교화가 열린다는 것을 말하며 색(塞)은 은상(恩賞)을 베풀면 정치 교화가 막힌다는 것을 이르는데, 그 뜻은 형벌을 엄하게 하고 은혜를 적게 베푸는데 근본하고 있다. 또한 밭을 개간하여 천맥(阡陌)을 펼쳐 놓고 적의 수급을 베면 관작을 내리는 것을 언급한 것이 「경전(耕戰)」의 글이다.

62 **집해** 『신서(新序)』에서는 논하여 말하였다. "진나라 효공(孝公)은 효산과 함곡관[崤函]의 견고함을 지켜서 옹주(雍州)의 땅을 넓혔으며, 동으로는 서하(西河)를 병합하고 북으로는 상군(上郡)을 거두어들여, 나라가 부유해지고 군사력이 강하여져서 제후의 우두머리가 되었으며 주나라 왕실이 법령을 돌리니 사방에서 와서 축하하였으며 전국(戰國)의 패군이 되었다. 진나라가 마침내 강하여져서 6세 만에 제후들을 병합하였으니 또한 모두 상군의 책모였다. 저 상군은 몸을 다하여 두 가지를 생각하지 않고 공사에 매진하여 사사로운 일을 돌보지 않았으며, 백성들로 하여금 안으로는 농사와 베 짜는 일을 재촉하여 나라를 부유하게 하였고 밖으로는 전쟁에서 정벌한 상을 중히 하여 군사들을 권계하였고, 법령은 반드시 행하여져서 안으로는 귀총들에게 아부하지 않았고, 밖으로는 소원한 사람들에게 치우치지 않았으니 이로 인하여 영이 행하여지면 금하여 그만두었고 법이 나오면 간사한 일이 없어졌다. 비록 『서경』에서 '치우치지 않고 편당을 이루지도 않는다(無偏無黨).'라 하였고, 『시경』에서는 '넓은 길 숫돌같(이 평평하)고, 곧기는 화살 같네(周道如砥, 其直如矢).'라 하고, 『사마법(司馬法)』이 융사(戎士)를 면려하고 주(周)나라 후직(后稷)이 농업을 권하여도 이를 바꾸지 못하였다. 이것이 제후들을 병탄한 까닭이다. 그러므로 손경(孫卿)이 '4세에 걸쳐 승리하였으니 요행이 아니라 운명이었다.'라 하였지만 믿지 못하였고 제후들은 두려워하여 친해지지 않았다. 저 패군(霸君)이라면 제환공과 진문공 같은 사람이 있는데 환공은 가(柯)의 맹약을 배반하지 않았고 문공은 원(原)의 약속을 저버리지 않았으니, 제후들이 그 강함을 두려워하여 가까이하여 믿었으며, 망한 나라를 존속시키고 끊어진 대를 이어주어 사방에서 귀부하였으니 이는 관중(管仲)과 구범(舅犯)의 책모이다. 지금 상군은 공자 앙(公子卬)의 옛 은혜를 저버리고 위나라와 교유하는 밝은 믿음을 버리고 삼군의 무리를 속여서 취하였으므로 제후들이 그 강함을 두려워하여 가까이하고 믿지 않았다. 효공이 제환공과 진문공을 만났다 하더라도 제후의 통솔하는 장수를 얻고 제후의 임금을 모아 천하의 군사

를 몰아 진나라를 쳤더라면 진나라는 망하였을 것이다. 천하에 환공과 문공 같은 임금이 없었으므로 진나라가 제후국을 겸병할 수 있었다. 위앙은 처음에는 스스로 패왕의 덕을 안다고 생각하였는데 그 일을 파헤치면 깨닫지 못한 것이다. 옛날에 주나라 소공(召公)은 선정을 베풀어 그가 죽었는데도 후세의 사람들이 그를 그리워하였으니 '싱싱한 팥배나무(蔽芾甘棠)'를 읊은 시가 바로 이것이다. 일찍이 나무 아래서 쉰 적이 있는데 후세에서 그 덕을 생각하여 차마 그 나무를 베지 못하였으니 하물며 그 몸이겠는가! 관중(管仲)은 백씨(伯氏)의 읍(邑) 3백 호를 빼앗았는데도 원망하는 말이 없었다. 지금 위앙이 안으로는 칼과 톱 같은 형구를 각박하게 쓰고 밖으로는 부월로 죽이는 일을 깊이 하였으며 걸음이 여섯 자를 넘는 자에게 벌을 내리고 길에다 재를 버리는 자가 형벌을 당하며, 하루에 위수(渭水)에 임하여 7백여 명의 죄수를 처형하니 위수가 모두 붉게 변하였으며 울부짖는 소리가 천지를 진동시키고 쌓인 원한이 언덕과 산에 비견될 정도였고, 도망을 쳐도 숨을 곳이 없고 귀의하여도 받아들여지지 않아 몸이 죽어 거열형을 당하였으며 멸족되어 남은 성이 없었으니 그 패왕의 보좌와는 또한 거리가 멀다. 그러나 혜왕이 그를 죽인 것 또한 옳지 않은 것이니 보좌하여 쓸 수 있었기 때문이다. 위앙으로 하여금 너그럽고 공평한 법을 베풀고 은혜를 더하고 믿음으로 펴게 하였다면 거의 패자의 보좌가 되었을 것이다!" **색은** 『신서(新序)』는 유흠(劉歆)이 지었는데[실제로는 유향(劉向)이 지었는데 『색은』의 저자가 잘못 알고 있는 것 같다.-옮긴이] 그 가운데서 상군(商君)을 논하였으므로 배씨[裴駰]가 인용한 것이다. '藉'의 음은 조(胙)로 '조(胙)'로 합쳐졌는데 잘못하여 '藉'가 되었을 따름이다. 「본기(本紀)」에서 "주나라에서는 문왕과 무왕을 제사 지낸 고기를 효공에게 주었다(周歸文武胙於孝公者)."라 한 것이 이것이다. 『설원(說苑)』에서 "진나라의 법에 길에 재를 버리는 자는 처벌하였다." 한 것이 이 일이다.

9 소진 열전 蘇秦列傳

蘇秦者	소진은
東周雒陽人也[1]	동주 낙양 사람이다.
東事師於齊	동으로 가서 제나라에서 사사하였는데
而習之於鬼谷先生[2]	귀곡 선생[귀곡자(鬼谷子)]에게서 배웠다.

出游數歲	외유를 한 지 여러 해 만에
大困而歸[3]	아주 곤궁해져서 돌아왔다.

---

1 **색은** 소진은 자가 계자(季子)이며, 소분생(蘇忿生)의 후손으로 기(己) 성일 것이다. 초주(譙周)는 말하였다. "소진의 형제는 다섯 명으로 소진이 가장 어렸다. 소대(蘇代)의 형이며, 소대의 아우 소려(蘇厲) 및 소벽(蘇辟) · 소곡(蘇鵠)이 모두 유세지사였다." 아래에서 "소진의 아우는 소대이고 소대의 아우는 소려이다."라 한 것이 바로 이를 말한다. **정의** 『전국책(戰國策)』에서는 "소진은 낙양(雒陽) 승헌리(乘軒里) 사람이다."라 하였다. 『한서(漢書)』「예문지(藝文志)」에서는 『소자(蘇子)』는 31편으로 종횡가류(縱橫家流)에 속한다고 하였다. 경왕(敬王)은 자조(子朝)의 난 때문에 왕성(王城)에서 동쪽인 낙양(雒陽)의 옛 성으로 천도하였으므로 이에 동주(東周)라 불렀으며 왕성(王城)을 서주(西周)라 하였다.

2 **집해** 서광(徐廣)은 말하였다. "영천(潁川) 양성(陽城)에 귀곡(鬼谷)이 있는데, 아마 그 사람이 사는 거처이므로 이름으로 삼았을 것이다." 내[駰]가 생각건대 『풍속통의(風俗通義)』에서는 "귀곡 선생은 육국(六國) 때의 종횡가(從橫家)이다."라 하였다. **색은** 귀곡(鬼谷)은 지명이다. 부풍(扶風)의 지양(池陽)과 영천(潁川)의 양성(陽城)에 모두 귀곡허(鬼谷墟)가 있는데, 아마 그 사람이 살았으므로 그렇게 불렀을 것이다. 또한 악일(樂壹)은 『귀곡자(鬼谷子)』의 글에 주석을 달고서 "소진은 그 도를 신비하게 하고자 하였으므로 귀곡이라고 가탁하였다."라 하였다.

兄弟嫂妹妻妾竊皆笑之	형제와 형수 · 제수, 누이와 처첩들이 가만히 모두 웃으며
曰	말하였다.
周人之俗	"주나라 사람들의 풍속은
治產業	생산을 하는 일을 하고
力工商	공상에 힘쓰며
逐什二以爲務	10분의 2의 이윤 추구를 본업으로 한다.
今子釋本而事口舌	지금 그대는 본분은 놓아두고서 입과 혀를 놀리는 것만 일삼으니
困	곤궁해지는 것도
不亦宜乎	또한 마땅하지 않겠는가!"
蘇秦聞之而慚	소진은 그 말을 듣고 부끄러워서
自傷	제풀에 상심하여
乃閉室不出	이에 문을 닫고 방에서 나오지 않고
出其書遍觀之[4]	읽었던 책을 꺼내어 두루 살펴보고는
曰	말하였다.
夫士業已屈首受書[5]	"선비가 학업을 하여 머리를 파묻고 책을 읽어도
而不能以取尊榮	존귀함과 영예로움을 취할 수 없다면
雖多亦奚以爲	비록 많다 하여도 또한 무엇 하겠는가!"
於是得周書陰符	이에 주나라의 책 『음부(陰符)』를 얻어
伏而讀之	엎드려 읽었다.

3 색은 『전국책』에는 이 말이 진왕을 유세한 뒤에 있다.

4 색은 두 글자의 음은 편관(遍官)이다. 그가 가진 책을 모조리 다 본 것이다.

5 색은 선비의 지조를 세우는 것을 이른다. 업(業)은 바탕, 근본이다. 본래 이미 고개를 숙이고 머리를 파묻어서 스승에게서 글을 배운다는 것을 말한다.

期年	1년 만에
以出揣摩[6]	상대의 의중을 헤아리는 법을 터득하여
曰	말하기를
此可以說當世之君矣	"이제 당세의 임금을 유세할 수 있겠다."라 하고는
求說周顯王	주현왕을 유세하고자 하였다.
顯王左右素習知蘇秦	현왕의 좌우 측근들이 평소에 소진을 익히 알고 있어
皆少之[7]	모두 하찮게 여겼다.
弗信	그 말을 믿지 않았다.

乃西至秦	이에 서쪽으로 향하여 진나라에 이르렀다.
秦孝公卒	진나라 효공은 죽었다.
說惠王曰	혜왕을 유세하여 말하였다.

6 **집해** 『전국책』에서는 "이에 책을 꺼내어 상자 수십 개를 펼쳐놓고 『음부(陰符)』의 계책을 얻어 엎드려 외고 탁마하여 연구하였다. 책을 읽다가 잠이 오려 하면 송곳을 가지고 넓적다리를 찔러 피가 발꿈치까지 흘렀다. 말하기를 '어찌 임금을 유세하여 금옥(金玉)과 비단을 내게 하고 경상의 높은 지위를 취하지 않을 수 있겠는가?'라 하였다. 1년 만에 췌마(揣摩)가 완성되었다."라 하였다. 귀곡자에게 『췌마편(揣摩篇)』이 있다. **색은** 『전국책』에서는 "태공의 『음부』의 계책을 얻었다." 하였는데 『음부』는 태공의 병부(兵符)이다. '揣'의 음은 췌[初委反]이고, '摩'의 음은 마[娏何反]이다. 추탄(鄒誕)본에는 '揣靡'로 되어 있는데 '靡' 또한 마(摩)로 읽는다. 왕소(王劭)는 말하였다. "「췌정(揣情)」과 「마의(摩意)」는 『귀곡(鬼谷)』의 두 장(章) 이름이지 한 편(篇)이 아니다." 고유(高誘)는 말하였다. "췌(揣)는 정한다는 뜻이다. 마(摩)는 합친다는 뜻이다. 제후들을 안정시켜 그 술책에 대응하게 하여 육국이 따르는 것을 이루는 것이다." 강수(江邃)는 말하였다. "인주(人主)의 뜻을 헤아려 연마하여 가까이 가는 것이다." 그(강수의) 뜻이 타당하다.

7 **색은** 왕의 좌우에 있는 측근이 평소에 소진이 부화한 유세를 함을 익히 알고 있어서 거의 당세에는 맞지 않았으며, 소진의 지혜와 식견이 얕다고 여겼으므로 "하찮게 여겼다."라 한 것이다. 유씨(劉氏)는 말하였다. "소(少)는 깔보는 것을 말한다."

秦四塞之國	“진나라는 사방이 막힌 나라로
被山帶渭	산에 싸여 있고 위수를 두르고 있으며
東有關河[8]	동으로는 함곡관과 황하가 있고
西有漢中	서로는 한중이 있으며
南有巴蜀	남으로는 파촉이 있고
北有代馬[9]	북으로는 대마가 있으니
此天府也[10]	이는 하늘의 곳간입니다.
以秦士民之衆	진나라의 많은 군사와 백성,
兵法之教	훈련된 병법이라면
可以呑天下	천하를 집어삼켜
稱帝而治	칭제하며 다스릴 수 있습니다.”
秦王曰	진왕이 말하였다.
毛羽未成	“깃털이 채 자라지 않으면
不可以高蜚	높이 날 수 없고,

8 **정의** 동으로는 황하(黃河)가 있고, 함곡(函谷)과 포진(蒲津), 용문(龍門), 합하(合河) 등과 같은 관문이 있고, 남으로는 산 및 무관(武關)과 요관(嶢關)이 있으며, 서로는 대롱산(大隴山) 및 농산관(隴山關), 대진(大震), 오란(烏蘭) 등의 관문이 있고, 북으로는 황하 남쪽으로 막혀 있으니, 이것이 사방이 막힌 나라로 산에 둘러싸이고 위수를 두르고 있어 경계로 삼는 것이다. 땅과 산천이 둘러싼 형세이다. 강(江)은 민강(岷江)을 이르며, (서로) 위주(渭州) 농산(隴山)에서 서남쪽으로 흘러 촉(蜀)으로 흘러들고, 동으로 형양(荊陽)에 이르러 바다로 들어간다. 하(河)는 황하(黃河)를 이르는데, 동주(同州)의 소적석산(小積石山)에서 동북쪽으로 흐르며, 승주(勝州)에 이르러 남으로 흐르며, 화주(華州)에 이르러 또 동으로 흘러 위(魏)와 창(滄) 등을 경유하여 바다로 든다. 각각 만 리 이하이다.

9 **색은** 대군(代郡) 마읍(馬邑)을 이른다. 「지리지(地理志)」의 대군에 마성현(馬城縣)이 있다. 대마(代馬)라고도 하는데 대군이 호마(胡馬)의 이로움을 아울러 갖고 있음을 이른다.

10 **색은** 『주례 · 천관(周禮 · 春官)』에 천부(天府)가 있다. 정현(鄭玄)은 말하였다. “부(府)는 물건을 저장하는 곳이다. 천(天)이라고 한 것은 이 저장하는 곳을 높여 하늘의 곳간과 같다는 것을 말한다.”

文理未明	법령의 조리가 밝지 않으면
不可以并兼	겸병을 할 수 없소."
方誅商鞅	막 상앙을 죽인 터라
疾辯士	변설하는 선비를 싫어하여
弗用	그를 쓰지 않았다.

乃東之趙	이에 동쪽으로 향하여 조나라로 갔다
趙肅侯令其弟成爲相	조숙후는 그의 아우 성을 재상으로 삼았는데
號奉陽君	봉양군이라 하였다.
奉陽君弗說之	봉양군은 그를 좋아하지 않았다.

去游燕	떠나서 연나라로 갔는데
歲餘而後得見	1년여가 지나서 (연왕을) 만날 수 있었다.
說燕文侯曰[11]	연나라 문후를 유세하여 말하였다.
燕東有朝鮮[12]遼東	"연나라는 동으로는 조선과 요동이 있으며
北有林胡樓煩[13]	북으로는 임호와 누번이 있고
西有雲中九原[14]	서로는 운중과 구원이 있으며

---

11 색은 '說'은 음이 세(稅)이며, 아래도 모두 같다. 연문후(燕文侯)는 사서에서 이름이 실전되었다.

12 색은 조선은 하천 이름이다.

13 색은 「지리지(地理志)」에 의하면 누번(樓煩)은 안문군(鴈門郡)에 속한다. 정의 두 오랑캐 나라의 이름이며 삭(朔)과 남(嵐) 북쪽에 있다.

14 색은 「지리지(地理志)」에 의하면 운중(雲中)과 구원(九原)은 두 군의 이름이다. 진(秦)나라에서는 구원(九原)이라 하였는데, 한무제(漢武帝)가 오원군(五原郡)으로 고쳐 불렀다.
정의 두 군은 모두 승주(勝州)에 있다. 운중군의 성은 유림현(楡林縣) 동북쪽 40리 지점에 있다. 구원군의 성은 유림현 서쪽 경계에 있다.

南有嘑沱易水[15]	남으로는 호타와 역수가 있고
地方二千餘里	땅은 사방 2천 리에
帶甲數十萬	갑사가 수십만이고
車六百乘	병거가 6백 승,
騎六千匹	기마가 6천 필이며,
粟支數年[16]	저장해 놓은 양식이 수년 치입니다.
南有碣石[17]鴈門之饒	남으로는 갈석산과 안문산의 풍요로움이 있고,
北有棗栗之利[18]	북으로는 대추와 밤이 생산되고 있어서
民雖不佃作而足於棗栗矣	백성들이 비록 경작을 하지 않아도 대추와 밤이 풍족합니다.
此所謂天府者也	이것이 이른바 하늘의 곳간이라는 것입니다.

夫安樂無事	안락하고 아무 일이 없으며
不見覆軍殺將	군대가 엎어지고 장군이 죽지 않기로는
無過燕者	연나라보다 나은 나라가 없습니다.

---

15 **집해** 『주례』에서는 "정북쪽을 병주(并州)라 하며, 그곳을 흐르는 내는 호타(嘑沱)이다."라 하였다. 정현은 말하였다. "호타(嘑沱)는 노성(鹵城)에서 발원한다." **색은** 호타(滹沲)는 하천 이름이며 병주(并州)에 있는 하천으로 음은 호타(呼沱)이다. 또한 「지리지(地理志)」에서는 노성(鹵城)은 현의 이름으로 대군(代郡)에 속한다고 하였다. 호타하(滹沲河)는 현 동쪽에서 참합(參合)에 이르며, 또 동쪽으로 흘러 문안(文安)에 이르러 바다로 들어간다. **정의** 호타(嘑沱)는 대주(代州)의 번시현(繁時縣)에서 발원하여, 동남쪽으로 흘러 오대산(五臺山)의 북쪽을 거쳐 동남쪽으로 흘러 정주(定州)를 지나 바다로 들어간다. 역수(易水)는 역주(易州) 역현(易縣)에서 발원하여 동으로 흘러 유주(幽州) 귀의현(歸義縣)을 지나 동으로 호타하(呼沱河)와 합류한다.

16 **색은** 『전국책』에 의하면 "병거 7백 승에 비축한 양식이 10년 치가 있다."고 하였다.

17 **색은** (『전국책』에 의하면) 갈석산(碣石山)은 상산(常山)의 구문현(九門縣)에 있다. 「지리지(地理志)」에서는 대갈석산(大碣石山)은 우북평(右北平) 여성현(驪城縣)의 서남쪽에 있다고 하였다.

18 **정의** 안문산(鴈門山)은 대(代)에 있으며, 연나라의 서문이다.

大王知其所以然乎	대왕께서는 그 까닭을 아시는지요?
夫燕之所以不犯寇被甲兵者	연나라가 침범을 받지 않고 전화(戰禍)를 입지 않은 것은
以趙之爲蔽其南也	조나라가 남쪽을 막아주고 있기 때문입니다.
秦趙五戰	진나라와 조나라는 다섯 번을 싸워서
秦再勝而趙三勝	진나라가 두 번을 이기고 조나라가 세 번을 이겼습니다.
秦趙相斃	진나라와 조나라는 함께 쓰러지고
而王以全燕制其後	왕께서 온전한 연나라를 가지고 뒤에서 견제를 하니
此燕之所以不犯寇也	이것이 연나라가 침범을 받지 않은 까닭입니다.
且夫秦之攻燕也	또한 저 진나라가 연나라를 공격함에
踰雲中九原	운중과 구원을 건너고
過代上谷	대와 상곡을 지나려면
彌地數千里	수천 리에 두루 미치니
雖得燕城	비록 연나라의 성을 얻는다 하더라도
秦計固不能守也	진나라의 계책으로는 실로 지킬 수가 없습니다.
秦之不能害燕亦明矣	진나라가 연나라를 해칠 수 없음 또한 확실합니다.
今趙之攻燕也	지금 조나라가 연나라를 공격하여
發號出令	명령을 내린다면
不至十日而數十萬之軍軍於東垣矣[19]	열흘도 못 되어 수십만이나 되는 군사가 동원

19 색은 「지리지(地理志)」에서 고제(高帝)는 진정(真定)으로 고쳐서 말하였다. 정의 조나라의 동쪽 읍은 항주(恆州) 지전현(真定縣) 남쪽 8리 지점에 있는데, 옛 상산성(常山城)이 바로 이곳이다.

	에 진을 치게 될 것입니다.
渡滹沱	호타를 건너고
涉易水	역수를 건너서
不至四五日而距國都矣	너댓새도 되지 않아 국도에 이르게 될 것입니다.
故曰秦之攻燕也	그러므로 말하기를 진나라가 연나라를 공격하는 것은
戰於千里之外	천 리의 바깥에서 싸우고,
趙之攻燕也	조나라가 연나라를 공격하는 것은
戰於百里之內	백 리의 안에서 싸운다고 하는 것입니다.
夫不憂百里之患而重千里之外	백 리의 근심은 걱정하지 않고 천 리 바깥을 중시하니
計無過於此者	이보다 더한 잘못은 없을 것입니다.
是故願大王與趙從親	그런 까닭에 바라건대 대왕께서 조나라와 연합하여 친하게 되면
天下爲一	천하가 하나가 될 것이니
則燕國必無患矣	연나라는 반드시 근심이 없게 될 것입니다."

文侯曰	문후가 말하였다.
子言則可	"그대의 말이 옳소만
然吾國小	우리나라는 작고
西迫彊趙[20]	서로는 강한 조나라와 맞닥뜨리고 있고
南近齊[21]	남으로는 제나라와 가까운데

---

20 정의 패(貝)와 기(冀), 심(深), 조(趙)의 네 주는 7국(七國) 때 조나라에 속하였으며 곧 연나라의 서쪽 경계이다.

齊, 趙彊國也	제나라와 조나라는 강한 나라요.
子必欲合從以安燕	그대가 기필코 합종을 하여 연나라를 편안케 하고자 한다면
寡人請以國從	과인은 청컨대 온 나라를 가지고 따르겠소."

於是資蘇秦車馬金帛以至趙	이에 소진에게 거마며 금, 비단을 대주고 조나라에 가게 하였다.
而奉陽君已死	그런데 봉양군이 이미 죽어서
即因說趙肅侯[22]曰	곧 조숙후를 유세하여 말하였다.
天下卿相人臣及布衣之士	"천하의 경상 같은 신하와 포의지사들이
皆高賢君之行義	모두 그대가 의를 행한 것을 고상하고 어질게 여겨
皆願奉教陳忠於前之日久矣[23]	모두 앞에서 가르침을 받고 충성하기를 바란 날이 오래되었습니다.
雖然	비록 그렇지만
奉陽君妬而君不任事	봉양군이 시기하여 그대가 일을 맡지 못하여
是以賓客游士莫敢自盡於前者	이 때문에 빈객과 유사들이 앞에서 감히 말을 다하지 못합니다.
今奉陽君捐館舍	이제 봉양군이 죽었으니
君乃今復與士民相親也	그대가 이에 지금 다시 선비 백성들과 친하게 지낼 수 있으니

21 **정의** 하(河) 북쪽의 박(博)과 창(滄), 덕(德)의 세 주는 제나라 땅의 북쪽 경계로 연나라와 붙어 있으며 황하로 나누어진다.

22 **색은** 『세본(世本)』에 의하면 숙후(肅侯)의 이름은 언(言)이라고 하였다.

23 **정의** '奉'은 음이 봉[符用反]이다.

臣故敢進其愚慮	신이 그런 까닭에 감히 생각을 올리도록 하겠습니다.
竊爲君計者	가만히 그대를 위해 생각건대
莫若安民無事	백성들을 편안하게 하여 아무 일이 없게 함만 한 것이 없으며
且無庸有事於民也	또한 백성들에게 일이 생기게 하는 것은 하지 않아야 합니다.
安民之本	백성들을 편안하게 하는 근본은
在於擇交	(나라를) 선택하여 교류하는 데 있으며,
擇交而得則民安	선택하여 교류하여 (마땅함을) 얻으면 백성들이 편안해지고
擇交而不得則民終身不安	선택하여 교류하였는데 (마땅함을) 얻지 못하면 백성들이 죽을 때까지 편안하지 못하게 됩니다.
請言外患	나라 밖의 근심을 말씀드리자면,
齊秦爲兩敵而民不得安	제나라와 진나라가 모두 적이 되면 백성이 편안치 못하게 되고
倚秦攻齊而民不得安	진나라에 기대어 제나라를 공격하면 백성이 편안치 못하게 되며
倚齊攻秦而民不得安	제나라에 기대어 진나라를 공격하면 백성이 편안치 못하게 됩니다.
故夫謀人之主	그러므로 저 남을 도모하는 임금은
伐人之國	남의 나라를 치며
常苦出辭斷絕人之交也	늘 남들과의 교류를 단절하는 말을 실로 꺼내게 됩니다.
願君愼勿出於口	원컨대 그대는 부디 입에서 말을 꺼내지 말아 주십시오.

請別白黑	청컨대 흑백을 구별하는 것은
所以異陰陽而已矣[24]	음양이 다른 까닭일 따름입니다.
君誠能聽臣	그대가 실로 제 말을 들으실 수 있으면
燕必致旃裘狗馬之地	연나라는 반드시 모피와 개, 말이 나는 땅을 바칠 것이고,
齊必致魚鹽之海	제나라는 반드시 물고기와 소금이 나는 바다를 바칠 것이며,
楚必致橘柚之園	초나라는 반드시 귤과 유자가 나는 동산을 바칠 것이고,
韓魏中山皆可使致湯沐之奉	한나라와 위나라, 중산국은 모두 탕목의 읍(邑)을 바치게 할 수 있으니
而貴戚父兄皆可以受封侯	그대의 귀척과 부형이 모두 봉후를 받을 수 있습니다.
夫割地包利	대체로 땅을 떼어 받고 이익을 취하는 것은
五伯之所以覆軍禽將而求也	오패(五霸)가 군대가 엎어지고 장수가 잡혀가면서까지 추구한 것이며,
封侯貴戚	봉후와 귀척은
湯武之所以放弑而爭也	탕왕과 무왕이 추방하고 (임금을) 죽이면서까지 다툰 것입니다.
今君高拱而兩有之	지금 그대는 높이 두 손을 맞잡고 둘 다 가지는 것이니
此臣之所以爲君願也	이것이 제가 그대에게 바라는 것입니다.

24 **색은** 『전국책』에 의하면 "좌우를 물리쳐 주시면 음양이 다른 까닭을 말씀드리겠습니다."라 하여 이와 다르게 말하였다. 그렇다면 흑백을 구별해야 한다고 말한 것은 소진의 말이 자기는 지금 조나라의 이로움을 논하여 반드시 분명히 하기를 흑백은 분별이 있고 음양은 다른 것과 같이함이 있다는 것이다.

今大王與秦	지금 대왕께서 진나라와 함께하신다면
則秦必弱韓魏	진나라는 반드시 한나라와 위나라를 약하게 할 것이며,
與齊	제나라와 함께한다면
則齊必弱楚魏[25]	제나라는 반드시 초나라와 위나라를 약하게 할 것입니다.
魏弱則割河外	위나라가 약해지면 하외를 떼어줄 것이고
韓弱則效宜陽	한나라가 약해지면 의양을 바칠 것이며,
宜陽效則上郡絕[26]	의양을 바치면 상군이 끊길 것이고
河外割則道不通[27]	하외를 떼어주면 길이 통하지 않게 되며,
楚弱則無援	초나라가 약해지면 원조를 못하게 됩니다.
此三策者	이 세 가지 계책은
不可不孰計也	심사숙고하지 않을 수 없습니다.

夫秦下軹道[28]	저 진나라가 지도(軹道)를 쳐내려오면
則南陽危[29]	남양이 위태로워지고,
劫韓包周[30]	한나라를 위협하고 주나라를 에워싸면

25 정의 초나라의 동쪽 회사(淮泗)의 가에 있으며 제나라와 경계가 맞닿아 있다.

26 정의 의양(宜陽)은 곧 한나라의 성으로 낙주(洛州)의 서쪽에 있으며, 한나라의 큰 군이다. 상군(上郡)은 동주(同州)의 서북쪽에 있다. 한나라가 약하여져서 진나라에게 의양성을 주면 상군의 길이 끊기게 될 것이라는 것이다.

27 정의 하외(河外)는 동(同)과 화(華) 등지이다. 위나라가 약하여져서 진나라에게 하외를 주면 도로가 상군과 통하게 되지 않을 것이라는 말이다. "이 산은 진(秦)나라와 진(晉)나라의 경계를 나누는데, 진(晉)나라의 서쪽 경계는 음진(陰晉)이라 하고 진(秦)나라의 동쪽 읍은 영진(寧秦)이라 한다."라 하였다.

28 정의 '軹'의 음은 지(止)이다. 옛 정[故亭]이 옹주(雍州) 만년현(萬年縣) 동북쪽 16리 지점의 원중(苑中)에 있다.

則趙氏自操兵[31]	조나라는 직접 군사를 가질 것이며,
據衛取卷[32]	위나라에 의거하여 권(卷)을 취하면
則齊必入朝秦	제나라는 반드시 진나라에 조회하러 들어갈 것입니다.
秦欲已得乎山東	진나라가 이미 산동을 얻었다면
則必擧兵而嚮趙矣	반드시 군사를 일으켜 조나라로 향할 것입니다.
秦甲渡河踰漳	진나라의 갑병이 황하를 건너고 장수를 넘어
據番吾[33]	번오를 차지하면
則兵必戰於邯鄲之下矣	군사는 반드시 한단의 아래에서 싸우게 될 것입니다.
此臣之所爲君患也	이것이 제가 그대를 근심하는 것입니다.

29 정의 남양(南陽)은 회주(懷州) 하남(河南)으로, 칠국(七國) 때는 한나라에 속하였다. 진나라 군사가 지도(軹道)로 내려와 동위교(東渭橋)에서 북쪽 길로 포진(蒲津)을 거쳐 한나라를 공격하면 남양이 위태롭게 될 것이라는 말이다.

30 정의 주(周)나라는 낙양(洛陽)을 도읍으로 삼았는데, 진(秦)나라가 한나라의 남양(南陽)을 겁박하여 빼앗는다면 이것이 주나라 도읍을 둘러싸는 것이다. 조나라의 한단(邯鄲)이 위태롭게 되므로 모름지기 군사를 일으켜 스스로 지켜야 한다.

31 색은 『전국책』에는 "스스로 녹여서(自銷鑠)"로 되어 있다.

32 집해 음은 권[丘權反]이다. 색은 「지리지(地理志)」에서는 권현(卷縣)은 하남(河南)에 속하였다고 하였다. 『전국책』에서는 "기를 취하였다(取淇)."고 하였다. 정의 위(衛)나라 당 복양(濮陽)이다. 권성(卷城)은 정주(鄭州) 무원현(武原縣) 서북쪽 7리 지점에 있다. 진나라가 위나라를 지키고 권을 얻는다면 제나라가 반드시 진나라에 와서 조회할 것이라는 말이다.

33 집해 서광은 말하였다. "상산(常山)에 포오현(蒲吾縣)이 있다." 색은 서씨(徐氏)가 인용한 것은 「지리지(地理志)」에 의하면 그렇다는 것이다. 정의 '番'의 음은 파(婆)이고, 또한 포(蒲)라고도 하며, 또한 음이 반(盤)이라고도 한다. 옛 파오공(番吾公)의 읍일 것이다. 『괄지지(括地志)』에서는 말하였다. "포오(蒲吾)의 고성(故城)은 진주(鎭州) 상산현(常山縣) 동쪽 20리 지점에 있다." 장수(漳水)는 노주(潞州)에 있다. 진나라 군사가 황하를 건너 남양을 거쳐 양장(羊腸)으로 들어가고 택(澤)과 노(潞)를 거쳐 장수(漳水)를 건너 포오성을 지키면 조나라와 도성의 아래에서 싸우게 될 것이라는 말이다.

當今之時	지금
山東之建國莫彊於趙	산동에서 세운 나라 가운데 조나라보다 강한 나라는 없습니다.
趙地方二千餘里	조나라는 영토가 사방 2천여 리이고
帶甲數十萬	갑옷을 입은 군사가 수십만이며
車千乘	병거가 천승에
騎萬匹	기마가 만 필이고
粟支數年	양식이 수년 치나 됩니다.
西有常山[34]	서로는 상산이 있고,
南有河漳[35]	남으로는 하장이 있으며,
東有清河[36]	동으로는 청하가 있고,
北有燕國[37]	북으로는 연나라가 있습니다.
燕固弱國	연나라는 실로 약한 나라로
不足畏也	두려워할 것이 못 됩니다.
秦之所害於天下者莫如趙	진나라에게 천하에서 해가 되는 나라로 조나라만한 나라가 없지만
然而秦不敢舉兵伐趙者	진나라가 감히 군사를 일으켜 조나라를 치지 못하는 것은
何也	어째서입니까?

---

34 정의 진주(鎮州) 서쪽에 있다.

35 정의 '河' 자는 '청(清)' 자로 된 판본도 있으며, 곧 장하(漳河)로 노주(潞州)에 있다. 「지리지(地理志)」에서는 탁장(濁漳)은 장자(長子) 녹곡산(鹿谷山)에서 발원하여 동으로 업(鄴)에 이르러 청장(清漳)으로 들어간다고 하였다.

36 정의 청하(清河)는 지금의 패주(貝州)이다.

37 정의 그러나 삼가(三家)가 진나라를 분할할 때 조(趙)나라는 진양(晉陽)을 얻었으며, 양자(襄子)는 또한 융(戎)을 쳐서 대(代)를 취하였다. "서쪽에 상산이 있다."라 말한 것은 조나라의 도읍인 한단(邯鄲)이 북으로 진나라와 가깝다는 것을 말한다.

畏韓魏之議其後也	하나라와 위나라가 그 뒤를 도모할까 두려워하기 때문입니다.
然則韓魏	그렇다면 한나라와 위나라는
趙之南蔽也	조나라의 남쪽을 막아주는 울타리입니다.
秦之攻韓魏也	진나라가 한나라와 위나라를 공격하면
無有名山大川之限	명산대천의 한계가 없이
稍蠶食之	조금씩 누에가 파먹듯 하여
傅[38]國都而止	국도에 가까워져서야 그칠 것입니다.
韓魏不能支秦	한나라와 위나라는 진나라에 버틸 수가 없으니
必入臣於秦	반드시 진나라로 들어가 신하가 될 것입니다.
秦無韓魏之規	진나라는 한나라와 위나라의 제약이 없으니
則禍必中於趙矣	화는 반드시 조나라에 맞아떨어질 것입니다.
此臣之所爲君患也	이것이 제가 그대를 근심하는 것입니다.

臣聞堯無三夫之分	제가 듣건대 요(堯)는 세 사람의 부하도 없었고
舜無咫尺之地	순(舜)은 지척의 땅도 가지지 않았으나
以有天下	천하를 가졌으며,
禹無百人之聚	우(禹)는 백 명의 무리도 없었으나
以王諸侯	제후들을 다스렸고,
湯武之士不過三千	탕왕과 무왕의 군사는 3천에 지나지 않았고
車不過三百乘	병거는 3백 승에 지나지 않았으며
卒不過三萬	군사는 3만에 지나지 않았는데도
立爲天子	천자가 되었다고 하니,

38 **집해** (傅의) 음은 부(附)이다.

誠得其道也	실로 그 도를 얻은 것입니다.
是故明主外料其敵之彊弱	그런 까닭에 현명한 임금은 밖으로 적의 강함과 약함을 헤아리고
內度其士卒賢不肖	안으로는 사졸의 현명함과 어리석음을 헤아려
不待兩軍相當而勝敗存亡之機固已形於胸中矣	두 나라의 군사가 서로 맞닥뜨리지 않고도 승패와 존망의 기틀이 실로 이미 흉중에서 분명해질 것이니
豈揜於衆人之言而以冥冥決事哉	어찌 뭇사람들의 말에 가리어 일의 결단을 어둡게 하겠습니까!

臣竊以天下之地圖案之	제가 가만히 천하의 지도를 가지고 생각건대
諸侯之地五倍於秦	제후의 땅은 진나라의 다섯 배가 되고
料度諸侯之卒十倍於秦	제후의 군사를 헤아려 보니 진나라의 열 배가 되니,
六國爲一	여섯 나라가 하나가 되어
并力西鄕而攻秦	힘을 합쳐 서쪽을 향하여 진나라를 공격하면
秦必破矣	진나라는 반드시 깨질 것입니다.
今西面而事之	지금 서쪽을 향하여 진나라를 섬겨
見臣於秦	진나라의 신하가 되었습니다.
夫破人之與破於人也[39]	남을 깨뜨리는 것을 남에게 깨지는 것과,
臣人之與臣於人也[40]	남을 신하로 삼는 것을 남의 신하가 되는 것과
豈可同日而論哉	어찌 같은 날에 논할 수 있겠습니까!

---

39 **정의** 파인(破人)은 앞의 적을 깨뜨리는 것을 말한다. 파어인(破於人)은 앞의 적에게 격파당하는 것이다.

夫衡人者[41]	저 연횡을 주장하는 사람은
皆欲割諸侯之地以予秦	모두 제후의 땅을 떼어 진나라에게 주고자 합니다.
秦成	진나리가 (목적을) 이루면
則高臺榭	대(臺)와 정자를 높이고
美宮室	궁실을 아름답게 꾸미어
聽竽瑟之音	우와 슬 같은 악기의 음악을 들을 것이며,
前有樓闕軒轅[42]	앞에는 누궐과 수레가 있고
後有長姣[43]美人	뒤로는 아름다운 미녀가 있으며
國被秦患而不與其憂	나라는 진나라의 환란을 당하여 그 근심에 끼지도 못할 것입니다.
是故夫衡人日夜務以秦權恐愒諸侯[44]以求割地	그런 까닭에 저 연횡을 주장하는 사람이 밤낮으로 힘껏 진나라의 권세를 가지고 제후들을 겁주어 땅을 떼어주기를 구합니다.
故願大王孰計之也	그러므로 원컨대 대왕께서는 숙고하여 주시기 바랍니다.

---

40 색은 신인(臣人)은 자기가 저 사람을 신하로 삼는 것을 이른다. 신어인(臣於人)은 내가 임금이 되어 저 사람으로 하여금 자기의 신하가 되게 하는 것을 이른다. 정의 신인(臣人)은 자기가 남을 얻어 신하로 삼는 것을 말한다. 신어인(臣於人)은 자기가 남을 섬기는 것을 이른다.

41 색은 형인(衡人)은 곧 합종과 연횡으로 유세하는 선비이다. 동서가 횡이고 남북이 종이다. 진나라의 지형은 동서로 길게 가로놓여 있으므로 장의(張儀)는 진나라의 재상이 되어 진나라를 위해 연횡책을 썼다. 정의 '衡(heng)'의 음은 '횡(橫, heng)'이다. 진나라 사람을 이른다.

42 색은 『전국책』에서는 "앞에는 헌원이 있다(前有軒轅)."라 하였다. 또한 『사기』의 속본에도 '軒冕'으로 된 것이 있는데 본래의 문장이 아니다.

43 색은 음은 교(交)이다. 『설문(說文)』에서는 "교(姣)는 아름답다는 뜻이다."라 하였다.

44 집해 '愒'의 음은 할[呼曷反]이다. 색은 '恐'의 음은 공[起拱反]이다. '愒'의 음은 할[許曷反]이다. 협박하고 으르는 것을 말한다. 추씨(鄒氏)는 '愒'의 음을 게(憩)라고 하였는데, 그 뜻이 소략하다.

臣聞明主絕疑去讒	제가 듣건대 현명한 군주는 의심을 끊고 참소를 버리며
屛流言之跡	유언비어의 자취를 막고
塞朋黨之門	붕당의 문을 막으므로

故尊主廣地彊兵之計臣得陳忠於前矣

임금을 높이고 땅을 넓히며 군사를 강하게 하는 계책을 가지고 신하가 앞에서 충성을 다한다고 합니다.

故竊爲大王計	그러므로 가만히 생각건대 대왕을 위한 계책으로는
莫如一韓魏齊楚燕趙以從親	한 · 위 · 제 · 초 · 연 · 조나라가 하나가 되어 종으로 친하게 되어
以畔秦	진나라에 맞서는 것만 한 것이 없습니다.
令天下之將相會於洹水之上[45]	천하의 장상을 원수 가에 모이게 하여
通質[46]	볼모를 교환하고
刳白馬而盟	백마를 잡아서 맹약을 합니다.
要約曰	서로 약정하기를 다음과 같이 합니다.
秦攻楚	'진나라가 초나라를 공격하면
齊魏各出銳師以佐之	제나라와 위나라가 각기 정예병을 내어 돕는다.
韓絕其糧道[47]	한나라는 양식 보급로를 끊고
趙涉河漳[48]	조나라는 하장(河漳)을 건너며

45 집해 서광은 말하였다. "원수(洹水)는 급군(汲郡)의 임려현(林慮縣)으로 나온다."

46 색은 음은 글자 그대로이며 또한 음을 지(躓)라고도 한다. 인질을 교환하여 서로 통교함을 말한다.

47 색은 효관(嶢關) 바깥에서 군사를 가지고 또한 의양을 지키는 것을 말한다.

48 색은 조나라 또한 하장(河漳)을 건너 서진하여 한나라를 구원하여 진나라 군사를 막으려 함을 말한다.

燕守常山之北	연나라는 상산의 북쪽을 지킨다.
秦攻韓魏[49]	진나라가 한나라와 위나라를 공격하면
則楚絕其後[50]	초나라가 그 뒤를 끊고
齊出銳師而佐之	제나라가 정예병을 내어 돕는다.
趙涉河漳	조나라는 하장을 건너고
燕守雲中	연나라는 운중을 지킨다.
秦攻齊	진나라가 제나라를 공격하면
則楚絕其後	초나라가 그 뒤를 끊고
韓守城皋[51]	한나라는 성고를 지키며
魏塞其道[52]	위나라는 진나라의 진격로를 막고
趙涉河漳博關[53]	조나라는 하장과 박관을 건너며
燕出銳師以佐之	연나라가 정예병을 내어 돕는다.
秦攻燕	진나라가 연나라를 공격하면
則趙守常山	조나라는 상산을 지키고
楚軍武關	초나라는 무관에 주둔하며
齊涉勃海[54]	제나라는 발해를 건너고
韓魏皆出銳師以佐之	한나라와 위나라는 모두 정예병을 내어 돕는다.
秦攻趙	진나라가 조나라를 공격하면

49 정의 포진(蒲津)의 동쪽 길로 공격하는 것을 말한다.

50 색은 무관으로 출병하여 진나라 군사의 뒤를 끊는 것을 말한다.

51 정의 낙주(洛州) 범수현(氾水縣)에 있다.

52 색은 기도(其道)는 곧 하내(河內)의 길을 말한다. 『전국책』에는 '其' 자가 '오(午)' 자로 되어 있다.

53 집해 서광은 말하였다. "제위왕(齊威王) 6년에 진(晉)나라는 제나라를 쳐서 박릉(博陵)까지 이르렀다. 동군(東郡)에 박평현(博平縣)이 있다."

54 정의 제나라는 창주(滄州)에서 황하를 건너 영주(瀛州)에 이르는 것이다.

則韓軍宜陽	한나라는 의양에 주둔하고
楚軍武關	초나라는 무관에 주둔하며
魏軍河外[55]	위나라는 하외에 주둔하고
齊涉清河[56]	제나라는 청하를 건너며
燕出銳師以佐之	연나라가 정예병을 내어 돕는다.
諸侯有不如約者	제후 중에 맹약대로 행하지 않는 자가 있으면
以五國之兵共伐之	다섯 나라의 군사가 그 나라를 함께 친다.'
六國從親以賓秦[57]	여섯 나라가 합종하여 가까워져서 진나라를 물리치면
則秦甲必不敢出於函谷以害山東矣	진나라의 갑병은 반드시 감히 함곡관을 나와 산동을 해치지 못할 것입니다.
如此	이렇게 하시면
則霸王之業成矣	패왕의 업은 이루어질 것입니다."

趙王曰	조왕이 말하였다.
寡人年少	"과인은 나이도 어리고
立國日淺	즉위한 지도 오래지 않아
未嘗得聞社稷之長計也	사직을 위한 오래된 계책을 들은 적이 없소.
今上客有意存天下	지금 상객이 천하를 존속시킬 뜻이 있다고 하니

55 색은 하외(河外)는 섬(陝) 및 곡옥(曲沃) 등과 같은 곳을 말한다. 정의 동(同)과 화주(華州)를 말한다.

56 정의 제나라가 패주(貝州)에서 황하를 지나 서쪽으로 가는 것이다.

57 색은 육국의 군사가 함께 합종하여 가까이하여 홀로 진나라를 객[賓]으로 삼아 함께 치는 것을 이른다.

安諸侯寡人敬以國從	제후를 안정시킨다면 과인은 삼가 나라를 가지고 따를 것이오.”
乃飾車百乘	이에 잘 꾸민 수레 백 대와
黃金千溢[58]	황금 천 일,
白璧百雙	흰 벽옥 백 쌍,
錦繡千純[59]	수놓은 비단 천 필로
以約諸侯	제후들과 맹약하게 하였다.

是時周天子致文武之胙於秦惠王	이때 주나라 천자는 문왕과 무왕을 제사 지낸 고기를 진혜왕에게 바쳤다.
惠王使犀首攻魏	혜왕은 서수로 하여금 위나라를 공격하게 하여
禽將龍賈	장수인 용가(龍賈)를 사로잡고
取魏之雕陰[60]	위나라의 조음을 취하였으며
且欲東兵	또한 동쪽으로 군사를 내려고 하였다.
蘇秦恐秦兵之至趙也	소진은 진나라 군사가 조나라에 이를까 두려워하여

---

58 **색은** 『전국책』에는 ‘만 일(萬溢)’로 되어 있다. 1일(溢)은 1금(金)이니 20냥(兩)이 1일(溢)이고 쌀 두 되[升]가 된다. 정현은 1일(溢)을 24분의 1이라 하여 설(說)이 다르다.

59 **집해** 순(純)은 필단(匹端)의 이름이다. 『주례』에 “순백(純帛)은 다섯 냥(兩)을 넘지 않는다.”는 말이 있다. **색은** 음은 순(淳)이다. 배씨는 “순(純)은 필단(端疋)의 이름이다.”라 하였다. 고유(高誘)는 『전국책』에 주석을 달고 음이 둔(屯)이라고 하였다. 둔(屯)은 묶는다는 뜻이다. 또한 『예기 · 향사(禮記 · 鄉射)』에 “아무개는 아무개보다 약간 순 낫다(某賢於某若干純).”는 말이 있다. 순(純)은 수(數)라는 뜻이고, 음은 선(旋)이다. 「향사(鄉射)」는 「투호(投壺)」편을 말한다.

60 **색은** 위(魏)나라 땅이다. 유씨는 “용문하(龍門河)의 서북쪽에 있다.”라 하였다. 「지리지(地理志)」에 의하면 조음(雕陰)은 상군(上郡)에 속한다. **정의** 부주(鄜州) 낙교현(洛交縣) 북쪽 34리 지점에 있다.

乃激怒張儀	이에 장의를 격노케 하여
入之于秦	진나라로 들어가게 하였다.

於是說韓宣王[61]曰	이에 한나라 선왕을 유세하여 말하였다.
韓北有鞏成皐[62]之固	"한나라는 북으로는 공과 성고의 견고함이 있고
西有宜陽商阪之塞[63]	서로는 의양과 상판이라는 요새가 있으며
東有宛穰洧水[64]	동으로는 원(宛)과 양(穰), 유수가 있고
南有陘山[65]	남으로는 경산이 있으며,
地方九百餘里	땅이 사방 9백 여리에
帶甲數十萬	무장한 병사가 수십만이나 되고
天下之彊弓勁弩皆從韓出	천하의 강궁과 굳센 쇠뇌는 모두 한나라에서 나옵니다.
谿子少府時力距來者[66]	계자와 소부의 시력, 거래 같은 것은
皆射六百步之外	모두 6백 보 바깥에서도 쏠 수 있습니다.

---

61 **색은** 『세본(世本)』에 의하면 한나라 선왕은 소후(昭侯)의 아들이다.

62 **색은** 두 읍은 본래 동주에 속했으나 나중에 한나라의 읍이 되었다. 「지리지(地理志)」에는 두 현이 모두 하남에 속한다고 하였다.

63 **집해** 서광은 "상(商)은 '상(常)'으로 된 판본도 있다."고 하였다. **색은** 유씨는 "대체로 상락(商洛) 사이에 있으며, 진(秦)나라와 초나라의 험한 요새로 갔을 것이다."라 하였는데 옳다. **정의** 의양(宜陽)은 낙주(洛州) 복창현(福昌縣) 동쪽 40리 지점에 있다. 상판(商阪)은 곧 상산(商山)으로, 상락현(商洛縣) 남쪽 1리 지점에 있으며, 또한 초산(楚山)이라고도 하는데 무관(武關)이 그곳에 있다.

64 **집해** '宛'의 음은 원[於袁反]이다. **색은** 「지리지(地理志)」에서는 원(宛)과 양(穰)은 두 현의 이름이며 모두 남양에 속한다고 하였다.

집해 '洧'의 음은 유[于鬼反]이다. **색은** 음은 유[于軌反]로, 물 이름이며 남방에서 발원한다. **정의** 신정(新鄭)의 동남쪽에 있으며, 영(潁)수로 유입된다.

65 **집해** 서광은 말하였다. "소릉(召陵)에 형정(陘亭)이 있다. 밀현(密縣)에 형산(陘山)이 있다." **정의** 신정(新鄭) 서남쪽 30리 지점에 있다.

韓卒超足而射[67]	한나라의 병사가 발을 들고 쏘면
百發不暇止	백 발을 쏘아 멈출 겨를이 없으며,
遠者括蔽洞胸	멀리 있는 자는 몸을 가린 것을 뚫고 가슴을 관통하며
近者鏑弇心	가까이 있는 자는 화살촉이 심장을 덮을 정도입니다.

韓卒之劍戟皆出於冥山棠谿墨陽合賻鄧師宛馮龍淵太阿[68]

한나라 병사들의 검과 극은 모두 명산과 당계, 묵양, 합부, 등사, 완풍, 용연, 태아에서 난 것으로,

---

66 **집해** 허신(許愼)은 말하였다. "남방의 계자(谿子)의 만이자노(蠻夷柘弩)는 모두 훌륭한 재료이다." **색은** 생각건대 허신은 (漢나라 淮南王 劉安의) 『회남자(淮南子)』에 주를 달면서 남방의 계자만(谿子蠻)에서 자노(柘弩) 및 죽노(竹弩)가 난다고 생각하였다.

집해 한(韓)나라에는 계자노(谿子弩)가 있으며, 또한 소부(少府)가 만든 두 가지 쇠뇌가 있다. 생각건대 시력(時力)이라는 것은 만들 때, 때를 얻으면 힘이 평상시의 배가 되므로 시력(時力)이 있다고 한 것이다. 거래(距來)라고 하는 것은 쇠뇌의 힘이 굳고 날카로워 충분히 쳐들어오는 적에 이를 수 있음을 이른다. **색은** 한(韓)나라에는 또한 소부(少府)가 만든 시력(時力)과 거래(距來)라는 두 가지 쇠뇌가 있다. 생각건대 시력(時力)이라는 것은 만들 때, 때를 얻으면 힘이 평상시의 배가 되므로 시력(時力)이 있다고 한 것이다. 거래(距來)라고 하는 것은 쇠뇌의 힘이 굳고 날카로워 충분히 쳐들어오는 적에 이를 수 있음을 이른다. 이름이 모두 『회남자』에 보인다.

67 **색은** 생각건대 초족(超足)은 뛰어올라 힘을 쓰는 것으로 대체로 발을 들고 밟아서 쏘는 것이므로 아래에서 "굳센 쇠뇌를 밟고"라 한 것이 바로 이를 말한다. **정의** 초족(超足)은 발을 나란히 하는 것이다. 대체로 쇠뇌를 발사할 때 모두 앉아서 발을 들고 쇠뇌를 밟아 두 손으로 방아쇠를 당기어서 비로소 쏘는 것이다.

68 **집해** 서광은 말하였다. "『장자』에서는 남쪽으로 가서 영(郢)에 이르러 북쪽을 보면 명산(冥山)이 보이지 않는다고 하였다." 내가 생각건대 사마표(司馬彪)는 말하였다. "명산(冥山)은 삭주(朔州) 북쪽에 있다." **색은** 『장자』에서 말하기를 "남쪽으로 가서 영(郢)에 이르러 북쪽을 보면 명산(冥山)이 보이지 않는다."라 하였다. 사마표는 "명산(冥山)은 삭주(朔州) 북쪽에 있다."라 하였다. 곽상(郭象)은 "명산은 태극(太極)에 있다."라 하였다. 이궤(李軌)는 "한(韓)나라에 있다."라 하였다.

皆陸斷牛馬　　모두 뭍에서는 소와 말을 벨 수 있고

水截鵠鴈　　물에서는 고니와 기러기를 자를 수 있으며

집해 서광은 말하였다. "여남(汝南) 오방(吳房)에 당계정(棠谿亭)이 있다." **색은** 「지리지(地理志)」에서 당계정(棠谿亭)은 여남(汝南) 오방현(吳房縣)에 있다고 하였다. **정의** 옛 성은 예주(豫州) 언성현(偃城縣) 서쪽 80리 지점에 있다. 『염철론(鹽鐵論)』에서 "당계(棠谿)의 검이 있다."라 한 것이 이를 말한다.

집해 『회남자』에서는 "묵양(墨陽)의 막야(莫邪)이다."라 하였다. **색은** 『회남자』에서는 "배 속에 칼을 감추는 것은 날카로움보다 귀한데 묵양(墨陽)과 막야(莫邪)를 기약하지 못한다."라 하였으니 묵양은 장인의 이름이다.

집해 음은 부(附)이다. 서광은 말하였다. "'백(伯)'으로 된 판본도 있다." **색은** 『전국책』에는 '합백(合伯)'으로 되어 있고, 『춘추후어(春秋後語)』에는 '합상(合相)'으로 되어 있다.

색은 등(鄧)나라에서 어떤 사람이 검을 만들자 스승을 가지고 그 이름으로 삼았다.

집해 서광은 말하였다. "형양(滎陽)에 풍지(馮池)가 있다." **색은** 서광은 "형양(滎陽)에 풍지(馮池)가 있다."라 하였는데, 원(宛)의 사람이 풍지에서 검을 주조하였으므로 원풍(宛馮)이라 불렀다.

집해 (後漢 趙曄의) 『오월춘추(吳越春秋)』에서는 "초왕이 풍호자(風胡子)를 불러 일러 말하기를 '과인이 듣자 하니 오나라에 간장(干將)이 있고 월나라에는 구야(歐冶)가 있다는데 과인은 그대를 통하여 이 두 사람을 청하여 검을 만들고자 하니 되겠는가?'라 하니, 풍호자가 '됩니다.'라 하고, 이에 두 사람을 찾아보고 검을 만들었는데 첫째를 용연(龍淵)이라 하였고 둘째는 태아(太阿)라 하였다."라 하였다. **색은** 『오월춘추』에 의하면 초왕이 풍호자로 하여금 오나라의 간장과 월나라의 구야를 청하여 검 두 자루를 만들게 하였는데 첫번째 것을 용천(龍泉)이라 하였고, 두 번째 것을 태아(太阿)라 하였다. 또한 『태강지기(太康地記)』에서는 "여남(汝南)의 서평(西平)에 용천수(龍泉水)가 있는데, 도검을 담금질할 수 있었으며, 특히 견고하고 날카롭게 되었으므로 용천검(龍泉劍)이 있게 되었는데, 초나라의 보검이다. 특히 견고하고 날카로웠으므로 견백지론(堅白之論)이 있었는데 '황(黃)은 견고하게 되는 것이고, 백(白)은 날카롭게 되는 것이다.'라 하였다. 제나라에서는 그것을 변별하여 말하기를 '백(白)은 견고하지 않은 것이고, 황(黃)은 날카롭지 않은 것이다.'라 하였다. 그러므로 천하의 보검은 한나라의 것이 많은데 첫째를 당계(棠谿)라 하였고, 둘째를 묵양(墨陽)이라 하였으며, 셋째를 합백(合伯), 넷째를 등사(鄧師), 다섯째를 원풍(宛馮), 여섯째를 용천(龍泉), 일곱째를 태아(太阿), 여덟째를 막야(莫邪), 아홉째를 간장(干將)이라고 하였다."라 하였다. 그러나 간장과 막야는 장인의 이름이며, 그 검은 모두 서평현(西平縣)에서 나왔는데 지금은 어떤 철관(鐵官)이 하나로 하게 하고 영호(領戶)를 구별하였는데, 이는 옛 검을 주조한 땅이다.

當敵則斬堅甲鐵幕[69]	적과 맞닥뜨리면 견고한 갑옷과 쇠로 된 장막도 자를 수 있고
革抉㕹芮[70]	가죽 깍지와 방패를 묶는 끈까지
無不畢具	다 갖추지 않음이 없습니다.
以韓卒之勇	한나라 병사의 용감함에
被堅甲	견고한 갑옷을 입고
蹠勁弩	굳센 쇠뇌를 밟고
帶利劍	날카로운 검을 차면
一人當百	한 사람이 백 사람을 당해 냄은
不足言也	말할 필요가 없습니다.
夫以韓之勁與大王之賢	저 한나라의 굳셈과 대왕의 현명함으로
乃西面事秦	서쪽을 바라보며 진나라를 섬기고
交臂而服	손을 맞잡고 복종한다면
羞社稷而爲天下笑	사직에 부끄럽고 천하의 웃음거리가 됨은
無大於此者矣	이보다 큰 것이 없을 것입니다.
是故願大王孰計之	그런 까닭에 대왕께서 숙고해 주시기 바랍니다.

69 **집해** 서광은 말하였다. "양성(陽城)에서는 철이 난다." **색은** 『전국책』에 의하면 "적과 맞닥뜨리면 갑옷과 방패, 가죽 투구, 쇠로 된 장막도 자른다(當敵則斬甲盾鞮鍪鐵幕)."라 하였다. 추탄(鄒誕)은 막(幕)은 어떤 판본에는 '맥(陌)'으로 되어 있다고 하였다. 유씨는 "철로 팔과 정강이를 가리는 옷을 만든 것이다. 그 검이 날카로워서 그것을 벨 수 있음을 말한 것이다."라 하였다.

70 **집해** 서광은 말하였다. "'결(決)'로 된 판본도 있다." **색은** 음은 결(決)이다. 가죽으로 만든 활깍지를 말한다. 결은 활을 쏠 때 쓰는 깍지[韝]이다.

집해 '㕹'의 음은 벌(伐)이다. **색은** '㕹'은 '벌(瞂)'과 같으며 음은 벌(伐)이고 방패를 말한다. 예(芮)는 방패를 매는 끝이다. **정의** 『방언(方言)』에서는 "방패(盾)는 관동(關東)에서는 벌(瞂)이라 하였고 관서(關西)에서는 순(盾)이라 하였다."라 하였다.

大王事秦	대왕께서 진나라를 섬기신다면
秦必求宜陽, 成皋	진나라는 반드시 의양과 성고를 요구할 것입니다.
今茲效之[71]	지금 그것을 드린다면
明年又復求割地	내년에는 또다시 땅을 떼어달라고 요구할 것입니다.
與則無地以給之	준다면 줄 땅이 없을 것이고
不與則棄前功而受後禍	주지 않는다면 앞의 공을 버리고 나중의 화를 입을 것입니다.
且大王之地有盡而秦之求無已	또한 대왕의 땅은 한도가 있고 진나라의 요구는 끝이 없을 것이니
以有盡之地而逆無已之求	한도가 있는 땅으로 끝없는 요구를 받아들인다면
此所謂市怨結禍者也	이것이 이른바 원한을 사고 화근을 맺는 것이니
不戰而地已削矣	싸워보지도 않고 땅은 이미 깎여 나갈 것입니다.
臣聞鄙諺曰	신이 속담을 들었사온대
寧爲雞口	'닭의 부리가 될지언정
無爲牛後[72]	소의 꼬리는 되지 말라.'라 하였습니다.
今西面交臂而臣事秦	지금 서쪽을 보며 손을 맞잡고 신하로 진나라를 섬기니

71 색은 정현은 『예(禮)』에 주석을 달고 "효(效)는 드리다, 드러내다는 뜻과 같다."라 하였다.

72 색은 『전국책』에서는 "닭의 우두머리가 될지언정 송아지가 되지는 않겠다(寧爲雞尸, 不爲牛從)."라 하였는데, 연독(延篤)의 주석에서는 "시(尸)는 닭 무리 중의 우두머리[主]이다. 종(從)은 송아지[牛子]를 말한다. 차라리 닭 떼의 우두머리가 될지언정 소의 뒤를 따르지는 않겠다는 말이다."라 하였다. 정의 닭의 부리는 비록 작지만 그래도 음식이 들어가고, 소의 꽁무니는 크기는 해도 똥이 나오는 곳이다.

何異於牛後乎	소꼬리와 다를 것이 무엇입니까?
夫以大王之賢	대체로 대왕님의 현명함으로
挾彊韓之兵	강한 한나라의 군사를 끼고도
而有牛後之名	소꼬리라는 이름을 얻었으니
臣竊爲大王羞之	저는 가만히 대왕님을 수치스럽게 여깁니다."

於是韓王勃然作色	이에 한왕이 불끈 화를 내며
攘臂瞋目	팔을 휘젓고 눈을 부릅뜨고는
按劍仰天太息[73]曰	칼을 어루만지며 하늘을 우러러 크게 한숨을 쉬며 말하였다.
寡人雖不肖	"과인이 비록 불초하지만
必不能事秦	진나라를 섬길 수는 없소.
今主君[74]詔以趙王之教	지금 그대가 조나라 임금의 가르침을 가지고 일러주니
敬奉社稷以從	삼가 사직을 받들어 따르겠소."

又說魏襄王[75]曰	또한 위나라 양왕을 유세하여 말하였다.
大王之地	"대왕님의 땅은
南有鴻溝陳汝南許郾昆陽召陵舞陽新都新郪[76]	남으로는 홍구와 진, 그리고 여남, 허, 언, 곤양, 소릉, 무양, 신도, 신처가 있고
東有淮潁煮棗無胥[77]	동으로는 회양과 영천, 자조와 무서가 있으며

73 색은 태식(太息)은 오래도록 기가 쌓여서 크게 탄식하는 것이다.

74 색은 소진을 가리킨 것이다. 예에서 경대부(卿大夫)를 주(主)라 한다. 지금 소진이 제후들을 합종시키려는 것을 가상히 여겨 기리고 아름답게 여기었으므로 주(主)라 일컬은 것이다.

75 색은 『세본(世本)』에서는 혜왕(惠王)의 이름이 사(嗣)라고 하였다.

西有長城之界	서로는 장성의 경계가 있고
北有河外卷衍酸棗[78]	북으로는 하외와 권, 연, 산조가 있으며,
地方千里	땅이 사방 천 리나 됩니다.
地名雖小	나라의 명성이 작기는 합니다만
然而田舍廬廡之數	농지와 가옥의 수를 보면
曾無所芻牧	일찍이 목축할 곳이 없을 정도입니다.
人民之衆	백성이 많고
車馬之多	거마가 많아

---

76 집해 서광은 말하였다. "형양(滎陽)에 있다."

집해 서광은 말하였다. "영천(潁川)에 있다. 음은 언[於幰切]이다." 색은 음은 언(偃)이며, 또 언[於建反]이라고도 한다. 『전국책』에는 '鄢'으로 되어 있다. 「지리지(地理志)」에 의하면 영천(潁川)에는 허(許)와 언(鄢) 두 현이 있으며, 또한 언릉현(傿陵縣)이 있으므로 호칭이 헷갈렸다. '傿'의 음은 언(焉)이다. 정의 진(陳)과 여남(汝南)은 지금의 여주(汝州)와 예주현(豫州縣)이다.

집해 「지리지(地理志)」의 영천(潁川)에 곤양(昆陽)과 무양현(舞陽縣)이 있으며, 여남(汝南)에 신처현(新郪縣)이 있고, 남양(南陽)에 신도현(新都縣)이 있다. 색은 「지리지(地理志)」에서 곤양과 무양은 영천에 속하며, 소릉(召陵)과 신처는 여남에 속한다고 하였다. 생각건대 신처는 곧 처구(郪丘)이며, 장제(章帝)가 송나라에서 은(殷)나라의 후예를 봉하였다. 신도(新都)는 남양(南陽)에 속한다. 『전국책』에 의하면 신처(新郪)라고만 하였으며, '신도(新都)' 두 자는 없다. 정의 소릉(召陵)은 예주(豫州)에 있고, 무양(舞陽)은 허주(許州)에 있다.

77 정의 회양(淮陽)과 영천(潁川)의 두 군이다.

집해 서광은 말하였다. "원구(宛句)에 있다." 정의 원구(宛朐)에 있다. 원구는 조주현(曹州縣)이다.

색은 생각건대 그 땅은 없어졌다.

78 정의 하남(河南)의 땅을 말한다.

집해 서광은 말하였다. "형양(滎陽)의 권현(卷縣)에 장성(長城)이 있다. 양무(陽武)를 거처 밀(密)에 이른다. 연(衍)은 지명이다." 색은 서광은 "형양(滎陽)의 권현(卷縣)에 장성(長城)이 있다."라 하였는데, 아마 험지에 의거하고 있어서 그렇게 말하였을 것이다. 정의 권(卷)은 정주(鄭州) 원무현(原武縣) 북쪽 7리 지점에 있다. 산조(酸棗)는 활주(滑州)에 있다. 연(衍)은 서(徐)씨는 지명이라 하였다.

日夜行不絕	밤낮으로 끊이지 않고 달리며
輷輷殷殷[79]	덜커덩덜커덩 넘쳐나니
若有三軍之衆	삼군의 무리가 있는 것 같습니다.
臣竊量大王之國不下楚	제가 가만히 대왕님의 나라를 헤아려 보건대 초나라에 뒤지지 않습니다.
然衡人怵王交彊虎狼之秦以侵天下[80]	그러나 연횡을 주장하는 사람이 대왕을 위협하여 강하기가 범과 이리 같은 진나라와 사귀면서 천하를 침략하여
卒有秦患[81]	마침내 진나라의 근심이 있어도
不顧其禍	그 화를 돌아보지 않습니다.
夫挾彊秦之勢以內劫其主	대체로 강한 진나라의 세력을 끼고 안으로 그 임금을 겁박하면
罪無過此者	이보다 더한 죄는 없습니다.
魏	위나라는
天下之彊國也	천하의 강한 나라이며,
王	임금님은
天下之賢王也	천하의 현명한 임금이십니다.
今乃有意西面而事秦	지금 이에 서쪽을 바라보고 진나라를 섬기며
稱東藩	동쪽 울타리라 칭하며
築帝宮[82]	제궁을 짓고

---

79 정의 '輷'의 음은 횡[麾宏反]이다. '殷'의 음은 은(隱)이다.

80 정의 '衡(heng)'은 음은 '횡(橫, heng)'이다. '怵'은 음이 휼(卹)이다.

81 정의 '卒'의 음은 졸[忽忽反]이다.

82 색은 진나라를 위해 궁궐을 지어 순수(巡狩)에 대비하여 머물게 하는 것을 말하므로 '제궁(帝宮)'이라 하였다.

受冠帶[83]	관복과 띠를 받으며
祠春秋[84]	춘추로 제사를 지낼 뜻이 있으시니
臣竊爲大王恥之	저는 가만히 대왕님을 부끄럽게 여깁니다.
臣聞越王句踐戰敝卒三千人	제가 듣건대 월왕 구천은 지쳐빠진 군사 3천 명을 가지고 싸워
禽夫差於干遂[85]	간수에서 부차를 사로잡았으며,
武王卒三千人	무왕은 3천의 군사와
革車三百乘	병거 3백 승으로
制紂於牧野[86]	목야에서 주(紂)를 제압했다고 하니
豈其士卒衆哉	어찌 그 병력이 많아야 하겠습니까?
誠能奮其威也	실로 그 위세를 떨칠 수 있어야 하는 것입니다.
今竊聞大王之卒	이제 가만히 듣자 하니 대왕님의 병력은
武士二十萬[87]	무사가 20만에
蒼頭二十萬[88]	푸른 두건을 한 병사가 20만이며
奮擊二十萬	돌격대가 20만이고
廝徒十萬[89]	시역의 무리가 10만,

83 색은 관복의 제도를 모두 진나라의 법을 따르는 것을 말한다.

84 색은 봄과 가을마다 조정에 공물을 바치며 진나라의 제사를 돕는 것을 말한다.

85 색은 간수(干遂)는 지명인데 소재지는 모른다. 그러나 생각건대 간(干)은 물 곁에 있는 고지대로 '강간(江干)', '하간(河干)'이 바로 이런 뜻이다. 또한 (晉나라) 좌사(左思)의 「오도부(吳都賦)」에는 "장간에는 (거리와 마을이) 이어 붙어 있다(長干延屬)."라는 말이 있는데, 이 간(干)은 강 옆의 땅이다. 수(遂)는 길이다. 간(干)에 길이 있으므로 지명으로 삼은 것이다. 정의 소주(蘇州) 오현(吳縣) 서북쪽 40여 리 지점의 만안산(萬安山) 서남쪽 1리 지점에 있는 태호(太湖)에 있다. 부차(夫差)는 고소(姑蘇)에서 패하고 간수에서 사로잡혔는데 40여 리 떨어져 있다.

86 정의 지금의 위주성(衛州城)이다. 주무왕(周武王)이 목야(牧野)에서 주(紂)를 치고 지었다.

車六百乘	병거가 6백 승,
騎五千匹	기마병이 5천 필이라고 합니다.
此其過越王句踐武王遠矣	이는 월왕 구천과 무왕보다 훨씬 많은 것인데도
今乃聽於群臣之說而欲臣事秦	이제 뭇 신하들의 말을 듣자 하니 신하의 도리로 진나라를 섬기려 한다고 합니다.
夫事秦必割地以效實[90]	대체로 진나라를 섬기려면 반드시 땅을 떼어주어 성의를 보여야 하므로
故兵未用而國已虧矣	군사를 미처 쓰기도 전에 나라는 이미 이지러지게 됩니다.
凡群臣之言事秦者	무릇 군신들 가운데 진나라를 섬기자고 하는 자들은
皆姦人	모두 간신이며
非忠臣也	충신이 아닙니다.

---

87 **집해** 『한서 · 형법지(漢書 · 刑法志)』에서는 "위씨(魏氏)의 갑병은 삼촉(三屬)의 갑옷을 입으며, 12석(石) 짜리 쇠뇌를 들고, 50발의 화살을 지며 그 위에 괴(戈)를 놓고, 투구를 쓰고 칼을 차고 사흘 치 양식을 나르면서 하루에 백 리를 간다. 시험에 합격하면 집의 부역을 면제하여 그 전택을 이롭게 한다."라 하였다. **색은** '衣'의 음은 의(意)이다. '屬'의 음은 촉(燭)이다. 삼촉(三屬)은 갑옷을 말한다. 복박(覆髆)이 첫째이고, 갑상(甲裳)이 둘째이며, 경의(脛衣)가 셋째이다. 갑옷에 하의가 있는 것은 『좌전(左傳)』에 보인다. '贏'은 음이 영(盈)이다. 건량(乾糧)을 운반하는 것을 말한다. '中'의 음은 중[竹仲反]이다. 근력(筋力)이 무거운 것을 질 수 있으면 시험에 합격하게 된다는 것을 말한다. '復'은 음이 복(福)이다. 시험에 합격한 사람은 나라에서 부역을 면제하고 상급의 전택(田宅)을 내려 주는 것을 말하므로 "그 전택을 이롭게 한다."라 하였다.

88 **색은** 푸른 두건으로 머리를 싸맨 것으로 무리라는 뜻과는 다르다. 순경(荀卿)이 "위(魏)나라에는 창두(蒼頭) 20만이 있다."라 한 것이 이를 말한다.

89 **색은** '廝'의 음은 시(斯)이다. 시양(廝養)하는 병졸을 말한다. 시(斯)는 말을 기르는 천한 사람인데 지금 병졸로 기용한 것이다. **정의** '廝'의 음은 시이다. 밥을 지어 공양하는 잡역을 말한다.

90 **색은** 땅을 떼어 진나라에 바쳐 자기의 성실함을 드러내는 것을 말한다.

夫爲人臣	대체로 신하가 되어
割其主之地以求外交	임금의 땅을 떼어 외국과 교유를 하자는 것은
偷取一時之功而不顧其後	한때의 공을 취하기를 구하여 나중의 일을 돌아보지 않는 것이고
破公家而成私門	공가를 깨뜨리고 사문을 이루는 것이며,
外挾彊秦之勢以內劫其主	밖으로 강한 진나라의 위세를 끼고 안으로 임금을 협박하여
以求割地	땅을 떼어주기를 구하는 것이니
願大王孰察之	원컨대 대왕께서는 숙고해 주십시오.

周書曰[91]	『주서(周書)』에서는 말하기를
綿綿不絕	'면면이 이어져 끊이지 않으니
蔓蔓柰何	쭉쭉 뻗어나가면 어떻게 하겠는가?
豪氂不伐	아주 작을 때 자르지 않으면
將用斧柯	장차 도끼를 써야 할 것이다.'라 하였습니다.
前慮不定	사전의 생각을 안정시키지 않으면
後有大患	나중에 큰 우환이 생기게 되니
將柰之何	그것을 어떻게 하시려고 그럽니까?
大王誠能聽臣	대왕께서 실로 저의 말을 들을 수 있으시어
六國從親	여섯 나라가 합종으로 친하게 되어
專心并力壹意	마음을 오로지하고 힘을 합하여 뜻을 하나로 한다면
則必無彊秦之患	반드시 강한 진나라의 우환은 없을 것입니다.

91 『일주서 · 화오(逸周書 · 和寤)』편을 말한다.-옮긴이.

故敝邑趙王使臣效愚計[92]	그러므로 저희 조나라 임금께서 저로 하여금 어리석은 계책을 올리게 하였으니
奉明約	삼가 맹약을 밝히시면
在大王之詔詔之	대왕님의 분부대로 알리겠습니다."

魏王曰	위왕이 말하였다.
寡人不肖	"과인이 불초하여
未嘗得聞明教	일찍이 밝은 가르침을 듣지 못하게 되었습니다.
今主君以趙王之詔詔之	지금 그대가 조나라 임금의 명을 가지고 일러 주시니
敬以國從	삼가 온 나라를 가지고 따르겠습니다."

因東說齊宣王曰[93]	이에 동쪽으로 가서 제선왕을 유세하여 말하였다.
齊南有泰山	"제나라는 남으로는 태산이 있고
東有琅邪	동으로는 낭야가 있으며
西有清河[94]	서로는 청하가 있고
北有勃海	북으로는 발해가 있으니
此所謂四塞之國也	이것이 이른바 사방이 요새인 나라라는 것입니다.
齊地方二千餘里	제나라는 땅이 사방 2천여 리나 되고
帶甲數十萬	갑사가 수십만이며
粟如丘山	식량이 언덕과 산처럼 쌓여 있습니다.

92 색은 이 '효(效)' 자는 드러내다, 보이다라는 뜻이다.

93 색은 『세본(世本)』에서 이름은 벽강(辟彊)이라 하였으며, 위왕(威王)의 아들이다.

94 정의 곧 패주(貝州)이다.

三軍之良	삼군의 정예병과
五家之兵[95]	오도(五都)의 군사가
進如鋒矢[96]	진격할 때는 날카로운 화살같(이 빠르)고
戰如雷霆	싸울 때는 우레와 천둥 같으며
解如風雨	(물러나) 풀 때는 바람과 비 같습니다.
即有軍役	전쟁이 있다 하더라도
未嘗倍泰山	일찍이 태산이 버려지거나
絕清河	청하가 끊기고
涉勃海也[97]	발해를 건넌 적이 없습니다.
臨菑之中七萬戶	임치에는 7만 호가 있는데
臣竊度之	신이 가만히 헤아려 보니
不下戶三男子	호당(戶當) 남자가 셋 이하가 아니니
三七二十一萬	7에 3을 곱하면 21만이 되며
不待發於遠縣	먼 곳의 고을에서 징발할 것도 없이
而臨菑之卒固已二十一萬矣	임치의 군사만 가지고도 실로 이미 21만이 됩니다.
臨菑甚富而實	임치는 매우 부유하고 풍족하며
其民無不吹竽鼓瑟	백성들은 우를 불고 슬을 연주하며

95 색은 고유(高誘)의 『전국책』 주에서는 "오가(五家)는 곧 오국(五國)이다."라 하였다.

96 색은 『전국책』에는 "빠르기가 화살과 같다(疾如錐矢)."로 되어 있다. 고유(高誘)는 "추시(錐矢)는 작은 화살로 빠름을 비유한다."라 하였다. 『여씨춘추』에서는 "작은 화살에 귀한 것은 소리에 응하여 이르는 것이다(所貴錐矢者, 爲應聲而至)."라 하였다. 정의 제(齊)나라 군사의 진격은 날카로운 칼끝과 좋은 활의 화살 같아서 그것을 쓰면 전진은 있어도 후퇴는 없다는 것을 말한다.

97 정의 임치(臨淄)가 자족한다는 말이다. 절(絕)과 섭(涉)은 모두 건넌다는 뜻이다. 발해(勃海)는 창주(滄州)이다. 제(齊)나라에는 군역(軍役)이 있어서 황하를 건너 2부(部)를 취할 필요가 없다.

彈琴擊筑[98]	금을 타고 축을 치며
鬥雞走狗	닭싸움을 하고 개 경주를 하며
六博蹋鞠者[99]	육박을 하고 공을 차지 않는 사람이 없습니다.
臨菑之塗	임치의 길에는
車轂擊	수레의 바퀴가 부딪치고
人肩摩	사람들의 어깨가 스치며
連衽成帷	소매를 이으면 휘장을 이루고
擧袂成幕	소매를 들면 장막을 이루며
揮汗成雨	땀을 훔치면 비가 되고
家殷人足	집집마다 부유하고 사람마다 풍족하며
志高氣揚	뜻이 높고 기운이 앙양되어 있습니다.
夫以大王之賢與齊之彊	저 대왕님의 현명함과 제나라의 강함은
天下莫能當	천하에서 아무도 감당할 수가 없습니다.
今乃西面而事秦	지금 이에 서쪽을 바라며 진나라를 섬기니
臣竊爲大王羞之	저는 가만히 대왕님을 부끄럽게 여깁니다.

且夫韓魏之所以重畏秦者	또한 대체로 한나라와 위나라가 진나라를 매

---

98 **정의** 축(筑)은 금(琴)과 비슷하나 더 크며, 머리가 둥글고 현이 다섯인데, 치며 타지 않는다.

99 **색은** (後漢) 왕일(王逸)의 『초사(楚詞)』[『초사(楚辭)』] 주(注)[『초사장구(楚辭章句)』]에 의하면 "박(博)은 대나무 작대기이다. 여섯 개의 기(棋)를 행하므로 육박이라고 한다."라 하였다.
집해 유향(劉向)의 『별록(別錄)』에서는 "축국(蹵鞠)은 전하기로는 황제(黃帝)가 지은 것이라 하고, 혹자는 전국(戰國) 시대에 시작되었다고도 한다. 답국(蹋鞠)은 군대의 포진(布陣)인데 무사(武士)를 훈련시키는 것으로 도구가 있음을 알겠는데, 모두 즐겁게 놀면서 연습을 하는 것이다."라 하였다. '蹋'은 음이 답[徒獵反]이다. **색은** 앞의 글자는 음이 답[徒臘反]이고, 뒤의 글자는 음이 국[居六反]이다. 『별록』의 주에서는 "'蹴踘'의 (蹴은) 음은 축[促六反]이다. 축(蹴)은 또한 답(蹋)이다."라 하였다. 최표(崔豹)는 "황제 때 시작되었으며 군사의 진세를 연습시키는 것이다."라 하였다.

	우 두려워하는 것은
爲與秦接境壤界也	진나라와 경계가 맞닿아 있기 때문입니다.
兵出而相當	군사를 내어 서로 맞서면
不出十日而戰勝存亡之機決矣	열흘도 못 되어 승패와 존망의 실마리가 결정나게 됩니다.
韓, 魏戰而勝秦	한나라와 위나라가 싸워서 진나라를 이기면
則兵半折	군사가 꺾이어
四境不守	사방의 경계를 지키지 못할 것이며,
戰而不勝	싸워서 이기지 못하면
則國已危亡隨其後	나라는 이미 위망이 그 뒤를 따르게 될 것입니다.
是故韓魏之所以重與秦戰	그런 까닭에 한나라와 위나라는 진나라와 싸우는 것을 중히 여기고
而輕爲之臣也	그 신하가 되는 것을 가벼이 여기는 것입니다.
今秦之攻齊則不然	지금 진나라가 제나라를 치는 것은 그렇지 않을 것입니다.
倍韓魏之地	한나라와 위나라를 등지고
過衛陽晉之道[100]	위나라 양진의 길을 지나

100 **집해** 서광은 말하였다. "위애왕(魏哀王) 16년에 진나라가 위나라의 포판(蒲阪)과 진양(陽晉), 봉릉(封陵)을 공격하여 빼앗았다." **색은** 진양(陽晉)은 위나라의 읍이다. 『위계가(魏系家)』에서 "애왕(哀王) 16년 진나라가 위나라의 포판(蒲阪)과 진양(陽晉), 봉릉(封陵)을 공격하여 빼앗았다."라 한 것이 이를 말한다. 유씨(劉氏)는 "양진은 지명으로, 아마 제나라로 가는 길일 것이며 위(衛)나라의 서남쪽일 것이다."라 하였다. **정의** 진나라가 제나라를 치려면 한나라와 위나라 땅을 등지고 진나라와 싸워야 한다는 말이다. 서씨가 양진(陽晉)이라 한 것은 틀렸으며, 바로 진양(晉陽)일 따름이다. 위(衛)나라 땅은 조(曹)와 복(濮) 같은 주(州)이다. 두예(杜預)는 "조(曹)는 위(衛)나라의 하읍(下邑)이다."라 하였다. 진양(陽晉)의 옛 성은 조주(曹州) 승지현(乘氏縣) 서북쪽 37리 지점이다.

徑乎亢父之險[101]	강보의 험지를 지르면
車不得方軌[102]	수레가 나란히 달릴 수 없고
騎不得比行	기마는 나란히 달릴 수 없어
百人守險	백 사람이 험한 곳을 지키면
千人不敢過也	천 사람이라도 감히 지나지 못합니다.
秦雖欲深入	진나라가 비록 깊이 들어가고 싶다 한들
則狼顧[103]	이리처럼 돌아보며
恐韓魏之議其後也	한나라와 위나라가 그 뒤를 도모할까 두려워할 것입니다.
是故恫疑虛猲	그런 까닭에 두려워 의심하며 허장성세만 부리고
驕矜而不敢進[104]	교만을 떨며 뻐기기만 할뿐 감히 진격하지 못할 것이니
則秦之不能害齊亦明矣	진나라가 제나라를 해칠 수 없음 또한 명백합니다.

101 **색은** '亢'의 음은 강(剛)이고, 또한 음을 강[苦浪反]이라고도 한다. 「지리지(地理志)」에서는 현 이름으로 양(梁)나라에 속한다고 하였다. **정의** 옛 현은 연주(兗州) 임성현(任城縣) 남쪽 51리 지점에 있다.

102 **정의** 두 대의 수레가 나란히 갈 수 없음을 말한다.

103 **정의** 이리는 본성이 겁이 많아 달릴 때 항상 뒤를 돌아본다.

104 **색은** 앞의 글자는 음이 통(通)이며, 동(洞)이라고도 한다. 두려워한다는 뜻이다.
집해 (猲의) 음은 할[呼葛反]이다. **색은** '猲'은 판본에 따라 '噶'로 된 것도 있으며 음은 둘 다 할[呼葛反]이다. 고유(高誘)는 "허할(虛猲)은 헛기침을 하면서 두려워하는 모양이다."라 하였다. 유씨(劉氏)는 "진나라는 제풀에 의심하고 두려워하여 감히 군사를 진격시키지 못하고 쓸데없이 겁주는 말만 할 것이니 이는 한나라와 위나라 때문이다."라 하였다.
정의 진나라가 비록 강보(亢父)에 이른다 하더라도 오히려 두려워하여 이리처럼 돌아보며 허장성세만 부리고 교만이 넘치고 뻐기며 자랑만 할 뿐 감히 나아가 제나라를 치지 못할 것은 명백하다는 말이다.

夫不深料秦之無柰齊何	대체로 진나라가 제나라를 어찌할 수 없음을 깊이 헤아리지도 않고
而欲西面而事之	서쪽을 향하여 그를 섬기려 하는 것은,
是群臣之計過也	뭇 신하들의 계책이 잘못된 것입니다.
今無臣事秦之名而有彊國之實	지금 신하의 도리로 진나라를 섬긴다는 명분은 없이 나라를 강하게 할 수 있는 실질이 있으니
臣是故願大王少留意計之	저는 이 때문에 대왕께서 잠시 유의하시어 헤아려 주시길 바랍니다.”
齊王曰	제왕이 말하였다.
寡人不敏	“과인이 불민한 데다
僻遠守海	외딴 먼 바다나 지키며
窮道東境之國也	길이 다한 동쪽 변경의 나라라
未嘗得聞餘教	일찍이 충분한 가르침을 듣지 못하였습니다.
今足下以趙王詔詔之	지금 족하께서 조왕의 명을 가지고 일러주시니
敬以國從	삼가 온 나라를 가지고 따르겠소.”
乃西南說楚威王[105]曰	이에 서남쪽으로 가서 초나라 위왕을 유세하여 말하였다.
楚	“초나라는
天下之彊國也	천하의 강국이며
王	임금님께서는
天下之賢王也	천하의 현명하신 임금이십니다.

105 **색은** 위왕(威王)의 이름은 상(商)이며, 선왕(宣王)의 아들이다.

西有黔中巫郡[106]	서로는 검중과 무군이 있고
東有夏州海陽[107]	동으로는 하주와 해양이 있으며
南有洞庭蒼梧[108]	남으로는 동정과 창오가 있고
北有陘塞郇陽[109]	북으로는 형새와 순양이 있으며,
地方五千餘里	땅이 사방 5천여 리에
帶甲百萬	갑옷을 두른 군사가 백만이며
車千乘	병거가 천승,
騎萬匹	기마가 만 필,
粟支十年	비축한 양식이 10년 치이니
此霸王之資也	이는 패주가 될 바탕입니다.
夫以楚之彊與王之賢	대체로 초나라의 강함과 임금님의 현명함은
天下莫能當也	천하에서 당할 수 있는 자가 없습니다.

106 **집해** 서광은 말하였다. "지금의 무릉(武陵)이다." **정의** 지금의 낭주(朗州)로 초나라 검중군(黔中郡)이며, 그 옛 성은 진주(辰州) 서쪽 20리 지점에 있는데 모두 반호(盤瓠)의 후손이다.

집해 서광은 말하였다. "무군은 남군(南郡)의 서쪽 경계이다." **정의** 무군은 기주(夔州) 무산현(巫山縣)을 말한다.

107 **집해** 서광은 말하였다. "초나라 고열왕(考烈王) 원년에 진(秦)나라가 하주(夏州)를 취하였다." 내[駰] 생각에는 『좌전(左傳)』에서는 "초나라 장왕(莊王)이 진(陳)나라를 쳤는데, 고을에서 한 사람만 취하여 돌아갔으며 하주(夏州)라 하였다."라 하였으며, 주석자는 하주의 소재지를 말하지 않았다. (東晉의) 차윤(車胤)이 지은 『환온집(桓溫集)』에서는 "하구(夏口)의 성 위 수 리에 주(洲)가 있는데 이름이 하주(夏州)이다." "동쪽에 하주(夏州)가 있다."라 하였는데 이를 이른다. **색은** 배인(裴駰)은 『좌씨(左氏)』 및 차윤의 말을 근거로 하주(夏州)를 말하였는데 그 문장이 매우 명료하며, 유백장(劉伯莊)은 하주후(夏州侯)의 본국이라고 생각하였는데 또한 제대로 파악하지 못하였다. **정의** 대강(大江) 가운데 있는 고을이다. 하수구(夏水口)는 형주(荊州) 강릉현(江陵縣) 동남쪽 25리 지점에 있다.

색은 「지리지(地理志)」에는 해양이 없다. 유씨는 "초나라의 동쪽 경계"라고 하였다.

108 **색은** "바로 지금의 청초호(青草湖)로 악주(岳州)의 경계에 있다."

색은 지명이다. 「지리지(地理志)」에 창오군(蒼梧郡)이 있다. **정의** 창오산(蒼梧山)은 도주(道州)의 남쪽에 있다.

今乃欲西面而事秦	지금 이에 서쪽을 바라며 진나라를 섬기고자 하니
則諸侯莫不西面而朝於章臺之下矣	
	제후들 가운데 서쪽을 바라며 장대 아래서 조회하지 않으려는 사람이 없게 될 것입니다.

秦之所害莫如楚	진나라가 두려워하기로는 초나라 같은 나라가 없으니
楚彊則秦弱	초나라가 강해지면 진나라가 약해지고
秦彊則楚弱	진나라가 강해지면 초나라가 약해져서
其勢不兩立	세력이 양립할 수 없습니다.
故爲大王計	그러므로 대왕님을 위한 계책으로는
莫如從親以孤秦	합종으로 친해져서 진나라를 고립시키는 것만 한 것이 없습니다.
大王不從親	대왕님께서 합종으로 친하게 지내지 않으신다면
秦必起兩軍	진나라는 반드시 두 갈래로 군사를 일으키어

109 **집해** 서광은 말하였다. "『춘추(春秋)』에서는 '마침내 초나라를 치고 형(陘)에 머물렀다.'라 하였다. 초나라 위왕(威王) 11년에 위(魏)나라가 초나라를 형산(陘山)에서 무찔렀다. 석현(析縣)에 조수(釣水)가 있는데, 혹자는 순양(郇陽)이 지금의 순양(順陽)이 아닌가? 한다. 어떤 판본에서는 '북으로는 분과 형의 요새가 있다(北有汾, 陘之塞).'로 되어 있다." **색은** 형산(陘山)은 초나라 북쪽 경계에 있으며, 위왕 11년에 위(魏)나라가 초나라를 무찌른 곳이 바로 형산이다. '郇'의 음은 순(荀)이다. 북쪽에 순양이 있으면 그 땅은 여남(汝南)과 영천(潁川)의 경계에 있어야 한다. 「지리지(地理志)」 및 『태강지기(太康地記)』를 찾아보면 북쪽 경계에는 모두 순읍(郇邑)이 없다. 순읍은 하동(河東)에 있으며, 진나라 땅이다. 순양(郇陽)을 신양(新陽)일 것이라고 생각해 보면 소리는 가까운데 글자는 다르다. 여남(汝南)에 신양현(新陽縣)이 있는데, 응소(應劭)는 "신수(新水)의 북쪽[陽]에 있다."라 하였으니, 빈읍(豳邑)이 순(栒)으로 변한 것이니 또한 당연하다. 서씨(徐氏)는 "순양(郇陽)은 신양(愼陽)이 되어야 한다."라 하였는데 소략한 것 같다. **정의** 형산(陘山)은 정주(鄭州) 신정현(新鄭縣) 서남쪽 30리 지점에 있다. 순양(順陽)의 옛 성은 정주(鄭州) 양현(穰縣) 서쪽 백40리 지점에 있다.

一軍出武關	한 갈래는 무관으로 나올 것이며
一軍下黔中	한 갈래는 검중으로 내려올 것이니
則鄢郢動矣[110]	언과 영이 동요될 것입니다.
臣聞治之其未亂也	신이 듣건대 아직 어지러워지기 전에 다스린다면
爲之其未有也	그 일이 발생하기 전에 다스릴 수 있다고 하였습니다.
患至而后憂之	근심이 이른 다음에 걱정을 하면
則無及已	미치지 못할 따름입니다.
故願大王蚤孰計之	그러므로 바라건대 대왕께서는 일찌감치 숙고해 주십시오.
大王誠能聽臣	대왕께서 실로 저의 말을 들으실 수 있다면
臣請令山東之國奉四時之獻	신은 청컨대 산동의 나라들로 하여금 사철 공물을 바치어
以承大王之明詔	대왕의 밝으신 명을 받들고
委社稷	사직을 받들며
奉宗廟	종묘를 받들고
練士厲兵	군사들을 훈련시키어
在大王之所用之	대왕께서 쓰고자 함에 있게 하겠습니다.
大王誠能用臣之愚計	대왕께서 실로 저의 어리석은 계책을 쓰실 수 있으시면

110 **집해** 서광은 말하였다. "지금의 남군(南郡) 의성(宜城)이다." **정의** 언향(鄢鄉)의 옛 성은 양주(襄州) 솔도현(率道縣) 남쪽 9리 지점에 있다. 안영성(安郢城)은 형주(荊州) 강릉현(江陵縣) 동북쪽 6리 지점에 있다. 진나라 군사가 무관을 나서면 언(鄢)에 다다르고, 군사가 검중으로 내려가면 영(郢)에 다다르게 된다.

則韓魏齊燕趙衛之妙音美人必充後宮	
	한과 위 · 제 · 연 · 조 · 위나라의 가기(歌妓)와 미인들이 반드시 후궁을 채울 것이며
燕代橐駝良馬必實外廐	연과 대나라의 낙타와 준마가 반드시 마구간을 채울 것입니다.
故從合則楚王	그러므로 합종을 하게 되면 초나라가 패왕이 되고
衡成則秦帝	연횡이 이루어지면 진나라가 제업을 이루게 됩니다.
今釋霸王之業	지금 패왕의 업을 놓고
而有事人之名	남을 섬긴다는 이름을 가지고 계시니
臣竊爲大王不取也	저는 가만히 대왕님께 찬성하지 않습니다.

夫秦	저 진나라는
虎狼之國也	범과 이리 같은 나라로
有吞天下之心	천하를 집어 삼키려는 마음을 가지고 있습니다.
秦	진나라는
天下之仇讎也	천하의 원수입니다.
衡人皆欲割諸侯之地以事秦	연횡론자들은 모두 제후의 땅을 떼어주어 진나라를 섬기고자 하는데
此所謂養仇而奉讎者也	이것이 이른바 원수를 기르고 원수를 받드는 것입니다.
夫爲人臣	대체로 신하가 되어
割其主之地以外交彊虎狼之秦	
	임금의 땅을 떼어 밖으로 강한 범과 이리 같은 진나라와 교유하고

以侵天下	천하를 침략하게 하여
卒有秦患	마침내 진나라와 근심이 생기면
不顧其禍	그 재앙을 돌아보지 않을 것입니다.
夫外挾彊秦之威以內劫其主	밖으로 강한 진나라의 위세를 끼고 안으로 임금을 협박하여
以求割地	땅을 떼어주기를 구하는데
大逆不忠	대역불충 가운데
無過此者	이보다 더한 것은 없습니다.
故從親則諸侯割地以事楚	그러므로 합종하여 친하게 되면 제후들이 땅을 떼어 초나라를 섬길 것이고
衡合則楚割地以事秦	연횡을 이루면 초나라가 땅을 떼어 진나라를 섬기게 될 것인데
此兩策者相去遠矣	이 두 가지 계책은 서로 차이가 많으니
二者大王何居焉	두 가지 가운데 대왕께서는 어느 쪽에 서시겠습니까?
故敝邑趙王使臣效愚計	그러므로 저희 조왕께서 신으로 하여금 어리석은 계책을 바치게 하여
奉明約	밝은 맹약을 받듦은
在大王詔之	대왕님이 명하심에 있습니다.”
楚王曰	초왕이 말하였다.
寡人之國西與秦接境	“과인의 나라는 서로 진나라와 국경을 접하고 있어
秦有舉巴蜀并漢中之心	진나라는 파촉을 차지하고 한중을 병탄하려는 마음을 가지고 있소.
秦	진나라는

虎狼之國	범과 이리 같은 나라로
不可親也	가까이할 수 없습니다.
而韓魏迫於秦患	그리고 한나라와 위나라는 진나라의 근심에 압박을 받으므로
不可與深謀	함께 깊이 꾀할 수 없으며,
與深謀恐反人以入於秦	함께 깊이 꾀하면 도리어 사람을 진나라에 들여보낼 것이므로
故謀未發而國已危矣	미처 꾀하기도 전에 나라는 이미 위태롭게 될 것이오.
寡人自料以楚當秦	과인이 스스로 헤아려 보건대 초나라를 가지고 진나라에 맞서면
不見勝也	이기지 못할 것이며,
內與群臣謀	안으로 뭇 신하들과 도모하면
不足恃也	믿을 만하지 못하오.
寡人臥不安席	과인은 누워도 자리가 편안치 않으며
食不甘味	음식을 먹어도 맛이 달지 않으며
心搖搖然如縣旌而無所終薄[111]	
	마음이 흔들흔들 불안하여 깃발을 건듯 하여 둘 곳이 없소.
今主君欲一天下	지금 주군이 천하를 하나로 하여
收諸侯	제후들을 거두고
存危國	위태로운 나라를 존속시키고자 하니
寡人謹奉社稷以從	과인은 삼가 사직을 받들어 따르겠소."

111 집해 음은 박[白洛反]이다.

於是六國從合而并力焉	이에 여섯 나라는 합종을 하여 힘을 아울렀다.
蘇秦爲從約長	소진은 합종의 맹약의 우두머리가 되었으며
并相六國	여섯 나라의 재상을 아울렀다.
北報趙王	북으로 가서 조왕에게 복명하면서
乃行過雒陽	이에 낙양을 지나게 되었는데
車騎輜重	(수행하는) 수레와 기마며 치중,
諸侯各發使送之甚衆	제후들이 각기 사신을 보내어 호송한 것이 매우 많아
疑於王者[112]	왕에 비길 정도였다.
周顯王聞之恐懼	주현왕은 이를 알게 되어 매우 두려워하여
除道	길을 치우고
使人郊勞[113]	사람을 시켜 교외에서 위로하게 하였다.
蘇秦之昆弟妻嫂側目不敢仰視	소진의 형제와 아내며 형수는 곁눈질을 하며 감히 바라보지 못하고
俯伏侍取食	엎드려 식사를 할 때 시중을 들었다.
蘇秦笑謂其嫂曰	소진이 웃으면서 형수에게 말하였다.
何前倨而後恭也	"어찌하여 전에는 거만하다가 나중에는 공손한 거요?"
嫂委蛇蒲服[114]	형수는 뱀처럼 구불구불 기어다니며
以面掩地而謝曰	얼굴을 땅에 대고 사죄하여 말하였다.

112 색은 '疑'는 '擬' 자의 뜻으로 읽어야 한다.

113 집해 『의례(儀禮)』「빙례(聘禮)」에서는 "빈객이 근교에 이르면 임금은 경으로 하여금 조복을 갖추어 입고 (다섯 필의) 비단 한 묶음으로 위로하게 한다(賓至近郊, 君使卿朝服用束帛勞)."라 하였다.

見季子位高金多也[115]	"아주버님께서 지위가 높고 금품이 많기 때문이지요."
蘇秦喟然歎曰	소진이 아아! 하고 탄식하며 말하였다.
此一人之身	"이 한 사람의 몸이
富貴則親戚畏懼之	부귀하게 되면 친척이 두려워하고
貧賤則輕易之	빈천하면 깔보니
況衆人乎	하물며 뭇 사람들이겠는가!
且使我有雒陽負郭田二頃[116]	또한 내게 성곽 근처의 밭 2경만 갖게 하였어도
吾豈能佩六國相印乎	내 어찌 여섯 나라 재상의 도장을 찰 수 있었겠는가!"
於是散千金以賜宗族朋友	이에 천금을 흩어서 족속과 친구들에게 주었다.
初	처음에
蘇秦之燕	소진이 진나라로 갈 때
貸人百錢爲資	남에게 백 전을 빌려 자금으로 삼았는데
乃得富貴	이에 부귀하게 되자
以百金償之	백 금으로 갚았다.
遍報諸所嘗見德者	일찍이 덕을 입은 여러 사람에게 두루 (그 은혜를) 갚았다.
其從者有一人獨未得報	그 종자 가운데 어떤 한 사람만이 보상을 받지 못하였는데

114 **색은** 위사(委蛇)는 얼굴을 땅에 대고 나가는 것이 뱀이 가는 것과 같음을 말한다. 포복(蒲服)은 곧 포복(匍匐)을 말한다.

115 **집해** 초주는 말하였다. "소진의 자는 계자(季子)이다." **색은** 그 형수가 아주버니[小叔]를 계자로 부른 것일 따름으로, 반드시 그 자는 아닐 것이다. 윤남(允南: 초주의 자)은 곧 자(字)라고 생각하였는데 제대로 파악하지 못하였다.

116 **색은** 부(負)는 등진 것이며, 베고 있는 것이다. 성에 가까운 땅은 기름지고 윤택하여 가장 비옥하므로 "성을 등졌다(負郭)."고 한 것이다.

乃前自言	이에 앞으로 나아가 스스로 말하였다.
蘇秦曰	소진이 말하였다.
我非忘子	"내가 그대를 잊은 것이 아니오.
子之與我至燕	그대가 나와 함께 연나라에 이르렀을 때
再三欲去我易水之上	두세 번 거듭 역수 가에서 나를 떠나려 하였는데
方是時	바야흐로 이때
我困	내가 곤경에 처하였으므로
故望子深	그대를 깊이 원망하여
是以後子	이 때문에 그대를 뒤에 남긴 것이오.
子今亦得矣	그대는 지금 역시 얻게 될 것이오."

蘇秦既約六國從親	소진이 이미 여섯 나라를 합종하여 친하게끔 약정하고
歸趙	조나라로 돌아가니
趙肅侯封爲武安君	조숙후는 (소진을) 무안군에 봉하였고
乃投從約書於秦[117]	이에 합종의 맹약서를 진나라로 보내니
秦兵不敢闚函谷關十五年	진나라 군사가 감히 함곡관을 엿보지 못한 것이 15년이었다.

其後秦使犀首欺齊魏	그 뒤 진나라는 서수로 하여금 제나라와 위나라를 속이게 하여
與共伐趙	그들과 함께 조나라를 쳐서

---

117 **색은** 곧 합종의 약정서를 마련한 것이다. 생각건대 여러 판본에는 '투(投)' 자로 되어 있다. 설(設)이라고 한 것은 여섯 나라가 합종으로 맹약한 일을 선포하여 진나라에 알린 것을 이른다. '투(投)'라고 해도 또한 쉽게 이해된다.

欲敗從約	합종의 맹약을 깨뜨리려 하였다.
齊魏伐趙	제나라와 위나라가 조나라를 치자
趙王讓蘇秦	조왕은 소진에게 문책하였다.
蘇秦恐	소진은 두려워하여
請使燕	연나라에 사신으로 가기를 청하여
必報齊	반드시 제나라에 보복하고자 하였다.
蘇秦去趙[118]而從約皆解	소진이 조나라를 떠나자 합종의 맹약은 모두 와해되었다.

秦惠王以其女爲燕太子婦	진혜왕은 자기의 딸을 연나라 태자의 아내로 삼았다.
是歲	이해에
文侯卒	문후가 죽고
太子立	태자가 즉위하니
是爲燕易王	바로 연역왕이다.
易王初立	역왕이 막 즉위하였을 때
齊宣王因燕喪伐燕	제나라 선왕은 연나라가 국상을 당한 틈을 타 연나라를 쳐서
取十城	성 열 개를 빼앗았다.
易王謂蘇秦曰	역왕이 소진에게 말하였다.
往日先生至燕	"지난날 선생이 연나라에 이르렀을 때
而先王資先生見趙	선왕께서는 선생에게 조왕을 뵙도록 지원을 하여
遂約六國從	마침내 여섯 나라가 합종을 하였습니다.
今齊先伐趙	이제 제나라가 먼저 조나라를 치고

118 **집해** 서광은 말하였다. "처음 연나라에 유세하였을 때로부터 이때까지가 3년째이다."

次至燕	다음에 연나라에 이르니
以先生之故爲天下笑	선생 때문에 천하의 웃음거리가 되었소.
先生能爲燕得侵地乎	선생은 연나라에 빼앗긴 땅을 찾아줄 수 있겠소?"
蘇秦大慚	소진은 크게 부끄러워서
曰	말하였다.
請爲王取之	"왕께 찾아주기를 청합니다."

蘇秦見齊王	소진은 제왕을 찾아보고
再拜	두 번 절한 후에
俯而慶	고개를 숙이어 경하하고
仰而弔[119]	고개를 들고는 애도를 표했다.
齊王曰	제왕이 말하였다.
是何慶弔相隨之速也	"경하와 애도를 이어서 함이 어찌 이리 빠르오?"
蘇秦曰	소진이 말하였다.
臣聞飢人所以飢而不食烏喙者[120]	"신이 듣건대 굶주린 사람이 굶주리면서도 오훼를 먹지 않는 것은
爲其愈充腹而與餓死同患也[121]	배를 채워 낫게는 하지만 굶어죽는 것이나 근

119 색은 유씨는 말하였다. "당시에 경사스런 일이나 조의를 표할 때는 말이 있었는데 다만 사신이 기록을 하지 않았을 따름이다."

120 집해 『본초경(本草經)』에서는 "오두(烏頭)는 일명 오훼(烏喙)라고도 한다."라 하였다. 색은 '烏啄'의 (뒷글자의) 음은 탁(卓)이며, 또한 음을 훼[許穢反]라고도 한다. 바로 지금의 독약인 오두(烏頭)이다. 정의 『광아(廣雅)』에서는 "작해(燋奚)는 독부자(毒附子)이다. 1년생은 오탁(烏啄)이고, 3년생은 부자(附子)이며, 4년생은 오두(烏頭)이고, 5년생은 천웅(天雄)이다."라 하였다.

	심이 같기 때문입니다.
今燕雖弱小	지금 연나라는 비록 약소하나
即秦王之少婿也	곧 진왕의 사위의 나라입니다.
大王利其十城而長與彊秦爲仇	대왕께서는 성 열 개를 탐내어 오래도록 강한 진나라를 원수로 삼았습니다.
今使弱燕爲鴈行而彊秦敝其後	지금 약한 연나라를 선봉으로 만들고 강한 진나라가 그 뒤를 받치게 하여
以招天下之精兵	천하의 정예병을 부르다면
是食烏喙之類也	이는 오훼를 먹는 것과 같은 따위입니다."
齊王愀然變色[122]曰	제왕이 얼굴빛이 싹 바뀌어 말하였다.
然則柰何	"그러면 어떡해야 하겠소?"
蘇秦曰	소진이 말하였다.
臣聞古之善制事者	"신이 듣건대 옛날의 일을 잘 처리하는 자는
轉禍爲福	화를 복으로 바꾸고
因敗爲功	실패를 성공으로 만든다고 하였습니다.
大王誠能聽臣計	대왕께서 신의 계책을 들으실 수만 있다면
即歸燕之十城	즉시 연나라의 성 열 개를 돌려주십시오.
燕無故而得十城	연나라는 까닭도 없이 성 열 개를 얻으면
必喜	반드시 기뻐할 것이며,

121 색은 유씨는 유(愈)는 잠(暫) 자와 뜻이 같다고 하였는데 틀렸다. 오두를 먹으면 잠시 주림을 낫게 해주고 배를 채우지만 얼마 있지 않아 독이 퍼져 죽게 되므로 또한 굶어죽는 것과 근심이 같음을 말한다.

122 색은 '愀'는 음이 추[自酋反]이며, 또한 초[七小反]라고도 한다.

秦王知以己之故而歸燕之十城	진왕은 자기 때문에 연나라의 성 열 개를 돌려준 것을 알면
亦必喜	또한 반드시 기뻐할 것입니다.
此所謂棄仇讎而得石交者也	이것이 이른바 원수를 버리고 굳은 교유를 얻는다는 것입니다.
夫燕秦俱事齊	저 연나라와 진나라가 모두 제나라를 섬기면
則大王號令天下	대왕이 천하를 호령함에
莫敢不聽	듣지 않는 사람이 없을 것입니다.
是王以虛辭附秦	이는 임금께서 빈말로 진나라에 붙고
以十城取天下	성 열 개로 천하를 얻는 것입니다.
此霸王之業也	이는 패왕의 위업입니다.”
王曰	왕이 말하였다.
善	“좋소.”
於是乃歸燕之十城	이에 곧 연나라의 성 열 개를 돌려주었다.

人有毀蘇秦者曰	소진을 헐뜯는 자가 있었는데 이렇게 말하였다.
左右賣國反覆之臣也	“이리 갔다 저리 갔다 나라를 팔아먹고 반복이 무상한 신하로
將作亂	난을 일으킬 것입니다.”
蘇秦恐得罪歸	소진은 죄를 입을까 두려워하여 돌아갔는데
而燕王不復官也	연왕은 더 이상 관직을 내리지 않았다.
蘇秦見燕王曰	소진이 연왕을 뵙고 말하였다.
臣	“신은
東周之鄙人也	동주의 비루한 사람으로

無有分寸之功	조그마한 공도 없었는데
而王親拜之於廟而禮之於廷	왕께서는 종묘에서 접견하시고 조정에서 예우하였습니다.
今臣爲王卻齊之兵而得十城	지금 신은 왕께 제나라의 군사를 물리치고 성 열 개를 얻어주었으니
宜以益親	더욱 가까이 대하셔야 합니다.
今來而王不官臣者	지금 왔는데도 왕께서 신에게 관직을 내리지 않는 것은
人必有以不信傷臣於王者	반드시 누가 왕께 믿을 수 없다고 신을 중상하였기 때문일 것입니다.
臣之不信	신이 신용이 없는 것은
王之福也	왕의 복입니다.
臣聞忠信者	신이 듣건대 충과 신은
所以自爲也	스스로를 위하는 것이고,
進取者	나아가 취하는 것은
所以爲人也	남을 위하는 것이라고 하였습니다.
且臣之說齊王	또한 신은 제왕을 유세하면서
曾非欺之也	일찍이 속인 적이 없습니다.
臣棄老母於東周	신은 동주에 노모를 버려두고
固去自爲而行進取也	실로 스스로를 위함을 버리고 나아가 취함을 행한 것입니다.
今有孝如曾參	이제 증삼같이 효성스럽고
廉如伯夷	백이처럼 청렴하며
信如尾生	미생처럼 신의 있는 사람이 있다 칩시다.
得此三人者以事大王	이 세 사람을 얻어 대왕을 섬기게 하면
何若	어떻겠습니까?”

王曰	왕이 말하였다.
足矣	"만족하겠지요."
蘇秦曰	소진이 말하였다.
孝如曾參	"증삼같이 효성스럽다면
義不離其親一宿於外	그 어버이를 떠나 하루라도 밖에서 자지 않았을 텐데
王又安能使之步行千里而事弱燕之危王哉	왕께서는 또한 어찌 그로 하여금 천 리를 걸어가게 하여 약한 진나라의 위태로운 왕을 섬기게 할 수 있겠습니까?
廉如伯夷	백이처럼 청렴하다면
義不爲孤竹君之嗣	의리상 고죽군의 계승자 되지 않았을 것이고
不肯爲武王臣	무왕의 신하도 되려 하지 않았을 것이며
不受封侯而餓死首陽山下	제후에 봉하여지지 않고 수양산 아래서 굶어죽었을 것입니다.
有廉如此	이와 같이 청렴하다면
王又安能使之步行千里而行進取於齊哉	왕께서는 또한 어찌 그로 하여금 천 리를 걸어가게 하여 제나라로 나아가 관직을 취할 수 있겠습니까?
信如尾生	미생과 같이 신의가 있는 사람은
與女子期於梁下	여자와 다리 아래에서 (만나기로) 약속을 하여
女子不來	여자는 오지 않고
水至不去	물이 차도 떠나지 않고
抱柱而死	기둥을 안고 죽었습니다.
有信如此	이와 같이 신의가 있다면

王又安能使之步行千里卻齊之彊兵哉

왕께서는 또한 어찌 그로 하여금 천 리를 걸어가게 하여 제나라의 강한 군사를 물리치게 할 수 있겠습니까?

臣所謂以忠信得罪於上者也

신은 이른바 충과 신으로 윗사람에게 죄를 지은 사람입니다.”

燕王曰

연왕이 말하였다.

若不忠信耳

“충성과 신의가 없을 따름이라면

豈有以忠信而得罪者乎

어찌 충성과 신의로 죄를 지을 수 있겠는가?”

蘇秦曰

소진이 말하였다.

不然

“그렇지 않습니다.

臣聞客有遠爲吏而其妻私於人者

신이 듣건대 먼 곳에서 관리가 된 사람이 있는데 그 처는 남과 사통을 하다가

其夫將來

그 남편이 오려고 함에

其私者憂之

사통하는 자가 걱정을 하니

妻曰勿憂

처가 말하기를 ‘걱정 마십시오.

吾已作藥酒待之矣

내 이미 독주를 만들어 기다리고 있습니다.’라 하였습니다.

居三日

사흘 만에

其夫果至

남편이 과연 이르자

妻使妾擧藥酒進之

처는 첩을 시켜 독주를 들고 바치게 하였습니다.

妾欲言酒之有藥

첩이 술에 독이 들었다고 말하려 하니

則恐其逐主母也

여주인을 쫓아낼까 두려웠고,

欲勿言乎

말을 하지 않으려 하니

則恐其殺主父也

남자 주인이 죽을까 두려웠습니다.

於是乎詳僵而棄酒[123]	이에 거짓으로 엎어져서 술을 버렸습니다.
主父大怒	남자 주인은 크게 노하여
笞之五十	채찍으로 50대를 때렸습니다.
故妾一僵而覆酒	그러므로 첩은 한번 엎어져 술을 엎지름으로써
上存主父	위로 남자 주인을 살리고
下存主母	아래로 여주인을 살렸습니다만
然而不免於笞	채찍질은 면하지 못하였으니
惡在乎忠信之無罪也	충성과 신의가 죄가 없음이 어디 있습니까?
夫臣之過	신의 죄과는
不幸而類是乎	불행히 이것과 닮았습니다!"
燕王曰	연왕이 말하였다.
先生復就故官	"선생은 다시 옛 관직에 복직하시오."
益厚遇之	그를 더욱 두터이 대우하였다.

易王母	역왕의 어머니는
文侯夫人也	문후의 부인인데
與蘇秦私通	소진과 사통을 하였다.
燕王知之	연왕은 그것을 알고
而事之加厚	더욱 두터이 대우하였다.
蘇秦恐誅	소진은 죽임을 당할까 두려워
乃說燕王曰	이에 연왕을 유세하여 말하였다.
臣居燕不能使燕重	"신이 연나라에 있으면 연나라를 중시하게 할 수 없으며

123 색은 '詳'의 음은 양(羊)이다. 양(詳)은 거짓이라는 뜻이다.(곧 佯의 뜻으로 쓰였다.-옮긴이) '僵'은 엎어진다는 뜻으로 음은 강(薑)이다.

而在齊則燕必重	제나라에 있으면 연나라는 반드시 중시될 것입니다."
燕王曰	연왕이 말하였다.
唯先生之所爲	"선생이 하고 싶은 대로 하시오."
於是蘇秦詳爲得罪於燕而亡走齊	이에 소진이 연나라에서 거짓으로 죄를 짓고 제나라로 달아나니
齊宣王以爲客卿[124]	제선왕은 객경으로 삼았다.

齊宣王卒	제선왕이 죽고
湣王即位	민왕이 즉위하자
說湣王厚葬以明孝	민왕에게 장례를 후히 지내 효를 밝히고
高宮室大苑囿以明得意	궁실을 높이 하고 원유를 크게 하여 뜻을 얻었음을 밝히라고 유세하여
欲破敝齊而爲燕	제나라를 허물어뜨려 연나라를 위하고자 하였다.
燕易王卒[125]	연역왕이 죽고
燕噲立爲王	연쾌가 왕으로 즉위하였다.
其後齊大夫多與蘇秦爭寵者	그 후 제나라 대부가 대대적으로 소진과 총애를 다투어
而使人刺蘇秦	사람을 시켜 소진을 척살하게 하였는데
不死	죽지는 않고
殊而走[126]	상처만 입고 달아났다.
齊王使人求賊	제왕이 사람을 시켜 자객을 찾게 하였지만

124 **집해** 서광은 말하였다. "연역왕 10년(B.C. 323) 때의 일이다."

125 **집해** 서광은 말하였다. "역왕(易王) 12년(B.C. 321)에 죽었다."

不得	찾아내지 못하였다.
蘇秦且死	소진이 죽게 되었을 때
乃謂齊王曰	곧 제왕에게 말하였다.
臣即死	"신이 죽거든
車裂臣以徇於市	신을 거열형에 처하여 저자에서 조리를 돌린 후
曰蘇秦爲燕作亂於齊	'소진이 연나라를 위하여 제나라에서 난을 일으켰다.'라 하십시오.
如此則臣之賊必得矣	이렇게 하면 신을 죽인 자객을 반드시 잡게 될 것입니다."
於是如其言	이에 그의 말대로 하였더니
而殺蘇秦者果自出	소진을 죽인 자가 과연 자수를 하여
齊王因而誅之	제왕은 이에 그를 죽였다.
燕聞之曰	연나라에서 듣고 말하였다.
甚矣	"심하도다,
齊之爲蘇生[127]報仇也	제나라에서 소진을 위해 복수를 해줌이!"

蘇秦既死	소진이 죽자
其事大泄	그(가 연나라를 위해서 한) 일이 대대적으로 새어나갔다.
齊後聞之	제나라에서 나중에 알게 되어
乃恨怒燕	이에 연나라에 원한을 품고 분노하니

126 **집해** 『풍속통의(風俗通義)』에서는 한나라의 법령에 대하여 말하면서 "만이융적(蠻夷戎狄)이 죄를 지으면 죽였다."라 하였다. 수(殊)는 죽는다는 뜻으로 주(誅)와 같은 뜻이다. 여기서 "죽이지 못하고 상처만 입히고 달아났다."라 한 것은 소진이 당시에는 비록 즉사하지 않았지만 죽을 상처였으므로 '수(殊)'라고 하였다.

127 **집해** 서광은 말하였다. "'먼저 선(先)' 자로 된 판본도 있다."

燕甚恐	연나라는 매우 두려워하였다.
蘇秦之弟曰代	소진의 아우는 소대라 하였고
代弟蘇厲	소대의 아우는 소려라 하였는데
見兄遂	형이 (성취를) 이룬 것을 보고
亦皆學	또한 모두 (종횡술을) 배웠다.
及蘇秦死	소진이 죽자
代乃求見燕王	소대는 이에 연왕을 뵙기를 청하여
欲襲故事	(소진의) 옛일을 잇고자 하여
曰	말하였다.
臣	"신은
東周之鄙人也	신은 동주의 비루한 사람입니다.
竊聞大王義甚高	대왕의 의기가 매우 높음을 가만히 듣고
鄙人不敏	비루한 사람이 불민한데도
釋鉏耨而干大王	호미로 김매는 일을 그만두고 대왕께 (뵙기를) 간구합니다.
至於邯鄲	한단에 이르러 보니
所見者絀於所聞於東周	본 것이 동주에서 들은 것과 차이가 많아
臣竊負其志	신은 가만히 그 뜻을 저버렸습니다.
及至燕廷	연나라 조정에 이르러
觀王之群臣下吏	왕의 뭇 신하들과 하급 관리들을 살펴보니
王	왕께서는
天下之明王也	천하의 현명한 왕이십니다."
燕王曰	연왕이 말하였다.
子所謂明王者何如也	"그대가 이른바 현명한 왕이란 어떤 것이오?"
對曰	대답하였다.

臣聞明王務聞其過	"신이 듣건대 현명한 왕은 과오를 듣는 데 힘쓰고
不欲聞其善	훌륭한 점은 들으려 하지 않는다 합니다.
臣請謁王之過	신은 청컨대 왕의 과오를 아뢰려 합니다.
夫齊趙者	저 제나라와 조나라는
燕之仇讎也	연나라의 원수이옵고,
楚魏者	초나라와 위나라는
燕之援國也	연나라를 돕는 나라입니다.
今王奉仇讎以伐援國	지금 왕께서는 원수를 받들어 돕는 나라를 치시니
非所以利燕也	연나라를 이롭게 하는 것이 아닙니다.
王自慮之	왕께서 스스로 헤아려 보건대
此則計過	이것이 잘못된 계책인데도
無以聞者	알려 주지 않는 자는
非忠臣也	충신이 아닙니다."
王曰	왕이 말하였다.
夫齊者固寡人之讎	"저 제나라는 실로 과인의 원수로
所欲伐也	치고 싶은데
直患國敝力不足也	다만 나라가 피폐하고 힘이 부족한 것이 걱정스럽소.
子能以燕伐齊	그대가 연나라를 가지고 제나라를 칠 수만 있다면
則寡人擧國委子	과인은 온 나라를 그대에게 맡기겠소."
對曰	대답하였다.
凡天下戰國七	"무릇 천하의 쟁패를 다투는 나라가 일곱인데
燕處弱焉	연나라가 그중에서 약한 처지에 있습니다.

獨戰則不能	홀로 싸우기에는 능력이 없으나
有所附則無不重	(다른 나라에) 붙으면 중하여지지 않음이 없습니다.
南附楚	남으로 초나라에 붙으면
楚重	초나라가 중해지고,
西附秦	서로 진나라에 붙으면
秦重	진나라가 중해지며,
中附韓魏	가운데로 한나라와 위나라에 붙으면
韓魏重	한나라와 위나라가 중하여집니다.
且苟所附之國重	또한 실로 붙은 나라가 중하여지면
此必使王重矣[128]	이에 반드시 왕도 중하여지게 될 것입니다.
今夫齊	지금 저 제나라는
長主[129]而自用也	군주가 연장자이면서 제멋대로입니다.
南攻楚五年	남으로 초나라를 공격한 지 5년 만에
畜聚竭	축적하여 놓은 것이 고갈되었고,
西困秦三年	서로 진나라를 곤경에 빠뜨린 지 3년 만에
士卒罷敝	군사들이 피폐하여졌으며,
北與燕人戰	북으로 연나라 사람들과 싸워서
覆三軍	삼군을 엎고
得二將[130]	두 장수를 사로잡았습니다.

128 정의 여러 나라에 붙으면 여러 나라가 연나라를 중시하고 연나라가 존중해진다는 말이다.

129 색은 제왕이 연장자임을 말한다. 어떤 판본에는 "제나라가 강하므로 장주라고 하였다(齊彊, 故言長主)."라 하였다.

130 집해 서광은 말하였다. "제나라가 엎은 것이 세 번이고 연나라는 두 장수를 잃었다." 색은 서광은 말하였다. "제나라가 엎은 것이 세 번이고 연나라는 두 장수를 잃었다. 또한 『전국책』에서는 '두 장수를 사로잡았다.'라 하였는데, 또한 연나라의 두 장수를 이르는 것으로 곧 연나라가 잃은 것이다."

然而以其餘兵南面擧五千乘之大宋[131]

그러나 그 나머지 병력은 남으로 병력 5천 승인 큰 송나라와 마주하고 있으며

而包十二諸侯 12제후국을 포괄하고 있습니다.

此其君欲得 그 임금은 얻고자 하나

其民力竭 백성들의 힘이 고갈되었으니

惡足取乎 어찌 족히 취할 만하겠습니까!

且臣聞之 또한 신이 듣건대

數戰則民勞 자주 싸우면 백성들이 피곤해지고

久師則兵敝矣 군사를 오래 쓰면 사병들이 피폐해진다고 하였습니다."

燕王曰 연왕이 말하였다.

吾聞齊有淸濟濁河[132]可以爲固

"내가 듣건대 제나라에는 청제와 탁하가 있어 견고하게 지킬 수 있고

長城鉅防[133]足以爲塞 장성과 큰 방책이 있어서 요새로 삼을 수 있다고 하는데

---

131 정의 「제표(齊表)」에서는 "제민왕(齊湣王) 38년에 송나라를 멸하였다."라 하였는데 곧 난왕(赧王) 29년(B.C. 286)이 되어야 한다. 이 설은 곧 연쾌(燕噲) 때로 주신왕(周慎王) 때에 해당되며, 제나라가 송나라를 멸한 것은 30여 년 전으로 아마 문장이 잘못되었을 것이다.

132 정의 제(濟)와 누(漯) 두 강은 위로 황하(黃河)를 이어 치(淄)와 청(靑)의 북쪽에서 합쳐져 바다로 유입된다. 황하의 또 한 근원은 낙(洛)과 위(魏) 두 주의 경계에서 북으로 바다에 유입되는데 또한 제나라 서북쪽 경계이다.

133 집해 서광은 말하였다. "제북(濟北) 노현(盧縣)에 방문(防門)이 있으며, 또한 장성(長城)이 있는데 동으로 바다에까지 이른다." 정의 장성(長城)의 서쪽 끝머리는 제주(濟州) 평음현(平陰縣) 경계에 있다. 『죽서기년(竹書紀年)』에서는 "양혜왕(梁惠王) 20년 제민왕(齊閔王)이 방벽을 쌓아 장성을 만들었다."라 하였다. 「태산기(太山記)」에서는 "태산 서쪽에 장성이 있는데, 하(河)를 따라 태산을 거쳐 천여 리를 흐르다가 낭야대(琅邪臺)에 이르러 바다로 흘러든다."라 하였다.

誠有之乎	실로 그런 것이 있소?"
對曰	대답하였다.
天時不與	"천시가 함께하지 않는다면
雖有淸濟濁河	청제와 탁하가 있다 하여도
惡足以爲固	어찌 족히 견고하다 하겠습니까!
民力罷敝	백성의 힘이 피폐하다면
雖有長城鉅防	장성과 큰 방책이 있은들
惡足以爲塞	어찌 족히 요새가 되겠습니까!
且異日濟西不師[134]	하물며 다른 날 제수의 서쪽에서 군사를 일으키지 않은 것은
所以備趙也	조나라를 대비하기 위함이었고,
河北不師[135]	하수 북쪽에서 군사를 일으키지 않은 것은
所以備燕也	연나라를 대비하기 위함이었습니다.
今濟西河北盡已役矣	지금 제주 서쪽과 하수 북쪽은 모두 이미 전역을 치렀고
封內敝矣	영내는 피폐하여졌습니다.
夫驕君必好利	대체로 교만한 임금은 반드시 이익을 좋아하고
而亡國之臣必貪於財	망하는 나라의 신하는 반드시 재물을 탐합니다.
王誠能無羞從子母弟以爲質[136]	왕께서 실로 조카와 동모제를 인질로 삼는 것을 부끄러워하지 않고
寶珠玉帛以事左右	보주와 옥백으로 (제왕의) 좌우를 섬기어

134 정의 제주(濟州) 서쪽이다.

135 정의 창(滄)과 박(博) 등의 주로, 누하(漯河)의 북쪽에 있다.

136 색은 『전국책』에는 '從'이 '총(寵)'으로 되어 있다.
정의 음은 지[致]이다.

彼將有德燕而輕亡宋	저들이 연나라를 고마워하고 경망하게 송나라를 망하게 할 수만 있다면
則齊可亡已	제나라는 망하게 할 수 있을 따름입니다.”
燕王曰	연왕이 말하였다.
吾終以子受命於天矣	“내 반드시 그대의 말로 하늘의 명을 받도록 하겠소.”
燕乃使一子質於齊	연나라는 이에 아들 하나를 제나라에 인질로 보냈다.
而蘇厲因燕質子而求見齊王	그리고 소려는 연나라의 인질을 따라 제왕을 보기를 구하였다.
齊王怨蘇秦	제왕은 소진을 원망하여
欲囚蘇厲	소려를 가두고자 하였다.
燕質子爲謝	연나라 인질이 사죄하고
已遂委質爲齊臣[137]	(소려도) 이미 인질로 맡겨 제나라의 신하가 되었다.

燕相子之與蘇代婚	연나라 재상 자지(子之)는 소대의 집안과 혼인을 하였는데
而欲得燕權	연나라의 정권을 얻고자 하여
乃使蘇代侍質子於齊	이에 소대로 하여금 제나라로 가는 인질을 모시게 하였다.
齊使代報燕	제나라는 소대로 하여금 연나라에 복명하게 하였는데
燕王噲問曰	연왕 쾌가 소대에게 물었다.
齊王其霸乎	“제왕이 패업을 이루겠소?”

137 정의 ‘質’의 음은 질[真栗反]이다.

曰	말하였다.
不能	“할 수 없습니다.”
曰	말하였다.
何也	“어째서 그렇소?”
曰	말하였다.
不信其臣	“그 신하를 믿지 않아서입니다.”
於是燕王專任子之	이때 연왕은 자지에게 모든 것을 맡기고
已而讓位	얼마 안 있어 양위하니
燕大亂	연나라는 크게 어지러워졌다.
齊伐燕	제나라가 연나라를 쳐서
殺王噲子之[138]	왕 쾌와 자지를 죽였다.
燕立昭王	연나라에서 소왕을 옹립하니
而蘇代蘇厲遂不敢入燕	소대와 소려는 끝내 감히 연나라로 들어가지 못하고
皆終歸齊	모두 마침내 제나라에 귀의하였는데
齊善待之	제나라에서는 그들을 매우 우대하였다.

蘇代過魏	소대가 위나라를 지나게 되었는데
魏爲燕執代	위나라에서는 연나라를 위해 소대를 붙잡아두었다.
齊使人謂魏王曰	제나라에서는 사람을 보내어 위왕에게 말하였다.
齊請以宋地封涇陽君[139]	“제나라는 송나라 땅에 경양군을 봉할 것을 청하고자 하는데
秦必不受	진나라는 반드시 받지 않을 것입니다.

138 **집해** 서광은 말하였다. “주난왕(周赧王) 원년(B.C. 314) 때의 일이다.”

秦非不利有齊而得宋地也[140]	진나라가 제나라를 가지고 송나라 땅을 얻는 것을 이롭게 여기지 않는 것은 아니나
不信齊王與蘇子也	제왕과 소자를 믿지 않습니다.
今齊魏不和如此其甚	지금 제나라와 위나라의 불화가 이렇게 심하니
則齊不欺秦	제나라는 진나라를 속이지 않을 것입니다.
秦信齊	진나라가 제나라를 믿고
齊秦合	제나라와 진나라가 (힘을) 합하여
涇陽君有宋地	경양군이 송나라 땅을 가지면
非魏之利也	위나라에게 이로울 것이 없습니다.
故王不如東蘇子	그러므로 왕께서 소자를 동으로 보냄만 못하니
秦必疑齊而不信蘇子矣	진나라는 반드시 제나라를 의심하고 소자를 믿지 않게 될 것입니다.
齊秦不合	제나라와 진나라가 (힘을) 합하지 않으면
天下無變	천하는 변동이 없을 것이며
伐齊之形成矣	제나라를 치는 형세가 이루어질 것입니다."
於是出蘇代	이에 소대를 내보냈다.
代之宋	소대가 송나라로 가니
宋善待之	송나라는 그를 매우 우대하였다.

齊伐宋	제나라가 송나라를 치니

---

139 정의 경양군(涇陽君)은 진왕(秦王)의 아우로 이름은 이(悝)이다. 경양(涇陽)은 옹주현(雍州縣)이다. 제나라의 소자(蘇子)가 진나라에 함께 송나라를 쳐서 경양군을 봉하자고 아뢰었지만 제나라는 이 계책을 가설(假設)하여 소대를 구원하였다.

140 정의 제나라에서는 진나라와 서로 친하게 되어 함께 송나라를 쳐서 진나라가 송나라 땅을 얻고 또 제나라가 진나라를 섬기게 될 것이라 하였는데, 제나라와 소대를 믿지 못하여 이루어지지 않았을 것이다.

宋急	송나라는 위급해져서
蘇代乃遺燕昭王書曰[141]	소대가 이에 연소왕에게 편지를 써서 말하였다.

夫列在萬乘而寄質於齊[142]	저 만승(萬乘)의 반열에 있으면서 제나라에 인질을 보내면
名卑而權輕	명성은 낮아지고 권세는 가벼워지며,
奉萬乘助齊伐宋	만승을 받들어 제나라를 도와 송나라를 치면
民勞而實費	백성은 피로해지며 물자를 낭비하게 되고,
夫破宋	대체로 송나라를 격파하고
殘楚淮北	초나라 회수 북쪽을 멸하여
肥大齊	제나라를 비대하게 하면
讎彊而國害	원수는 강해지고 나라는 해를 입게 되니
此三者皆國之大敗也	이 세 가지는 모두 나라의 큰 패착입니다.
然且王行之者	그런데도 또한 왕께서 그렇게 행하는 것은
將以取信於齊也	이로써 제나라의 신임을 얻으려는 것입니다.
齊加不信於王	제나라는 더욱 왕을 믿지 않을 것이며
而忌燕愈甚	연나라를 꺼림이 더욱 심할 것이니
是王之計過矣	이는 왕의 계책이 잘못된 것입니다.
夫以宋加之淮北	저 송나라에 회수 북쪽을 더하면
強萬乘之國也	만승의 나라보다 강한 것이며
而齊并之	제나라가 그것을 병탄하면
是益一齊也[143]	이는 하나의 제나라를 더하는 것입니다.

141 정의 이 편지는 송나라를 위해 연나라에 유세하여 제나라와 양(梁)나라를 돕지 말라는 것이다.

142 정의 연나라는 전에 제나라에 인질로 아들 하나를 보냈다.

北夷方七百里[144]	북쪽 오랑캐는 사방 7백 리인데
加之以魯, 衛	거기에 노나라와 위나라를 더하면
彊萬乘之國也	만승의 나라보다 강한 것이며
而齊并之	제나라가 그것을 병탄하면
是益二齊也	이는 제나라 둘을 더하는 것입니다.
夫一齊之彊	저 한 제나라의 강함도
燕猶狼顧而不能支	연나라는 오히려 이리처럼 돌아보며 버티지 못하는데
今以三齊臨燕	이제 세 제나라를 가지고 연나라에 임하면
其禍必大矣	그 화는 반드시 크게 될 것입니다.

雖然	비록 그러하나
智者舉事	지혜로운 자는 일을 할 때
因禍爲福	화를 복으로 바꾸며
轉敗爲功	패배를 공으로 바꿉니다.
齊紫	제나라의 자견(紫絹)은
敗素也[145]	찢어진 흰 비단이었는데
而賈十倍[146]	값이 열 배나 되며,
越王句踐棲於會稽	월왕 구천은 회계에 깃들었었는데
復殘彊吳而霸天下	다시 강한 오나라를 치고 천하의 패업을 이루었습니다.
此皆因禍爲福	이는 모두 화를 복으로 바꾸고

143 정의 다시 회수 북쪽의 땅을 제나라 도읍에 더하면 이는 만승의 나라를 강하게 하여 제나라가 모두 병탄하면 이는 한 제나라를 더하는 것이라는 말이다.

144 색은 산융(山戎)과 북적(北狄)이 제나라에 붙는 것을 말한다. 정의 제환공(齊桓公)이 산융과 영지(令支)를 치고 고죽(孤竹)을 참하여 남으로 바닷가에 돌아오니 제후들 가운데 와서 복종하지 않음이 없었다.

轉敗爲功者也	패배를 공으로 바꾼 것입니다.
今王若欲因禍爲福	지금 왕께서 화를 복으로 바꾸고
轉敗爲功	패배를 공으로 바꾸시고자 하신다면
則莫若挑霸齊而尊之[147]	제나라를 패자로 추어올려 높이어
使使盟於周室	주나라 왕실에 사자를 보내어 맹약을 맺게 한 후
焚秦符	진나라의 부절을 태우고
曰[148]其大上計	말하기를 "가장 좋은 계책은
破秦	진나라를 격파하는 것이며,
其次	그 다음은
必長賓之[149]	반드시 오래도록 배척하는 것이다."라 하는 것 같은 것이 없습니다.
秦挾賓以待破	진나라가 배척을 받아 격파되는 것을 기다리면

145 집해 서광은 말하였다. "찢어진 비단[敗素]을 가져다가 자줏빛으로 물들인 것이다." 정의 제나라 임금이 자색을 좋아하였으므로 제나라의 민간에서 그것을 숭상하였다. 나쁜 비단을 자줏빛으로 물들였더니 그 값이 나머지의 열 배나 비싸진 것이다. 제나라가 비록 큰 명성은 있을지라도 나라는 곤경에 처하여 쓰러짐을 비유한 것이다. 『한자(韓子)』에서는 "제환공이 자줏빛 옷을 입는 것을 좋아하자 온 나라가 모두 자줏빛 옷을 입었으며 당시 흰 비단 열 필이 자줏빛(으로 물들인) 비단 한 필만 못하였으므로 공이 그것을 걱정하였다. 관중(管仲)이 말하기를 '임금께서 그만두고자 하시면서 어찌 옷을 버리지 않으십니까?'라 하니, 공이 좌우에 이르기를 '자줏빛 냄새를 싫어한다(惡紫臭).'라 하니 공이 말한 지 사흘 만에 경내에 자줏빛 옷을 입는 자가 없어졌다."라 하였다.

146 색은 자줏빛이 비단보다 열 배나 비싸지만 원래는 찢어진 비단이었음을 말한다. 제나라가 비록 큰 명성은 있을지라도 나라는 곤경에 처하여 쓰러짐을 비유한 것이다.

147 정의 '挑'의 음은 조[田鳥反]이며, 잡는다는 뜻이다.

148 정의 부(符)는 징조(徵兆)이다.

149 색은 '長'의 음은 글자의 뜻 그대로이다. 빈(賓)은 곧 '빈(擯)'이다. 정의 가장 좋은 계책은 진나라를 깨뜨리는 것이고, 그 다음은 영원히 관서(關西)로 배척하여 버리는 것이라는 말이다.

秦王必患之	진왕은 반드시 그것을 근심할 것입니다.
秦五世伐諸侯	진나라는 5세 동안 제후를 쳤는데
今爲齊下	지금은 제나라의 아래이며
秦王之志苟得窮齊	진왕의 뜻은 실로 제나라를 궁하게 하는 것으로
不憚以國爲功	나라를 가지고 공을 이루기를 꺼리지 않습니다.
然則王何不使辯士以此言說秦王曰	그렇다면 왕께서는 어찌 변사를 보내어 이 말을 가지고 진왕에게 이렇게 유세하지 않으십니까?
燕趙破宋肥齊	"연나라와 조나라가 송나라를 깨뜨리고 제나라를 살찌워
尊之爲之下者	그들을 높이어 그 아래가 되는 것은
燕趙非利之也	연나라와 조나라에 이롭지 않습니다.
燕趙不利而勢爲之者	연나라와 조나라에 이롭지 않은데도 형편상 그렇게 하는 것은
以不信秦王也	진왕을 믿지 못하기 때문입니다.
然則王何不使可信者接收燕趙	그렇다면 왕께서는 어찌 믿을 만한 자를 보내어 연나라 조나라를 가까이하여 신용을 얻어
令涇陽君高陵君先於燕趙[150]	경양군과 고릉군으로 하여금 연나라와 조나라에게 먼저 알리게 하지 않습니까?
秦有變	진나라에 변고가 있으면
因以爲質	이로 인하여 인질로 잡을 것이니
則燕趙信秦	연나라와 조나라는 진나라를 믿게 될 것입니다.
秦爲西帝	진나라는 서제가 되고
燕爲北帝	연나라는 북제가 되며
趙爲中帝	조나라는 중제가 되어

150 집해 서광은 풍익(馮翊) 고릉현(高陵縣)이라고 하였다. 색은 두 사람은 진왕의 아우이다. 고릉군은 이름이 현(顯)이다. 경양군은 이름이 회(悝)이다.

立三帝以令於天下	세 임금이 서서 천하를 호령합니다.
韓, 魏不聽則秦伐之	한나라와 위나라가 따르지 않으면 진나라가 치고
齊不聽則燕, 趙伐之	제나라가 따르지 않으면 연나라와 조나라가 치니
天下孰敢不聽	천하에 누가 감히 따르지 않겠습니까?
天下服聽	천하가 복종하여 따르면
因驅韓, 魏以伐齊	이에 한나라와 위나라를 몰아 제나라를 치고
曰必反宋地	말하기를 '반드시 송나라 땅을 반납하고
歸楚淮北	초나라 회수 북쪽을 돌려주라.'고 합니다.
反宋地	송나라 땅을 반납하고
歸楚淮北	초나라 회수 북쪽을 돌려주는 것은
燕趙之所利也	연나라와 조나라에 이로운 것이며,
並立三帝	세 임금이 한꺼번에 서는 것은
燕趙之所願也	연나라와 조나라가 바라는 것입니다.
夫實得所利	대체로 실로 이득을 얻고
尊得所願	바라는 바를 높이게 될 것이니
燕, 趙棄齊如脫躧矣	연과 조나라가 제나라를 버림은 신발을 벗는 것과 같을 것입니다.
今不收燕, 趙	지금 연나라와 조나라를 거두지 않으면
齊霸必成	제나라의 패업은 반드시 이루어질 것입니다.
諸侯贊齊而王不從	제후들이 제나라를 옹호하는 데도 왕께서 따르지 않는 것은
是國伐也	나라가 (진나라의) 정벌을 당하고 있기 때문이며,
諸侯贊齊而王從之	제후들이 제나라를 옹호하는 데도 왕께서 따르는 것은
是名卑也	명성이 낮기 때문입니다.
今收燕, 趙	지금 연나라와 조나라를 거두면

國安而名尊	나라가 안정되고 명성은 높아질 것이며,
不收燕, 趙	연나라와 조나라를 거두지 않으면
國危而名卑	나라는 위태롭게 되고 명성은 낮아질 것입니다.
夫去尊安而取危卑	높아지고 안정되는 것을 버리고 위태롭고 낮아지는 것을 취함은
智者不爲也	지혜로운 자들이 하지 않는 것입니다."
秦王聞若說	진나라는 이 말을 들으면
必若刺心然	반드시 가슴을 찌르는 것 같아질 것입니다.
則王何不使辯士以此若言說秦	왕께서는 어찌 변사를 보내어 이 말로 진나라를 유세하지 않으십니까?
秦必取	진나라는 반드시 쟁취될 것이고
齊必伐矣	제나라는 반드시 토벌될 것입니다.
夫取秦	대체로 진나라를 취하려면
厚交也	외교를 두터이 하여야 하고,
伐齊	제나라를 치려면
正利也	이익을 바르게 해야 합니다.
尊厚交	외교를 두터이 함을 높이고
務正利	이익을 바르게 함을 힘쓰는 것이
聖王之事也	성왕의 사업입니다.
燕昭王善其書	연나라 소왕은 그 편지를 훌륭하게 여기어
曰	말하였다.
先人嘗有德蘇氏	"선왕은 일찍이 소씨의 은덕을 입었는데
子之之亂而蘇氏去燕	자지의 난으로 소씨는 연나라를 떠났다.

燕欲報仇於齊	연나라가 제나라에 원수를 갚으려면
非蘇氏莫可	소씨가 아니면 안 된다.”
乃召蘇代	이에 소대를 불러
復善待之	다시 우대하였다.
與謀伐齊	함께 제나라를 칠 계책을 세웠다.
竟破齊	마침내 제나라를 깨뜨리니
湣王出走	민왕은 달아났다.

久之	한참 있다가
秦召燕王	진나라에서 연왕을 부름에
燕王欲往	연왕이 가려고 하자
蘇代約燕王曰	소대는 연왕에게 다짐하여 말하였다.
楚得枳[151]而國亡[152]	“초나라는 지(枳)를 얻고 나라가 망하였으며
齊得宋而國亡[153]	제나라는 송나라를 얻고 나라가 망하였는데
齊楚不得以有枳宋而事秦者	제나라와 초나라가 지와 송나라를 차지하지 못하고도 진나라를 섬기는 것은
何也	어째서이겠습니까?
則有功者	곧 공이 있는 자는
秦之深讎也	진나라의 깊은 원수이기 때문입니다.
秦取天下	진나라가 천하를 빼앗고도

151 **집해** 서광은 말하였다. “파군(巴郡)에 지현(枳縣)이 있다.” **정의** ‘枳’의 음은 지[支是反]로, 지금의 부주성(涪州城)이다. 진나라에 있으며 지현(枳縣)은 강남(江南)에 있다.

152 **집해** 서광은 말하였다. “연소왕(燕昭王) 33년에 진나라는 초나라의 언(鄢)과 서릉(西陵)을 점령하였다.” **정의** 서릉(西陵)은 황주(黃州)에 있다.

153 **정의** 「연표」에서는 제민왕(齊湣王) 38년에 송나라를 멸하였다고 하였다. 45년에 다섯 나라가 함께 민왕을 공격하여 왕은 거(莒)로 달아났다.

非行義也	의를 행하지 않는 것은
暴也	폭력입니다.
秦之行暴	진나라가 폭력을 행사한 것은
止告天下[154]	바로 천하에 공포를 하였습니다.

告楚曰	(진나라가) 초나라에 알리어 말하였습니다.
蜀地之甲	'촉(蜀) 땅의 군사가
乘船浮於汶[155]	배를 타고 문수를 떠내려가
乘夏水[156]而下江	하수를 타고 강을 내려가면
五日而至郢	닷새면 영(郢)에 이를 것입니다.
漢中之甲	한중의 군사가
乘船出於巴[157]	배를 타고 파를 나서서
乘夏水而下漢	하수를 타고 한수로 내려가면
四日而至五渚[158]	나흘이면 오저에 이를 것입니다.
寡人積甲宛東下隨[159]	과인이 원(宛)의 동쪽에서 군사를 모아 수로 내려가면

---

154 **색은** 정고(正告)는 드러내놓고 천하에 알린 것이다.

155 **집해** 음은 민[眉貧反]이다. **색은** 음은 민(旻)이다. 곧 강이 나오는 민산(岷山)이다.

156 **색은** '夏'의 음은 하(暇)이다. 여름의 장맛비가 한창 불어날 때이다.

157 **색은** 파(巴)는 하천 이름으로 한수(漢水)와 가깝다. **정의** 파령산(巴嶺山)은 양주(梁州) 남쪽 백90리 지점에 있다. 『주지지(周地志)』에서는 "남으로 노자수(老子水)를 건너 파령산(巴嶺山)에 올랐다. 남으로 대강(大江)으로 돌아왔다. 이 남쪽에 옛 파국(巴國)이므로 산의 이름으로 삼았다."라 하였다.

158 **집해** 『전국책』에서는 "진나라가 초[荊]나라 사람과 싸워서 초나라를 대파하고, 영(郢)을 습격하여 동정(洞庭)과 오저(五渚)를 취하였다."라 하였다. 그렇다면 오저(五渚)는 동정호(洞庭湖)에 있다. **색은** 오저(五渚)는 물가에 있는 다섯 곳으로, 유씨는 원(宛)과 등(鄧) 사이로 한수(漢水)를 굽어보고 있으며 동정호(洞庭湖)에 있을 수 없다고 하였다. 혹자는 오저(五渚)는 곧 오호(五湖)라고 하였는데, 유씨의 설과는 더욱 같지 않다.

智者不及謀	지혜로운 자도 미처 생각지 못할 것이며
勇士不及怒	용사라도 미처 분격할 틈이 없을 것이니
寡人如射隼矣[160]	과인은 새매를 쏘는 것 같을 것입니다.
王乃欲待天下之攻函谷	왕께서 천하의 나라가 함곡관을 공격함을 기다림은
不亦遠乎	또한 멀지 않겠습니까!'
楚王爲是故	초왕은 이 때문에
十七年事秦	17년간 진나라를 섬겼습니다.

秦正告韓曰	진나라는 바로 한나라에 알리어 말하였습니다.
我起乎少曲[161]	'나는 소곡에서 일어나
一日而斷大行[162]	하루 만에 태항산(의 길)을 끊었다.
我起乎宜陽而觸平陽[163]	나는 의양에서 일어나 평양을 치고
二日而莫不盡繇[164]	이틀 만에 흔들지 않은 곳이 없다.
我離兩周而觸鄭	나는 양주를 거쳐 정을 쳐서
五日而國舉[165]	닷새 만에 온 나라를 점령하였다.'
韓氏以爲然	한씨는 그렇다고 생각하였으므로
故事秦	진나라를 섬겼습니다.

159 색은 원현(宛縣)과 섭현(葉縣)의 동쪽으로 해서 수읍(隨邑)으로 내려간 것이다.

160 색은 『역(易)』에서 말하기를 "높은 담 위의 새매를 쏘아 잡으니 이롭지 않음이 없다(射隼于高墉之上, 獲之, 無不利)."라 하였다. 진왕이 내가 지금 초나라를 쳐서 반드시 빨리 얻게 될 것이라고 말하는 것이다. 정의 준(隼)은 지금의 송골매[鶻]와 같다.

161 색은 지명으로 의양(宜陽)에 가깝다. 정의 회주(懷州) 하양현(河陽縣) 서북쪽에 있으며 「범수전(范雎傳)」에 풀이가 있다.

162 정의 태항산(太行山) 양장판도(羊腸阪道)는 북으로 한나라 상당(上黨)을 지난다.

163 정의 의양(宜陽)과 평양(平陽)은 모두 한나라의 큰 도시이며, 황하를 사이에 두고 있다.

164 색은 음은 요(搖)이다. 요(搖)는 움직인다는 뜻이다.

秦正告魏曰	진나라는 바로 위나라에게 알리어 말하였습니다.
我擧安邑	'내 안읍을 점령하고
塞女戟[166]	여극을 막아
韓氏太原卷[167]	한씨의 태원으로 가는 길이 단절되었다.
我下軹	내 지현을 내려가
道南陽	남양을 거쳐
封冀[168]	기를 봉쇄하고
包兩周[169]	양주를 포위하였다.
乘夏水	하수를 타고
浮輕舟	가벼운 배를 띄워

---

165 색은 이(離)는 뜻대로 읽는다. 군사를 주둔시켜 이주(二周)와 맞섰다는 것을 말하며, 이는 곧 정나라를 공격하였다는 것이므로 닷새 만에 나라를 점령하였다고 하였다. 거(擧)는 발(拔)과 같은 뜻이다. 정의 이(離)는 거친다는 뜻이다. 이주(二周)를 거쳐서 동으로 신정주(新鄭州)에 닿았다면 한나라는 이미 모두 점령당한 것이다.

166 색은 여극(女戟)은 지명으로 아마 태항산 서쪽에 있을 것이다.

167 색은 유씨는 '卷'의 음은 권[軌免反]이라고 하였다. 안읍(安邑)을 점령하고 여극(女戟)을 막았다는 것은 한씨(韓氏)의 한국(韓國) 의양(宜陽)에 까지 이른 것이다. 태원(太原)은 위나라 땅으로 태원에 이르지 못하며 또한 달리 태원이란 지명이 없으니 아마 '태(太)' 자는 연문일 것이다. 원(原) 자는 '경(京)' 자가 되어야 한다. 경(京)과 권(卷)은 모두 형양(滎陽)에 속하며 위나라의 경계이다. 또한 지도를 내려간다(下軹道)는 것은 하내(河內)의 지현(軹縣)으로, '도(道)'라 한 것 또한 연문이다. 서광은 "패릉(霸陵)에 지도정(軹道亭)이 있다."라 하였는데 위나라의 경계가 아니며 그 거침과 오류가 이와 같다. 정의 '卷'은 음이 권[軌免反]이다. 유백장(劉伯莊)은 "태원(太原)은 태항(太行)이 되어야 한다. 권(卷)은 단절(斷絕)과 같은 뜻이다."라 하였다.

168 집해 서광은 말하였다. "패릉(霸陵)에 지도정(軹道亭)이 있으며, 하동(河東) 피씨(皮氏)에 기정(冀亭)이 있다." 색은 "위나라 남양(南陽)은 곧 하내(河內)이다. 봉(封)은 봉릉(封陵)이다. 기(冀)는 기읍(冀邑)이다. 모두 위나라의 경계에 있으므로 서광은 '하동(河東) 피씨현(皮氏縣)에 기정이 있다.'라 하였다."

169 집해 서광은 말하였다. "장의(張儀)는 '하동(河東)을 내려가 성고(成皋)를 취하였다.'라 하였다." 정의 양주(兩周)는 왕성(王城) 및 공(鞏)이다.

彊弩在前	강한 쇠뇌를 앞세우고
銛[170]戈在後	날카로운 과를 뒤에 배치하여
決滎口	형구를 터뜨리니
魏無大梁[171]	위나라는 대량이 없어졌으며,
決白馬之口	백마의 하구를 터뜨리니
魏無外黃濟陽[172]	위나라는 외황과 제양이 없어졌고,
決宿胥之口[173]	숙서의 하구를 터뜨리니
魏無虛頓丘[174]	위나라는 허와 돈구가 없어졌다.
陸攻則擊河內	뭍으로 공격하니 하내를 공격하고
水攻則滅大梁	수로로 공격하니 대량을 멸하였다.'
魏氏以爲然	위씨는 그렇다고 생각하였으므로

---

170 집해 서광은 말하였다. "음은 염[由冉反]이다." 정의 유백장은 말하였다. "음은 섬[四廉反]이며, 날카롭다는 뜻이다."

171 색은 형택의 하구[滎澤之口]는 지금의 변하의 하구[汴河口]와 뜻이 통하며, 수심이 깊어 대량(大梁)에 물을 댈 수 있으므로 "대량이 없어졌다."고 하였다.

172 색은 백마하(白馬河)의 나루는 동군(東郡)에 있으며, 그 흐름을 터뜨려 외황(外黃) 및 제양(濟陽)에 물을 대었다. 정의 옛 황성(黃城)은 조주(曹州) 고성현(考城縣) 동쪽 24리 지점에 있다. 제양(濟陽)의 옛 성은 조주(曹州) 원구현(冤朐縣) 서남쪽 35리 지점에 있다.

173 집해 서광은 말하였다. "『기년(紀年)』에서는 위나라는 산새(山塞)를 구원하여 서구(胥口)에 모였다." 색은 『기년』에는 '서(胥)'로 되어 있는데, 아마 또한 나루 이름일 것이며, 지금은 그 땅이 있던 곳을 모른다. 정의 기수(淇水)는 위주(衛州) 기현(淇縣) 경계의 기구(淇口)에서 발원하여 동으로 여양(黎陽)에 이르러 황하로 들어간다. (『三國志』) 「위지(魏志)」에서는 "무제(武帝)는 청기구(淸淇口)의 동쪽에서 숙서(宿胥)의 옛 도랑을 따라 백구(白溝)를 열고 청(淸)과 기(淇) 두 강을 따라 들어갔다."라 하였다.

174 집해 서광은 말하였다. "진시황(秦始皇) 5년에 위나라의 산조(酸棗)와 연허(燕虛) · 장평(長平)을 취하였다." 색은 허(虛)는 읍(邑) 이름으로 산조(酸棗)와 가깝다. 정의 허(虛)는 은허(殷墟)를 말하며, 지금의 상주(相州)에서 다스린다. 돈구(頓丘)의 옛 성은 위주(魏州) 돈병현(頓兵縣) 동북쪽 20리 지점에 있다. 『괄지지』에서는 "두 나라의 땅은 당시 위나라에 속하였다."라 하였다.

故事秦	진나라를 섬겼습니다.
秦欲攻安邑	진나라는 안읍을 공격하고자 하였는데
恐齊救之	제나라가 구원할까 두려워하여
則以宋委於齊	송나라를 제나라에 맡기면서
曰	말하기를
宋王無道	'송왕은 무도하여
爲木人以象寡人	과인과 닮은 목상을 만들어서
射其面	그 얼굴을 쏘았소.
寡人地絕兵遠	과인은 땅이 떨어져 있고 군사는 멀리 있어
不能攻也	공격할 수 없소.
王苟能破宋有之	왕이 송나라를 쳐서 가질 수만 있다면
寡人如自得之	과인은 직접 가진 것이나 같소.'라 하였습니다.
已得安邑	이미 안읍을 얻고
塞女戟	여극을 막고는
因以破宋爲齊罪[175]	내친김에 송나라를 공격한 것을 제나라의 죄라고 하였습니다.
秦欲攻韓	진나라는 한나라를 공격하려고 하였으나
恐天下救之	천하에서 구원할까 두려워하여
則以齊委於天下	제나라를 천하에 맡기며 말하였습니다.
曰	말하기를

175 색은 진나라는 제나라로 하여금 송나라를 멸하게 하고 또한 송나라를 공격한 것을 제나라의 죄라고 하였다.

齊王四與寡人約	'제왕은 네 번 과인과 약속을 하였는데
四欺寡人	네 번 과인을 속였으며
必率天下以攻寡人者三	반드시 천하의 나라를 데리고 과인을 속인 것이 세 차례이다.
有齊無秦	제나라가 있으면 진나라가 없고
有秦無齊	진나라가 있으면 제나라가 없으니
必伐之	반드시 치고
必亡之	반드시 멸망시키십시오.'라 하였다.
已得宜陽少曲	이미 의양과 소곡을 얻고
致藺離石	인과 이석을 차지하고는
因以破齊爲天下罪	이에 제나라를 공격한 것을 천하의 죄라고 하였습니다.

秦欲攻魏重楚[176]	진나라는 위나라를 공격하려고 초나라를 높여서
則以南陽委於楚[177]	남양을 초나라에 맡기고
曰	말하였습니다.
寡人固與韓且絕矣	'과인은 실로 한나라와 (국교를) 단절하였소.
殘均陵	균릉을 섬멸하고
塞鄳阨[178]	맹애를 막으면
苟利於楚	실로 초나라에 유리할 것이며

176 색은 중(重)은 부(附) 자와 같은 뜻으로, 높이는 것이다. 정의 초나라가 위나라를 구원하는 것을 두려워한 것이다.

177 정의 남양(南陽)은 등주(鄧州)의 땅인데 본래는 한(韓)나라 땅이다. 한나라는 먼저 진나라를 섬겼는데 지금 초나라가 남양을 차지하였으므로 "한나라와는 (국교를) 단절하였다."고 하였다.

寡人如自有之	과인은 직접 가진 것이나 같소.'
魏棄與國而合於秦	위나라가 동맹국을 버리고 진나라와 연합하자
因以塞鄳阨爲楚罪	이에 맹애를 막은 것을 초나라의 죄라고 하였습니다.

兵困於林中[179]	군사가 임중에서 곤경에 처하자
重燕趙	연나라와 조나라를 높여
以膠東委於燕	교동을 연나라에 맡기고
以濟西委於趙	제서를 조나라에 맡겼습니다.
已得講於魏[180]	이미 위나라와 강화하게 되자
至公子延[181]	공자 연(延)을 (인질로) 이르게 하고
因犀首屬行[182]而攻趙	서수로 하여금 연이어 조나라를 공격하게 하였습니다.

兵傷於譙石	군사가 초석에서 손상을 입고
而遇敗於陽馬[183]	양마에서 패하게 되자

178 **집해** '鄳'의 음은 맹(盲)이다. 서광은 말하였다. "맹(鄳)은 강하(江夏) 맹현(鄳縣)이다. 균(均)은 작(灼)으로 된 판본도 있다." **색은** 균릉(均陵)은 남양(南陽)에 있으며, 아마 지금의 균주(均州)일 것이다. '黽'의 음은 맹(盲)으로 현 이름이며, 강하(江夏)에 있다. **정의** 균주의 옛 성은 수주(隨州) 서남쪽 50리 지점에 있으며, 균릉(均陵)일 것이다. 또한 신주(申州) 나산현(羅山縣)은 본래 한(漢)나라 맹현(鄳縣)이었다. 신주(申州)에는 평청관(平清關)이 있는데, 아마 옛 맹현(鄳縣)의 좁고 험한 요새일 것이다.

179 **집해** 서광은 말하였다. "하남(河南) 원릉(苑陵)에 임향(林鄉)이 있다."

180 **색은** 강(講)은 강화이며, 화해의 뜻이다. 진(秦)나라가 위나라와 강화한 것이다.

181 **색은** 지(至)는 '질(質)'이 되어야 하며, 공자 연(公子延)을 인질로 삼는 것이다.

182 **색은** 서수(犀首)와 공손연(公孫衍)은 본래 위나라 장수인데 이 때문에 군대에 속하여 가게 하였다. '行'의 음은 항[胡郎反]이며, 군사가 계속 잇따르는 것을 말한다.

183 **색은** 초석(譙石)과 양마(陽馬)는 모두 조(趙)나라의 지명이며 현읍(縣邑)이 아니다.

而重魏	위나라를 높여
則以葉, 蔡委於魏	섭과 채를 위나라에 맡겼습니다.
已得講於趙	이미 조나라와 강화하게 되자
則劫魏	위나라를 겁박하여
魏不爲割	위나라에 떼어주지 않았습니다.
困則使太后弟穰侯爲和	곤경에 처하면 태후의 아우 양후로 하여금 강화하게 하고
嬴則兼欺舅與母[184]	유리하게 되면 외숙과 어미마저 한꺼번에 속입니다.
適燕者[185]曰以膠東	연나라를 책망하여 '교동 때문'이라 하였고
適趙者曰以濟西	조나라를 꾸짖어 '제서 때문'이라 하였으며
適魏者曰以葉, 蔡	위나라를 꾸짖어 '섭과 채 때문'이라 하였고
適楚者曰以塞鄳阨	초나라를 꾸짖어 '맹애를 막은 것 때문'이라 하였으며
適齊者曰以宋	제나라를 꾸짖어 '송나라 때문'이라 하였는데
此必令言如循環	이는 반드시 교묘한 말솜씨가 순환하는 것 같고
用兵如刺蜚	용병이 자수를 놓는 것과 같아
母不能制	어미도 통제할 수 없고
舅不能約	외숙도 약속할 수 없습니다.
龍賈之戰[186]	용가의 전투와

184 색은 영(嬴)은 승(勝)과 같은 뜻이다. 구(舅)는 양후(穰侯) 위염(魏冉)이다. 모(母)는 태후(太后)이다.

185 색은 '適'의 음은 '책'이다. 적(適)은 책망하는 것이다. 아래도 같다. 곧 적(謫)과 같은 뜻이다.

岸門之戰[187]	안문의 전투,
封陵之戰[188]	봉릉의 전투,
高商之戰[189]	고상의 전투,
趙莊之戰[190]	조장의 전투에서
秦之所殺三晉之民數百萬	진나라가 죽인 삼진의 백성이 백만을 헤아리며
今其生者皆死秦之孤也	지금 살아남은 자는 모두 진나라에 의해 죽은 자들의 고아입니다.
西河之外	서하의 바깥이며
上雒之地	상락의 땅,
三川晉國之禍	삼천 진나라가 화를 입어
三晉之半	삼진의 반이 넘어갔으니
秦禍如此其大也[191]	진나라의 화는 이렇게 큽니다.
而燕, 趙之秦者[192]	그런데 연나라와 제나라에서 진나라로 가는 자들은
皆以爭事秦說其主	모두 다투어 진나라를 섬기고 그 임금을 유세하니
此臣之所大患也	이것이 신이 크게 근심하는 것입니다.”

186 집해 위양왕(魏襄王) 5년에 진(秦)나라는 우리 용가(龍賈)의 군사를 패퇴시켰다.

187 집해 한선혜왕(韓宣惠王) 19년에 진나라는 우리 안문(岸門)을 대파하였다.

188 집해 위애왕(魏哀王) 16년에 진나라는 우리 봉릉을 패퇴시켰다.

189 집해 이 전쟁은 보이지 않는다.

190 집해 조숙후(趙肅侯) 22년에 조장(趙莊)은 진나라와 싸워서 패하였으며 진나라는 조장을 하서(河西)에서 죽였다.

191 색은 서하(西河)의 바깥을 말한 것으로, 상락(上雒)의 땅 및 삼천(三川) 진국(晉國)은 모두 진(秦)나라가 위나라와 싸운 곳이며, 진나라 군사의 화(禍)가 우리 삼진(三晉)의 반을 패퇴시켰는데 이는 진나라의 화가 이렇게나 크다는 것이다.

192 색은 연나라와 조나라 사람으로 진나라에 가는 자들이며 유세지사(游說之士)를 말한다.

燕昭王不行	연소왕은 (진나라로) 행차하지 않았다.
蘇代復重於燕	소대는 다시 연나라에서 중용되었다.
燕使約諸侯從親如蘇秦時	연나라는 제후들로 하여금 소진 때와 마찬가지로 합종하여 친하도록 맹약하게 하였는데
或從或不	어떤 나라는 따르고 어떤 나라는 따르지 않아
而天下由此宗蘇氏之從約	천하는 이로 말미암아 소씨의 합종 맹약을 추숭하였다.
代, 厲皆以壽死	소대와 소려는 모두 천수를 누리다가 죽었으며
名顯諸侯	이름이 제후에게 드러났다.
太史公曰	태사공은 말한다.
蘇秦兄弟三人[193]	소진 형제 세 사람은
皆游說諸侯以顯名	모두 제후를 유세하여 이름을 드러냈으며
其術長於權變	그 장기는 임기응변에 있었다.
而蘇秦被反間以死	그러나 소진은 반간으로 죽어
天下共笑之	천하에서 모두 그를 비웃었으며
諱學其術	그의 학술을 배우기를 꺼렸다.
然世言蘇秦多異	그러나 세상에서 소진을 말하는 것이 많이 달랐으며
異時事有類之者皆附之蘇秦	훗날의 일에 비슷한 것이 있으면 모두 소진에게 갖다 붙였다.

193 **색은** "초윤남(譙允南)[곧 초주(譙周)]는 소씨 형제가 다섯 명이라고 생각하여 다시 소벽(蘇辟)과 소곡(蘇鵠)이 있다고 하였는데, (삼국시대 魏나라 魚豢의) 『전략(典略)』에서도 그 설과 같다. 『소씨보(蘇氏譜)』에서도 그렇게 말하였다."

夫蘇秦起閭閻	소진은 민간에서 일어나
連六國從親	여섯 나라를 이어 합종으로 친하게 하였으며
此其智有過人者	이는 그 지혜가 남보다 뛰어남이 있어서였다.
吾故列其行事	내 그런 까닭에 그가 한 일을 열기하여
次其時序	시간 순서대로 배열한 것은
毋令獨蒙惡聲焉	오로지 오명을 쓰지 않게 하기 위해서이다.

10 장의 열전 張儀列傳

張儀者	장의는
魏人也[1]	위나라 사람이다.
始嘗與蘇秦俱事鬼谷先生	처음에는 일찍이 소진과 함께 귀곡 선생을 섬겼는데
學術	유세술을 배우자
蘇秦自以不及張儀	소진은 스스로 장의에게 미치지 못한다고 생각하였다.
張儀已學游說[2]諸侯	장의는 배움을 끝내고 제후들을 유세하였다.
嘗從楚相飮	한번은 초나라 재상을 따라 술을 마신 적이 있는데

---

1 **집해** 『여씨춘추』에서는 말하였다. "장의는 위씨(魏氏)의 여자(餘子: 경대부의 적장자 이외의 아들)이다." **색은** 진(晉)나라 대부 중에 장로(張老)가 있으며, 또한 하동(河東)에 장성(張城)이 있으니, 장씨가 위나라 사람임에는 틀림이 없다. 그런데 『여람(呂覽: 여씨춘추)』에서 위씨의 여자라 하였으니 아마 위나라의 방계(傍系)일 것이다. 또한 『서략설(書略說)』에서는 여자(餘子)를 서자(庶子)라 하였다. **정의** 『좌전(左傳)』에 의하면 진(晉)나라에는 공족(公族)과 여자(餘子), 공항(公行)이 있다. 두예(杜預)는 "모두 경(卿)의 적자이면 공족대부이다. 여자(餘子)는 적자(嫡子)의 동복아우이다. 공항(公行)은 서자(庶子)로 공족의 융항(戎行)을 관장하는 자이다."라 하였다. 『한서(漢書)』「예문지(藝文志)」에서는 『장자(張子)』가 10편이라고 하였는데 종횡류(縱橫流)에 들어 있다.

2 **색은** (說의) 음은 세(稅)이다.

已而楚相亡璧	얼마 후 초나라 재상이 벽옥을 잃자
門下意張儀	재상의 집 사람들은 장의를 의심하여
曰	말하였다.
儀貧無行	“장의는 가난하여 덕행을 베풀 수 없으니
必此盜相君之璧	틀림없이 이 사람이 상군의 벽옥을 훔쳤을 것입니다.”
共執張儀	모두 함께 장의를 붙잡아
掠笞數百	매질을 수백 차례나 하였는데도
不服	시인하지 않아
醳[3]之	그를 풀어주었다.
其妻曰	그의 아내가 말하였다.
嘻[4]	“아이구!
子毋讀書游說	그대가 글을 읽고 유세를 하지 않았더라면
安得此辱乎	어찌 이 욕을 당하였으리오?”
張儀謂其妻曰	장의가 아내에게 말하였다.
視吾舌尚在不	“내 혀가 아직 있는지 없는지 봐주시겠소?”
其妻笑曰	그의 아내가 웃으면서 말하였다.
舌在也	“혀야 있지요.”
儀曰	장의가 말하였다.
足矣	“됐소.”

蘇秦已說趙王而得相約從親[5] 소진이 이미 조왕을 유세하여 합종하여 친하게

3 집해 (醳의) 음은 석(釋)이다. 색은 석(釋)의 고자(古字)이다.

4 색은 (嘻의) 음은 희(僖)이다. 정현(鄭玄)은 말하였다. “희(嘻)는 슬퍼하고 원한(怨恨) 하는 소리이다.”

	끔 맹약하게 하였지만
然恐秦之攻諸侯	진나라가 제후들을 공격하여
敗約後負	맹약이 깨어지고 나중에 저버리게 될까 봐 걱정하여
念莫可使用於秦者	진나라에서 쓰지 않을 수 없는 자를 생각하여
乃使人微感張儀曰	이에 사람을 시켜 몰래 장의에게 암시하여 말하였다.
子始與蘇秦善	"그대는 본래 소진과 친하였거늘
今秦已當路	지금 소진은 이미 요로에 있으니
子何不往游	그대는 어찌 찾아가서
以求通子之願	그대의 바람을 이루어 주기를 구하지 않습니까?"
張儀於是之趙	장의는 이에 조나라로 가서
上謁求見蘇秦	위에 아뢰어 소진을 보기를 청하였다.
蘇秦乃誡門下人不爲通	소진은 이에 부하들에게 타일러 통보해 주지 말게 하였고
又使不得去者數日	또한 떠나지도 못하게 한 것이 여러 날이나 되었다.
已而見之	이윽고 그를 만나 보게 되자
坐之堂下	대청의 아래에 앉히고
賜僕妾之食	종들이 먹는 식사를 내려 주었다.
因而數讓之[6]曰	이어서 자주 그를 꾸짖어 말하였다.
以子之材能	"그대의 재능으로
乃自令困辱至此	이에 스스로 곤욕이 이 지경에 이르게 하였소.

5 색은 '從'의 음은 종[足容反]이다.

6 색은 자주 핑계를 대어가며 꾸짖음을 말한다. 양(讓) 또한 꾸짖는다[責]는 뜻이다. '數'의 음은 삭(朔)이다.

吾寧不能言而富貴子	내 어찌 말하여 그대를 부귀해지도록 해줄 수 없겠는가마는
子不足收也	그대는 거두기에 미흡하오.”
謝去之	그를 거절하여 떠나보냈다.
張儀之來也	장의가 올 때는
自以爲故人	스스로 친구라 생각하여
求益	도와주기를 바랐으나
反見辱	오히려 모욕을 당하게 되자
怒	노하여
念諸侯莫可事	(육국의) 제후를 섬길 수 없다고 생각하고
獨秦能苦趙	진나라만이 조나라를 괴롭힐 수 있다고 여겨
乃遂入秦	이에 마침내 진나라로 들어갔다.

蘇秦已而告其舍人曰	소진이 얼마 후 그의 사인(舍人)에게 말하였다.
張儀	“장의는
天下賢士	천하의 현사로
吾殆弗如也	내 아마 그만 못할 것이다.
今吾幸先用	지금 내가 요행히 먼저 쓰이게 되었지만
而能用秦柄者	진나라의 권세를 쓸 수 있는 사람은
獨張儀可耳	장의라야 될 따름이다.
然貧	그러나 가난하여
無因以進	나아갈 길이 없을 것이다.
吾恐其樂小利而不遂	내 그 작은 이익을 즐기어 성취하지 않을 것을 걱정하였으므로
故召辱之	그를 불러 욕보임으로써

以激其意	그 뜻을 분격시킨 것이다.
子爲我陰奉之	그대는 나를 위해 몰래 그를 받들도록 하라."라 하였다.
乃言趙王	이에 조왕에게 말하여
發金幣車馬	돈과 거마를 내어
使人微隨張儀	사람을 보내 몰래 장의를 따르게 하고
與同宿舍	더불어 같은 숙소를 쓰면서
稍稍近就之	조금씩 그에 가까이 다가가게 하여
奉以車馬金錢	거마와 돈을 대주면서
所欲用	쓰고자 하면
爲取給	가져다주고
而弗告	그에게 (연유를) 알리지 않았다.
張儀遂得以見秦惠王	장의는 마침내 진혜왕을 만날 수 있게 되었다.
惠王以爲客卿	혜왕은 객경으로 삼아
與謀伐諸侯	함께 (육국의) 제후를 칠 궁리를 하였다.

蘇秦之舍人乃辭去	소진의 사인이 이에 작별을 하고 떠나려 하였다.
張儀曰	장의가 말하였다.
賴子得顯	"그대 덕에 현귀해져서
方且報德	이제 바야흐로 은덕을 갚으려 하는데
何故去也	무슨 연유로 떠나십니까?"
舍人曰	사인이 말하였다.
臣非知君	"신이 그대를 알아준 것이 아니라
知君乃蘇君	그대를 알아준 것은 바로 소군이십니다.
蘇君憂秦伐趙敗從約	소군께서는 진나라가 조나라를 쳐서 합종의 맹

	약을 깨뜨릴까 우려하여
以爲非君莫能得秦柄	그대가 아니면 진나라의 권세를 쥘 수가 없다고 생각하여
故感怒君	일부러 그대를 격노케 한 후
使臣陰奉給君資	신으로 하여금 몰래 그대에게 자금을 대게 하였는데
盡蘇君之計謀	모두 소군의 계모입니다.
今君已用	지금 그대가 이미 임용되었으니
請歸報	청컨대 돌아가 알렸으면 합니다.”
張儀曰	장의가 말하였다.
嗟乎	“아아!
此在吾術中而不悟	이는 내 술수에 있는 것인데도 내 깨닫지 못하였으니
吾不及蘇君明矣	내 소군의 밝음에 미치지 못하는구나!
吾又新用	내 또한 막 임용되었으니
安能謀趙乎	어찌 조나라를 도모할 수 있겠는가?
爲吾謝蘇君	내 대신 소군께 감사드리길 바라며,
蘇君之時	소군이 살아 있을 때
儀何敢言	제가 감히 무슨 말을 하겠습니까?
且蘇君在	또한 소군이 있으면
儀寧渠能乎[7]	제가 어찌 능력이 있겠소!”
張儀既相秦	장의는 진나라의 재상이 되자
爲文檄[8]告楚相曰	격문을 지어 초나라 재상에게 일러 말하였다.

7 **집해** ‘渠’의 음은 거(詎)이다. **색은** ‘渠’의 음은 거(詎)인데, 옛날에는 자수(字數)가 적어서 가차하였을 따름이다.

始吾從若飲[9]	"처음에 내 그대를 따라 술을 마셔
我不盜而璧	내가 그대의 벽옥을 훔치지 않았는데도
若笞我	그대는 나의 볼기를 쳤도다.
若善守汝國	그대는 네 나라를 잘 지킬지어다.
我顧且盜而城	내 고개를 돌려 그대의 성을 훔칠 것이니!"

苴蜀相攻擊[10]	저(苴)나라와 촉(蜀)나라가 서로 공격을 하고

---

8 집해 서광(徐廣)은 말하였다. "척일지격(尺一之檄)으로 된 판본도 있다." 색은 서광은 "장이격(丈二檄)으로 된 판본도 있다."고 하였다. 왕소(王劭)는 『춘추후어(春秋後語)』에 의거하여 '장이척격(丈二尺檄)'이라 하였다. 허신(許愼)은 말하였다. "격(檄)은 2척의 글[二尺書]이다."

9 색은 약(若)은 여(汝)와 같은 뜻이다. 아래도 또한 여(汝)와 같은 훈이다.

10 집해 서광은 말하였다. "초주(譙周)는 익주(益州)에서는 '천저(天苴)'를 '포려(包黎)'의 '포(包)'로 읽는데, 음이 '파(巴)'와 서로 가까워 지금의 파군(巴郡)이라고 생각하였다."
색은 '苴'의 음은 파(巴)이다. 파(巴)와 촉(蜀)의 오랑캐가 서로 공격하는 것을 이르는 것이다. 지금 글자를 '苴'라 한 것은 생각건대 파저(巴苴)는 풀 이름인데 지금은 파(巴)를 논하여 마침내 '苴'로 잘못 쓴 것이다. 혹 파인(巴人)과 파군(巴郡)은 본래 파저(芭苴)로 인하여 이름이 생겼기 때문에 그 글자가 마침내 '苴'를 '巴'라 한 것이다. "익주(益州)에서는 천저(天苴)를 파려(芭黎)라 읽는다."는 주석은 천저(天苴)가 곧 파저(巴苴)라는 것이다. 초주(譙周)는 촉(蜀) 사람이어서 '天苴'의 음을 '파려(芭黎)'의 '파(芭)'로 읽는다는 것을 알았다. 생각건대 파려(芭黎)는 곧 목즙(木葺)을 짜서 위리(葦籬)를 만드는 것으로, 지금 강남(江南)에서는 또한 위리(葦籬)를 파리(芭籬)라 한다. 정의 (東晋 常璩의) 『화양국지(華陽國志)』에서는 "옛날 촉왕이 그 아우를 한중(漢中)에 봉하고 저후(苴侯)라 불렀으며, 이에 그 읍을 가맹(葭萌)이라 하였다. 저후(苴侯)와 파왕(巴王)은 사이가 좋았고 파(巴)와 촉(蜀)은 원수였으므로 촉왕이 노하여 저를 쳤다. 저(苴)는 파(巴)로 달아나 진(秦)나라에 구원을 청하였다. 진나라에서는 장의를 보내어 자오도(子午道)를 따라 촉나라를 쳤다. (촉나라) 왕은 가맹에서 그들을 방어하였는데 대패하여 무양(武陽)까지 달아났는데 진나라 군사에 의해 해를 입었다. 진나라는 마침내 촉나라를 멸하고 이에 저(苴)와 파(巴)를 차지하였다."라 하였다. 『괄지지(括地志)』에서는 말하였다. "저후(苴侯)는 가맹(葭萌)에 도읍을 정하였는데, 지금의 이주(利州) 익창현(益昌縣) 50리 지점인 가맹의 옛 성이 바로 이곳이다. 촉후(蜀侯)는 익주(益州)의 파자성(巴子城)에 도읍을 정하였는데 합주(合州) 석경현(石鏡縣) 남쪽 5리 지점의 옛 점강현(墊江縣)이다. 파자(巴子)는 강주(江州)에 도읍을 정하였는데, 도읍의 북쪽에 있으며 또한 협주(峽州)의 경계이다."

各來告急於秦	각자 진나라에 와서 위급을 알렸다.
秦惠王欲發兵以伐蜀	진혜왕은 군사를 일으켜 촉나라를 치고자 하였으나
以爲道險狹難至	길이 험하고 좁아 이르기 어려울 것으로 생각하였으며,
而韓又來侵秦	한나라 또한 진나라로 침공해 왔는데
秦惠王欲先伐韓	진혜왕은 먼저 한나라를 치고
後伐蜀	다음에 촉나라를 치고자 하니
恐不利	승리하지 못할까 봐 걱정되었고,
欲先伐蜀	먼저 촉나라를 치고자 하니
恐韓襲秦之敝	한나라가 진나라가 약해진 틈을 타 습격할까 봐 걱정이 되었다.
猶豫未能決	미적거리며 결단을 내릴 수 없었다.
司馬錯[11]與張儀爭論於惠王之前	사마착(司馬錯)이 장의와 혜왕 앞에서 논쟁을 벌였는데
司馬錯欲伐蜀	사마착(司馬錯)은 촉나라를 치고자 하였다.
張儀曰	장의가 말하였다.
不如伐韓	"한나라를 침만 못합니다."
王曰	왕이 말하였다.
請聞其說	"그렇게 말하는 이유를 들었으면 하오."
儀曰	장의가 말하였다.
親魏善楚	"위나라와 가까이하고 초나라와 우호를 맺은 후

11 색은 착[七各反] 또는 조[七故反]의 두 음이 있다.

下兵三川	삼천으로 군사를 내려보내어
塞什谷之口[12]	십곡의 입구를 막고
當屯留之道[13]	둔류의 길에 버티어 서서
魏絕南陽[14]	위나라에게 남양을 끊게 하고
楚臨南鄭[15]	초나라에게 남정에 임하게 한 후
秦攻新城[16]宜陽[17]	진나라는 신성과 의양을 공격하여
以臨二周之郊	이주의 교외까지 다가가
誅周王之罪	주왕의 죄를 성토하고
侵楚魏之地	초나라와 위나라 땅을 침습합니다.
周自知不能救	주나라는 구원할 수 없음을 스스로 깨달아
九鼎寶器必出	구정의 보기를 반드시 꺼내어 바칠 것입니다.
據九鼎	구정에 기대고
案圖籍	지도와 호적에 따라

12 **집해** 서광은 말하였다. "'심(尋)'으로 된 판본도 있으며, 성고(成皋) 공현(鞏縣)에 심구(尋口)가 있다." **색은** '심곡(尋谷)'으로 된 판본도 있으며, 심(尋)과 십(什)은 소리가 비슷하여 그 이름이 헷갈린다. 『전국책(戰國策)』에서는 "환원(轘轅)과 구지(緱氏)의 입구"라 하였는데 또한 그 땅이 서로 가깝다. **정의** 『괄지지(括地志)』에서는 말하였다. "온천수(溫泉水)는 곧 심(尋)으로 낙주(洛州) 공현(鞏縣) 서남쪽 40리 지점에서 발원되어 나온다. (北魏 酈道元의) 『수경주(水經注)』에서는 심성수(鄩城水)는 북산(北山) 심계(鄩溪)에서 나온다고 하였다. 또한 옛 심성(鄩城)이 있는데, 공현(鞏縣) 서남쪽 58리 지점에 있다." 낙주(洛州) 구지현(緱氏縣) 동남쪽 40리 지점으로 심계(鄩溪)와 가까운 곳이다.

13 **정의** 둔류(屯留)는 노주현(潞州縣)이다. 길은 곧 태항(太行)의 양장판도(羊腸阪道)이다.

14 **정의** 남양(南陽)은 화주(懷州)이다. 둔류(屯留)를 막고 있는 길인데, 위나라로 하여금 양장(羊腸)과 한나라 상당(上黨)의 길을 끊어서 무너뜨리게 하였다.

15 **정의** 십곡(什谷)의 입구를 막는 것이다. 초나라 군사로 하여금 정나라 남쪽으로 다가가게 하여 환원(轘轅)과 심구(鄩口)를 막아 한나라 남양(南陽)의 군사를 막게 하는 것이다.

16 **색은** 이 신성(新城)은 하남(河南)과 이궐(伊闕)의 좌우에 있을 것이다.

17 **정의** 낙주(洛州) 복창현(福昌縣)이다.

挾天子以令於天下	천자를 끼고 천하에 호령하면
天下莫敢不聽	천하에서는 감히 따르지 않음이 없을 것이니
此王業也	이것이 왕업입니다.
今夫蜀	지금 저 촉나라는
西僻之國而戎翟之倫也	서쪽의 구석진 나라이며 융적의 무리로
敝兵勞眾不足以成名	피로한 군사와 지친 무리로는 공명을 이루기에 충분치 않고
得其地不足以爲利	그 땅을 얻은들 이익이라 하기에 충분치 않습니다.
臣聞爭名者於朝	신이 듣건대 공명을 다투는 자는 조정에 있고
爭利者於市	이익을 다투는 자는 저자에 있다고 합니다.
今三川周室	지금 삼천과 주실은
天下之朝市也	천하의 조정과 저자이온데
而王不爭焉	왕께서 그것을 다투시지 않고
顧爭於戎翟	고개를 돌리어 융적과 다투신다면
去王業遠矣[18]	왕업과는 멀어지게 되실 것입니다."

司馬錯曰	사마착(司馬錯)이 말하였다.
不然	"그렇지 않습니다.
臣聞之	신이 듣건대
欲富國者務廣其地	나라를 부강하게 하고 싶어 하는 자는 땅을 넓히는 데 힘쓰고
欲彊兵者務富其民	군대를 강하게 하고 싶어 하는 자는 백성을 부유하게 함에 힘쓰며

18 색은 천하를 다스리는 것과 멀어진다는 것이다. '王'은 음이 왕[于放反, wang]이다.

欲王者務博其德	천하를 다스리고자 하는 자는 덕을 넓히는 데 힘쓴다고 하였는데
三資者備而王隨之矣	이 세 가지 바탕이 갖추어지면 천하를 다스림이 따르게 됩니다.
今王地小民貧	지금 왕께서는 영토는 작고 백성은 가난하니
故臣願先從事於易	신은 먼저 쉬운 일을 따르기를 바랍니다.
夫蜀	저 촉나라는
西僻之國也	서쪽의 편벽된 나라이며
而戎翟之長也	융적의 우두머리로
有桀紂之亂	걸왕과 주왕의 혼란함이 있습니다.
以秦攻之	진나라가 그 나라를 공격하는 것은
譬如使豺狼逐群羊	비유하자면 승냥이와 이리로 양 떼를 쫓게 하는 것과 같습니다.
得其地足以廣國	그 땅을 얻으면 충분히 나라를 넓힐 수 있게 되고
取其財足以富民[19]繕兵[20]	그 재물을 취하면 충분히 백성을 부유하게 하고 군량을 갖출 수 있으며
不傷眾而彼已服焉	백성들을 다치지 않고도 저들은 이미 복종하게 될 것입니다.
拔一國而天下不以爲暴	한 나라를 빼앗고서도 천하에서 포악하다고 하지 않을 것이며
利盡西海[21]而天下不以爲貪	서해의 이익을 다 차지하고서도 천하에서는 탐

19 색은 그 재물을 만나는 것이다. 『전국책』에는 '우(遇)'가 '득(得)'으로 되어 있다.

20 정의 '繕'의 음은 선(膳)이며, '선(饍)'과 같은 뜻으로 식량을 갖추는 것이다.

21 색은 서해(西海)는 촉천(蜀川)을 말한다. 해(海)라는 것은 진기한 수장품이 모이고 나는 곳으로, 진중(秦中)을 '육해(陸海)'라고 하는 것과 같다. 사실 서쪽에도 바다가 있다. 정의 해(海)는 어둡다[晦]는 말인데, 서이(西夷)는 어둡고 무지몽매하기 때문에 해(海)라고 말한 것이다. 서방 강융(羌戎)의 이익을 다 차지함을 말한다.

	욕스럽다 하지 않을 것이니
是我一舉而名實附也[22]	이는 우리로서는 일거에 명실상부한 결과를 얻는 것이고
而又有禁暴止亂之名	또한 포악함을 금하고 어지러움을 그쳤다는 명성을 얻게 될 것입니다.
今攻韓	지금 한나라를 공격하여
劫天子	천자를 겁박하면
惡名也	오명을 쓰게 되어
而未必利也	반드시 이롭지 않을 것이며
又有不義之名	또한 의롭지 못하다는 명분이 있고
而攻天下所不欲	천하가 하고 싶지 않은 것을 치는 것이니
危矣	위태롭게 될 것입니다.
臣請謁其故[23]	신은 청컨대 그 까닭을 아뢰겠습니다.
周	주나라는
天下之宗室也	천하의 종실이고,
齊	제나라는
韓之與國也	한나라의 동맹국입니다.
周自知失九鼎	주나라는 구정을 잃을 것을 절로 알 것이고
韓自知亡三川[24]	한나라는 삼천을 망실할 것을 절로 알 것이니
將二國并力合謀	두 나라는 힘을 합치고 함께 모의하여

22 색은 명(名)은 그 덕(德)을 전하는 것을 말하고, 실(實)은 토지와 재보(財寶)이다.

23 색은 알(謁)은 아뢰는 것이며, 말을 늘어놓는 것이다. 고(故)는 벌하지 않아야 할 이유를 말하는 것이다.

24 정의 한나라가 삼천(三川)을 잃을 것을 스스로 앎으로 주나라와 힘을 합쳐 함께 모의하는 것이다.

以因乎齊趙而求解乎楚魏	제나라와 조나라에 기대고 초나라와 위나라에 양해를 구하여
以鼎與楚	정을 초나라에 주고
以地與魏	땅을 위나라에 주면
王弗能止也	왕께서는 그렇게 하는 것을 그치게 할 수 없습니다.
此臣之所謂危也	이것이 신이 이른바 위태로움입니다.
不如伐蜀完	촉을 쳐서 완전히 해둠만 못합니다.”

惠王曰	혜왕이 말하였다.
善	“훌륭하오,
寡人請聽子	과인은 그대의 말을 듣고자 하오.”
卒起兵伐蜀	마침내 군사를 일으켜 촉나라를 쳐서
十月	10월에
取之[25]	빼앗고
遂定蜀[26]	마침내 촉나라를 평정하였으며
貶蜀王更號爲侯	촉왕(의 격)을 떨어뜨려 다시 후(侯)로 부르고
而使陳莊相蜀	진장을 촉나라의 재상으로 삼았다.
蜀既屬秦	촉나라가 진나라에 예속되자
秦以益彊	진나라는 이로 더욱 강하여지고
富厚	부유하게 되어
輕諸侯	제후들을 깔보게 되었다.

25 색은 「육국연표(六國年表)」에 의하면 혜왕(惠王) 22년(B.C. 328) 10월의 일이다.

26 정의 「표(表)」에서는 진혜왕(秦惠王) 후의 원년 10월에 쳐서 멸하였다고 하였다.

秦惠王十年	진혜왕 10년에
使公子華[27]與張儀圍蒲陽[28]	공자 화(華)와 장의로 하여금 포양을 에워싸게 하여
降之	항복시켰다.
儀因言秦復與魏	장의는 이에 진나라에 다시 위나라에게 돌려주고
而使公子繇質於魏	공자 요(繇)를 위나라의 인질로 가게 하였다.
儀因說魏王曰	장의는 이에 위왕을 유세하여 말하였다.
秦王之遇魏甚厚	"진왕이 위나라를 대함이 매우 두터우니
魏不可以無禮	위나라가 예를 표하지 않을 수 없습니다."
魏因入上郡少梁	위나라는 이에 상군과 소량을 바쳐
謝秦惠王	진혜왕에게 사례하였다.
惠王乃以張儀爲相	혜왕은 이에 장의를 재상으로 삼고
更名少梁曰夏陽[29]	소량의 이름을 하양으로 바꿨다.

儀相秦四歲	장의가 진나라의 재상이 된 지 4년째 되던 해에
立惠王爲王[30]	혜왕을 왕으로 옹립하였다.
居一歲	1년 만에
爲秦將	진나라의 장수가 되어

27 집해 서광은 말하였다. "혁(革)으로 된 판본도 있다."

28 색은 위나라의 읍 이름이다. 정의 습주(隰州) 습주현(隰州縣)에 있는데, 바로 포읍(蒲邑)의 옛 성이다.

29 집해 서광은 말하였다. "하양(夏陽)은 양산(梁山) 용문(龍門)에 있다." 색은 음은 하(下)이다. 하(夏)는 산 이름으로 대하(大夏)라고도 하며, 촉나라의 도읍이다. 정의 소량성(少梁城)은 동주(同州) 한성현(韓城縣) 남쪽 23리 지점에 있다. 하양성(夏陽城)은 현 남쪽 20리 지점에 있다. 양산(梁山)은 현 동남쪽 19리 지점에 있다. 용문산(龍門山)은 현 북쪽 50리 지점에 있다.

30 정의 「표(表)」에서는 혜왕(惠王) 13년(B.C. 325)은 주현왕(周顯王) 34년(B.C. 335)이라고 하였다.

取陜	섬현(陜縣)을 취하고
築上郡塞	상군에 요새를 쌓았다.
其後二年	그로부터 2년 뒤
使與齊楚之相會齧桑	제나라와 초나라가 설상에서 회합할 때 참여하게 하였다.
東還而免相	동쪽으로 돌아와 재상에서 물러나
相魏以爲秦	위나라의 재상이 되어 진나라를 위해 일하면서
欲令魏先事秦而諸侯效之	위나라가 먼저 진나라를 섬기게 하여 제후들이 본받게 하고자 했다.
魏王不肯聽儀	위왕은 장의의 말을 들으려 하지 않았다.
秦王怒	진왕은 노하여
伐取魏之曲沃, 平周	위나라의 곡옥과 평주를 쳐서 빼앗아
復陰厚張儀益甚	다시 몰래 장의를 더욱 두터이 대하였다.
張儀慚	장의는 부끄러워
無以歸報	돌아가 알릴 수가 없었다.
留魏四歲而魏襄王卒	위나라에 머무른 지 4년 되던 해에 위양왕이 죽고
哀王立	애왕이 즉위하였다.
張儀復說哀王	장의는 다시 애왕에게 유세하였으나
哀王不聽	애왕은 듣지 않았다.
於是張儀陰令秦伐魏	이에 장의는 몰래 진나라에게 위나라를 치게 하였다.
魏與秦戰	위나라는 진나라와 싸워서
敗	패하였다.

明年	이듬해에
齊又來敗魏於觀津[31]	제나라가 쳐들어와서 관진에서 위나라를 무찔렀다.
秦復欲攻魏	진나라가 다시 위나라를 치고자 하여
先敗韓申差軍	먼저 한나라 신차의 군사를 무찌르고
斬首八萬	8만 명을 참수하니
諸侯震恐	제후들이 두려워서 떨었다.
而張儀復說魏王曰	장의가 다시 위왕을 유세하여 말하였다.
魏地方不至千里	"위나라의 영토는 사방 천 리도 되지 않고
卒不過三十萬	군사는 30만을 넘지 않습니다.
地四平	지세는 사방이 평탄하여
諸侯四通輻湊	제후들과 사방으로 통하여 폭주하고 있고
無名山大川之限	명산과 대천의 막힘도 없습니다.
從鄭至梁二百餘里	신정에서 대량까지는 2백여 리로
車馳人走	수레로 달리거나 사람이 달려도
不待力而至	힘들이지 않고 이릅니다.
梁南與楚境	양의 남쪽은 초나라와 경계를 이루고
西與韓境	서로는 한나라와 경계를 이루며
北與趙境	북으로는 조나라와 경계를 이루고
東與齊境	동으로는 제나라와 경계를 이루며
卒戍四方	군사가 사방으로 수자리를 서는데
守亭鄣者不下十萬	보루를 지키는 자는 10만 아래로 내려가지 않습니다.
梁之地勢	양나라의 지세는

31 **집해** '觀'의 음은 관(貫)이다.

固戰場也	실로 싸움터입니다.
梁南與楚而不與齊	양나라가 남으로 초나라와 동맹을 맺고 제나라와 동맹을 맺지 않으면
則齊攻其東	제나라가 그 동쪽을 칠 것이고,
東與齊而不與趙	동으로 제나라와 동맹을 맺고 조나라와 동맹을 맺지 않으면
則趙攻其北	조나라가 그 북쪽을 칠 것이며,
不合於韓	한나라와 연합하지 않으면
則韓攻其西	한나라가 그 서쪽을 칠 것이며,
不親於楚	초나라를 가까이하지 않으면
則楚攻其南	초나라가 그 남쪽을 칠 것이니
此所謂四分五裂之道也	이것이 이른바 사분오열의 도라는 것입니다.

且夫諸侯之爲從者	또한 제후들이 합종을 한 것은
將以安社稷尊主彊兵顯名也	사직을 안정시키고 임금을 높이며 군사를 강하게 하고 명성을 날리고자 해서입니다.
今從者一天下	지금 합종을 한 나라는 천하를 하나로 하여
約爲昆弟	형제가 되기로 맹약하고
刑白馬以盟洹水之上[32]	백마를 죽여 환수 가에서 결맹을 함으로써
以相堅也	서로 (맹약을) 다졌습니다.
而親昆弟同父母	그러나 친형제로 부모가 같다 해도
尚有爭錢財	오히려 금전과 재산을 다투니
而欲恃詐僞反覆蘇秦之餘謀	거짓 맹세를 믿고 소진의 남은 계책을 번복하여
其不可成亦明矣	이룰 수 없음 또한 명백할 것입니다.

32 집해 '洹'의 음은 환(桓)이다.

大王不事秦	대왕께서 진나라를 섬기지 않는다면
秦下兵攻河外[33]	진나라는 군사를 내려보내 하외를 쳐서
據卷衍燕酸棗[34]	권과 연, 연, 산조를 점거하고
劫衛取陽晉[35]	위나라를 협박하여 양진(陽晉)을 취하면
則趙不南	조나라는 남하하지 못할 것이며
趙不南而梁不北	조나라가 남하하지 못하면 양나라는 북상하지 못할 것이고
梁不北則從道絕	양나라가 북상하지 못하면 합종의 길이 끊어질 것이며
從道絕則大王之國欲毋危不可得也	합종의 길이 끊어지면 대왕의 나라는 위태롭게 되지 않고자 해도 되지 않을 것입니다.
秦折韓而攻梁[36]	진나라가 한나라를 꺾고 양나라를 공격하면
韓怯於秦	한나라는 진나라에 겁을 먹고
秦韓爲一	진나라와 한나라는 하나가 될 것이니
梁之亡可立而須也	양나라가 망하는 것은 서서 기다릴 수 있을 것입니다.
此臣之所爲大王患也	이것이 신이 대왕님을 걱정하는 것입니다.

---

33 색은 하(河)의 서는 곧 곡옥(曲沃)과 평주(平周)의 읍 등지이다. 정의 하외(河外)는 곧 권(卷)과 연(衍), 연(燕), 산조(酸棗)이다.

34 집해 '卷'의 음은 권[丘權反]이다. '衍'의 음은 연[以善反]이다. 색은 권현(卷縣)은 하남(河南)에 있다. 연(衍)은 지명이다. 정의 권(卷)과 연(衍)은 정주(鄭州)에 속하며, 연(燕)은 활주(滑州) 조성현(胙城縣)이고, 산조(酸棗)는 활주(滑州)에 속하는데, 모두 황하(黃河) 남안(南岸)의 땅이다.

35 정의 옛 성은 조주(曹州) 승지현(乘氏縣) 서북쪽 37리 지점에 있다.

36 색은 『전국책』에는 '折'이 '挾'으로 되어 있다.

爲大王計	대왕님을 위한 계책으로는
莫如事秦	진나라를 섬김만 한 것이 없습니다.
事秦則楚韓必不敢動	진나라를 섬기면 초와 한나라가 반드시 감히 움직이지 않을 것이며
無楚, 韓之患	초와 한나라의 근심이 없으면
則大王高枕而臥[37]	대왕께서는 베개를 높이 하고 주무실 것이고
國必無憂矣	나라는 반드시 근심이 없게 될 것입니다.

且夫秦之所欲弱者莫如楚	또한 진나라가 약하게 하려는 나라는 초나라만 한 나라가 없고
而能弱楚者莫如梁	초나라를 약하게 할 수 있는 나라로는 양나라만 한 나라가 없습니다.
楚雖有富大之名而實空虛	초나라가 비록 부유하고 크다는 명성이 있으나 실은 텅 비었으며,
其卒雖多	그 군사가 비록 많기는 하나
然而輕走易北	잘 달아나고 쉬 패하여
不能堅戰	강하게 싸울 수 없습니다.
悉梁之兵南面而伐楚	모든 양나라의 군사가 남쪽을 향하여 초나라를 치면
勝之必矣	반드시 이길 것입니다.
割楚而益梁	초나라를 떼어 양나라에 보태고
虧楚而適秦	초나라를 덜어 진나라를 만족시키면
嫁禍安國	화를 전가시키고 나라를 안정시키는 것이니
此善事也	이는 훌륭한 일입니다.

37 정의 '枕'의 음은 침[針鴆反]이다.

大王不聽臣 대왕께서 제 말을 따르지 않으신다면

秦下甲士而東伐 진나라가 무장한 군사를 보내어 동쪽을 정벌하여

雖欲事秦 비록 진나라를 섬기고자 하나

不可得矣 될 수 없을 것입니다.

且夫從人多奮辭而少可信 또한 저 합종론자들은 큰소리는 많으나 믿을 만한 것이 적고

說一諸侯而成封侯 한 제후를 유세하면 후(侯)에 봉해지기 때문에

是故天下之游談士莫不日夜搤腕瞋目切齒以言從之便

천하의 유세하는 선비는 밤낮으로 팔뚝을 꽉 잡고 눈을 부릅뜬 채 이빨을 갈며 합종의 편리함을 말하면서

以說人主 임금을 유세하지 않는 자가 없습니다.

人主賢其辯而牽其說 임금이 그 변설을 현명하게 여기고 그 말에 끌리면

豈得無眩哉 어찌 현혹되지 않게 되겠습니까?

臣聞之 신이 듣건대

積羽沈舟 깃털도 쌓이면 배를 가라앉히고

群輕折軸 가벼운 것도 많아지면 굴대를 꺾으며

衆口鑠金 여러 사람의 입은 쇠를 녹이고

積毁銷骨 헐뜯는 말이 쌓이면 뼈를 삭인다고 하였습니다.

故願大王審定計議 그러므로 원컨대 대왕께서는 계책을 잘 살피어 정하시고

且賜骸骨辟魏	또한 이 몸이 위나라를 피하도록 하여주십시오."

哀王於是乃倍從約而因儀請成於秦

	애왕은 이에 곧 합종의 맹약을 저버리고 장의의 청을 따라 진나라와 강화를 맺었다.
張儀歸	장의는 돌아와
復相秦	다시 진나라의 재상이 되었다.
三歲而魏復背秦爲從	3년 만에 위나라는 다시 진나라를 배반하고 합종을 맺었다.
秦攻魏	진나라는 위나라를 쳐서
取曲沃	곡옥을 취하였다.
明年	이듬해에
魏復事秦	위나라는 다시 진나라를 섬겼다.

秦欲伐齊	진나라가 제나라를 치려고 하였는데
齊楚從親	제나라와 초나라가 합종으로 친하여지자
於是張儀往相楚	이에 장의는 초나라로 가서 재상이 되었다.
楚懷王聞張儀來	초회왕은 장의가 온다는 말을 듣고
虛上舍而自館之	상급의 관사를 비우고 직접 대접하면서
曰	말하였다.
此僻陋之國	"이 구석지고 누추한 나라에
子何以教之	그대는 무엇을 가지고 가르침을 주려 하오?"
儀說楚王曰	장의가 초왕에게 말하였다.
大王誠能聽臣	"대왕께서 실로 신의 말을 들을 수 있으시어
閉關絕約於齊	관문을 닫고 제나라와 맹약을 끊으신다면

臣請獻商於之地六百里[38]	신은 청컨대 상과 어의 땅 6백 리를 바쳐
使秦女得爲大王箕帚之妾	진나라 여인으로 대왕께 키와 빗자루를 잡는 처첩이 되게 하여
秦楚娶婦嫁女	진나라와 초나라가 장가가고 시집가서
長爲兄弟之國	길이 형제의 나라가 되게 하겠습니다.
此北弱齊而西益秦也	이는 북으로 제나라를 약하게 하고 서로는 진나라에 도움이 되니
計無便此者	이보다 더 좋은 계책은 없습니다."
楚王大說而許之	초왕이 크게 기뻐하면서 허락하였다.
群臣皆賀	뭇 신하들이 모두 경하하는데
陳軫獨弔之	진진 한 사람만 슬퍼하였다.
楚王怒曰	초왕이 노하여 말하였다.
寡人不興師發兵得六百里地	"과인이 군사를 일으키지 않고도 6백 리의 땅을 얻어
群臣皆賀	뭇 신하들이 모두 경하하거늘
子獨弔	그대만 홀로 슬퍼하니
何也	어째서인가?"
陳軫對曰	진진이 대답하여 말하였다.
不然	"그렇지 않습니다.
以臣觀之	신이 살펴보건대
商於之地不可得而齊秦合	상과 어의 땅은 얻을 수 없고 제나라와 진나라가 연합할 것이니
齊秦合則患必至矣	제나라와 진나라가 연합하면 우환이 필시 이르게 될 것입니다."

38 색은 유씨(劉氏)는 말하였다. "상(商)은 곧 지금의 상주(商州)로 옛 상성(商城)이 있으며, 그 서쪽 2백여 리에는 옛 어성(於城)이 있다."

楚王曰	초왕이 말하였다.
有說乎	"근거가 있는가?"
陳軫對曰	진진이 대답하여 말하였다.
夫秦之所以重楚者	"진나라가 초나라를 중시하는 것은
以其有齊也	제나라가 있기 때문입니다.
今閉關絕約於齊	이제 관문을 닫고 제나라와 맹약을 끊는다면
則楚孤	초나라는 고립됩니다.
秦奚貪夫孤國	진나라가 어찌 저 고립된 나라를 탐내고
而與之商於之地六百里	상과 어의 땅 6백 리를 주겠습니까?
張儀至秦	장의가 진나라에 이르면
必負王	반드시 왕을 저버릴 것이니
是北絕齊交	이는 북으로 제나라와 외교를 단절하고
西生患於秦也	서로는 진나라의 근심이 발생하는 것으로
而兩國之兵必俱至	두 나라의 군사가 반드시 함께 이를 것입니다.
善爲王計者	임금님께 가장 좋은 계책으로는
不若陰合而陽絕於齊	제나라와 몰래 연합하여 겉으로는 (관계를) 단절하고
使人隨張儀	사람을 보내어 장의를 따르게 하는 것입니다.
苟與吾地	실로 우리에게 땅을 준다면
絕齊未晚也	제나라와 단절하는 것이 늦지 않을 것이며,
不與吾地	우리에게 땅을 주지 않는다면
陰合謀計也	몰래 연합하여 계책을 꾀합니다."
楚王曰	초왕이 말하였다.
願陳子閉口毋復言	"원컨대 진자의 입을 막아 더 말하지 못하게 하여

以待寡人得地	과인이 땅을 얻는 것을 기다리게 하라.”
乃以相印授張儀	이에 재상의 관인을 장의에게 주고
厚賂之	두터운 뇌물을 내렸다.
於是遂閉關絕約於齊	이에 마침내 관문을 닫고 제나라와 맹약을 끊었으며
使一將軍隨張儀	장군 한 사람을 보내 장의를 따르게 하였다.

張儀至秦	장의는 진나라에 이르러
詳失綏墮車[39]	일부러 수레 끈을 놓쳐 수레에서 떨어져
不朝三月	석 달 동안 조회를 하지 않았다.
楚王聞之	초왕이 듣고서
曰	말하였다.
儀以寡人絕齊未甚邪	“장의가 과인이 제나라와 절교하는 것을 그다지 믿지 않는가?”
乃使勇士至宋	이에 용사를 송나라에 보내어
借宋之符	송나라의 부절을 빌려
北罵齊王	북으로 제왕을 욕하였다.
齊王大怒	제왕은 크게 노하여
折節而下秦	부절을 꺾고 진나라로 내려갔다.
秦齊之交合	진나라와 제나라가 외교 관계를 맺자
張儀乃朝	장의는 이에 조회하여
謂楚使者曰	초나라의 사자에게 말하였다.
臣有奉邑六里	“제게 봉읍 6리가 있으니
願以獻大王左右	원컨대 대왕의 좌우에 바치고자 합니다.”

39 정의 ‘詳’의 음은 양(羊)이다.

楚使者曰	초나라의 사자가 말하였다.
臣受令於王	"신은 왕에게 명을 받기를
以商於之地六百里	상과 어의 땅 6백 리라 하였지
不聞六里	6리는 들어보지 못하였습니다."
還報楚王	돌아가 초왕에게 보고하니
楚王大怒	초왕이 크게 노하여
發兵而攻秦	군사를 일으켜 진나라를 쳤다.
陳軫曰	진진이 말하였다.
軫可發口言乎	"제가 말문을 열고 말을 해도 되겠습니까?
攻之不如割地反以賂秦	치는 것이 땅을 떼어 오히려 진나라에 뇌물을 바치고
與之并兵而攻齊	함께 군사를 합쳐 제나라를 침만 못하니
是我出地於秦	이는 우리가 진나라에 땅을 내어주고
取償於齊也	제나라에서 보상을 받는 것으로
王國尚可存	왕국을 그래도 보존할 수 있습니다."
楚王不聽	초왕은 듣지 않고
卒發兵而使將軍屈匄擊秦	끝내 군사를 일으켜 장군 굴개로 하여금 진나라를 치게 하였다.
秦齊共攻楚	진나라와 제나라는 초나라를 쳐서
斬首八萬	8만 명의 목을 베고
殺屈匄	굴개를 죽였으며
遂取丹陽, 漢中之地[40]	마침내 단양과 한중의 땅을 취하였다.
楚又復益發兵而襲秦	초나라는 또다시 군사를 일으켜 진나라를 습

40 **집해** (丹陽은) "서광은 '지강(枝江)에 있다.'라 하였다."
정의 (漢中은) "지금의 양주(梁州)이며 한수(漢水) 북쪽에 있다."

	격하여
至藍田	남전에 이르러
大戰	크게 싸웠는데
楚大敗	초나라는 크게 패하여
於是楚割兩城以與秦平	이에 초나라는 두 성을 떼어주고 진나라와 화평하였다.

秦要楚[41]欲得黔中地	진나라는 초나라를 을러 검중의 땅을 얻고자 하여
欲以武關外[42]易之	무관 바깥의 땅으로 바꾸고자 하였다.
楚王曰	초왕이 말하였다.
不願易地	"땅을 바꾸는 것은 바라지 않고
願得張儀而獻黔中地	바라건대 장의를 얻으면 검중의 땅을 바치겠소."
秦王欲遣之	진왕은 그를 보내려고 하였지만
口弗忍言	입으로 차마 그렇게 말할 수가 없었다.
張儀乃請行	장의가 이에 갈 것을 청하자
惠王曰	혜왕이 말하였다.
彼楚王怒子之負以商於之地	"저 초왕은 그대가 상과 어의 땅을 저버린 것에 노하였는데
是且甘心於子	이래도 또한 그대의 마음에 달갑겠는가?"
張儀曰	장의가 말하였다.
秦彊楚弱	"진나라는 강하고 초나라는 약하며
臣善靳尚	신은 근상과 친하고

41 **정의** "'要'의 음은 요(腰)이다."

42 **정의** "곧 상(商)과 어(於)의 땅이다."

尚得事楚夫人鄭袖	근상은 초왕의 부인 정수를 섬기게 되었는데
袖所言皆從	정수가 말한 것은 모두 따릅니다.
且臣奉王之節使楚	또한 신이 왕의 부절을 받들어 초나라에 사신으로 가면
楚何敢加誅	초나라가 어찌 감히 죽이겠습니까?
假令誅臣而爲秦得黔中之地	신을 죽인다고 하더라도 진나라로서는 검중의 땅을 얻게 될 것이니
臣之上願	신이 가장 바라는 것입니다."
遂使楚	마침내 초나라에 사자로 갔다.
楚懷王至則囚張儀	초회왕은 이르기만 하면 장의를 가두고
將殺之	죽이려고 하였다.
靳尚謂鄭袖曰	근상이 정수에게 말하였다.
子亦知子之賤於王乎	"그대도 그대가 왕의 천대를 받음을 아시는지요?"
鄭袖曰	정수가 말하였다.
何也	"어째서인가?"
靳尚曰	근상이 말하였다.
秦王甚愛張儀而不欲出之[43]	"진왕이 장의를 매우 사랑하여 내주고 싶지 않은데도
今將以上庸之地六縣[44]賂楚	지금 상용의 땅 여섯 현을 초나라에 뇌물로 주고
美人聘楚	미인을 초나라로 시집보내어

43 **색은** 생각건대 '불(不)' 자는 '필(必)' 자가 되어야 할 것이다. 당시 장의는 초나라에 갇혀 있었으므로 반드시 나가고자 하였을 것이다. **정의** 진왕은 장의를 초나라의 사신으로 나가게 하고 싶지 않았으며 스스로 가고자 하였다면 지금 진나라가 상용(上庸)의 땅 및 미인을 가지고 (장의와) 바꾸려고 하였다.

44 **정의** 지금의 방주(房州)이다.

以宮中善歌謳者爲媵	궁중의 노래를 잘하는 자를 잉첩으로 삼고자 합니다.
楚王重地尊秦	초왕은 땅을 중히 여겨 진나라를 높이고
秦女必貴而夫人斥矣	진나라 여인은 반드시 귀해질 것이고 부인은 내쳐질 것입니다.
不若爲言而出之	잘 말해 그를 내보내게 함만 못합니다."
於是鄭袖日夜言懷王曰	이에 정수는 밤낮으로 회왕에게 말하였다.
人臣各爲其主用	"신하는 각기 그 임금에게 쓰이게 마련입니다.
今地未入秦	지금 땅이 진나라에 아직 들어오지도 않았는데
秦使張儀來	진나라가 장의를 보내옴은
至重王	왕을 지극히 존중하는 것입니다.
王未有禮而殺張儀	왕께서 장의를 예우하지 않고 죽이신다면
秦必大怒攻楚	진나라는 반드시 크게 노하여 초나라를 칠 것입니다.
妾請子母俱遷江南	첩은 청컨대 모자가 함께 강남으로 옮겨가
毋爲秦所魚肉也	진나라의 어육이 되지 않게 해주십시오."
懷王後悔	회왕은 후회하여
赦張儀	장의를 용서하고
厚禮之如故	옛날처럼 두터이 예우하였다.

張儀既出	장의가 풀려나
未去	아직 떠나지 않았는데
聞蘇秦死[45]	소진이 죽었다는 말을 듣고
乃說楚王曰	이에 초왕에게 유세하였다.

45 **색은** 이때는 진혜왕(秦惠王) 14년(B.C. 324)이다.

秦地半天下	"진나라의 땅은 천하의 반을 차지하고
兵敵四國	군사는 사방의 나라와 필적하며
被險帶河	험요한 땅에 싸이고 강이 둘러쳐져
四塞以爲固	사방이 요새이니 견고합니다.
虎賁之士百餘萬	용맹한 군사가 백여만에
車千乘	병거가 천승이고
騎萬匹	기마가 만 필이며
積粟如丘山	쌓아놓은 양식이 언덕과 산 같습니다.
法令既明	법령이 이미 밝혀진 데다
士卒安難樂死	사졸들은 어려움을 편안히 여기고 죽음을 즐겁게 생각하며
主明以嚴	임금은 현명하고 위엄이 있고
將智以武	장수는 지혜롭고 씩씩하여
雖無出甲	비록 무장한 군사를 내지는 않으나
席卷常山之險	상산의 험요한 곳을 석권하면
必折天下之脊[46]	반드시 천하의 척추를 부러뜨릴 것이니
天下有後服者先亡	천하의 나중에 복종하는 자는 먼저 망하게 될 것입니다.
且夫爲從者	또한 저 합종을 행하는 자들은
無以異於驅群羊而攻猛虎	양 떼를 몰아 사나운 호랑이를 공격하는 것이나 다를 것이 없으니
虎之與羊不格明矣	호랑이가 양과는 필적할 수 없음은 분명합니다.
今王不與猛虎而與群羊	지금 왕께서는 맹호와 함께하지 않고 양 떼와

46 색은 상산(常山)은 천하의 북쪽에 있어서 사람으로 치면 척추와 마찬가지다. 정의 옛 제왕들이 거의 하북(河北)과 하동(河東)에 도읍하였기 때문이다.

	함께하시니
臣竊以爲大王之計過也	신은 가만히 대왕님의 계책이 잘못되었다고 생각합니다.
凡天下彊國	무릇 천하의 강국이라면
非秦而楚	진나라가 아니면 초나라요
非楚而秦	초나라가 아니면 진나라이니
兩國交爭	두 나라가 서로 다투면
其勢不兩立	그 형세는 양립할 수 없습니다.
大王不與秦	대왕께서 진나라와 함께하지 않으시어
秦下甲據宜陽	진나라가 군사를 내려보내 의양을 점거하면
韓之上地不通	한나라 위쪽의 땅은 통하지 않게 됩니다.
下河東	하동을 함락시키고
取成皋	성고를 취하면
韓必入臣	한나라는 반드시 들어와 신하가 될 것이며
梁則從風而動	양나라는 바람 부는 대로 움직일 것입니다.
秦攻楚之西	진나라가 초나라의 서쪽을 치고
韓, 梁攻其北	한나라와 양나라가 그 북쪽을 치면
社稷安得毋危	사직이 어찌 위태로워지지 않겠습니까?
且夫從者聚群弱而攻至彊	또한 저 합종론자들이 약한 나라들을 모아 지극히 강한 나라를 치는 것은
不料敵而輕戰	적을 헤아리지도 않고 가벼이 싸워서
國貧而數舉兵	나라는 가난한데 자주 군사를 일으키는 것이니
危亡之術也	멸망으로 가는 방법입니다.

臣聞之	신은 듣건대
兵不如者勿與挑戰[47]	군사력이 못한 자는 더불어 도전을 하지 말고
粟不如者勿與持久	양식이 못한 자는 더불어 오래 버티지 말라고 하였습니다.
夫從人飾辯虛辭	저 합종론자들은 말을 꾸민 빈말로
高主之節	임금들의 절조를 부추겨
言其利不言其害	이로움만 말하고 그 해로움은 말하지 않아
卒有秦禍[48]	마침내 진나라의 화가 있게 되었으니
無及爲已	미처 하지 못할 따름입니다.
是故願大王之孰計之	그런 까닭에 대왕께서는 그 점을 숙고해 주시기를 바랍니다.

秦西有巴蜀	진나라 서쪽에는 파촉이 있는데
大船積粟	큰 배에 양식을 싣고
起於汶山[49]	문산에서 출발하여
浮江已下	장강에 배를 띄우고 내려가면
至楚三千餘里	초나라까지는 3천여 리입니다.
舫船[50]載卒	배를 나란히 붙여 군사를 실으면
一舫載五十人與三月之食	한 배에 50명과 3개월 치의 양식을 싣게 되며
下水而浮	물을 따라 떠내려오면
一日行三百餘里	하루에 3백여 리를 가니

47 정의 '挑'는 음이 조[田鳥反]이다.
48 정의 '卒'은 음이 졸[忽勿反]이다.
49 정의 '汶'은 음이 민(泯)이다.
50 색은 방선(枋船)이다. 두 배를 나란히 붙인 배이다. 또한 방(舫)의 뜻으로 읽기도 한다.

里數雖多	이수(里數)가 비록 많기는 하지만
然而不費牛馬之力	소와 말의 힘이 들지 않고
不至十日而距扞關[51]	열흘이 안 되어 한관에 이르게 됩니다.
扞關驚	한관이 놀라면
則從境以東盡城守矣	국경 동쪽으로 모든 성이 지켜야 할 것이니
黔中巫郡非王之有	검중과 무군은 왕의 소유가 아닙니다.
秦擧甲出武關	진나라가 군사를 일으켜 무관을 나서서
南面而伐	남쪽을 향하여 들이치면
則北地絕[52]	북쪽 땅은 단절됩니다.
秦兵之攻楚也	진나라 군사가 초나라를 치면
危難在三月之內	위난은 3개월 내에 있을 것이며
而楚待諸侯之救	초나라가 제후들의 구원을 기다림은
在半歲之外	반년이 지나야 할 것이니
此其勢不相及也	이는 그 형세가 미치지 못합니다.
夫恃弱國之救	대체로 약국의 구원을 믿고
忘彊秦之禍	강한 진나라의 화를 잊으시니
此臣所以爲大王患也	이것이 신이 대왕을 근심하는 것입니다.

大王嘗與吳人戰	대왕은 일찍이 오나라 사람과 싸워서
五戰而三勝	다섯 번 싸워 세 번 이겼사온데
陣卒盡矣	진중의 군사는 거의 다 죽었으며,

51 집해 서광은 말하였다. "파군(巴郡) 어복현(魚復縣)에 한수관(扞水關)이 있다." 색은 한관(扞關)은 초나라의 서쪽 경계에 있다. 「지리지(地理志)」에 의하면 파군(巴郡) 어복현(魚復縣)이 있다. 정의 협주(硤州) 파산현(巴山縣) 경계에 있다.

52 정의 초나라의 북쪽 경계가 단절되는 것이다.

偏守新城[53]	오로지 새로 얻은 성을 지키느라
存民苦矣	남은 백성들이 고생을 하고 있습니다.
臣聞功大者易危	신이 듣건대 공이 큰 자는 쉬 위험에 처하고
而民敝者怨上	백성이 피폐해지면 임금을 원망한다고 하였습니다.
夫守易危之功而逆彊秦之心	대체로 쉬 위험해지는 공을 지키고 강한 진나라의 마음을 거스르니
臣竊爲大王危之	신은 가만히 대왕님을 위험하게 생각합니다.

且夫秦之所以不出兵函谷十五年以攻齊趙者	또한 진나라가 함곡관으로 15년이나 군사를 내어 제나라와 조나라를 공격하지 않은 것은
陰謀有合[54]天下之心	몰래 천하를 합병하려는 마음을 가질 것을 꾀하기 때문입니다.
楚嘗與秦構難	초나라는 일찍이 진나라와 원수를 진 적이 있어서
戰於漢中[55]	한중에서 싸웠는데
楚人不勝	초나라 사람은 이기지 못하였고
列侯執珪死者七十餘人	규홀을 잡은 열후만 죽은 자가 70여 명이었으며
遂亡漢中	마침내 한중을 잃었습니다.
楚王大怒	초왕은 크게 노하여

53 **색은** '偏'은 음이 편[匹連反]이다. 여기서 '신성(新城)'이라 한 것은 오나라와 초나라의 사이에 있을 것이다. **정의** 막 새로 공격하여 성을 얻었는데 소재지는 확실치 않다.

54 **집해** 서광은 말하였다. "'탄(吞)'으로 된 판본도 있다."

55 **색은** 그 땅은 진나라 남산(南山)의 남쪽, 초나라의 서북쪽, 한수(漢水) 북쪽에 있으므로 한중(漢中)이라고 한다.

興兵襲秦	군사를 일으켜 진나라를 습격하여
戰於藍田	남전에서 싸웠습니다.
此所謂兩虎相搏[56]者也	이것이 이른바 두 호랑이가 서로 다투는 것입니다.
夫秦楚相敝而韓魏以全制其後	진나라와 초나라가 피폐해져 한나라와 위나라가 그 뒤를 온전하게 견제한다면
計無危於此者矣	이보다 위험한 계책은 없을 것입니다.
願大王孰計之	원컨대 대왕께서는 숙고하여 주십시오.

秦下甲攻衛陽晉	진나라가 군사를 내려 보내어 위나라 양진을 공격하면
必大關天下之匈[57]	반드시 천하의 가슴을 크게 걸어 잠글 것입니다.
大王悉起兵以攻宋	대왕께서 군사를 모두 일으키시어 송나라를 공격하면
不至數月而宋可擧	몇 달이 되지 않아 송나라를 점령할 것이며
擧宋而東指	송나라를 점령하고 동쪽을 가리키면
則泗上十二諸侯[58]盡王之有也	사수 가의 12제후는 모두 왕의 차지가 됩니다.

---

56 **집해** 서광은 말하였다. "'극(戟)'이라는 음도 있다."

57 **집해** 서광은 말하였다. "관(關)은 개(開)로 된 판본도 있다." **색은** 위(衛)나라 양진(陽晉)을 공격하여 천하의 가슴을 크게 걸어 잠근 것이다. 상산(常山)을 천하의 척추라 하였으니 이 위(衛)나라 및 양진은 천하의 가슴에 해당되며, 그 땅은 진(秦)나라와 진(晉)나라, 제나라, 초나라가 교차하는 길일 것이다. 진나라 군사가 양진을 점거한 것이 천하의 가슴을 크게 걸어 잠근 것이라 하였으니 다른 나라들은 움직이지 못할 것이다.

58 **색은** 사수(泗水)의 곁에 가깝다는 말로, 전국(戰國) 시대에 12제후가 있었는데 송(宋)나라와 노(魯)나라, 주(邾)나라, 거(莒)나라 같은 나라들이다.

凡天下而以信約從親相堅者蘇秦
무릇 천하의 신실한 맹약으로 합종을 굳게 한 자는 소진으로

封武安君	무안군에 봉하여졌으며
相燕	연나라의 재상이 되어

即陰與燕王謀伐破齊而分其地
몰래 연왕과 제나라를 쳐서 깨뜨려 그 땅을 나누고자 획책하였으며,

乃詳有罪出走入齊	이에 거짓으로 죄를 지어 달아나 제나라로 들어갔는데
齊王因受而相之	제왕이 이에 받아들여 재상으로 삼았고,
居二年而覺	2년 만에야 깨달아
齊王大怒	제왕이 크게 노하여
車裂蘇秦於市	소진을 저자에서 거열형에 처하였습니다.
夫以一詐僞之蘇秦	저 거짓을 일삼는 소진 한 사람으로
而欲經營天下	천하를 경영하고자 하여
混一諸侯[59]	제후를 한데 섞었으니
其不可成亦明矣	그 될 수 없음은 또한 분명합니다.

今秦與楚接境壤界	지금 진나라는 초나라와 경계가 닿아 땅이 붙어 있으니
固形親之國也	실로 형세가 친밀한 나라입니다.
大王誠能聽臣	대왕께서 실로 신의 말을 들으실 수 있다면
臣請使秦太子入質於楚	신은 청컨대 진나라 태자를 초나라에 인질로 들이고

---

59 **색은** 혼(混)은 본래 '棍'으로 되어 있는데, 마찬가지로 음이 혼[胡本反]이다.

楚太子入質於秦	초나라 태자는 진나라에 인질로 들이게 하며,
請以秦女爲大王箕帚之妾	청컨대 진나라 여인을 대왕의 청소하는 첩으로 삼고
效萬室之都以爲湯沐之邑	만 호의 도읍을 바쳐 탕목의 고을로 삼아
長爲昆弟之國	길이 형제의 나라가 되어
終身無相攻伐	죽을 때까지 서로 공격하지 않게 하겠습니다.
臣以爲計無便於此者	신은 이보다 더 좋은 계책은 없다고 생각합니다."

於是楚王已得張儀而重出黔中地與秦

	이에 초왕은 이미 장의를 얻고 다시 검중을 내어 진나라에게 주고
欲許之	허락하고자 하였다.
屈原曰	굴원이 말하였다.
前大王見欺於張儀	"전에 대왕께서는 장의에게 속아
張儀至	장의가 이르자
臣以爲大王烹之	신은 대왕께서 그를 삶아 죽일 것이라고 생각하였는데,
今縱弗忍殺之	지금 놓아주어 차마 그를 죽이지 못하고
又聽其邪說	또한 그 간사한 말을 들으시니
不可	아니 되옵니다."
懷王曰	회왕이 말하였다.
許儀而得黔中	"장의에게 허락하고 검중을 얻는 것은
美利也	좋은 이익이다.
後而倍之	나중에 배반하면
不可	안 된다."

故卒許張儀	그러므로 마침내 장의의 말을 수용하여
與秦親	진나라와 화친을 맺었다.
張儀去楚	장의는 초나라를 떠나
因遂之韓	내친김에 마침내 한나라로 가서
說韓王曰	한왕을 유세하여 말하였다.
韓地險惡山居	“한나라는 지세가 험악하고 산에서 거처하여
五穀所生	오곡이 나는 것이
非菽而麥	콩 아니면 보리이며
民之食大抵菽飯藿羹	백성들이 먹는 것이라고는 거의 콩밥과 콩잎국입니다.
一歲不收	한 해만 수확하지 못하면
不饜糟糠	지게미조차 실컷 먹지 못합니다.
地不過九百里	땅은 9백 리가 되지 않으며,
無二歲之食	2년 치 양식이 없습니다.
料大王之卒	대왕님의 군사를 헤아려 보니
悉之不過三十萬	다해도 30만을 넘기지 않으며
而廝徒負養在其中矣[60]	잡역부와 취사병까지 그 안에 있습니다.
除守徼亭鄣塞	변경의 초소와 보루를 지키는 병사를 빼면
見卒不過二十萬而已矣	군사로 볼 수 있는 사람은 20만에 지나지 않을 따름입니다.
秦帶甲百餘萬	진나라는 갑옷을 입은 군사가 백여만이고
車千乘	병거가 천승이며

60 색은 ‘廝’는 음이 사(斯)이며, 잡역에 종사하는 신분이 미천한 자이다. 부양(負養)은 등과 어깨에 짐을 지고 공가(公家)를 먹여 살리는 것을 말하며, 또한 천한 사람이다.

騎萬匹	기병이 만 필이고
虎賁之士跿跔科頭貫頤奮戟者[61]	날랜 용사로 뛰어오르며 투구를 쓰지 않은 채 턱을 감싸 쥐고 극을 든 채 분기하는 자가
至不可勝計	이루 셀 수 없을 정도입니다.
秦馬之良	진나라 병마의 훌륭함과
戎兵之眾	군대의 많음은
探前趹後[62]蹄間三尋[63]騰者	앞을 찾고 뒤를 파며 말굽 사이가 3심(尋)이 되도록 달리는 것이
不可勝數	이루 헤아릴 수 없습니다.
山東之士被甲蒙胄以會戰	산동의 군사는 갑옷을 입고 투구를 쓰고 교전을 하는데
秦人捐甲徒裼[64]以趨敵	진나라 사람은 갑옷을 버리고 맨발에 웃통을 벗고 적에게 달려들며

---

61 **집해** '跿跔'는 음이 도구(徒俱)이며, 뛰어오른다는 뜻이다. 또한 한쪽 발을 드는 것을 도구라고도 한다. 과두(科頭)는 투구를 쓰지 않고 적진에 뛰어드는 것을 말한다. **색은** '跿跔'는 음이 도구이다. 구(跔)는 또한 음을 구(劬)라고도 한다. 유씨는 "뛰어오르는 것을 말한다."라 하였다. 또한 『운집(韻集)』에서는 "한쪽 발을 드는 것을 도구(跿跔)라 한다."라 하였다. 『전국책』에서는 "범 같고 맹금 같은 용사가 달린다(虎摯之士跿跔)."라 되어 있다. 과두는 투구를 쓰지 않는 것을 말한다.

색은 (貫頤는) 두 손으로 턱을 감싸고 곧장 적진에 뛰어든다는 것을 이르며, 그 용감함을 말한다.

집해 (奮戟은) 극을 잡고 노기를 떨치며 진중으로 달려드는 것이다. **색은** 또한 극을 든 자가 노기를 띠고 진중으로 달려 들어간다는 것을 이른다.

62 **색은** 말의 앞발은 앞쪽을 향해 찾아가며 뒷발은 땅을 파내는 것이다. 결(趹)은 뒷발이 땅을 파내는 것을 이르며, 말이 달리는 기세가 빠름을 말한다.

63 **색은** 7척(尺)을 심(尋)이라 한다. 말이 달리는 것이 빨라 앞과 뒷굽 사이의 간격이 3심(尋)이 넘음을 말한다.

64 **색은** 도(徒)는 맨발이다. 석(裼)은 웃통을 벗는 것으로, 웃통을 벗고 살을 드러내는 것을 말한다.

左挈人頭	왼손으로는 사람의 머리를 들고
右挾生虜	오른손으로는 생포한 자를 낍니다.
夫秦卒與山東之卒	저 진나라 군사와 산동의 군사는
猶孟賁之與怯夫	맹분이 겁쟁이와 함께 있는 것 같으며,
以重力相壓	무거운 힘으로 누름은
猶烏獲之與嬰兒	오획이 어린아이를 대하는 것과 같습니다.
夫戰孟賁烏獲之士以攻不服之弱國	맹분과 오획 같은 군사를 싸우게 하여 굴복하지 않는 약국을 치는 것은
無異垂千鈞之重於鳥卵之上	천균(千鈞, 3만 근)의 무게를 새알 위에 내려놓는 것과 다르지 않아
必無幸矣	반드시 요행이라고는 없게 될 것입니다.

夫群臣諸侯不料地之寡	대체로 뭇 신하와 제후들은 땅의 적음은 헤아리지 않고
而聽從人之甘言好辭	합종론자의 감언이설을 듣는데
比周以相飾也	무리를 이루어 서로 꾸미어
皆奮曰聽吾計可以彊霸天下	모두 격분하여 말하기를 '내 계책을 따르면 천하를 쟁패할 수 있다.'고 합니다.
夫不顧社稷之長利而聽須臾之說	사직의 오랜 이익을 돌아보지 않고 잠깐의 기쁨을 따르는 것이며
詿誤人主	임금을 그르치는 것으로
無過此者	이보다 더한 것은 없을 것입니다.

大王不事秦	대왕께서 진나라를 섬기지 않으신다면

秦下甲據宜陽	진나라는 군사를 내려보내 의양을 점거하고
斷韓之上地	한나라 위쪽의 땅을 끊을 것이며
東取成皋滎陽	동으로는 성고와 형양을 차지할 것이니
則鴻臺之宮桑林之苑[65]非王之有也	홍대의 궁과 상림의 동산은 왕의 소유가 아닙니다.
夫塞成皋	성고를 막고
絕上地	위의 땅을 끊으면
則王之國分矣	왕의 나라는 갈라지게 됩니다.
先事秦則安	먼저 진나라를 섬기면 안전하고
不事秦則危	섬기지 않으면 위태로워집니다.
夫造禍而求其福報	화를 만들어놓고 복으로 갚아주기를 바라며
計淺而怨深	계책은 얕고 원한은 깊어지며
逆秦而順楚	진나라를 거스르고 초나라를 따르려 한다면
雖欲毋亡	아무리 망하지 않으려고 해도
不可得也	될 수 없을 것입니다.

故爲大王計	그러므로 대왕님을 위한 계책으로는
莫如爲秦[66]	진나라를 위하는 것만 한 것이 없습니다.
秦之所欲莫如弱楚	진나라가 바라는 것은 초나라를 약하게 하는 것 만한 것이 없으며
而能弱楚者莫如韓	초나라를 약하게 할 수 있는 나라는 한나라만 한 나라가 없습니다.

---

65 집해 서광은 말하였다. "상(桑)은 율(栗)로 된 판본도 있다." 색은 이는 모두 한(韓)나라의 궁원(宮苑)으로 『전국책』에도 보인다.

66 집해 '爲'는 음이 위[于僞反]이다.

非以韓能彊於楚也	한나라가 초나라보다 강할 수 있어서가 아니라
其地勢然也	그 지세가 그렇습니다.
今王西面而事秦以攻楚	지금 왕께서 서로 진나라를 섬기면서 초나라를 치면
秦王必喜	진왕은 반드시 기뻐할 것입니다.
夫攻楚以利其地	대체로 초나라를 쳐서 땅을 늘리고
轉禍而說秦	화를 바꾸어 진나라를 기쁘게 한다면
計無便於此者	이보다 더 좋은 계책은 없을 것입니다."

韓王聽儀計	한왕은 장의의 계책을 따랐다.
張儀歸報	장의가 돌아와 알리니
秦惠王封儀五邑	진혜왕은 장의를 다섯 읍에 봉하고
號曰武信君	무신군이라 하였다.
使張儀東說齊湣王曰	장의에게 동으로 가서 제민왕을 유세하게 하여 말하였다.
天下彊國無過齊者	"천하의 강국으로 제나라를 넘는 나라가 없으니
大臣父兄殷衆富樂	대신과 부형이 많고 부유하고 즐겁습니다.
然而爲大王計者	그러나 대왕을 위해 도모하는 자들은
皆爲一時之說	모두 한때의 기쁨만 행하지
不顧百世之利	백세의 이익을 돌아보지는 않습니다.
從人說大王者	합종론자들이 대왕님을 유세할 때는
必曰齊西有彊趙	반드시 '제나라 서쪽에는 강한 조나라가 있고
南有韓與梁	남으로는 한나라와 양나라가 있습니다.
齊	제나라는
負海之國也	바다를 등지고 있는 나라로

地廣民眾	땅은 넓고 백성이 많으며
兵彊士勇	군사는 강하고 병사는 용감하여
雖有百秦	비록 백 개의 진나라가 있다 한들
將無柰齊何	제나라를 어쩌지 못할 것입니다.'라고 합니다.
大王賢其說而不計其實	대왕께서는 그 말을 현명하게 여기고 실질은 생각지 않습니다.
夫從人朋黨比周	저 합종론자들은 붕당을 결성하여
莫不以從爲可	합종이 옳다고 여기지 않는 자가 없습니다.
臣聞之	신이 듣건대
齊與魯三戰而魯三勝	제나라는 노나라와 싸워 노나라가 세 번 이겼는데
國以危亡隨其後	나라는 위망이 그 뒤를 따랐다고 하니
雖有戰勝之名	비록 전쟁에서 이겼다는 명성은 있지만
而有亡國之實	망한 나라라는 현실이 있습니다.
是何也	이는 어째서입니까?
齊大而魯小也	제나라는 크고 노나라는 작기 때문입니다.
今秦之與齊也	지금 진나라를 제나라에 비하면
猶齊之與魯也	제나라를 노나라에 비하는 것과 같습니다.
秦趙戰於河漳之上	진나라와 조나라가 하수와 장수의 가에서 싸웠는데
再戰而趙再勝秦	두 번 싸워 조나라가 두 번 진나라를 이겼으며,
戰於番吾[67]之下	반오의 아래에서 싸웠는데
再戰又勝秦	두 번 싸워 또 진나라를 이겼습니다.
四戰之後	네 번을 싸운 뒤에

67 색은 위의 글자는 음이 반(盤)이며, 또한 파(婆)라는 음도 있는데, 조나라의 음이다.

趙之亡卒數十萬	조나라는 죽은 병사가 수십만 명이나 되었고
邯鄲僅存	한단은 가까스로 남게 되었으니
雖有戰勝之名而國已破矣	비록 전쟁에서 이겼다는 명성은 있지만 나라는 이미 깨졌습니다.
是何也	이는 어째서입니까?
秦彊而趙弱	진나라는 강하고 조나라는 약하기 때문입니다.

今秦楚嫁女娶婦	지금 진나라와 초나라는 딸을 시집보내고 아내를 맞아들여
爲昆弟之國	형제의 나라가 되었습니다.
韓獻宜陽	한나라는 의양을 바쳤고,
梁效河外[68]	양나라는 하외를 바쳤으며,
趙入朝澠[69]池	조나라는 면지로 들어와 조현하고
割河閒[70]以事秦	하간을 떼어 진나라를 섬깁니다.
大王不事秦	대왕께서 진나라를 섬기지 않으면
秦驅韓梁攻齊之南地	진나라는 한나라와 양나라를 몰아 제나라 남쪽 땅을 칠 것이며
悉趙兵渡清河	조나라 군사를 총동원하여 청하를 건너
指博關[71]	박관을 가리키면

68 색은 하외(河外)는 황하의 남쪽 고을로 곡옥(曲沃)과 평주(平周) 등지이다. 정의 동(同)과 화주(華州)의 땅을 말한다.

69 집해 음은 면[綿善反]이다.

70 색은 하수(河水)와 장수(漳水) 사이의 고을을 말하며 잠시 떼어서 진나라를 섬기는 것일 따름이다. 정의 하간(河閒)은 영주현(瀛州縣)이다.

71 정의 박관(博關)은 박주(博州)에 있다. 조나라 군사가 패주(貝州)에서 황하(黃河)를 건너 박관을 가리키면 누하(漯河) 남쪽의 임치(臨淄)와 즉묵(即墨)이 위태로워진다.

臨菑即墨非王之有也	임치와 즉묵은 왕의 소유가 아닙니다.
國一日見攻	나라가 하루아침에 공격을 받으면
雖欲事秦	비록 진나라를 섬기고자 하나
不可得也	될 수 없을 것입니다.
是故願大王孰計之也	그런 까닭에 대왕께서는 숙고하시기 바랍니다.”

齊王曰	제왕이 말하였다.
齊僻陋	“제나라는 구석지고 비루한 데다가
隱居東海之上	동해의 가에 숨어 살아서
未嘗聞社稷之長利也	사직의 장기적인 이익에 대해 들어본 적이 없습니다.”
乃許張儀	이에 장의에게 허락하였다.

張儀去	장의는 떠나서
西說趙王曰	서로 조왕을 유세하여 말하였다.
敝邑秦王使使臣效愚計於大王	“저희 진왕께서는 사신을 보내어 대왕께 어리석은 계책을 바치게 하였습니다.
大王收率天下以賓秦	대왕께서 천하를 거두어 통솔하여 진나라를 밀쳐
秦兵不敢出函谷關十五年	진나라 군사가 감히 함곡관을 나서지 않은 지가 15년입니다.
大王之威行於山東	대왕의 위엄은 산동에서 행하여져
敝邑恐懼懾伏	저희 나라는 두려워 엎드리고 있으며,
繕甲厲兵	갑옷을 수선하고 병기를 벼리며
飾車騎[72]	수레와 기병을 꾸미고

習馳射	말을 달리며 활 쏘는 연습을 하고
力田積粟	힘껏 농사를 지어 양식을 쌓아놓고도
守四封之內	사방의 경계 안을 지키기만 하며
愁居懾處	전전긍긍하며 거처하여
不敢動搖	감히 움직이지 못하는데
唯大王有意督過之也[73]	이는 오직 대왕께서 잘못을 꾸짖으려는 뜻이 있어서입니다.

今以大王之力	지금 대왕의 힘으로
舉巴蜀	파촉을 점거하고
并漢中	한중을 병탄하였으며
包兩周	양주를 에워싸고
遷九鼎	구정을 옮겼으며
守白馬之津	백마지진을 지키고 있습니다.
秦雖僻遠	진나라가 비록 구석지고 머나
然而心忿含怒之日久矣	마음속으로 분노를 머금은 지가 오래되었습니다.
今秦有敝甲凋兵	지금 진나라는 해진 갑옷과 지친 군사들이
軍於澠池	면지(澠池)에 진을 치고 있는데
願渡河踰漳	황하를 건너고 장수를 건너
據番吾	반오(番吾)를 점거하려 하며
會邯鄲之下	한단성(邯鄲城) 아래서 만나

72 정의 '飭'의 음은 칙이다.

73 색은 독(督)은 그 일을 바로잡고 꾸짖는 것이다. 독과(督過)는 그 잘못을 매우 심하게 꾸짖는 것이다.

願以甲子合戰	갑자일에 교전을 하여
以正殷紂之事	은주의 일을 바로잡고자 하여
敬使使臣先聞左右	삼가 사신을 보내어 먼저 좌우에 알리게 하였습니다.

凡大王之所信爲從者恃蘇秦	무릇 대왕께서 합종을 하게끔 믿은 것은 소진을 믿어서입니다.
蘇秦熒惑諸侯	소진은 제후들을 현혹하여
以是爲非	옳은 것을 그르다 하고
以非爲是	그른 것을 옳다 하며
欲反齊國	제나라에서 반기를 들려고 하다가
而自令車裂於市	저자에서 거열형을 당하도록 자초하였습니다.
夫天下之不可一亦明矣	천하가 하나가 될 수 없음은 또한 명백합니다.
今楚與秦爲昆弟之國	지금 초나라와 진나라는 형제의 나라이고
而韓梁稱爲東藩之臣	한나라와 양나라는 동쪽 울타리의 신하라 일컬으며
齊獻魚鹽之地	제나라는 물고기와 소금이 나는 땅을 바치니
此斷趙之右臂也	이는 조나라의 오른팔을 자르는 것입니다.
夫斷右臂而與人鬥	오른팔을 자르고 남들과 싸우며
失其黨而孤居	무리를 잃고 외로이 거처하면서
求欲毋危	위태롭지 않게 되고자 바란들
豈可得乎	어찌 될 수 있겠습니까?

今秦發三將軍	지금 진나라는 세 장군을 보냈습니다.
其一軍塞午道[74]	그중 1군은 오도를 막고

告齊使興師渡清河	제나라에게 군사를 일으켜 청하를 넘게끔 알리고
軍於邯鄲之東	한단의 동쪽에 주둔하고 있으며,
一軍軍成皐	1군은 성고에 주둔하여
驅韓梁軍於河外[75]	한나라와 양나라 군사를 하외로 몰아내고 있고,
一軍軍於澠池	1군은 면지에 주둔하고 있습니다.
約四國爲一以攻趙	네 나라가 하나가 되는 맹약을 하고 조나라를 공격하면
趙破	조나라는 깨져서
必四分其地	반드시 그 땅이 네 개로 나뉘게 될 것입니다.
是故不敢匿意隱情	그런 까닭에 감히 마음속의 뜻을 숨기지 않고
先以聞於左右	먼저 좌우에 알려드리는 것입니다.
臣竊爲大王計	신이 가만히 대왕을 위해 계책을 바치오니
莫如與秦王遇於澠池	진왕과 면지에서 만나
面相見而口相結	직접 찾아뵙고 입으로 조약을 맺어
請案兵無攻	군사를 그치고 치지 않게끔 청함만 한 것이 없습니다.
願大王之定計	원컨대 대왕께서는 생각을 정해 주십시오."

趙王曰	조왕이 말하였다.
先王之時	"선왕 때는
奉陽君專權擅勢	봉양군이 전권을 휘두르며 권세를 휘어잡아

74 **색은** 이 오도(午道)는 조나라 동쪽과 제나라 서쪽에 있을 것이다. 오도는 지명이다. 정현은 "가로와 세로로 하나씩인 것이 오(午)이다."라 하였는데, 길이 교차하는 것을 이른다.

75 **정의** 하외(河外)는 정(鄭)과 활주(滑州)를 말하는데, 북으로 황하에 임하여 있다.

蔽欺先王　선왕을 속이고

獨擅綰事　홀로 멋대로 일을 처리하였는데

寡人居屬師傅　과인의 거처는 사부에 속해 있어서

不與國謀計　나라를 위한 계책에 참여하지 못하였소.

先王棄群臣　선왕이 군신을 버리(고 돌아가)셨을 때

寡人年幼　과인은 나이가 어렸고

奉祀之日新　제사를 받들 날이 새로워

心固竊疑焉　마음으로 실로 가만히 의심을 하여

以爲一從不事秦　합종책에 뜻을 하나로 하여 진나라를 섬기지 않는 것은

非國之長利也　나라의 먼 이익이 아니오.

乃且願變心易慮　이에 또한 마음을 바꾸고 생각을 고쳐

割地謝前過以事秦　땅을 떼어 지난날의 잘못을 사죄하고 진나라를 섬기기를 바라오.

方將約車趨行[76]　바야흐로 수레를 매어 달려가고자 하는데

適聞使者之明詔　마침 사자의 밝은 가르침을 듣게 되었소."

趙王許張儀　조왕이 장의에게 허락하자

張儀乃去　장의는 이에 떠났다.

北之燕　북으로 연나라에 가서

說燕昭王曰　연소왕을 유세하여 말하였다.

大王之所親莫如趙　"대왕께서 친한 나라로는 조나라 같은 나라가 없습니다.

76 정의 '趨'의 음은 취(趣)이다.

昔趙襄子嘗以其姊爲代王妻	옛날 조양자는 일찍이 그 누이를 대왕의 처로 삼았는데
欲并代	대나라를 병탄고자 하여
約與代王遇於句注之塞[77]	대왕과 구주의 변경에서 만나기로 약정을 하였습니다.
乃令工人作爲金斗	이에 공인으로 하여금 금 구기(金斗, 자루가 달린 술 따위를 푸는 용기)를 만들게 하였는데
長其尾[78]	그 자루를 길게 하여
令可以擊人	사람을 가격할 수 있게 하였습니다.
與代王飮	대왕에게 술을 마시게 하고는
陰告廚人曰	몰래 주방의 사람에게 일렀습니다.
即酒酣樂	'주흥이 올라 즐거워지면
進熱啜[79]	뜨거운 국을 올리면서
反斗以擊之[80]	구기를 거꾸로 하여 그를 쳐라.'
於是酒酣樂	이에 주흥이 올라 즐거워졌는데
進熱啜	뜨거운 국을 올리면서
廚人進斟	주방의 사람이 나아가 따르는데
因反斗以擊代王	이에 구기를 거꾸로 하여 대왕을 쳐서
殺之	죽이니

77 정의 구주산(句注山)은 대주(代州)에 있다.

78 색은 '斗'의 음은 주(主)이다. 무릇 네모난 것이 주(斗)인데, 자루가 긴 것을 편안히 여기면 '枓'라 하였고 음은 주(主)이다. 미(尾)는 주(斗)의 자루인데 그 형태가 칼과 같다.

79 색은 (啜의) 음은 철[昌悅反]이다. 익혀서 마시게 하는 것을 말하는데 곧 갱(羹)이다. 아래에서는 "주인이 나아가 따랐다(廚人進斟)."라 하였는데, 따랐다는 것은 국을 따른 것을 말하므로 갱(羹)을 따랐다고 하였다. 좌씨(左氏)가 "양갱은 따르지 않는다(羊羹不斟)."라 한 것이 이를 말한다.

80 정의 반(反)은 자루를 거꾸로 잡고 치는 것이다.

王腦塗地	왕의 뇌가 땅에 쏟아졌습니다.
其姊聞之	그 누이가 듣고
因摩笄以自刺	이에 비녀를 갈아 스스로 찌르니
故至今有摩笄之山[81]	그런 까닭에 지금 마계산이 생겼습니다.
代王之亡	대왕의 죽음이
天下莫不聞	천하에 알려지지 않음이 없었습니다.

夫趙王之很戾無親	저 조왕이 흉포하고 사납기가 친척도 없음을
大王之所明見	대왕께서는 분명히 보았사온데
且以趙王爲可親乎	또한 조왕을 가까이할 수 있다고 보십니까?
趙興兵攻燕	조나라는 군사를 일으켜 연나라를 쳤으며
再圍燕都而劫大王	거듭 연나라의 도읍을 에워싸고 대왕을 겁박하여
大王割十城以謝	대왕께서는 열 개의 성을 떼어 사죄하였습니다.
今趙王已入朝澠池	지금 조왕은 이미 면지에서 입조하고
效河閒以事秦	하간을 바쳐 진나라를 섬깁니다.
今大王不事秦	이제 대왕께서 진나라를 섬기지 않아
秦下甲雲中, 九原	진나라가 운중과 구원으로 군사를 내려보내
驅趙而攻燕,	조나라를 몰아내고 연나라를 친다면
則易水長城[82]非大王之有也	역수와 장성은 대왕의 것이 아닙니다.

且今時趙之於秦猶郡縣也	또한 지금 조나라는 진나라에 있어서 군현과 같아

81 **집해** 계(笄)는 부인의 머리 장식으로 지금의 상아적(象牙擿)과 같다. **정의** 계(笄)는 지금의 비녀[簪]이다. 마계산(摩笄山)은 울주(蔚州) 비호현(飛狐縣) 동북쪽 백50리 지점에 있다.

82 **정의** 모두 역주(易州)의 경계에 있다.

不敢妄擧師以攻伐	감히 망령되이 군사를 일으켜 치지 않습니다.
今王事秦	지금 왕께서 진나라를 섬기면
秦王必喜	진왕은 반드시 기뻐할 것이고
趙不敢妄動	조나라는 감히 경거망동을 하지 않을 것이니
是西有彊秦之援	이는 서로는 강한 진나라의 원조가 있고
而南無齊趙之患	남으로는 제나라와 조나라의 우환이 없어지는 것이니
是故願大王孰計之	그런 까닭에 대왕께서는 숙고해 주시기 바랍니다."

燕王曰	연왕이 말하였다.
寡人蠻夷僻處	"과인은 만이와 같이 편벽된 곳에 있어서
雖大男子裁[83]如嬰兒	비록 성인 남자지만 생각은 어린아이와 같아
言不足以采正計	말이 올바른 계책을 채택하기에는 부족하오.
今上客幸教之	지금 상객이 다행히 가르쳐주니
請西面而事秦	청컨대 서쪽으로 진나라를 섬기고
獻恆山之尾[84]五城	항산의 끝 다섯 성을 바치고자 하오."
燕王聽儀	연왕은 장의의 말을 따랐다.
儀歸報	장의가 돌아가 보고를 하려고 하는데
未至咸陽而秦惠王卒	함양에 채 이르지 못하여 진혜왕이 죽고
武王立	무왕이 즉위하였다.
武王自爲太子時不說張儀	무왕은 태자 때부터 장의를 좋아하지 않았는데

83 집해 (裁의) 음은 재(在)이다.

84 색은 미(尾)는 끝[末]과 뜻이 같다. 항산성(恆山城)을 바쳐서 제나라와 동맹을 맺는 것을 말한다.

及即位	즉위를 하자
群臣多讒張儀曰	신하들은 장의를 많이 헐뜯어 다음과 같이 말하였다.
無信	“신의가 없고
左右賣國以取容	이리저리 나라를 팔아 환심을 샀습니다.
秦必復用之	진나라가 다시 그를 쓰면
恐爲天下笑	천하의 웃음거리가 될 것입니다.”
諸侯聞張儀有郤武王	제후들은 장의가 무왕과 틈이 생겼다는 말을 듣고
皆畔衡	모두 연횡을 저버리고
復合從	다시 합종하였다.

秦武王元年	진무왕 원년에
群臣日夜惡張儀未已	신하들이 밤낮으로 장의를 험담하기를 그치지 않던 중에
而齊讓又至	제나라의 책망이 또 이르렀다.
張儀懼誅	장의는 죽게 될까 두려워하여
乃因謂秦武王曰	이에 진무왕에게 말하였다.
儀有愚計	“제게 어리석은 계책이 있사온데
願效之	바쳤으면 합니다.”
王曰	왕이 말하였다.
柰何	“어떤 것이오?”
對曰	대답하였다.
爲秦社稷計者	“진나라 사직을 위한 계책으로는
東方有大變	동방에 큰 변란이 있은

然後王可以多割得地也	다음이라야 왕께서 땅을 많이 떼어 얻을 수 있습니다.
今聞齊王甚憎儀	지금 듣건대 제왕이 저를 몹시 미워한다 하니
儀之所在	제가 있는 곳이라면
必興師伐之	반드시 군사를 일으켜 칠 것입니다.
故儀願乞其不肖之身之梁	그러므로 저는 불초한 몸이 양나라로 갈 것을 바라니
齊必興師而伐梁	제나라는 반드시 군사를 일으켜 양나라를 칠 것입니다.
梁齊之兵連於城下而不能相去	양나라와 제나라의 군사가 성 아래서 엉키어 떠날 수 없을 때
王以其閒伐韓	왕께서는 그 사이에 한나라를 쳐서
入三川	삼천으로 들어가
出兵函谷而毋伐	함곡관으로 군사를 내시되 치지 않고
以臨周	주나라에 다가서면
祭器必出[85]	제기를 반드시 꺼내줄 것입니다.
挾天子	천자를 끼고
按圖籍	지도와 호적을 쥐고 있으면
此王業也	이는 왕업입니다."
秦王以爲然	진왕은 그럴듯하게 여기고
乃具革車三十乘	이에 병거 30승을 갖추어
入儀之梁	장의를 양나라로 들여보냈다.
齊果興師伐之	제나라는 과연 군사를 일으켜 쳤다.

85 **색은** 무릇 왕이 크게 제사를 지낼 때는 반드시 문물(文物)과 헌거(軒車), 이기(彝器) 등을 진설하므로 이런 것을 제기(祭器)라 한 것이다.

梁哀王恐	양애왕이 두려워하였다.
張儀曰	장의가 말하였다.
王勿患也	"왕께서는 아무 걱정 마시고
請令罷齊兵	제나라 군사를 물리치게 해주십시오."
乃使其舍人馮喜[86]之楚	이에 그 사인 풍희를 초나라로 보내어
借使之齊	사자를 빌려 제나라로 가게 하여
謂齊王曰	제왕에게 일러 말하였다.
王甚憎張儀	"왕께서는 장의를 몹시 미워하고 계십니다.
雖然	비록 그러하오나
亦厚矣王之託儀於秦也	또한 왕께서는 진나라가 장의를 의탁함이 두텁게 하십시오!"
齊王曰	제왕이 말하였다.
寡人憎儀	"과인은 장의를 미워하여
儀之所在	장의가 있는 곳이라면
必興師伐之	반드시 군사를 일으켜 칠 것인데
何以託儀	어찌하여 장의에게 의탁하겠는가?"
對曰	대답하여 말하였다.
是乃王之託儀也	"이것이 곧 왕께서 장의를 의탁하는 것입니다.
夫儀之出也	장의가 출국할 때
固與秦王約曰	실로 진왕에게 약속하여 말하기를
爲王計者	'왕을 위한 계책으로
東方有大變	동방에 큰 변란이 있은
然後王可以多割得地	다음이라야 왕께서 땅을 많이 떼어 얻을 수 있습니다.

86 색은 이것은 『전국책』과 같다. 옛 판본에 '희(憙)'로 되어 있는 것은 잘못이다.

今齊王甚憎儀	지금 듣건대 제왕이 저를 몹시 미워한다 하니
儀之所在	제가 있는 곳이라면
必興師伐之	반드시 군사를 일으켜 칠 것입니다.
故儀願乞其不肖之身之梁	그러므로 저는 불초한 몸이 양나라로 갈 것을 바라니
齊必興師伐之	제나라는 반드시 군사를 일으켜 양나라를 칠 것입니다.
齊梁之兵連於城下而不能相去	양나라와 제나라의 군사가 성 아래서 엉키어 떠날 수 없을 때
王以其間伐韓	왕께서는 그 사이에 한나라를 쳐서
入三川	삼천으로 들어가
出兵函谷而無伐	함곡관으로 군사를 내시되 치지 않고
以臨周	주나라에 다가서면
祭器必出	제기를 반드시 꺼내줄 것입니다.
挾天子	천자를 끼고
案圖籍	지도와 호적을 쥐고 있으면
此王業也	이는 왕업입니다.'라 하였습니다.
秦王以爲然	진왕은 그럴듯하게 여기고
故具革車三十乘而入之梁也	병거 30승을 갖추어 양나라로 들여보냈습니다.
今儀入梁	지금 장의가 양나라로 들어가자
王果伐之	왕은 과연 그를 쳤는데
是王內罷國而外伐與國[87]	이는 왕이 안으로는 나라를 피폐하게 하고 밖

87 색은 제나라가 양나라를 친 것을 말한다. 양나라는 제나라와 먼저 서로 합종으로 이웃이 되기로 허락하였으므로 동맹국이라고 하였다.

	으로는 동맹국을 치게 하여
廣鄰敵以內自臨	이웃의 적을 넓히어 안으로 스스로 이르게 하는 것으로
而信儀於秦王也	진왕이 장의를 믿게 하는 것입니다.
此臣之所謂託儀也	이것이 신이 이른바 '장의에게 의탁하는 것'입니다."
齊王曰	제왕이 말하였다.
善	"훌륭하오."
乃使解兵	이에 군사를 풀게 하였다.
張儀相魏一歲	장의는 위나라의 재상이 된 지 1년 만에
卒[88]於魏也	위나라에서 죽었다.
陳軫者	진진은
游說之士	유세하는 선비이다.
與張儀俱事秦惠王	장의와 함께 진혜왕을 섬겨
皆貴重	모두 존귀해지고 중용되었으며
爭寵	총애를 다투었다.
張儀惡陳軫於秦王曰	장의는 진진을 미워하여 진왕에게 말하였다.
軫重幣輕使秦楚之閒	"진진은 무거운 폐백과 가벼운 사신을 진나라와 초나라에 보내어
將爲國交也	국교를 맺으려 합니다.
今楚不加善於秦而善軫者	지금 초나라가 진나라에는 더 잘해주지 않고

---

88 **색은** 「연표」에서는 장의는 안희왕(安僖王) 15년에 죽었다고 하였다. 『기년(紀年)』에서는 양나라 안희왕 9년 5월에 죽었다고 하였다.

	진진에게는 잘해주는 것은
軫自爲厚而爲王薄也	진진이 스스로는 두터이 하고 왕께는 가벼이 해주기 때문입니다.
且軫欲去秦而之楚	또한 진진은 진나라를 떠나 초나라로 가고자 하는데
王胡不聽乎	왕께서는 어찌하여 들어주지 않으십니까?"
王謂陳軫曰	왕이 진진에게 말하였다.
吾聞子欲去秦之楚	"내가 듣자 하니 그대는 진나라를 떠나 초나라로 가고자 한다는데
有之乎	그런 일이 있는가?"
軫曰	진진이 말하였다.
然	"그렇습니다."
王曰	왕이 말하였다.
儀之言果信矣	"장의의 말이 과연 믿을 만하구나."
軫曰	진진이 말하였다.
非獨儀知之也	"장의만 알고 있는 것이 아니라
行道之士盡知之矣	길을 가는 인사들도 모두 알고 있습니다.
昔子胥忠於其君而天下爭以爲臣	옛날 오자서가 그 임금에게 충성을 다하니 천하에서 다투어 신하로 삼으려 했고,
曾參孝於其親而天下願以爲子	증삼이 그 어버이에게 효성을 다하니 천하에서 아들로 삼고자 하였습니다.
故賣僕妾不出閭巷而售者	그러므로 종을 파는 데 동네를 벗어나지 않고도 팔리는 자는
良僕妾也	훌륭한 종이고,

出婦嫁於鄕曲者	버림받은 아내가 마을에서 시집을 가면
良婦也	훌륭한 아내인 것입니다.
今軫不忠其君	지금 제가 임금에게 충성을 하지 않는데도
楚亦何以軫爲忠乎	초나라가 어찌 저를 충성스럽다 하겠습니까?
忠且見棄	충성을 하였는데 버림을 받으니
軫不之楚何歸乎	제가 초나라로 가지 않으면 어디로 가겠습니까?"
王以其言爲然	왕은 그 말을 그럴듯하게 여겨
遂善待之	마침내 그를 우대하였다.

居秦期年	진나라에 있은 지 1년 만에
秦惠王終相張儀	진혜왕이 마침내 장의를 재상으로 삼으니
而陳軫奔楚	진진은 초나라로 달아났다.
楚未之重也	초나라에서는 그를 중용하지 않았고
而使陳軫使於秦	진진을 진나라에 사신으로 보냈다.
過梁	양나라를 지나면서
欲見犀首	서수를 만나고자 하였다.
犀首謝弗見	서수는 거절하고 그를 만나지 않았다.
軫曰	진진이 말하였다.
吾爲事來[89]	"내 일이 있어서 왔는데
公不見軫	그대가 저를 만나주지 않으니
軫將行	저는 떠날 것이고
不得待異日	훗날을 기약하지 못할 것입니다."

89 색은 진진이 서수에게 말하기를 내가 일부러 온 것은 그대를 가르치고자 하는 일이 있어서인데 어째서 만나주지 않는가라는 말이다.

犀首見之	서수가 그를 만나주었다.
陳軫曰	진진이 말하였다.
公何好飮也	"그대는 어찌하여 술 마시는 것을 좋아하십니까?"
犀首曰	서수가 말하였다.
無事也	"할 일이 없어서요."
曰	말하였다.
吾請令公厭事[90]可乎	"내 그대가 일을 실컷 하도록 하려는데 되겠습니까?"
曰	말하였다.
柰何	"어떻게요?"
曰	말하였다.
田需[91]約諸侯從親	"전수는 제후들에게 합종을 체결하고자 하는데
楚王疑之	초왕은 의심하여
未信也	믿지 않고 있습니다.
公謂於王曰	공은 왕에게 말하십시오.
臣與燕, 趙之王有故	'신은 연과 조왕과 옛 친분이 있사온데
數使人來	자주 사람을 보내와서
曰	말하기를
無事何不相見	「일이 없는데 어찌 찾아주지 않는가?」라 하니
願謁行於王	왕을 뵈러 가게 해주었으면 합니다.'라 하십시오.
王雖許公	왕은 비록 공에게 허락을 하겠지만
公請毋多車	공은 많은 수레일랑 청하지 말고
以車三十乘	수레 30승을

90 색은 염(厭)은 '실컷'이라는 뜻인데, 그 일을 많게 하려는 것을 말한다.

91 색은 서수는 당시 위나라 재상이었다.

可陳之於庭	뜰에다 벌려놓고
明言之燕, 趙	연나라와 조나라에 간다고 분명히 말하십시오."
燕, 趙客聞之	연나라와 조나라에서 와 머물고 있는 사람들이
馳車告其王	수레를 달려 그 왕에게 알리어
使人迎犀首	사람을 시켜 서수를 맞아들이게 하였다.
楚王聞之大怒	초왕이 듣고 크게 노하여
曰	말하였다.
田需與寡人約	"전수가 과인과 맹약하였는데
而犀首之燕, 趙	서수가 연나라와 조나라로 가는 것은
是欺我也	나를 속이는 것이다."
怒而不聽其事	노하여 그 일을 듣지 않았다.
齊聞犀首之北	제나라에서는 서수가 북쪽으로 간다는 말을 듣고
使人以事委焉	사람을 보내어 나라의 일을 그에게 맡겼다.
犀首遂行	서수가 마침내 가니
三國相事皆斷於犀首	세 나라 재상의 일이 모두 서수에게서 결정되었다.
軫遂至秦	진진은 마침내 진나라로 갔다.

韓魏相攻	한나라와 위나라가 서로 공격하여
期年不解	1년이 되도록 그만두지 않았다.
秦惠王欲救之	진혜왕이 구원하고자 하여
問於左右	좌우에 물어보았다.
左右或曰救之便	좌우에서 혹자는 구원하는 것이 좋다 하고
或曰勿救便	혹자는 구원하지 않는 것이 좋다고 하여

惠王未能爲之決	혜왕은 결단을 내릴 수가 없었다.
陳軫適至秦	진진이 마침 진나라에 이르자
惠王曰	혜왕이 말하였다.
子去寡人之楚	"그대는 과인을 떠나 초나라로 갔는데
亦思寡人不	아직도 과인을 생각하는 건가?"
陳軫對曰	진진이 대답하여 말하였다.
王聞夫越人莊舃乎	"왕께서는 저 월나라 사람 장석에 대하여 들어 보셨습니까?"
王曰	왕이 말하였다.
不聞	"못 들어봤소."
曰	말하였다.
越人莊舃仕楚執珪	"월나라 사람 장석은 초나라의 집규 벼슬을 하고 있었는데
有頃而病	얼마 안 되어 병이 났습니다.
楚王曰	초왕이 말하였습니다.
舃故越之鄙細人也	'장석은 월나라의 미천한 사람으로
今仕楚執珪	지금 초나라 집규 벼슬을 하여
貴富矣	부귀하게 되었는데
亦思越不	아직도 월나라를 그리워할까?'
中謝[92]對曰	중사가 대답하였습니다.
凡人之思故	'무릇 사람이 고향을 그리워함은
在其病也	병중에 있습니다.
彼思越則越聲	저가 월나라를 그리워하면 월나라 소리를 낼 것이고

92 색은 아마 시어(侍御)의 벼슬을 말할 것이다.

不思越則楚聲	그리워하지 않으면 초나라 소리를 낼 것입니다.'
使人往聽之	사람을 시켜 가서 들어보게 하였더니
猶尙越聲也	여전히 월나라 소리였다.
今臣雖棄逐之楚	지금 신이 비록 버림을 받고 초나라로 갔지만
豈能無秦聲哉	어찌 진나라의 소리가 없겠습니까!"
惠王曰	혜왕이 말하였다.
善	"좋소.
今韓魏相攻	지금 한나라와 위나라가 서로 공격하여
期年不解	1년이 되도록 그만두지 않는데
或謂寡人救之便	혹자는 과인에게 구원해 주는 것이 좋다고 하고
或曰勿救便[93]	혹자는 구원해 주지 않는 것이 좋다고 하여
寡人不能決	과인이 결단을 내릴 수 없으니
願子爲子主計[94]之餘	원컨대 그대는 그대의 임금을 생각하는 나머지 시간에
爲寡人計之	과인을 위하여 생각을 좀 해주오."
陳軫對曰	진진이 대답하여 말하였다.
亦嘗有以夫卞莊子[95]刺虎聞於王者乎	"또한 일찍이 저 변장자가 호랑이를 찔러 죽인 일을 왕께 들려준 적이 있습니까.
莊子欲刺虎	장자가 호랑이를 찔러 죽이려 하는데
館豎子止之	객사의 어린아이가 말리면서
曰	말하였습니다.

93 색은 이는 아마 장의 등의 계책일 것이다.

94 색은 자(子)는 진진(陳軫)을 가리킨다. 자주(子主)는 초왕을 말한다.

95 색은 장자(莊子)를 재운 것이다. 객사에서 자가 장자인 사람을 재운 것을 말하며, 어떤 판본에는 '변장자(卞莊子)'로 되어 있다.

兩虎方且食牛	'두 호랑이가 바야흐로 소를 먹으려 하는데
食甘必爭	먹이가 맛있으면 반드시 다툴 것이고
爭則必鬥	다투면 반드시 싸울 것이며
鬥則大者傷	싸우면 큰 놈은 다치고
小者死	작은 놈은 죽을 것이니
從傷而刺之	다친 놈을 찔러죽이면
一擧必有雙虎之名	한꺼번에 반드시 두 호랑이를 잡았다는 명성을 얻게 될 것입니다.'
卞莊子以爲然	변장자는 그럴듯하게 생각하여
立須之	서서 기다렸습니다.
有頃	얼마 후
兩虎果鬥	두 호랑이는 과연 싸우더니
大者傷	큰 놈은 다치고
小者死	작은 놈은 죽었습니다.
莊子從傷者而刺之	장자는 다친 놈을 찔러 죽여
一擧果有雙虎之功	한꺼번에 과연 호랑이 두 마리를 차지하는 공을 세웠습니다.
今韓魏相攻	지금 한나라와 위나라가 서로 공격하여
期年不解	1년이 되도록 그치지 않으니
是必大國傷	반드시 큰 나라는 다칠 것이고
小國亡	작은 나라는 망할 것이니
從傷而伐之	다친 쪽을 치면
一擧必有兩實	한꺼번에 두 가지 실리를 얻게 될 것입니다.
此猶莊子刺虎之類也	이는 장자가 호랑이를 찔러 죽인 따위와 같습니다.

臣主與王何異也[96]	신이 주인과 왕께 무슨 다름이 있겠습니까?"
惠王曰	혜왕이 말하였다.
善	"훌륭하오."
卒弗救	끝내 그들을 구원하지 않았다.
大國果傷	큰 나라는 과연 다치고
小國亡	작은 나라는 망하여
秦興兵而伐	진나라가 군사를 일으켜 쳐서
大剋之	크게 이겼다.
此陳軫之計也	이는 진진의 계책이다.

犀首者	서수는
魏之陰晉人也[97]	위나라 음진 사람으로
名衍	이름은 연이고
姓公孫氏	성은 공손씨이다.
與張儀不善	장의와 사이가 좋지 못하였다.

張儀爲秦之魏	장의가 진나라를 위하여 위나라로 가자
魏王相張儀	위왕이 장의를 재상으로 삼았다.
犀首弗利	서수는 그것을 불리하게 여겼으므로
故令人謂韓公叔曰	사람을 시켜 한나라 공숙에게 말하게 하였다.

96 색은 신주(臣主)는 진진의 임금이 초왕이라는 것이다. 왕(王)은 진혜왕(秦惠王)이다. 내가 모시는 임금과 왕이 모두 한나라와 위나라가 쓰러졌을 때 치고자 하는 것은 또한 다름이 없다는 말이다.

97 집해 사마표(司馬彪)는 말하였다. "서수(犀首)는 위나라 관직 이름으로 지금의 호아장군(虎牙將軍)과 같다."

張儀已合秦魏矣	"장의는 이미 진나라와 위나라를 연합시켜
其言曰[98]魏攻南陽	말하기를 '위나라는 남양을 공격하고
秦攻三川	진나라는 삼천을 공격한다.'라 하는데
魏王所以貴張子者	위왕이 장자를 귀하게 여기는 까닭은
欲得韓地也	한나라 땅을 얻고자 해서입니다.
且韓之南陽已舉矣	또한 한나라의 남양은 이미 떨어졌는데
子何不少委焉以爲衍功	그대는 무슨 일로 조금도 맡기어 공손연의 공으로 삼지 않으니
則秦魏之交可錯矣[99]	진나라와 위나라의 국교가 어긋날 것입니다.
然則魏必圖秦而棄儀	그렇다면 위나라는 반드시 진나라를 도모하여 장의를 버릴 것이니
收韓而相衍	한나라를 거두고 공손연을 재상으로 삼을 것입니다."
公叔以爲便	공숙은 좋은 계책이라 생각하여
因委之犀首以爲功	이에 서수에게 맡겨 공으로 삼게 하였다.
果相魏	과연 위나라 재상이 되었다.
張儀去[100]	장의는 떠났다.

義渠君朝於魏	의거의 임금이 위나라에 조배하였다.
犀首聞張儀復相秦	서수는 장의가 다시 진나라 재상이 되었다는 말을 듣고
害之	그를 해쳤다.

98 **정의** 이는 장의가 진나라와 위나라를 합하게 한 말이다.

99 **색은** '錯'의 음은 조(措)이다. 조(錯)는 정지(停止)의 뜻이다.

100 **집해** 서광은 말하였다. "다시 진나라의 재상이 되었다."

犀首乃謂義渠君曰	서수는 이에 의거의 임금에게 말하였다.
道遠不得復過[101]	"길이 멀어 다시 들를 수가 없어
請謁事情[102]	사정을 아뢸까 합니다."
曰	말하였다.
中國無事[103]	"중원의 나라에 일이 없다면
秦得燒掇焚杅[104]君之國	진나라는 그대의 나라를 불사르고 침략하여 불로 굽힐 것이며,
有事[105]	일이 있으면
秦將輕使重幣事君之國[106]	진나라는 날랜 사신으로 폐백을 두터이 하여 그대의 나라를 섬기게 할 것입니다."
其後五國伐秦[107]	그 뒤 다섯 나라는 진나라를 쳤다.
會陳軫謂秦王曰	마침 진진이 진왕에게 말하였다.
義渠君者	"의거의 임금은

---

101 **색은** 음은 과(戈)이다. 의거(義渠)는 길이 멀어 금일 이후로는 다시는 들러 만날 수 없음을 말하였다.

102 **색은** 진나라의 완급을 일러 말해 주려는 것이다.

103 **색은** 산동(山東)의 제후인 제나라와 위나라 같은 대국 등을 이른다. **정의** 중국(中國)은 관동(關東)의 여섯 나라를 이른다. 무사(無事)는 함께 진나라를 공격하지 않는 것이다.

104 **집해** 서광은 말하였다. "음은 오[一孤切]이다." **색은** '掇'의 음은 탈[都活反]이며, 불사르고 침략하는 것이다. '焚杅'는 음이 번오(煩烏)이다. 불에 쬐어 휘어서 마음먹은 대로 하는 것이다. 『전국책』에서는 "진나라는 또한 그대의 나라를 불사를 것이다."라 하였는데 바로 이 일을 말한 것이다.

105 **색은** 산동(山東)의 여러 나라가 함께 진나라를 친 것이다.

106 **색은** 진나라가 의거(義渠)의 임금에게 화친을 청하는 것이다. **정의** 유사(有事)는 여섯 나라가 진나라를 공격하는 것이다. 진나라가 공격을 받게 되면 반드시 날랜 사신으로 하여금 폐백을 두터이 하여 의거국을 섬기게 하여 서로 돕게 하고자 할 것이라는 말이다. 서수의 이 말은 의거의 임금으로 하여금 진나라를 돕지 말게 하는 것이다.

107 **색은** 「표(表)」에 의하면 진혜왕(秦惠王) 7년(B.C. 331)에 초나라와 위나라, 제나라, 한나라, 조나라의 다섯 나라가 함께 진나라를 공격하였는데 바로 이 일이다.

蠻夷之賢君也	만이의 어진 임금으로
不如賂之以撫其志	뇌물로 그 뜻을 주무름만 못합니다.”
秦王曰	진왕이 말하였다.
善	“좋소.”
乃以文繡千純[108]	이에 수놓은 비단 천 필이며
婦女百人遺義渠君	여인 백 명을 의거의 임금에게 보냈다.
義渠君致群臣而謀曰	의거의 임금은 신하들을 불러 모의하였다.
此公孫衍所謂邪[109]	“이는 공손연이 말한 것 아닌가?”
乃起兵襲秦	이에 군사를 일으켜 진나라를 습격하여
大敗秦人李伯之下[110]	진나라 사람을 이백의 아래에서 크게 무찔렀다.

張儀已卒之後	장의가 이미 죽은 후에
犀首入相秦	서수가 진나라에 들어가 재상이 되었다.
嘗佩五國之相印	일찍이 다섯 나라 재상의 관인을 차고
爲約長[111]	맹약의 우두머리가 되었다.

太史公曰	태사공은 말한다.

---

108 색은 무릇 사면(絲綿)과 포백(布帛) 등과 같은 것의 1단(段)이 1둔(純)이다.

109 색은 위에서 서수(犀首)가 “(그대의 나라에) 일이 있으면 진나라 장수가 가볍게 폐백을 두터이 하여 그대의 나라를 섬기게 할 것입니다.”라 하였으므로 “연(衍)이 이른 것”이라 하였으며, 이에 군사를 일으켜 진나라를 습격하여 장의를 다치게 하였다.

110 색은 이백(李伯)의 아래로 들어갔다. 의거(義渠)가 진나라를 깨뜨리고 군대를 거두어 이백의 아래로 들어간 것을 이르니 이백은 사람 이름이거나 읍을 부르는 말이다. 『전국책』에는 ‘백(伯)’이 ‘백(帛)’으로 되어 있다.

111 색은 다섯 나라의 인장을 차고 맹약의 우두머리가 된 것이다. 서수는 나중에 다섯 나라의 재상이 되어 때에 따라 합종과 연횡을 펼치며 항상 맹약의 우두머리가 되었다.

三晉多權變之士	삼진에는 권변의 선비가 많았는데
夫言從衡彊秦者大抵皆三晉之人也	
	합종과 연횡을 말하고 진나라를 강하게 만든 자는 대부분 모두 삼진의 사람이다.
夫張儀之行事甚於蘇秦	저 장의의 행위는 소진보다 심하였지만
然世惡蘇秦者	세상에서 소진을 미워한 것은
以其先死	먼저 죽어서
而儀振暴其短以扶其說[112]	장의가 그 단점을 활짝 드러내어 그 학설에 기대어
成其衡道[113]	연횡의 도를 이루었기 때문이다.
要之	요컨대
此兩人真傾危之士哉	이 두 사람이야말로 정말로 간교한 선비이다!

112 색은 아래 글자[暴]의 음은 폭[步卜反]이다. 진(振)은 들추어 그 단점을 폭로하는 것이다.
색은 부(扶)는 저의 잘못을 말하여 나의 옳음을 이루어 자기의 말을 떠받치는 것을 말한다.

113 색은 장의가 여섯 나라를 유세하여 연횡책을 이루어 진나라를 섬기게 하였으므로 "연횡의 도를 이루었다(成其衡道)."라 한 것이다. 그러나 산동(山東)의 지형은 세로로 길어서 소진이 여섯 나라의 재상이 되어 합종을 이루고 진나라를 배척하게 하였다. 관서(關西)의 지형은 가로로 길어서 장의는 여섯 나라의 재상이 되어 합종을 깨뜨리고 진나라와 연횡을 이루게 하였으므로 장의를 일러 연횡이라 하는 것이다.

11 저리자·감무 열전 樗里子甘茂列傳

樗里子者	저리자는
名疾	이름이 질(疾)이며,
秦惠王之弟也[1]	진혜왕의 아우인데,
與惠王異母	혜왕과는 이복이다.
母	어머니는
韓女也	한나라 여인이다.
樗里子滑稽多智[2]	저리자는 재치가 있고 매우 지혜로워

1 색은 '樗'는 나무 이름이다. 고유(高誘)는 말하였다. "그 마을에 큰 저수(樗樹)가 있기 때문에 저리(樗里)라고 하였다." 그렇다면 질(疾)이 위남(渭南) 음향(陰鄕)의 저리에서 살았기 때문에 저리자(樗里子)라고 하는 것이다. 또한 생각건대 『기년(紀年)』에서는 '저리질(楮里疾)'이라고 하였다.

2 색은 '滑'은 음이 골(骨)이다. '稽'는 음이 계(雞)이다. 추탄(鄒誕)은 풀이하기를 "골(滑)은 어지럽다는 뜻이다. 계(稽)는 같다는 뜻이다. 말을 잘하고 생각이 민첩한 사람을 말하며, 그른 것을 옳은 것 같다고 하고 옳은 것을 그른 것 같다고 하여 같고 다름을 어지럽힐 수 있음을 이른다."라 하였다. 일설에 골계(滑稽)는 주기(酒器)로 돌려가며 따르면 술이 끝없이 나올 수 있기 때문이라고 하였다. 배우가 입을 열어 문장을 이루는데 말이 다하지 않아 골계가 술을 끝없이 내놓는 것과 같기 때문이라고 한다. 정의 '滑'은 굴(淈)로 읽는데, 물이 절로 흘러나오는 것이다. 계(稽)는 헤아리는 것이다. 그 지혜로운 계책이 샘이 물을 토해 내는 것과 같아 끝없이 흘러나오는 것을 말하므로 양웅[楊雄, 양자(楊子)]의 「주부(酒賦)」에서는 "치이 골계는 배가 항아리처럼 크다(鴟夷滑稽, 腹大如壺)."라 하였는데 이를 말한다. 안사고(顏師古)는 "골계(滑稽)는 이로움을 옮기는 것을 말한다. 골(滑)은 어지럽다는 뜻이다. 계(稽)는 막는다는 뜻이다. 남김없이 변화시키는 것이다."라 하였다. 일설에 의하면 계(稽)는 생각한다는 뜻으로, 그 어지러워 생각하여 견줄 수 없음을 말한다고 하였다.

秦人號曰智囊	진나라 사람들은 "지혜 주머니"라 하였다.

秦惠王八年	진혜왕 8년에
爵樗里子右更[3]	저리자에게 우경의 벼슬을 내리고
使將而伐曲沃[4]	그를 장수로 삼아 곡옥을 쳤는데,
盡出其人[5]	그곳 사람들을 모두 내쫓고
取其城	그 성을 취하여
地入秦	땅을 진나라에 편입시켰다.
秦惠王二十五年	진혜왕 25년(B.C. 313)에
使樗里子爲將伐趙	저리자를 장수로 삼아 조나라를 쳤는데
虜趙將軍莊豹	조나라 장수 장표를 사로잡고
拔藺[6]	인현을 함락시켰다.
明年	이듬해에
助魏章攻楚	위장을 도와 초나라를 공격하여
敗楚將屈丐	초나라 장수 굴개를 무찔렀으며
取漢中地	한중의 땅을 빼앗았다.

3 색은 우경(右更)은 진나라의 열네 번째 관작 이름이다.

4 정의 옛 성은 섬주(陝州) 섬현(陝縣) 서남쪽 32리 지점에 있다.

5 색은 「연표(年表)」에서는 11년(B.C. 327)에 위나라 곡옥(曲沃)을 빼앗고 그곳 사람들을 돌려보냈다고 하였다. 또한 「진본기(秦本紀)」에 의하면 혜문왕(惠文王) 8년(B.C. 330)에 다섯 나라가 함께 진나라를 에워싸자 서장(庶長) 질(疾)로 하여금 수어(脩魚)와 싸우게 하여 8만 명을 참수하였다. 11년에는 저리질(樗里疾)이 위나라의 초(焦)를 공격하여 항복시켰다. 곧 초(焦)와 곡옥(曲沃)을 친 것이 모두 11년임이 분명하다. 그런데 전에서는 "8년에 빼앗았다."라 하여 같지 않다. 왕소(王劭)는 「본기」와 「연표」 및 이 전의 세 곳에서 모두 진나라가 이웃 나라를 친 것이 다르게 기록되어 있으며 또한 『기년』과도 부합되지 않는다고 하였는데 지금도 고찰할 수가 없을 것이다.

6 정의 인현(藺縣)은 석주(石州)에 있다.

秦封樗里子	진나라에서는 저리자를 봉하고
號爲嚴君[7]	엄군이라 불렀다.
秦惠王卒	진혜왕이 죽고
太子武王立	태자 무왕이 즉위하자
逐張儀魏章	장의와 위장을 쫓아내고
而以樗里子甘茂爲左右丞相	저리자와 감무를 좌우승상으로 삼았다.
秦使甘茂攻韓	진나라는 감무로 하여금 한나라를 공격하게 하여
拔宜陽	의양을 빼앗았다.
使樗里子以車百乘入周	저리자에게는 수레 백승으로 주나라에 들어가게 하였다.
周以卒迎之	주나라는 군사를 가지고 그를 맞아
意甚敬	매우 존경한다는 뜻을 나타내었다.
楚王怒	초왕은 노하여
讓周	주나라를 꾸짖고
以其重秦客	진나라 손님을 중히 하는 이유를 따졌다.
游騰[8]爲周說楚王曰	유등이 주나라를 위하여 초왕에게 말하였다.
知伯之伐仇猶	"지백이 구유를 칠 때
遺之廣車[9]	큰 수레를 보내주고
因隨之以兵	이어서 군사를 일으키어
仇猶遂亡	구유는 마침내 망하였습니다.
何則	어째서이겠습니까?

7 색은 엄군(嚴君)은 작읍(爵邑)의 이름으로 엄도(嚴道)에 봉하였을 것이다.

8 색은 유(游)는 성이고, 등(騰)은 이름이다.

無備故也	방비를 하지 않았기 때문입니다.
齊桓公伐蔡	제환공은 채나라를 칠 때
號曰誅楚	초나라를 토벌한다고 하고는
其實襲蔡	사실은 채나라를 쳤습니다.
今秦	지금 진나라는
虎狼之國	범과 이리 같은 나라로
使樗里子以車百乘入周	저리자로 하여금 수레 백승으로 주나라에 들어가게 하는데
周以仇猶蔡觀焉	주나라는 구유와 채나라를 가지고 살펴보았으므로
故使長戟居前	긴 창을 앞세우고
彊弩在後	강한 쇠뇌를 뒤에 배치해 두도록 하여
名曰衛疾[10]	명목상으로는 질을 호위한다고 하지만
而實囚之	사실상 그를 가둔 것입니다.

9 **집해** 허신(許愼)은 말하였다. "구유(仇猶)는 이적(夷狄)의 나라이다." 『전국책』에서는 "지백(智伯)이 구유를 치고자 하여 큰 종을 보냈는데 큰 수레[廣車]에 실어보냈다."라 하였다. 『주례(周禮)』에 "광거의 부거(廣車之萃)"라는 말이 있는데, 정현(鄭玄)은 "광거는 (군진에서) 가로로 늘어놓는 수레"라고 하였다. **색은** 『전국책』에서는 "지백(智伯)이 구유를 치고자 하여 큰 종을 보냈는데 큰 수레에 실어 보냈다."라 하였다. '仇猶'는 '구유(厹由)'라 하였다. 『한자(韓子)』에는 '구유(仇由)'로 되어 있다. 「지리지(地理志)」에서는 임회(臨淮)에 구유현(厹猶縣)이 있다고 하였다. **정의** 『괄지지(括地志)』에서는 말하였다. "병주(并州) 우현(盂縣) 바깥 성을 속칭 원구산(原仇山)이라 하며 또한 구유(仇猶)라고도 하는데, 이적의 나라이다. 『한자』에서는 '지백이 구유국(仇猶國)을 치고자 하였는데, 길이 험난하여 통하지가 않아 이에 큰 종을 만들어 보내주면서 큰 수레에 실어놓았다. 구유에서 크게 기뻐하여 길을 치우고 그것을 들였다. 적장만지(赤章曼支)가 말하기를 「안 됩니다. 이는 작은 나라가 큰 나라를 섬기는 것인데 지금 큰 것을 작은 나라에 주었으니 결국 후환이 따를 것이므로 안 됩니다.」라 하였다. 그 말을 듣지 않고 결국 들였다. 적장만지는 이에 수레바퀴를 끊고 달렸다. 19일 만에 구유는 망하였다.'라 하였다."

10 **정의** 저리자를 호위하는 것이다.

且夫周豈能無憂其社稷哉	또한 주나라가 어찌 그 사직을 걱정하지 않을 수 있겠습니까?
恐一旦亡國以憂大王	하루아침에 나라를 망하게 하여 대왕께 우려를 끼칠까 두렵습니다.”
楚王乃悅	초왕이 이에 기뻐하였다.

秦武王卒	진무왕이 죽고
昭王立	소왕이 즉위하자
樗里子又益尊重	저리자는 또한 더욱 존중되었다.

昭王元年	소왕 원년에
樗里子將伐蒲[11]	저리자는 포성을 치려고 했다.
蒲守恐	포성의 수장(守將)은 두려워서
請胡衍[12]	호연을 청하였다.
胡衍爲蒲謂樗里子曰	호연은 포성을 위해 저리자에게 말하였다.
公之攻蒲	“그대가 포성을 치려는 것은
爲秦乎	진나라를 위해서요?
爲魏乎	위나라를 위해서요?
爲魏則善矣	위나라를 위해서라면 좋을 것이며,
爲秦則不爲賴矣[13]	진나라를 위해서라면 이롭지 못할 것이요.
夫衛之所以爲衛者	대체로 위나라가 위나라인 까닭은

11 **색은** 『기년』에 의하면 “저리질(楮里疾)은 포성을 에워쌌으나 이기지 못하였고 진혜왕(秦惠王)은 죽었다.”라 하여 이 일과 부합된다. **정의** 포(蒲)의 옛 성은 활주(滑州) 광성현(匡城縣) 북쪽 15리 지점에 있으니 곧 자로(子路)가 읍재(邑宰)가 된 곳이다.

12 **색은** 사람의 성명이다.

13 **집해** 뢰(賴)는 이롭다는 뜻이다.

以蒲也[14]	포성 때문입니다.
今伐蒲入於魏	지금 포성을 쳐서 위나라에 편입시키면
衛必折而從之[15]	위나라는 반드시 꺾이어 그 뒤를 따를 것입니다.
魏亡西河之外[16]而無以取者	위나라가 서하 바깥을 잃고도 빼앗아오지 못하는 것은
兵弱也	군사력이 약해서입니다.
今并衛於魏	지금 위나라를 위나라에 합병하면
魏必彊	위나라는 필시 강해질 것입니다.
魏彊之日	위나라가 강해지는 날에는
西河之外必危矣	서하 바깥은 반드시 위험에 처하게 될 것입니다.
且秦王將觀公之事	또한 진왕은 그대가 하는 일을 살피다가
害秦而利魏	진나라에 해를 끼치고 위나라를 이롭게 하면
王必罪公	왕은 반드시 그대를 벌할 것입니다."
樗里子曰	저리자가 말하였다.
柰何	"어찌하면 좋겠소?"
胡衍曰	호연이 말하였다.
公釋蒲勿攻	"그대가 포성을 풀어주고 치지 않으면
臣試爲公入言之	저는 그대를 위해 들어가 잘 말해 주려는데
以德衛君	위나라 임금에게 그대의 덕이라고 할 것이오."
樗里子曰	저리자가 말하였다.
善	"좋소."

---

14 정의 포(蒲)는 위(衛)나라의 장위(鄣衛)이다.

15 색은 『전국책』에서는 "지금 포성을 진(秦)나라에 편입하면 위(衛)나라는 반드시 꺾이어 위(魏)로 편입될 것이다."라 하여 이곳과는 상반된다.

16 정의 동주(同州)와 화주(華州) 등의 주를 이른다.

胡衍入蒲	호연은 포성으로 들어가서
謂其守曰	그 수장에게 일러 말하였다.
樗里子知蒲之病矣	“저리자는 포성의 약점을 알고 있어서
其言曰必拔蒲	반드시 포성을 함락시킬 것이라 하오.
衍能令釋蒲勿攻	저는 포(蒲) 땅을 풀어주고 공격을 하지 않게 할 수 있습니다.”
蒲守恐	포성의 수장은 두려워하며
因再拜曰	이에 두 번 절하고 말하였다.
願以請	“청했으면 합니다.”
因效金三百斤	이에 금 3백 근을 바치며
曰	말하였다.
秦兵苟退	“진나라 군사가 물러가게만 한다면
請必言子於衛君	반드시 위나라 임금에게 그대를 말하여
使子爲南面	그대가 남면을 하도록 했으면 합니다.”
故胡衍受金於蒲以自貴於衛	그리하여 호연은 포성에서 금을 받고 위나라에서는 절로 현귀해졌다.
於是遂解蒲而去	이에 마침내 포성의 포위를 풀고 떠났다.
還擊皮氏[17]	돌아가는 길에 피지를 쳤으며
皮氏未降	피지가 항복을 하지 않았는데도
又去	또 떠났다.
昭王七年	소왕 7년에
樗里子卒	저리자가 죽어

17 정의 옛 성은 강주(絳州) 용문현(龍門縣) 서쪽 백40보 지점에 있는데 위(魏)나라의 읍이다.

葬于渭南章臺之東[18]	위수 남쪽 장대의 동쪽에 장사 지냈다.
曰	말하기를
後百歲	"백 년 뒤에
是當有天子之宮夾我墓	천자의 궁이 나의 무덤을 끼게 될 것이다."라 하였다.

樗里子疾室在於昭王廟西渭南陰鄉樗里

	저리자 질(疾)의 집이 소왕 묘 서쪽 위수 남쪽 음향 저리에 있었으므로
故俗謂之樗里子	세속에서는 저리자라고 하였다.
至漢興	한나라가 흥하게 되자
長樂宮在其東	장락궁이 그 동쪽에 있고
未央宮在其西[19]	미앙궁이 그 서쪽에 있었으며
武庫正直其墓[20]	무기고가 그 무덤의 정면에 있었다.
秦人諺曰	진나라 사람들의 속담에서는
力則任鄙	"힘이라면 임비요
智則樗里	지혜라면 저리이다."라 하였다.

甘茂者	감무는
下蔡人也[21]	하채 사람이다.
事下蔡史舉先生[22]	하채의 사거 선생을 섬기면서

18 색은 『황도(黃圖)』에 의하면 한(漢) 장안(長安) 고성(故城) 서쪽에 있다.

19 정의 한(漢) 장락궁(長樂宮)은 장안현(長安縣) 서북쪽 15리 지점에 있으며, 미앙궁(未央宮)은 장안현 서북쪽 14리 지점에 있는데, 모두 장안 고성에 있다.

20 색은 '直' 자는 글자의 뜻대로 읽는다. 직(直)은 당(當) 자와 같은 뜻이다.

21 색은 「지리지(地理志)」에 의하면 하채현(下蔡縣)은 여남(汝南)에 속하여 있다. 정의 지금의 영주현(潁州縣)으로 곧 주래국(州來國)이다.

學百家之術	백가의 학술을 배웠다.
因張儀樗里子而求見秦惠王	장의와 저리자를 통하여 진혜왕을 뵙기를 청했다.
王見而說之	왕이 만나보고 기뻐하여
使將	장수로 삼아
而佐魏章略定漢中地	위장을 도와 한중의 땅을 평정하게 하였다.
惠王卒	혜왕이 죽고
武王立	무왕이 즉위하였다.
張儀, 魏章去	장의와 위장이 떠나
東之魏	동으로 위나라로 갔다.
蜀侯煇相壯反[23]	촉후 휘와 재상 장이 반기를 들어
秦使甘茂定蜀	진나라는 감무로 하여금 촉을 평정하게 하였다.
還	돌아오자
而以甘茂爲左丞相	감무를 좌승상으로 삼고
以樗里子爲右丞相	저리자를 우승상으로 삼았다.
秦武王三年	진무왕 3년(B.C. 308)에
謂甘茂曰	감무에게 말하였다.
寡人欲容車通三川	"과인이 용거를 타고 삼천을 통하여
以窺周室	주나라 왕실을 엿본다면

22 색은 『전국책』 및 『한자』에서는 모두 사거(史擧)라 하였는데, 상채(上蔡)의 감문(監門)이다.

23 색은 '煇'의 음은 휘(暉)이며, 또한 혼[胡昆反]이라는 음도 있다. 진나라의 공자로 촉(蜀)에 봉하여졌다. 『화양국지(華陽國志)』에는 '휘(暉)'로 되어 있다. '壯'의 음은 장[側狀反]이다. 성은 진(陳)이다.

而寡人死不朽矣	과인은 죽어도 썩지 않을 것이오."
甘茂曰	감무가 말하였다.
請之魏	"청컨대 위나라로 가서
約以伐韓	한나라 칠 약속을 받아낼까 하는데
而令向壽[24]輔行	향수에게 가는 것을 돕도록 해주십시오."
甘茂至	감무가 (위나라에) 이르자
謂向壽曰	향수에게 말하였다.
子歸	"그대는 돌아가서
言之於王曰魏聽臣矣	왕께 '위나라는 신의 말을 따르게 되었습니다만
然願王勿伐	왕께서는 치지 말기를 바랍니다.'라 말하시오.
事成	일이 성사되면
盡以爲子功	모두 그대의 공으로 돌리겠소."
向壽歸	향수는 돌아가
以告王	그대로 왕에게 일렀으며
王迎甘茂於息壤[25]	왕은 식양에서 감무를 맞았다.
甘茂至	감무가 이르자
王問其故	왕은 그 까닭을 물었다.
對曰	대답하였다.
宜陽	"의양은
大縣也	큰 군으로
上黨, 南陽積之久矣[26]	상당과 남양의 물자가 쌓인 지 오래되었습니다.

24 정의 두 글자의 이름은 향수(餉受)로 사람의 성명이다.

25 색은 『산해경(山海經)』과 『계서(啟筮)』에서는 "옛날에 백곤이 천제의 식양을 훔쳐서 홍수를 막았다(昔伯鯀竊帝之息壤以堙洪水)."라 하였는데, 아마 이것을 말할 것이다. 정의 진(秦)나라의 읍이다.

名曰縣	현이라고는 하지만
其實郡也	사실상 군입니다.
今王倍數險[27]	지금 왕께서 여러 험지를 넘고
行千里攻之	천 리를 행군하여 그곳을 공격하기는
難	어렵습니다.
昔曾參之處費[28]	옛날 일찍이 증삼이 비에 있을 때
魯人有與曾參同姓名者殺人	노나라 사람으로 증삼과 성명이 같은 자가 사람을 죽이자
人告其母曰曾參殺人	어떤 사람이 그 어미에게 '증삼이 사람을 죽였다.'고 알렸는데
其母織自若也	그 어미는 베를 짜면서 태연했습니다.
頃之	얼마 후
一人又告之曰曾參殺人	한 사람이 또 '증삼이 사람을 죽였다.'고 일러주었는데
其母尚織自若也	그 어미는 여전히 베를 짜면서 태연했습니다.
頃又一人告之曰曾參殺人	얼마 후 또 한 사람이 '증삼이 사람을 죽였다.' 고 일러주자
其母投杼下機	그 어미는 북을 내던지고 베틀에서 내려와
踰牆而走	담을 넘어 달아났습니다.
夫以曾參之賢與其母信之也	저 증삼의 어짊과 그 어미의 믿음으로도
三人疑之	세 사람이 의심을 하니
其母懼焉	그 어미는 두려워하였습니다.

---

26 **색은** 상당(上黨)과 남양(南陽)에 저장한 날이 오래되었다는 말이다. **정의** 한(韓)나라 북쪽의 세 군의 물자를 하남(河南) 의양현(宜陽縣)에 쌓아놓은 지가 오래되었다는 말이다.

27 **색은** '數'의 음은 수[率腴反]이다. **정의** 함곡(函谷) 및 삼효(三崤)와 오곡(五谷)을 이른다.

28 **집해** 음은 비(祕)이다.

今臣之賢不若曾參	지금 신의 현명함은 증삼보다 못하고
王之信臣又不如曾參之母信曾參也	왕이 신을 믿음도 증삼의 어미가 증삼을 믿음만 못하오며
疑臣者非特三人	신을 의심하는 자는 다만 세 사람뿐이 아닙니다.
臣恐大王之投杼也	신은 대왕께서 북을 내던질까 두렵습니다.
始張儀西并巴蜀之地	처음에 장의는 서로 파촉의 땅을 병탄하고
北開西河之外	북으로 서하 바깥을 개척하였으며
南取上庸	남으로 상용을 빼앗았는데도
天下不以多張子而以賢先王	천하에서는 장자를 칭찬하지 않았고 선왕이 현명하다고 하였습니다.
魏文侯令樂羊將而攻中山	위문후는 악양을 장수로 삼아 중산을 치게 하여
三年而拔之	3년 만에 점령하였습니다.
樂羊返而論功	악양이 돌아와 공을 논할 때
文侯示之謗書一篋	문후는 그에게 비방하는 글을 한 상자 보여주었습니다.
樂羊再拜稽首曰	악양이 두 번 절하고 머리를 조아리며 말하기를
此非臣之功也	'이는 신의 공이 아니오라
主君之力也	주군의 힘이옵니다.'라 하였습니다.
今臣	지금 신은
羈旅之臣也	타향에 몸을 붙이고 있는 나그네입니다.
樗里子公孫奭[29]二人者挾韓而議之	저리자와 공손석 두 사람은 한나라를 끼고 의논하였는데

29 **색은** 『전국책』에는 '공손연(公孫衍)'으로 되어 있다. **정의** (奭의) 음은 석(釋)이다.

王必聽之	왕께서는 반드시 그들의 말을 들을 것이니
是王欺魏王而臣受公仲侈[30]之怨也	이는 왕께서 위왕을 속이고 신은 공중치의 원망을 사는 것입니다."
王曰	왕이 말하였다.
寡人不聽也	"과인은 (그들의 말을) 듣지 않았으며
請與子盟	그대와 맹세하기를 바라오."
卒使丞相甘茂將兵伐宜陽	마침내 승상 감무로 하여금 군사를 거느리고 의양을 치게 하였다.
五月而不拔	다섯 달이 되도록 함락시키지 못하니
樗里子, 公孫奭果爭之	저리자와 공손석이 과연 다투었다.
武王召甘茂	무왕은 감무를 불러
欲罷兵	군사를 거두게 하려고 하였다.
甘茂曰	감무가 말하였다.
息壤在彼[31]	"식양이 저기에 있습니다."
王曰	왕이 말하였다.
有之	"있지."
因大悉起兵	이에 있는 대로 군사를 일으켜
使甘茂擊之	감무로 하여금 공격하게 하였다.
斬首六萬	6만 명을 참수하고
遂拔宜陽	마침내 의양을 점령하였다.

30 집해 서광(徐廣)은 말하였다. "풍(馮)으로 되어 있는 판본도 있다."

31 정의 감무(甘茂)가 돌아와 식양(息壤)에 이르러 진왕과 맹세한 것이 아마 저리자(樗里子), 공손석(公孫奭)이 한나라를 친 것보다 뒤의 일이었을 것이므로 지금 두 사람이 과연 다툰 것이다. 무왕이 감무를 불러 군사를 거두려고 하였기 때문에 감무가 말하기를 식양이 저기에 있는 읍이라고 하였다.

韓襄王使公仲侈入謝	한왕은 공중치로 하여금 들어가 사죄하게 하고
與秦平	진나라와 화평하였다.

武王竟至周	무왕은 마침내 주나라에 이르러
而卒於周	주나라에서 죽었다.
其弟立	그 아우가 즉위하니
爲昭王[32]	소왕이다.
王母宣太后	왕의 어머니 선태후는
楚女也	초나라 여인이었다.
楚懷王怨前秦敗楚於丹陽而韓不救	초회왕은 전에 진나라가 단양에서 초나라를 물리쳤을 때 한나라가 구원해 주지 않은 것을 원망하여
乃以兵圍韓雍氏[33]	이에 군사를 일으켜 한나라 옹지를 에워쌌다.
韓使公仲侈告急於秦	한나라는 공중치를 보내어 진나라에 위급함을 알리게 하였다.
秦昭王新立	진소왕은 막 즉위한 데다
太后楚人	태후가 초나라 사람이어서
不肯救	구원하려 하지 않았다.
公仲因甘茂	공중치가 이에 감무에게 기대니

32 색은 『조계가(趙系家)』에 의하면 소왕의 이름은 직(稷)이다. 『계본(系本)』에서는 이름이 칙(側)이라고 하였다.

33 색은 조혜왕(趙惠王) 26년(B.C. 273)에 초나라가 옹지를 에워쌌으며 소왕 7년(B.C. 300)에 또 옹지(雍氏)를 에워쌌는데 한나라가 진나라에 구원을 요청한 때는 두 번째 포위를 하였을 때이다. 유씨(劉氏)는 "이는 앞서서 옹지를 포위한 것으로 난왕(赧王) 3년(B.C. 308)이다."라 하였다. 『전국책』 및 『기년』은 이와 모두 같지 않다. 정의 옛 성은 낙주(洛州) 낙양현(洛陽縣) 동북쪽 20리 지점에 있다.

茂爲韓言於秦昭王曰	감무는 한나라를 위하여 진소왕에게 말하였다.
公仲方有得秦救	"공중치는 바야흐로 진나라가 구원할 수 있다고 보기 때문에
故敢扞楚也	감히 초나라에 맞서는 것입니다.
今雍氏圍	지금 옹지는 포위당했고
秦師不下殽	진나라 군사는 효산을 내려가지 않으니
公仲且仰首而不朝	공중은 고개를 쳐들고 조배하지 않을 것이며
公叔且以國南合於楚	공숙은 나라를 가지고 남으로 초나라에 붙을 것입니다.
楚, 韓爲一	초나라와 한나라가 하나가 되면
魏氏不敢不聽	위나라는 감히 따르지 않을 수 없을 것인데
然則伐秦之形成矣	그렇게 되면 진나라를 치려는 형세가 이루어지게 됩니다.
不識坐而待伐孰與伐人之利	앉아서 공격을 기다리는 것과 남을 치는 이로움 가운데 어느 것이 좋은지 모르십니까?"
秦王曰	진왕이 말하였다.
善	"좋소."
乃下師於殽以救韓	이에 효산으로 군사를 내려보내어 한나라를 구원하였다.
楚兵去	진나라 군사는 떠났다.

秦使向壽平宜陽	진나라는 향수를 보내 의양을 평정케 하고
而使樗里子甘茂伐魏皮氏	저리자와 감무에게는 위나라의 피지를 치게 하였다.
向壽者	향수는
宣太后外族也	선태후의 외족이고

而與昭王少相長	소왕과 어려서부터 함께 자랐기 때문에
故任用	임용되었다.
向壽如楚[34]	향수가 초나라에 갔는데
楚聞秦之貴向壽	초나라에서는 진나라가 향수를 존중한다는 것을 듣고
而厚事向壽	향수를 두터이 받들었다.
向壽爲秦守宜陽	향수는 진나라를 위하여 의양을 지키고
將以伐韓	한나라를 치려고 하였다.
韓公仲使蘇代謂向壽曰	한나라 공중이 소대를 시켜 향수에게 말하게 하였다.
禽困覆車[35]	"짐승도 궁지에 처하면 수레를 엎습니다.
公破韓	공이 한나라를 깨뜨려
辱公仲	공중을 욕보여
公仲收國復事秦	공중이 나라를 거두어 다시 진나라를 섬기며
自以爲必可以封[36]	스스로 반드시 봉하여질 수 있을 것이라 생각하였습니다.
今公與楚解口地[37]	지금 그대는 초나라에 해구의 땅을 주었으며
封小令尹以杜陽[38]	소영윤을 두양에 봉하였습니다.
秦楚合	진나라와 초나라가 연합하여

34 **집해** 서광은 말하였다. "'여(如)' 자는 '화(和)' 자로 된 판본도 있다."

35 **집해** 금수도 곤경에 처하여 다급해지면 오히려 들이받아 사람의 수레를 엎을 수 있다는 것으로 비유한 것이다.

36 **정의** 공중(公仲)은 스스로 반드시 진나라에 봉해질 수 있을 것으로 생각을 하였다.

37 **색은** 해구(解口)는 진나라의 지명이며, 한나라에 가까운데 지금 초나라에 주려는 참이다. **정의** 앞의 글자는 음이 개[紀買反]이다. 공(公)은 향수이다. 해구(解口)는 입을 벌리고 말을 얻는 것[開口得言]과 같다. 향수가 진나라에 입을 벌리면 초나라 사람이 반드시 봉지를 얻는다는 것이다.

復攻韓	다시 한나라를 치면
韓必亡	한나라는 반드시 망합니다.
韓亡	한나라가 망하면
公仲且躬率其私徒以閼於秦[39]	공중은 또한 몸소 그 무리들을 거느리고 진나라를 막을 것입니다.
願公孰慮之也	공께서는 숙고하여 주시기 바랍니다."
向壽曰	향수가 말하였다.
吾合秦楚非以當韓也	"내가 진나라와 초나라의 힘을 합치는 것은 한나라를 당하기 위함이 아니니
子爲壽謁之公仲[40]	그대는 내 대신 공중을 찾아뵙고
曰秦韓之交可合也	진나라와 한나라도 합칠 수가 있다고 말해 주시오."
蘇代對曰	소대가 대답하여 말했다.
願有謁於公[41]	"원컨대 공에게 아뢸 말이 있소.
人曰貴其所以貴者貴	사람들이 말하기를 귀하여진 까닭을 귀히 여겨야 귀해진다고 하였소.
王之愛習公也	왕이 공을 사랑하고 잘 앎은

38 색은 또한 초나라의 소영윤을 두양에 봉한 것이다. 두양 또한 진나라 땅인데 지금 초나라 영윤을 봉한 것은 진나라와 초나라가 연합한 것이다.

39 집해 음은 알[烏曷反]이다.
정의 공중(公仲)은 한나라가 망할까 두려워하여 사적인 무리를 장수로 삼아 의양에 보내어 향수를 막으려는 것이다.

40 정의 자(子)는 소대(蘇代)이다. 향수가 두려워하자 지금 소대가 공중을 찾아보고 알리어 "진나라와 한나라 합칠 수 있다."고 한 것이다.

41 정의 공(公)은 향수(向壽)이다. 향수 또한 초나라와 친하여 공손석과 감무가 한(韓)나라 위나라와 친한 것과 같다는 말이다.

不如公孫奭	공손석보다 못하며,
其智能公也	지모와 재능으로 공을 평가함은
不如甘茂	감무보다 못합니다.
今二人者皆不得親於秦事	지금 두 사람이 모두 진나라의 일에 가까이하지 못하는데
而公獨與王主斷於國者何	그대만 왕과 함께 나라의 일을 주관하고 결단함은 어째서입니까?
彼有以失之也[42]	저들에게는 과실이 있어서입니다.
公孫奭黨於韓	공손석은 한나라와 친하고
而甘茂黨於魏	감무는 위나라와 친하므로
故王不信也	왕이 불신하는 것입니다.
今秦楚爭彊而公黨於楚	지금 진나라와 초나라가 강함을 다투는데 그대가 초나라와 친한 것은
是與公孫奭甘茂同道也	공손석, 감무와 같은 길을 가는 것인데
公何以異之[43]	그대는 어째서 다르게 생각하십니까?
人皆言楚之善變也	사람들은 모두 초나라는 잘 변한다고들 하는데
而公必亡之	그대는 반드시 그렇지 않을 것이라고 하니
是自爲責也[44]	이는 자책하는 것입니다.

42 색은 피(彼)는 공손석 및 감무이다. 과실이 있어서라는 것은 위임을 받지 못한 것은 일에 과실이 있어서라는 말이다. 정의 진왕이 비록 공손석과 감무를 사랑하고 잘 알지만 진나라의 일을 가까이하여 맡기지 않는 것은 한나라 및 위나라와 친하기 때문이라는 말이다. 지금 나라의 일을 유독 향수와 주관하고 결단하는 것은 향수가 초나라와 친하게 지내면서 진왕을 섬기는 것을 몰라서 놓친 것이라는 말이다.

43 정의 소씨(蘇氏)는 말하였다. "향수와 공손석, 감무가 모두 친한 나라가 있으니 다름이 없다는 말이다." 또한 어떤 사람은 다른 것을 고쳐 초나라와 친하게 된다는 뜻이라고 하였다.

44 정의 초나라는 잘 변하므로 믿을 수가 없다. 변한다면 향수는 반드시 패망할 것인데 이것이 자책하는 것이다.

公不如與王謀其變也	그대는 왕과 그 변화를 모의하고
善韓以備楚[45]	한나라와 친하여 초나라를 대비함만 못할 것이니
如此則無患矣	이렇게만 된다면 근심이 없을 것입니다.
韓氏必先以國從公孫奭而後委國於甘茂	
	한나라는 반드시 나라를 가지고 공손석을 좇을 것이고 다음에는 감무에게 나라를 맡길 것입니다.
韓	한나라는
公之讎也[46]	공의 원수입니다.
今公言善韓以備楚	지금 공이 한나라를 좋게 이야기하여 초나라에 대비하는 것은
是外舉不僻讎也	바로 밖에서 천거할 때는 원수도 피하지 않는다는 것이오."
向壽曰	향수가 말하였다.
然	"좋소,
吾甚欲韓合	내 매우 한나라와 연합하고 싶소."
對曰	대답하였다.
甘茂許公仲以武遂[47]	"감무는 무수를 가지고 공중에게 허락하였으며
反宜陽之民[48]	의양의 백성을 돌려주었는데
今公徒收之	지금 그대가 괜히 그것을 거둔다면

45 정의 진나라로 하여금 한나라와 친하게 하여 초나라의 변화에 대비하면 향수는 근심이 없을 것이라는 것이다.

46 정의 한나라는 반드시 먼저 두 사람에게 맡길 것이므로 한나라가 향수의 원수라는 것이다.

47 집해 서광은 말하였다. "진소왕(秦昭王) 원년에 한나라의 무수(武遂)를 주었다."

48 정의 무수(武遂)와 의양(宜陽)은 본래 한나라의 읍인데 진나라가 쳐서 빼앗았다. 지금 한나라에게 돌려주고 그 백성들을 돌아가 살 수 있게 하려는 것이다.

甚難[49]	매우 어려울 것입니다.”
向壽曰	향수가 말하였다.
然則奈何	“그러면 어떡하면 좋겠소?
武遂終不可得也	무수는 끝내 얻지 못할 것입니다.”
對曰	대답하였다.
公奚不以秦爲韓求潁川於楚[50]	“그대는 어찌 진나라를 가지고 한나라를 위하여 초나라에 영천을 청하지 않습니까?
此韓之寄地也	이는 한나라가 맡긴 땅입니다.
公求而得之	그대가 청하여 얻는다면
是令行於楚而以其地德韓也	이는 초나라에서 영이 행해진 것이고 그 땅으로 한나라에 덕을 베푼 것입니다.
公求而不得	공이 청하였는데도 얻지 못한다면
是韓楚之怨不解而交走秦也[51]	이는 한나라와 초나라의 원한이 풀리지 않아 서로 진나라로 달려갈 것입니다.
秦楚爭彊	진나라와 초나라가 강함을 다툴 때
而公徐過楚[52]以收韓	그대가 천천히 초나라의 허물을 꾸짖으며 한나라를 거둔다면

49 정의 소대는 감무가 공중에게 무수를 허락하였으며 또한 의양을 백성을 돌려보냈는데 지금 향수가 괜히 그것을 거두려 한다면 이는 매우 어려운 일이라는 말이다.

50 정의 영천(潁川)은 허주(許州)이다. 초나라가 한나라의 영천을 침공하여 소대가 향수로 하여금 진나라의 위세로 한나라를 위하여 초나라에 가서 영천을 찾게 하는 것인데 이는 향수를 친하게 하는 것이다.

51 집해 (解의) 음은 애[已買反]이다.

색은 한나라와 초나라의 원한이 풀리지 않으면 두 나라는 서로 진나라에게 달려갈 것이라는 말이다.

52 집해 서광은 말하였다. “과(過)는 어떤 판본에는 적(適)으로 되어 있다.”

此利於秦[53]	이는 진나라에 이롭습니다.”
向壽曰	향수가 말하였다.
柰何	“어째서입니까?”
對曰	대답하였다.
此善事也	“이것은 좋은 일이오.
甘茂欲以魏取齊	감무는 위나라를 가지고 제나라를 취하려 하고
公孫奭欲以韓取齊	공손석은 한나라를 가지고 제나라를 취하려 합니다.
今公取宜陽以爲功	지금 그대가 의양을 취하여 공으로 삼고
收楚韓以安之	초나라와 한나라를 거두어 안정시키며
而誅齊魏之罪[54]	제나라와 위나라의 죄를 토벌한다면
是以公孫奭甘茂無事也	이로써 공손석과 감무는 일이 없게 될 것입니다.”

甘茂竟言秦昭王	감무는 끝내 진소왕에게 말하여
以武遂復歸之韓[55]	무수를 다시 한나라에 돌려주었다.
向壽公孫奭爭之	향수와 공손석이 다투었으나
不能得	어쩔 수가 없었다.
向壽公孫奭由此怨	향수와 공손석은 이로 말미암아 원망하여
讒甘茂	감무를 참소하였다.

---

53 정의 두 나라가 모두 진나라를 섬기면 그대는 조금씩 초나라의 과실을 말하여 한나라를 거두게 될 것이니 이는 진나라에 이롭다는 것이다.

54 정의 공손석과 감무가 모두 진나라를 가지고 한나라와 위나라를 끼고 제나라를 취하려 하는데 지금 향수는 의양을 취한 것을 공으로 삼아 초나라와 한나라를 거두어 편안하게 진나라를 섬기고 제나라와 위나라의 죄를 꾸짖으니 이는 공손석과 감무가 함께 하나라와 위나라를 진나라와 연합시켜 제나라를 칠 수 없다는 것이다.

55 정의 「연표」에서는 진소왕 원년(B.C. 306)에 한나라에 무수를 주었다고 하였다.

茂懼	감무는 두려워하여
輟伐魏蒲阪	위나라 포판을 치는 것을 그만두고
亡去[56]	달아나버렸다.
樗里子與魏講	저리자가 위나라와 화친하여
罷兵[57]	군사 행위를 그만두었다.

甘茂之亡秦奔齊	감무가 진나라에서 망명하여 제나라로 갈 때
逢蘇代	소대를 만났다.
代爲齊使於秦	소대는 제나라의 사신으로 진나라에 가는 중이었다.
甘茂曰	감무가 말하였다.
臣得罪於秦	"저는 진나라에 죄를 지어
懼而遯逃	두려워 달아나 도망쳐
無所容跡	자취를 둘 만한 곳이 없소.
臣聞貧人女與富人女會績	제가 듣기에 가난한 집 여인과 부잣집 여인이 함께 길쌈을 하는데
貧人女曰	가난한 집 여인이 말하기를
我無以買燭	'나는 초를 살 길도 없는데
而子之燭光幸有餘	그대의 촛불 빛이 다행히도 남아도니
子可分我餘光	그대가 내게 남은 빛을 나누어 준대도
無損子明而得一斯便焉	그대의 빛은 덜어지지 않고 이렇게 편해졌소.' 라고 하였다 합니다.
今臣困而君方使秦而當路矣	지금 저는 곤경에 처해 있고 그대는 바야흐로

56 **집해** 서광은 말하였다. "소왕 원년 위나라 피지(皮氏)를 쳤는데 함락시키지 못하고 떠났다."

57 **색은** 추씨(鄒氏)는 말하였다. "'講'은 구(媾)의 뜻으로 읽는다. 구(媾)는 화(和)와 같은 뜻이다."

	진나라에 사행을 하다가 길에서 맞닥뜨렸소.
茂之妻子在焉	저의 처자가 그곳에 있으니
願君以餘光振之	그대가 남은 빛으로 좀 도와주었으면 하오."
蘇代許諾	소대가 허락하였다.
遂致使於秦	마침내 진나라에 사신으로 이르렀다.
已	일을 끝내고
因說秦王曰	이어서 진왕에게 말하였다.
甘茂	"감무는
非常士也	보통 선비가 아닙니다.
其居於秦	그는 진나라에 있을 때
累世重矣	대대로 중용되었습니다.
自殽塞[58]及至鬼谷[59]	효새에서 귀곡에 이르기까지
其地形險易皆明知之	그 지형의 험난한 곳과 평이한 곳을 모두 분명히 알고 있습니다.
彼以齊約韓魏反以圖秦	그가 제나라를 가지고 한·위나라와 맹약하여 도리어 진나라를 도모한다면
非秦之利也	진나라에게 이롭지 않습니다."
秦王曰	진왕이 말하였다.
然則柰何	"그러면 어찌하면 좋겠소."
蘇代曰	소대가 말하였다.
王不若重其贄	"왕께서는 폐백을 무겁게 하고
厚其祿以迎之	봉록을 두터이 하여 그를 맞아들여
使彼來則置之鬼谷[60]	그가 오면 귀곡에 두고

58 **정의** 삼효(三殽)는 낙주(洛州) 영안현(永寧縣) 서북쪽에 있다.

59 **집해** 서광은 말하였다. "양성(陽城)에 있다."

終身勿出	평생 못 나가게 하는 것만 한 것이 없습니다.”
秦王曰	진왕이 말하였다.
善	“좋소.”
即賜之上卿	곧 그에게 상경을 내리고
以相印迎之於齊	재상의 관인을 가지고 그를 제나라에서 맞아들였다.
甘茂不往	감무는 가지 않았다.
蘇代謂齊湣王曰	소대는 제민왕에게 말하였다.
夫甘茂	“저 감무는
賢人也	현명한 사람입니다.
今秦賜之上卿	지금 진나라에서는 상경을 내리고
以相印迎之	재상의 관인으로 맞아들입니다.
甘茂德王之賜	감무는 왕께서 내리신 은덕 때문에
好爲王臣	임금의 신하가 된 것을 좋아하여
故辭而不往	거절하고 가지 않고 있습니다.
今王何以禮之	지금 왕께선 어떻게 그를 예우하시겠습니까?”
齊王曰	제왕이 말하였다.
善	“좋소.”
即位之上卿而處之[61]	즉시 상경의 작위를 내리고 붙잡아두었다.
秦因復甘茂之家[62]以市於齊	진나라는 이에 감무 집의 부세와 요역을 면제하여 제나라와 교섭하였다.

60 색은 서광은 양성(陽城)에 있다고 하였다. 유씨(劉氏)는 이 귀곡(鬼谷)은 관내(關內) 운양(雲陽)에 있다고 하였는데 옳다. 정의 유백장(劉伯莊)은 말하였다. “이 귀곡은 관내 운양으로 양성에 있는 것이 아니다.” 양성의 귀곡은 당시 한나라에 속해 있어서 진나라에서는 그곳에 둔다고 말할 수 없다.

61 색은 처(處)는 유(留)와 같은 뜻이다.

齊使甘茂於楚	제나라에서 감무를 초나라에 사신으로 보냈는데
楚懷王新與秦合婚而驩[63]	초회왕은 막 진나라와 혼인을 맺어 사이가 좋았다.
而秦聞甘茂在楚	진나라에서는 감무가 초나라에 있다는 말을 듣고
使人謂楚王曰	사람을 시켜 초왕에게 말하였다.
願送甘茂於秦	"감무를 진나라로 보내주기 바라오."
楚王問於范蜎[64]曰	초왕은 범연에게 물어보았다.
寡人欲置相於秦	"과인이 진나라에 재상을 앉혔으면 하는데
孰可	누가 좋겠는가?"
對曰	대답하였다.
臣不足以識之	"저는 잘 알지 못하겠습니다."
楚王曰	초왕이 말하였다.
寡人欲相甘茂	"과인은 감무를 재상으로 삼고자 하는데
可乎	괜찮겠는가?"
對曰	대답하였다.
不可	"아니 되옵니다.
夫史擧	저 사거는
下蔡之監門也	하채의 성문을 지키던 사람으로
大不爲事君	크게는 임금을 섬기지 않았으며
小不爲家室	작게는 집안을 다스리지 않았고

---

62 정의 '復'의 음은 복(福)이다.

63 집해 서광은 말하였다. "소왕(昭王) 2년에 초나라에서 부인을 맞았다."

64 집해 서광은 말하였다. "현(蠉)으로 된 판본도 있다." 색은 음은 현[休緣反]이고, 또 현[休軟反]이라고도 한다. '蠉'의 음은 현[休緣反]이다. 『전국책』에서는 '연(蝝)'이라고 하였다. 정의 음은 현[許緣反]이다.

以苟賤不廉聞於世	세상에 구차하고 천하며 청렴하지 않다는 것으로 알려졌는데도
甘茂事之順焉	감무는 그를 순순히 잘 섬겼습니다.
故惠王之明	그러므로 혜왕의 명철함과
武王之察	무왕의 살핌,
張儀之辯	장의의 변설에도
而甘茂事之	감무는 그들을 섬기면서
取十官而無罪	열 개의 관직을 차지하고도 죄를 짓지 않았습니다.
茂誠賢者也	감무는 실로 현자입니다만
然不可相於秦	진나라의 재상이 되게 해서는 안 됩니다.
夫秦之有賢相	진나라에 현명한 재상이 있는 것은
非楚國之利也	초나라에 이롭지 않습니다.
且王前嘗用召滑於越[65]	또한 왕께서는 전에 일찍이 월나라에 소활을 쓰게 하였는데
而內行章義之難[66]	안으로는 장의의 난이 일어나
越國亂	월나라가 어지러워졌으므로
故楚南塞厲門而郡江東[67]	초나라는 남으로 여문을 막고 강동을 군으로

65 집해 서광은 말하였다. "활(滑)은 연(涓)으로 된 판본도 있다."

66 집해 서광은 말하였다. "'안으로는 구장 매의 난이 있었다(內句章昧之難).'로 된 판본도 있다." 색은 "소활이 안으로는 간교하게 속이려는 마음을 품고 밖으로는 짐짓 은의(恩義)를 드러내는 척하다가 끝내 화를 일으키려는 마음을 감추었다가 초나라에서 난을 일으킨 것을 말한다. 주(注)에서는 '안에서는 구장과 매의 난이 있었다라 한 판본도 있다(一云內句章, 昧之難).'라 하였다. 『전국책』에서는 '납장구의 난(納章句之難)'이라 하였다."

67 집해 서광은 말하였다. "뇌호(瀨湖)로 된 판본도 있다." 정의 유백장은 말하였다. "이문(厲門)은 영남(嶺南)을 넘는 요로(要路)이다."

정의 오월(吳越)의 성은 모두 초나라의 도읍이다.

	삼았습니다.
計王之功所以能如此者	왕의 공이 이렇게 할 수 있었던 까닭을 헤아려 보면
越國亂而楚治也	월나라가 어지러워져서 초나라가 다스려진 것입니다.
今王知用諸越而忘用諸秦	지금 왕께서 월나라에는 쓸 줄 알고 진나라에는 쓸 것을 잊는다면
臣以王爲鉅過矣	신은 왕께서 큰 잘못을 범하시는 것이라 생각합니다.
然則王若欲置相於秦	그러니 왕께서 진나라에 재상을 앉히고 싶으시다면
則莫若向壽者可	향수만큼 어울리는 사람은 없습니다.
夫向壽之於秦王	저 향수로 말할 것 같으면 진왕과
親也	친하여
少與之同衣	어려서는 그와 같은 옷을 입었고
長與之同車	자라서는 그와 같은 수레를 타서
以聽事	나라의 일을 들었습니다.
王必相向壽於秦	왕께서 반드시 향수를 진나라의 재상으로 삼으시면
則楚國之利也	초나라에 이로울 것입니다."
於是使使請秦相向壽於秦	이에 진나라로 사신을 보내어 향수를 진나라의 재상으로 삼을 것을 청하였다.
秦卒相向壽	진나라는 마침내 향수를 재상으로 삼았다.
而甘茂竟不得復入秦	그러나 감무는 끝내 다시는 진나라로 들어갈 수가 없게 되어
卒於魏	위나라에서 죽었다.

甘茂有孫曰甘羅	감무에게는 손자가 있었는데 감라(甘羅)라 하였다.
甘羅者	감라는
甘茂孫也	감무의 손자이다.
茂既死後	감무가 죽었을 때
甘羅年十二	감라는 열두 살의 나이로
事秦相文信侯呂不韋[68]	진나라 재상 문신후 여불위를 섬겼다.
秦始皇帝使剛成君蔡澤於燕	진시황제는 강성군 채택을 연나라에 가게 하였으며
三年而燕王喜使太子丹入質於秦	3년 만에 연왕 희(喜)는 태자 단(丹)을 진나라에 볼모로 들여보냈다.
秦使張唐往相燕	진나라는 장당을 연나라로 가게 하여 재상으로 삼아
欲與燕共伐趙以廣河間之地	연나라와 함께 조나라를 쳐서 하간의 땅을 넓히고자 하였다.
張唐謂文信侯曰	장당이 문신후에게 일러 말하였다.
臣嘗爲秦昭王伐趙	"신은 일찍이 진소왕을 위하여 조나라를 친 적이 있사온데
趙怨臣	조나라에서는 신을 원망하여
曰	말하기를
得唐者與百里之地	'장당을 잡는 자에게는 백 리의 땅을 주겠다.'

68 색은 『전국책』에서는 감라가 여불위를 섬겨 서자[庶子: 사마(司馬)의 속관(屬官)]가 되었다고 하였다.

	라 하였습니다.
今之燕必經趙	지금 연나라에 가려면 반드시 조나라를 거쳐야 하므로
臣不可以行	신은 갈 수 없습니다."
文信侯不快	문신후는 기뻐하지 않았지만
未有以彊也	강권하지를 못했다.
甘羅曰	감라가 말하였다.
君侯何不快之甚也	"군후께선 어째서 그렇게 심히 기뻐하지 않으십니까?"
文信侯曰	문신후가 말하였다.
吾令剛成君蔡澤事燕三年	"내 강성군 채택에게 연나라를 3년간 섬기게 하고
燕太子丹已入質矣	연나라 태자 단도 이미 볼모로 들어와 있어서
吾自請張卿[69]相燕而不肯行	내 직접 장경에게 연나라 재상이 되기를 청하였는데 가려고 하지 않는구나."
甘羅曰	감라가 말하였다.
臣請行之	"신이 가도록 청하여보겠습니다."
文信侯叱曰	문신후가 꾸짖어 말하였다.
去	"꺼져라!
我身自請之而不肯	내가 몸소 직접 청하였는데도 가려고 하지 않는데
女焉能行之[70]	네가 어찌 갈 수 있게 하겠느냐?"
甘羅曰	감라가 말하였다.

69 **색은** 곧 장당(張唐)이다. '경(卿)'은 자이다.

70 **정의** '女'는 여(汝)의 뜻으로 읽는다. '焉'의 음은 언[乙連反]이다.

大項橐[71]生七歲爲孔子師	"대항탁은 나서 7세에 공자의 스승이 되었습니다.
今臣生十二歲於茲矣	지금 신은 이제 12세가 되었으니
君其試臣	군께서는 신을 시험해 보실 것이지
何遽叱乎	꾸짖으심이 어찌 그리 빠르십니까?"
於是甘羅見張卿曰	이에 감라는 장경을 만나보고 말하였다.
卿之功孰與武安君	"경의 공은 무안군에 비해 어떻습니까?"
卿曰	경이 말하였다.
武安君南挫彊楚	"무안군은 남으로는 강한 초나라를 꺾었으며
北威燕趙	북으로는 연나라와 조나라를 위협하였고
戰勝攻取	싸우면 이기고 치면 빼앗았으며
破城墮邑	성읍을 깨뜨리고 함락시킨 것이
不知其數	그 수를 알 수 없을 정도니
臣之功不如也	저의 공이 그만 못하지요."
甘羅曰	감라가 말하였다.
應侯[72]之用於秦也	"응후가 진나라에 기용되었을 때가
孰與文信侯專	문신후가 전권을 휘두를 때에 비해 어떻습니까?"
張卿曰	장경이 말하였다.
應侯不如文信侯專	"응후가 문신군의 전권만 못하지요."
甘羅曰	감라가 말하였다.
卿明知其不如文信侯專與	"경은 그가 문신후의 전권만 못함을 분명히 알고 있지요?"
曰	말하였다.

71 색은 음은 탁(託)이다. 그 도덕을 높였으므로 '대항탁(大項橐)'이라 한 것이다.

72 색은 범수(范睢)이다.

知之	"알고 있습니다."
甘羅曰	감라가 말하였다.
應侯欲攻趙	"응후가 조나라를 공격하려고 하였는데
武安君難之	무안군이 난색을 표하자
去咸陽七里而立死於杜郵	함양에서 7리를 떠나 두우에서 선 채로 죽음을 당하였습니다.
今文信侯自請卿相燕而不肯行	지금 문신후께서 직접 경이 연나라의 재상이 되도록 청하였는데 기꺼이 가시려 하지 않으니
臣不知卿所死處矣	저는 경이 죽을 곳을 모르겠습니다."
張唐曰	장당이 말하였다.
請因孺子行	"그대의 말대로 가겠습니다."
令裝治行	행장을 꾸리게 하여 갈 채비를 하였다.

行有日	간 지 며칠이 되어서
甘羅謂文信侯曰	감라가 문신후에게 말하였다.
借臣車五乘	"신에게 수레 5승만 내주셔서
請爲張唐先報趙	장당보다 먼저 조나라에게 알리게 하여주십시오."
文信侯乃入言之於始皇曰	문신후가 이에 들어가 진시황에게 말하였다.
昔甘茂之孫甘羅	"지난날 감무의 손자 감라는
年少耳	나이만 어릴 뿐
然名家之子孫	명가의 자손으로
諸侯皆聞之	제후들이 모두 알고 있습니다.
今者張唐欲稱疾不肯行	이번에 장당이 병이라 하고 가지 않으려는 것을
甘羅說而行之	감라가 말해서 가게 하였습니다.

今願先報趙	이제 먼저 조나라에 알리기를 바라니
請許遣之	보낼 것을 허락해 주십시오."
始皇召見	시황은 불러서 만나보고
使甘羅於趙	감라를 조나리에 가게 하였다.
趙襄王郊迎甘羅	조양왕은 교외에서 감라를 맞이하였다.
甘羅說趙王曰	감라가 조왕에게 말하였다.
王聞燕太子丹入質秦歟	"왕께서는 연나라 태자 단이 진나라에 볼모로 들어와 있는 것을 들으셨습니까?"
曰	말하였다.
聞之	"들었소."
曰	말하였다.
聞張唐相燕歟	"장당이 연나라 재상이 된 것을 들었습니까?"
曰	말하였다.
聞之	"들었소."
燕太子丹入秦者	"연나라 태자 단이 진나라에 들어와 있는 것은
燕不欺秦也	연나라가 진나라를 속이지 않겠다는 것입니다.
張唐相燕者	장당이 연나라의 재상이 되었다는 것은
秦不欺燕也	진나라가 연나라를 속이지 않겠다는 것입니다.
燕秦不相欺者	연나라와 진나라가 서로 속이지 않고
伐趙	조나라를 치면
危矣	위태로워질 것입니다.
燕, 秦不相欺無異故	연나라와 진나라가 서로 속이지 않는 것은 다른 까닭이 아니라
欲攻趙而廣河間	조나라를 쳐서 하간을 넓히려는 것입니다.
王不如齎臣五城[73]以廣河間	왕께서는 신에게 다섯 성을 주어 하간을 넓힘

	만 못하니
請歸燕太子	연나라 태자를 귀국시킬 것을 청할 것이며
與彊趙攻弱燕	강한 조나라와 함께 약한 연나라를 칠 것입니다."
趙王立自割五城以廣河閒	조왕은 즉시 스스로 다섯 성을 떼어주어 하간을 넓혔다.
秦歸燕太子	진나라는 연나라 태자를 돌려보냈다.
趙攻燕	조나라는 연나라를 공격하여
得上谷三十城[74]	상곡의 30성을 얻었고
令秦有十一[75]	진나라에게 11성을 갖도록 하였다.

甘羅還報秦	감라가 돌아와 진나라에 알리자
乃封甘羅以爲上卿	이에 감라를 상경으로 봉하였다.
復以始甘茂田宅賜之	다시 처음대로 감무의 전답과 집을 내렸다.

太史公曰	태사공은 말한다.
樗里子以骨肉重	저리자는 골육으로 중용되었으니
固其理	실로 이해가 되지만
而秦人稱其智	진나라 사람들이 그 지모를 칭찬하였으므로
故頗采焉	자못 거기서 많이 채택하였다.
甘茂起下蔡閭閻	감무는 하채의 평민에서 일어나

---

73 색은 '齎'의 음은 재[側奚反]이며, 재(賫)의 뜻으로 읽기도 한다. 모두 다섯 성을 떼어 신하에게 준 것을 말한다.

74 색은 『전국책』에서는 36개 성을 얻었다고 하였다. 정의 상곡(上谷)은 지금의 규주(嬀州)로 유주(幽州)의 서북쪽에 있다.

75 색은 11개 성을 진나라에게 준 것을 말한다.

顯名諸侯	제후들에게 이름을 떨쳐
重彊齊楚[76]	강한 제나라와 초나라에서 중용되었다.
甘羅年少	감라는 나이는 어리지만
然出一奇計	한 기묘한 계책을 내어
聲稱後世	명성이 후세에까지 일컬어졌다.
雖非篤行之君子	비록 행실이 도타운 군자는 아니지만
然亦戰國之策士也	또한 전국시대의 책사였다.
方秦之彊時	바야흐로 진나라가 강성하였을 때
天下尤趨謀詐哉	천하에서는 음모와 사술을 더욱 좇았다.

76 집해 서광은 "이 말은 아마 '강한 제나라에 중용되었다(見重彊齊).'가 되어야 할 것 같으며 한 글자가 오탈자가 있는 것 같다."라 하였다. 정의 감무가 강한 제나라와 초나라에 중용된 것이다.

12 양후 열전 穰侯列傳

穰侯魏冉者	양후 위염은
秦昭王母宣太后弟也[1]	진소왕의 어머니 선태후의 동생이다.
其先楚人	그 선조는 초나라 사람으로
姓羋氏[2]	성은 미씨이다.

秦武王卒	진무왕이 죽었을 때
無子	아들이 없어서
立其弟爲昭王	그 아우가 즉위하여 소왕이 되었다.
昭王母故號爲羋八子	소왕의 어머니의 옛 봉호는 미팔자였는데
及昭王即位	소왕이 즉위하자
羋八子號爲宣太后	미팔자는 선태후로 불렸다.
宣太后非武王母	선태후는 무왕의 어머니가 아니었다.
武王母號曰惠文后	무왕의 어머니는 혜문후라고 하였는데
先武王死[3]	무왕보다 먼저 죽었다.
宣太后二弟	선태후에게는 두 동생이 있었다.

1 색은 선태후(宣太后)의 아버지가 다른 큰 동생으로 성은 위(魏)이고 이름은 염(冉)이며 양(穰)에 봉하여졌다. 「지리지(地理志)」에 의하면 양현(穰縣)은 남양(南陽)에 있다. 선태후는 혜왕(惠王)의 비로 성은 미씨(羋氏)인데, 미팔자(羋八子)라 한 것은 이 때문이다.

2 정의 '羋'의 음은 미[亡爾反]이다.

其異父長弟曰穰侯	아버지가 다른 큰 동생은 양후라 하였는데
姓魏氏	성은 위씨이고
名冉	이름은 염이며,
同父弟曰芈戎	아버지가 같은 아우는 미융으로
爲華陽君[4]	화양군이다.
而昭王同母弟曰高陵君[5]涇陽君[6]	소왕의 동복(同腹)아우는 고릉군과 경양군이라 하였다.
而魏冉最賢	그러나 위염이 가장 현능해서
自惠王武王時任職用事	혜왕과 무왕 때부터 관직을 맡아 집권하였다.
武王卒	무왕이 죽었을 때
諸弟爭立	여러 아우들이 왕위를 다투었지만
唯魏冉力爲能立昭王	위염의 힘으로 소왕이 즉위할 수 있었다.
昭王即位	소왕이 즉위하자
以冉爲將軍	위염을 장군으로 삼아
衛咸陽	함양을 보위하였다.
誅季君之亂[7]	계군의 난을 토벌하고

3 색은 「진본기(秦本紀)」에서는 "소왕(昭王) 2년(B.C. 294) 서장(庶長) 장(壯)과 대신(大臣), 공자(公子)들이 반역을 일으켜 모두 주살되었고, 혜문후(惠文后)도 연루되어 제명대로 살지 못하였다."라 하였다. 또한 『기년(紀年)』에서는 "진나라에 내란이 일어나 태후 및 공자 옹(雍)과 공자 장(壯)을 죽였다."라 하였는데, 이를 말한다.

4 색은 화양(華陽)은 한(韓)나라 땅인데 나중에 진나라에 예속되었다. 미융(芈戎)은 나중에 또한 신성군(新城君)으로도 불린다. 정의 사마표(司馬彪)는 "화양은 정(亭) 이름으로 낙양(洛州) 밀현(密縣)에 있다."라 하였다. 또한 옛 화성(華城)은 정주(鄭州) 관성현(管城縣) 남쪽 30리 지점에 있는데 곧 이곳이다.

5 색은 (高陵君의) 이름은 현(顯)이다.

6 색은 (涇陽君의) 이름은 회(悝)이다.

而逐武王后出之魏	무왕후를 축출하여 위나라로 보냈으며
昭王諸兄弟不善者皆滅之	소왕의 여러 형제들 중 행실이 좋지 못한 자를 모두 죽여
威振秦國	진나라에서 위세를 떨쳤다.
昭王少	소왕이 어려
宣太后自治	선태후가 직접 다스렸는데
任魏冉爲政	위염에게 정사를 맡겼다.

昭王七年	소왕 7년에
樗里子死	저리자가 죽자
而使涇陽君質於齊	경양군을 제나라의 볼모로 보냈다.
趙人樓緩來相秦	조나라 사람 누완이 와서 진나라의 재상으로 있었는데
趙不利	조나라에서 이롭지 않게 여겨
乃使仇液[8]之秦	이에 구액을 진나라에 가게 하고
請以魏冉爲秦相	위염을 진나라 재상으로 삼을 것을 청하였다.
仇液將行	구액이 가려는데

7 **집해** 서광(徐廣)은 말하였다. "「연표(年表)」에서는 계군(季君)이 난을 일으켜 죽였다고 하였다. 「본기(本紀)」에서는 서장(庶長) 장(壯)과 대신 공자가 모반을 꾀하여 사형에 처하여졌다." **색은** 계군(季君)은 곧 공자 장(公子壯)인데, 참립(僭立)하여 계군(季君)이라 하였다. 양후의 힘으로 소왕을 즉위시킬 수 있었고 장군이 되어 함양을 지켜 계군 및 혜문후를 토벌하였으므로 「본기」에서 "사형에 처하여졌다(伏誅)."라 하였다. 또한 "혜문후도 연루되어 제명대로 살지 못하였다."라 한 것은 아마 혜문후가 당시 공자 장(壯)의 편을 들어 즉위시키려 했기 때문에 장(壯)이 죽었을 때 태후 또한 죽는 화를 당하였으므로 "제명대로 살지 못하였다."라 하였는데 또한 사서(史書)에서 꺼린 것이다. 또한 무왕후(武王后)를 축출하여 위나라로 보낸 것 또한 일의 형세가 그런 것이다.

8 **색은** 『전국책』에는 '구학(仇郝)'으로 되어 있는데, 같은 사람으로 표기만 다를 것이다. **정의** 음은 역(亦)이며, 성명이다.

其客宋公[9]謂液曰	그 문객인 송공이 구액에게 일러 말하였다.
秦不聽公	"진나라에서 공의 말을 듣지 않으면
樓緩必怨公	누완(樓緩)은 반드시 공을 원망할 것입니다.
公不若謂樓緩曰請爲公毋急秦	공은 누완에게 '공을 위하여 진나라에게 다급히 하지 말라고 청하겠습니다.'라 말함만 못할 것이니
秦王見趙請相魏冉之不急	진나라 왕이 조나라가 위염을 재상으로 청함이 다급하지 않음을 보면
且不聽公	또한 공의 말을 듣지 않을 것입니다.
公言而事不成	공이 말하여 일이 이루어지지 않으면
以德樓子	누자(樓子, 누완)에게 덕을 베풀었다 여길 것이고,
事成	일이 이루어지면
魏冉故德公矣	위염은 실로 공의 덕으로 여길 것입니다."
於是仇液從之	이에 구액은 그대로 따랐다.
而秦果免樓緩而魏冉相秦	진나라는 과연 누완을 면직하고 위염을 진나라 재상으로 삼았다.

欲誅呂禮	여례를 죽이려 하자
禮出奔齊	여례는 제나라로 달아났다.
昭王十四年	소왕 14년에
魏冉舉白起	위염은 백기를 천거하여
使代向壽將而攻韓魏	향수 대신 장수로 삼아 한나라와 위나라를 쳐서
敗之伊闕	이궐에서 무찔렀는데

9 색은 『전국책』에는 '송교(宋交)'로 되어 있다.

斬首二十四萬	24만의 목을 베고
虜魏將公孫喜	위나라 장수 공손희를 사로잡았다.
明年	이듬해에는
又取楚之宛葉	또한 초나라의 원현(宛縣)과 섭현(葉縣)을 빼앗았다.
魏冉謝病免相	위염은 병을 핑계로 재상에서 물러나
以客卿壽燭爲相	객경인 수촉을 재상으로 삼았다.
其明年	그 이듬해에
燭免	수촉이 면직되고
復相冉	다시 위염을 재상으로 삼았는데,
乃封魏冉於穰	이에 위염을 양현에 봉하였으며
復益封陶[10]	다시 도를 추가로 봉하고
號曰穰侯	양후라 불렀다.

穰侯封四歲	양후는 봉해진 지 4년 되던 해에
爲秦將攻魏	진나라 장수가 되어 위나라를 쳤다.
魏獻河東方四百里	위나라는 하동 땅 사방 4백 리를 바쳤다.
拔魏之河內	위나라의 하내를 함락시키고
取城大小六十餘	크고 작은 성 60여 개를 빼앗았다.
昭王十九年	소왕 19년에
秦稱西帝	진나라는 서제라 칭하고

10 **집해** 서광은 말하였다. "음(陰)으로 된 판본도 있다." **색은** 도(陶)는 곧 정도(定陶)이다. 서광은 '음(陰)'이라 하였는데 도(陶) 자와 음(陰) 자는 본래 (자형이) 헷갈리기 쉽다. 왕소(王劭)는 정도(定陶)에 위염총(魏冉冢)이 있는 것을 보았는데 '음(陰)'으로 되어 있다 하였는데, 틀렸다.

齊稱東帝	제나라는 동제라 칭하였다.
月餘	달포 만에
呂禮來	여례가 왔으며
而齊秦各復歸帝爲王	제나라와 진나라는 다시 제에서 왕으로 돌아갔다.
魏冉復相秦	위염은 다시 진나라의 재상이 되었는데
六歲而免	6년 만에 면직되었다.
免二歲	면직된 지 2년 만에
復相秦	다시 진나라의 재상이 되었다.
四歲	4년 만에
而使白起拔楚之郢	백기로 하여금 초나라의 영을 함락시키게 하고
秦置南郡	진나라에서는 남군을 설치하였다.
乃封白起爲武安君	이에 백기를 무안군으로 봉하였다.
白起者	백기는
穰侯之所任舉也	양후가 천거한 자로
相善	서로 친하였다.
於是穰侯之富	이에 양후의 부는
富於王室	왕실보다 부유하였다.

昭王三十二年	소왕 32년에
穰侯爲相國	양후는 상국으로
將兵攻魏	군사를 거느리고 위나라를 쳐서
走芒卯[11]	망묘를 패주시키고

11 집해 앞 글자의 음은 망[莫印反]이다. 뒷 글자의 음은 묘[陌飽反]이다.

入北宅[12] 북택으로 들어가

遂圍大梁 마침내 대량(大梁)을 에워쌌다.

梁大夫須賈說穰侯曰[13] 양나라 중대부 수가(須賈)가 양후에게 말하였다.

臣聞魏之長吏謂魏王曰 "신이 듣건대 위나라의 대신들이 위나라 왕에게 말하였다고 합니다.

昔梁惠王伐趙 '지난날 양혜왕이 조나라를 쳐서

戰勝三梁[14] 삼량을 싸워 이기고

拔邯鄲 한단을 점령하였는데,

趙氏不割 조씨가 떼어주지 않아

而邯鄲復歸 한단을 다시 돌려주었습니다.

齊人攻衛 제나라 사람이 위나라를 쳐서

拔故國 옛 도읍을 점령하고

殺子良[15] 자량을 죽였는데,

衛人不割 위나라 사람이 떼어주지 않아

而故地復反 옛 땅을 다시 돌려주었습니다.

衛趙之所以國全兵勁而地不并於諸侯者

위나라와 조나라가 나라를 온전히 하고 군사

---

12 집해 서광은 말하였다. "위혜왕(魏惠王) 5년에 한(韓)나라와 택양(宅陽)에서 회합하였다." 정의 『죽서(竹書)』에서는 "택양은 일명 북택(北宅)이라고 한다."라 하였다. 『괄지지(括地志)』에서는 말하였다. "택양의 옛 성은 정주(鄭州) 형양현(滎陽縣) 서남쪽 70리 지점에 있다."

13 양대부(梁大夫)에서 양(梁)은 곧 위(魏)나라를 말한다. 위나라의 수도[都城]가 대량(大梁)이므로 그렇게도 부른다.-옮긴이.

14 집해 서광은 말하였다. "「전완세가(田完世家)」에서는 위나라가 조나라를 쳤는데 조나라가 불리하였으며 남량에서 싸웠다고 하였다." 색은 삼량(三梁)은 곧 남량(南梁)이다.

15 색은 위(衛)나라의 옛 도읍은 초구(楚丘)일 것이다. 아래에서 '고지(故地)'라 한 것 또한 함께 초구를 이른다. 『전국책』에는 '위(衛)' 자가 모두 '연(燕)'으로 되어 있으며, '자량(子良)'이 '자지(子之)'로 되어 있는데 틀렸을 것이다.

	력을 강하게 하여 다른 제후들에게 합병되지 않은 것은
以其能忍難而重出地也	어려움을 견뎌내고 땅을 내주는 것을 중시할 수 있었기 때문입니다.
宋, 中山數伐割地	송나라와 중산국은 여러 번 공격을 당하여 땅을 떼어주어
而國隨以亡	나라가 따라서 망하게 되었습니다.
臣以爲衛趙可法	신은 위나라와 조나라는 본받을 만하며
而宋中山可爲戒也	송나라와 중산국은 경계로 삼을 만하다고 생각합니다.
秦	진나라는
貪戾之國也	탐욕스럽고 사나운 나라로
而毋親	친하여질 수 없습니다.
蠶食魏氏	위나라를 누에처럼 파먹고
又盡晉國[16]	또한 진나라를 모두 차지하였으며
戰勝暴子[17]	포자(暴子)를 이겨
割八縣	여덟 현을 할양받았는데
地未畢入	땅이 미처 다 들어오기도 전에
兵復出矣	군사를 다시 출동시켰습니다.
夫秦何厭之有哉	저 진나라가 무슨 물림이 있겠습니까!
今又走芒卯	지금 또한 망묘를 패주시키고
入北宅	북택으로 들어갔는데,
此非敢攻梁也	이는 감히 대량을 치려는 것이 아니며

16 **색은** 하동(河東)과 하서(河西), 하내(河內)는 모두 위나라 땅으로 곧 옛 진나라이다. 지금 진나라가 위씨(魏氏)를 잠식하여 진(晉)나라의 모든 땅을 다 차지하였다는 말이다.

17 **집해** 서광은 말하였다. "한(韓)나라 장수 포연(暴鳶)이다."

且劫王以求多割地	또한 왕을 겁박하여 땅을 많이 할양해 주기를 바라는 것입니다.
王必勿聽也	왕께서는 반드시 듣지 마십시오.
今王背楚, 趙而講秦[18]	지금 초나라와 조나라를 저버리고 진나라와 강화하면
楚趙怒而去王	초나라와 조나라는 노하여 왕을 떠나
與王爭事秦	왕과 함께 다투어 진나라를 섬길 것이며
秦必受之	진나라는 반드시 받아들일 것입니다.
秦挾楚趙之兵以復攻梁	진나라가 초나라와 진나라의 군사를 끼고 다시 대량을 공격하면
則國求無亡不可得也	나라가 망하지 않기를 바라도 어쩔 수 없을 것입니다.
願王之必無講也	원컨대 왕께서는 반드시 강화하지 않아야 합니다.
王若欲講	왕께서 강화를 하고자 하신다면
少割而有質	조금 떼어주고 볼모를 보낼 것이며,
不然	그렇지 않으면
必見欺[19]	반드시 속게 될 것입니다.'
此臣之所聞於魏也[20]	이것이 신이 위나라에서 들은 것으로
願君(王)之以是慮事也	원컨대 왕께서는 이를 가지고 일을 잘 고려해 보시기 바랍니다.

18 색은 강(講)은 화(和)의 뜻이다.

19 색은 진나라와 강화하려면 땅을 조금 떼어주고 진나라에 인질을 요구해야 할 것이며, 그렇게 하지 않으면 반드시 진나라에게 속을 것이라는 말이다.

20 색은 수가가 양후를 설득한 것은 위나라 사람들이 양나라 왕이 땅을 조금 떼어주고 진나라 인들을 구하면 반드시 우리를 속일 것이라는 말이니 위나라가 진나라에게 속았다는 것을 들었다는 말이다.

周書曰惟命不于常 「주서」에서는 '오직 명은 일정한 것이 아니다.' 라 하였는데,

此言幸之不可數也 이는 요행은 헤아릴 수가 없다는 말입니다.

夫戰勝暴子 대체로 포자와 싸워 이기고

割八縣 여덟 현을 할양받은 것은

此非兵力之精也 군사력이 정예로워서가 아니고

又非計之工也 또한 계책이 뛰어나서도 아니니

天幸爲多矣 천행이 (이미) 많습니다.

今又走芒卯 지금 또한 망묘를 패주시키고

入北宅 북택으로 들어가

以攻大梁 대량을 공격하였는데

是以天幸自爲常也 이는 천행이 늘 있는 것으로 여기는 것입니다.

智者不然 지혜로운 자는 그렇지 않다고 봅니다.

臣聞魏氏悉其百縣勝甲以上戍大梁

제가 듣건대 위씨는 각지의 무기를 이길 수 있는 사람을 총동원하여 대량을 지킨다 하는데

臣以爲不下三十萬 저는 30만 이하라고 생각지 않습니다.

以三十萬之衆守梁七仞之城[21] 30만의 무리로 대량의 일곱 길 되는 성을 지키면

臣以爲湯武復生 저는 탕왕과 무왕이 다시 살아난다 해도

不易攻也 치기가 쉽지 않을 것이라고 생각합니다.

夫輕背楚趙之兵 대체로 초나라와 조나라의 군사를 가벼이 저버리고

陵七仞之城 일곱 길의 성을 넘어

戰三十萬之衆 30만의 무리와 싸우면서,

---

21 집해 『이아(爾雅)』에서는 "4척(尺)을 인(仞)이라 하고, 인의 배를 심(尋)이라 한다."라 하였다.

而志必擧之	반드시 함락시키려는 뜻을 가지는 것은
臣以爲自天地始分以至于今	신이 생각건대 천지가 처음 나누어진 이래 지금까지
未嘗有者也	일찍이 없었던 것입니다.
攻而不拔	쳤는데 함락시키지 못한다면
秦兵必罷	진나라 군사들은 반드시 지칠 것이고
陶邑必亡[22]	도읍은 반드시 망할 것이니
則前功必棄矣	앞의 공로는 반드시 버려질 것입니다.
今魏氏方疑	지금 위씨는 바야흐로 의혹을 가지고 있으니
可以少割收也[23]	조금 할양받아서 거둘 수 있습니다.
願君逮楚趙之兵未至於梁	원컨대 그대는 초나라와 조나라의 군사가 대량에 미처 이르기 전에
亟以少割收魏	빨리 조금 떼어서 위나라를 거두십시오.
魏方疑而得以少割爲利	위나라는 의혹을 가지고 있는 터라 조금 할양함을 이롭게 여겨
必欲之	반드시 하고자 할 것이니
則君得所欲矣	그대는 하고자 하는 것을 얻게 될 것입니다.
楚趙怒於魏之先己也	초나라와 조나라는 위나라가 자기네보다 먼저 (강화)하려는 데 노하여
必爭事秦	반드시 다투어 진나라를 섬길 것이어서

22 **색은** 도(陶)는 위(魏)로 된 판본도 있다. 진나라가 위나라의 성읍을 공격하여 얻기도 전에 진나라가 지치면 망하여 위나라로 돌아갈 것이라는 말이다. **정의** 정도(定陶)는 대량(大梁)에 가까운데 양후가 대량을 공격하여 군사가 피로해지면 정도는 반드시 위나라의 정벌을 받을 것이라는 말이다.

23 **색은** 수가가 위나라 사람의 말을 인용하여 왕이 진나라와 강화하려는 것을 허락하지 않으면, 이에 위씨가 바야흐로 의심을 하여 땅을 조금만 떼어주고도 위나라를 거두게 된다는 말이다.

從以此散[24]	합종은 이로써 흩어질 것이니
而君後擇焉	그대는 나중에 고르시면 됩니다.
且君之得地豈必以兵哉	또한 그대가 땅을 얻음이 어찌 반드시 군사력이어야 하겠습니까!
割晉國	진나라를 할양받으면
秦兵不攻	진나라 군사는 공격을 하지 않아도
而魏必效絳安邑	위나라는 반드시 강(絳)과 안읍을 본받게 될 것입니다.
又爲陶開兩道[25]	또한 정도에 두 갈래 길을 열어주어
幾盡故宋[26]	옛 송나라를 거의 넣을 수 있을 것이니
衛必效單父	위나라는 반드시 선보를 바칠 것입니다.
秦兵可全	진나라 군사가 보전될 수 있고
而君制之	그대가 통제한다면
何索而不得	무엇을 구한들 얻지 못할 것이며
何爲而不成	무엇을 한들 이루지 못하겠습니까!
願君熟慮之而無行危[27]	원컨대 그대는 숙고하시어 위태로운 행동을 하지 마십시오."

24 색은 초나라와 조나라는 위나라가 진나라와 강화를 맺으면 노하여 모두 다투어 진나라를 섬길 것이며 이로써 동방의 합종한 나라들은 해산될 것이므로 "합종은 이 때문에 흩어질 것"이라고 하였다. 정의 '從'의 음은 종[足松反]이다.

25 색은 양후(穰侯)를 정도에 봉하면 위나라는 강과 안읍을 바칠 것이니 이는 하동의 땅을 얻는 것이다. 진나라에서 정도로 가려면 하서와 하동의 두 길을 연다는 것을 말한다.
정의 양후는 옛날에 정도에 봉하여졌는데 옛 송나라 및 선보는 정도의 남쪽 길이고 위나라의 안읍과 강은 정도의 북쪽 길이다.

26 색은 앞의 글자[幾]는 음이 기(祈)이다. 이때 송나라는 이미 멸망하였는데 진나라가 송나라 땅을 다 얻으려던 참이었다.

27 색은 대량을 포위하는 위험한 일을 행하지 말라는 말이다.

穰侯曰	양후가 말하였다.
善	"좋소."
乃罷梁圍[28]	이에 대량(大梁)에 대한 에움(포위)을 풀었다.

明年	다음 해에
魏背秦	위나라가 진나라를 배신하고
與齊從親	제나라와 합종하였다.
秦使穰侯伐魏	진나라는 양후에게 위나라를 치게 하였는데
斬首四萬	4만의 목을 베고
走魏將暴鳶	위나라 장수 포연을 이겨 쫓아내고
得魏三縣	위나라의 세 현을 얻었다.
穰侯益封	양후에게는 봉작이 더하여졌다.

明年	다음 해에
穰侯與白起客卿胡陽復攻趙韓魏	양후는 백기의 객경 호양과 함께 다시 조·한·위나라를 쳐서
破芒卯於華陽下	망묘를 화양 아래서 격파하고
斬首十萬	10만의 목을 베었으며
取魏之卷[29]蔡陽長社	위나라의 권현과 채양 및 장사,
趙氏觀津	조씨의 관진을 빼앗았다.
且與趙觀津	또한 조나라에게 관진을 주고

---

28 **정의** 「표(表)」에서는 위안리왕(魏安釐王) 2년에 진나라가 대량성(大梁城)에 주둔하였는데 한나라가 구원하러 왔다가 진나라와 누그러져서 화평하였다고 하였다.

29 **집해** (卷의) 음은 권[丘權反]이다.

益趙以兵	조나라에 군사를 더해 주어
伐齊[30]	제나라를 쳤다.
齊襄王懼	제양왕은 두려워하여
使蘇代爲齊陰遺穰侯書曰	소대에게 제나라를 위하여 몰래 양후에게 글을 보내게 하였다.
臣聞往來者言曰秦將益趙甲四萬以伐齊	"제가 (진나라를) 오가는 자에게서 듣자니 '진나라가 조나라에 갑병 4만을 더해 주어 제나라를 치려고 한다.'고 하는데
臣竊必之[31]敝邑之王曰[32]秦王明而熟於計,	저는 가만히 저희 나라 임금에게 '진나라 왕은 명석하고 계략에 밝으며
穰侯智而習於事	양후는 지혜롭고 일처리에 능하여
必不益趙甲四萬以伐齊	반드시 조나라에게 갑병 4만을 더하여 제나라를 치게 하지는 않을 것이다.'라고 반드시 믿게 하였습니다.
是何也	이는 어째서이겠습니까?
夫三晉之相與也	저 삼진이 서로 동맹을 맺는 것은
秦之深讎也	진나라가 매우 싫어합니다.
百相背也	백방으로 배신하고
百相欺也	백방으로 속였지만

30 색은 이미 관진(觀津)을 얻고 이에 조나라에게 제나라를 치게 하여 진나라가 또한 군사를 더하여 조나라를 돕는다는 것이다.

31 색은 제나라 왕에게 알리어 진나라가 반드시 군사를 더하여 조나라를 돕지 않을 것이라고 말한 것이다. 정의 신(臣)은 소대이다. 진나라가 조나라의 갑병 4만과 함께 제나라를 치는 것을 반드시 알고 있다는 것이다.

32 정의 제나라 왕을 이른다.

不爲不信	신의가 없다고 생각지 않으며
不爲無行	행위가 없다고 생각지 않습니다.
今破齊以肥趙	지금 제나라를 깨뜨려 조나라를 살찌우려 합니다.
趙	조나라는
秦之深讎	진나라의 깊은 원수로
不利於秦	진나라에 이롭지 못합니다.
此一也	이것이 첫 번째입니다.
秦之謀者	진나라의 모사들은
必曰破齊	반드시 말하기를 '제나라를 깨뜨리어
獘晉, 楚[33]	진나라와 초나라를 피폐하게 하고
而後制晉楚之勝	그런 다음에 진나라와 초나라를 제압하는 것이 낫다.'고 할 것입니다.
夫齊	저 제나라는
罷國也	피폐한 나라로
以天下攻齊	천하의 나라로 제나라를 치는 것은
如以千鈞之弩決潰癰也	천 균의 쇠뇌로 악창을 터뜨리는 것과 같아
必死	반드시 죽을 것이니
安能獘晉楚	어찌 진나라와 초나라를 피폐케 하겠습니까?
此二也	이것이 두 번째입니다.
秦少出兵	진나라가 군사를 적게 내면
則晉楚不信也	진나라와 초나라는 믿지 않을 것이며,
多出兵	군사를 많이 내면

33 **정의** 지금 진(晉)나라와 초나라가 제나라를 치면 진(晉)나라와 초나라도 멸망한다는 것이다.

則晉楚爲制於秦	진나라와 초나라는 진나라에게 제압당할 것입니다.
齊恐	제나라는 두려워하여
不走秦	진나리로 달려가지 않고
必走晉楚	반드시 진나라와 초나라로 달려갈 것입니다.
此三也	이것이 세 번째입니다.
秦割齊以啖晉楚	진나라가 제나라를 떼어서 진나라와 초나라를 먹이면
晉楚案之以兵	진나라와 초나라는 군사로 누를 것이니
秦反受敵	진나라는 도리어 적을 받게 됩니다.
此四也	이것이 네 번째입니다.
是晉楚以秦謀齊	이는 진나라와 초나라가 진나라를 가지고 제나라를 도모하고
以齊謀秦也	제나라를 가지고 진나라를 도모하는 것이니
何晉楚之智而秦齊之愚	얼마나 제나라와 초나라는 지혜롭고 진나라와 제나라는 어리석습니까?
此五也	이것이 다섯 번째입니다.
故得安邑以善事之	그러므로 안읍을 얻어 잘 다스리면
亦必無患矣	또한 반드시 근심이 없을 것입니다.
秦有安邑	진나라가 안읍을 가지면
韓氏必無上黨矣	한씨는 반드시 상당이 없어지게 될 것입니다.
取天下之腸胃	천하의 장과 위 같은 한복판을 취하고
與出兵而懼其不反也	함께 군사를 내어 그 반대하는 나라를 으르면
孰利	누구에게 유리하겠습니까?
臣故曰秦王明而熟於計	저는 그래서 진나라 왕은 명석하고 계략에 밝으며

穰侯智而習於事	양후는 지혜롭고 일처리에 능하여
必不益趙甲四萬以伐齊矣	반드시 조나라에게 갑병 4만을 더하여 제나라를 치게 하지는 않을 것이라고 하였습니다.”
於是穰侯不行	이에 양후는 가지 않고
引兵而歸	군사를 끌고 돌아갔다.

昭王三十六年	소왕 36년(B.C. 271)에
相國穰侯言客卿竈	상국 양후는 객경 조에게 말하여
欲伐齊取剛壽[34]	제나라를 쳐서 강현과 수현을 취하여
以廣其陶邑	도읍을 넓히려고 하였다.
於是魏人范睢自謂張祿先生	이때 위나라 사람 범수가 자칭 장록 선생이라 하고
譏穰侯之伐齊	양후가 제나라 치는 것을 기롱하기를
乃越三晉以攻齊也	곧 삼진을 넘어 제나라를 친다고 하여
以此時奸說秦昭王	이를 가지고 때맞춰 진소왕을 유세하기를 구하였다.
昭王於是用范睢	소왕은 이에 범수를 기용하였다.
范睢言宣太后專制	범수는 선태후의 전제와
穰侯擅權於諸侯	양후가 제후들의 권력을 주무르며
涇陽君, 高陵君之屬太侈	경양군과 고릉군의 무리가 너무 사치로워
富於王室	왕실보다 부유하다고 하였다.
於是秦昭王悟	이에 진소왕은 깨달은 바가 있어
乃免相國	상국의 지위를 면직시키고

34 **집해** 서광은 말하였다. “제북(濟北)에 강현(剛縣)이 있다.” **정의** 옛 강성(剛城)은 연주(兗州) 공구현(龔丘縣) 경계에 있다. 수장(壽張)은 운주현(鄆州縣)이다.

令涇陽之屬皆出關	경양군 등속으로 하여금 모두 관내를 나서
就封邑	봉읍으로 가게 하였다.
穰侯出關	양후가 함곡관을 나서는데
輜車千乘有餘	짐수레가 천 대가 넘었다.
穰侯卒於陶	양후는 정도에서 죽었으며
而因葬焉	그대로 그곳에서 장례를 지냈다.
秦復收陶爲郡	진나라는 다시 정도를 거두어 군으로 삼았다.
太史公曰	태사공은 말한다.
穰侯	양후는
昭王親舅也	소왕의 친 외삼촌이다.
而秦所以東益地	그리고 진나라가 동으로 땅을 넓히고
弱諸侯	제후를 약하게 하여
嘗稱帝於天下	일찍이 천하에서 칭제하고
天下皆西鄕稽首者	천하가 모두 서로 향하여 머리를 조아리게 한 것은
穰侯之功也	양후의 공이다.
及其貴極富溢	부귀가 극에 달하여 넘쳤을 때
一夫開說	한 사내가 입을 열어 말함으로써
身折勢奪而以憂死	몸은 좌절되고 권세는 빼앗겨 근심하다 죽었으니
況於羈旅之臣乎	하물며 타향에 떠도는 신하이겠는가!

13 —— 백기·왕전 열전 白起王翦列傳

白起者	백기는
郿人也[1]	미현 사람이다.
善用兵	용병에 능하였으며
事秦昭王	진소왕을 섬겼다.
昭王十三年	소왕 13년(B.C. 294)에
而白起爲左庶長	백기는 좌서장이 되어
將而擊韓之新城[2]	군사를 거느리고 한나라의 신성을 쳤다.
是歲	이해에
穰侯相秦	양후가 진나라의 재상이 되어
擧任鄙以爲漢中守	임비를 한중 군수(郡守)로 천거하였다.
其明年	그 이듬해에
白起爲左更	백기는 좌경이 되어
攻韓魏於伊闕[3]	이궐에서 한나라와 위나라를 공격하여
斬首二十四萬	24만 명을 참수하였으며
又虜其將公孫喜	또한 그 장수 공손희를 사로잡고

1 정의 '郿'의 음은 미(眉)이다, 기주현(岐州縣)이다.

2 색은 하남(河南)에 있다. 정의 지금의 낙주(洛州) 이궐(伊闕)이다.

3 정의 지금의 낙주(洛州) 남쪽 19리 지점의 이궐산(伊闕山)이다, 곧 용문(龍門)이라고 부르는 곳이다.

拔五城	다섯 성을 함락시켰다.
起遷爲國尉[4]	백기는 국위로 승진하였다.
涉河取韓安邑以東	황하를 건너 한나라의 안읍 동쪽을 빼앗고
到乾河[5]	간하에까지 이르렀다.
明年	이듬해에
白起爲大良造	백기는 대량조가 되었다.
攻魏	위나라를 공격하여
拔之	함락시켜
取城小大六十一	크고 작은 성 61개를 빼앗았다.
明年	그 이듬해에
起與客卿錯攻垣城[6]	백기는 객경 착(錯)과 함께 원성을 공격하여
拔之	함락시켰다.
後五年	5년 후
白起攻趙	백기는 조나라를 공격하여
拔光狼城[7]	광랑성을 함락시켰다.
後七年	7년 뒤에
白起攻楚	백기는 초나라를 공격하여
拔鄢鄧五城[8]	언읍과 등읍의 다섯 성을 함락시켰다.

4 **정의** 태위(太尉)를 말한다.

5 **집해** 서광(徐廣)은 말하였다. "음은 간(干)이다."

집해 곽박(郭璞)은 말하였다. "지금의 하동(河東) 문희현(聞喜縣) 동북쪽에 간하구(乾河口)가 있으므로 이에 간하리(乾河里)라 하였지만 옛 도랑이 있던 곳만 있을 뿐 더 이상 물은 없다." **색은** 위(魏)나라는 안읍(安邑)을 진나라에 넣었지만 안읍 동쪽에서 간하(乾河)까지는 모두 한나라의 옛 땅이므로 한나라의 안읍을 취하였다고 하였다.

6 **집해** 서광은 말하였다. "하동(河東)의 원현(垣縣)이다."

7 **색은** 「지리지(地理志)」에는 광랑성(光狼城)이 수록되어 있지 않다, 아마 조나라에 속할 것이다. **정의** 광랑(光狼)의 옛 성은 택주(澤州) 고평현(高平縣) 서쪽 25리 지점에 있다.

其明年	그 이듬해에는
攻楚	초나라를 공격하여
拔郢	영을 함락시키고
燒夷陵[9]	이릉을 불태웠으며
遂東至竟陵[10]	마침내 경릉에까지 이르렀다.
楚王亡去郢	초왕은 망하여 영을 떠나
東走徙陳	동쪽으로 달아나 진도로 도읍을 옮겼다.
秦以郢爲南郡	진나라는 영을 남군으로 삼았다.
白起遷爲武安君	백기는 무안군으로 승진하였다.
武安君因取楚	무안군은 내친김에 초나라를 차지하고
定巫黔中郡	무산과 검중을 평정하였다.
昭王三十四年	소왕 34년(B.C. 273)에
白起攻魏	백기는 위나라를 공격하여
拔華陽	화양을 함락시켰으며
走芒卯	망묘를 쫓아내고
而虜三晉將	삼진의 장수를 사로잡았으며
斬首十三萬	13만 명을 참수하였다.
與趙將賈偃戰	조나라 장수 가언과 싸워
沈其卒二萬人於河中	그 군사 2만 명을 황하에 수장시켰다.
昭王四十三年	소왕 43년에

8 집해 서광은 "소왕(昭王) 28년(B.C. 273)"이라고 하였다. 정의 언(鄢)과 등(鄧) 두 읍은 양주(襄州)에 있다.

9 정의 이릉(夷陵)은 지금의 협주(峽州) 곽하현(郭下縣)이다.

10 정의 옛 성은 영주(郢州) 장수현(長壽縣) 남쪽 백50리 지점에 있으며, 지금의 복주(復州) 또한 그 땅이다.

白起攻韓陘城[11]	백기는 한나라의 경성을 공격하여
拔五城	다섯 성을 점령하고
斬首五萬	5만 명을 참수하였다.
四十四年	44년에
白起攻南陽太行道	백기는 남양의 태항도를 공격하여
絕之[12]	끊어버렸다.

四十五年	45년에
伐韓之野王[13]	한나라의 야왕을 쳤다.
野王降秦	야왕이 진나라에 항복하자
上黨道絕	상당의 길이 끊어졌다.
其守馮亭與民謀曰	그 군수인 풍정이 백성들과 도모하여 말하였다.
鄭道已絕[14]	"신정의 길이 이미 끊어졌으니
韓必不可得爲民	한나라는 반드시 백성으로 삼을 수 없을 것이다.
秦兵日進	진나라 군사가 날로 다가오고
韓不能應	한나라는 대응할 수 없으니
不如以上黨歸趙	상당을 가지고 조나라에 귀순함만 못하다.

11 **정의** 형정(陘庭)의 옛 성은 곡옥현(曲沃縣) 서북쪽 20리 지점에 있고, 강주(絳州) 동북쪽 35리 지점에 있다.

12 **집해** 서광은 말하였다. 이 남양(南陽)은 곧 하내(河內)의 수무(脩武)이다. **정의** 남양(南陽)은 한나라에 속하는데 진나라가 공격하여 한나라의 태항(太行)과 양장도(羊腸道)가 끊어지게 되었다.

13 **색은** 「지리지(地理志)」에서 야왕현(野王縣)은 하내(河內)에 속하며, 태항(太行)의 동남쪽에 있다고 하였다. 맹강(孟康)은 "옛 형(邢)나라이다."라 하였다.

14 **집해** 서광은 말하였다. "하남(河南)의 신정(新鄭)은 곧 한나라의 국도이다." **색은** 정국(鄭國)은 곧 한(韓)나라의 도읍으로 하남(河南)에 있다. 진나라가 야왕(野王)을 쳐서 상당(上黨)에서 한나라로 돌아가는 길이 끊겼다.

趙若受我	조나라에서 우리를 받아준다면
秦怒	진나라는 노하여
必攻趙	반드시 조나라를 공격할 것이다.
趙被兵	조나라가 공격을 당하면
必親韓	반드시 한나라를 가까이할 것이다.
韓趙爲一	조나라와 한나라가 하나가 되면
則可以當秦	진나라를 당해 낼 수 있을 것이다."
因使人報趙	이에 사람을 보내어 조나라에 알렸다.
趙孝成王與平陽君[15]平原君計之	조나라 효성왕과 평양군 및 평원군이 의논하였다.
平陽君曰	평양군이 말하였다.
不如勿受	"받지 않음만 못합니다.
受之	받아들이며
禍大於所得	화가 얻는 것보다 큽니다."
平原君曰	평원군이 말하였다.
無故得一郡	"아무 일 없이 군 하나를 얻는 것이니
受之便	받는 것이 낫습니다."
趙受之	조나라는 받아들이고
因封馮亭爲華陽君[16]	곧 풍정을 화양군에 봉하였다.

四十六年	46년에
秦攻韓緱氏藺[17]	진나라는 한나라의 구지와 인을 공격하여

15 색은 평양군(平陽君)은 미상이다.

16 정의 상산(常山)은 일명 화양(華陽)이라고도 하는데, 풀이가 「조세가(趙世家)」에 있다.

拔之	함락시켰다.
四十七年	47년에
秦使左庶長王齕[18]攻韓	진나라는 좌서상 왕흘(王齕)로 하여금 한나라를 공격하게 하여
取上黨	상당을 빼앗았다.
上黨民走趙	상당의 백성들은 조나라로 달아났다.
趙軍長平[19]	조나라는 장평에 주둔하면서
以按據上黨民[20]	상당의 백성을 지원하였다.
四月	4월에
齕因攻趙	왕흘이 조나라를 공격하였다.
趙使廉頗將	조나라는 염파를 장수로 삼았다.
趙軍士卒犯秦斥兵[21]	조나라 군사가 진나라 척후병을 침범하자
秦斥兵斬趙裨將茄[22]	진나라 척후병이 조나라의 비장 가(茄)를 참하였다.

17 집해 서광은 말하였다. "영천(潁川)에 속한다." 색은 지금은 그 땅이 없어졌다. 서하(西河)에 따로 인현(藺縣)이 있다. 정의 여러 지리지(地理志)의 기록을 검토하면 영천(潁川)에는 인(藺)이 없다. 『괄지지(括地志)』에서는 "낙주(洛州) 숭현(嵩縣)은 본래 하(夏)의 윤국(綸國)이며, 구지(緱氏) 동남쪽 60리 지점에 있다."라 하였다. 「지리지(地理志)」에서는 "윤지(綸氏)는 영천군(潁川郡)에 속한다."라 하였다. 이미 구지(緱氏)와 인(藺)을 공격하였는데, 두 읍의 통합이 가까워졌으며, 윤(綸)과 인(藺)의 소리가 비슷하여 글자의 음에 따라 '인(藺)'으로 바뀌게 된 것 같다.

18 집해 음은 흘(紇)이다.

19 집해 서광은 말하였다. "현지(泫氏)에 있다." 색은 「지리지(地理志)」에서 현씨는 지금의 상당군(上黨郡)에 있다고 하였다. 정의 장평(長平)의 옛 성은 택주(澤州) 고평현(高平縣) 서쪽 21리 지점에 있다.

20 색은 군사를 장평(長平)에 주둔시켜 상당(上黨)에 의지하여 도운 것을 말한다.

21 색은 진나라의 척후병을 범한 것을 말한다.

六月	6월에
陷趙軍	조나라 군사를 함락시키고
取二鄣四尉[23]	보루 두 개와 교위 넷을 취하였다.
七月	7월에
趙軍築壘壁而守之	조나라 군사는 누벽을 쌓고 지켰다.
秦又攻其壘	진나라는 또 그 누벽을 공격하여
取二尉	교위 둘을 잡았으며
敗其陣[24]	그 진지를 무찌르고
奪西壘壁[25]	서쪽 누벽을 빼앗았다.
廉頗堅壁以待秦	염파는 누벽을 단단하게 해서 진나라를 기다렸는데
秦數挑戰[26]	진나라가 여러 차례 싸움을 돋우어도
趙兵不出	조나라 군사는 나오지 않았다.
趙王數以爲讓	조왕은 여러 번 책망했다.

而秦相應侯又使人行千金於趙爲反間[27]

진나라 재상 응후는 또한 사람을 보내 천금을 써서 조나라에 반간계를 썼다.

---

22 색은 음은 가(加)로, 비장(裨將)의 이름이다.

23 색은 장(鄣)은 보루를 쌓은 성이다. 위(尉)는 관직이다. 정의 『괄지지』에서는 조나라의 보를 쌓은 옛 성[鄣]은 일명 도위성(都尉城)이라고도 하며, 지금은 조동성(趙東城)이라고 하는데, 택주(澤州) 고평현(高平縣) 서쪽 25리 지점에 있다. 또한 옛 곡성(穀城)이 있다. 이 두 성이 곧 2장(鄣)이다.

24 집해 서광은 말하였다. "승(乘)으로 된 판본도 있다."

25 정의 조나라 서쪽의 진은 곧 택주(澤州) 고평현(高平縣) 북쪽 6리 지점에 있다. 곧 염파가 굳게 성벽을 쌓아 진나라를 기다렸으며, 왕흘(王齕)이 조나라의 서쪽 진을 빼앗은 곳이다.

26 정의 '數'의 음은 삭(朔)이다. '挑'의 음은 도[田鳥反]이다.

27 정의 음은 간[紀莧反]이다.

曰	말하였다.
秦之所惡	"진나라가 두려워하는 것은
獨畏馬服子趙括將耳	다만 마복자 조괄이 장수가 되는 것일 뿐
廉頗易與	염파는 쉽게 상대할 수 있고
且降矣	곧 항복하게 될 것이다."
趙王旣怒廉頗軍多失亡	조왕은 염파가 군사를 많이 잃고
軍數敗	군사가 자주 패하였는데도
又反堅壁不敢戰	오히려 누벽을 단단히 하여 싸우지 않는 것에 노한 데다가
而又聞秦反閒之言	또한 진나라 반간계를 쓰는 말을 듣고
因使趙括代廉頗將以擊秦	이에 조괄로 염파를 대신하여 장수로 삼아 진나라를 치게 하였다.
秦聞馬服子將	진나라는 마복자가 장수가 되었다는 말을 듣고
乃陰使武安君白起爲上將軍	이에 몰래 무안군 백기를 상장군으로 삼았다.
而王齕爲尉裨將	그리고 왕흘을 비장으로 삼아
令軍中有敢泄武安君將者斬	군중에 감히 무안군이 장수가 된 것을 누설하는 자가 있으면 참하게 하였다.
趙括至	조괄이 이르자
則出兵擊秦軍	군사를 내어 진나라 군을 쳤다.
秦軍詳敗而走[28]	진나라 군은 거짓으로 패하여 달아나면서
張二奇兵以劫之	두 갈래 기병을 펼쳐 위협하려 했다.
趙軍逐勝	조나라 군사는 승세를 타고
追造秦壁[29]	추격하여 진나라 성벽까지 갔다.

28 정의 '詳'의 음은 양(羊)이다.

29 정의 진나라의 누벽은 일명 진루(秦壘)라고도 하며, 지금은 또한 진장루(秦長壘)라고 한다.

壁堅拒不得入	벽은 견고하여 들어갈 수가 없었으며
而秦奇兵二萬五千人絕趙軍後	진나라의 기병 2만 5천 명이 조나라 군사의 뒤를 끊었고
又一軍五千騎絕趙壁閒	또 하나의 5천의 기병이 조나라와 방벽 사이를 끊어
趙軍分而爲二	조나라 군사는 나누어져 둘이 되었으며
糧道絕	양도가 끊겼다.
而秦出輕兵擊之	진나라는 날랜 군사를 내어 그들을 쳤다.
趙戰不利	조나라는 전세가 불리해지자
因築壁堅守[30]	이에 벽을 쌓아 굳게 지키면서
以待救至	구원병이 이르기를 기다렸다.
秦王聞趙食道絕	진왕은 조나라의 양도가 끊겼다는 말을 듣고
王自之河內[31]	왕이 직접 하내로 가서
賜民爵各一級	백성들에게 각기 관작 1급씩을 내리고
發年十五以上悉詣長平[32]	나이 15세 이상이 되는 사람은 모두 장평으로 가게 해서
遮絕趙救及糧食	조나라의 구원병 및 양식을 차단하게 하였다.

至九月	9월이 되자
趙卒不得食四十六日	조나라 군사들은 46일째 음식을 먹지 못하게

30 정의 조나라의 누벽은 지금은 조동벽(趙東壘)이라고도 하며, 또한 조동장루(趙東長壘)라고도 하는데, 택주(澤州) 고평현(高平縣) 북쪽 5리 지점에 있으며 곧 조괄(趙括)이 벽을 쌓아 패하였던 곳이다.

31 정의 그때 이미 진나라에 속하였으므로 그 병사를 보낸 것이다.

32 색은 그때 이미 진나라에 속하였으므로 그 병사를 보낸 것이다.

	되어
皆內陰相殺食	모두 안에서 몰래 서로 죽여서 먹었다.
來攻秦壘	와서 진루를 공격하여
欲出	나가려 하였다.
爲四隊	네 부대를 만들어
四五復之	너덧 번 거듭 공격하였지만
不能出	나갈 수 없었다.
其將軍趙括出銳卒自搏戰	장군 조괄은 정예병을 내어 직접 힘을 다하여 싸웠지만
秦軍射殺趙括	진군은 조괄을 쏘아 죽였다.
括軍敗	조괄의 군사는 패하여
卒四十萬人降武安君	병졸 10만 명이 무안군에게 항복하였다.
武安君計曰	무안군은 생각해 보고 말하였다.
前秦已拔上黨	"전에 진나라가 이미 상당을 점령하였는데
上黨民不樂爲秦而歸趙	상당의 백성들은 즐거워하지 않고 조나라로 귀순하였다.
趙卒反覆	조나라의 병졸은 반복이 무상하다.
非盡殺之	다 죽이지 않으면
恐爲亂	난을 일으킬 것이다."
乃挾詐而盡阬殺之	이에 속여서 모두 산 채로 파묻어 죽이고
遺其小者二百四十人歸趙	어린아이 2백40명만 남겨 조나라로 돌려보냈다.
前後斬首虜四十五萬人	전후로 목을 벤 포로가 45만 명이었다.
趙人大震	조나라 사람들은 크게 두려워하였다.
四十八年十月	48년 10월에

秦復定上黨郡[33]	진나라는 다시 상당군을 평정하였다.
秦分軍爲二	진나라는 군사를 둘로 나누어
王齕攻皮牢[34]	왕흘은 피뢰를 공격하여
拔之	점령하였고,
司馬梗定太原[35]	사마경은 태원을 평정하였다.
韓, 趙恐	한나라와 조나라는 두려워하여
使蘇代厚幣說秦相應侯曰	소대로 하여금 폐백을 두터이 하여 진나라 재상 응후에게 말하게 하였다.
武安君禽馬服子乎	"무안군은 마복자를 꺾었지요?"
曰	말하였다.
然	"그렇소."
又曰	또 말하였다.
即圍邯鄲乎	"곧 한단을 에워싸겠지요?"
曰	말하였다.
然	"그렇소."
趙亡則秦王王矣	"조나라가 망하면 진왕은 천하를 다스리게 될 것이며
武安君爲三公	무안군은 삼공이 됩니다.
武安君所爲秦戰勝攻取者七十餘城	무안군이 진나라를 위해 싸워 이기고 공격하여 빼앗은 것이 70여 성이며
南定鄢郢漢中[36]	남으로는 언과 영, 한중을 평정하고

33 색은 진나라는 전에 조나라를 공격하여 이미 상당을 깨뜨렸으며, 지금 군사를 돌려 다시 그 군을 평정하였는데 그 나머지 성은 여전히 조나라에 속하여 있다.

34 정의 옛 성은 강주(絳州) 용문현(龍門縣) 서쪽 1리 지점에 있다.

35 정의 태원(太原)은 조나라 당으로 진나라가 평정하여 취한 것이다.

北禽趙括之軍	북으로는 조괄의 군사를 꺾었으니
雖周召呂望之功不益於此矣	주공과 소공, 여망의 공이라 할지라도 이보다 더하지는 않을 것입니다.
今趙亡	지금 조나라가 망하고
秦王王	진왕이 천하를 다스리면
則武安君必爲三公	무안군은 반드시 삼공이 될 것이니
君能爲之下乎	그대는 그 아래에 있게 될 것입니다.
雖無欲爲之下	비록 아래에 있지 않고자 해도
固不得已矣	실로 어쩔 수 없을 것입니다.
秦嘗攻韓	진나라가 일찍이 한나라를 공격하여
圍邢丘[37]	형구를 에워싸고
困上黨	상당을 곤경에 처하게 하였을 때
上黨之民皆反爲趙	상당의 백성들은 모두 오히려 조나라 편이 되어
天下不樂爲秦民之日久矣	천하에서 진나라 백성이 되기를 즐거워하지 않은 지가 오래되었습니다.
今亡趙	지금 조나라가 없어지게 되면
北地入燕	북쪽 땅에서는 연나라로 들어갈 것이고
東地入齊	동쪽 땅에서는 제나라로 들어갈 것이며
南地入韓魏	남쪽 땅에서는 한나라와 위나라로 들어갈 것이니
則君之所得民亡幾何人[38]	그대가 얻게 될 백성은 몇 사람 되지 않을 것입니다.

---

36 **정의** 언(鄢)은 양주(襄州) 솔도현(率道縣) 남쪽 9리 지점에 있다. 영(郢)은 형주(荊州) 강릉현(江陵縣) 동쪽 6리 지점에 있다. 한중(漢中)은 지금의 양주(梁州) 땅이다.

37 **집해** 서광은 말하였다. "평고(平皋)에 형구(邢丘)가 있다." **정의** 형구(邢丘)는 바로 지금 회주(懷州) 무덕현(武德縣) 동남 20리 지점의 평고현(平皋縣) 성이다.

38 **집해** 서광은 말하였다. "'亡'의 음은 무(無)이다."

故不如因而割之[39]	그러므로 이참에 떼어주어
無以爲武安君功也	무안군이 공을 세우지 못하게 함만 못합니다."
於是應侯言於秦王曰	이에 응후가 진왕에게 말하였다.
秦兵勞	"진나라 군졸들은 피로하니
請許韓趙之割地以和	청컨대 한나라와 조나라에게 땅을 떼어주고 강화하여
且休士卒	사졸들을 잠시 쉬게 해주십시오."
王聽之	왕은 듣고
割韓垣雍[40]趙六城以和	한나라의 원옹과 조나라의 여섯 성을 떼어주고 강화하였다.
正月	정월에
皆罷兵	모두 군사를 돌렸다.
武安君聞之	무안군이 듣고,
由是與應侯有隙	이로 말미암아 응후와 틈이 생겼다.

其九月	그해 9월에
秦復發兵	진나라는 다시 군사를 보내어
使五大夫王陵攻趙邯鄲	오대부 왕릉으로 하여금 조나라의 한단을 치게 하였다.
是時武安君病	이때 무안군은 병이 들어
不任行[41]	일을 감당할 수 없었다.

39 정의 백기(白起)의 공격으로 한나라와 조나라의 땅을 할양받아 취하였다.

40 집해 서광은 말하였다. "권현(卷縣)에 원옹성(垣雍城)이 있다." 정의 『석지명(釋地名)』에서는 "권현(卷縣)이 다스리는 원옹성(垣雍城)이다."라 하였다. 지금의 정주(鄭州) 원무현(原武縣) 서북쪽 7리 지점에 있다.

41 정의 '任'의 음은 임[入針反]이며, 감(堪)의 뜻이다.

四十九年正月	49년 정월에
陵攻邯鄲	왕릉은 한단을 쳤는데
少利	별로 순조롭지가 못해
秦益發兵佐陵	진나라는 군사를 더 보내 왕릉을 도왔다.
陵兵亡五校	왕릉의 군사는 교위 다섯을 잃었다.
武安君病愈	무안군의 병이 낫자
秦王欲使武安君代陵將	진왕은 무안군으로 하여금 왕릉 대신 장수로 삼고자 했다.
武安君言曰	무안군이 말하였다.
邯鄲實未易攻也	"한단은 실로 치기가 쉽지 않습니다.
且諸侯救日至	또한 제후들의 구원병이 하루면 이르는데
彼諸侯怨秦之日久矣	저 제후들이 진나라를 원망한 날이 오래되었습니다.
今秦雖破長平軍	지금 진나라가 비록 장평의 군사를 격파했으나
而秦卒死者過半	진나라 병사 중 사망자가 반이 넘고
國內空	나라 안은 비었습니다.
遠絕河山而爭人國都	멀리 강과 산을 끊고 남의 나라 국도를 다툰다면
趙應其內	조나라는 안에서 응전할 것이고
諸侯攻其外	제후들은 밖에서 칠 것이니
破秦軍必矣	진나라 군사가 깨질 것은 틀림없습니다.
不可	아니 되옵니다."
秦王自命	진왕이 친히 명하였으나
不行	가지 않았으며,
乃使應侯請之	이에 응후에게 청하여보게 하였는데도
武安君終辭不肯行	무안군은 끝내 사양하고 가려고 하지 않았으며

遂稱病	마침내 병을 칭탁하였다.
秦王使王齕代陵將	진왕은 왕흘을 왕릉 대신 장수로 삼아
八九月圍邯鄲	8, 9월에 한단을 에워쌌으나
不能拔	함락시킬 수 없었다.
楚使春申君及魏公子將兵數十萬攻秦軍	초나라는 춘신군 및 위(魏) 공자로 하여금 군사 수십만을 거느리고 진나라 군사를 치게 하여
秦軍多失亡	진나라 군사는 손실이 컸다.
武安君言曰	무안군이 말하였다.
秦不聽臣計	"진나라가 나의 계책을 듣지 않더니
今如何矣	지금 어떻게 되었는가!"
秦王聞之	진왕이 듣고
怒	노하여
彊起武安君[42]	무안군을 억지로 나오게 하였다.
武安君遂稱病篤	무안군은 끝내 병이 위독하다고 하였다.
應侯請之	응후가 청하였으나
不起	나오지 않았다.
於是免武安君爲士伍	이에 무안군을 면직시켜 평민으로 삼고
遷之陰密[43]	음밀로 유배시켰다.
武安君病	무안군은 병 때문에
未能行	아직 갈 수가 없었다.

42 정의 '彊'은 음이 강이다.

43 집해 서광은 말하였다. "안정(安定)에 속하였다." 정의 옛 성은 경주(涇州) 순고현(鶉觚縣)에 있으며, 성 서쪽은 옛 음밀국(陰密國)인데 밀강공(密康公)의 나라이다.

居三月	석 달 만에
諸侯攻秦軍急	제후들이 진나라 군사를 다급하게 몰아붙여
秦軍數卻	진나라 군사는 여러 차례 밀렸으며
使者日至	사자가 날로 이르렀다.
秦王乃使人遣白起	진왕은 이에 사람을 보내어 백기를 보내어
不得留咸陽中	함양에 머물지 못하게 하였다.
武安君既行	무안군이 떠나
出咸陽西門十里	함양의 서문에서 10리를 나서
至杜郵[44]	두우에 이르렀다.
秦昭王與應侯群臣議曰	진왕은 응후 및 뭇 신하들과 의논하여 말하였다.
白起之遷	"백기가 유배를 가면서
其意尚怏怏不服	그 뜻이 아직도 원망하여 따르지 않으니
有餘言	남은 말이 있을 것이다."
秦王乃使使者賜之劍	진왕은 이에 사자를 보내어 그에게 칼을 내리고
自裁	자결하게 하였다.
武安君引劍將自剄	무안군이 칼을 당기어 스스로 목을 치려 하면서
曰	말하였다.
我何罪于天而至此哉	"내 하늘에 무슨 죄를 지어 이 지경이 되었는가?"
良久	한참 있다가
曰	말하였다.
我固當死	"내 실로 죽음이 마땅하다.
長平之戰	장평의 전투에서

44 색은 옛 함양성(咸陽城)은 위(渭)수 북쪽에 있다. 두우(杜郵)는 지금의 함양성(咸陽城) 안에 있다. 정의 『설문(說文)』에서는 "우(郵)는 지경의 행사(行舍)이다."라 하였으며, 도로가 지나는 곳이다. 지금의 함양현 성은 본래 진나라의 우(郵)로 옹주(雍州) 서북쪽 35리 지점에 있다.

趙卒降者數十萬人	항복한 조나라 군사 수십만 명을
我詐而盡阬之	내 속여서 모두 산 채로 파묻어 죽였으니
是足以死	이것만으로도 죽을 이유는 충분하다."
遂自殺	마침내 자살하였다.
武安君之死也	무안군이 죽은 것은
以秦昭王五十年十一月	진소왕 50년(B.C. 252) 11월이었다.
死而非其罪	죽었는데 그의 죄 때문이 아니어서
秦人憐之	진나라 사람들이 안타깝게 여겨
鄉邑皆祭祀焉[45]	향촌에서 모두 그를 제사 지냈다.

45 **집해** 하안(何晏)은 말하였다. "백기가 조나라 군사를 항복시키고 속여서 40만 명을 생매장한 것이 어찌 다만 잔혹하고 포악한 것만 이르겠는가! 나중에도 또한 다시 뜻을 얻기가 어려울 것이다. 그때 뭇사람들이 모두 항복을 하였는데 반드시 죽일 것이라는 것을 알았더라면 맨주먹을 펴더라도 오히려 두려워하였을 것인데 하물며 40만의 단단한 갑옷을 입고 날카로운 무기를 든 사람들이겠는가! 천하에서 진나라에 항복한 장수의 두개골이 산더미 같고 진나라에 귀순한 무리들의 해골이 쌓여 언덕을 이루는 것을 보았더라면 훗날의 전쟁은 죽어야 할 때는 죽을 따름이지 어찌 무리가 기꺼이 항복을 하려 할 것이며 어찌 성이 기꺼이 항복을 하려 하겠는가? 이는 비록 40만 명의 목숨을 멋대로 하여 마침 충분히 천하의 전쟁을 강하게 하고 하루아침의 공으로 이에 다시 제후들의 지킴을 견고하게 하려는 것이므로 군사가 진격하였는데 스스로 그 기세가 꺾이고 군사가 이겨도 도리어 그 계책을 잃었다. 어째서인가? 설령 조나라의 무리가 다시 합치고 마복(馬服)이 다시 살아난다면 훗날의 전쟁은 반드시 전날에 비견될 것이 아닐 것인데 하물며 지금 모두 천하로 하여금 훗날이 되게 하겠는가! 끝내 한단에 군사를 더 증강하지 않은 것은 다만 평원군이 보좌한 것을 걱정하고 제후들의 구원병이 이르는 것을 근심한 것뿐만 아니라 꺼려서 말을 하지 않았을 따름이다. 깨닫지 못하고 꺼리지 않았다면 지혜를 멀리하지 않았을 것이니 잘 싸우고 졸렬하게 이겼다 하겠다. 장평의 일에서 진나라 백성 가운데 15세 이상이 되는 자는 모두 극(戟)을 들고 조나라로 향하였으며 진왕은 또한 친히 하내에서 백성들에게 관직을 내렸다. 대체로 진나라의 강함으로 15만 명 이상을 동원하여 사상자가 반이 넘었다는 것은 조나라를 깨뜨린 공은 작고 진나라를 상하게 한 패배는 큰 것이니 또한 어찌 기이하다고 일컫겠는가! 만약 나중의 지키는 자가 그 의논을 예기치 못했더라면 진나라의 무리는 많으니 항복한 자를 이르게 할 수 있었을 것이다. 반드시 이르게 할 수 없다면 진작에 싸우다 죽어야지

王翦者	왕전은
頻陽東鄕人也[46]	빈양 동향 사람이다.
少而好兵	어려서부터 병법을 좋아하였으며
事秦始皇	진시황을 섬겼다.
始皇十一年	시황 11년(B.C. 236)에
翦將攻趙閼與[47]	왕전은 (군사를) 거느리고 조나라의 알여(閼與)를 쳐서
破之	격파하여
拔九城	아홉 개의 성을 함락시켰으며
十八年	18년에는
翦將攻趙	거느리고 조나라를 공격하였다.
歲餘	한 해 남짓 만에
遂拔趙	마침내 조나라를 함락시켜
趙王降	조왕이 항복하여
盡定趙地爲郡	조나라 땅을 완전 평정하여 군으로 삼았다.
明年	이듬해에
燕使荊軻爲賊於秦	연나라가 형가를 보내어 진나라에서 저격하자
秦王使王翦攻燕	진왕은 왕전으로 하여금 연나라를 공격하게 하였다.

항복을 받았는데 속여서는 안 되는 것이다. 싸워서 죽이는 것이 비록 어렵고 항복하였는데 죽이는 것이 비록 쉽지만 항복하였는데 죽이는 것이 해가 됨은 그 화가 격렬하게 싸우는 것보다 크다." **색은** '捲'의 음은 권(拳)이다. '袒'의 음은 단[濁莧反]이며, 또한 '탄(綻)'이라고도 한다. '捄'의 음은 구(救)이다.

46 **색은** 「지리지(地理志)」에서 빈양현(頻陽縣)은 좌풍익(左馮翊)에 속한다고 하였으며, 응소(應劭)는 "빈수(頻水)의 북쪽[陽]에 있다."고 하였다. **정의** 옛 성은 옹주(雍州) 동관현(同官縣) 경계에 있다.

47 **정의** 음은 예(預)이다.

燕王喜走遼東	연왕 희는 요동으로 달아났으며
翦遂定燕薊而還[48]	왕전은 마침내 연나라의 계를 평정하고 돌아왔다.
秦使翦子王賁擊荊[49]	진나라는 왕전의 아들 왕분으로 하여금 형을 치게 하여
荊兵敗	형의 군사가 패하였다.
還擊魏	또한 위나라를 쳐서
魏王降	위왕(魏王)이 항복하여
遂定魏地	마침내 위나라 땅을 평정하였다.

秦始皇既滅三晉	진시황은 이미 삼진을 멸하고
走燕王	연왕을 쫓아내었으며
而數破荊師	수차례나 형나라 군사를 격파하였다.
秦將李信者	진나라 장수 이신은
年少壯勇	나이가 어린 데도 씩씩하고 용감하여
嘗以兵數千逐燕太子丹至於衍水中	일찍이 수천의 군사로 연나라 태자 단(丹)을 쫓아 연수에 이르러
卒破得丹	마침내 단을 깨뜨려 잡았으므로
始皇以爲賢勇	시황은 현능하고 용감하게 생각하였다.
於是始皇問李信	이에 시황은 이신에게 물어보았다.
吾欲攻取荊	"내 형나라를 공격하여 취하고자 하는데
於將軍度用幾何人而足	장군이 보기에 몇 명이나 쓰면 족할 것이라 생각하오?"

48 정의 '薊'의 음은 계(計)이다.

49 집해 서광은 말하였다. "진나라가 초(楚)를 기휘하였으므로 형(荊)이라고 하였다."
색은 '賁'의 음은 분(奔)이다.

李信曰	이신이 말하였다.
不過用二十萬人	“20만 명도 필요 없습니다.”
始皇問王翦	시황이 왕전에게 물었더니
王翦曰	왕진이 말하였다.
非六十萬人不可	“60만 명이 아니면 안 됩니다.”
始皇曰	시황이 말하였다.
王將軍老矣	“왕 장군은 늙었구려.
何怯也	어찌 그리 겁이 많소!
李將軍果勢壯勇[50]	이 장군은 과연 기세가 씩씩하고 용감하니
其言是也	그 말이 옳소.”
遂使李信及蒙恬將二十萬南伐荊	마침내 이신 및 몽염으로 하여금 20만을 거느리고 남으로 형나라를 치게 하였다.
王翦言不用	왕전은 쓰이지 않는다 하고
因謝病	병으로 사퇴하여
歸老於頻陽	빈양으로 돌아가 은퇴하였다.
李信攻平與[51]	이신은 평여를 치고
蒙恬攻寢[52]	몽염은 침을 쳐서
大破荊軍	형나라 군대를 대파하였다.
信又攻鄢郢	이신은 또 언영을 공격하여
破之	격파하고
於是引兵而西	이에 군사를 이끌고 서쪽으로 향하여

50 **집해** 서광은 ‘세(勢)’ 자는 어떤 판본에는 ‘단(斷)’ 자로 되어 있다고 하였다.

51 **집해** 음은 여(余)이다. **정의** 예(預)의 동북쪽 54리 지점에 있다.

52 **집해** 서광은 말하였다. “지금의 고시(固始) 침구(寢丘)이다.” **색은** 서광은 고시 침구라고 하였다. 고시는 현으로 회양(淮陽)에 속한다. 침구는 지명이다.

與蒙恬會城父[53]	몽염과 성보에서 만났다.
荊人因隨之	형나라 사람이 그 뒤를 따라
三日三夜不頓舍	사흘 낮 사흘 밤을 잠시도 쉬지 않고
大破李信軍	이신의 군사를 대파하고
入兩壁	양벽으로 들어가
殺七都尉	도위 일곱 명을 죽이니
秦軍走	진나라 군사는 달아났다.

始皇聞之	시황은 듣고
大怒	크게 노하여
自馳如頻陽	직접 말을 달려 빈양으로 가
見謝王翦曰	왕전을 보고 사과하여 말하였다.
寡人以不用將軍計	"과인이 장군의 계책을 쓰지 않아
李信果辱秦軍	이신이 과연 진나라 군을 욕보였소.
今聞荊兵日進而西	지금 듣건대 형나라 군사가 날로 서진한다고 하니

53 **색은** 여남(汝南)에 있으며 곧 응향(應鄕)이다. **정의** 군사를 끌고 성보(城父)에서 만난 것을 말하니 여주 겹성현(郟城縣) 동쪽 부성(父城)이란 곳이다. 『괄지지』에서는 말하였다. "여주(汝州) 겹성현(郟城縣) 동쪽 45리 지점에 부성(父城)의 옛 성이 있는데 바로 복건이 말한 성보(城父)의 초나라 북쪽 경계이다. 또한 허주(許州) 화현(華縣) 동북쪽 45리 지점에도 부성(父城)의 옛 성이 있는데 바로 두예(杜預)가 말한 양성(襄城) 성보현(城父縣)이란 곳이다. 이 두 성은 부성(父城)의 이름일 뿐 복건의 성보라는 것은 잘못되었다. 『좌전(左傳)』 및 『수경주(水經注)』에서는 '초나라의 대성(大城) 성보(城父)는 태자 건(建)을 살게 하였다.'라 하였다. 『십삼주지(十三州志)』에서는 '태자 건이 살던 성보는 지금 박주(亳州)의 성보라고 하는데 옳다.'라 하였다. 이 세 사람의 설은 성보의 이름이라고 하였다. 「지리지(地理志)」에서는 영천(潁川) 부성현(父城縣)과 패군(沛郡)의 성보현(城父縣)이 있다. 현의 속군은 그 이름이 각기 나누어진다. 옛 선유(先儒)들은 의혹이 많았으므로 그 이름이 착란이 있게 하였다."

將軍雖病	장군이 병중이라 하나
獨忍棄寡人乎	다만 차마 과인을 버려두겠소!"
王翦謝曰	왕전이 사과하여 말하였다.
老臣罷病悖亂[54]	"노신은 병들어 지치고 어지러우니
唯大王更擇賢將	대왕께서는 다시 현능한 장수를 택하십시오."
始皇謝曰	시황이 사과하여 말하였다.
已矣	"되었으니
將軍勿復言	장군은 더 이상 말하지 마오!"
王翦曰	왕전이 말하였다.
大王必不得已用臣	"대왕께서 필시 어쩔 수 없어 신을 쓰시려거든
非六十萬人不可	60만 명이 아니면 아니 되옵니다."
始皇曰	시황이 말하였다.
爲聽將軍計耳	"장군의 계책을 들을 따름이오."
於是王翦將兵六十萬人	이에 왕전은 60만 명을 거느리게 되었으며
始皇自送至灞上	시황이 친히 패상까지 전송하였다.
王翦行	왕전이 떠날 때
請美田宅園池甚衆	좋은 전지와 집, 못이 딸린 원림을 청함이 매우 많았다.
始皇曰	시황이 말하였다.
將軍行矣	"장군은 가실 것이지
何憂貧乎	어찌 가난을 걱정하시오?"
王翦曰	왕전이 말하였다.
爲大王將	"대왕의 장수가 되어

54 정의 罷의 음은 피(皮)이다. 悖의 음은 배(背)이다.

有功終不得封侯	공을 세워도 끝내 제후에 봉해지지 않게 되었으므로
故及大王之嚮臣	대왕께서 신을 의지할 때
臣亦及時以請園池爲子孫業耳	신 또한 때 맞춰 원림을 청하여 자손들의 계책으로 삼는 것일 따름입니다."
始皇大笑	시황은 크게 웃었다.
王翦既至關	왕전이 이미 관에 이르러
使使還請善田者五輩[55]	심부름꾼을 보내 다시 좋은 전지를 청한 것이 다섯 차례였다.
或曰	혹자가 말하였다.
將軍之乞貸	"장군의 요구가
亦已甚矣	또한 너무 심한 것 같습니다."
王翦曰	왕전이 말하였다.
不然	"그렇지 않소.
夫秦王怚[56]而不信人[57]	저 진왕은 사납고 조급하여 남을 믿지 못합니다.
今空秦國甲士而專委於我[58]	지금 진나라의 갑사를 비워 전적으로 내게 맡겼는데
我不多請田宅爲子孫業以自堅	내가 전지와 집을 많이 청하여 자손들의 계책으로 삼아 굳게 해두지 않아
顧令秦王坐而疑我邪	어찌 진왕으로 하여금 이 때문에 나를 의심하

55 집해 서광은 말하였다. "선(善)은 치(菑)로 된 판본도 있다." 색은 사자가 다섯 번 청한 것을 이른다.

56 집해 (怚의) 음은 추(麁)이다.

57 집해 서광은 말하였다. "'怚'는 '조(粗)'로 된 판본도 있다."

58 집해 서광은 말하였다. "전(專)은 또한 단(摶)이라고도 하고, 또한 전(剸)이라고도 한다."

게 하겠소?"

王翦果代李信擊荊	왕전은 과연 이신을 대신하여 형나라를 쳤다.
荊聞王翦益軍而來	형나라에서는 왕전이 군사를 더하여 온다는 것을 듣고
乃悉國中兵以拒秦	이에 나라의 병력을 다하여 진나라에 맞섰다.
王翦至	왕전은 이르러
堅壁而守之	방벽을 굳게 하고 지키면서
不肯戰	싸우려 하지 않았다.
荊兵數出挑戰	형나라 군사가 수차례 나와 싸움을 돋우었지만
終不出	끝내 나가지 않았다.
王翦日休士洗沐	왕전은 매일같이 병사들을 쉬게 하고 몸을 씻게 하였으며
而善飲食撫循之	음식을 좋게 하여 위로하고
親與士卒同食	친히 사졸들과 함께 식사를 하였다.
久之	한참 있다가
王翦使人問軍中戲乎	왕전은 군중의 놀이를 물어보았다.
對曰	대답하였다.
方投石超距[59]	"바야흐로 돌 던지기와 멀리 뛰기를 하고 있습니다."
於是王翦曰	이에 왕전이 말하였다.

59 **집해** 서광은 말하였다. "'초(超)'는 '발(拔)'로 된 판본도 있다. 『한서(漢書)』에서는 '감연수(甘延壽)가 돌을 던지고 멀리 뛰기를 하는데 무리보다 월등하였다.'라 하였다. 장안(張晏)은 '『범려병법(范蠡兵法)』에 20근 무게의 돌을 날리는데 투석기를 써서 날리면 3백 보를 보낸다. 연수(延壽)는 힘이 세어 손으로도 던질 수 있었다. 발거(拔距)는 초거(超距)이다.'라 하였다." **색은** 초거(超距)는 도약(跳躍)과 같은 뜻이다.

士卒可用矣	"사병들을 쓸 수 있게 되었다."
荊數挑戰而秦不出	형나라는 여러 차례나 싸움을 돋우었으나 진나라가 나오지 않자
乃引而東	이에 (군사를) 이끌고 동으로 갔다.
翦因擧兵追之	왕전은 이에 군사를 동원하여 추격하고
令壯士擊	장사들로 하여금 치게 하여
大破荊軍	형나라 군사를 크게 깨뜨렸다.
至蘄南[60]	기남에 이르러
殺其將軍項燕	장군 항연을 죽였으며
荊兵遂敗走	형나라 군사는 마침내 패주하였다.
秦因乘勝略定荊地城邑	진나라는 승세를 타고 형나라 땅의 성읍을 공략하여 평정하였다.
歲餘	한 해 남짓에
虜荊王負芻	형왕 부추를 사로잡고
竟平荊地爲郡縣	마침내 형나라 땅을 평정하여 군현으로 삼았다.
因南征百越之君	계속하여 남으로 백월의 임금을 정벌하였다.
而王翦子王賁	그리고 왕전의 아들 왕분은
與李信破定燕, 齊地	이신과 함께 연나라와 제나라 땅을 격파하여 평정하였다.

秦始皇二十六年	진시황 26년에
盡并天下	천하를 모두 합병하였는데
王氏, 蒙氏功爲多	왕씨와 몽씨의 공이 많아
名施於後世	명성이 후세에까지 퍼졌다.

60 **정의** 서주(徐州)의 현이다.

秦二世之時	진(秦) 2세 때
王翦及其子賁皆已死	왕전 및 그 아들 왕분이 모두 이미 죽고
而又滅蒙氏	또한 몽씨도 멸족되었다.
陳勝之反秦	진승이 진나라에 반기를 들자
秦使王翦之孫王離擊趙	진나라는 왕전의 손자 왕리(王離)로 하여금 조나라를 치게 하여
圍趙王及張耳鉅鹿城.[61]	조왕(趙王) 및 장이를 거록성에서 에워쌌다.
或曰	혹자가 말하였다.
王離	"왕리는
秦之名將也	진나라의 명장이다.
今將彊秦之兵	지금 강한 진나라의 군사를 거느리고
攻新造之趙	막 세운 조나라를 치니
擧之必矣	반드시 점령될 것이다."
客曰	객이 말하였다.
不然	"그렇지 않다.
夫爲將三世者必敗	대체로 3대에 걸쳐 장수를 지내면 반드시 패한다.
必敗者何也	반드시 패하는 것은 어째서인가?
必其所殺伐多矣	반드시 살육한 것이 너무 많아
其後受其不祥	그 후세는 상서롭지 못하게 되기 때문이다.
今王離已三世將矣	지금 왕리는 이미 3대째 장수가 되었다."
居無何	얼마 있지 않아
項羽救趙	항우가 조나라를 구원하여
擊秦軍	진나라 군사를 격파하고

61 정의 지금의 형주(邢州) 평향현(平鄉縣) 성은 본래 진나라 거록군(鉅鹿郡)의 성이다.

果虜王離	과연 왕리를 사로잡으니
王離軍遂降諸侯	왕리의 군사는 결국 제후에게 항복하고 말았다.
太史公曰	태사공은 말한다.
鄙語云尺有所短	속담에 말하기를 "자에도 짧은 것이 있고
寸有所長	치에도 긴 것이 있다."라 하였다.
白起料敵合變	백기는 적을 헤아려 변화에 맞춰
出奇無窮	기계를 무궁하게 내놓아
聲震天下	명성이 천하를 뒤흔들었지만
然不能救患於應侯	응후의 근심을 구원할 수는 없었다.
王翦爲秦將	왕전은 진나라 장수로
夷六國	여섯 나라를 멸하였으니
當是時	그 당시
翦爲宿將	왕전은 숙장으로
始皇師之	시황도 스승으로 삼았지만
然不能輔秦建德	진나라가 덕을 세우고
固其根本	그 근본을 굳건히 하는 데 도울 수가 없었으며
偷合取容	구차하게 비위나 맞추면서
以至坳身[62]	몸이 죽기에 이르렀다.
及孫王離爲項羽所虜	손자인 왕리가 항우에게 사로잡히게 된 것이
不亦宜乎	또한 마땅하지 않겠는가!
彼各有所短也	저들에게는 각기 짧은 것이 있는 것이다.

62 집해 서광은 말하였다. "'坳'의 음은 몰(沒)이다."

14

맹자·순경 열전[1] 孟子荀卿列傳

太史公曰	태사공은 말한다.
余讀孟子書	내가 『맹자』를 읽다가
至梁惠王問何以利吾國	양혜왕이 "어떻게 해야 내 나라를 이롭게 하겠는가!"라 물은 부분에 이르러
未嘗不廢書而歎也	책을 내려놓고 탄식을 하지 않은 적이 없었다.
曰	그리하여 말하였다.
嗟乎	"아아,
利誠亂之始也	이라는 것은 실로 어지러움의 시작이로다!"
夫子罕言利者	부자께서 이에 대하여 거의 말하지 않은 것은
常防其原也	늘 그 근원을 막은 것이다.
故曰'放於利而行	그러므로 말씀하시기를 "이익에 따라 행동하게 되면
多怨[2]	원망이 많게 된다."라 하셨다.
自天子至於庶人	천자로부터 서인에 이르기까지
好利之弊何以異哉	이를 좋아하는 폐단이 어찌 다르겠는가!

1 색은 「서전(序傳)」에 의하면 「맹상군 열전(孟嘗君列傳)」이 제14이고 이 전은 제15로 되어 있는데, 아마 후인이 순서를 내린 것일 것이다.

2 『논어 · 이인(論語 · 里仁)』편에 나오는 말.-옮긴이.

孟軻	맹가는
騶人也[3]	추현 사람이다.
受業子思之門人[4]	자사의 문인에게 배웠으며
道既通	도가 통하게 되자
游事齊宣王	제선왕을 유세하였는데
宣王不能用	선왕은 쓸 수 없었다.
適梁	양나라로 갔는데
梁惠王不果所言	양혜왕도 말하는 것을 실행하지 않았으니
則見以爲迂遠而闊於事情	사정에 우활하고 멀다고 보았기 때문이었다.
當是之時	그 당시
秦用商君	진나라는 상군을 기용하여
富國彊兵	나라를 부유하게 하고 군사력을 강하게 하였으며,
楚, 魏用吳起	초나라와 위나라는 오기를 기용하여
戰勝弱敵	전쟁에서 이기고 적을 약하게 하였고,
齊威王宣王用孫子田忌之徒	제위왕과 선왕은 손자와 전기의 무리를 기용하여
而諸侯東面朝齊	제후들이 동쪽을 향하여 제나라에 조회하였다.
天下方務於合從連衡	천하는 바야흐로 합종과 연횡에 힘써
以攻伐爲賢	공격하고 토벌하는 것을 현능한 것으로 여겼는데

3 **색은** '軻'는 음이 가[苦何反]이며, 또한 가[苦賀反]라고도 한다. 추(騶)는 노나라의 지명이다. 또한 '주(邾)'라고도 하는데, 주(邾)나라 사람들이 추(騶)로 이주했기 때문이다. **정의** 가(軻)의 자는 자여(子輿)로 제나라의 경(卿)이다. 추(騶)는 연주현(兗州縣)이다.

4 **색은** 왕소(王劭)는 말하였다. "'인(人)' 자를 연문으로 보았으니 맹가가 친히 공급(孔伋)의 문하에서 배웠다고 생각한 것이다. 지금 '문인(門人)'이라 한 것은 곧 자사의 제자에게서 배운 것이다."

而孟軻乃述唐虞三代之德	맹가는 이에 당·우·삼대의 덕치를 이야기하여
是以所如者不合	이 때문에 가는 곳마다 맞지 않았다.
退而與萬章之徒[5]序詩書	물러나 만장의 무리와 함께 『시』와 『서』의 차서를 정하고
述仲尼之意	중니의 뜻을 말하여
作孟子七篇	『맹자』 7편을 지었다.
其後有騶子之屬	그 뒤에 추자(騶子)의 무리가 있었다.

齊有三騶子	제나라에는 세 추자가 있었다.
其前騶忌	그 앞은 추기로
以鼓琴干威王	금을 타서 위왕에게 (만나기를) 구하여
因及國政	이로 인해 국정을 하기에 이르렀으며
封爲成侯而受相印	성후에 봉하여지고 재상의 인끈을 받았는데
先孟子	맹자보다 앞선 시대였다.

其次騶衍	그 다음은 추연인데
後孟子	맹자의 후대이다.
騶衍睹有國者益淫侈	추연은 통치자가 갈수록 음일해지고
不能尙德	덕을 숭상할 수 없음을 보고
若大雅整之於身	「대아」처럼 몸으로 정제하면
施及黎庶矣	베풂이 일반 백성에까지 미칠 것이라 하였다.

乃深觀陰陽消息而作怪迂之變

이에 음양의 소장을 깊이 관찰하여 괴이하고

5 색은 맹자에게는 만장(萬章)과 공명고(公明高) 등이 있는데, 모두 맹가의 문인일 것이다. 만(萬)은 성이고, 장(章)은 이름이다.

	우활한 변화를 만들어
終始, 大聖之篇十餘萬言	「종시」와 「대성」편 등 10여만 언을 지었다.
其語閎大不經	그 말은 매우 크고 상법(常法)에 맞지 않았으며
必先驗小物	반드시 먼저 작은 사물을 가지고 실험하여
推而大之	이를 미루어 확대시켜
至於無垠	끝이 없는 곳까지 이르렀다.
先序今以上至黃帝	먼저 지금의 위로 황제에 이르기까지
學者所共術	학자들이 함께 서술한 것과
大並世盛衰[6]	대체가 시대와 함께 성하였다가 쇠한 것을 말하고
因載其禨祥度制	이어서 길흉화복의 판단을 기록하여
推而遠之	이를 미루어 멀리까지 적용시켜
至天地未生	천지에 아직 생겨나지 않아
窈冥不可考而原也	심원하여 고찰할 수 없는 근원에까지 이르렀다.
先列中國名山大川	먼저 중국의 명산과 대천,
通谷禽獸	통하는 골짜기와 금수,
水土所殖	물과 땅에서 자라는 것과
物類所珍	진기한 사물을 열거하고
因而推之	이어서 이를 미루어
及海外人之所不能睹	바다 바깥의 사람이 볼 수 없는 것에까지 미쳤다.
稱引天地剖判以來	천지가 개벽한 이래
五德轉移	오덕의 전이와
治各有宜	다스림에 각기 마땅함이 있고

6 집해 '並'의 음은 방[蒲浪反]이다. 색은 그 대체가 시대에 따라 성하였다 쇠하였다 하고 시대를 보고 말하는 것을 말한다.

而符應若茲	이렇게 부합하는 것을 칭술하였다.
以爲儒者所謂中國者	유자가 이른바 중국은
於天下乃八十一分居其一分耳[7]	천하를 81로 나누고 그중 하나를 차지하는 것일 따름이라고 하였다.
中國名曰赤縣神州	중국을 적현신주라 한다.
赤縣神州內自有九州	적현신주 안에는 절로 구주가 있는데
禹之序九州是也	우가 구주로 기록한 것이 이것으로
不得爲州數	주의 수는 될 수 없다.
中國外如赤縣神州者九	중국 바깥에 적현신주 같은 것이 아홉 있는데
乃所謂九州也	곧 이른바 구주이다.
於是有裨海環之[8]	이에 작은 바다가 이를 싸고 있는데
人民禽獸莫能相通者	백성들과 금수가 아무도 통할 수 없으며
如一區中者	한 구역의 가운데와 같으니
乃爲一州	곧 한 주이다.
如此者九	이런 것이 아홉인데
乃有大瀛海環其外	곧 큰 바다가 그 바깥을 두르며
天地之際焉	천지가 그 경계를 이룬다.
其術皆此類也	그 학술은 모두 이런 따위이다.
然要其歸	그러나 요컨대 그 귀결은

7 색은 환관(桓寬)과 왕충(王充)은 모두 추연이 말한 것을 우활하고 괴상하며 허망한 것이라고 생각하였는데 육국의 임금을 미혹하게 하여 그 이설을 받아들이기도 하였으니 이른바 "필부이면서 제후를 미혹하게 하는" 것이라는 것이 바로 이것이다.

8 색은 '裨'의 음은 비(脾)이다. 비해(裨海)는 작은 바다이다. 구주(九州)의 바깥에 다시 큰 바다[大瀛海]가 있으므로 이 비(裨)가 작은 바다임을 알 수 있다. 또한 장수도 비장(裨將)이 있는데, 비(裨)는 작다는 뜻이다.

必止乎仁義節儉	반드시 인의와 절검,
君臣上下六親之施	군신 상하와 육친의 은혜에 그치는 것에서
始也濫耳[9]	비롯되고 시작될 따름이다.
王公大人初見其術	왕공과 대인들은 그 학술을 처음 보고
懼然顧化[10]	깜짝 놀라 그대로 행해 보려 하였지만
其後不能行之	그 후에는 행할 수가 없었다.

是以騶子重於齊	그런 까닭에 추자는 제나라에서 중시되었다.
適梁	양나라로 가자
惠王郊迎	혜왕이 교외에서 맞아
執賓主之禮	빈주의 예를 집행하였다.
適趙	조나라로 가자
平原君側行撇席[11]	평원군이 곁에서 (수행하여) 갔고 자리를 떨어주었다.
如燕	연나라로 가자
昭王擁彗先驅[12]	소왕이 빗자루를 들고 앞서 달리면서

9 색은 남(濫)은 곧 남상(濫觴)으로 강의 근원이 처음 시작되는 곳이므로 이 글의 뜻은 남(濫)을 초(初)의 뜻으로 본다. 추연이 군신과 상하, 육친을 말할 때 일을 행하여 펴고 시작하는 것이 모두 후대의 (宗本)이 될 수 있으므로 남(濫)이라 한 것일 따름이다.

10 색은 '懼'의 음은 구(劬)이다. 추연의 학술이 모두 사람의 마음을 움직여 본 사람들이 깜짝 놀라 생각을 붙잡아두지 않음이 없었으며, 또한 안으로 마음이 머물러 이미 거기에 동화되어 그 학술을 따르려 한다는 것을 이른다. 화(化)라는 것은 쉽게 늘 듣고 다른 학술을 귀하게 여기는 것이다.

11 색은 (西晉 呂忱의) 『자림(字林)』에서는 "'撇'의 음은 별[疋結反]이다."라 하였다. 위소(韋昭)는 '별(敷蔑反)'이라 하였다. 장읍(張揖)의 『삼창훈고(三蒼訓詁)』에서는 "별(撇)은 떠는 것이다. 곁에서 따라가면서 옷으로 자리를 떨어 존경을 나타내어 감히 똑바로 앉아 빈주의 예를 행하지 않은 것을 말한다."라 하였다.

請列弟子之座而受業	제자의 자리에 끼어 수업을 듣게끔 청하였으며
築碣石宮[13]	갈석궁을 지어
身親往師之	친히 가서 스승으로 모셨다.
作主運[14]	그러자 「주운(主運)」을 지었다.
其游諸侯見尊禮如此	그가 제후국을 주유할 때 이와 같은 존중과 예를 받았으니
豈與仲尼菜色陳蔡	어찌 중니가 진나라와 채나라 사이에서 굶주리고
孟軻困於齊梁同乎哉[15]	맹가가 제나라와 양나라에서 곤궁을 당한 것과 같겠는가!
故武王以仁義伐紂而王	그러므로 무왕은 인의로 주를 치고 왕이 되었으나
伯夷餓不食周粟	백이는 굶주렸어도 주나라의 곡식을 먹지 않았으며,
衛靈公問陳	위령공이 진나라에 대하여 물었어도
而孔子不答	공자는 답을 하지 않았고,
梁惠王謀欲攻趙	양혜왕이 조나라를 치고자 꾀하여도
孟軻稱大王去邠[16]	맹가는 태왕이 빈(邠)나라를 떠난 것을 말하였다.
此豈有意阿世俗苟合而已哉	이 어찌 세속에 아첨하고 구차하게 영합하려는

12 색은 혜(彗)는 빗자루이다. 그에게 땅을 쓸어주고 옷소매로 빗자루를 안고 뒤따라가면서 먼지가 장자(長者)에 닿을까 걱정하는 것을 말하는데 존경을 나타내기 위해서이다.

13 정의 갈석궁(碣石宮)은 유주(幽州) 계현(薊縣) 서쪽 30리 지점의 강대(寧臺) 동쪽에 있다.

14 색은 유향(劉向)의 『별록(別錄)』에서는 추자[鄒子: 추연(鄒衍), 전국시대 제(齊)나라]의 책에 「주운편(主運篇)」이 있다고 하였다.

15 색은 중니와 맹자는 선왕의 도를 본받아 인의의 교화를 행하고도 굶주리고 곤경에 처하였으며, 추연은 궤변을 가지고 제후들을 미혹케 하였는데도 이렇게 예로 중시 받았으니 길이 큰 탄식을 할 만하다.

	뜻이 있을 따름이겠는가!
持方枘欲內圜鑿	모난 장부를 둥근 구멍에 집어넣으려 한다면
其能入乎[17]	넣을 수 있겠는가?
或曰	혹자는 말하기를
伊尹負鼎而勉湯以王	이윤은 솥을 지고 탕을 권하여 왕이 되게 하였고
百里奚飯牛車下而繆公用霸	백리해는 수레 아래서 소를 먹이면서 목공이 패권을 잡게 했는데
作先合	먼저 영합하고
然後引之大道	그런 다음에 큰 도로 이끌어야 한다고 한다.
騶衍其言雖不軌	추연은 그 말은 비록 법도에 맞지 않지만
儻亦有牛鼎之意乎[18]	아마 또한 소를 먹이고 솥을 진 뜻이 있지 않았겠는가?

自騶衍與齊之稷下先生[19]	추연과 제나라 직하의 선생들,

16 색은 지금 생각건대 『맹자』의 "태왕이 빈나라를 떠난 것(太王去邠)"은 맹가가 등문공(滕文公)에게 한 말인데 여기서는 양혜왕이 조나라를 치려고 꾀한다 하였으니 『맹자』와 같지 않다.

17 색은 방예(方枘)는 장부이고, 원조(圜鑿)는 구멍이다. 공인(工人)이 나무를 깎아 모난 장부를 가지고 둥근 구멍에 넣으면 넣을 수 없다. 그러므로 『초사(楚詞)』[『초사(楚辭)』]에 "모난 장부를 가지고 둥근 구멍에 넣으니 내 실로 어긋나 들어가지 않음을 안다(以方枘而內圜鑿, 吾固知其鉏鋙而不入)."라고 한 것이다. 전국시대에 중니와 맹자가 인의로 당시의 임금에게 구한 것이 모난 장부와 둥근 구멍과 같다는 말이다.

18 색은 『여씨춘추』에서는 "소를 담는 솥으로는 닭을 삶을 수 없다."라 하였는데, 이 소를 담는 솥은 추연의 학술이 우활하고 커서 만약에 크게 쓴다면 소를 담는 솥이 있게 될 것이라는 뜻이다. 초주(譙周) 또한 "태사공의 이 말을 살펴보면 그 기이함을 매우 사랑한 것이다."라 하였다.

19 색은 직하(稷下)는 제나라의 성문이다. 혹자는 직하를 산 이름이라고도 한다. 제나라의 학사(學士)들이 직문(稷門)의 아래에 모여 있음을 말한다.

如淳于髡愼到環淵[20]接子[21]田駢[22]騶奭之徒[23]	이를테면 순우곤이며 신도 · 환연 · 접자 · 전변 · 추석의 무리가
各著書言治亂之事	각기 책을 지어 어지러움을 다스리는 일을 말하여
以干世主	세상의 군주에게 구한 것을
豈可勝道哉	어찌 이루 말할 수 있겠는가!

淳于髡	순우곤은
齊人也	제나라 사람이다.
博聞彊記	견문이 넓고 기억력이 강하였으며
學無所主	학문에 주된 것이 없었다.
其諫說	간언하고 유세하는 것은
慕晏嬰之爲人也	안영의 사람됨을 흠모하였으나
然而承意觀色爲務	뜻을 받들고 안색을 살피는 것에 힘썼다.
客有見髡於梁惠王	어떤 객이 순우곤을 양혜왕에게 뵈었는데
惠王屛左右	혜왕이 좌우를 물리치고
獨坐而再見之	홀로 앉아 다시 그를 만나보았으나
終無言也	끝내 아무 말이 없었다.
惠王怪之	혜왕이 괴이히 여겨

20 색은 유향의 『별록』에 의하면 '환(環)'은 성이다.

21 색은 옛날 책을 지은 사람의 칭호이다.

22 색은 두 글자의 음은 번[步堅反]과 병[步經反]이다.

23 정의 『신자(愼子)』 10권은 법가에 있으니 전국시대의 처사이다. 『접자(接子)』는 2편이다. 『전자(田子)』는 25편으로, 제나라 사람이며 직하에서 활약하였고 '천구(天口)'로 불렸다. 접자와 전변 두 사람은 도가이다. 『추석(騶奭)』은 12편인데 음양가이다.

以讓客曰	그 객을 꾸짖어 말하였다.
子之稱淳于先生	“그대가 일컫기를 순우 선생은
管晏不及	관자와 안자도 미치지 못한다 하였는데
及見寡人	과인을 만나서는
寡人未有得也	과인이 얻은 것이 없다.
豈寡人不足爲言邪	어찌 과인이 말하기에 부족하다고 여기는 것이 아니겠는가?
何故哉	무슨 까닭인가?”
客以謂髡	객이 순우곤에게 말하였다.
髡曰	순우곤이 말하였다.
固也	“확실히 그랬습니다.
吾前見王	제가 먼저 왕을 뵈었을 때는
王志在驅逐	왕의 뜻이 말을 타고 달리는 데 있었고,
後復見王	나중에 왕을 뵈었을 때는
王志在音聲	왕의 뜻이 음악의 성률에 있었습니다.
吾是以默然	내 그래서 잠자코 있었던 것입니다.”
客具以報王	객이 그대로 왕에게 알렸더니
王大駭	왕이 크게 놀라서
曰	말하였다.
嗟乎	“아아,
淳于先生誠聖人也	순우 선생은 실로 성인이로다!
前淳于先生之來	전에 순우 선생이 왔을 때
人有獻善馬者	어떤 사람이 좋은 말을 바쳤는데
寡人未及視	과인이 미처 보지도 못한 상태에서
會先生至	마침 선생이 왔소.

後先生之來	나중에 선생이 왔을 때는
人有獻謳者	어떤 사람이 가기(歌妓, 謳者)를 바쳤는데
未及試	미처 들어보지도 못한 때에
亦會先生來	또한 선생이 왔소.
寡人雖屏人	과인이 비록 사람을 물리치기는 하였지만
然私心在彼	내 마음은 거기에 있었으니
有之[24]	그런 일이 있었소."
後淳于髡見	나중에 순우곤이 뵙자
壹語連三日三夜無倦	한번 이야기를 함에 사흘 밤낮으로 이어져도 싫증을 내지 않았다.
惠王欲以卿相位待之	혜왕이 경상의 지위로 대하려 하자
髡因謝去	순우곤은 사절하고 떠났다.
於是送以安車駕駟	이에 안락한 사두마차를 보내주고
束帛加璧	비단 다섯 필에 벽옥과
黃金百鎰	황금 백 일을 보태주었다.
終身不仕	죽을 때까지 벼슬을 하지 않았다.

愼到	신도는
趙人	조나라 사람이다.
田駢, 接子	전변과 접자는
齊人	제나라 사람이다.
環淵	환연은
楚人	초나라 사람이다.

---

24 색은 사사로운 마음은 실제 저 말과 가기에 있었다는 것을 말한다. 유지(有之)는 내게 실로 이 두 가지 일이 있었다는 것을 말한다.

皆學黃老道德之術	모두 황제와 노자의 도덕의 학술을 배워,
因發明序其指意	그 지의를 발명하여 펴냈다.
故愼到著十二論[25]	그러므로 신도는 12론을 지었고
環淵著上下篇	환연은 상하편을 지었으며
而田駢接子皆有所論焉	전변과 접자도 모두 논한 것이 있다.

騶奭者	추석은
齊諸騶子	제나라의 여러 추자의 하나로
亦頗采騶衍之術以紀文	또한 추연의 학술을 자못 채택하여 문장을 기록하였다.

於是齊王嘉之	이에 제왕이 가상히 여겨
自如淳于髡以下	순우곤 이하와 같은 사람에게
皆命曰列大夫	모두 명하기를 대부의 반열에 들게 하였다.
爲開第康莊之衢[26]	집을 지어주고 널찍하고 평평한 길을 닦아주어
高門大屋	대문을 높이고 집을 크게 하여
尊寵之	그들을 높이고 총애하였다.
覽天下諸侯賓客	천하의 제후의 빈객들에게 보여주어서
言齊能致天下賢士也	제나라가 천하의 현사를 초치할 수 있다는 것을 말하기 위함이었다.

荀卿	순경은

25 집해 서광(徐廣)은 말하였다. "지금 『신자(愼子)』는 유향이 정한 바에 따르면 41편이 있다."

26 집해 『이아(爾雅)』에서는 "사방으로 통하는 것을 구(衢)라 하고, 다섯 방향으로 통하는 것을 강(康)이라 하며, 여섯 방향으로 통하는 것을 장(莊)이라 한다."라 하였다.

趙人[27]	조나라 사람이다.
年五十始來游學於齊	나이 오십이 되어서야 비로소 제나라에 와서 유학하였다.
騶衍之術迂大而閎辯	추연의 학술은 우활하고 크며 변설이 뛰어나고,
奭也文具難施	추석은 문채를 갖추었으나 실행하기가 어려우며,
淳于髡久與處	순우곤은 오랫동안 함께 있으면
時有得善言	이따금 좋은 말을 얻었다.
故齊人頌曰	그러므로 제나라 사람들은 칭송하여 말하였다.
談天衍	"하늘을 말하는 것은 추연이고,
雕龍奭	용을 조각하는 것은 추석이며,
炙轂[28]過髡[29]	수레바퀴에 기름칠하는 기물은 순우곤이다."
田駢之屬皆已死齊襄王時[30]	전변의 무리는 모두 이미 제양왕 때 죽었으며

27 색은 이름은 황(況)이다. 경(卿)은 당시 사람들이 높여서 경이라 부른 것이다. 제나라에서 벼슬을 하여 좨주(祭酒)가 되었으며, 초나라에서 벼슬하여 난릉령(蘭陵令)이 되었다. 나중에는 또한 손경자(孫卿子)라 불렸는데 한선제(漢宣帝)의 휘를 피하여 고친 것이다.

28 집해 서광은 말하였다. "'난화(亂講)'로 된 판본도 있다."

29 집해 유향의 『별록』에서는 "추연이 말한 오덕(五德)의 종시(終始)는 천지와 같이 넓고 크며, 하늘의 일을 다 말하였으므로 '하늘을 말하였다.'고 하였다. 추석은 추연의 글을 부연(敷衍)하여 용의 무늬를 새기듯 꾸몄으므로 '용을 조각한다.'라고 한 것이다."라 하였다. 『별록』에는 '과(過)' 자가 '과(輠)'로 되어 있다. 과(輠)는 수레의 기름을 채우는 기물이다. 기름이 다하여도 남아 있는 것이 있다는 것으로, 순우곤의 지혜가 수레의 기름을 치는 통처럼 다함이 없다는 것을 말한다. 좌사(左思)의 『제도부(齊都賦)』의 주석에서는 "지혜가 많이 다하기 어려운 것이 기름을 넘치게 하여 윤택하게 하는 것과 같음을 말한다."라 하였다. 색은 유향의 『별록』에서는 '과(過)'를 '과(輠)'라 하였다. 과(輠)는 수레의 기름을 채우는 기물이다. 생각건대 유씨(劉氏)는 "곡(轂)은 연문이다."라 하였다. 지금 생각건대 '자곡과(炙轂過)'라 한 것은 과(過)는 기물의 이름으로 기름을 채우는 기구의 이름이 과라는 것을 말한다. '과(過)'와 '과(鍋)'는 글자가 서로 가까운데 아마 곧 기름을 칠하는 기구일 것이다. 곡(轂)은 곧 수레바퀴이며 과(過)는 바퀴를 매끄럽게 하는 것이니 '곡(轂)'은 연문이 아니다.

而荀卿最爲老師	순경이 가장 연로한 스승이었다.
齊尙脩列大夫之缺	제나라는 여전히 여러 대부의 자리를 비워놓고 있어서
而荀卿三爲祭酒焉[31]	순경은 세 차례 좨주가 되었다.
齊人或讒荀卿	제나라 사람 가운데 어떤 사람이 순경을 참소하여
荀卿乃適楚	순경은 이에 초나라로 갔는데
而春申君以爲蘭陵令[32]	춘신군이 난릉령으로 삼았다.
春申君死而荀卿廢	춘신군이 죽자 순경은 폐하여졌는데
因家蘭陵	이참에 난릉에서 살았다.
李斯嘗爲弟子	이사가 제자가 된 적이 있었는데
已而相秦	얼마 후 진나라의 재상이 되었다.
荀卿嫉濁世之政	순경은 혼탁한 세상의 정치를 싫어하였으며
亡國亂君相屬	나라가 망하고 어지러운 임금이 서로 이어지고
不遂大道而營於巫祝	대도는 행하지 않고 무축의 행위를 일삼아
信禨祥	점괘의 조짐만 믿으며,
鄙儒小拘	작은 절개에 얽매인 비루한 선비들
如莊周等又猾稽亂俗	이를테면 장주의 무리 등이 또한 골계를 가지

30 **색은** 양왕(襄王)의 이름은 법장(法章)이며, 민왕(湣王)의 아들로 거(莒) 사람에 의해 즉위하였다.

31 **색은** 예식(禮食) 때는 반드시 제사를 먼저 올리고 술을 마실 때도 그렇게 하며, 반드시 좌중의 높은 자가 먼저 제사를 맡게 될 따름인데 나중에는 이 때문에 관직 이름이 되었다. 오왕비(吳王濞)가 유씨(劉氏)의 좨주가 된 것이 바로 이러하다. 순경이 세 번 좨주가 되었다는 것은 순경이 출입하면서 전후로 세 번 열대부의 넓고 평탄한 지위에 처하였음을 말하며 모두 존숭을 받았기 때문에 "세 번 좨주가 되었다."고 한 것이다.

32 **정의** 난릉(蘭陵)은 현으로 동해군(東海郡)에 속하며, 지금의 기주(沂州) 승현(承縣)에 난릉산(蘭陵山)이 있다.

	고 풍속을 어지럽혀
於是推儒墨道德之行事興壞	이에 유가와 묵가, 도덕가가 일을 행함에 흥하고 망한 것을 미루어
序列著數萬言而卒	수만 언을 책으로 지어남기고 죽었다.
因葬蘭陵	이에 난릉에 장사 지냈다.

而趙亦有公孫龍[33]爲堅白同異之辯[34]

	그리고 조나라에는 또한 공손룡이 견백동이의 변설을 내세웠으며
劇子之言[35]	극자의 말이 있었고,
魏有李悝	위나라에는 이회가 나와서
盡地力之教[36]	지력을 다하라는 가르침을 베풀었으며,

---

33 색은 곧 중니(仲尼)의 제자 이름이다. 여기서는 조나라 사람이라 하였고, 「제자전(弟子傳)」에서는 위(衛)나라 사람이라 하였으며, 정현(鄭玄)은 초(楚)나라 사람이라 하였는데, 각기 그 진실을 알 수가 없었기 때문이다. 또한 아래에서는 "공자와 동시대라고도 하고 혹자는 그 후대라고도 한다."라 하였는데, 다른 사람이 아닌 줄 알았기 때문이다.

34 집해 『진태강지기(晉太康地記)』에서는 "여남(汝南) 서평현(西平縣)에는 용연수(龍淵水)가 있는데 도검(刀劍)을 담금질하는 데 쓸 수 있으며, 특히 단단하고 날카로우므로 견백(堅白)의 의론이 있게 되었으며, '황(黃)은 견고하게 하는 것이고, 백(白)은 날카롭게 하는 것이다.'라 하였다. 혹 변설하기를 '백(白)은 단단하지 않게 하는 것이고, 황(黃)은 날카롭게 하지 않는 것이다.'라고도 한다."라 하였다. 정의 『한서(漢書)』「예문지(藝文志)」에서는 『공손용자(公孫龍子)』 14편이라 하였으며, 안사고(顏師古)는 곧 견백(堅白)의 변설을 지었다고 하였다. 「평원군전(平原君傳)」에 의하면 추연(騶衍)과 동시대 사람이다. 『괄지지(括地志)』에서는 "서평현(西平縣)은 예주(豫州) 서북쪽 백40리 지점이며 용연수(龍淵水)가 있다."라 하였다.

35 집해 서광은 말하였다. "응소(應劭)의 『씨성주(氏姓注)』에서는 다만 『처자(處子)』라고만 하였다."라 하였다. 색은 책을 지은 사람의 성이 극씨(劇氏)이고 자(子)로 칭한 것이다. 앞의 역사서에서 그 이름을 기록하지 않은 것이며, 옛 조(趙)나라에는 극맹(劇孟) 및 극신(劇辛)이 있다.

36 정의 『한서(漢書)』「예문지(藝文志)」에서는 "『이자(李子)』는 32편이다. 이회(李悝)는 위문후(魏文侯)의 재상이 되어 나라를 부유하게 하고 군사를 강하게 하였다."라 하였다.

楚有尸子, 長盧[37]	초나라에는 시자와 장로가 있었고,
阿之吁子焉[38]	동아에는 우자가 있었다.
自如孟子至于吁子	맹자 등에서 우자에 이르기까지는
世多有其書	세상에 그 책이 많이 있으므로
故不論其傳云	논하지 않고 전기만 말한다.

蓋墨翟	대체로 묵적은
宋之大夫	송나라의 대부로
善守禦	방어하는 데 뛰어났으며
爲節用[39]	절약하여 쓸 것을 주장하였다.

37 **집해** 유향의 『별록』에서는 "초나라에 시자(尸子)가 있는데 아마 촉(蜀)나라에 있다고 하는 것 같다. 지금 생각건대 『시자서(尸子書)』는 진나라 사람으로 이름은 교(佼)이며, 진(秦)나라 재상 위앙(衛鞅)의 객이다. 위앙 상군(商君)이 일을 도모하고 계획하며 법을 세우고 백성을 다스릴 때 일찍이 시교와 규획하지 않은 적이 없었다. 상군이 형을 당하자 시교는 함께 처형을 당하게 될까 두려워하여 이에 촉(蜀)으로 도망쳐 들어갔다. 스스로 이 20편의 책을 지었는데 모두 6만여 언(言)이다. 죽어서 이에 촉나라에 장사 지냈다."라 하였다.
색은 시자(尸子)의 이름은 교(佼)로, 진(晉)나라 사람이며, 사적이 『별록』에 갖추어져 있다. 장로(長盧)는 미상이다. **정의** 『장로(長盧)』는 9편이며, 초나라 사람이다.

38 **집해** 서광은 말하였다. "아(阿)는 지금의 동아(東阿)이다." **색은** 아(阿)는 제나라의 동아(東阿)이다. '吁'는 음이 미(芈)이다. 『별록』에는 '미자'로 되어 있으며, 지금은 '吁'를 또한 글자 그대로 읽기도 한다. **정의** 동제주(東齊州)이다. 『한서(漢書)』「예문지(藝文志)」에서는 "『우자(吁子)』는 18편으로, 이름은 영(嬰)이고 제나라 사람이며 칠십자(七十子)의 후대이다."라 하였다. 안사고는 음이 미(弭)라고 하였다. 생각건대 제나라 사람이며 아(阿) 또한 제나라에 속하므로 아마 안공(顔公)의 설이 틀렸을 것이다.

39 **집해** 『묵자(墨子)』[「공수(公輸)」편]에서는 "공수반(公輸般)이 운제(雲梯)라는 기계를 만들어 송나라를 치려고 하였다. 묵자가 듣고 영(郢)에 이르러 공수반을 만나보았다. 묵자는 허리띠를 풀어 성을 만들고 나무 조각으로 기계를 삼았다. 공수반이 아홉 번이나 성을 공격하는 기계를 바꾸어가며 공격을 하였으나 묵자는 아홉 번 다 막아냈다. 공수반의 공격하는 기계는 다하였으나 묵자의 지킴은 단단하여 여유가 있었다. 공수반은 굴복하였으나 말하

或曰並孔子時 혹자는 공자와 동시대라고도 하고,

或曰在其後[40] 혹자는 그 후대라고도 한다.

기를 '저는 그대를 막는 방법을 알고 있으나 말하지 않겠소.'라 하였다. 묵자 또한 말하기를 '나도 그대가 나를 막아내는 방법을 알고 있지만 내 말하지 않겠소.'라 하였다. 초왕이 그 까닭을 물었더니 묵자가 말하였다. '공수자(公輸子)의 뜻은 신(臣)을 죽이려는 데 지나지 않으며 신을 죽이면 송나라는 막을 수가 없으니 공격할 수 있다는 것입니다. 그러나 신의 제자는 금골리(禽滑釐) 등 3백 명이나 되는데 이미 신의 수비하는 기계를 가지고 송나라의 성 위에서 초나라 군대를 기다리고 있습니다. 비록 신을 죽인다 한들 없앨 수가 없습니다.' 초왕이 말하였다. '훌륭하도다! 내 청컨대 송나라의 성을 공격하지 않겠습니다.'라고 하였다."라 하였다. 색은 "운제라는 기계를 만들었다(爲雲梯之械)."는 말의 주석. 제(梯)는 나무를 엮어서 높은 곳에서 내려다보는 것이며, 운(雲)이라는 것은 높이 올라 구름이 있는 곳까지 들어 올리므로 운제라고 하는 것이다. 계(械)는 기물이다. 성을 공격하는 누로(樓櫓)를 말한다. "묵자는 허리띠를 풀어 성을 만들었다(墨子解帶爲城)."의 주석. 묵자의 기술을 말하는 것으로 몸의 혁대를 풀어서 성을 만든 것이다. "나무 조각으로 기계를 삼았다(以牒爲械)."의 주석. 첩(牒)은 작은 나무 조각이다. 계(械)는 누로(樓櫓) 등이다. "공수반의 공격하는 기계는 다하였다(公輸般之攻械盡)."의 주석. 유씨(劉氏)는 말하기를 "계(械)는 비제(飛梯), 당거(撞車), 비석거노(飛石車弩) 등의 도구이다."라 하였다. '詘'의 음은 굴[丘勿反]이다. 공수반의 재주가 이미 다하였는데도 묵자의 수비에는 여유가 있다는 말이다. 금골리(禽滑釐)는 묵자의 제자의 성(姓)과 자(字)이다. '釐'의 음은 리(里)이다.

40 색은 『별록』에서 말하였다. "지금 생각건대 『묵자서(墨子書)』에 문자(文子)가 보이는데, 문자는 곧 자하(子夏)의 제자로 묵자에게 질정하였다." 이와 같다면 묵자는 70제자의 후대에 놓인다.

15 맹상군 열전 孟嘗君列傳

孟嘗君名文	맹상군의 이름은 문이며
姓田氏	성은 전씨이다.
文之父曰靖郭君田嬰	전문의 부친은 정곽군 전영이다.
田嬰者	전영은
齊威王少子而齊宣王庶弟也[1]	제위왕의 작은 아들이며 제선왕의 서제이다.
田嬰自威王時任職用事	전영은 위왕 때부터 관직을 맡아 집정하였으며
與成侯鄒忌及田忌將而救韓伐魏	성후 추기 및 전기와 함께 군사를 거느리고 한나라를 구원하여 위나라를 쳤다.
成侯與田忌爭寵	성후는 전기와 총애를 다투었는데
成侯賣田忌	성후가 전기를 참훼(讒毁)하였다.
田忌懼	전기는 두려워하여
襲齊之邊邑	제나라의 변방 고을을 습격하였으나

1 색은 『전국책』 및 다른 책들에는 모두 이 말이 없으며, 여러 전(田)씨의 다른 아들이므로 『전국책』에서는 매번 '영자(嬰子)', '분자(肦子)'라 하였으며, 고유(高誘)의 주에서는 '전분(田肦)', '전영(田嬰)'이라 하였다. 왕소(王劭)는 또 생각하기를 『전국책』에서는 "제(齊)나라의 모변(貌辯)이 선왕(宣王)에게 말하기를 '왕께서 바야흐로 태자였을 때 제가 정곽군(靖郭君)에게 이르기를 태자를 폐함만 못하다고 하여 다시 교사(郊師)를 세웠습니다. 정곽군은 참지 않았습니다.'라 하니 선왕이 크게 탄식하여 말하였다. '과인이 어려서 다만 몰랐다.'라 하였다. 이로써 보건대 전영이 선왕의 아우가 아닌 것은 분명하다."

不勝	이기지 못하여
亡走	달아나버렸다.
會威王卒	마침 위왕이 죽고
宣王立	선왕이 즉위하여
知成侯賣田忌	성후가 전기를 참훼한 것을 알고
乃復召田忌以爲將	이에 다시 전기를 불러 장수로 삼았다.
宣王二年	선왕 2년에
田忌與孫臏田嬰俱伐魏	전기는 손빈, 전영과 함께 위나라를 쳐서
敗之馬陵	마릉에서 무찌르고
虜魏太子申而殺魏將龐涓[2]	위(魏) 태자 신(申)을 사로잡고 위나라 장수 방연을 죽였다.
宣王七年	선왕 7년에
田嬰使於韓魏	전영은 한나라와 위나라로 사행하여
韓魏服於齊	한나라와 위나라가 제나라에 복종하였다.
嬰與韓昭侯魏惠王會齊宣王東阿南[3]	전영은 한소후, 위혜왕과 함께 동아의 남쪽에서 제선왕을 회견하여
盟而去[4]	맹약을 하고 떠났다.
明年	이듬해에
復與梁惠王會甄[5]	다시 양혜왕과 견에서 회담하였다.

2 색은 『기년(紀年)』에서는 양혜왕(梁惠王) 28년(B.C. 341)이라 하였고, 36년이 되어서 나중의 연호로 고친다.

3 정의 동아(東阿)는 제주(濟州)의 현이다.

4 색은 『기년』에서는 혜왕(惠王)의 나중의 연호 11년이라고 하였다. 그곳에는 '평아(平阿)'로 되어 있다. 또 말하기를 "13년(B.C. 356)에 견(鄄)에서 제위왕(齊威王)과 회담하였다."라 하였다. 이 이듬해에 제선왕이 양혜왕과 견에서 회담하였다는 것과 같다. 다만 제나라의 위왕(威王)과 선왕(宣王) 두 왕은 문장이 어그러져 모두 같지 않다.

是歲	이해에
梁惠王卒	양혜왕이 죽었다.
宣王九年	선왕 9년(B.C. 311)에
田嬰相齊	전영은 제나라의 재상이 되었다.
齊宣王與魏襄王會徐州而相王也[6]	제선왕은 위양왕과 서주에서 만나 서로 왕이라 일컬었다.
楚威王聞之	초위왕이 듣고
怒田嬰	전영에게 노하였다.
明年	이듬해에
楚伐敗齊師於徐州	초나라는 서주에서 제나라 군사를 무찌르고
而使人逐田嬰	사람을 시켜 전영을 쫓게 했다.
田嬰使張丑說楚威王	전영이 장추로 하여금 초위왕을 유세하게 하니
威王乃止	위왕이 이에 그만두었다.
田嬰相齊十一年	전영이 제나라 재상이 된 지 11년 만에
宣王卒	선왕이죽고
湣王即位	민왕이 즉위하였다.
即位三年	즉위 3년에
而封田嬰於薛[7]	전영을 설(薛)에 봉하였다.

5 집해 음은 견(絹)이다.

6 정의 『기년』에서는 양혜왕 30년(B.C. 343)에 하비(下邳)를 설(薛)로 옮기고 서주(徐州)로 이름을 바꾸었다고 하였다.

7 색은 『기년』에서는 양혜왕의 나중의 연호 13년 4월에 제위왕(齊威王)이 전영을 설에 봉하였다고 하였다. 10월에 제나라는 설에 성을 쌓았다. 14년에 설의 자영(子嬰)이 내조하였다. 15년에 제위왕이 죽어 전영이 처음으로 팽성(彭城)에 봉해졌다고 하였다. 모두 이곳과 다르다. 정의 설의 옛 성은 지금의 서주(徐州) 등현(滕縣) 남쪽 44리 지점에 있다.

初	처음에
田嬰有子四十餘人	전영에게는 아들이 40여 명이 있었다.
其賤妾有子名文	그의 천첩에게 이름이 문(文)이라는 아들이 있었는데
文以五月五日生	전문은 5월 5일에 태어났다.
嬰告其母曰	전영이 그 어미에게 알렸다.
勿擧也	"키우지 말거라."
其母竊擧生之[8]	그 어미가 몰래 키워서 살렸다.
及長	자라서
其母因兄弟而見其子文於田嬰	그 어미는 형제를 따라 그 자식 전문은 전영에게 뵙게 했다.
田嬰怒其母曰	전영은 그 어미에게 노기를 띠며 말하였다.
吾令若去此子	"내 너에게 이 자식을 버리라 했거늘
而敢生之	감히 키운 것은
何也	어째서냐?"
文頓首	전문은 머리를 조아리고
因曰	이어서 말하였다.
君所以不擧五月子者	"가군께서 5월에 난 아들을 기르지 않는 것은
何故	무슨 까닭이신지요?"
嬰曰	전영이 말하였다.
五月子者	"5월에 난 아들이
長與戶齊	자라서 문 높이와 같아지면

8 색은 위의 '거(擧)'는 처음 나서 키운 것을 말하고 아래의 '거(擧)'는 몸을 씻고 젖을 먹이는 것을 말한다. 생(生)은 기르는 것을 말한다.

將不利其父母[9]	그 부모에게 이롭지 못하게 될 것이기 때문이다."
文曰	전문이 말하였다.
人生受命於天乎	"사람의 목숨은 하늘에서 받는 것입니까?
將受命於戶邪	아니면 목숨을 문에서 받는 것입니까?"
嬰默然	전영은 잠자코 있었다.
文曰	전문이 말하였다.
必受命於天	"반드시 하늘에서 명을 받는다면
君何憂焉	가군께서는 무엇을 걱정하십니까?
必受命於戶	반드시 문에서 명을 받는다면
則可高其戶耳	그 문을 높이면 될 따름이니
誰能至者	누가 이를 수 있겠습니까!"
嬰曰	전영이 말하였다.
子休矣	"너는 그만두라."

久之	한참 있다가
文承閒問其父嬰曰	전문이 몰래 그 아비인 전영에게 물어보았다.
子之子爲何	"아들의 아들은 무엇입니까?"
曰	말하였다.
爲孫	"손자다."
孫之孫爲何	"손자의 손자는 무엇입니까?"
曰	말하였다.
爲玄孫	"현손이지."
玄孫之孫爲何	"현손의 현손은 무엇입니까?"

9 색은 『풍속통(風俗通)』[『풍속통의(風俗通義)』]에 따르면 "속설에 5월 5일에 자식을 낳으면 아들은 아비를 해치고 딸은 어미를 해친다."라 하였다.

曰	말하였다.
不能知也[10]	"알 수 없다."
文曰	전문이 말하였다.
君用事相齊	"가군께서 국정을 맡아 제나라의 재상이 되신 지
至今三王矣	이제 3년째이온데
齊不加廣而君私家富累萬金	제나라는 더 넓어지지 않았고 가군의 사재는 누만금이나 되는데도
門下不見一賢者	문하에는 현능한 사람 하나 보이지 않습니다.
文聞將門必有將	제가 듣기에 장군의 가문에는 반드시 장군이 나고
相門必有相	재상의 가문에는 반드시 재상이 난다고 하였습니다.
今君後宮蹈綺縠而士不得裋褐[11]	지금 가군의 후궁은 비단을 밟고 있으나 선비들은 거친 짧은 옷도 입지 못하고 있으며
僕妾餘粱肉而士不厭糟糠	종들도 기장과 고기가 남아도는데 선비들은 지게미도 실컷 먹지 못합니다.
今君又尙厚積餘藏	지금 가군께서는 또한 두터이 쌓고 남아돌도록 갈무리하시는 것만 숭상하시어
欲以遺所不知何人[12]	누군지도 모를 사람에게만 물려주려 하고
而忘公家之事日損	나라의 일이 날로 축나는 것은 잊고 계시니

10 색은 『이아(爾雅)』에 따르면 "현손(玄孫)의 아들은 내손(來孫)이며, 내손의 아들은 곤손(昆孫)이고, 곤손의 아들은 잉손(仍孫)이며, 잉손의 아들은 운손(雲孫)이다."라고 하였다. 또한 이손(耳孫)이 있는데 역시 현손의 아들로 같지 않다.

11 색은 '裋'는 또한 수(豎)라는 음도 있으며, 수갈(豎褐)은 털옷으로 짧게 마름질하여 줄여서 일을 하는데 편하게 한 것이다.

12 색은 '遺'의 음은 유[唯季反]이다. 누구에게 남겨주려는지 모른다는 말과 같다.

文竊怪之	제가 적이 괴이쩍게 생각합니다.”
於是嬰迺禮文	이에 전영은 곧 전문을 예우하여
使主家待賓客	집안일을 주관하고 빈객을 접대하게 하였다.
賓客日進	빈객이 날로 늘자
名聲聞於諸侯	명성이 제후들에게 알려졌다.
諸侯皆使人請薛公田嬰以文爲太子	제후들이 모두 사람을 보내어 설공 전영에게 전문을 태자로 삼을 것을 청하니
嬰許之	전영은 이를 허락하였다.
嬰卒	전영이 죽자
謚爲靖郭君[13]	시호를 정곽군이라 하였다.
而文果代立於薛	전문이 과연 설현에서 대신 서니
是爲孟嘗君	바로 맹상군이다.

孟嘗君在薛	맹상군이 설현에 있을 때
招致諸侯賓客及亡人有罪者	제후의 빈객 및 죄 지은 자들을 초치하여
皆歸孟嘗君	모두 맹상군에게 귀의하였다.
孟嘗君舍業厚遇之[14]	맹상군은 가산을 털어가며 그들을 후대하였으므로

13 **집해** 『황람(皇覽)』에서는 말하였다. “정곽군(靖郭君)의 무덤은 노국(魯國) 설성(薛城)의 동남쪽 모퉁이에 있다.” **색은** 죽은 후에 따로 ‘정곽(靖郭)’이라 부른 것을 말할 따름으로, ‘정곽’은 아마 봉읍일 것이며, 옛 한(漢)나라 제왕(齊王)의 외숙인 사균(駟鈞)이 바로 정곽후에 봉하여졌다. ‘陬’의 음은 추(鄒)이며, 또한 음을 추(緅)라고도 한다. 추(陬)는 성의 모퉁이이다.

14 **색은** 사업(舍業)은 그 가산을 버려가며 빈객들을 후히 섬기는 것이다. 유씨(劉氏)는 말하였다. “‘舍’는 음이 사(赦)이다. 빈객들을 위하여 집을 지어주고 거처를 세워주는 것을 일삼은 것이다.”

以故傾天下之士	천하의 선비를 기울였다.
食客數千人	식객이 수천 명이었는데
無貴賤一與文等	귀천을 가리지 않고 한결같이 자신과 동등하게 대하였다.
孟嘗君待客坐語	맹상군이 객을 대접하며 앉아서 이야기할 때
而屛風後常有侍史	병풍 뒤에는 늘 서기가 있어서
主記君所與客語	주군이 객하고 하는 말의 기록을 담당하였으며
問親戚居處	친척과 사는 곳을 물었다.
客去	객이 떠나면
孟嘗君已使使存問	맹상군은 직접 심부름꾼을 시켜 안부를 묻고
獻遺其親戚	그 친척들에게 물건을 갖다 주게 하였다.
孟嘗君曾待客夜食	맹상군이 일찍이 객을 접대하며 밤에 음식을 먹는데
有一人蔽火光	어떤 한 사람이 불빛을 가렸다.
客怒	객이 노하여
以飯不等	밥이 같지 않다고 생각하여
輟食辭去	식사를 그만두고 떠나버렸다.
孟嘗君起	맹상군이 일어나
自持其飯比之	직접 그 밥을 가져다 그와 비교하였다.
客慚	객은 부끄러워하여
自剄	자살하였다.
士以此多歸孟嘗君	선비들이 이 때문에 맹상군에게 많이 귀의하였다.
孟嘗君客無所擇	맹상군은 객을 가리는 것 없이
皆善遇之	모두 잘 대해 주었다.

人人各自以爲孟嘗君親己	사람들은 제각기 맹상군이 자기와 친하게 지낸다고 생각하였다.
秦昭王聞其賢	진소왕이 그가 현명하다는 것을 듣고
乃先使涇陽君爲質於齊	이에 먼저 경양군을 제나라에 볼모로 맡기고
以求見孟嘗君	맹상군을 만나보기를 구하였다.
孟嘗君將入秦	맹상군이 진나라로 들어가려 할 때
賓客莫欲其行	빈객들은 아무도 그가 가지 않았으면 해서
諫	간하였으나
不聽	듣지 않았다.
蘇代謂曰	소대가 일러 말하였다.
今旦代從外來	"오늘 아침 제가 밖에서 오는 길에
見木禺人與土禺人相與語[15]	목우와 토우가 이야기를 나누는 것을 보았습니다.
木禺人曰	목우가 말하였습니다.
天雨	'하늘에서 비가 오면
子將敗矣	너는 허물어질 것이다.'
土禺人曰	토우가 말하였습니다.
我生於土	'나는 흙에서 났으니
敗則歸土	허물어지면 흙으로 돌아간다.
今天雨	지금 하늘에서 비가 내려
流子而行	너를 흘러 다니게 하면

15 색은 음은 우(偶)이고 또한 음을 우(寓)라고도 한다. 흙과 나무로 만든 인형으로 사람과 비슷하다. 소대(蘇代)는 토우(土偶)를 가지고 경양군(涇陽君)에 비하였고 목우(木偶)를 가지고 맹상군에 비하였다.

未知所止息也	그칠 곳을 모르게 될 것이다.'
今秦	지금 진나라는
虎狼之國也	범과 호랑이 같은 나라로
而君欲往	그대가 가고자 하여
如有不得還	돌아오지 못하게 된다면
君得無爲土禺人所笑乎	토우의 비웃음을 사게 되지나 않을까요?"
孟嘗君乃止	맹상군은 이에 그만두었다.

齊湣王二十五年	제민왕 25년에
復卒使孟嘗君入秦	다시 결국 맹상군을 진나라에 들어가게 하였는데
昭王即以孟嘗君爲秦相	소왕은 바로 맹상군을 진나라의 재상으로 삼았다.
人或說秦昭王曰	어떤 사람이 진소왕에게 말하였다.
孟嘗君賢	"맹상군은 현명한 데다
而又齊族也	또한 제나라의 왕족이니
今相秦	지금 진나라의 재상이 되면
必先齊而後秦	반드시 제나라를 우선시하고 진나라(의 일)는 뒤로 미룰 것이니
秦其危矣	진나라는 위태롭게 될 것입니다."
於是秦昭王乃止	이에 진소왕은 그만두었다.
囚孟嘗君	맹상군을 가두고
謀欲殺之	죽일 것을 꾀하였다.
孟嘗君使人抵昭王幸姬求解[16]	맹상군은 사람을 보내 소왕의 총희에게 선을

16 색은 '抵'의 음은 저[丁禮反]이다. 저(抵)는 위험을 무릅쓰고 구하는 것을 이른다.

	대어 풀려나기를 구하였다.
幸姬曰	총희가 말하였다.
妾願得君狐白裘[17]	"저는 그대의 호백구를 갖기를 원하오."
此時孟嘗君有一狐白裘	이때 맹상군에게는 호백구 한 벌이 있었는데
直千金	천금이나 나갔으며
天下無雙	천하에 둘도 없었는데
入秦獻之昭王	진나라로 들어오면서 소왕에게 바쳐
更無他裘	다른 호백구는 더 없었다.
孟嘗君患之	맹상군이 근심을 하면서
遍問客	객들에게 두루 물어보았으나
莫能對	아무도 대답을 할 수가 없었다.
最下坐有能爲狗盜者	가장 아랫자리에 개같이 도둑질을 잘하는 자가 있었는데
曰	말하였다.
臣能得狐白裘	"제가 호백구를 얻을 수 있습니다."
乃夜爲狗	이에 밤에 개로 가장하여
以入秦宮臧中[18]	진나라 궁중의 창고로 들어가
取所獻狐白裘至	바쳤던 호백구를 가지고 와서
以獻秦王幸姬	진왕의 총희에게 바쳤다.
幸姬爲言昭王	총희가 소왕에게 잘 말해 주어
昭王釋孟嘗君	소왕은 맹상군을 풀어주었다.
孟嘗君得出	맹상군은 나오게 되자

17 **집해** 위소(韋昭)는 말하였다. "여우의 흰 털로 만든 갖옷이다. 여우 겨드랑이 털을 모은 것을 말하며, 아름답고 얻기 어렵다는 말이다."

18 **정의** '臧'의 음은 장[在浪反]이다.

即馳去	즉시 말을 치달려
更封傳	통행증을 바꾸고
變名姓以出關[19]	이름과 성을 바꾸어 관을 나섰다.
夜半至函谷關[20]	한밤중에 함곡관에 이르렀다.
秦昭王後悔出孟嘗君	진소왕은 맹상군을 내보낸 것을 후회하여
求之已去	찾았으나 이미 떠났으므로
即使人馳傳逐之	즉시 사람을 보내 역마를 달리게 하여 쫓았다.
孟嘗君至關	맹상군은 함곡관에 이르렀는데
關法雞鳴而出客	함곡관의 법이 닭이 울면 객들을 내보내게 되어 있어
孟嘗君恐追至	맹상군은 추격하는 자들이 이를까 걱정하였는데
客之居下坐者有能爲雞鳴	객 가운데 아랫자리에 있는 자가 닭 울음소리를 잘 내어
而雞齊鳴	닭이 한꺼번에 울어
遂發傳出	마침내 통행증을 내고 나갔다.
出如食頃	나가서 식경쯤 되자
秦追果至關	진나라의 추격자들이 과연 함곡관에 이르렀으나
已後孟嘗君出	이미 맹상군이 빠져나간 뒤여서
乃還	이에 돌아갔다.
始孟嘗君列此二人於賓客	처음에 맹상군이 이 두 사람을 빈객으로 넣자
賓客盡羞之	빈객들이 모두 수치스럽게 생각하였으나

19 **색은** 경(更)은 고친다는 뜻이다. 전의 봉전(封傳)을 고치고 성명을 바꾸어 맹상군의 이름을 말하지 않은 것이다. 봉전(封傳)은 지금의 역참 통행증[驛券]과 같다.

20 **정의** 관(關)은 섬주(陝州) 도림현(桃林縣) 서남쪽 13리 지점에 있다.

及孟嘗君有秦難	맹상군이 진나라에서 어려움에 처하였을 때는
卒此二人拔之	마침내 이 두 사람이 그들을 빼냈다.
自是之後	이 이후로
客皆服	객들이 모두 복종하였다.

孟嘗君過趙	맹상군이 조나라를 지날 때
趙平原君客之	조나라 평원군이 그를 접대하였다.
趙人聞孟嘗君賢	조나라 사람들은 맹상군이 현명하다는 것을 듣고
出觀之	나와서 그를 구경하였는데
皆笑曰	모두 웃으며 말하였다.
始以薛公爲魁然也	"처음에는 설공을 훤칠하다고 생각하였는데
今視之	지금 보니
乃眇小丈夫耳	곧 난장이일 뿐이네."
孟嘗君聞之	맹상군이 듣고
怒	노하였다.
客與俱者下	객과 함께한 자들이 (수레에서) 내려
斫擊殺數百人	수백 명을 마구 쳐 죽이고
遂滅一縣以去	마침내 한 현을 멸하고서 떠났다.

齊湣王不自得[21]	제민왕은 스스로 맘이 편치 않았는데
以其遣孟嘗君	맹상군을 보냈기 때문이었다.
孟嘗君至	맹상군이 이르자

21 **색은** 스스로 덕으로 여기지 않다. 민왕(愍王)이 맹상군을 보내고 스스로 자신에게는 덕이 없다고 말한 것이다.

則以爲齊相	제나라의 재상으로 삼아
任政	정사를 맡겼다.
孟嘗君怨秦	맹상군은 진나라에 원한을 품이
將以齊爲韓魏攻楚	제나라가 한나라와 위나라를 위해 초나라를 공격한 것을 가지고
因與韓魏攻秦[22]	이에 한나라, 위나라와 함께 진나라를 공격하였으며
而借兵食於西周	서주에서 무기와 양식을 빌렸다.
蘇代爲西周謂曰[23]	소대가 서주를 위하여 말하였다.
君以齊爲韓魏攻楚九年	"그대가 제나라를 가지고 한나라와 위나라를 위해 초나라를 9년간 공격하여
取宛葉以北以彊韓魏[24]	원(宛)과 섭(葉) 이북을 빼앗아 한나라와 위나라를 강하게 하였는데
今復攻秦以益之	이제 다시 진나라를 공격하여 더 보태주려고 합니다.
韓魏南無楚憂	한나라와 위나라는 남쪽으로는 초나라의 우환이 없고
西無秦患	서로는 진나라의 근심이 없으니
則齊危矣	제나라가 위태롭게 될 것입니다.
韓魏必輕齊畏秦	한나라와 위나라는 필시 제나라를 깔보고 진나라를 두려워할 텐데

22 **집해** 서광(徐廣)은 말하였다. "「연표(年表)」에서는 한(韓), 위(魏), 제나라가 함께 함곡관에서 진(秦)나라 군사를 쳤다고 하였다."

23 **색은** 『전국책』에는 "한경(韓慶)이 서주(西周)를 위하여 설공(薛公)에게 말하였다."라 하였다.

24 **정의** 원(宛)은 등주(鄧州)에 있고, 섭(葉)은 허주(許州)에 있다. 두 현 북쪽은 옛날에 초나라에 속하였는데 두 나라가 함께 몰수하여 한(韓)나라와 위(魏)나라에 넣었다.

臣爲君危之	신은 그대를 위태롭게 생각합니다.
君不如令敝邑深合於秦	그대는 우리나라로 하여금 진나라와 깊이 연합하게 하고
而君無攻	그대는 공격을 하지 않고
又無借兵食	또 무기와 양식을 빌리지 않음만 못합니다.
君臨函谷而無攻	그대는 함곡관에 임하여 공격하지 않고
令敝邑以君之情謂秦昭王曰	우리나라로 하여금 그대의 마음으로 진소왕에게 말하기를
薛公必不破秦以彊韓, 魏	'설공은 반드시 진나라를 격파하여 한나라와 위나라를 강하게 만들지 않을 것이다.
其攻秦也	그가 진나라를 공격하는 것은
欲王之令楚王割東國以與齊[25]	왕이 초왕으로 하여금 동쪽 나라를 떼어 제나라에 주게 하고
而秦出楚懷王以爲和	진나라는 초회왕을 내보내 화의를 하게 하려는 것이다.'라 하십시오.
君令敝邑以此惠秦	그대가 우리나라로 하여금 이로써 진나라에 은혜를 베풀면
秦得無破而以東國自免也	진나라는 깨지지 않고 동쪽 나라가 스스로 벗어나는 것이니
秦必欲之	진나라는 반드시 그렇게 하려고 할 것입니다.
楚王得出	초왕이 나오게 되면
必德齊	반드시 제나라의 덕으로 여길 것입니다.
齊得東國益彊	제나라가 동쪽 나라를 얻어서 더욱 강해지면
而薛世世無患矣	설현은 대대로 근심이 없어지게 될 것입니다.
秦不大弱	진나라는 크게 약해지지 않아

25 정의 동국(東國)은 제나라와 서이(徐夷)이다.

而處三晉之西	삼진의 서쪽에 처할 것이니
三晉必重齊	삼진은 반드시 제나라를 중시할 것입니다.”
薛公曰	설공이 말하였다.
善	“좋소.”
因令韓魏賀秦	이에 한나라와 위나라로 하여금 진나라를 경하하게 하고
使三國無攻	세 나라로 하여금 공격하지 않게 하였으며
而不借兵食於西周矣	서주에서 무기와 양식을 빌리지 않았다.
是時	이때
楚懷王入秦	초회왕이 진나라에 들어갔는데
秦留之	진나라가 억류하였으므로
故欲必出之	반드시 그를 내보내게 하고자 하였다.
秦不果出楚懷王	진나라는 끝내 초회왕을 내보내지 않았다.

孟嘗君相齊	맹상군이 제나라의 재상이었을 때
其舍人魏子[26]爲孟嘗君收邑入[27]	그 사인인 위자가 맹상군에게 세금을 징수해 주었는데
三反而不致一入	세 번을 돌아와도 한 번도 들어오지 않았다.
孟嘗君問之	맹상군이 그에게 물어보았더니
對曰	대답하였다.
有賢者	“어떤 현자에게

---

26 색은 사인(舍人)은 미관(微官)이어서 성만 기록하고 이름은 생략하였으므로 위자(魏子)라 한 것이다.

27 색은 그 나라의 조세를 거두는 것이다.

竊假與之	몰래 빌려 주었으므로
以故不致入	가져다드리지 못했습니다."
孟嘗君怒而退魏子	맹상군은 노하여 위자를 물리쳤다.
居數年	몇 년 만에
人或毁孟嘗君於齊湣王曰	어떤 사람이 제민왕에게 맹상군을 헐뜯어 말하였다.
孟嘗君將爲亂	"맹상군은 난을 일으킬 것입니다."
及田甲劫湣王	전갑이 민왕을 겁박하였을 때
湣王意疑孟嘗君	민왕이 맹상군일 것이라고 생각하자
孟嘗君迺奔[28]	맹상군은 이에 달아났다.
魏子所與粟賢者聞之	위자가 곡식을 준 현자가 듣고
乃上書言孟嘗君不作亂	이에 글을 올려 맹상군은 난을 일으키지 않았다 말하고
請以身爲盟	몸을 걸고 맹세하기를 청하여
遂自剄宮門以明孟嘗君	이에 궁문에서 자결함으로써 맹상군(의 무죄)을 밝혔다.
湣王乃驚	민왕은 이에 놀라
而蹤跡驗問	자취를 캐 물어보니
孟嘗君果無反謀	맹상군은 과연 모반을 하지 않았으며
乃復召孟嘗君	이에 다시 맹상군을 불렀다.
孟嘗君因謝病	맹상군은 이에 병을 핑계로 물러나
歸老於薛	설현으로 은퇴하였다.
湣王許之	민왕은 이를 허락하였다.

28 집해 서광은 말하였다. "민왕 34년에 전갑이 왕을 겁박하여 설문[薛文: 곧 전문(田文)]은 달아났다."

其後	그 후
秦亡將呂禮相齊	진나라에서 망명한 장수 여례가 제나라의 재상이 되어
欲困蘇代	소대를 곤경에 빠뜨리려 하였다.
代乃謂孟嘗君曰	소대가 이에 맹상군에게 말하였다.
周最於齊	"주최가 제나라에 있을 때
至厚也[29]	지극히 두터웠는데
而齊王逐之	제왕이 그를 쫓아버리고
而聽親弗[30]相呂禮者	친불의 말을 들어 여례를 재상으로 삼은 것은
欲取秦也	진나라를 취하고자 해서입니다.
齊秦合	제나라와 진나라가 하나로 합쳐지면
則親弗與呂禮重矣	친불과 여례는 중용될 것입니다.
有用	(그들이) 중용되면
齊秦必輕君	제나라와 진나라는 반드시 그대를 경시할 것입니다.
君不如急北兵	그대는 차라리 급히 북으로 군사를 내어
趨趙以和秦魏	조나라로 가서 진나라, 위나라와 화친하고
收周最以厚行	주최를 거두어 후대하고
且反齊王之信[31]	아울러 제왕의 믿음을 되돌리고
又禁天下之變[32]	또한 천하가 변하는 것을 금하는 것이 낫습니다.

29 **정의** 주최(周最)는 주나라의 공자이다.

30 **집해** 친불(親弗)은 사람의 성명이다. **색은** 친(親)은 성이고, 불(弗)은 이름이다. 『전국책』에는 '축불(祝弗)'로 되어 있는데, '축(祝)'이 옳은 것 같다.

31 **색은** 주최는 본래 제나라의 후대를 받았는데 지금 그를 쫓아내고 진나라에서 망명한 장수를 재상으로 삼으려는 것이다. 소대가 맹상군에게 말하여 제나라로 하여금 주최를 거두어 그를 친히 후대하고 또한 제왕의 믿음을 되돌려 주최를 쫓아내지 않게 하려는 것이다.

齊無秦	제나라가 진나라를 없이하면
則天下集齊	천하가 제나라로 모일 것이며
親弗必走	친불은 반드시 달아날 것이니
則齊王孰與爲其國也	제왕이 누구와 나라를 다스리겠습니까!"
於是孟嘗君從其計	이에 맹상군은 그 계책을 좇았는데
而呂禮嫉害於孟嘗君	여례는 맹상군을 미워하여 해치려 하였다.
孟嘗君懼	맹상군이 두려워하여
乃遺秦相穰侯魏冉書曰	이에 진나라 재상 양후 위염에게 편지를 보내어 말하였다.
吾聞秦欲以呂禮收齊	"제가 듣건대 진나라가 여례를 통하여 제나라를 거두려 한다니
齊	제나라는
天下之彊國也	천하의 강국으로
子必輕矣	그대는 반드시 가벼워질 것입니다.
齊秦相取以臨三晉	제나라와 진나라가 서로 취하여 삼진에 임하면
呂禮必并相矣	여례는 반드시 재상직을 겸할 것이니
是子通齊以重呂禮也	이는 그대가 제나라를 통하여 여례를 중용하는 것입니다.
若齊免於天下之兵	제나라가 천하의 병화를 면하게 된다면
其讎子必深矣	그대와 원수의 골이 더욱 깊어질 것입니다.
子不如勸秦王伐齊	그대는 진왕에게 제나라를 치도록 권함만 못합니다.

32 색은 변(變)은 제나라와 진나라가 연합하면 친불과 여례가 등용될 것이며, 그들이 등용되면 진나라와 제나라는 맹상군을 깔보게 될 것이라는 것을 말한다.

齊破	제나라가 깨지고 나면
吾請以所得封子	저는 그대가 봉해지도록 청하겠습니다.
齊破	제나라가 깨지고 나면
秦畏晉之彊	진나라는 진나라가 강해지는 것을 두려워할 것이며
秦必重子以取晉	진나라는 반드시 그대를 중용하여 진나라를 취할 것입니다.
晉國敝於齊而畏秦	진나라는 제나라에 져서 진나라를 두려워하니
晉必重子以取秦	진나라는 반드시 그대를 중용하여 진나라를 취할 것입니다.
是子破齊以爲功	이는 그대에게 제나라를 깨뜨린 공이 돌아가고
挾晉以爲重	진나라를 끼고 중용되는 것이며,
是子破齊定封	이는 그대가 제나라를 격파하고 봉함을 정하는 것이니
秦, 晉交重子	진나라와 진나라는 서로 그대를 중용할 것입니다.
若齊不破	제나라가 깨뜨려지지 않고
呂禮復用	여례가 다시 쓰인다면
子必大窮	그대는 반드시 큰 곤궁에 처할 것입니다."
於是穰侯言於秦昭王伐齊	이에 양후가 진소왕에게 말하여 제나라를 치니
而呂禮亡	여례는 도망쳤다.
後齊湣王滅宋	나중에 제민왕은 송나라를 멸하고
益驕	더욱 교만해져서
欲去孟嘗君	맹상군을 없애려고 하였다.
孟嘗君恐	맹상군은 두려워하여

迺如魏	이에 위나라로 갔다.
魏昭王以爲相	위소왕이 재상으로 삼아
西合於秦, 趙	서로 진나라 및 조나라와 연합하고
與燕共伐破齊	연나라와 함께 제나라를 쳐서 깨뜨렸다.
齊湣王亡在莒	제민왕은 도망쳐서 거현에 있다가
遂死焉	결국 그곳에서 죽었다.
齊襄王立	제양왕이 즉위하였는데
而孟嘗君中立於諸侯	맹상군은 제후들 사이에서 중립의 태도를 취하여
無所屬	속한 곳이 없었다.
齊襄王新立	제양왕이 막 즉위하였을 때
畏孟嘗君	맹상군을 두려워하여
與連和	함께 연대하여
復親薛公	다시 설공을 가까이하였다.
文卒	전문은 죽어
諡爲孟嘗君[33]	시호를 맹상군이라 하였다.
諸子爭立	여러 자식들이 계승권을 다투니
而齊魏共滅薛	제나라와 위나라가 함께 설현을 멸하였다.

33 **집해** 『황람(皇覽)』에서는 말하였다. "맹상군의 무덤은 노국(魯國) 설성(薛城)의 향문(向門) 동쪽에 있다. 향문은 북쪽으로 나가는 성문이다." 『시(詩)』에서는 "상과 허에 거처한다(居常與許)."라 하였는데, 정현(鄭玄)은 말하였다. "상(常)은 '상(嘗)'으로 되어 있는 곳도 있으며, 설현의 남쪽에 있다." 맹상군은 설성을 식읍으로 삼았다. **색은** 맹상(孟嘗)은 부친을 세습하여 설현에 봉하여졌으며 맹상군(孟嘗君)이라 하였는데 여기서 시호라 한 것은 잘못되었다. 맹(孟)은 자이고, 상(嘗)은 읍 이름이다. 『시(詩)』에서는 "상과 허에 거처한다(居常與許)."라 하였는데, 정현의 주석[전(箋)]에서 "상(常)은 상(嘗)으로 되어 있는 곳도 있으며, 상읍(嘗邑)은 설현의 옆에 있다."라 하였는데 옳다. **정의** 『괄지지(括地志)』에서는 말하였다. "맹상군의 무덤은 서주(徐州) 등현(滕縣)의 52리 지점에 있다. 제양왕(齊襄王) 때 죽었다."

孟嘗絕嗣無後也	맹상군은 후사가 끊겨 없어졌다.
初	처음에
馮驩[34]聞孟嘗君好客	풍환이 맹상군이 객을 좋아한다는 말을 듣고
躡蹻而見之[35]	짚신을 신고 그를 찾아갔다.
孟嘗君曰	맹상군이 말하였다.
先生遠辱	"선생께서 먼 곳에서 와주셨으니
何以教文也	무엇으로 저를 가르쳐주시렵니까?"
馮驩曰	풍환이 말하였다.
聞君好士	"그대가 선비를 좋아한다는 말을 듣고
以貧身歸於君	가난한 몸을 그대에게 귀의하려고 합니다."
孟嘗君置傳舍十日[36]	맹상군이 전사에 두고 열흘이 되어
孟嘗君問傳舍長曰	맹상군은 전사의 우두머리에게 물었다.
客何所爲	"객이 무엇을 하던가?"
答曰	답하였다.
馮先生甚貧	"풍 선생은 매우 가난하여
猶有一劍耳	칼 한 자루밖에 없는데
又蒯緱[37]	또한 새끼줄로 (칼자루를) 감았습니다.
彈其劍而歌曰	그 칼자루를 두드리면서 노래하기를
長鋏歸來乎	'장검아 돌아가자꾸나,

34 **집해** (驩의) 음은 환(歡)이다. 또한 '煖'이라고도 하는데 음은 훤[許袁反]이다. **색은** 음은 환(歡)이다. '諼'이라고도 하는데 음은 훤[況遠反]이다.

35 **색은** '蹻'의 음은 각(腳)이다. 또한 '繑'라고도 하고 '屩'이라고도 하며 '鞒'이라고도 한다.

36 **색은** '傳'의 음은 전[逐緣反]이다. 전사(傳舍), 행사(幸舍) 및 대사(代舍)는 모두 상 · 중 · 하 등급에 해당하는 객사의 이름이다.

食無魚	식사에 고기가 없구나.'라 하였습니다."
孟嘗君遷之幸舍	맹상군은 그를 행사로 옮기고
食有魚矣	식사에 고기도 있게 하였다.
五日	닷새 만에
又問傳舍長	또 전사의 우두머리에게 물어보았다.
答曰	답하였다.
客復彈劍而歌曰	"객이 다시 칼자루를 두드리면서 노래하기를
長鋏歸來乎	'장검아 돌아가자꾸나,
出無輿	외출할 때 수레가 없구나.'라 합니다."
孟嘗君遷之代舍	맹상군은 그를 대사로 옮겨주고
出入乘輿車矣	드나들 때 수레를 타게 되었다.
五日	닷새 만에
孟嘗君復問傳舍長	맹상군이 다시 전사의 우두머리에게 물었다.
舍長答曰	전사의 우두머리가 답하여 말하였다.
先生又嘗彈劍而歌曰	"선생이 또 일찍이 칼자루를 두드리면서 노래하기를
長鋏歸來乎	'장검아 돌아가자꾸나,
無以爲家	살 집이 없구나.'라고 합니다."
孟嘗君不悅	맹상군은 기뻐하지 않았다.

37 **집해** '蒯'의 음은 괴[苦怪反]이다. 띠[茅]의 일종으로 끈을 꼴 수 있다. 칼자루에 장식할 만한 것이 없어 가는 새끼를 감은 것이다. '緱'는 음이 후(侯)이며 또한 '후(候)'라고도 하는데, 칼의 자루가 있는 곳이다. **색은** 괴(蒯)는 풀이름이며, 음은 '괴외(蒯聵)'의 '괴(蒯)'이다. '緱'의 음은 후(侯)이며, '후(候)'라고도 하는데, 칼자루를 말한다. 칼자루에 장식할 만한 것이 없어서 다만 황모[蒯]의 끈으로 감았으므로 '괴후(蒯緱)'라 한 것이다.

居期年	1년 동안
馮驩無所言	풍환은 말한 것이 없었다.
孟嘗君時相齊	맹상군은 당시 제나라의 재상으로
封萬戶於薛	설현에서 만 호(戶)에 봉하여졌다.
其食客三千人	그 식객은 3천 명이었다.
邑入不足以奉客[38]	읍의 수입으로는 객들을 공양하기에 부족하여
使人出錢於薛	사람을 시켜 설현에서 돈을 놓게 하였다.
歲餘不入	해가 넘도록 (돈이) 들어오지 않았으며
貸錢者多不能與其息[39]	돈을 빌린 자들은 거의가 이자를 낼 수가 없어
客奉將不給	식객에게 댈 비용도 주지 못할 처지였다.
孟嘗君憂之	맹상군이 근심하여
問左右	좌우에 물었다.
何人可使收債於薛者	"어떤 사람이면 설현에서 빚을 거두게 할 수 있을까?"
傳舍長曰	전사의 우두머리가 말하였다.
代舍客馮公形容狀貌甚辯	"대사의 객인 풍 공(公)이 용모가 뛰어나고 말을 잘하며
長者	연장자인데
無他伎[40]能	별다른 재주도 없으니
宜可令收債	빚을 거두게 하기에 적당합니다."
孟嘗君乃進馮驩而請之曰	맹상군이 이에 풍환을 들여 그 일을 청하며 말하였다.

38 정의 '奉'은 음이 봉[符用反]이다.

39 색은 여(與)는 환(還)과 같다. 식(息)은 이(利)와 같다.

40 집해 '기(技)'라고도 한다.

賓客不知文不肖	"빈객들이 제가 변변찮은 줄도 모르고
幸臨文者三千餘人	제게 와주신 분이 3천여 명인데
邑入不足以奉賓客	읍의 수입으로는 빈객들을 공양하기에 부족하여
故出息錢於薛	설현에서 이자를 놓았소.
薛歲不入	설현에서는 해가 되도록 (돈이) 들어오지 않고
民頗不與其息	백성들이 자못 이자를 갚지 않소.
今客食恐不給	지금 객들의 끼니도 대지 못할 것 같으니
願先生責之	원컨대 선생께서 부채를 받아왔으면 하오."
馮驩曰	풍환이 말하였다.
諾	"그러겠습니다."
辭行	작별을 하고 길을 떠나
至薛	설현에 이르러
召取孟嘗君錢者皆會	맹상군의 돈을 꾼 자들을 불러 모두 모아
得息錢十萬	10만 전의 이자를 거두었다.
迺多釀酒	이에 술을 많이 빚고
買肥牛	살진 소를 사서
召諸取錢者	돈을 꾼 자들을 불렀는데
能與息者皆來	이자를 갚을 수 있는 자들을 모두 오게 하고
不能與息者亦來	이자를 갚을 수 없는 자들도 오게 하여
皆持取錢之券書合之	모두 돈을 꾼 증서를 가져다 모았다.
齊爲會	다 모이자
日殺牛置酒	날마다 소를 잡고 술상을 차려냈다.
酒酣	주흥이 오르자
乃持券如前合之	이에 증서를 가지고 전과 같이 모으게 하여

能與息者	이자를 갚을 수 있는 자는
與爲期	갚을 기한을 정하게 하고,
貧不能與息者	가난하여 이자를 갚을 수 없는 자들은
取其券而燒之	증서를 가져다 태워버렸다.
曰	말하였다.
孟嘗君所以貸錢者	"맹상군께서 돈을 빌려주신 까닭은
爲民之無者以爲本業也	아무것도 없는 백성들에게 생업을 삼게 하기 위함이며,
所以求息者	이자를 구하는 까닭은
爲無以奉客也	빈객을 공양할 것이 없기 때문이오.
今富給者以要期	지금 부유한 자들은 기한을 정하게 하였고
貧窮者燔券書以捐之	빈궁한 자들은 증서를 태워서 버렸소.
諸君彊飮食	제군들은 음식을 맘껏 드시오.
有君如此	이런 주군이 있으니
豈可負哉	어찌 저버릴 수 있겠소!"
坐者皆起	앉은 자들이 모두 일어나
再拜	두 번 절하였다.

孟嘗君聞馮驩燒券書	맹상군은 풍환이 증서를 불태웠다는 것을 듣고
怒而使使召驩	노하여 심부름꾼을 보내 풍환을 부르게 하였다.
驩至	풍환이 이르자
孟嘗君曰	맹상군이 말하였다.
文食客三千人	"저는 식객이 3천 명이나 되어
故貸錢於薛	설현에 돈을 빌려주었소.
文奉邑少[41]	저는 봉읍이 적고

而民尙多不以時與其息	백성들은 오히려 거의 때맞춰 이자를 내지 않아
客食恐不足	객의 양식이 모자랄 것 같아
故請先生收責之	선생께 그들에게서 부채를 받아오게끔 청한 것이오.
聞先生得錢	듣자 하니 선생께서는 돈을 얻자
即以多具牛酒而燒券書	곧 소와 술을 많이 갖추고 증서는 태워버렸다는데
何	어째서요?"
馮驩曰	풍환이 말하였다.
然	"그렇습니다.
不多具牛酒即不能畢會	소와 술을 많이 갖추지 않으면 다 모이게 할 수 없고
無以知其有餘不足	그들이 풍족한지 부족한지 알 길이 없습니다.
有餘者	풍족한 자들은
爲要期	(갚을) 기한을 정하게 하였습니다.
不足者	부족한 자들은
雖守而責之十年	비록 (증서를) 가지고 10년간 부채를 지워도
息愈多	이자만 많아질 것이며
急	다급해지면
即以逃亡自捐之	도망쳐서 제 발로 버리게 될 곳입니다.
若急	다급하게 굴면
終無以償	끝내 갚을 길이 없을 것이며,
上則爲君好利不愛士民	위에서는 주군이 이익을 좋아하고 사민은 사랑

41 **색은** 전문의 봉읍(奉邑: 부세를 받아 봉록으로 삼는 봉지)이 적어서 설현에서 이자놀이를 하게 하였다는 말이다.

	하지 않는다 할 것이고
下則有離上抵負之名	아래서는 윗사람을 이반하여 저버리게 한다는 죄명이 있게 될 것이니
非所以厲士民彰君聲也	사민을 권면하고 주군의 명성을 밝히는 것이 아닙니다.
焚無用虛債之券	쓸모없는 빈 채권 증서를 불태우고
捐不可得之虛計	얻을 수 없는 헛된 계획을 버려
令薛民親君而彰君之善聲也	설현의 백성들로 하여금 주군을 가까이하고 주군의 훌륭한 명성을 빛나게 하는 것인데
君有何疑焉	주군께서는 어찌 의심을 하십니까!"
孟嘗君乃拊手而謝之	맹상군은 이에 손뼉을 치면서 사죄하였다.

齊王惑於秦楚之毀	제왕이 진나라와 초나라의 비방에 혹하여
以爲孟嘗君名高其主而擅齊國之權	맹상군의 명성이 그 임금보다 높고 제나라의 정권을 좌지우지한다고 생각하여
遂廢孟嘗君	마침내 맹상군을 폐하였다.
諸客見孟嘗君廢	문객들은 맹상군이 폐하여진 것을 보고
皆去	모두 떠났다.
馮驩曰	풍환이 말하였다.
借臣車一乘	"제게 수레 한 대를 빌려주시어
可以入秦者	진나라로 들어갈 수 있게 해주신다면
必令君重於國而奉邑益廣	반드시 주군이 나라에 중용되고 봉읍을 더 넓게 하겠사오니
可乎	되겠습니까?"
孟嘗君乃約車幣而遣之	맹상군은 이에 수레와 폐백을 약속하고 보냈다.

馮驩乃西說秦王曰	풍환은 이에 서쪽으로 가서 진왕을 유세하여 말하였다.
天下之游士馮軾結靷西入秦者	"천하의 유세지사로 수레를 타고 서로 진나라에 들어오는 자 치고
無不欲彊秦而弱齊	진나라를 강하게 하고 제나라를 약하게 하지 않으려 함이 없으며,
馮軾結靷東入齊者	수레를 타고 동으로 제나라에 들어가는 자 치고
無不欲彊齊而弱秦	제나라를 강하게 하고 진나라를 약하게 하지 않으려 함이 없습니다.
此雄雌之國也	이(두 나라)는 자웅을 겨루는 나라들로
勢不兩立爲雄	형세가 두 나라 모두 웅으로 양립하지 못하며
雄者得天下矣	웅자가 천하를 얻게 될 것입니다."
秦王跽而問之曰	진왕이 꿇어앉아 그에게 물었다.
何以使秦無爲雌而可	"어떻게 하면 진나라가 자가 되지 않을 수 있게 하겠소?"
馮驩曰	풍환이 말하였다.
王亦知齊之廢孟嘗君乎	"왕께서도 제나라가 맹상군을 폐하였다는 것을 아십니까?"
秦王曰	진왕이 말하였다.
聞之	"알고 있소."
馮驩曰	풍환이 말하였다.
使齊重於天下者	"제나라가 천하에서 중시되게 한 것은
孟嘗君也	맹상군입니다.
今齊王以毀廢之	지금 제왕이 비방을 듣고 폐하여
其心怨	맹상군이 마음속으로 원망하고 있으니

必背齊	반드시 제나라를 등질 것이며,
背齊入秦	제나라를 등지고 진나라로 들어오면
則齊國之情	제나라의 정세와
人事之誠	인사의 실정을
盡委之秦	모두 진나라에 맡기는 것이 되어
齊地可得也	제나라 땅을 얻을 수 있으니
豈直爲雄也	어찌 바로 웅이 되지 않겠습니까!
君急使使載幣陰迎孟嘗君	임금께서 급히 사자를 보내어 폐백을 싣고 몰래 맹상군을 맞음에
不可失時也	때를 잃어서는 아니 되옵니다.
如有齊覺悟	제나라가 깨닫고
復用孟嘗君	다시 맹상군을 등용한다면
則雌雄之所在未可知也	자웅을 가릴 소재를 알 수 없게 됩니다."
秦王大悅	진왕은 크게 기뻐하여
迺遣車十乘黃金百鎰以迎孟嘗君	이에 수레 백 대에 황금 백 일을 보내어 맹상군을 맞았다.
馮驩辭以先行	풍환은 하직하고 먼저 길을 나서
至齊	제나라에 이르러
說齊王曰	제왕을 유세하여 말하였다.
天下之游士馮軾結靷東入齊者	"천하의 유세지사로 수레를 타고 동으로 진나라에 들어오는 자 치고
無不欲彊齊而弱秦者	제나라를 강하게 하고 진나라를 약하게 하지 않으려 함이 없으며,
馮軾結靷西入秦者	수레를 타고 서로 진나라에 들어가는 자 치고

無不欲彊秦而弱齊者	진나라를 강하게 하고 제나라를 약하게 하지 않으려 함이 없습니다.
夫秦齊雄雌之國	저 진나라와 제나라는 자웅을 겨루는 나라로
秦彊則齊弱矣	진나라가 강해지면 제나라는 약해지게 되니
此勢不兩雄	이는 형세가 두 웅이 있을 수 없습니다.

今臣竊聞秦遣使車十乘載黃金百鎰以迎孟嘗君

지금 신이 가만히 듣자니 진나라에서 사자를 보내어 수레 열 대에 황금 백 일을 싣고 맹상군을 맞아들인다고 합니다.

孟嘗君不西則已	맹상군이 서쪽으로 가지 않으면 그만이지만
西入相秦則天下歸之	서로 들어가 진나라의 재상이 되면 천하는 그리 귀의할 것이니
秦爲雄而齊爲雌	진나라가 웅이 되고 제나라는 자가 될 것이며
雌則臨淄, 即墨危矣	자가 되면 임치와 즉묵이 위태롭게 될 것입니다.
王何不先秦使之未到	왕께서는 어찌 진나라의 사자가 아직 이르기 전에
復孟嘗君	맹상군을 복위시키고
而益與之邑以謝之	읍을 더 주어 사죄하지 않으십니까?
孟嘗君必喜而受之	맹상군은 반드시 기뻐하며 받아들일 것입니다.
秦雖彊國	진나라가 비록 강국입니다만
豈可以請人相而迎之哉	어찌 남의 재상으로 청하여 맞아들일 수 있겠습니까!
折秦之謀	진나라의 모략을 꺾어야
而絕其霸彊之略	칭패하고 강하게 되려는 책략을 끊는 것입니다."
齊王曰	제왕이 말하였다.
善	"좋소."

乃使人至境候秦使	이에 사람을 국경에 이르게 해 진나라 사자를 살피게 하였는데
秦使車適入齊境	진나라 사자의 수레가 마침 제나라 국경으로 들어와
使還馳告之	돌아가 말을 달려 알리게 하니
王召孟嘗君而復其相位	왕이 맹상군을 불러 재상의 직위를 회복시켜 주고
而與其故邑之地	옛 봉읍지를 주고
又益以千戶	또한 천 호를 더하여 주었다.
秦之使者聞孟嘗君復相齊	진나라의 사자는 맹상군이 다시 제나라의 제상이 되었다는 것을 듣고
還車而去矣	수레를 돌려 떠났다.

自齊王毀廢孟嘗君	제왕이 맹상군을 쫓아내자
諸客皆去	문객들이 모두 떠났다.
後召而復之	나중에 불러다 복직시키자
馮驩迎之	풍환(만)이 그를 맞았다.
未到	채 이르지 못하여
孟嘗君太息歎曰	맹상군은 한숨을 쉬며 탄식하여 말하였다.
文常好客	“내 늘 객을 좋아하여
遇客無所敢失	객을 만나면 감히 실례를 하지 않아
食客三千有餘人	식객이 3천여 명이나 되었던 것은
先生所知也	선생께서 아는 대로입니다.
客見文一日廢	객들이 제가 하루아침에 폐하여지는 것을 보고는
皆背文而去	모두 저를 등지고 떠나

莫顧文者	저를 돌아보는 자가 아무도 없습니다.
今賴先生得復其位	지금 선생 덕에 직위에 복귀하게 되었으니
客亦有何面目復見文乎	객들도 무슨 면목으로 저를 다시 보겠습니까?
如復見文者	다시 저를 만나보려 한다면
必唾其面而大辱之	반드시 그 얼굴에 침을 뱉어 크게 모욕을 줄 것입니다."
馮驩結轡下拜	풍환은 고삐를 매고 말에서 내려 (하직하고자) 절하였다.
孟嘗君下車接之	맹상군이 수레에서 내려 그를 끌면서
曰	말하였다.
先生爲客謝乎	"선생께선 객들을 위해 떠나시는 것입니까?"
馮驩曰	풍환이 말하였다.
非爲客謝也	"객들을 위해 떠나려는 것이 아니라
爲君之言失	주군께서 말실수를 하셨기 때문입니다.
夫物有必至	대체로 사물이 반드시 이르게 되는 것은
事有固然	일에 실로 그렇게 되는 까닭이 있는데
君知之乎	주군께서는 그것을 아시는지요?"
孟嘗君曰	맹상군이 말하였다.
愚不知所謂也	"저는 무슨 말씀을 하시는지 모르겠군요."
曰	말하였다.
生者必有死	"살아 있는 것은 반드시 죽게 마련이니
物之必至也	사물이라면 반드시 이르게 되며,
富貴多士	부귀할 때 선비가 많아지고
貧賤寡友	빈천해지면 벗이 적어지는 것은
事之固然也	일이 실로 그러한 것입니다.

君獨不見夫趣市朝者乎[42]	주군께서는 저 장바닥에 가는 사람도 보지 못하였습니까?
明旦	날이 밝으면
側肩爭門而入	어깨를 부대끼며 다투어 문으로 들어가고,
日暮之後	날이 진 다음에는
過市朝者掉臂而不顧[43]	장바닥을 지나는 자들이 팔을 흔들며 돌아보지도 않습니다.
非好朝而惡暮	아침을 좋아하고 저녁을 싫어해서가 아니라
所期物忘其中[44]	바라던 물건이 거기에 없기 때문입니다.
今君失位	지금 주군께서 (재상의) 직위를 잃어
賓客皆去	빈객들이 모두 떠나버렸는데
不足以怨士而徒絕賓客之路	선비들을 원망하여 한갓 빈객들의 길을 끊어서는 안 됩니다.
願君遇客如故	주군께서는 옛날처럼 객들을 대하시기 바랍니다."
孟嘗君再拜曰	맹상군이 두 번 절하고 말하였다.
敬從命矣	"삼가 명을 좇겠습니다.
聞先生之言	선생의 말을 듣고
敢不奉教焉	감히 가르침을 받들지 않겠습니까!"

42 색은 '趣'의 음은 취(娶)이다. 취는 향한다는 뜻이다.

43 색은 '過'의 음은 과[光臥反]이다. '朝'의 음은 조(潮)이다. 시장에 가는 자리가 조정의 열(列)과 같으므로 이에 시조(市朝)라고 말하였을 따름이다.

44 색은 기물(期物)은 시장에 가서 심중에 바라는 물건을 이르므로 날이 밝을 때 어깨를 부대끼며 다투어 문으로 들어갔다가 날이 저물면 바라던 것이 그 안에 없게 된다. 망(忘)은 무(無)와 같은 뜻이다. 기중(其中)은 시장 안이라는 뜻이다. 날이 저물어 물건이 바닥났으므로 팔을 흔들며 뒤돌아보지 않는 것이다.

太史公曰	태사공은 말한다.
吾嘗過薛	내 일찍이 설현에 들른 적이 있는데
其俗閭里率多暴桀子弟	그 마을에는 거의가 흉포하고 사나운 자제들로
與鄒魯殊	추나라 노나라와는 달랐다.
問其故	그 까닭을 물었더니
曰	말하였다.
孟嘗君招致天下任俠	"맹상군이 천하의 임협들을 초치하니
姦人入薛中蓋六萬餘家矣	간사한 사람들이 설현에 들어온 것이 6만여 가구나 되었습니다."
世之傳孟嘗君好客自喜	세상에서 전하기를 맹상군이 객을 좋아하여 정말 기뻐한다 하더니
名不虛矣	명성이 헛된 것이 아니다.

16 평원군·우경 열전 平原君虞卿列傳

平原君趙勝者[1]	평원군 조승은
趙之諸公子也[2]	조나라의 제공자이다.
諸子中勝最賢	여러 아들 중에 조승이 가장 현명하였으며
喜賓客	빈객을 좋아하여
賓客蓋至者數千人	이른 빈객이 거의 수천 명은 되었다.
平原君相趙惠文王及孝成王	평원군은 조혜문왕 및 효성왕의 재상이 되어
三去相	세 차례 재상에서 파면되었고
三復位	세 차례 복직되었으며
封於東武城[3]	동무성에 봉해졌다.

平原君家樓臨民家	평원군 집의 누대는 민가를 내려다보고 있었다.
民家有躄者	민가에는 절름발이가 있었는데
槃散[4]行汲	절룩절룩하며 물을 길으러 갔다.
平原君美人居樓上	평원군의 한 미인이 누대 위에 있다가

1 **정의** 勝의 음은 승[式證反]이다.

2 **집해** 서광(徐廣)은 말하였다. "「위공자전(魏公子傳)」에서는 조혜문왕(趙惠文王)의 아우라 하였다."

3 **집해** 서광은 말하였다. "청하(淸河)에 속한다." **정의** 지금의 패주(貝州) 무성현(武城縣)이다.

4 **집해** 또한 '산(跚)'이라고도 한다. **색은** 躄의 음은 벽(壁)이다. 散의 음은 산[先寒反]이다, 또한 '산(跚)'이라고도 하며, 음은 같다. **정의** 벽(躄)은 다리를 절룩이는 것이다.

臨見	내려다보고는
大笑之	크게 웃음을 터뜨렸다.
明日	이튿날
躄者至平原君門	절름발이가 평원군의 문 앞에 이르러
請曰	청하여 말하였다.
臣聞君之喜士	"제가 듣건대 그대가 선비를 좋아하여
士不遠千里而至者	선비들이 천 리를 멀다 않고 이른다는데
以君能貴士而賤妾也	이는 선비를 귀히 여기고 첩을 천하게 여길 수 있기 때문입니다.
臣不幸有罷癃之病[5]	제가 불행히도 곱사병을 앓고 있사온데
而君之後宮臨而笑臣	그대의 후궁이 내려다보며 저를 보고 비웃었으니
臣願得笑臣者頭	저는 저를 보고 웃은 자의 머리를 얻었으면 합니다."
平原君笑應曰	평원군이 웃으며 대꾸하여 말하였다.
諾	"좋소."
躄者去	절름발이가 떠나자
平原君笑曰	평원군이 웃으며 말하였다.
觀此豎子	"이 녀석을 보아하니
乃欲以一笑之故殺吾美人	한번 웃었다는 이유로 나의 미인을 죽이고자 하는데
不亦甚乎	또한 심하지 않은가!"
終不殺	결국 죽이지 않았다.

5 **집해** 서광은 말하였다. "癃은 음이 융(隆)이다. 융(癃)은 병든 것이다." **색은** 罷의 음은 피(皮)이다. 癃은 음이 융[呂宮反]이다. 피륭(罷癃)은 등을 앓는 병이다, 허리가 굽고 등이 불쑥 솟은 것을 말한다.

居歲餘	한 해 남짓에
賓客門下舍人稍稍引去者過半	빈객과 문하의 사인들 가운데 떠난 자가 반이 넘었다.
平原君怪之	평원군이 괴이히 여겨
曰	말하였다.
勝所以待諸君者未嘗敢失禮	"내가 그대들을 접대하면서 감히 예를 잃은 적이 없는데
而去者何多也	떠나는 자가 어찌하여 이다지도 많은가?"
門下一人前對曰	문하의 한 사람이 앞으로 나와서 말하였다.
以君之不殺笑躄者	"그대가 절름발이를 보고 웃은 자를 죽이지 않아
以君爲愛色而賤士	그대를 여색을 사랑하고 선비를 좋아하지 않는다고 생각하여
士即去耳	선비들이 그길로 떠난 것입니다."
於是平原君乃斬笑躄者美人頭	이에 평원군은 바로 절름발이를 비웃은 미인의 머리를 잘라
自造門進躄者	친히 절름발이의 문 앞으로 가서 바치고
因謝焉	사죄하였다.
其後門下乃復稍稍來	그 후로 문객들이 곧 다시 차츰차츰 오게 되었다.
是時齊有孟嘗	이때 제나라에는 맹상군이 있었고
魏有信陵	위나라에는 신릉군이 있었으며
楚有春申	초나라에는 춘신군이 있었으므로
故爭相傾以待士[6]	다투어 경쟁적으로 선비를 대우하였다.

6 **집해** 서광은 말하였다. "'대(待)' 자는 '득(得)' 자로 된 판본도 있다."

秦之圍邯鄲[7]	진나라가 한단을 에워싸자
趙使平原君求救	조나라는 평원군에게 구원을 청하여
合從於楚	초나라와 합종하게 되었는데,
約與食客門下有勇力文武備具者二十人偕	식객과 문하의 사람 가운데서 용력과 문무를 갖춘 자 20명과 함께하겠다고 약속하였다.
平原君曰	평원군이 말하였다.
使文能取勝	"문사(평화로운 방법)로 성공할 수 있다면
則善矣	좋을 것이오.
文不能取勝	문사로 성공할 수 없다면
則歃血於華屋之下	화려한 전각 아래서 피를 마셔서라도
必得定從而還	반드시 합종을 성사시키고 돌아와야 합니다.
士不外索	선비는 바깥에서 찾지 않고
取於食客門下足矣	식객과 문하에서 취하면 충분할 것이오."
得十九人	19명은 얻을 수 있었는데
餘無可取者	나머지 한 사람은 취할 만한 사람이 없어서
無以滿二十人	20인을 다 채울 수 없었다.
門下有毛遂者	문하에 모수란 사람이 있었는데
前	앞으로 나오더니
自贊於平原君曰	자신을 평원군에게 추천하면서 말했다.
遂聞君將合從於楚	"제가 듣건대 주군께서 초나라와 합종책을 맺으시려는데
約與食客門下二十人偕	식객 문인 20명과 함께하기로 약속하였으되

7 **정의** 조혜문왕(趙惠文王) 9년(B.C. 290)이고, 진소왕(秦昭王) 15년(B.C. 292)이다.(2년의 연대차가 있다.-옮긴이)

不外索	바깥에서는 찾지 않겠다고 하였습니다.
今少一人	지금 한 사람이 모자란다고 하니
願君即以遂備員而行矣	원컨대 주군께옵서는 곧 저로써 인원을 채워 가시기 바랍니다.”
平原君曰	평원군이 말하였다.
先生處勝之門下幾年於此矣	“선생께선 이곳 제 문하에 있으신 지가 몇 년이나 되었소?”
毛遂曰	모수가 말하였다.
三年於此矣	“이곳에 있은 지 3년째입니다.”
平原君曰	평원군이 말하였다.
夫賢士之處世也	“대체로 현사가 세상에 처함은
譬若錐之處囊中	비유컨대 송곳이 주머니 속에 있는 것과 같아서
其末立見	그 끝이 곧장 보여야 하오.
今先生處勝之門下三年於此矣	지금 선생이 제 문하에 처한 지 어언 3년째인데
左右未有所稱誦	좌우에서 여태까지 칭송함이 없고
勝未有所聞	저도 아직 아는 것이 없으니
是先生無所有也	이는 선생께서 가진 것이 없는 것입니다.
先生不能	선생은 갈 수 없으니
先生留	선생은 남아 있으시오.”
毛遂曰	모수가 말하였다.
臣乃今日請處囊中耳	“신은 곧 오늘 주머니 속에 처하게 되기를 청할 따름입니다.
使遂蚤得處囊中	저로 하여금 일찍 주머니 속에 처하게 하였더라면
乃穎脫而出[8]	이에 뾰족한 끝이 삐져나왔을 것이니

非特其末見而已	다만 그 끝만 드러날 뿐이 아닐 것입니다."
平原君竟與毛遂偕	평원군은 마침내 모수와 함께 갔다.
十九人相與目笑之而未廢也[9]	19명은 서로 눈짓을 하면서 그를 비웃었지만 그를 버릴 수는 없었다.

毛遂比至楚	모수는 (일행이) 초나라에 거의 다다랐을 무렵에는
與十九人論議	(동행하던) 19명과 논쟁을 하여
十九人皆服	19명이 모두 심복하였다.
平原君與楚合從	평원군이 초나라와 합종을 하면서
言其利害	그 이로움과 해로움을 이야기하는데
日出而言之	해가 뜰 때 이야기하여
日中不決	해가 중천에 이르도록 결정이 나지 않았다.
十九人謂毛遂曰	19명이 모수에게 일러 말하였다.
先生上	"선생이 오르시오."
毛遂按劍歷階而上	모수가 칼자루를 어루만지며 계단을 지나 올라가서
謂平原君曰	평원군에게 말하였다.
從之利害	"합종의 이로움과 해로움은
兩言而決耳	두 마디면 결정될 따름입니다.
今日出而言從	오늘 해가 뜰 때부터 합종을 이야기하여
日中不決	해가 중천에 이르도록 결정이 나지 않으니

8 색은 정현(鄭玄)은 말하였다. "영(穎)은 고리[環]이다." 脫의 음은 탈[吐活反]이다.

9 색은 정현은 말하였다. "모두 눈짓을 하며 경시하여 비웃은 것으로, 즉시 버릴 수는 없는 것이다."

何也	어찌된 것입니까?”
楚王謂平原君曰	초나라 왕이 평원군에게 말하였다.
客何爲者也	“객은 무엇 하는 자입니까?”
平原君曰	평원군이 말하였다.
是勝之舍人也	“저의 사인입니다.”
楚王叱曰	초나라 왕이 꾸짖어 말하였다.
胡不下	“어째서 내려가지 않는가!
吾乃與而君言	내 곧 네 주군과 이야기하고 있거늘
汝何爲者也	너는 무엇 하는 놈이냐!”
毛遂按劍而前曰	모수가 칼자루를 어루만지며 앞으로 나서서 말하였다.
王之所以叱遂者	“왕께서 모수를 꾸짖는 까닭은
以楚國之衆也	초나라의 백성이 많기 때문입니다.
今十步之內	지금 10보 안에서는
王不得恃楚國之衆也	왕께서 초나라의 많은 백성을 믿을 수 없고
王之命縣於遂手	왕의 목숨은 이 모수의 손에 달려 있습니다.
吾君在前	제 주군이 앞에 있사온데
叱者何也	꾸짖음은 어째서입니까?
且遂聞湯以七十里之地王天下	또한 제가 듣기에 탕(湯)은 70리의 땅으로 천하를 다스렸고
文王以百里之壤而臣諸侯	문왕은 백 리의 땅으로 제후들을 복속시켰다 하니
豈其士卒衆多哉	어찌 사졸이 많아서였겠으며
誠能據其勢而奮其威	실로 형세에 의거하고 위세를 떨칠 수 있었기 때문입니다.

今楚地方五千里	지금 초나라는 사방 5천 리의 땅에
持戟百萬	창으로 무장한 군사가 백만인데,
此霸王之資也	이는 패왕의 바탕입니다.
以楚之彊	초나라의 강함은
天下弗能當	천하에서 당해 낼 수 없습니다.
白起	백기는
小豎子耳	어린아이일 뿐이거늘
率數萬之衆	수만의 무리를 이끌고
興師以與楚戰	군사를 일으켜 초나라와 싸웠는데
一戰而擧鄢郢	한 번 싸워 언영을 빼앗고
再戰而燒夷陵	두 번 싸워 이릉을 불태웠으며
三戰而辱王之先人	세 번을 싸워서는 왕의 선인들을 욕보였습니다.
此百世之怨而趙之所羞	이는 백 세대의 원한이며 조나라가 부끄러워하는 것인데도
而王弗知惡焉[10]	왕께서는 그 통한을 알지 못하고 계십니다.
合從者爲楚	합종은 초나라를 위한 것이지
非爲趙也	조나라를 위한 것이 아닙니다.
吾君在前	제 주군이 앞에 있사온데
叱者何也	꾸짖음은 어째서입니까?”
楚王曰	초나라 왕이 말하였다.
唯唯	“예예,
誠若先生之言	실로 선생의 말대로 하여
謹奉社稷而以從	삼가 사직을 받들어 합종을 하겠습니다.”

10 **정의** 惡의 음은 오[烏故反]이다.

毛遂曰	모수가 말하였다.
從定乎	“합종이 결정된 것입니까?”
楚王曰	초나라 왕이 말하였다.
定矣	“결정되었습니다.”
毛遂謂楚王之左右曰	모수가 초나라 왕의 좌우에게 말하였다.
取雞狗馬之血來[11]	“닭과 개, 말의 피를 가져오시오.”
毛遂奉銅槃[12]而跪進之楚王曰	모수가 구리 쟁반을 받들어 꿇어앉아 초나라 왕에게 바치며 말하였다.
王當歃血而定從	“왕께서 피를 마시면 합종이 결정될 것이며
次者吾君	다음은 우리 주군
次者遂	다음은 저입니다.”
遂定從於殿上	마침내 대전에서 합종이 결정되었다.
毛遂左手持槃血而右手招十九人曰	모수는 왼손으로 피가 담긴 접시를 잡고 오른손으로 19명을 불러 말하였다.
公相與歃此血於堂下[13]	“그대들은 대청의 아래에서 서로 돌아가며 이 피를 마시시오.
公等錄錄[14]	그대들이 줄줄이 따르는 것은
所謂因人成事者也	이른바 남의 힘으로 일을 이룬 것이오.”

---

11 **색은** 맹약에 쓰이는 희생은 귀천에 따라 달라서 천자는 소와 말의 피를 쓰고 제후는 개와 수퇘지의 피를 쓰며 대부 이하는 닭을 쓴다. 지금 여기서는 맹약 때 쓰는 피를 총괄적으로 말하였으므로 “닭과 개, 말의 피를 가져오시오.”라 하였을 따름이다.

12 **색은** 奉의 음은 봉[敷奉反]이다. 『주례(周禮)』대로라면 구슬 쟁반을 썼다.

13 **색은** (歃은) 이 피를 마시는 것이다. 음은 삽[所甲反]이다.

14 **집해** 음은 록(祿)이다. **색은** 음은 록(祿)이다. 왕소(王劭)는 “록(錄)은 가차자일 따름이다.”라 하였다. 또한 『설문(說文)』에서는 “녹록(錄錄)은 따르는 모양이다.”라 하였다.

平原君已定從而歸	평원군은 이미 합종을 정하고 돌아왔는데
歸至於趙	조나라로 돌아와서
曰	말하였다.
勝不敢復相士	"내 감히 다시는 선비를 감별하지 않겠다.
勝相士多者千人	내 선비를 감별한 것이 많게는 천 명에서
寡者百數	적게는 백여 명이나 되는데
自以爲不失天下之士	스스로 생각하기를 천하의 선비를 잃지 않았다 하였거늘
今乃於毛先生而失之也	지금 이에 모 선생을 놓쳐버렸다.
毛先生一至楚	모 선생은 초나라에 이르자마자
而使趙重於九鼎大呂[15]	조나라를 구정이나 대려보다 중하게 하도록 하였다.
毛先生以三寸之舌	모 선생의 세 치 혀는
彊於百萬之師	백만의 군사보다 강하였다.
勝不敢復相士	내 감히 다시는 선비를 감별하지 않겠다."
遂以爲上客	마침내 상객으로 삼았다.

平原君既返趙	평원군이 조나라로 돌아오자
楚使春申君將兵赴救趙	초나라는 춘신군에게 군사를 거느리고 가서 조나라를 구원케 하였고
魏信陵君亦矯奪晉鄙軍往救趙	위나라 신릉군도 왕명을 가탁하여 진비의 군사를 빼앗아 조나라를 구원하였는데

15 색은 구정(九鼎)과 대려(大呂)는 나라의 보기(寶器)이다. 모수가 초나라에 이르러 조나라를 구정과 대려보다 중시되도록 하였다는 것으로 천하의 중시를 받음을 말한다. 정의 대려(大呂)는 주나라 종묘의 대종(大鍾)이다.

皆未至	모두 아직 이르지 않았다.
秦急圍邯鄲	진나라가 급히 한단을 에워싸니
邯鄲急	한단은 위급해져서
且降	항복을 하려 하였고
平原君甚患之	평원군은 이를 매우 근심하였다.
邯鄲傳舍吏子李同[16]說平原君曰	한단 전사의 관리의 아들인 이동이 평원군에게 말하였다.
君不憂趙亡邪	"주군께서는 조나라가 망하는 것이 걱정되지 않으십니까?"
平原君曰	평원군이 말하였다.
趙亡則勝爲虜	"조나라가 망하면 나는 포로가 될 것인데
何爲不憂乎	어찌 걱정이 되지 않겠는가?"
李同曰	이동이 말하였다.
邯鄲之民	"한단의 백성들은
炊骨易子而食	(사람의) 뼈를 때고 자식을 바꾸어 잡아먹으니
可謂急矣	위급하다 할 만한데
而君之後宮以百數	주군의 후궁은 백을 헤아리고
婢妾被綺縠	계집종은 비단옷을 입고 있으며
餘粱肉	양식과 고기가 남아돌고 있는데도
而民褐衣不完	백성들은 거친 짧은 옷마저 완전치 못하고
糟糠不厭	지게미마저 실컷 먹지 못합니다.
民困兵盡	백성은 곤궁하고 군사는 다하여
或剡木爲矛矢	깎은 나무를 창이나 화살로 쓰기도 하는데

16 **정의** 이름은 담(談)인데 태사공이 기휘하여 고쳤다.

而君器物鍾磬自若	주군의 기물과 종경은 여전합니다.
使秦破趙	진나라가 조나라를 깨뜨린다면
君安得有此	주군께서 어찌 이렇게 하실 수 있겠습니까?
使趙得全	조나라가 온전하게 된다면
君何患無有	주군께서 어찌 없음을 걱정하시겠습니까?
今君誠能令夫人以下編於士卒之間	지금 주군께서 실로 부인 이하를 사졸에 편성하고
分功而作	일을 나누어 하게 하며
家之所有盡散以饗士	집에서 가지고 있는 것을 모두 나누어 군사에게 베풀 수만 있다면
士方其危苦之時	군사들이 바야흐로 위난하고 어려운 때라 하여
易德耳[17]	덕을 바꿀 따름입니다."
於是平原君從之	이에 평원군은 그대로 좇아
得敢死之士三千人	결사대 3천 명을 얻었다.
李同遂與三千人赴秦軍	이동이 마침내 3천 명과 함께 진나라 군사에게 달려드니
秦軍爲之卻三十里	진나라 군사는 이 때문에 30리를 물렸다.
亦會楚魏救至	또한 마침 초나라와 위나라의 구원병이 이르러
秦兵遂罷	진나라 군사는 결국 물러나고
邯鄲復存	한단은 다시 보존되었다.
李同戰死	이동은 전사하였으며
封其父爲李侯[18]	그 아비를 이후에 봉하였다.

17 정의 선비는 바야흐로 위험하고 어려울 때 은덕을 베푼 자를 위해 태도를 바꾼다는 말이다.

虞卿欲以信陵君之存邯鄲爲平原君請封	우경은 신릉군이 한단을 보존한 것은 평원군 때문이라 생각하여 봉할 것을 청하려 하였다.
公孫龍聞之	공손룡이 듣고
夜駕見平原君曰	밤에 수레를 타고 평원군을 찾아가 말하였다.
龍聞虞卿欲以信陵君之存邯鄲爲君請封	"제가 듣건대 우경이 신릉군이 한단을 보존한 것이 평원군 때문이라 하여 봉할 것을 청하고자 한다 하였는데
有之乎	그런 일이 있습니까?"
平原君曰	평원군이 말하였다.
然	"그렇소."
龍曰	공손룡이 말하였다.
此甚不可	"이는 매우 옳지 않습니다.
且王擧君而相趙者	또한 왕께서 그대를 들어 조나라 재상이 되게 한 것은
非以君之智能爲趙國無有也	그대 같은 지혜와 재능을 가진 자가 조나라에 없어서가 아닙니다.
割東武城而封君者	동무성을 떼어서 그대를 봉한 것도
非以君爲有功也	그대가 공을 세우고
而以國人無勳	백성들이 공훈이 없어서도 아니며,
乃以君爲親戚故也	곧 그대가 친척이기 때문입니다.
君受相印不辭無能	그대가 재상의 인장을 받고 무능하다고 사양

18 집해 서광은 말하였다. "하내(河內)의 성고(成皐)에 이성(李城)이 있다." 정의 회주(懷州) 온현(溫縣)이 본래 이성(李城)인데, 이동(李同)의 아비가 봉해진 곳이다. 수양제(隋煬帝)가 옛 온성(溫城)에서 이곳으로 현을 옮겼다.

	치 않고
割地不言無功者	땅을 떼어 받고도 공이 없다고 말하지 않는 것도
亦自以爲親戚故也	또한 스스로 친척이라고 생각해서입니다.
今信陵君存邯鄲而請封	지금 신릉군이 한단을 보존하였다고 봉할 것을 청하는 것은
是親戚受城而國人計功也[19]	친척으로 성을 받고 백성들이 공을 헤아리는 것입니다.
此甚不可	이는 매우 옳지 않습니다.
且虞卿操其兩權	또한 우경은 그 양쪽의 추를 잡고
事成	일이 이루어지면
操右券以責[20]	오른쪽 조각을 잡고 요구할 것이며,
事不成	일이 이루어지지 않으면
以虛名德君	헛된 명성으로 그대에게 덕을 베풀었다고 할 것입니다.
君必勿聽也	그대는 절대 들으시면 안 됩니다."
平原君遂不聽虞卿	평원군은 결국 우경의 말을 듣지 않았다.

平原君以趙孝成王十五年卒[21]

	평원군은 조효성왕(趙孝成王) 15년(B.C. 251)에 죽었다.
子孫代	자손들이 대를 이었으며

---

19 집해 서광은 말하였다. "어떤 판본에는 '친척이 성을 받고 나라를 사람에게 허락한 것이다(是親戚受城而以國許人).'로 되어 있다."

20 색은 우경이 평원공이 봉하여진 일이 이루어진 것을 논하여 오른쪽 (부절의) 조각을 잡고 그 보답을 요구할 것이라는 말이다.

21 색은 「육국연표(六國年表)」 및 「세가(世家)」에 의하면 모두 14년(B.C. 252)에 죽었다 하여 이곳과 다르다.

後竟與趙俱亡	나중에 결국 조나라와 함께 망하였다.
平原君厚待公孫龍	평원군은 공손룡을 후히 대하였다.
公孫龍善爲堅白之辯	공손룡은 견백의 변에 능하였는데
及鄒衍過趙[22]言至道	추연이 조나라를 지나면서 지극한 도를 말하자
乃絀公孫龍[23]	이에 공손룡을 물리쳤다.
虞卿者	우경은
游說之士也	유세지사이다.
躡蹻檐簦[24]說趙孝成王	짚신을 신고 우산을 쓰고 조효성왕을 유세하였다.

22 색은 過는 음이 과(戈)이다.

23 집해 유향(劉向)의 『별록(別錄)』에서는 말하였다. "제나라 사자 추연(鄒衍)이 조나라를 지나자 평원군이 공손룡 및 그의 무리 기전자(綦毋子) 등을 만나보고 '백마비마(白馬非馬)'의 변설을 논하여 추자(鄒子)에게 물어보았다. 추자가 말하였다. '옳지 않습니다. 저 천하의 변설에는 다섯 뛰어난 것과 세 지극한 것이 있는데 말을 바르게 하는 것을 못한 것으로 생각합니다. 변설이라는 것은 무리를 구별하여 서로 해치지 않게 하고 이단을 매겨서 서로 어지럽지 않게 하며 뜻을 펴고 통하게 하며, 말하는 것을 밝혀 사람들로 하여금 알게 하고 서로 미혹되게 하는 데 힘쓰지 않습니다. 그러므로 뛰어난 자는 그 지키는 것을 잃지 않으며 뛰어나지 않은 자는 구하는 것을 얻게 됩니다. 이와 같으므로 변론이 할 만한 것입니다. 지극히 번거로운 문장으로 서로 거짓말을 하고 말을 꾸며서 서로 애를 쓰며 교묘한 비유로 서로 옮기는 데 이르러서는 사람의 소리를 끌어 그 뜻을 얻을 수 없게 합니다. 이와 같으면 큰 도를 해치게 됩니다. 대체로 어지러이 얽히어 말을 다투다가 그치게 되면 군자에게 해가 없을 수 없습니다.' 좌중에서 모두 훌륭하다고 칭찬하였다." 색은 杼의 음은 서이다. 서(杼)는 펴는 것이다. 繳의 음은 규(叫)이다. 어지럽게 얽히어 말을 다투며 다툰 후에 그치면 해가 없을 수 없다는 말이다.

24 집해 서광은 말하였다. "교(蹻)는 짚신이다. 등(簦)은 자루가 긴 삿갓으로 음은 등(登)이다. 삿갓에 자루가 있는 것을 등이라고 한다." 색은 교(蹻)는 또한 '교(蹻)'라고도 하는데 음은 각(腳)이다. 서광은 "교(蹻)는 짚신이다."라 하였다.

一見	한번 만나보고는
賜黃金百鎰	황금 백 일과
白璧一雙	흰 벽옥 한 쌍을 내렸으며,
再見	두 번 만나보자
爲趙上卿	조나라의 상경이 되었으므로
故號爲虞卿[25]	우경이라 불렀다.

秦趙戰於長平	진나라와 조나라가 장평에서 싸웠는데
趙不勝	조나라는 이기지 못하였으며
亡一都尉	도위 하나를 잃었다.
趙王召樓昌與虞卿曰	조나라 왕이 누창과 우경을 불러 말하였다.
軍戰不勝	"군대가 전투에서 이기지 못하고
尉復死[26]	도위까지 또 잃었으니
寡人使束甲而趨之	과인이 갑옷을 묶고 쫓게 하려는데
何如	어떠하겠는가?"
樓昌曰	누창이 말하였다.
無益也	"도움이 되지 않으니
不如發重使爲媾[27]	중요한 사신을 보내어 화친을 함만 못합니다."
虞卿曰	우경이 말하였다.
昌言媾者	"누창이 화친을 말하는 것은

25 **집해** 초주(譙周)는 말하였다. "식읍(食邑)이 우(虞)에 있다." **색은** 조나라의 우(虞)는 하동(河東) 대양현(大陽縣)에 있는데, 지금의 우향현(虞鄉縣)이 바로 이곳이다.

26 **집해** 서광은 말하였다. "'부(復)'는 '계(係)'로 된 판본도 있다."

27 **집해** (媾의) 음은 구[古后反]이다. 화친을 구하는 것을 구(媾)라 한다. **색은** 음은 구[古候反]이다. 화친을 구하는 것을 구(媾)라 한다. 구(媾)는 또한 강(講)이라고도 하며, 강(講)은 또한 화(和)와 같다.

以爲不媾軍必破也	화친하지 않으면 군사가 반드시 깨진다고 생각하는 것입니다.
而制媾者在秦	그러나 화친의 주도권은 진나라에 있습니다.
且王之論秦也	또한 왕께서 진나라를 논하건대
欲破趙之軍乎	(그들이) 조나라의 군사를 깨뜨리려 하겠습니까?
不邪	그렇지 않겠습니까?"
王曰	왕이 말하였다.
秦不遺餘力矣	"진나라는 여력을 남기지 않고
必且欲破趙軍	반드시 조나라 군사를 깨뜨리려 할 것이오."
虞卿曰	우경이 말하였다.
王聽臣	"왕께서 신의 말을 들으시어
發使出重寶以附楚魏	사신을 보내 중한 보물을 내어 초나라와 위나라에 붙으면
楚魏欲得王之重寶	초나라와 위나라는 왕의 중한 보물을 얻고자 하여
必內吾使	반드시 우리 사자를 들일 것입니다.
趙使入楚, 魏	조나라의 사자가 초나라와 위나라로 들어가면
秦必疑天下之合從	진나라는 반드시 천하가 합종할 것을 의심하여
且必恐	또한 반드시 두려워할 것입니다.
如此	이렇게 되면
則媾乃可爲也	화친은 이루어질 수 있을 것입니다."
趙王不聽	조나라 왕은 듣지 않고
與平陽君爲媾	평양군과 함께 화친하기로 하여
發鄭朱入秦	정주를 보내어 진나라로 들여보냈다.
秦內之	진나라가 받아들였다.

趙王召虞卿曰	조나라 왕은 우경을 불러 말하였다.
寡人使平陽君爲媾於秦	"과인이 평양군으로 하여금 진나라와 화친하게 하여
秦已內鄭朱矣	진나라가 이미 정주를 받아들였으니
卿之爲奚如	경은 어떻다고 생각하는가?"
虞卿對曰	우경이 대답하였다.
王不得媾	"왕께서 화친을 하지 못하게 되시면
軍必破矣	군사는 반드시 깨어질 것입니다.
天下賀戰者皆在秦矣	천하에서 싸움을 경하하는 자는 모두 진나라에 있습니다.
鄭朱	정주는
貴人也	귀인이므로
入秦	진나라에 들어가면
秦王與應侯必顯重以示天下	진왕과 응후가 반드시 존중함을 드러내 천하에 보일 것입니다.
楚, 魏以趙爲媾	초나라와 위나라는 조나라가 화친하였다고 생각하여
必不救王	반드시 왕을 구원하지 않을 것입니다.
秦知天下不救王	진나라에서 천하가 왕을 구원하지 않을 것을 안다면
則媾不可得成也	화친은 이루어지지 못하게 될 것입니다."
應侯果顯鄭朱以示天下賀戰勝者	응후는 과연 정주를 드러내어 천하의 전쟁의 승리를 축하하러 온 사람들에게 보이고
終不肯媾	끝내 화친하려 하지 않았다.
長平大敗	장평에서 대패하였으며

遂圍邯鄲	마침내 한단을 포위하여
爲天下笑	천하의 웃음거리가 되었다.
秦既解邯鄲圍	진나라가 한단의 에움을 풀자
而趙王入朝	조나라 왕이 입조하여
使趙郝[28]約事於秦	조석으로 하여금 진나라와 담판을 짓게 하고
割六縣而媾	여섯 현을 떼어 화친하였다.
虞卿謂趙王曰	우경이 조나라 왕에게 말하였다.
秦之攻王也	"진나라가 왕을 공격함에
倦而歸乎	지쳐서 돌아갔겠습니까?
王以其力尚能進	왕께서 그 힘이 아직도 진격할 수 있다고 생각하시는데
愛王而弗攻乎	왕을 아껴서 공격을 하지 않았겠습니까?"
王曰	왕이 말하였다.
秦之攻我也	"진나라는 우리를 공격하여
不遺餘力矣	여력이 남지 않았을 것이니
必以倦而歸也	반드시 지쳐서 돌아갔을 것이다."
虞卿曰	우경이 말하였다.
秦以其力攻其所不能取	"진나라는 그 힘으로 취할 수 없는 것을 공격하여
倦而歸	지쳐서 돌아갔고,
王又以其力之所不能取以送之	왕께서는 또한 그 힘으로 취할 수 없다고 생각

28 집해 (郝의) 음은 석(釋)이다. 서광은 말하였다. "'사(赦)'로 된 판본도 있다." 색은 음은 석(釋)이다.

	하면서도 보내주었으니
是助秦自攻也	이는 진나라가 스스로 공격하게 돕는 것입니다.
來年秦復攻王	내년에 진나라가 다시 왕을 공격한다면
王無救矣	왕은 구원을 받지 못할 것입니다.”
王以虞卿之言趙郝	왕이 우경의 말을 조석에게 말하였다.
趙郝曰	조석이 말하였다.
虞卿誠能盡秦力之所至乎	“우경이 실로 진나라의 힘이 이르는 곳을 다 헤아릴 수 있겠습니까?
誠知秦力之所不能進	실로 진나라의 힘이 진격할 수 없다는 것을 알았다면
此彈丸之地弗予	이 탄환만 한 땅을 그들에게 주지 않을 것이고,
令秦來年復攻王	진나라가 내년에 다시 왕을 공격한다면
王得無割其內而媾乎	왕께서는 나라 안의 땅을 떼어 화친을 할 수 있지 않겠습니까?”
王曰	왕이 말하였다.
請聽子割	“그대의 할양하자는 말을 따를 것이니
子能必使來年秦之不復攻我乎	
	그대는 반드시 내년에 진나라가 다시 우리를 공격 하지 않게 할 수 있겠는가?”
趙郝對曰	조석이 대답하여 말하였다.
此非臣之所敢任也	“이는 신이 감히 맡을 일이 아닙니다.
他日三晉之交於秦	지난날 삼진은 진나라와 국교를 맺어
相善也	서로 친하였습니다.
今秦善韓魏而攻王	지금 진나라는 한나라, 위나라와 친하여 왕을 공격하니
王之所以事秦必不如韓魏也	왕께서 진나라를 섬김이 반드시 한나라, 위나

	라만 못해서입니다.
今臣爲足下解負親之攻[29]	지금 신은 족하에게 부담을 벗고 친히 공격을 하고
開關通幣	관문을 열어 화폐를 유통시켜 주었으며
齊交韓, 魏	한나라와 위나라와 동등하게 국교를 맺도록 하게 해주사온데
至來年而王獨取攻於秦	내년에 왕께서만 진나라의 공격을 받는다면
此王之所以事秦必在韓魏之後也	이는 왕께서 진나라를 섬김이 반드시 한나라, 위나라의 뒤에 있기 때문입니다.
此非臣之所敢任也	이는 신이 감히 맡을 일이 아닙니다."

王以告虞卿	왕이 그대로 우경에게 알렸다.
虞卿對曰	우경이 대답하여 말하였다.
郝言不媾	"조석은 '화친하지 말고
來年秦復攻王	내년에 진나라가 다시 공격을 하면
王得無割其內而媾乎	왕께서 나라 안의 땅을 떼어 화친을 할 수 있지 않겠습니까?'라 합니다.
今媾	지금 화친하면
郝又以不能必秦之不復攻也	조석은 또한 반드시 진나라가 다시 공격하지 않을 수 없을 것이라 할 것입니다.
今雖割六城	지금 비록 여섯 성을 떼어준다 한들
何益	무슨 보탬이 되겠습니까!
來年復攻	내년에 다시 공격해 오면

29 색은 족하를 위해 그 부담을 벗겨 친히 공격하게 하는 것이란 말이다.

又割其力之所不能取而媾	또 그 힘으로 취할 수 없는 것을 떼어주고 화친해야 할 것이니
此自盡之術也	이는 자멸을 하는 술책으로
不如無媾	화친하지 않음만 못합니다.
秦雖善攻	진나라가 비록 공격을 잘하지만
不能取六縣	여섯 현을 취할 수는 없었으며,
趙雖不能守	조나라가 비록 잘 지킬 수는 없습니다만
終不失六城	끝내 여섯 성을 잃지는 않았습니다.
秦倦而歸	진나라가 지쳐서 돌아갔으니
兵必罷	군사가 반드시 피로할 것입니다.
我以六城收天下以攻罷秦	우리가 여섯 성으로 천하를 거두어 피로한 진나라를 공격하면
是我失之於天下而取償於秦也	이는 우리가 천하에서 그것을 잃는 대가로 진나라에서 보상을 취하는 것입니다.
吾國尙利	우리나라가 그래도 유리한데
孰與坐而割地	어찌 앉아서 땅을 떼어주어
自弱以彊秦哉	스스로 약하게 하고 진나라를 강하게 합니까?
今郝曰秦善韓魏而攻趙者	지금 조석이 말하기를 '진나라가 한나라, 위나라와 친하여 조나라를 공격하는 것은
必王之事秦不如韓魏也	반드시 왕께서 진나라를 섬김이 한나라, 위나라만 못해서이다.'라 하는데,
是使王歲以六城事秦也	이는 왕으로 하여금 해마다 여섯 성으로 진나라를 섬기게 함이니
即坐而城盡	곧 앉아서 성이 다하게 될 것입니다.
來年秦復求割地	내년에 진나라가 다시 땅을 할양해 줄 것을 요

	구하면
王將與之乎	왕께서는 주시렵니까?
弗與	주지 않는다면
是棄前功而挑秦禍也	이는 앞의 공을 버리고 진나라의 화를 돋우는 것이며,
與之	준다면
則無地而給之	줄 땅이 없을 것입니다.
語曰彊者善攻	속담에 말하기를 '강한 자는 공격을 잘하고
弱者不能守	약한 자는 지킬 수가 없다.'라 하였습니다.
今坐而聽秦	지금 앉아서 진나라의 말을 들어주면
秦兵不獘而多得地	진나라는 넘어지지 않고 많은 땅을 얻게 될 것이니
是彊秦而弱趙也	이는 진나라는 강해지고 조나라는 약해지는 것입니다.
以益彊之秦而割愈弱之趙	더욱 강하여진 진나라가 더욱 약하여진 조나라의 땅을 떼어가면
其計故不止矣	그 계책은 실로 그치지 않게 될 것입니다.
且王之地有盡而秦之求無已	또한 왕의 땅은 다함이 있고 진나라의 요구는 끝이 없으니
以有盡之地而給無已之求	다함이 있는 땅으로 끝없는 요구에 댄다면
其勢必無趙矣	정황상 반드시 조나라는 없어지게 될 것입니다."

趙王計未定	조나라 왕의 생각이 아직 정하여지지 않았는데
樓緩從秦來	누완이 진나라에서 오니
趙王與樓緩計之	조나라 왕이 누완과 도모하여
曰	말하였다.

予秦地如毋予	"진나라에 땅을 주는 것이 주지 않는 것에 비하여
孰吉	어느 것이 낫겠소?"
緩辭讓曰	누완이 사양하여 말하였다.
此非臣之所能知也	"이는 신이 알 수 있는 것이 아닙니다."
王曰	왕이 말하였다.
雖然	"그렇더라도
試言公之私[30]	공의 사견을 말해 보오."
樓緩對曰	누완이 대답하였다.
王亦聞夫公甫文伯母乎[31]	"왕께서는 또한 공보문백의 어머니에 대해 들어보셨습니까?
公甫文伯仕於魯	공보문백은 진나라에서 벼슬을 살고 있었는데
病死	병들어 죽자
女子爲自殺於房中者二人	집에서 자살한 여자가 둘이었습니다.
其母聞之	그 어미는 듣고
弗哭也	곡을 하지 않았습니다.
其相室曰[32]	그 보모가 말하였습니다.
焉有子死而弗哭者乎	'어찌하여 자식이 죽었는데도 곡을 하지 않습니까?'
其母曰	그 어미가 말하였습니다.
孔子	'공자는
賢人也	현인인데

30 색은 사(私)는 사심(私心)을 이른다.

31 정의 계강자(季康子)의 종조모(從祖母)이다. 문백(文伯)은 이름이 촉(歜)이며, 강자(康子)의 종부(從父) 형제이다.

32 정의 부모(傅姆: 귀족 자제를 가르치고 보육하는 나이 많은 여인) 따위이다.

逐於魯	노나라에서 쫓겨났을 때
而是人不隨也	이 애는 따르지 않았다.
今死而婦人爲之自殺者二人	이제 죽자 부인이 그를 따라 죽은 자가 둘이니
若是者必其於長者薄而於婦人厚也	이런 애는 필시 장자에게는 박하고 대하고 부인에게는 후하게 대한 자일 것이다.'
故從母言之	그러므로 어미의 입장에서 말하면
是爲賢母	현모이며,
從妻言之	처의 입장에서 말하면
是必不免爲妒妻	반드시 질투심 많은 아내임을 면치 못할 것입니다.
故其言一也	그러므로 말은 마찬가지인데
言者異則人心變矣	말하는 것이 다르면 사람의 마음은 바뀌게 됩니다.
今臣新從秦來而言勿予	지금 신은 막 진나라에서 왔으니 주지 말라고 말하면
則非計也	계책이 아니며,
言予之	주라고 말한다면
恐王以臣爲爲秦也	왕께서 신이 진나라를 위한다고 생각할 것이므로
故不敢對	감히 대답하지 않았습니다.
使臣得爲大王計	신으로 하여금 대왕을 위하여 계책을 내게 하신다면
不如予之	줌만 못합니다."
王曰	왕이 말하였다.
諾	"좋소."

虞卿聞之	우경이 듣고
入見王曰	들어가 왕을 뵙고 말하였다.
此飾說也	“이는 꾸민 말이니
王沓[33]勿予	왕께서는 부디 주지 마십시오!”
樓緩聞之	누완이 듣고
往見王	가서 왕을 만나보았다.
王又以虞卿之言告樓緩	왕은 또한 우경의 말을 누완에게 알려 주었다.
樓緩對曰	누완이 대답하여 말하였다.
不然	“그렇지 않습니다.
虞卿得其一	우경은 하나는 알고
不得其二	둘은 알지 못합니다.
夫秦趙構難而天下皆說	저 진나라와 조나라가 원수가 졌는데 천하에서 모두 기뻐하는 것은
何也	어째서이겠습니까?
曰吾且因彊而乘弱矣	‘우리 또한 강함에 의지하여 약함을 뛰어오르자.’라고들 합니다.
今趙兵困於秦	지금 조나라 군사는 진나라에 의해 곤경에 처해 있고
天下之賀戰勝者則必盡在於秦矣	천하의 전쟁의 승리를 축하하는 자들은 반드시 모두 진나라에 있을 것입니다.
故不如亟割地爲和	그러므로 빨리 땅을 떼어 강화하여
以疑天下而慰秦之心	천하를 의심하게 하고 진나라의 마음을 달램만 못합니다.
不然	그렇지 않으면

33 **집해** 서광이 말하였다. “음은 신(愼)이다.”

天下將因秦之怒	천하에서는 진나라의 노여움에 힘입어
乘趙之弊	조나라가 피폐했을 때를 틈타
瓜分之	오이를 나누듯 할 것입니다.
趙且亡	조나라가 망하고 나면
何秦之圖乎	어떻게 진나라를 도모하겠습니까?
故曰虞卿得其一	그러므로 우경은 하나는 알고
不得其二	둘은 모른다고 하는 것입니다.
願王以此決之	원컨대 왕께서는 이렇게 결정하시고
勿復計也	더 이상 생각지 마옵소서."

虞卿聞之	우경이 듣고
往見王曰	가서 왕을 찾아뵙고 말하였다.
危哉樓子之所以爲秦者	"위태하군요, 누자가 진나라를 위함이.
是愈疑天下	이는 천하(의 제후국)를 더욱 의심케 할 것이니
而何慰秦之心哉	어떻게 진나라의 마음을 달래겠습니까?
獨不言其示天下弱乎	단지 천하에 그 약함을 보인다는 말은 하지 않습니까?
且臣言勿予者	또한 신이 주지 말라고 한 것은
非固勿予而已也	실로 주지 말아야 한다는 것만은 아닙니다.
秦索六城於王	진나라에서 왕께 여섯 성을 구하니
而王以六城賂齊	왕께서는 여섯 성을 제나라에 뇌물로 바치십시오.
齊	제나라는
秦之深讎也	진나라의 깊은 원수로
得王之六城	왕의 여섯 성을 얻고

幷力西擊秦	힘을 합쳐 서로 진나라를 친다면
齊之聽王	제나라가 왕의 말을 따를 것은
不待辭之畢也	말을 기다리지 않아도 이루어질 것입니다.
則是王失之於齊而取償於秦也	
	곧 이는 왕이 제나라에서 잃고 진나라에게 보상을 얻는 것입니다.
而齊, 趙之深讎可以報矣	그리고 제나라와 조나라는 깊은 원한을 갚을 수 있을 것이며
而示天下有能爲也	천하에 능력이 있음을 보여주는 것입니다.
王以此發聲	대왕께서는 이렇게 소리만 내면
兵未窺於境	군사가 변경을 살피지 않아도
臣見秦之重賂至趙而反媾於王也	
	신이 보건대 진나라는 두터운 뇌물을 가지고 조나라에 이르러 거꾸로 왕께 화친을 할 것입니다.
從秦爲媾	진나라로부터 화친을 끌어내면
韓魏聞之	한나라와 위나라가 듣고
必盡重王	반드시 모두 왕을 중시할 것이며
重王	왕을 중시하면
必出重寶以先於王	반드시 두터운 보물을 내어 왕께 앞 다투어 올 것이니
則是王一擧而結三國之親	이는 왕께서 한꺼번에 세 나라와 친선을 맺는 것으로
而與秦易道也[34]	진나라와는 처지가 바뀌는 것입니다."

34 정의 전에는 진나라의 공격을 받았는데 지금은 뇌물을 얻은 것이 도를 바꾼 것이다. 易의 음은 역(亦)이다.

趙王曰	조나라 왕이 말하였다.
善	"훌륭하도다."
則使虞卿東見齊王	즉시 우경으로 하여금 동으로 가서 제나라 왕을 만나
與之謀秦	함께 진나라를 도모하게 하였다.
虞卿未返	우경이 채 돌아오지도 않았는데
秦使者已在趙矣	진나라 사자가 이미 조나라에 있게 되었다.
樓緩聞之	누완은 듣고
亡去	도망쳐버렸다.
趙於是封虞卿以一城	조나라는 이에 우경에게 성 하나를 봉하였다.

居頃之	얼마 후
而魏請爲從	위나라가 합종을 하자고 청하였다.
趙孝成王召虞卿謀	조효성왕은 우경을 불러 도모하였다.
過平原君[35]	평원군에게 들렀는데
平原君曰	평원군이 말하였다.
願卿之論從也	"경이 합종을 논하기를 바라오."
虞卿入見王	우경이 들어가 왕을 뵈었다.
王曰	왕이 말하였다.
魏請爲從	"위나라가 합종을 청하는구려."
對曰	대답하였다.
魏過[36]	"위나라가 그릅니다."
王曰	왕이 말하였다.

35 **색은** 過의 음은 과(戈)이다.

36 **집해** 음은 과[光臥反]이다.

寡人固未之許	"과인은 실로 아직 허락지 않았소."
對曰	대답하였다.
王過	"왕께서 그릅니다."
王曰	왕이 말하였다.
魏請從	"위나라가 합종을 청하니
卿曰魏過	경은 위나라가 그르다 하고
寡人未之許	과인이 아직 허락을 않으니
又曰寡人過	또 과인이 그르다 하니
然則從終不可乎	그렇다면 합종은 끝내 옳지 않은 건가요?"
對曰	대답하였다.
臣聞小國之與大國從事也	"신이 듣건대 소국이 대국과 일을 할 때는
有利則大國受其福	유리하면 대국이 그 복은 받고
有敗則小國受其禍	불리하면 소국이 그 화를 받는다고 하였습니다.
今魏以小國請其禍	지금 위나라는 소국으로 그 화를 청하고
而王以大國辭其福	왕께서는 대국으로 그 복을 거절하는 것이니
臣故曰王過	신은 그런 까닭에 왕이 그르며
魏亦過	위나라 또한 그르다고 하였습니다.
竊以爲從便	가만히 생각건대 유리한 쪽을 따르도록 하십시오."
王曰	왕이 말하였다.
善	"좋소."
乃合魏爲從	이에 위나라와 합종을 맺었다.

虞卿既以魏齊之故	우경이 이미 위제 때문에
不重萬戶侯卿相之印	만호후와 경상의 인장도 중히 여기지 않고

與魏齊閒行	위제와 함께 잠행하여
卒去趙	마침내 조나라를 떠나
困於梁	양에서 곤경에 처하였다.
魏齊已死	위제가 죽고 나자
不得意	뜻을 얻지 못하여
乃著書[37]	이에 책을 지었는데
上採春秋	위로는 『춘추』에서 취하고
下觀近世	아래로는 근세의 것을 살피어
曰節義稱號揣摩政謀	「절의」와 「칭호」, 「췌마」, 「정모」라 하였는데,
凡八篇	모두 8편이다.
以刺譏國家得失	국가의 득실을 풍자하고 기평(譏評)하였으니
世傳之曰虞氏春秋[38]	세상에서 전하여 말하기를 『우씨춘추』라고 한다.

太史公曰	태사공은 말한다.
平原君	평원군은
翩翩濁世之佳公子也	우아하여 혼탁한 세상의 훌륭한 공자였지만
然未睹大體	대체는 미처 보지 못하였다.
鄙語曰'利令智昏'	속담에서 말하기를 "사리는 지혜를 어둡게 한다."고 하였는데

37 색은 위제(魏齊)는 위나라의 재상으로 응후[應侯: 범수(范睢)]와는 원한이 있으며 진나라가 그를 다급히 구하자 이에 우경에게 이른 것이다. 우경은 재상의 인장을 버리고 이에 위제와 함께 잠행하여 양나라로 달아나 신릉군에게 기탁하였다. 신릉군이 의심하여 결단을 내리지 못하자 위제는 자살하였다. 그래서 우경은 재상에서 실각하여 이에 궁하여 시름하다가 책을 짓게 되었다.

38 정의 『한서(漢書)』「예문지(藝文志)」에서는 15편이라 하였다.

平原君貪馮亭邪說	평원군은 풍정의 요사한 설을 탐하여
使趙陷長平兵四十餘萬眾	조나라가 장평에서 40여만의 무리를 잃게 하고
邯鄲幾亡[39]	한단은 거의 망할 뻔하였다.
虞卿料事揣情	우경은 일을 헤아리고 정세를 잘 재어
爲趙畫策	조나라를 위해 획책하였는데
何其工也	얼마나 정밀하였던가!
及不忍魏齊	위제 때문에 참지 못하여
卒困於大梁	끝내 대량에서 곤경에 처하였으니
庸夫且知其不可	범용한 자도 또한 그것이 옳지 않음을 알거늘
況賢人乎	하물며 현인이겠는가?
然虞卿非窮愁	그러나 우경이 궁지에 처하여 근심하지 않았더라면
亦不能著書以自見於後世云	또한 책을 지어 후세에 스스로 드러낼 수가 없었을 것이다.

39 집해 초주는 "장평(長平)이 함락된 것은 곧 조나라 왕이 이간계를 믿고 장수를 바꾼 탓인데 어찌 평원군이 풍정(馮亭)을 받은 것을 원망하는가?"라 하였다.

17 위공자 열전 魏公子列傳

魏公子無忌者	위나라 공자 무기(無忌)는
魏昭王少子而魏安釐王異母弟也	위소왕의 작은 아들이자 위안리왕(魏安釐王)의 이복동생이다.
昭王薨	소왕이 죽자
安釐王即位	안리왕이 즉위하여
封公子爲信陵君[1]	공자를 신릉군에 봉하였다.
是時范雎亡魏相秦	이때 범수가 위나라에서 도망쳐 진나라 재상이 되어
以怨魏齊故	위제에게 원망을 품고 있었으므로
秦兵圍大梁	진나라 군사가 대량을 에워싸고
破魏華陽下軍	위나라 화양의 하군을 깨뜨려
走芒卯	망묘를 달아나게 하였다.
魏王及公子患之	위왕과 공자는 이를 근심하였다.

公子爲人仁而下士	공자는 사람됨이 어질고 선비에게 몸을 낮추어
士無賢不肖皆謙而禮交之	선비라면 현불초를 따지지 않고 모두 공경하고 예로 사귀었으며

1 색은 생각건대 「지리지(地理志)」에는 신릉(信陵)이 없다, 아마 향읍(鄉邑)의 이름일 것이다.

不敢以其富貴驕士	감히 부귀하다고 하여 선비들에게 교만하게 굴지 않았다.
士以此方數千里爭往歸之	선비들은 이 때문에 사방 수천 리에서 다투어 가서 귀부하였으니
致食客三千人	식객이 3천 명에 이르렀다.
當是時	이때
諸侯以公子賢	제후들은 공자가 현명하고
多客	식객도 많다 하여
不敢加兵謀魏十餘年	감히 군사력으로 위나라를 도모하지 않은 지가 10여 년이었다.

公子與魏王博	공자가 위왕과 바둑을 두고 있는데
而北境傳擧烽	북쪽 변경에서 봉화가 올랐다고 전하면서
言趙寇至	말하기를 "조나라 군사가 이르러
且入界[2]	경계를 침범하려 합니다."라 하였다.
魏王釋博	위왕은 바둑을 그만두고
欲召大臣謀	대신들을 불러 상의하고자 하였다.
公子止王曰	공자가 왕을 말리며 말하였다.
趙王田獵耳	"조왕이 사냥이나 하려는 것이지
非爲寇也[3]	쳐들어온 것이 아닙니다."
復博如故	다시 여전히 바둑을 두었다.

2 **집해** 문영(文穎)은 말하였다. "높다란 나무 방패를 만들어 놓은 것으로, 방패 위에는 도르래 장치를 해놓았으며 도르래 끝에는 바구니가 있고 그 안에 섶을 두었는데 이를 봉(烽)이라 한다. 늘 낮게 두었다가 외적이 쳐들어오면 불을 피워 올리어 서로 알렸다."

3 **정의** 爲의 음은 위[于僞反]이다.

王恐	왕은 너무나 걱정되어
心不在博	마음이 바둑을 두는 데 있지 않았다.
居頃	얼마 후에
復從北方來傳言曰	다시 북쪽에서 와서 전하여 말하였다.
趙王獵耳	“조왕은 사냥을 한 것일 뿐
非爲寇也	침입한 것이 아닙니다.”
魏王大驚	위왕은 크게 놀라서
曰	말하였다.
公子何以知之	“공자는 어떻게 그것을 알았소?”
公子曰	공자가 말하였다.
臣之客有能深得趙王陰事[4]者	“신의 객 중에 조왕의 비밀스런 일을 아주 잘 아는 사람이 있어
趙王所爲	조왕이 일을 하면
客輒以報臣	객이 즉시 신에게 알려 주어
臣以此知之	신이 이 때문에 알게 되었습니다.”
是後魏王畏公子之賢能	이후로 위왕은 공자의 현능함을 두려워하여
不敢任公子以國政	감히 공자에게 국정을 맡기지 않았다.

魏有隱士曰侯嬴[5]	위나라에 후영이라는 은사가 있었는데
年七十	나이 일흔에
家貧	집은 가난하였으며
爲大梁夷門監者	대량의 이문(夷門, 東門)에서 성문을 지켰다.
公子聞之	공자가 듣고는

4 색은 초주(譙周)에 의하면 “조왕의 비밀스런 일을 잘 캐내었다(探得趙王陰事).”로 되었다.

5 색은 (嬴의) 음은 영(盈)이다. 또한 조식(曹植)은 음을 ‘이수(嬴瘦)’의 ‘이(嬴)’라고 하였다.

往請	가서 청하여
欲厚遺之	물품을 두터이 보내고자 하였다.
不肯受	받으려 하지 않고
曰	말하였다.
臣脩身絜行數十年	“신은 몸을 수양하여 행실을 고결히 한 지가 수십 년이오며
終不以監門困故而受公子財	감문으로 곤궁하다 하여 공의 재물을 받지 않겠습니다.”
公子於是乃置酒大會賓客	공자는 이에 술을 차려놓고 빈객들을 크게 불러 모았다.
坐定	모두 자리에 앉자
公子從車騎	공자는 거마를 딸리고
虛左	왼쪽 자리를 비워
自迎夷門侯生	직접 이문에서 후생을 맞았다.
侯生攝敝衣冠	후생은 해진 의관을 추스르며
直上載公子上坐	곧장 공자의 상좌에 타면서
不讓	사양하지 않고
欲以觀公子	공자를 살피려 하였다.
公子執轡愈恭	공자는 고삐를 잡고 더욱 공손하여졌다.
侯生又謂公子曰	후생은 또한 공자에게 일러 말하였다.
臣有客在市屠中	“제게 저자의 푸줏간에 객이 있사온데
願枉車騎過之	수레를 돌려 들렀으면 하오.”
公子引車入市	공자는 수레를 끌고 저자로 들어갔으며
侯生下見其客朱亥	후생은 수레에서 내려 그의 객 주해를 만났는데
俾倪[6]故久立	곁눈질을 해가며 일부러 오래 서서

與其客語	객과 이야기를 하였으며
微察公子	몰래 공자의 동정을 살폈다.
公子顏色愈和	공자는 안색이 더욱 온화해졌다.
當是時	이때
魏將相宗室賓客滿堂	위나라의 장상과 종실의 빈객들은 집을 가득 채우고
待公子擧酒	공자가 술잔을 들기를 기다렸다.
市人皆觀公子執轡	저자의 사람들은 모두 공자가 고삐를 잡고 있는 것을 보았다.
從騎皆竊罵侯生	거마를 수행하는 자들은 모두 가만히 후생을 욕했다.
侯生視公子色終不變	후생은 공자의 안색이 끝내 변하지 않는 것을 보고
乃謝客就車	이에 객에게서 떠나 수레로 향하였다.
至家	집에 이르러
公子引侯生坐上坐	공자가 후생을 이끌어 상좌에 앉히고는
遍贊賓客[7]	빈객들에게 두루 소개해 주니
賓客皆驚	빈객들이 모두 놀랐다.
酒酣	주흥이 무르익자
公子起	공자가 일어나
爲壽侯生前	후생 앞에서 축수를 해주었다.
侯生因謂公子曰	후생은 이에 공자에게 말하였다.

6 **색은** 위의 글자는 음이 비[浦計反]이고, 아래의 글자는 음이 예[五計反]이다. 추탄(鄒誕)은 또한 위의 글자는 음이 비[疋未反]이고, 아래의 글자는 음이 예[五弟反]라고 하였다.
정의 똑바로 보지 않는 것이다.

7 **색은** 遍의 음은 편(遍)이다. 찬(贊)은 알리는 것이다. 후생을 빈객들에게 두루 알리는 것이다.

今日嬴之爲公子亦足矣[8]	"오늘 제가 공자께 한 짓으로 또한 충분합니다.
嬴乃夷門抱關者也	저는 바로 이문에서 관문을 지키는 사람인데
而公子親枉車騎	공자께서 친히 거마로 왕림해 주시어
自迎嬴於衆人廣坐之中	친히 사람이 많은 공개석상에서 저를 맞이하셨으며
不宜有所過	들러야 할 곳이 아닌데도
今公子故過之	이제 공자께서는 일부러 그곳을 들르셨습니다.
然嬴欲就公子之名	그러나 저는 공자의 이름을 이루어드리고자
故久立公子車騎市中	일부러 공자의 수세를 저잣거리에 오래 세워 두어
過客以觀公子	과객이 이 때문에 공자를 살폈는데
公子愈恭	공자는 더욱 공손하였습니다.
市人皆以嬴爲小人	저자의 사람들은 모두 저를 소인이라 생각할 것이며
而以公子爲長者能下士也	공자는 장자로 선비에게 몸을 낮출 줄 안다고 생각할 것입니다."
於是罷酒	이에 주연이 끝나고
侯生遂爲上客	후생은 마침내 상객이 되었다.

侯生謂公子曰	후생이 공자에게 말하였다.
臣所過屠者朱亥	"신이 들렀던 백정 주해는
此子賢者	참으로 현자입니다만
世莫能知	세상에서 알아주는 이가 없으므로
故隱屠閒耳	푸줏간에 몸을 숨기고 있을 따름입니다."

8 **집해** 서광(徐廣)은 말하였다. "위(爲)는 어떤 판본에는 '수(羞)'로 되어 있다."

公子往數請之	공자가 여러 차례 가서 청하였으나
朱亥故不復謝	주해는 일부러 다시는 사양해하지 않아
公子怪之	공자는 이상하게 생각하였다.

魏安釐王二十年	위안리왕 20년에
秦昭王已破趙長平軍	진소왕은 이미 조나라의 장평의 군사를 깨뜨리고
又進兵圍邯鄲	또 군사를 진격시켜 한단을 에워쌌다.
公子姊爲趙惠文王弟平原君夫人	공자의 누이는 조혜문왕의 아우 평원군의 부인으로
數遺魏王及公子書	여러 차례 위왕 및 공자에게 편지를 보내어
請救於魏	위나라에 구원을 청하였다.
魏王使將軍晉鄙[9]將十萬衆救趙	위왕은 장군 진비에게 10만의 무리를 거느리고 조나라를 구원하게 하였다.
秦王使使者告魏王曰	진왕은 사자를 보내어 위왕에게 알리어 말하였다.
吾攻趙旦暮且下	"우리가 조나라를 공격하여 조석(朝夕) 간에 함락시킬 것인데
而諸侯敢救者	제후국 중에 감히 조나라를 구원하려 한다면
已拔趙	조나라를 함락시키고 나서
必移兵先擊之	반드시 군사를 옮겨 칠 것이오."
魏王恐	위왕은 두려워하여
使人止晉鄙	사람을 보내어 진비를 멈추게 하고

9 색은 위나라 장수의 성명이다.

留軍壁鄴	군사를 머물러 업(鄴)에 누벽을 쌓게 하였는데
名爲救趙	명분상으로는 조나라를 구원한다는 것이었지만
實持兩端以觀望	실제로는 양다리를 걸치고 관망하는 것이었다.
平原君使者冠蓋相屬於魏	평원군의 사자들의 행렬이 위나라로 잇달아 와서
讓魏公子曰	위공자를 꾸짖어 말하였다.
勝所以自附爲婚姻者	"제가 스스로 가까이하여 인척을 맺은 것은
以公子之高義	공자의 뜻이 고상하고
爲能急人之困	남의 곤경을 구급해 줄 수 있기 때문이었습니다.
今邯鄲旦暮降秦而魏救不至	지금 한단이 조석 간에 진나라에 투항할 지경인데 위나라의 구원병이 이르지 않으니
安在公子能急人之困也	공자께서 남의 곤경을 구해 줄 수 있는 것이 어디 있습니까!
且公子縱輕勝	또한 공자께서 저를 무시하여
棄之降秦	팽개쳐 진나라에 항복하기라도 한다면
獨不憐公子姊邪	공자의 누이가 불쌍하지도 않습니까?"
公子患之	공자가 이를 근심하여
數請魏王	여러 번 위왕에게 청하고
及賓客辯士說王萬端	아울러 빈객의 변사들도 왕을 만방으로 유세하였다.
魏王畏秦	위왕은 진나라를 두려워하여
終不聽公子	끝내 공자의 말을 듣지 않았다.
公子自度終不能得之於王	공자는 아무리 해도 왕을 설득시킬 수 없을 것임을 알았지만
計不獨生而令趙亡	혼자만 살고 조나라는 망하게 버려둘 수가 없다고 생각하여
乃請賓客	이에 빈객들을 청하여

約車騎百餘乘	수레 백여 대를 갖추어
欲以客往赴秦軍	객들을 데리고 진나라 군대로 가서
與趙俱死	조나라와 함께 죽으려 했다.

行過夷門	가는 길에 이문에 들러
見侯生	후생을 만나보고
具告所以欲死秦軍狀	진나라 군대와 죽으려는 상황을 다 일러주었다.
辭決而行	결별을 하고 떠나는데
侯生曰	후생이 말하였다.
公子勉之矣	"공자께서는 힘쓰시지요.
老臣不能從	노신은 따를 수가 없습니다."
公子行數里	공자는 몇 리를 가다가
心不快	마음이 불쾌하여
曰	말하였다.
吾所以待侯生者備矣	"내가 후생을 대접하여 부족한 것이 없음은
天下莫不聞	천하에 알려지지 않음이 없는데
今吾且死而侯生曾無一言半辭送我	지금 나는 곧 죽으려는데도 후생은 일언반구 나를 송별하지 않으니
我豈有所失哉	내 어찌 실수가 있었겠는가?"
復引車還	다시 수레를 끌고 돌아와
問侯生	후생에게 물었다.
侯生笑曰	후생이 웃으면서 말하였다.
臣固知公子之還也	"저는 분명히 공자께서 돌아오실 줄 알았습니다."

曰	말하였다.
公子喜士	“공자께서는 선비를 좋아하시어
名聞天下	명성이 천하에 알려졌습니다.
今有難	지금 어려움에 봉착하여
無他端而欲赴秦軍	별다른 대책도 없이 진나라 군사에게 가려는 것은
譬若以肉投餒虎	비유컨대 고깃덩이를 주린 호랑이에게 던져주는 것과 같으니
何功之有哉	무슨 공을 세우겠습니까?
尙安事客	오히려 어찌 빈객을 섬기겠습니까?
然公子遇臣厚	그러나 공자께서 저를 두터이 대하였는데도
公子往而臣不送	공자께서 가시는데 신이 송별을 하지 않으니
以是知公子恨之復返也	이 때문에 공자께서 유감스러워하여 다시 돌아오실 것임을 알았습니다.”
公子再拜	공자는 두 번 절하고
因問	이어서 물어보았다.
侯生乃屛人間語[10]	후생은 이에 사람들을 물리치고 조용하게 말을 대화를 하다가
曰	말하였다.
嬴聞晉鄙之兵符常在王臥內	“제가 듣건대 진비의 병부는 늘 왕의 침실에 있고
而如姬最幸	여희가 가장 총애를 받아
出入王臥內	왕의 침실에 드나든다니
力能竊之	그것을 훔쳐낼 힘이 있을 것입니다.

10 색은 間은 음이 한(閑)이다. 한어(間語)는 조용히 말하는 것을 이른다.

嬴聞如姬父爲人所殺	제가 듣건대 여희의 부친은 남에게 살해되었으며
如姬資之三年[11]	여희가 복수심을 기른 지 3년이나 되고
自王以下欲求報其父仇	왕 이하 그 부친의 원수를 갚고자 하였으나
莫能得	할 수 없었다고 합니다.
如姬爲公子泣	여희가 공자에게 읍소하자
公子使客斬其仇頭	공자께서는 객으로 하여금 그 원수의 머리를 잘라
敬進如姬	여희에게 삼가 바치도록 하셨습니다.
如姬之欲爲公子死	여희는 공자를 위해 죽음까지도
無所辭	마다하지 않을 것이나
顧未有路耳	다만 길이 없을 따름입니다.
公子誠一開口請如姬	공자께서 실로 한번만 입을 여시어 여희에게 청하면
如姬必許諾	여희가 반드시 허락할 것이니
則得虎符奪晉鄙軍	호부를 얻어 진비의 군사를 빼앗아
北救趙而西卻秦	북으로 조나라를 구원하고 서로 진나라를 물리치면
此五霸之伐也	이는 오패의 정벌입니다."
公子從其計	공자는 그 계책을 좇아
請如姬	여희에게 청하였다.
如姬果盜晉鄙兵符與公子	여희는 과연 진비의 병부를 훔쳐 공자에게 주었다.

11 색은 옛날에는 자지삼년(資之三年)을 해석하여 상복[齊衰]을 입은 것이라고 하였다. 지금 생각건대 자(資)는 기른다는 뜻이다. 부모의 복수를 갚기 위하여 가슴속에 복수심을 기른 지가 이미 3년째가 되었다는 말이다.

公子行	공자가 갈 때
侯生曰	후생이 말하였다.
將在外	"장수는 밖에 있으면
主令有所不受	임금의 명령도 받지 않고
以便國家	나라를 편안하게 합니다.
公子即合符	공자께서 병부가 합치하더라도
而晉鄙不授公子兵而復請之	진비가 공자께 군사를 주지 않고 다시 청하기라도 한다면
事必危矣	일이 위태롭게 돌아갈 것입니다.
臣客屠者朱亥可與俱	신의 객인 백정 주해가 함께할 만한데
此人力士	이 사람은 역사입니다.
晉鄙聽	진비가 들으면
大善	아주 좋을 것이며,
不聽	듣지 않는다면
可使擊之	그를 치게 할 수 있습니다."
於是公子泣	이에 공자가 눈물을 흘렸다.
侯生曰	후생이 말하였다.
公子畏死邪	"공자께서는 죽음을 두려워하십니까?
何泣也	어째서 우시는지요?"
公子曰	공자가 말하였다.
晉鄙嚄唶[12]宿將	"진비는 목소리가 큰 노장인데

12 획책(嚄唶): 집해 앞 글자는 음이 액[烏百反]이고, 뒤의 글자는 음이 책[莊白反]이다. 색은 앞 글자는 음이 액[烏百反]이고, 뒤의 글자는 음이 책[爭格反]이다. 획책(嚄唶)은 말이 많은 것을 말한다. 정의 (삼국시대 魏나라 李登의) 『성류(聲類)』에서는 "획(嚄)은 크게 웃는 것이고, 책(唶)은 크게 부르는 것이다."라 하였다.

往恐不聽	가서 그가 따르지 않으면
必當殺之	반드시 죽여야 할 것이니
是以泣耳	이 때문이 우는 것일 뿐
豈畏死哉	어찌 죽음을 두려워하겠소?"
於是公子請朱亥	이에 공자는 주해를 청하였다.
朱亥笑曰	주해가 웃으며 말하였다.
臣迺市井鼓刀屠者	"저는 바로 시정에서 칼이나 놀리는 백정으로
而公子親數存之	공자께서 친히 여러 차례나 관심을 가져주셨는데도
所以不報謝者	보답하지 않은 것은
以爲小禮無所用	작은 예는 소용이 없다고 생각해서입니다.
今公子有急	지금 공자께서 다급하시니
此乃臣效命之秋也	이때야 말로 신이 목숨을 바칠 때입니다."
遂與公子俱	마침내 공자와 함께하였다.
公子過謝侯生	공자는 지나는 길에 후생에게 감사해했다.
侯生曰	후생이 말하였다.
臣宜從	"신은 따라야 하나
老不能	늙어서 할 수 없습니다.
請數公子行日	청컨대 공자께서 가시는 날을 헤아려 보고
以至晉鄙軍之日	진비의 군영에 이르는 날에
北鄉自剄	북쪽을 향하여 자결함으로써
以送公子	공자를 전송해 드리겠습니다."
公子遂行	공자는 마침내 떠났다.
至鄴	업(鄴)에 이르러

矯魏王令代晉鄙	위왕의 명을 속여 진비를 대신하였다.
晉鄙合符	진비는 부절을 맞추어 보고
疑之	의심하여
擧手視公子曰	손을 들어 공자를 보고 말하기를
今吾擁十萬之衆	"지금 내가 10만의 무리를 거느리고
屯於境上	변경에 주둔하고 있는데
國之重任	나라의 중한 일에
今單車來代之	지금 달랑 수레 한 대로 와서 대신하려 하니
何如哉	어째서요?"라 하고는
欲無聽	따르지 않으려 하였다.
朱亥袖四十斤鐵椎	주해는 소매에 40근 짜리 철퇴를 숨기고 있다가
椎殺晉鄙	진비를 쳐 죽였으며
公子遂將晉鄙軍	공자는 마침내 진비의 군사를 가졌다.
勒兵下令軍中曰	군대를 다스리어 군중에 명을 내려 말하였다.
父子俱在軍中	"부자가 함께 군중에 있으면
父歸	아비는 돌아가고,
兄弟俱在軍中	형제가 함께 군중에 있으면
兄歸	형은 돌아갈 것이며,
獨子無兄弟	독자로 형제가 없으면
歸養	돌아가서 (부모를) 봉양하라."
得選兵八萬人	정예병 8만 명을 얻어
進兵擊秦軍	군사를 진격시켜 진나라 군사를 쳤다.
秦軍解去	진나라 군사는 흩어져 떠났으며
遂救邯鄲	마침내 한단을 구원하고
存趙	조나라를 존속시켰다.

趙王及平原君自迎公子於界	조왕과 평원군이 친히 국경에서 공자를 맞이하였고
平原君負韊矢[13]爲公子先引	평원군은 동개와 화살을 지고 공자의 앞에서 이끌어주었다.
趙王再拜曰	조왕은 두 번 절하고 말하였다.
自古賢人未有及公子者也	"예로부터 공자에 미치는 현인은 없었소이다."
當此之時	바로 이때
平原君不敢自比於人	평원군은 감히 스스로 남과 견주지 않았다.
公子與侯生決	공자와 후생이 결정을 내리고
至軍	군에 이르자
侯生果北鄕自剄	후생은 과연 북쪽을 향하여 자결하였다.

魏王怒公子之盜其兵符	위왕은 공자가 그 병부를 훔치고
矯殺晉鄙	진비를 속여서 죽인 것에 노하였으며
公子亦自知也	공자 또한 잘 알고 있었다.
已卻秦存趙	이미 진나라를 물리치고 조나라를 구하고는
使將將其軍歸魏	장수에게 군사를 거느리고 위나라로 돌아가게 하고
而公子獨與客留趙	공자는 홀로 객과 함께 조나라에 남았다.
趙孝成王德公子之矯奪晉鄙兵而存趙	조효성왕은 공자가 진비를 속이어 병부를 빼앗아 조나라를 구한 것을 은덕으로 여겨

13 **집해** 여침(呂忱)은 말하였다. "동개에 쇠뇌의 화살을 담은 것이다." **색은** 韊의 음은 란(蘭)이다. 화살을 담는 것을 말하는데, 지금의 호록[胡簏: 전통(箭筒), 화살통]인데 길이가 좀 더 짧다. 여(呂)는 성이고 침(忱)은 이름이며, 『자림(字林)』을 지었다. 동개는 쇠뇌의 화살을 담는 기구이다.

乃與平原君計	이에 평원군과 모의하여
以五城封公子	공자에게 다섯 성을 봉하였다.
公子聞之	공자가 듣고
意驕矜而有自功之色	속으로 뻐기며 자기가 공을 세운 듯한 기색이 있었다.
客有說公子曰	객 가운데 어떤 자가 공자에게 유세하여 말하였다.
物有不可忘	"사물 가운데는 잊을 만한 것이 있고
或有不可不忘	혹 잊지 않을 수 없는 것이 있습니다.
夫人有德於公子	남이 공자께 덕을 베풀면
公子不可忘也	공자께서는 잊으시면 안 되며,
公子有德於人	공자께서 남에게 덕을 베푸셨다면
願公子忘之也	공자께서는 잊도록 하십시오.
且矯魏王令	또한 위왕의 명을 속이고
奪晉鄙兵以救趙	진비의 군사를 훔쳐서 조나라를 구한 것은
於趙則有功矣	조나라로 봐서는 공을 세운 것이나
於魏則未爲忠臣也	위나라로 보면 충신은 아닙니다.
公子乃自驕而功之	공자께서 이에 스스로 뻐기시어 공을 세웠다 여기시는데
竊爲公子不取也	가만히 생각건대 공자께서는 취하지 마십시오."
於是公子立自責	이에 공자는 즉시 자책하고
似若無所容者	용인하지 못하는 듯이 하였다.
趙王埽除自迎	조왕은 거리를 쓸고 친히 맞아
執主人之禮	주인의 예를 행하여
引公子就西階	공자를 서쪽 계단으로 오르도록 이끌었다.

公子側行辭讓	공자는 곁으로 걸으며 사양하고
從東階上[14]	동쪽 계단으로 올랐다.
自言罪過	스스로 죄과를 말하고
以負於魏[15]	위나라를 저버렸으며
無功於趙	조나라에는 공이 없다고 하였다.
趙王侍酒至暮	조왕은 술 시중을 들며 저녁이 되도록
口不忍獻五城	입으로 차마 다섯 성을 바치겠다고 하지 못하였는데
以公子退讓也	공자가 겸양하였기 때문이다.
公子竟留趙	공자는 끝내 조나라에 남았다.
趙王以鄗[16]爲公子湯沐邑	조왕은 호를 공자의 탕목읍으로 삼았고
魏亦復以信陵奉公子	위나라 또한 다시 신릉으로 공자를 받들었다.
公子留趙	공자는 조나라에 남았다.

公子聞趙有處士毛公藏於博徒	
	공자는 조나라에 처사 모공이 도박하는 무리들 속에 몸을 숨기고
薛公藏於賣漿家[17]	설공이 술을 파는 집에 몸을 숨기고 있다는 말을 듣고
公子欲見兩人	공자가 두 사람을 만나보고 싶어 했지만

14 집해 『예기(禮記)』[「곡례(曲禮) 상(上)」]에서는 "주인은 동쪽 계단으로 가고 객은 서쪽 계단으로 간다. 객이 지위가 낮으면 주인의 계단으로 간다."라 하였다.

15 색은 負의 음은 패(佩)이다.

16 색은 음은 학(臛)이며, 조나라의 읍 이름으로 상산(常山)에 속한다.

17 집해 서광은 말하였다. "漿은 '료(醪)'로 된 판본도 있다." 색은 『별록(別錄)』에서는 "漿은 '료(醪)'라 하기도 한다."라 하였다.

兩人自匿不肯見公子	두 사람이 스스로 몸을 숨기고 공자를 만나보려 하지 않았다.
公子聞所在	공자는 (그들이) 있는 곳을 듣고
乃閒步往從此兩人游	이에 사적인 걸음으로 가서 이 두 사람을 좇아 노닐었는데
甚歡	매우 기뻐하였다.
平原君聞之	평원군이 듣고
謂其夫人曰	그 부인에게 말하였다.
始吾聞夫人弟公子天下無雙	"처음에 나는 부인의 아우와 같은 공자는 천하에 둘도 없다고 들었는데
今吾聞之	지금 내가 듣자 하니
乃妄從博徒賣漿者游	이에 함부로 도박꾼들 술 파는 자들과 어울려 논다니
公子妄人耳	공자는 망령된 사람일 뿐이구료."
夫人以告公子	부인이 그대로 공자에게 일러주었다.
公子乃謝夫人去	공자가 이에 부인에게서 떠나려 하면서
曰	말하였다.
始吾聞平原君賢	"처음에 나는 평원군이 현명하다고 들어서
故負魏王而救趙	위왕을 저버리면서까지 조나라를 구원하여
以稱平原君	평원군의 뜻에 맞추었습니다.
平原君之游	평원군의 교유는
徒豪舉耳[18]	한갓 호걸들만 천거할 뿐
不求士也	선비는 구하지 않습니다.
無忌自在大梁時	저는 대량에 있을 때부터

18 색은 호자(豪者)를 천거하는 것을 말한다. 擧는 또한 음이 거(據)이다.

常聞此兩人賢	늘 이 두 사람이 현명하다는 것을 듣고
至趙	조나라에 이르면
恐不得見	만나지 못할까 걱정하였습니다.
以無忌從之游	저는 그들과 종유하면서도
尙恐其不我欲也	오히려 그들이 나를 원치 않을까 걱정하는데
今平原君乃以爲羞	지금 평원군이 이에 부끄럽게 여기니
其不足從游	좇아 교유하기에 부족합니다."
乃裝爲去	이에 짐을 꾸려 떠났다.
夫人具以語平原君	부인이 모두 그대로 평원군에게 이야기하였다.
平原君乃免冠謝	평원군은 이에 관을 벗고 사과하면서
固留公子	굳이 공자를 붙들었다.
平原君門下聞之	평원군의 문하에서 그 말을 듣고
半去平原君歸公子	반은 평원군을 떠나 공자에게 귀의하였으며
天下士復往歸公子	천하의 선비들도 또한 공자에게 가서 귀의하니
公子傾平原君客	공자는 평원군의 객을 기울게 하였다.
公子留趙十年不歸	공자는 조나라에 10년간 머물며 돌아가지 않았다.
秦聞公子在趙	진나라에서는 공자가 조나라에 있다는 말을 듣고
日夜出兵東伐魏	밤낮으로 군사를 내어 동으로 위나라를 쳤다.
魏王患之	위왕은 근심하여
使使往請公子	사자를 보내어 공자를 청하게 하였다.
公子恐其怒之	공자는 (왕이) 그를 보고 노할까 두려워
乃誡門下	이에 문하에 타일렀다.

有敢爲魏王使通者	“감히 위왕을 위하여 통하게 하려는 자가 있으면
死	죽을 것이다.”
賓客皆背魏之趙	빈객들은 모두 위나라를 저버리고 조나라로 가서
莫敢勸公子歸	아무도 감히 공자에게 돌아가도록 권하지 않았다.
毛公·薛公[19]兩人往見公子曰	모공과 설공 두 사람이 공자를 가서 뵙고 말하였다.
公子所以重於趙	“공자께서 조나라의 존중을 받고
名聞諸侯者	명성이 제후들에게 알려진 것은
徒以有魏也	다만 위나라가 있기 때문입니다.
今秦攻魏	지금 진나라가 위나라를 공격하여
魏急而公子不恤	위나라가 다급한 데도 공자께서 구휼치 않으시니
使秦破大梁而夷先王之宗廟	진나라가 대량을 깨뜨리고 선왕의 종묘를 없애기라도 한다면
公子當何面目立天下乎	공자께서는 무슨 면목으로 천하에 서 계시겠습니까?”
語未及卒	말이 채 끝나지도 않았는데
公子立變色	공자는 바로 안색이 변하더니
告車趣駕歸救魏	수레를 빨리 준비하여 위나라를 구원하러 돌아가자고 하였다.

魏王見公子	위왕은 공자를 보자
相與泣	서로 함께 눈물을 흘렸으며

19 색은 사서에 그 이름을 기록하지 않았다.

而以上將軍印授公子	상장군의 인수를 공자에게 주어
公子遂將	공자는 마침내 장수가 되었다.
魏安釐王三十年	위안리왕 30년(B.C. 247)에
公子使使遍告諸侯	공자는 사신을 보내어 두루 제후들에게 알렸다.
諸侯聞公子將	제후들은 공자가 장수가 되었다는 말을 듣고
各遣將將兵救魏	각기 장수를 보내어 군사를 거느리고 위나라를 구원하였다.
公子率五國之兵破秦軍於河外	공자는 다섯 나라 군사를 거느리고 하외에서 진나라 군사를 격파하고
走蒙驁	몽오를 달아나게 하였다.
遂乘勝逐秦軍至函谷關	마침내 승세를 타고 진나라 군사를 쫓아 함곡관까지 이르러
抑秦兵[20]	진나라 군사를 억누르니
秦兵不敢出	진나라 군사는 감히 나오지를 못하였다.
當是時	이때
公子威振天下	공자의 위세는 천하에 떨쳤으며
諸侯之客進兵法	제후의 객이 병법을 바치자
公子皆名之[21]	공자는 모두 그 이름을 명기하였으므로
故世俗稱魏公子兵法[22]	세속에서는 『위공자병법』이라 일컫는다.

秦王患之	진왕이 그것을 근심하여

---

20 **색은** 抑의 음은 억(憶)이다. 억(抑)은 군사를 가지고 압박하는 것을 이른다.

21 **색은** 공자에게 바친 병법에는 반드시 그 (바친 자의) 이름을 칭하였다는 말로 그가 관대하였음을 말한다.

22 **집해** 유흠(劉歆)의 『칠략(七略)』에는 『위공자병법(魏公子兵法)』 21편과 『도(圖)』 7권이 있다.

乃行金萬斤於魏	이에 위나라에 금 만 근을 보내어
求晉鄙客	진비의 객을 찾아
令毁公子於魏王曰	위왕에게 공자를 헐뜯어 말하게 하였다.
公子亡在外十年矣	“공자가 국외로 도망친 지 10년이 되었는데
今爲魏將	이제 위나라 장수가 되었고
諸侯將皆屬	제후의 장수들은 모두 그의 수하여서
諸侯徒聞魏公子	제후들은 위공자의 말만 들을 뿐
不聞魏王	위왕의 말은 듣지 않습니다.
公子亦欲因此時定南面而王	공자 또한 이때를 틈타 남면하여 왕이 되고자 하는데
諸侯畏公子之威	제후들은 공자의 위세를 두려워하여
方欲共立之	바야흐로 함께 그를 세우고자 합니다.”
秦數使反間	진나라는 여러 차례나 반간계를 쓰게 하여
僞賀公子得立爲魏王未也	거짓으로 공자를 축하하고 아직 위왕에 즉위하지 않았느냐고 하였다.
魏王日聞其毁	위왕은 날마다 헐뜯는 말을 듣다 보니
不能不信	믿지 않을 수가 없어
後果使人代公子將	나중에는 과연 사람을 시켜 공자 대신 장수가 되게 하였다.
公子自知再以毁廢	공자는 실로 다시 헐뜯는 말로 폐하여진 것을 알고
乃謝病不朝	이에 병을 핑계로 물러나 입조하지 않고
與賓客爲長夜飮	빈객들과 함께 밤새도록 술을 마셨는데
飮醇酒	독한 술을 마시고는
多近婦女	거의 여인을 가까이하였다.

日夜爲樂飮者四歲	밤낮으로 술 마시는 것을 즐긴 지 4년 만에
竟病酒而卒	결국 술병이 들어 죽었다.
其歲	그해에
魏安釐王亦薨	위안리왕도 죽었다.

秦聞公子死	진나라는 공자가 죽었다는 것을 듣고
使蒙驁攻魏	몽오로 하여금 위나라를 공격하게 하여
拔二十城	스무 성을 함락시키고
初置東郡	처음으로 동군을 두었다.
其後秦稍蠶食魏	그 뒤로 진나라는 조금씩 위나라를 누에처럼 야금야금 먹어치워
十八歲而虜魏王[23]	18년 만에 위왕을 포로로 삼고
屠大梁	대량을 도륙질하였다.

高祖始微少時	고조가 아직 어렸을 때
數聞公子賢	공자가 현명하다는 것을 자주 들었다.
及即天子位	천자로 즉위하자
每過大梁	대량을 지날 때마다
常祠公子	늘 공자를 제사 지냈다.
高祖十二年	고조 12년(B.C. 195)에
從擊黥布還	경포를 치고 돌아오는 길에
爲公子置守冢五家	공자를 위하여 무덤을 지키는 다섯 집을 두고
世世歲以四時奉祠公子	대대로 해마다 사철 공자의 제사를 받들게 하였다.

23 **색은** 위왕의 이름은 가(假)이다.

太史公曰	태사공은 말한다.
吾過大梁之墟	내가 대량의 옛 터를 지나면서
求問其所謂夷門	이른바 이문을 찾아서 물었다.
夷門者	이문은
城之東門也	성의 동쪽 문이다.
天下諸公子亦有喜士者矣	천하의 여러 공자들 가운데 또한 선비를 좋아한 자가 있었지만
然信陵君之接巖穴隱者	신릉군은 암혈의 은자를 맞이하며
不恥下交	아랫사람과 사귀기를 부끄러워하지 않았으니
有以也	이유가 있는 것이다.
名冠諸侯	제후들 사이에 명성이 으뜸인 것이
不虛耳	빈말이 아니다.
高祖每過之而令民奉祠不絕也	고조는 지날 때마다 백성들로 하여금 제사를 받들어 끊이지 않게 하였다.

18 춘신군 열전 春申君列傳

春申君者	춘신군은
楚人也	초나라 사람으로
名歇	이름은 헐이며
姓黃氏	성은 황씨이다.
游學博聞	두루 배워 아는 것이 많았으며
事楚頃襄王[1]	초나라 경양왕을 섬겼다.
頃襄王以歇爲辯	경양왕은 황헐이 변설에 뛰어나다고 하여
使於秦	진나라에 사신으로 보냈다.
秦昭王使白起攻韓魏	진소왕은 백기로 하여금 한나라와 위나라를 공격하게 하여
敗之於華陽	화양에서 무찌르고
禽魏將芒卯	위나라 장수 망묘를 사로잡았으며
韓魏服而事秦	한나라와 위나라는 굴복하여 진나라를 섬겼다.
秦昭王方令白起與韓魏共伐楚	진소왕이 바야흐로 백기로 하여금 한나라, 위나라와 함께 초나라를 치게 하였는데
未行	아직 출정을 하지 않아

1 색은 이름은 횡(橫)이다, 고열왕(考烈王) 완(完)의 부친이다.

而楚使黃歇適至於秦	초나라의 사신 황헐이 마침 진나라에 이르러
聞秦之計	진나라의 계책을 알게 되었다.
當是之時	이때
秦已前使白起攻楚	진나라는 이미 전에도 백기로 하여금 초나라를 치게 하여
取巫黔中之郡	무와 검중의 군을 빼앗았으며
拔鄢郢	언영을 점령하고
東至竟陵[2]	동으로 경릉에까지 이르러
楚頃襄王東徙治於陳縣[3]	초경양왕은 진현으로 도읍을 옮겼다.
黃歇見楚懷王之爲秦所誘而入朝	황헐은 초회왕이 진나라에 꾀어 들어가 조회하고
遂見欺	마침내 속아
留死於秦	진나라에 억류되어 있다가 죽은 것을 보았다.
頃襄王	경양왕은
其子也	그 아들로
秦輕之	진나라가 깔보아
恐壹擧兵而滅楚	일거에 군사를 일으켜 초나라를 멸할까 두려워하였다.
歇乃上書說秦昭王曰	황헐은 이에 글을 올려 진소왕을 유세하여 말하였다.

天下莫彊於秦楚	천하에 진나라와 초나라보다 강한 나라는 없습니다.
今聞大王欲伐楚	지금 듣자 하니 대왕께서 초나라를 치시려 한다는데

2 정의 경릉(竟陵)은 강하군(江夏郡)에 속한다.

3 정의 지금의 진주(陳州)이다.

此猶兩虎相與鬥	이는 두 호랑이가 서로 얽혀 싸우는 것과 같습니다.
兩虎相與鬥而駑犬受其弊[4]	두 호랑이가 서로 싸워 못난 개가 거꾸러진 호랑이를 차지하느니
不如善楚	초나라와 잘 지냄만 못합니다.
臣請言其說	신은 청컨대 그리되는 도리를 말하여 보겠습니다.
臣聞物至則反	신이 듣건대 사물이 극에 이르면 되돌아온다고 하는데
冬夏是也[5]	겨울과 여름이 그러하며,
致至則危[6]	지극한 곳에 이르면 위태로워진다는데
累棋是也	바둑알을 포개두는 것이 바로 이러합니다.
今大國之地	지금 대국의 땅은
遍天下有其二垂[7]	온 천하에 하늘과 땅이 맞닿은 곳까지 있으며
此從生民已來	이는 백성이 생겨난 이래
萬乘之地未嘗有也	만승지국의 땅도 (그것을) 가져본 적이 없습니다.
先帝文王莊王之身	선제인 문왕과 장왕 때부터
三世不妄接地於齊	3대에 걸쳐 함부로 제나라와 땅을 맞닿게 하지 않고
以絕從親之要[8]	합종하여 친한 나라의 허리를 끊었습니다.
今王使盛橋守事於韓[9]	지금 왕께서는 성교로 하여금 한나라에서 (진나라를) 섬기게 하고
盛橋以其地入秦	성교는 그 땅을 진나라에 들이니

---

4 색은 두 호랑이가 싸우면 이에 못난 개에게 거꾸러진다는 말이다. 유씨(劉氏)는 수(受) 자는 승(承) 자와 같다고 하였다.

5 정의 지(至)는 극(極)이라는 뜻이다. 극에 달하면 되돌아오는 것이다. 동지는 음(陰)의 극이며, 하지는 양(陽)의 극이다.

6 집해 서광(徐廣)은 말하였다. "'치(致)' 자는 '안(安)' 자로 된 판본도 있다."

7 정의 동쪽과 서쪽의 극에 이른다는 말이다.

8 색은 (要는) '허리 요(腰)' 자의 뜻으로 읽는다. 산동의 국가들이 합종을 맺었는데 한나라와 위나라가 그 허리라는 말이다.

是王不用甲	이는 왕께서 갑병을 쓰지 않고
不信威[10]	위력을 펴지 않고서도
而得百里之地	백 리의 땅을 얻은 것입니다.
王可謂能矣	왕께서는 능하다 하겠습니다.
王又擧甲而攻魏	왕께서는 또 갑병을 동원하여 위나라를 쳐서
杜大梁之門	대량의 문을 막고
擧河內	하내를 빼앗았으며
拔燕酸棗虛[11]桃	연과 산조, 허, 도를 점령하고
入邢[12]	형으로 들어가니
魏之兵雲翔而不敢捄	위나라 군사는 구름처럼 나돌기만 하고 감히 구원하지 못합니다.
王之功亦多矣	왕의 공 또한 많았습니다.
王休甲息衆	왕께서는 갑병과 백성을 쉬게 하여
二年而後復之	2년 후에는 회복시켰으며,
又幷蒲衍首垣[13]	또한 포와 연, 수, 원을 합병하고

---

9 **색은** 진나라가 성교로 하여금 한나라에서 지속적으로 섬기도록 한 것이며, 또한 초나라가 소활(召滑)로 하여금 조나라의 재상이 되게 한 것과 같은 것은 모두 안으로 장의(章義)의 어려움을 행한 것이라는 말이다.

10 **색은** 信은 신(申)의 뜻으로 읽는다.

11 **집해** 서광은 말하였다. "진시황(秦始皇) 5년(B.C. 242)에 산조(酸棗)와 연(燕), 허(虛)를 빼앗았다. 소대(蘇代)는 '숙서(宿胥)의 입구를 터뜨리면 위나라는 허(虛)와 돈구(頓丘)가 없게 된다.'고 하였다."

12 **집해** 서광은 말하였다. "연현(燕縣)에 도성(桃城)이 있고, 평고(平皋)에 형구(邢丘)가 있다." **정의** 형구(邢丘)는 회주(懷州) 무덕현(武德縣) 동남쪽 20리 지점에 있다.

13 **집해** 서광은 말하였다. "소진(蘇秦)은 '북에는 하외(河外)와 권(卷), 연(衍)이 있다.'고 하였다. 장원현(長垣縣)에 포향(蒲鄕)이 있다." **색은** 이 포(蒲)는 형(衛)의 장원(長垣)에 있는 포향(蒲鄕)이다. 연(衍)은 하남(河南)에 있으며 권(卷)과 가깝다. 수(首)는 우수(牛首)일 것이며, 원(垣)은 곧 장원(長垣)으로 하동(河東)의 원(垣)이 아니다. 垣의 음은 원(圓)이다.

以臨仁平丘[14]	인과 평구에 다다르니
黃濟陽嬰城[15]而魏氏服	황과 제양은 성을 둘러싸고 지켰으며 위나라는 복종하였습니다.
王又割濮曆之北	왕께서는 또한 복력의 북쪽을 떼어
注齊秦之要	제나라와 진나라의 요지에 대어
絕楚趙之脊[16]	초나라와 조나라의 척추를 끊어놓아
天下五合六聚而不敢救	천하에서 몇 번이나 합치고 모여도 감히 구원하지 못하였습니다.
王之威亦單矣[17]	왕의 위세는 극에 달하였습니다.

王若能持功守威	왕께서 공을 지니고 위세를 지키시어
絀攻取之心而肥仁義之地	공격하여 빼앗는 마음을 물리치고 인의의 땅을 살찌워
使無後患	후환이 없도록 하실 수만 있다면
三王不足四	삼왕으론 부족하여 사왕이 될 것이고
五伯不足六也	오패로는 부족하여 육패가 될 것입니다.
王若負人徒之衆	왕께서 사람의 무리가 많은 것을 믿고

14 **집해** 서광은 말하였다. "진류(陳留)에 속한다." **색은** 인(仁)과 평구(平丘)는 두 현의 이름이다. 군사를 가지고 이 두 현에 이르렀다는 말이니 황(黃)과 제양(濟陽) 등은 스스로 성을 둘러싸고 지켰다는 것이다. 「지리지(地理志)」에 의하면 평구(平丘)는 진류(陳留)에 속한다. 지금은 소재지를 모른다.

15 **집해** 서광은 말하였다. "소대는 '백마(白馬)의 입구를 터뜨리면 위나라는 황(黃)과 제양(濟陽)이 없게 된다.'라 하였다." **정의** 옛 황성(黃城)은 조주(曹州) 고성현(考城縣) 동쪽에 있다. 제양(濟陽)의 고성은 조주(曹州) 원구현(宛句縣) 서남쪽에 있다. 영성(嬰城)은 미상이다.

16 **정의** 유백장(劉伯莊)은 말하였다. "진나라가 위나라의 땅을 얻어 초나라와 위나라의 합종이 단절되었다."

17 **집해** 서광은 말하였다. "單은 또한 '탄(殫)'이라고도 한다." **색은** 單의 음은 단(丹)이다. 단(單)은 다한다는 뜻이다. 왕의 위세가 끝까지 행하여졌다는 말이다.

仗兵革之彊	군사력이 강한 것에 의지하며
乘毁魏之威	위나라를 허문 위세를 타고
而欲以力臣天下之主	힘으로 천하의 임금들을 신하로 삼고자 하신다면
臣恐其有後患也	신은 후환이 있을까 두렵습니다.
詩曰靡不有初	『시』에서는 말하기를 "처음이 있지 않으면,
鮮克有終	좋은 끝이 있기가 어렵네."라 하였습니다.
易曰狐涉水	『역(易)』에서는 "여우가 물을 건너면
濡其尾[18]	그 꼬리를 적신다." 하였습니다.
此言始之易	이는 처음은 쉽지만
終之難也	끝은 어렵다는 말입니다.
何以知其然也	어떻게 그러리라는 것을 알겠습니까?
昔智氏見伐趙之利而不知榆次之禍[19]	옛날에 지씨는 조나라를 치는 것이 이롭다는 것은 간파하였지만 유차의 화는 알지 못하였으며
吳見伐齊之便而不知干隧之敗[20]	오나라는 제나라를 치는 것이 편하다는 것은 간파하였지만 간수의 패배는 알지 못하였습니다.
此二國者	이 두 나라는
非無大功也	큰 공이 없는 것은 아니나
沒利於前而易患於後也[21]	앞의 이익에 빠져 뒤의 근심으로 바뀐 것입니다.

18 정의 여우는 그 꼬리를 아끼어 물을 건널 때마다 꼬리를 들어 물에 젖지 않게 하는데 아주 어려운 곤경에 처하면 적신다는 것을 말한다. 힘으로 섬기게 할 수 없다는 것을 비유한다.

19 색은 지백(智伯)은 유차(榆次)에서 패하였다. 「지리지(地理志)」에서는 태원(太原)에 속한다 하였으며, 경양향(梗陽鄉)이 있다. 정의 유차는 병주(幷州)의 현이다. 『수경주(水經注)』에서는 "유차현(榆次縣) 남쪽 동와수(洞過水) 곁에 착대(鑿臺)가 있다."라 하였다.

20 색은 간수(干隧)는 오나라가 패한 곳으로 지명이다. 간(干)은 물가라는 뜻이고, 수(隧)는 도로이다. 정의 간수는 오나라의 지명이다. 만안산(萬安山) 서남쪽 1리 지점의 태호(太湖)에서 나오는데, 바로 오왕 부차(夫差)가 자결한 곳으로, 소주(蘇州) 서북쪽 40리 지점에 있다.

吳之信越也	오나라는 월나라를 믿고
從而伐齊[22]	따라서 제나라를 쳤는데
旣勝齊人於艾陵[23]	애릉에서 제나라 사람을 이기기는 하였지만
還爲越王禽三渚之浦[24]	돌아오다가 월왕에게 삼저의 물가에서 사로잡혔습니다.
智氏之信韓魏也	지씨는 한나라와 위나라를 믿고
從而伐趙	따라서 조나라를 쳐서
攻晉陽城[25]	진나라 양성을 공격하여
勝有日矣	이긴 지 몇 일만에
韓魏叛之	한나라와 위나라가 반기를 들어
殺智伯瑤於鑿臺之下[26]	착대의 아래에서 지백요를 죽였습니다.
今王妒楚之不毀也	지금 왕께서는 초나라가 허물어지지 않은 것을 시샘하여
而忘毀楚之彊韓魏也	초나라를 허는 것이 한나라와 위나라를 강하게 한다는 것을 잊고 있사온데
臣爲王慮而不取也	신은 왕께서 생각하여 취하지 않았으면 합니다.

21 색은 지백 및 오왕이 눈앞에 있는 조나라 및 제나라를 치는 이익에 빠져 나중에 스스로 그것을 환난으로 바꾸었다는 말이다. 후(後)는 곧 유차와 간수의 환난이다.

22 색은 從의 음은 종[縱用反]이다. 유씨(劉氏)는 말하였다. "종(從)은 영(領)과 같다."

23 정의 애산(艾山)은 연주(兗州) 박현(博縣) 남쪽 60리 지점에 있다.

24 집해 『전국책』에서는 '삼강지포(三江之浦)'라고 하였다. 정의 『오속전(吳俗傳)』에서는 "월나라 군사는 자서를 잡는 꿈을 꾸고 동쪽으로 들어가 오나라를 쳤으며 월왕은 즉시 삼강(三江)의 북쪽 기슭에 단을 세우고 백마를 죽여 자서를 제사 지냈는데 술잔이 움직여 술이 다하자 이에 시내를 파고 시포(示浦)라 하였으며, 고소(姑蘇)로 들어가 오왕을 깨뜨리고 간수(干隧)에서 무찔렀다."

25 정의 병주(幷州)의 성이다.

26 집해 서광은 말하였다. "착대(鑿臺)는 유차(楡次)에 있다."

詩曰大武遠宅而不涉[27]	『시』에서 말하기를 "강한 군대는 집을 멀리하여 건너지 않는다."라 하였습니다.
從此觀之	이로써 보건대
楚國	초나라는
援也	구원병이며,
鄰國	이웃 나라들은
敵也	적입니다.
詩云, 趯趯毚兔	『시』에서 말하기를 "깡총깡총 약삭빠른 토끼,
遇犬獲之[28]	사냥개가 잡는다네.
他人有心	다른 사람 생각 있으면,
余忖度之	내 그것 헤아린다네."라 하였습니다.
今王中道而信韓魏之善王也	지금 왕께서는 중도에서 한나라와 위나라가 왕과 친하다고 믿고 있사온데
此正吳之信越也	이는 바로 오나라가 월나라를 믿은 것과 같습니다.
臣聞之	신이 듣건대
敵不可假	적에게는 빈틈을 줘서는 안 되고
時不可失	때는 놓쳐서는 안 된다고 하였습니다.
臣恐韓魏卑辭除患而實欲欺大國也[29]	신은 한나라와 위나라가 말을 낮추고 근심을 없애는 것이 실은 대국을 속이려는 것일까 두렵습니다.

---

27 **정의** 대군은 멀리 가서 공격하여 치지 않는다는 말이다.

28 **집해** 한영(韓嬰)의 『장구(章句)』에서는 "적적(趯趯)은 왕래하는 모양이다. 획(獲)은 얻는 것이다. 깡총깡총 뛰어다니는 약아빠진 토끼를 말한다. 약아빠진 토끼가 여러 번 왕래하면서 그 자취를 숨겨도 이따금씩 사냥개가 잡는다는 말이다."라 하였다. 『모전(毛傳)』에서는 "참토(毚兔)는 약아빠진 토끼이다."라 하였다. 정현(鄭玄)은 "우견(遇犬)은 길들인 개로 사냥개를 말한다."라 하였다. **색은** '적(趯)'은 '적(躍)'이다. 躍의 음은 적[天歷反]이다. 毚의 음은 참(讒)이다.

29 **색은** 대국(大國)은 진나라를 이른다.

何則	어째서이겠습니까?
王無重世之德[30]於韓魏	왕께서는 여러 대 동안 한나라와 위나라에 덕을 베풀지 않으셨고
而有累世之怨焉	오히려 여러 대 동안 쌓인 원한이 있었기 때문입니다.
夫韓魏父子兄弟接踵而死於秦者將十世矣	저 한나라와 위나라는 부자와 형제가 잇달아 진나라에게 죽임을 당한 것이 10대가 다 되어갑니다.
本國殘	본토는 파괴되었고
社稷壞	사직은 허물어졌으며
宗廟毁	종묘는 헐렸습니다.
刳腹絕腸	배가 도려지고 창자가 끊겼으며
折頸摺頤[31]	목이 꺾이고 턱이 분질러졌고
首身分離	머리와 몸이 분리되었으며
暴骸骨於草澤	해골이 잡초가 우거진 늪지에 드러나고
頭顱僵仆	두개골과 쓰러진 시체가
相望於境	변경에서 서로 바라며
父子老弱係脰束手爲群虜者相及於路	부자 및 늙은이와 어린아이가 줄줄이 목이 엮이고 손이 묶인 채 떼 지어 포로가 된 것이 길에서 서로 이어졌습니다.
鬼神孤傷	귀신은 외로이 가슴 아파하며
無所血食	제사를 받은 곳도 없습니다.
人民不聊生	백성들은 삶을 도모할 수 없고
族類離散	겨레가 헤어지고 흩어져
流亡爲僕妾者	도망쳐 떠돌다가 종이 된 자가

30 **색은** 중세(重世)는 누세(累世)와 같다.

31 **집해** 서광은 말하였다. "'전(顚)'으로 된 판본도 있다." **색은** (摺頤의) 음은 납이(拉夷)이다.

盈滿海內矣	천하에 가득합니다.
故韓魏之不亡	그러므로 한나라와 위나라가 망하지 않는다면
秦社稷之憂也	진나라 사직의 근심이 될 것인데
今王資之與攻楚	지금 왕께서는 그들을 믿고 함께 초나라를 치려고 하시니
不亦過乎	또한 잘못이 아니겠습니까?

且王攻楚將惡出兵[32]	또한 왕께서 초나라를 공격하면 어떻게 군사를 내시겠습니까?
王將借路於仇讎之韓魏乎?	왕께서 원수인 한나라와 위나라에게서 길을 빌리시겠습니까?
兵出之日而王憂其不返也	군사를 내는 날 왕께서는 돌아오지 못할 것을 걱정할 것이니
是王以兵資於仇讎之韓魏也	이는 왕께서 원수인 한나라와 위나라에 군사를 대주었기 때문입니다.
王若不借路於仇讎之韓魏	왕께서 원수인 한나라와 위나라로부터 길을 빌리지 않는다면
必攻隨水右壤	수수(隨水)의 오른쪽 땅으로 공격하여야 합니다.
隨水右壤	수수의 오른쪽 땅은
此皆廣川大水	이는 모두 넓은 하천과 큰물에
山林谿谷	산림과 계곡뿐으로
不食之地也[33]	먹을 것이 나지 않는 땅이니
王雖有之	왕께서는 그것을 가져도
不爲得地	땅을 얻은 것이 아닌 게 됩니다.

32 정의 惡의 음은 오(烏)이다.

33 색은 초나라의 도읍 진(陳)은 수수(隨水)의 오른쪽 땅으로 아마 수수의 서쪽에 있을 것이며, 곧 지금의 등주(鄧州) 서쪽인데 그곳은 지형이 산림이 많은 곳이다.

是王有毁楚之名而無得地之實也	이는 왕께서 초나라의 명성만 헐 뿐 땅을 얻는 실속은 없는 것입니다.
且王攻楚之日	또한 왕께서 초나라를 공격하는 날에는
四國必悉起兵以應王	네 나라가 반드시 모두 군사를 일으켜 왕께 대응할 것입니다.
秦楚之兵構而不離	진나라와 초나라의 군사가 붙어서 떨어지지 못하면
魏氏將出而攻留方與銍湖陵碭蕭相	위나라는 군사를 내어 유와 방여, 질, 호릉, 탕, 소와 상현(相縣)을 공격하여,
故宋必盡[34]	옛 송나라 땅을 모두 점령할 것입니다.
齊人南面攻楚	제나라 사람은 남쪽으로 초나라를 공격하여
泗上必擧[35]	사상이 반드시 점령될 것입니다.
此皆平原四達	이는 모두 평원으로 사방으로 통하는 곳이며
膏腴之地	기름진 땅으로
而使獨攻[36]	홀로 공격하게 하는 것입니다.
王破楚以肥韓魏於中國而勁齊	왕께서는 초나라를 깨뜨림으로써 중원에서 한나라와 위나라를 살찌우고 제나라를 강하게 하는 것입니다.
韓魏之彊	한나라와 위나라가 강하여지면
足以校於秦[37]	충분히 진나라에 필적하게 될 것입니다.
齊南以泗水爲境	제나라는 남으로 사수를 경계로 하여

34 정의 서주(徐州)의 서쪽과 송주(宋州)의 동쪽, 연주(兗州)의 남쪽은 모두 옛 송나라 땅이다.

35 정의 이때 서주[徐]와 사상[泗]은 제나라에 속하였다.

36 색은 진나라와 초나라의 싸움이 이어져 그치지 않는다면 위나라는 옛 송나라 땅을 모두 점령하고 제나라는 사상을 차지하게 될 것이니, 이는 제나라와 위나라만 공격하여 쳐서 그 이익을 챙기게 된다는 것이다.

東負海	동으로는 바다를 등지고
北倚河	북으로는 황하에 기대어
而無後患	후환이 없을 것이며,
天下之國莫彊於齊魏	천하의 나라는 제나라와 위나라보다 강한 나라는 없을 것이며
齊魏得地葆利而詳事下吏	제나라와 위나라가 땅을 얻고 실리를 충분히 챙기어 거짓으로 속리처럼 섬긴다면
一年之後	1년 뒤에는
爲帝未能	칭제를 하기에는 미흡하겠지만
其於禁王之爲帝有餘矣[38]	왕께서 칭제하는 것을 금하기에는 충분할 것입니다.

夫以王壤土之博	대체로 왕께서 국토의 넓음과
人徒之衆	인구의 많음,
兵革之彊	병력의 강함으로
壹擧事而樹怨於楚	한번 일을 하여 초나라에 원한을 심고
遲令[39]韓魏歸帝重於齊	이에 한나라와 위나라로 하여금 칭제의 중함을 제나라에 바치게 하니
是王失計也[40]	이는 왕의 실책입니다.
臣爲王慮	신이 왕을 위해 생각해 보건대

37 **색은** 校의 음은 교(教)이다. 충분히 진나라와 적수가 될 수 있다는 것을 말한다. 혹은 교(校)는 보(報)의 뜻이라고도 하는데, 힘이 진나라에 보복을 할 수 있다는 것을 말한다.

38 **색은** 제나라가 1년 후에 제(帝)로 즉위할 수는 없더라도 진나라가 제가 되는 것을 금할 만한 힘은 충분히 있을 것이라는 말이다. 그러나 '금(禁)' 자를 '초(楚)' 자로 본 것이 있는데 틀렸다.

39 **집해** 서광은 말하였다. "지(遲) 자는 '환(還)' 자로 된 판본도 있다." **색은** 遲의 음은 치(值)이다. 치(值) 자는 내(乃) 자와 같은 뜻이다. 令의 음은 령[力呈反]이다.

40 **색은** 한나라와 위나라가 제나라를 중시하여 제호(帝號)를 (제나라로) 가게 할 것이니 이는 진나라의 실책이라는 말이다.

莫若善楚	초나라와 친하게 지냄만 한 것이 없습니다.
秦楚合而爲一以臨韓	진나라와 초나라가 연합하여 하나가 되어 한나라로 닥치면
韓必斂手	한나라는 반드시 손을 거둘 것입니다.
王施以東山之險	왕께서 동쪽 산지의 험함을 쓰고
帶以曲河之利	굽은 황하의 이로움을 낀다면
韓必爲關內之侯	한나라는 반드시 관문 안의 제후가 될 것입니다.
若是而王以十萬戍鄭	여기에 왕께서 10만의 군사를 정에 주둔시키면
梁氏寒心	양씨(위나라)는 가슴이 서늘해져서
許鄢陵嬰城	허현(許縣)과 언릉은 성을 두르고 지킬 것이니
而上蔡召陵不往來也	상채와 소릉은 왕래가 끊어질 것이며
如此而魏亦關內侯矣	이렇게 하면 위나라 또한 관문 안의 제후가 될 것입니다.
王壹善楚	왕께서 일단 초나라와 친하여지면
而關內兩萬乘之主注地於齊[41]	관문 안에 있는 두 만승의 임금이 제나라 땅과 맞닿는 것이니
齊右壤可拱手而取也[42]	제나라 오른쪽 땅은 두 손을 모으고도 빼앗을 수 있을 것입니다.
王之地一經兩海[43]	왕의 땅은 한꺼번에 양쪽 바다를 관통하여
要約天下	천하를 통제하게 될 것이니
是燕趙無齊楚	이렇게 되면 연나라와 조나라는 제나라와 초나라가 없게 되고
齊楚無燕趙也	제나라와 초나라는 연나라와 조나라가 없게 되는

41 색은 주(注)는 군사력으로 판가름하는 것을 이른다.

42 정의 오른쪽 땅은 제주(濟州)의 남북을 말한다.

43 색은 서해에서 동해까지가 모두 진나라 땅이라는 것이다. 정의 중국의 동서를 가로지른다는 것을 부풀려 말한 것이다.

	것입니다.
然後危動燕趙	그런 다음에 연나라와 조나라를 위태로이 흔들고
直搖齊楚	직접적으로 제나라와 초나라를 흔들면
此四國者不待痛而服矣	이 네 나라는 아픔을 겪지 않아도 복종할 것입니다.

昭王曰	소왕이 말하기를
善	"훌륭하오."라 하였다.
於是乃止白起而謝韓魏	이에 곧 백기를 멈추게 하고 한나라와 위나라에게서 떠났다.
發使賂楚	사신을 보내어 초나라에 선물을 보내고
約爲與國	동맹국이 되기로 약속하였다.

黃歇受約歸楚	황헐이 맹약을 받고 초나라로 돌아오니
楚使歇與太子完入質於秦	초나라는 황헐과 태자 완(完)을 진나라에 볼모로 들여보내어
秦留之數年	진나라에서는 그들을 몇 년간 붙잡아두었다.
楚頃襄王病	초나라 경양왕이 병이 들었는데도
太子不得歸	태자는 돌아가지 못했다.
而楚太子與秦相應侯善	초나라 태자와 진나라 재상 응후가 친하여
於是黃歇乃說應侯曰	이에 황헐이 곧 응후에게 말하였다.
相國誠善楚太子乎	"상국께서는 실로 초나라 태자와 친하십니까?"
應侯曰	응후가 말하였다.
然	"그렇소."
歇曰	황헐이 말하였다.
今楚王恐不起疾	"지금 초왕은 병에서 회복하지 못할 것 같으니

秦不如歸其太子	진나라는 그 태자를 돌려보냄만 못합니다.
太子得立	태자가 즉위하게 되면
其事秦必重而德相國無窮	진나라를 섬김이 반드시 중할 것이며 상국의 덕이 끝이 없다고 여길 것이니
是親與國而得儲萬乘也	이는 동맹국과 가까이하고 만승을 보유한 나라를 얻는 것입니다.
若不歸	돌려보내시지 않는다면
則咸陽一布衣耳	함양의 한 포의일 따름이며,
楚更立太子	초나라가 태자를 바꾸어 세운다면
必不事秦	반드시 진나라를 섬기지 않을 것입니다.
夫失與國而絕萬乘之和	대체로 동맹국을 잃고 만승의 국가의 화목을 끊는다면
非計也	올바른 계책이 아닙니다.
願相國孰慮之	상국께서는 그 점을 숙고하여 주시기 바랍니다.”
應侯以聞秦王	응후는 그대로 진왕에게 알렸다.
秦王曰	진왕이 말하였다.
令楚太子之傅先往問楚王之疾	“초나라 태자의 스승에게 먼저 가서 초왕의 병을 물어보게 하고
返而後圖之	돌아온 다음에 생각해 봅시다.”
黃歇爲楚太子計曰	황헐은 초나라 태자에게 계책을 일러주었다.
秦之留太子也	“진나라가 태자를 잡아두는 것은
欲以求利也	이익을 추구하고자 해서입니다.
今太子力未能有以利秦也	지금 태자께서는 아직 진나라를 이롭게 할 만한 힘이 없으니
歇憂之甚	저는 그것이 매우 근심스럽습니다.

而陽文君子二人在中	양문군의 두 아들이 국내에 있사온데
王若卒大命	왕께서 숨을 거두시고
太子不在	태자께서 계시지 않는다면
陽文君子必立爲後	양문군의 아들이 반드시 후사를 잇고
太子不得奉宗廟矣	태자께서는 종묘에 봉안되지 못하게 될 것입니다.
不如亡秦	진나라에서 도망쳐
與使者俱出	사자와 함께 나감만 못하며,
臣請止	신은 청컨대
以死當之	죽음으로 맞서겠습니다."
楚太子因變衣服爲楚使者御以出關	초나라 태자는 이에 옷을 갈아입고 초나라 사자의 어자로 꾸며 관문을 빠져나갔으며
而黃歇守舍	황헐은 객사를 지키면서
常爲謝病	늘 병이라 하고 사람을 물리쳤다.
度太子已遠	태자가 이미 멀리 가서
秦不能追	진나라가 추격할 수 없다고 생각하자
歇乃自言秦昭王曰	황헐은 이에 스스로 진소왕에게 말하였다.
楚太子已歸	"초나라 태자는 이미 귀국하여
出遠矣	멀리 나갔습니다.
歇當死	저는 죽어 마땅하오니
願賜死	죽음을 내려 주옵소서."
昭王大怒	소왕은 크게 노하여
欲聽其自殺也	자살하려는 것을 들어주려 하였다.
應侯曰	응후가 말하였다.

歇爲人臣	"황헐은 신하로
出身以徇其主	몸을 내놓고 그 주인을 위해 도모하였으니
太子立	태자가 즉위하면
必用歇	반드시 황헐을 쓸 것이므로
故不如無罪而歸之	차라리 죄를 묻지 않고 돌려보내어
以親楚	초나라와 친선을 도모함만 못합니다."
秦因遣黃歇	진나라는 이에 황헐을 보냈다.

歇至楚三月	황헐이 초나라에 이른 지 석 달 만에
楚頃襄王卒[44]	초경양왕이 죽고
太子完立	태자 완이 즉위하니
是爲考烈王	바로 고열왕이다.
考烈王元年	고열왕 원년에
以黃歇爲相	황헐을 재상으로 삼고
封爲春申君[45]	춘신군에 봉하였으며
賜淮北地十二縣	회북의 땅 12현을 내렸다.
後十五歲	15년이 지나
黃歇言之楚王曰	황헐이 초왕에게 말하였다.
淮北地邊齊	"회북의 땅은 제나라와 경계를 이루므로
其事急	사정이 위급하니
請以爲郡便	청컨대 군으로 삼음이 편할 것입니다."

44 집해 서광은 말하였다. "36년(B.C. 271)이다."

45 정의 그러나 사군(四君)의 봉읍은 모두 검증되지 않았으며, 평원(平原)에만 땅이 있는데 그것도 또한 조나라의 경계가 아니고, 모두 아마 시호로 부른 것일 것이니 맹상(孟嘗)이 시호이기 때문이다.

因幷獻淮北十二縣	이에 회북의 12현을 모두 바쳤다.
請封於江東	강동에 봉하여 줄 것을 청하였다.
考烈王許之	고열왕이 허락하였다.
春申君因城故吳墟[46]	춘신군은 이에 옛 오나라 터에 성을 쌓고
以自爲都邑	스스로 도읍으로 삼았다.

春申君既相楚	춘신군이 초나라의 재상이 되자
是時齊有孟嘗君	이때 제나라에는 맹상군이 있었고
趙有平原君	조나라에는 평원군이 있었으며
魏有信陵君	위나라에는 신릉군이 있어서
方爭下士	바야흐로 다투어 선비들에게 몸을 낮추어
招致賓客	빈객들을 초치하여
以相傾奪	서로 경쟁하였으며
輔國持權	나라를 보좌하며 정권을 쥐었다.

春申君爲楚相四年	춘신군이 초나라의 재상이 된 지 4년 만에
秦破趙之長平軍四十餘萬	진나라가 장평의 군사 40여만 명을 깨뜨렸다.
五年	5년 되던 해에
圍邯鄲	한단을 에워쌌다.
邯鄲告急於楚	한단에서 초나라에 위급함을 알리어
楚使春申君將兵往救之	초나라가 춘신군으로 하여금 군사를 거느리고 가서 구원케 하자

46 정의 墟의 음은 허(虛)이다. 지금의 소주(蘇州)이다. 합려(闔閭)는 성내의 작은 성 서북쪽에 따로 성을 쌓아 거기에 거처하였는데 지금은 이미 허물어졌다. 또한 대내(大內)의 북쪽 도랑은 이리저리 흐르는데 지금껏 남아 있다. 또한 파초문(破楚門)을 창문(昌門)으로 고쳤다.

秦兵亦去	진나라 군사들 또한 떠났으며
春申君歸	춘신군은 돌아왔다.
春申君相楚八年	춘신군이 초나라의 재상이 된 지 8년이 되던 해에
爲楚北伐滅魯[47]	초나라를 위해 북벌하여 노나라를 멸하고
以荀卿爲蘭陵令	순경을 난릉령으로 삼았다.
當是時	이때
楚復彊	초나라는 다시 강하여졌다.

趙平原君使人於春申君	조나라 평원군이 춘신군에게 사자를 보내자
春申君舍之於上舍	춘신군은 그를 상사에 머물게 하였다.
趙使欲夸楚	조나라 사자는 초나라에 자랑하려고
爲玳瑁簪	대모비녀를 꽂고
刀劍室以珠玉飾之	칼집을 주옥으로 꾸미어
請命春申君客	춘신군의 객 앞에서 명을 듣기를 청하였다.
春申君客三千餘人	춘신군의 객은 3천여 명이었는데
其上客皆躡珠履以見趙使	상객들이 모두 구슬로 장식된 신발을 신고 조나라 사자를 만나니
趙使大慚	조나라 사자는 크게 부끄러워하였다.

春申君相十四年	춘신군이 재상이 된 지 14년 되던 해에
秦莊襄王立	진나라 장양왕이 즉위하여
以呂不韋爲相	여불위를 재상으로 삼고

47 색은 「연표(年表)」에서는 8년에 노나라를 취하였으며 노나라 임금을 거(莒)에다 봉하고 14년에 멸하였다고 하였다.

封爲文信侯	문신후에 봉하였다.
取東周	동주를 빼앗았다.
春申君相二十二年	춘신군이 재상이 된 지 22년 되던 해에
諸侯患秦攻伐無已時	제후들은 진나라가 공격하는 것이 그칠 때가 없음을 근심하여
乃相與合從	이에 서로 합종하여
西伐秦[48]	서로 진나라를 치기로 하였는데
而楚王爲從長	초왕을 합종의 우두머리로 하였으며
春申君用事	춘신군이 실무를 맡았다.
至函谷關	함곡관에 이르러
秦出兵攻	진나라가 군사를 내어 공격하자
諸侯兵皆敗走	제후의 군사들은 제각기 패주하였다.
楚考烈王以咎春申君	초고열왕은 춘신군의 탓이라 하여
春申君以此益疏	춘신군은 이로 인해 더욱 소원하여졌다.
客有觀津人朱英[49]	객 중에 관진 사람 주영이 있었는데
謂春申君曰	춘신군에게 말하였다.
人皆以楚爲彊而君用之弱	"사람들은 모두 초나라는 강하나 주군이 쓴 것이 약하다고들 하는데
其於英不然	저로서는 그렇지 않습니다.
先君時善秦二十年而不攻楚	선군 때 진나라와 친하여 20년간 초나라를 공

48 집해 서광은 말하였다. "시황(始皇) 6년(B.C. 241)이다."

49 정의 觀의 음은 관(館)이다. 지금의 위주(魏州) 관성현(觀城縣)이다.

	격하지 않은 것은
何也	어째서입니까?
秦踰黽隘之塞而攻楚[50]	진나라가 맹애의 관새를 넘어 초나라를 공격하려면
不便	불편하였고,
假道於兩周	양주에 길을 빌리자니
背韓魏而攻楚	한나라와 위나라를 등지고 공격하여야 하였으므로
不可	할 수 없어서였습니다.
今則不然	지금은 그렇지 않으니
魏旦暮亡	위나라는 아침저녁이면 망할 지경이라
不能愛許鄢陵	허와 언릉을 돌볼 수가 없으며
其許魏割以與秦	위나라가 떼어 진나라에 주기로 허락할 것이라 합니다.
秦兵去陳百六十里[51]	진나라 군사는 진현과 백60리 떨어져 있는데
臣之所觀者	신이 관찰한 바로는
見秦楚之日鬥也	진나라와 초나라가 날로 싸울 것으로 보입니다."
楚於是去陳徙壽春	초나라는 이에 진현을 떠나 수춘으로 옮겼으며,
而秦徙衛野王	진나라는 위나라를 야왕으로 옮기고
作置東郡[52]	동군을 세웠으며
春申君由此就封於吳	춘신군은 이로 말미암아 오에 봉하여지고
行相事	재상의 직무를 행사하였다.

50 **정의** 맹애(黽隘)의 관새는 신주(申州)에 있다. 黽의 음은 맹(盲)이다.

51 **집해** 서광은 말하였다. "허(許)의 동남쪽에 있다."

52 **정의** 복(濮)과 활주(滑州)에 하북(河北)을 아울러 동군을 설치하였다. 복주(濮州)는 본래 위나라의 도읍이었는데 야왕(野王)으로 옮겼다.

楚考烈王無子	초고열왕은 아들이 없어
春申君患之	춘신군이 이를 근심하였는데
求婦人宜子者進之	아들을 낳을 부인을 구하여 바친 것이
甚衆	매우 많았으나
卒無子	끝내 아들이 없었다.
趙人李園持其女弟	조나라 사람 이원이 그 누이를 데리고 와서
欲進之楚王	초왕에게 바치고자 하였으나
聞其不宜子	아들을 가질 수 없음을 듣고
恐久毋寵	오래 총애를 받지 못할까 걱정하였다.
李園求事春申君爲舍人	이원은 춘신군을 섬기기를 구하여 사인이 되었는데
已而謁歸	얼마 후 돌아가기를 청한 후
故失期	일부러 기한을 어겼다.
還謁	돌아와 뵈었는데
春申君問之狀	춘신군이 상황을 물어
對曰	대답하였다.
齊王使使求臣之女弟	"제왕이 사자를 보내어 신의 누이를 구하여
與其使者飮	그 사자와 술을 마시느라
故失期	기한을 놓쳤습니다."
春申君曰	춘신군이 물었다.
娉入乎	"시집을 갔소?"
對曰	대답하였다.
未也	"아직은요."
春申君曰	춘신군이 대답하였다.
可得見乎	"만나볼 수 있겠는가?"

曰	말하였다.
可	"예."
於是李園乃進其女弟	이에 이원이 곧 누이를 바치니
即幸於春申君	곧 춘신군의 총애를 받았다.
知其有身	그가 아이를 가졌음을 알자
李園乃與其女弟謀	이원은 이에 누이와 계책을 꾸몄다.
園女弟承閒以說春申君曰	이원의 누이가 틈을 타 춘신군에게 말하였다.
楚王之貴幸君	"초왕이 주군을 귀히 여기고 총애함이
雖兄弟不如也	형제라 하더라도 그만 못할 것입니다.
今君相楚二十餘年	지금 주군께선 초나라의 재상이 된 지 20여 년이나
而王無子	왕께서는 아들이 없으니
即百歲後將更立兄弟	돌아가신 후 다시 형제를 세우게 될 것이니
則楚更立君後	초나라는 왕이 바뀌어 즉위한 후에
亦各貴其故所親	또한 원래 친하던 사람을 높일 것이니
君又安得長有寵乎	주군께서 또한 어찌 오래도록 총애를 누리겠습니까?
非徒然也	그럴 뿐만 아니라
君貴用事久	주군께서 귀하여져 정사를 편 지가 오래되었고
多失禮於王兄弟	왕의 형제들에게 무례하게 군 일도 많으니
兄弟誠立	형제가 즉위하게만 된다면
禍且及身	화가 몸에 미칠 것이니
何以保相印江東之封乎	재상의 자리와 강동의 봉지를 어떻게 지키겠습니까?
今妾自知有身矣	지금 저는 아이를 가진 것을 아오나

而人莫知	다른 사람들은 아무도 모릅니다.
妾幸君未久	저는 주군의 총애를 받은 지 아직 오래지 않으니
誠以君之重而進妾於楚王	실로 주군의 높은 지위로 저를 초왕에게 바치면
王必幸妾	왕은 반드시 저를 총애할 것이며,
妾賴天有子男	제가 하늘의 보살핌으로 아들이라도 낳게 되면
則是君之子爲王也	이는 주군의 아들이 왕이 되는 것으로
楚國盡可得	초나라를 다 차지할 수 있으니
孰與身臨不測之罪乎	몸이 예측 못할 죄에 임하는 것에 비해 어떤 것이 낫겠습니까?"
春申君大然之	춘신군은 아주 그럴듯하게 여겨
乃出李園女弟	이에 이원의 누이를 내보내어
謹舍而言之楚王	별관에 살게 하고 초왕에게 말하였다.
楚王召入幸之	초왕이 불러들여 총애하였는데
遂生子男	마침내 아들을 낳아
立爲太子	태자로 세우고
以李園女弟爲王后	이원의 누이를 왕후로 삼았다.
楚王貴李園	초왕은 이원을 높여
園用事	이원이 정사를 보았다.

李園既入其女弟	이원이 그 누이를 들여보내
立爲王后	왕후가 되었고
子爲太子	아들은 태자가 되었는데
恐春申君語泄而益驕	춘신군이 누설하고 더욱 교만해질까 두려워하여
陰養死士	몰래 결사대를 양성하여
欲殺春申君以滅口	춘신군을 죽여 입을 막고자 하였는데

而國人頗有知之者	백성들 가운데 아는 자가 자못 있었다.
春申君相二十五年	춘신군이 재상이 된 지 25년째 되던 해에
楚考烈王病	초고열왕이 병들었다.
朱英謂春申君曰	주영이 춘신군에게 일러 말하였다.
世有毋望之福[53]	"세상에는 전혀 바라지도 않았던 복이 있고
又有毋望之禍[54]	또 전혀 바라지도 않았던 화가 있습니다.
今君處毋望之世[55]	지금 주군께선 바라지도 않았던 세상에 처해 있고
事毋望之主[56]	바라지도 않았던 임금을 섬기고 있으니
安可以無毋望之人乎[57]	어찌 바라지도 않았던 사람이 없을 수 있겠습니까?"
春申君曰	춘신군이 말하였다.
何謂毋望之福	"무엇을 일러 전혀 바라서는 안 되는 복이라 하는가?"
曰	말하였다.
君相楚二十餘年矣	"주군께서 초나라의 재상을 지낸 것이 20여 년째이오니
雖名相國	명의상으로는 상국이지만
實楚王也	실제로는 초나라의 왕입니다.
今楚王病	지금 초왕이 병들어

53 정의 무망(無望)은 바라지도 않았는데 갑자기 이르는 것을 말한다.

54 색은 『주역(周易)』에 「무망괘(无妄卦)」가 있는데, 그 뜻은 다르다.

55 정의 생사가 무상함을 이른다.

56 정의 희로(喜怒)가 맞지 않음을 이른다.

57 정의 길흉(吉凶)이 갑작스레 이름을 말한다.

旦暮且卒	아침저녁에 죽고 나면
而君相少主	주군께서 어린 임금을 도와
因而代立當國	대신 서서 나라 일을 맡아야 하리니
如伊尹周公	이윤과 주공처럼
王長而反政	임금이 자라면 정권을 돌려주든가
不即遂南面稱孤而有楚國	아니면 즉시 남면을 하고 고라 일컬으며 초나라를 가지든가 해야 하지 않겠습니까?
此所謂毋望之福也	이것이 이른바 전혀 바라지도 않았던 복입니다."
春申君曰	춘신군이 말하였다.
何謂毋望之禍	"무엇을 일러 전혀 바라지도 않았던 화라 하는가?"
曰	말하였다.
李園不治國而君之仇也[58]	"이원은 나라를 다스리지 않지만 주군의 원수이며
不爲兵而養死士之日久矣	군사를 거느리지 않는데도 결사대를 기른 지 오래되었으니
楚王卒	초왕이 죽으면
李園必先入據權而殺君以滅口	이원이 반드시 먼저 들어가 권력을 장악하고 주군을 죽여 입을 막으려 할 것입니다.
此所謂毋望之禍也	이것이 이른바 전혀 바라지도 않았던 화입니다."
春申君曰	춘신군이 말하였다.
何謂毋望之人	"무엇을 일러 전혀 바라지도 않았던 사람이라 하는가?"

58 **색은** 이원이 춘신군의 원수라는 말이다. 『전국책』에는 "군의 외삼촌(君之舅)이다."라 하였는데, 왕의 외삼촌이라는 것을 이르며, 뜻이 다르다.

對曰	대답하였다.
君置臣郎中	“주군께서 신을 낭중에 두셨다가
楚王卒	초왕이 죽어서
李園必先入	이원이 반드시 먼저 들어가면
臣爲君殺李園	제가 주군을 위해 이원을 죽이도록 하겠습니다.
此所謂毋望之人也	이것이 이른바 바라지도 않았던 사람이라는 것입니다.”
春申君曰	춘신군이 말하였다.
足下置之	“족하는 그만두시오.
李園	이원은
弱人也	약골에다가
僕又善之	내가 또 잘 대해 주었으니
且又何至此	또한 어찌 이렇게 하겠소.”
朱英[59]知言不用	주영은 자기의 말이 쓰이지 않을 것임을 알고
恐禍及身	화가 자기에게 미칠 것을 두려워하여
乃亡去	이에 도망쳐버렸다.

後十七日	17일 후
楚考烈王卒	초고열왕이 죽자
李園果先入	이원이 과연 먼저 들어가
伏死士於棘門之內[60]	결사대를 극문 안에 매복시켰다.
春申君入棘門	춘신군이 극문으로 들어가자

59 색은 주해(朱亥)이다. 곧 위의 주영(朱英)이다. '해(亥)'라고 한 것은 역사적으로 조(趙)나라에 주해(朱亥)가 있다고 잘못 알아서이다.

60 정의 수주(壽州)의 성문이다.

園死士俠刺春申君	이원의 결사 협객들이 춘신군을 저격하고
斬其頭	그 목을 잘라
投之棘門外[61]	극문 밖에 던져버렸다.
於是遂使吏盡滅春申君之家	이에 마침내 관리들에게 춘신군의 가문을 멸족시키게 하였다.
而李園女弟初幸春申君有身而入之王所生子者遂立	이원의 누이가 처음에 춘신군의 총애로 애기를 가져 왕에게 들여보내어져 낳은 사람이 마침내 즉위하니
是爲楚幽王[62]	바로 초유왕이다.

是歲也	이해는
秦始皇帝立九年矣	진시황제가 즉위한 지 19년째였다.
嫪毐亦爲亂於秦	노애 또한 진나라에서 난을 일으켜
覺	발각되어
夷其三族	그 삼족이 멸족되었고
而呂不韋廢	여불위는 폐위되었다.

太史公曰	태사공은 말한다.
吾適楚	내가 초나라에 가서
觀春申君故城	춘신군의 옛 성을 구경해 보았는데
宮室盛矣哉	궁실이 성대하였다.

61 **정의** 초고열왕(楚考烈王) 25년(B.C. 238)은 진시황(秦始皇) 9년이다.

62 **색은** 초한(楚捍)에게는 동복아우 유(猶)가 있으며, 유에게는 서형 부추(負芻) 및 창평군(昌平君)이 있으니 초군완(楚君完)은 아들이 없는 것이 아닌데도 위에서 고열왕(考烈王)에게 아들이 없다고 한 것은 잘못되었다.

初	처음에
春申君之說秦昭王	춘신군은 진소왕을 유세하여
及出身遣楚太子歸	목숨을 내놓고 초나라 태자를 귀국시켰으니
何其智之明也	얼마나 그 지혜가 밝았던가!
後制於李園	나중에는 이원에게 끌려 다녔으니
旄矣[63]	혼몽하였도다.
語曰	속담에 말하기를
當斷不斷	"결단을 내려야 할 때 결단을 내리지 않으면
反受其亂	도리어 어려움을 당하게 된다."라 하였다.
春申君失朱英之謂邪	춘신군이 주영을 잃은 것을 이르는 것이 아니겠는가?

63 집해 서광은 "旄의 음은 모(耄)이다."라 하였다.

19 범수·채택 열전 范睢蔡澤列傳

范睢者[1]	범수는
魏人也	위나라 사람으로
字叔	자는 숙이다.
游說諸侯	제후들을 유세하여
欲事魏王	위나라 왕을 섬기고자 하였으나
家貧無以自資	집이 가난하여 스스로 댈 자금이 없어
乃先事魏中大夫[2]須賈[3]	이에 먼저 위나라 중대부(中大夫) 수가(須賈)를 섬겼다.

須賈爲魏昭王[4]使於齊	수가가 위소왕을 위해 제나라에 출사하였는데

1 '睢' 자는 '휴'와 '수'의 음이 있다. 인명으로 읽을 때는 보통 후자의 음으로 읽는다. 또한 '睢' 자는 판본에 따라 '睢'로 되어 있는 곳도 많다. '睢'의 음은 '저'이다. 각종 번역서에서도 '수'라 하는가 하면 '저'라고도 하여 지금도 통일이 되어 있지 않다. 『한비자』에는 '范且'로 되어 있으며, 『사기』에는 항우(項羽)의 부하 장수 중에 '龍且'라는 인물이 나오는데 음 표기를 용저라고 하였다. 이로 말미암아 『한비자』의 '范且'가 옳은 표기인 것 같으며, 이에 의하면 '范睢'보다는 '范睢'가 옳은 것 같아 '범저'로 읽는 것이 더 옳은 것 같다. 그러나 범례에 따라 여기서는 중화서국(中華書局)본을 채택하여 그대로 '범수'로 통일하였다.-옮긴이.

2 색은 『한서 · 백관표(漢書 · 百官表)』에 의하면 중대부는 진나라의 관직이다. 여기서 위나라에 중대부가 있는 것은 아마 옛 관직일 것이다.

3 색은 수(須)는 성이고, 가(賈)는 이름이다. 수씨(須氏)는 밀수(密須)의 후손일 것이다.

4 색은 『계본(系本)』에 의하면 소왕(昭王)의 이름은 속(遬)으로 양왕(襄王)의 아들이다.

范雎從	범수가 수행하였다.
留數月	여러 달이 되도록
未得報	회답을 얻지 못하였다.
齊襄王[5]聞雎辯口	제양왕이 범수가 언변이 뛰어나다는 것을 듣고
乃使人賜雎金十斤及牛酒	이에 범수에게 금 열 근(十斤) 및 소(고기)와 술을 내리게 하였는데
雎辭謝不敢受	범수는 마다하며 감히 받지 않았다.
須賈知之	수가가 이 사실을 알고
大怒	크게 노하여
以爲雎持魏國陰事告齊	범수가 위나라의 비밀을 제나라에 알려 주었기 때문에
故得此饋	이런 대접을 받은 것이라 생각하였으며
令雎受其牛酒	범수로 하여금 소(고기)와 술은 받되
還其金	금은 돌려주게 하였다.
既歸	돌아가자
心怒雎	속으로 범수에게 화가 나
以告魏相	그대로 위나라 재상에게 일렀다.
魏相	위나라 재상은
魏之諸公子	위나라의 여러 공자 중 하나로
曰魏齊	위제라고 하였다.
魏齊大怒	위제는 크게 노하여
使舍人笞擊雎	사인으로 하여금 범수를 매질하게 하여
折脅摺齒[6]	늑골을 분지르고 이를 부러뜨렸다.

5 색은 이름은 법장(法章)이다.

雎詳死	범수가 죽은 척하자
即卷以簀[7]	자리로 말아서
置廁中	측간에 두었다.
賓客飲者醉	빈객이 술에 취하여
更溺雎[8]	번갈아 범수에게 오줌을 누면서
故僇辱以懲後	일부러 모욕하여 후인을 징계하여
令無妄言者	함부로 말하는 자가 없게끔 하였다.
雎從簀中謂守者曰	범수가 자리 안에서 간수에게 물었다.
公能出我	"그대가 나를 꺼내줄 수 있다면
我必厚謝公	내 반드시 그대에게 후사하겠소."
守者乃請出棄簀中死人	간수가 이에 자리의 죽은 사람을 내다 버릴 것을 청하였다.
魏齊醉	위제는 취하여
曰	말하였다.
可矣	"좋소."
范雎得出	범수는 나오게 되었다.
後魏齊悔	나중에 위제가 뉘우치고
復召求之	다시 찾아서 불렀다.
魏人鄭安平聞之	위나라 사람 정안평이 듣고
乃遂操范雎亡	이에 마침내 범수를 데리고 도망쳤다.

6 색은 摺의 음은 랍[力答反]이다. 때려서 늑골을 부러뜨리고 또한 이빨을 부러뜨린 것을 말한다.

7 색은 책(簀)은 갈대로 짠 자리인데, 그것을 가지고 시체를 싼 것이다.

8 색은 更의 음은 갱(羹)이다. 뇨(溺)는 곧 오줌[溲]이다. 溲의 음은 수[所留反]이다.
정의 뇨(溺)는 옛 '뇨(尿)' 자이다.

伏匿	몸을 숨기고
更名姓曰張祿	성과 이름을 장록으로 바꾸었다.

當此時	마침 이때
秦昭王使謁者王稽於魏	진소왕이 알자(謁者) 왕계를 위나라에 사신으로 보냈다.
鄭安平詐爲卒	정안평은 차역(差役)이라 속이고
侍王稽[9]	왕계를 모셨다.
王稽問	왕계가 물었다.
魏有賢人可與俱西游者乎	"위나라에 함께 서쪽으로 갈 만한 현인이 있는가?"
鄭安平曰	정안평이 말하였다.
臣里中有張祿先生	"저의 마을에 장록 선생이 있는데
欲見君	그대를 뵙고
言天下事	천하의 일을 말하고자 합니다.
其人有仇	그 사람은 원수가 있어
不敢晝見	감히 낮에는 만나려 하지 않습니다."
王稽曰	왕계가 말하였다.
夜與俱來	"밤에 함께 오게."
鄭安平夜與張祿見王稽	정안평은 밤에 장록과 함께 왕계를 만났다.
語未究	말이 채 끝나지도 않았는데
王稽知范睢賢	왕계는 범수가 현명하다는 것을 알고
謂曰	일러 말하였다.

9 **정의** 卒의 음은 졸[祖律反]이다.

先生待我於三亭之南[10]	"선생은 나를 삼정 남쪽에서 기다리시오."
與私約而去	함께 사적으로 약속을 하고 떠났다.

王稽辭魏去	왕계는 위나라를 떠나면서
過載范雎入秦	지나는 길에 범수를 태우고 진나라로 들어갔다.
至湖[11]	호에 이르자
望見車騎從西來	거마가 서쪽에서 오는 것이 바라보였다.
范雎曰	범수가 말하였다.
彼來者爲誰	"저기 오는 사람이 누구입니까?"
王稽曰	왕계가 말하였다.
秦相穰侯東行縣邑	"진나라 재상 양후가 동쪽으로 현읍에 가는 것이오."
范雎曰	범수가 말하였다.
吾聞穰侯專秦權	"제가 듣기에 양후는 진나라의 권력을 오로지 하여
惡內諸侯客[12]	제후의 빈객을 들이는 것을 싫어한다는데
此恐辱我	이제 저를 욕보일까 걱정되니

10 색은 삼정(三亭)은 정(亭)의 이름으로 위나라의 변경에 있는데 도정(道亭)이며, 지금은 그곳이 없어졌다. 어떤 사람은 말하기를 위나라의 교외 변경에는 모두 세 개의 정(亭)이 있는데 모두 사람을 전송하는 곳이라고 하였다. 삼정의 남쪽에서 기약을 했으니 아마 전송이 이미 끝이 나서 사람이 없는 곳일 것이다. 정의 『괄지지(括地志)』에서는 "삼정강(三亭岡)은 변주(汴州) 울지현(尉氏縣) 서남쪽 37리 지점에 있다."라 하였다. 생각건대 삼정강(三亭岡)은 산에 있는 부중(部中)의 이름이며, 아마 '강(岡)' 자는 '남(南)' 자의 잘못일 것이다.

11 색은 「지리지(地理志)」는 경조(京兆) 호현(湖縣)이 있는데, 본래의 이름은 호(胡)이며 무제(武帝)가 호(湖)로 바꾸었는데 곧 지금의 호성현(湖城縣)이다. 정의 지금의 괵주(虢州) 호성현(湖城縣)이다.

12 색은 內의 음은 납(納) 또는 글자 그대로 읽어도 된다. 납(內)은 또한 입(入)과 같다.

我寧且匿車中	저는 차라리 잠시 수레 안에 숨겠습니다.”
有頃	잠시 후
穰侯果至	양후가 과연 이르러
勞王稽	왕계를 위로하고
因立車而語曰	수레를 세우고 말하였다.
關東有何變	“관동에 무슨 변화라도 있소?”
曰	말하였다.
無有	“없습니다.”
又謂王稽曰	또 왕계에게 물었다.
謁君得無與諸侯客子俱來乎	“알군은 제후의 객과 함께 오지는 않았겠지요?
無益	도움도 안 될 뿐더러
徒亂人國耳	나라를 어지럽게 할 뿐이오.”
王稽曰	왕계가 말하였다.
不敢	“감히 그러지 않았습니다.”
即別去	곧 헤어져 떠났다.
范睢曰	범수가 말하였다.
吾聞穰侯智士也	“내가 듣기에 양후는 지혜로운 선비인데
其見事遲	일을 보는 것이 늦다고 하니
鄉者疑車中有人	아까 수레에 사람이 있을 것으로 의심하였으나
忘索之[13]	수색하는 것을 잊었습니다.”
於是范睢下車走	이에 범수가 수레에서 내려 달아나면서
曰	말하였다.
此必悔之	“이 일을 반드시 후회할 것입니다.”

13 색은 索은 수(搜)와 같은 뜻이다. 음은 책(柵)이며 또한 색[先格反]이라고도 한다.

行十餘里	10여 리를 가는데
果使騎還索車中	과연 말을 되돌려 수레 안을 수색하였는데
無客	객이 없자
乃已	이에 그만두었다.
王稽遂與范雎入咸陽	왕계는 마침내 범수와 함께 함양으로 들어갔다.

已報使	사행의 복명을 마치고
因言曰	이어서 말하였다.
魏有張祿先生	"위나라에 장록 선생이 있는데
天下辯士也	천하의 변사입니다.
曰秦王之國危於累卵[14]	말하기를 '진왕의 나라는 계란을 포개놓은 것보다 위험한데
得臣則安	신을 얻으면 안정됩니다.
然不可以書傳也	그러나 글로는 전할 수가 없습니다.'라 하였습니다.

---

14 **정의** 『설원(說苑)』에서는 "진영공(晉靈公)이 9층짜리 대(臺)를 만들려고 천금을 쓰려 하고는 좌우에 말하기를 '감히 간언하는 자가 있으면 참하리라.'라 하였다. 순식(荀息)이 듣고는 글을 올려 뵙기를 청하였다. 영공(靈公)은 쇠뇌를 당겨놓고 화살을 들고 그를 만났다. '신은 감히 간하지 않겠습니다. 신은 장기 알 열두 개를 쌓고 그 위에 계란 아홉 개를 얹어놓을 수 있습니다.'라 하였다. 공이 말하기를 '그대는 내 앞에서 해보라.'라 하였다. 순식은 안색을 바로하고 뜻을 정한 후에 장기 알을 아래에 두고 계란 아홉 개를 그 위에 얹었다. 좌우에서는 두려워 숨을 죽였고 영공의 호흡도 제대로 이어지지 않았다. 공이 말하였다. '위태롭구나, 위태로워!' 순식이 말하였다. '이것은 위태로운 것도 아니며 이보다 더 위태로운 것도 있습니다.' 공이 말하였다. '보여 달라.' 순식이 말하였다. '9층짜리 대(臺)를 3년이 되도록 이루지 못하면 남자는 밭을 갈지 않고 여자는 베를 짜지 않으며 나라의 비용은 비어 이웃 나라에서 모의가 일어나 사직이 망할 것이오니 임금님께서는 무엇을 바라시려 하십니까?' 영공이 말하였다. '과인의 과실이 곧 이 지경에까지 이르렀구려!' 즉시 9층의 대(臺)를 허물어버렸다."라 하였다.

臣故載來	신이 그래서 태우고 왔습니다.”
秦王弗信	진나라 왕은 믿지 않고
使舍食草具[15]	머물게 하고 조악한 음식을 먹게 하였다.
待命歲餘	명을 기다린 지 1년여가 되었다.

當是時	이때
昭王已立三十六年	소왕은 이미 즉위한 지 36년째였다.
南拔楚之鄢郢	남으로 초나라의 언영을 함락시켜
楚懷王幽死於秦	초회왕이 진나라에서 유폐되어 죽었다.
秦東破齊	진나라는 동으로는 제나라를 깨뜨렸다.
湣王嘗稱帝	민왕은 일찍이 칭제하였으나
後去之	나중에는 버렸다.
數困三晉	여러 차례나 삼진을 곤궁에 몰아넣었다.
厭天下辯士	천하의 변사를 싫어하여
無所信	믿지 않았다.

穰侯	양후와
華陽君[16]	화양군은
昭王母宣太后之弟也	소왕의 모친 선태후의 아우이고,

而涇陽君, 高陵君皆昭王同母弟也

15 색은 또한 객관에 머물게 하고 하급의 손님이 먹는 음식을 갖추어 주게 한 것을 말한다. 그렇다면 초구(草具)는 거친 밥에 명아주 같은 풀 반찬을 이른다.

16 집해 서광(徐廣)은 말하기를 “‘화(華)’는 ‘엽(葉)’으로 된 판본도 있다.”라 하였다. 색은 양후(穰侯)는 위염(魏冉)을 말하며, 선태후(宣太后)의 이복동생이다. 양(穰)은 현(縣)으로 남양(南陽)에 있다. 화양군(華陽君)은 미융(芈戎)인데, 선태후의 동복아우이며 또한 신성군(新城君)으로도 불리는 자이다.

	경양군과 고릉군은 모두 소왕의 동복아우였다.
穰侯相	양후가 재상이 되자
三人者更將	세 사람은 번갈아 장수가 되어
有封邑	봉읍을 가졌는데
以太后故	태후 때문에
私家富重於王室	사재의 부가 왕실보다 더 많았다.
及穰侯爲秦將	양후가 진나라의 장수가 되었을 때는
且欲越韓, 魏而伐齊綱壽	또한 한나라와 위나라를 넘어 제나라의 강수를 쳐서
欲以廣其陶封	도의 봉지를 넓히려 하였다.
范雎乃上書曰	범수는 이에 글을 올려 말하였다.

臣聞明主立政[17]	신이 듣건대 현명한 군주는 정치를 함에
有功者不得不賞	공로가 있는 자는 상을 주지 않을 수 없고
有能者不得不官	능력이 있는 자는 관직을 주지 않을 수 없으며,
勞大者其祿厚	공로가 큰 사람은 녹이 두텁고
功多者其爵尊	공이 많은 자는 작위가 높으며
能治衆者其官大	백성을 잘 다스리는 자는 관직이 크다고 합니다.
故無能者不敢當職焉	그러므로 무능한 사람은 감히 관직을 맡지 못하고
有能者亦不得蔽隱	유능한 사람은 또한 덮어 숨길 수가 없습니다.
使以臣之言爲可	신의 말을 옳다고 생각되신다면
願行而益利其道	행하여 보고 그 도를 더욱 이롭게 여기기를 바라오며,
以臣之言爲不可	신의 말이 옳지 않다고 생각되신다면
久留臣無爲也	신을 오래도록 묵혀두어도 무방합니다.

17 색은 『전국책』에는 '입(立)'이 '이(蒞)'로 되어 있다.

語曰	속담에 말하기를
庸主賞所愛而罰所惡	"용렬한 임금은 사랑하는 사람을 상 주고 미워하는 사람을 벌주며
明主則不然	현명한 임금은 그렇지 않으니
賞必加於有功	상은 반드시 공이 있는 사람에게 주고
而刑必斷於有罪	형벌은 반드시 죄가 있는 사람에게 단행한다."라 하였습니다.
今臣之胸不足以當椹質[18]	지금 신의 가슴은 모탕의 바탕이 되기에도 부족하고
而要不足以待斧鉞	허리는 부월을 기다리기에도 부족하온데
豈敢以疑事嘗試於王哉	어찌 감히 의심스런 일로 일찍이 왕을 시험하려 들겠습니까!
雖以臣爲賤人而輕辱	비록 신을 천한 사람이라 하여 모욕한다 하더라도
獨不重任臣者之無反復於王邪	다만 신을 중용한 사람이 왕께 이랬다저랬다 하지는 않지 않습니까?

且臣聞周有砥砨	또한 신이 듣기에 주나라에는 지액이 있고
宋有結綠	송나라에는 결록이 있으며
梁有縣藜[19]	양나라에는 현려가 있고
楚有和朴[20]	초나라에는 화박이 있다 합니다.
此四寶者	이 네 가지 보물은
土之所生	땅에서 난 것으로
良工之所失也	훌륭한 장인이 놓친 것인데
而爲天下名器	천하의 명기가 되었습니다.

18 **색은** 椹의 음은 침[陟林反]이다. 침(椹)은 좌침(莝椹)이다. 질(質)은 꺾는 날이다. 요참(腰斬)을 당하는 자는 모탕에 몸을 대어야 한다.

19 **집해** 설종(薛綜)은 "현려(縣藜)는 미옥(美玉)이라고도 한다."라 하였다.

20 **정의** 縣의 음은 현(玄)이다. 유백장(劉伯莊)은 보옥의 박옥이라고 하였다.

然則聖王之所棄者	그러니 성왕께서 버린 것이
獨不足以厚國家乎	다만 나라를 부유하게 하는 데 부족하겠습니까?
臣聞善厚家者取之於國	신이 듣건대 집안을 부유하게 하는 것이 뛰어난 자는 나라에서 취하고
善厚國者取之於諸侯	나라를 부유하게 하는 것이 뛰어난 자는 제후들이 취한다고 하였습니다.
天下有明主則諸侯不得擅厚者	천하에 밝은 임금이 있으면 제후는 멋대로 부유하게 하지 못하니
何也	어째서이겠습니까?
爲其割榮也[21]	영예를 제멋대로 하기 때문입니다.
良醫知病人之死生	훌륭한 의원은 병자의 생사를 알고
而聖主明於成敗之事	성스런 임금은 성패의 사정에 밝아
利則行之	이로우면 행하고
害則舍之	해로우면 버리며
疑則少嘗之	의심이 가면 조금만 맛을 보니,
雖舜禹復生	순과 우가 다시 살아난다고 하더라도
弗能改已	고칠 수 없을 따름입니다.
語之至者	말이 지극한 것은
臣不敢載之於書	신이 감히 글로 담지 않겠으며
其淺者又不足聽也	그중 얕은 것은 또한 들으시기에 부족합니다.
意者臣愚而不概[22]於王心邪?	생각에 신이 어리석어 왕의 마음에 대지 못하는 것입니까?

21 색은 할영(割榮)은 곧 위의 천후(擅厚)와 같으며, 권력을 천단(擅斷)함을 이른다.

22 집해 서광은 "'개(溉)'로 된 판본도 있으며, 음은 같다."라 하였다. 색은 『전국책』에는 '개(概)'가 '관(關)'으로 되어 있으며, 왕의 마음을 관섭(關涉)하는 것이라 하였다. 서광이 "음은 같다."라고 주석을 단 것은 틀렸다.

亡其言[23]臣者賤而不可用乎?	신을 말한 자가 천하여 무시하여 쓸 수가 없는 것입니까?
自非然者	실로 그렇지 않다면
臣願得少賜游觀之閒	신은 원컨대 유람하시는 틈을 조금만 내려두시어
望見顔色	안색이라도 뵙게 해주십시오.
一語無效	한마디라도 효과가 없으면
請伏斧質	도끼의 모탕에 엎드리기를 청합니다.

於是秦昭王大說	이에 진소왕은 크게 기뻐하여
乃謝王稽	왕계에게 고마움을 표하고
使以傳車[24]召范雎	전거로 범수를 부르게 하였다.

於是范雎乃得見於離宮[25]	이에 범수는 곧 이궁에서 뵙게 되었는데
詳爲不知永巷而入其中[26]	일부러 궁궐의 옥을 모르는 체하고 그 안으로 들어갔다.
王來而宦者怒	왕이 오자 환관이 노하여
逐之	그를 쫓아내면서
曰	말하였다.
王至	"왕께서 납신다!"
范雎繆爲曰	범수가 바로 말하였다.

---

23 **색은** 망(亡)은 경멸(輕蔑)과 같은 뜻이다.

24 **집해** 서광은 "수레를 가지고 가게 했다(使持車)."라 하였다. **색은** '사지거(使持車)'는 『전국책』의 문장이다.

25 **정의** 장안(長安) 고성은 원래 진나라의 이궁(離宮)이었으며, 옹주(雍州) 장안 북쪽 13리 지점에 있다.

26 **정의** 영항(永巷)은 궁중(宮中)의 옥이다.

秦安得王	“진나라에 무슨 왕이 있느냐?
秦獨有太后, 穰侯耳	진나라에는 태후와 양후밖에 없다.”
欲以感怒昭王	소왕에게 분노를 느끼게 할 참이었다.
昭王至	소왕이 이르자
聞其與宦者爭言	그가 환관과 말다툼을 하는 것을 보고
遂延迎	마침내 이끌어 맞이하고는
謝曰	사과하여 말하였다.
寡人宜以身受命久矣	“과인이 친히 명을 받아야 함이 오래되었는데
會義渠之事急	마침 의거의 일로 급하여
寡人旦暮自請太后	과인이 아침저녁으로 태후께 스스로 청하였으며,
今義渠之事已	이제 의거의 일이 끝났으니
寡人乃得受命	과인이 이에 명을 받게 되었소.
竊閔然不敏[27]	내 어둡고 불민하니
敬執賓主之禮	삼가 빈주의 예를 행할까 하오.”
范雎辭讓	범수는 사양하였다.
是日觀范雎之見者	이날 범수가 뵙는 것을 보고
群臣莫不洒然[28]變色易容者	뭇 신하들 가운데 엄숙하게 안색을 바꾸지 않은 자가 없었다.

秦王屛左右	진나라 왕이 좌우를 물리치니

27 **색은** 추탄(鄒誕)본에는 ‘혼연(惛然)’으로 되어 있는데, 음은 혼이다. 또 말하기를 어떤 판본에는 ‘閔’으로 되어 있으며, 음은 민(敏)이라고 하였다. 민(閔)은 혼암(昏闇)과 같은 뜻이다.

28 **집해** 서광은 “洒의 음은 선[先典反]이다.”라 하였다. **색은** 정현(鄭玄)은 “쇄연(灑然)은 공경하는 모양”이라고 하였다.

宮中虛無人	궁중은 비어 사람이 없었다.
秦王跽[29]而請曰	진나라 왕은 무릎을 꿇고 청하여 말하였다.
先生何以幸教寡人	"선생은 어떻게 과인을 가르쳐주시려는지요?"
范睢曰	범수가 말하였다.
唯唯	"예예."
有間	조금 있다가
秦王復跽而請曰	진나라 왕이 다시 무릎을 꿇고 청하여 말하였다.
先生何以幸教寡人	"선생은 어떻게 과인을 가르쳐주시려는지요?"
范睢曰	범수가 말하였다.
唯唯	"예예."
若是者三	이렇게 한 것이 세 번이었다.
秦王跽曰	진나라 왕이 무릎을 꿇고 말하였다.
先生卒不幸教寡人邪	"선생께선 끝내 과인을 가르쳐주지 않으려는지요?"
范睢曰	범수가 말하였다.
非敢然也	"감히 그런 것이 아닙니다.
臣聞昔者呂尙之遇文王也	신이 듣건대 옛날에 여상이 문왕을 만났을 때
身爲漁父而釣於渭濱耳	몸은 어부로 위수 가에서 낚시만 하고 있었다고 합니다.
若是者	이렇게 된 것은
交疏也	사이가 멀었기 때문입니다.
已說而立爲太師	유세를 하여 태사가 되어
載與俱歸者	수레를 타고 함께 돌아오게 된 것은

29 색은 음은 기[其紀反]이다. 기(跽)는 장궤(長跪)로 양 무릎으로 땅에 지탱하는 것이다.

其言深也	그 말이 깊었기 때문입니다.
故文王遂收功於呂尙而卒王天下	그러므로 문왕은 마침내 여상에게서 공을 거두어 끝내 천하를 다스리게 되었습니다.
鄕使文王疏呂尙而不與深言	그때 문왕이 여상을 멀리하여 깊은 말을 나누지 않았던들
是周無天子之德	주나라는 천자의 덕이 없었을 것이며
而文武無與成其王業也	문왕과 무왕은 모두 그 왕업을 이루지 못하였을 것입니다.
今臣羈旅之臣也	지금 신은 떠돌이 신하로
交疏於王	왕과 사이가 멀고
而所願陳者皆匡君之事	아뢰고자 하는 것은 모두 임금님을 바로잡으려는 일이며
處人骨肉之閒	사람의 골육지간에 처한 것이니
願效愚忠而未知王之心也	어리석은 충성을 바치고자 하나 왕의 마음을 모르겠나이다.
此所以王三問而不敢對者也	이것이 왕께서 세 번을 물었으나 감히 대답하지 않은 까닭입니다.
臣非有畏而不敢言也	신은 두려워함이 있어서 감히 말하지 않는 것은 아닙니다.
臣知今日言之於前而明日伏誅於後	신은 오늘 앞에서 말하면 내일 뒤에서 죽게 될 것임을 아오나
然臣不敢避也	신은 감히 피하지 않겠습니다.
大王信行臣之言	대왕께서 신의 말을 믿고 행하신다면
死不足以爲臣患	죽음도 신의 근심이 되지 않을 것이며
亡不足以爲臣憂	도망을 다녀도 신의 걱정이 되지 않을 것이고

漆身爲厲[30]被髮爲狂不足以爲臣恥

몸에 옻칠을 하여 문둥이가 되고 머리를 헤치고 미치광이가 된다고 하더라도 신의 수치가 되지 않을 것입니다.

且以五帝之聖焉而死 또한 오제의 성스러움으로도 죽었고

三王之仁焉而死 삼왕의 인으로도 죽었으며

五伯之賢焉而死 오패의 어짊으로도 죽었고

烏獲任鄙之力焉而死 오획과 임비의 힘으로도 죽었으며

成荊孟賁王慶忌夏育之勇焉而死[31]

성형과 맹분, 왕경기, 하육의 용맹함으로도 죽었습니다.

死者 죽음이라는 것은

人之所必不免也 사람이라면 반드시 벗어나지 못하는 것입니다.

處必然之勢 반드시 그러한 형세에 처하여

可以少有補於秦 조금이라도 진나라에 도움이 되는 것이 있을 수만 있다면

此臣之所大願也 이것이 신의 큰 바람이니

臣又何患哉 신이 또한 어찌 근심하겠습니까!

伍子胥橐載而出昭關 오자서는 자루에 담겨서 소관을 나왔는데

---

30 **색은** 음은 라(賴)이며, 나병이다. 몸에다 옻칠을 하여 나병 환자 같은 부스럼을 나게 하는 것을 말한다.

31 **집해** 서광은 "'강(羌)'으로 된 판본도 있다."라 하였다.

집해 허신(許愼)은 "성형(成荊)은 옛날의 용사이다. 맹분(孟賁)은 위(衛)나라 사람이다."라 하였다.

집해 『오월춘추(吳越春秋)』에서는 "오왕료(吳王僚)의 아들이 경기(慶忌)이다."라 하였다.

집해 『한서음의(漢書音義)』에서는 "하육(夏育)이라고도 하며, 위나라 사람으로 힘이 천 균(鈞)을 들었다."라 하였다.

夜行晝伏	밤에는 다니고 낮에는 숨다가
至於陵水[32]	능수에 이르러
無以餬其口	입에 풀칠할 것이 없어서
膝行蒲伏	무릎으로 기어 다녔으며
稽首肉袒	머리를 조아리고 맨살을 드러낸 채
鼓腹吹篪[33]	배를 두드리고 피리를 불면서
乞食於吳市	오나라 저자에서 걸식을 하다가
卒興吳國	마침내 오나라를 일으켜
闔閭爲伯	합려는 패자가 되었습니다.
使臣得盡謀如伍子胥	신이 오자서처럼 계략을 다 바칠 수만 있다면
加之以幽囚	저를 가두어
終身不復見	죽을 때까지 다시 뵙지 못하더라도
是臣之說行也	신의 말이 행하여질 것이니
臣又何憂	신이 또한 무엇을 근심하겠습니까?
箕子, 接輿漆身爲厲	기자와 접여는 몸에다 옻칠을 하여 문둥이가 되고
被髮爲狂	머리를 풀어헤쳐 미치광이가 되어
無益於主	임금에게 도움을 주지 못하였습니다.
假使臣得同行於箕子	가령 신이 기자와 행실이 같게 되어
可以有補於所賢之主	현명한 군주에게 보탬이 될 수 있다면
是臣之大榮也	신의 큰 영광이오니
臣有何恥	신에게 무슨 부끄러움이 있겠습니까?

32 색은 유씨(劉氏)는 "능수(陵水)는 곧 율수(栗水)이다."라 하였다. 능수와 율수는 소리가 서로 가깝기 때문에 의혹스럽다.

33 집해 서광은 "'篪'로 된 판본도 있다."라 하였다.

臣之所恐者	신이 두려워하는 것은
獨恐臣死之後	다만 신이 죽은 다음에
天下見臣之盡忠而身死	천하에서 신이 충성을 다하고 몸이 죽은 것을 보았는데도
因以是杜口裹足	이 때문에 입을 막고 발을 묶어
莫肯鄉秦耳	진나라로 향하지 않으려 하는 것일 따름입니다.
足下上畏太后之嚴	족하는 위로는 태후의 위엄을 두려워하고
下惑於姦臣之態[34]	아래로는 간신들의 자태에 혹하며
居深宮之中	깊은 궁중에 거처하시어
不離阿保之手	곁의 아첨하는 손을 떠나지 않고
終身迷惑	종신토록 미혹하여
無與昭姦[35]	함께 간사함을 밝히지 못하십니다.
大者宗廟滅覆	크게는 종묘가 망하여 뒤집어지고
小者身以孤危	작게는 몸이 외롭고 위태로워질 것이니
此臣之所恐耳	이것이 신이 두려워하는 것일 따름입니다.
若夫窮辱之事	곤궁해지고 욕보는 일이나
死亡之患	죽는 것 같은 근심 따위는
臣不敢畏也	신이 감히 두려워하지 않습니다.
臣死而秦治	신이 죽어서 진나라가 다스려진다면
是臣死賢於生	신은 죽는 것이 살아 있는 것보다 낫습니다."
秦王跽曰	진나라 왕이 무릎을 꿇고 말하였다.
先生是何言也	"선생은 이 무슨 말이오!
夫秦國辟遠	대체로 진나라는 구석지고 먼 데다

34 색은 태(態)는 간신이 아첨하고 속이는 뜻을 말한다.

35 정의 소(昭)는 밝은 것이다. 함께 그 간악함을 밝히지 못한 것이다.

寡人愚不肖	과인은 어리석기 짝이 없는데
先生乃幸辱至於此	선생께서 이에 다행스레 욕되이 이곳에 이르렀으니
是天以寡人慁先生[36]而存先王之宗廟也	
	이는 하늘이 과인을 선생을 욕보여 가면서 선왕의 종묘를 보존하게 하는 것입니다.
寡人得受命於先生	과인이 선생의 명을 받아들이는 것이
是天所以幸先王	하늘이 선왕에게 은총을 내리는 것이고
而不棄其孤也	그 고아를 버리지 않는 것이오.
先生柰何而言若是	선생께서는 어찌하여 이런 말을 하시오!
事無小大	일의 작고 크고를 떠나
上及太后	위로는 태후에 이르고
下至大臣	아래로 대신에 이르기까지
願先生悉以教寡人	선생께서 모조리 과인을 가르쳐주기를 바라니
無疑寡人也	과인을 의심하지 마시오."
范睢拜	범수가 절을 하니
秦王亦拜	진나라 왕 또한 절을 하였다.

范睢曰	범수가 말하였다.
大王之國	"대왕의 나라는
四塞以爲固	사방이 요새로 견고하며
北有甘泉, 谷口[37]	북으로는 감천과 곡구가 있고
南帶涇, 渭	남으로는 경수와 위수를 띠고 있으며

36 **집해** 서광은 "(慁은) 선생을 어지럽히는 것이다. 음은 혼(溷)이다." **색은** 慁과 주석의 '溷' 자는 모두 음이 혼[胡困反]이다. 혼(慁)은 어지럽힌다는 뜻과 같다.

右隴, 蜀	오른쪽에는 농산과 촉이
左關, 阪	왼쪽에는 함곡관과 상판산(商阪山)이 있으며
奮擊百萬	떨치어 칠 수 있는 군사가 백만에
戰車千乘	전차가 천 대로
利則出攻	이로우면 나가서 치고
不利則入守	불리하면 들어와 지키면 되니
此王者之地也	이는 제왕이 될 땅입니다.
民怯於私鬥而勇於公戰	백성들은 사적인 싸움은 겁내지만 나라를 위한 싸움엔 용감하니
此王者之民也	이는 제왕의 백성입니다.
王幷此二者而有之	왕께서는 이 두 가지를 함께 가지고 있습니다.
夫以秦卒之勇	대체로 진나라 군사의 용감함과
車騎之衆	전차와 기병의 많음으로
以治諸侯	제후를 다스린다면
譬若施韓盧而搏蹇兔也[38]	비유컨대 한나라의 개를 풀어서 저는 토끼를 잡는 것과 같으니

---

37 **정의** 『괄지지』에서는 "감천산(甘泉山)은 일명 고원(鼓原)이라고도 하며, 속칭 마석령(磨石嶺)이라고 하는데, 옹주(雍州) 운양현(雲陽縣) 서북쪽 90리 지점에 있다. 『관중기(關中記)』에서는 '감천궁(甘泉宮)은 감천산 위에 있는데 연대가 오래되었으며 더 이상 감천이란 이름은 없으니 그 사실을 잃어버렸다. 궁의 북쪽은 유련산(有連山)이라고 하는데, 토착민들은 마석령(磨石嶺)이라고 한다.'라 하였다. 「교사지(郊祀志)」[『한서(漢書)』]에서 공손경(公孫卿)은 황제(黃帝)가 선한문(仙寒門)을 얻었다고 하였는데, 한문(寒門)이라는 것은 곡구(谷口)이다. 구종산(九嵕山)의 서쪽을 곡구(谷口)라 하니 곧 옛 한문(寒門)이다. 옹주(雍州) 예천현(醴泉縣) 동북쪽 40리 지점에 있다."라 하였다.

38 **색은** 『전국책』에서는 '한로(韓盧)는 천하의 씩씩한 개다.'라 하였다. 한(韓)나라에서는 노(盧)를 개라고 부른다는 말이다. 한나라의 개가 저는 토끼를 잡는다고 말한 것은 강한 진나라가 강하다는 것을 비유한 것으로 제후를 취하기가 쉽다는 말이다.

霸王之業可致也	패왕의 공업은 이루어질 것이며
而群臣莫當其位	뭇 신하들은 아무도 그 직위를 당할 수 없을 것입니다.
至今閉關十五年	지금까지 15년이나 관문을 닫고
不敢窺兵於山東者	감히 산동을 엿보며 군사를 내지 못하였던 것은
是穰侯爲秦謀不忠	양후가 진나라를 위해 계책을 냄이 충성스럽지 못하였고
而大王之計有所失也	대왕의 계책에 잘못이 있어서입니다."
秦王跽曰	진나라 왕이 무릎을 꿇고 말하였다.
寡人願聞失計	"과인은 잘못된 계책을 들었으면 하오."

然左右多竊聽者	그러나 좌우에서 몰래 듣는 자가 많아
范睢恐	범수는 두려워하여
未敢言內	감히 안의 일은 말하지 못하고
先言外事	바깥의 일만 말하면서
以觀秦王之俯仰	진나라 왕의 동정을 살폈다.
因進曰	이어서 진언하였다.
夫穰侯越韓魏而攻齊綱壽	"저 양후가 한나라와 위나라를 넘어 제나라의 강과 수를 친 것은
非計也	좋은 계책이 아닙니다.
少出師則不足以傷齊	군사를 적게 내면 제나라를 상하게 하기에는 부족하고
多出師則害於秦	군사를 많이 내면 진나라가 해를 입습니다.
臣意王之計	신의 생각으로 왕의 계책은
欲少出師而悉韓魏之兵也	적게 군사를 내어 한나라 위나라가 군사를 다 내게 하시려는 것인데

則不義矣	의롭지 못한 것입니다.
今見與國之不親也	지금 동맹국이 친하지 않은 것을 보고도
越人之國而攻	남의 나라를 넘어 공격한다면
可乎	되겠습니까?
其於計疏矣	계획치고는 엉성합니다.
且昔齊湣王南攻楚	또한 옛날에 제민왕은 남으로 초나라를 쳐서
破軍殺將	군사를 깨뜨리고 장수를 죽였으며
再辟地千里[39]	다시 땅 천 리를 넓혔지만
而齊尺寸之地無得焉者	제나라가 한 자 한 치의 땅도 얻지 못하게 된 것이
豈不欲得地哉	어찌 땅을 얻지 않고자 해서였겠습니까?
形勢不能有也	형세상 가질 수 없었던 것입니다.
諸侯見齊之罷弊	제후들은 제나라가 피폐해지고
君臣之不和也	군신이 화목하지 못한 것을 보고
興兵而伐齊	군사를 일으켜 제나라를 쳐서
大破之	크게 깨뜨렸습니다.
士辱兵頓	군사는 욕을 보고 병사는 지쳤는데
皆咎其王	모두 왕의 탓으로 돌리고
曰	말하기를
誰爲此計者乎	'누가 이 계책을 내었는가?'라 하니
王曰	왕이 말하기를
文子爲之[40]	'문자(文子)가 그랬다.'라 하였습니다.

39 정의 辟은 음이 벽[疋亦反]이다.

40 색은 전문(田文)을 말하며 곧 맹상군(孟嘗君)이다. 『전국책』에서 전분(田肦)과 전영(田嬰)을 분자(肦子)와 영자(嬰子)라고 한 것과 같다.

大臣作亂	대신들이 난을 일으키니
文子出走	문자는 달아났습니다.
攻齊所以大破者	제나라를 쳐서 크게 깨뜨린 까닭은
以其伐楚而肥韓魏也	제나라가 초나라를 쳐서 한나라와 위나라를 살찌웠기 때문입니다.
此所謂借賊兵而齎盜糧者也[41]	이것이 이른바 도적에게 군사를 빌려주고 도둑에게 양식을 준다는 것입니다.
王不如遠交而近攻	왕께서는 먼 나라는 국교를 맺고 가까운 나라는 침만 못하니
得寸則王之寸也	한 치의 땅을 얻으면 왕의 땅이옵고
得尺亦王之尺也	한 자의 땅을 얻어도 왕의 땅인 것입니다.
今釋此而遠攻	지금 이것을 놔두고 멀리 공격하시니
不亦繆乎	또한 잘못된 것 아닙니까!
且昔者中山之國地方五百里	또한 옛날에 중산국은 땅이 사방 5백 리였는데
趙獨吞之	조나라가 홀로 집어삼켜
功成名立而利附焉	공을 이루고 명성을 세웠으며 이익도 따라
天下莫之能害也	천하에서 아무도 해칠 수가 없었습니다.
今夫韓, 魏	지금 저 한나라와 위나라는
中國之處而天下之樞也	중원에 처하였으며 천하의 지도리이니
王其欲霸	왕께서 패업을 이루시려면
必親中國以爲天下樞	반드시 중원과 친하여 천하의 지도리로 삼아
以威楚, 趙	초나라와 조나라를 위협해야 합니다.
楚彊則附趙	초나라가 강하면 조나라에 붙고

41 색은 借의 음은 차[子夜反]이다. 어떤 판본에는 '籍'로 되어 있는데, 음은 또한 같다.
색은 齎의 음은 재[側奚反]이다. 도둑에게 양식을 가져다주는 것을 말한다.

趙彊則附楚	조나라가 강하면 초나라에 붙으며
楚, 趙皆附	초나라와 조나라가 모두 붙으면
齊必懼矣	제나라는 반드시 두려워할 것입니다.
齊懼	제나라가 두려워하면
必卑辭重幣以事秦	반드시 말을 낮추고 폐백을 두터이 하여 진나라를 섬길 것입니다.
齊附而韓, 魏因可虜也	제나라가 붙으면 한나라와 위나라는 바로 얻을 수 있습니다."
昭王曰	소왕이 말하였다.
吾欲親魏久矣	"내 위나라와 친하고자 한 지가 오래되었소만
而魏多變之國也	위나라는 변수가 많은 나라라
寡人不能親	과인이 가까이할 수 없으니
請問親魏柰何	위나라와 친해지려면 어찌해야 할지 묻고 싶소."
對曰	대답하였다.
王卑詞重幣以事之	"왕께서는 말을 낮추고 두터운 폐백으로 섬기실 것이며,
不可	안 된다면
則割地而賂之	땅을 떼어줄 것이고,
不可	그것도 안 된다면
因擧兵而伐之	군사를 일으켜 치십시오."
王曰	왕이 말하였다.
寡人敬聞命矣	"과인은 삼가 명을 따르겠소."
乃拜范睢爲客卿	이에 범수를 객경에 명하였으며
謀兵事	군사의 일을 도모하였다.
卒聽范睢謀	마침내 범수의 계책을 들어

使五大夫綰伐魏	오대부 관으로 하여금 위나라를 치게 하여
拔懷[42]	회를 점령하였다.
後二歲	2년 뒤에는
拔邢丘	형구를 점령하였다.

客卿范睢復說昭王曰	객경 범수는 다시 소왕을 유세하여 말하였다.
秦韓之地形	"진나라와 한나라의 지형은
相錯如繡	자수와 같이 서로 엇섞여 있습니다.
秦之有韓也	진나라에게 한나라가 있다는 것은
譬如木之有蠹也[43]	비유컨대 나무에 좀벌레가 있고
人之有心腹之病也	사람에게는 속병이 있는 것과 같습니다.
天下無變則已	천하에 변동이 없으면 그만이겠지만
天下有變	천하에 변동이 있으면
其爲秦患者孰大於韓乎	진나라의 근심으로 한나라보다 큰 것이 무엇이겠습니까?
王不如收韓	왕께서는 한나라를 거둠만 못합니다."
昭王曰	소왕이 말하였다.
吾固欲收韓	"내 실로 한나라를 거두고는 싶소만
韓不聽	한나라가 듣지 않으면
爲之柰何	그것을 어떻게 하겠소?"
對曰	대답하였다.
韓安得無聽乎	"한나라가 어찌 듣지 않을 수 있겠습니까?
王下兵而攻滎陽	왕께서 군사를 내려 보내시어 형양을 치면

42 **집해** 서광은 "소왕(昭王) 39년이다."라 하였다.

43 **정의** (蠹의) 음은 투(妒)이며, 기둥을 갉아먹는 벌레이다.(현재의 음은 두이다.-옮긴이)

則鞏, 成皋之道不通[44] 공현과 성고의 길은 통하지 않게 되며,

北斷太行之道 북으로 태항의 길을 끊으면

則上黨之師不下[45] 상당의 군사는 내려오지 못하게 됩니다.

王一興兵而攻滎陽 왕께서 한번 군사를 일으켜 형양을 치시면

則其國斷而爲三[46] 그 나라는 쪼개어져 셋이 됩니다.

夫韓見必亡 저 한나라는 반드시 망하는 것을 보게 될 테니

安得不聽乎 어찌 듣지 않으려 하겠습니까?

若韓聽 한나라가 듣는다면

而霸事因可慮矣 칭패의 일은 따라서 생각할 수 있습니다."

王曰 왕이 말하였다.

善 "훌륭하오."

且欲發使於韓 또한 한나라로 사자를 보내고자 하였다.

范睢日益親 범수는 날로 (왕과) 더욱 친하여져

復說用數年矣 다시 유세하여 쓰인 것이 여러 해가 되었으며

因請閒說曰[47] 이에 한가한 때에 청하여 유세하여 말하였다.

臣居山東時 "신이 산동에 있을 때에

聞齊之有田文 제나라에 전문이 있다는 말은 들었어도

不聞其有王也 왕이 있다는 말은 듣지 못하였으며,

聞秦之有太后穰侯華陽高陵涇陽

진나라에 태후와, 양후, 화양군, 고릉군, 경양군

44 정의 의양(宜陽)과 섬(陜), 괵(虢)의 군사가 내려와서 구원할 수 없다는 말이다.

45 정의 택(澤)과 노(潞)의 군사가 태항(太行)으로 내려와 구원할 수 없다는 말이다.

46 정의 신정(新鄭) 이남이 하나이고, 의양(宜陽)이 둘이며, 택(澤)과 노(潞)가 셋이다.

47 정의 閒의 음은 한(閑)이다.

	이 있다는 말은 들었어도
不聞其有王也	왕이 있다는 말은 듣지 못하였습니다.
夫擅國之謂王	대체로 나라를 하고 싶은 대로 하는 것을 일러 왕이라 하고
能利害之謂王	그 이해를 따질 수 있는 것을 일러 왕이라 하며
制殺生之威之謂王	생사를 통제할 수 있는 위엄을 일러 왕이라고 하는 것입니다.
今太后擅行不顧	지금 태후는 제멋대로 하면서 돌아보지 않고
穰侯出使不報	양후는 사신으로 나갔다가 복명하지 않으며
華陽, 涇陽等擊斷無諱[48]	화양군과 경양군 등은 결단을 내림에 거리낌이 없고
高陵進退不請	고릉군은 나아가고 물러남에 청하지 않습니다.
四貴備而國不危者	네 권귀인(權貴人)이 다 있는데도 나라가 위태로워지지 않은 적은
未之有也	여태까지 없었습니다.
爲此四貴者下	이 네 권귀인의 아래에 있으므로
乃所謂無王也	곧 이른바 왕이 없다고 하는 것입니다.
然則權安得不傾	그렇다면 권력을 어떻게 기울어지지 않게 하고
令安得從王出乎	어떻게 왕에게서 나오게 하겠습니까?
臣聞善治國者	신이 듣건대 나라를 잘 다스리는 자는
乃內固其威而外重其權	안으로 위엄을 굳히고 밖으로 권위를 무겁게 한다고 하였습니다.
穰侯使者操王之重	양후의 사자는 왕의 중함을 가지고
決制於諸侯	제후의 일을 결정하며

48 **집해** 휘(諱)는 두려워하는 것이다. **색은** 무위(無諱)는 무외(無畏)와 같다.

剖符於天下	천하에 부절을 나누어
政適[49]伐國	적을 정벌하고 나라를 치니
莫敢不聽	듣지 않는 사람이 없습니다.
戰勝攻取則利歸於陶	전쟁에서 이기고 공격하여 빼앗으면 이익이 도로 돌아가고
國弊御於諸侯[50]	나라는 피폐해져 제후의 통제를 받고,
戰敗則結怨於百姓	전쟁에서 지면 백성들의 원한이 맺혀
而禍歸於社稷	화가 사직으로 돌아갑니다.
詩曰木實繁者披其枝[51]	『시』에서 말하기를 '나무에 열매가 많으면 그 가지가 잘리고
披其枝者傷其心	가지가 잘리면 속이 상하며,
大其都者危其國	그 도읍이 커지면 나라를 위태롭게 하고
尊其臣者卑其主	신하가 높아지면 임금이 낮아진다.'라 하였습니다.
崔杼淖齒管齊[52]	최저와 요치는 제나라의 일을 오로지하여
射王股	왕의 넓적다리를 쏘고
擢王筋[53]	왕의 힘줄을 뽑아

---

49 집해 서광은 "정적(征敵)으로 읽는다."라 하였다.

50 색은 폐(弊)는 쪼개어지는 것이다. 어(御)는 제어당하는 것이다. 양후(穰侯)가 권력을 잡고 제후국 사이에서 왕의 결정을 제어한다는 말이다.

51 정의 披의 음은 피[片被反]이다.

52 색은 淖는 성(姓)으로, 음은 요[泥教反]이며, 한(漢)나라에 요희(淖姬) 같은 사람이 있다. 고유(高誘)는 "관(管)은 관장[典]하는 것이다."라 하였다. 두 사람이 제나라의 권력을 제멋대로 하여 시역(弑逆)한 것을 말한다. 정의 요치(淖齒)는 초(楚)나라 사람으로, 제민왕(齊湣王)의 신하이다.

53 색은 생각건대 "왕의 허벅지를 쏘았다."라 한 것은 잘못이다. 최저(崔杼)가 장공(莊公)의 허벅지를 쏜 것과 요치(淖齒)가 민왕의 힘줄을 뽑은 것은 다른 두 임금의 일을 말한 것이다.

縣之於廟梁	묘당의 들보에 걸어놓아
宿昔而死	조석 간에 죽었습니다.
李兌管趙	이태는 조나라의 일을 멋대로 처리하여
囚主父於沙丘[54]	주보를 사구에 가두어
百日而餓死	백 일 만에 굶어죽었습니다.
今臣聞秦太后穰侯用事	이제 신이 듣건대 진나라는 태후와 양후가 권력을 잡고
高陵華陽涇陽佐之	고릉군과 화양군, 경양군이 거들어
卒無秦王	급기야 진나라 왕을 무시한다고 하니
此亦淖齒李兌之類也	이 또한 요치며 이태와 같은 따위입니다.
且夫三代所以亡國者	또한 삼대가 나라를 망하게 한 것은
君專授政	임금이 오로지 정권을 주어
縱酒馳騁弋獵	맘껏 술을 마시고 말을 달리며 사냥이나 하고
不聽政事	정사를 듣지 않았기 때문입니다.
其所授者	정권을 받은 자가
妒賢嫉能	현능한 자를 시기하고 질시하여
御下蔽上	아랫사람을 부리고 윗사람을 가리어
以成其私	사욕을 이루며
不爲主計	임금을 위해 도모하지 않고
而主不覺悟	임금도 깨닫지 못하기 때문에
故失其國	나라를 잃은 것입니다.
今自有秩以上至諸大吏	지금 관직이 있는 자로 위로는 대신들에 이르고
下及王左右	아래로는 왕의 좌우 측근에 이르기까지

54 **정의** 사구대(沙丘臺)는 형주(邢州) 평향현(平鄕縣) 동북쪽 30리 지점에 있다.

無非相國之人者	상국의 사람이 아닌 자가 없습니다.
見王獨立於朝	보아하니 왕께서는 홀로 조정에 서 계시온데
臣竊爲王恐	신이 가만히 생각건대 왕께서 걱정되는 것은
萬世之後	만세의 후에
有秦國者非王子孫也	진나라를 통치하는 자는 왕의 자손이 아닐 것이라는 것입니다.”
昭王聞之大懼	소왕이 듣고 크게 두려워하며
曰	말하였다.
善	“훌륭하오.”
於是廢太后	이에 태후를 폐하고
逐穰侯高陵華陽涇陽君於關外	양후와 고릉군, 화양군, 영양군을 관외로 쫓아냈다.
秦王乃拜范雎爲相	진나라 왕은 이에 범수를 재상에 임명하였다.
收穰侯之印	양후의 인장을 거두어
使歸陶	도로 돌아가게 하고
因使縣官給車牛以徙	이에 현의 관원들에게 수레와 소를 대주어 옮기게 하였더니
千乘有餘	천승이 넘었다.
到關	관에 도착하여
關閱其寶器	관에서 그 보기를 뒤졌더니
寶器珍怪多於王室	보기가 왕실의 것보다 훨씬 진귀하였다.

秦封范雎以應[55]	진나라는 범수를 응(應)에 봉하고
號爲應侯	응후라 하였다.

當是時	이때가
秦昭王四十一年也	진소왕 41년(B.C. 266)이었다.

范雎既相秦	범수가 진나라의 재상이 되자
秦號曰張祿	진나라에서 장록이라 불렀는데
而魏不知	위나라에서는 알지 못하였고
以爲范雎已死久矣	범수가 이미 죽은 지 오래되었다고 생각하였다.
魏聞秦且東伐韓魏	위나라는 진나라가 동으로 한나라와 위나라를 친다는 말을 듣고
魏使須賈於秦	위나라에서는 수가를 진나라에 사신으로 보냈다.
范雎聞之	범수가 듣고
爲微行	미행하여
敝衣閒步之邸[56]	해진 옷을 입고 가만히 객관으로 가서
見須賈	수가를 만나보았다.
須賈見之而驚曰	수가는 그를 보고 놀라서 말하였다.
范叔固無恙乎	"범숙은 정말 무양하신 건가!"
范雎曰	범수가 말하였다.
然	"그렇소."
須賈笑曰	수가가 웃으며 말하였다.

---

55 **색은** 범수를 응(應)에 봉한 것이다. 유씨(劉氏)는 "하동(河東) 임진현(臨晉縣)에 응정(應亭)이 있다."라 하였으니, 진나라에 응(應)이 있다는 것이다. 또 생각건대 「본기(本紀)」에서는 응(應)을 태후의 양지(養地)라 하고, 풀이하기를 "영천(潁川)에 있는 응향(應鄕)"이라고 하였으니 누가 옳은지 모르겠다. **정의** 『괄지지』에서는 "옛 응성(應城)은 여주(汝州) 노산현(魯山縣) 동쪽 40리 지점에 있다."라 하였다.

56 **정의** 유씨(劉氏)는 "제국(諸國)의 객관(客館)"이라 하였다.

范叔有說於秦邪	"범숙은 진나라에서 유세라도 하였소?"
曰	말하였다.
不也	"아닙니다.
睢前日得過於魏相	서는 지난날 위나라 재상에게 죄를 지었으므로
故亡逃至此	도망쳐 이곳까지 왔으니
安敢說乎	어찌 감히 유세하겠습니까!"
須賈曰	수가가 말하였다.
今叔何事	"지금 그대는 무슨 일을 하오?"
范睢曰	범수가 말하였다.
臣爲人庸賃	"저는 남의 품팔이꾼으로 일합니다."
須賈意哀之	수가는 그를 불쌍하게 생각하여
留與坐飮食	붙잡아두고 함께 앉아서 음식을 먹으며
曰	말하였다.
范叔一寒如此哉	"범숙이 이렇게 빈한해졌던가!"
乃取其一綈袍以賜之[57]	이에 깁으로 된 핫옷을 한 벌 가져다주었다.
須賈因問曰	수가는 이어서 물었다.
秦相張君	"진나라 재상 장군을
公知之乎	그대는 아오?
吾聞幸於王	내가 듣건대 왕의 총애를 받아
天下之事皆決於相君	천하의 일이 모두 상군에게서 결정이 된다 하더군요.
今吾事之去留在張君	지금 내 일의 성패는 장군에게 달려 있소.

57 **색은** 제(綈)는 두터운 비단으로 음은 제(啼)인데, 대체로 지금의 깁[絁]이다. **정의** 지금의 거친 핫옷이다.

孺子[58]豈有客習於相君者哉	자네에게 어찌 상군을 잘 아는 객이 없겠는가?"
范睢曰	범수가 말하였다.
主人翁習知之	"주인님이 그분을 잘 압니다.
唯睢亦得謁	저만이 또한 뵐 수 있는데
睢請爲見君於張君	제가 장군께 그대를 만나도록 청해 보겠습니다."
須賈曰	수가가 말하였다.
吾馬病	"내 말은 병들고
車軸折	수레의 축은 부러졌는데,
非大車駟馬	큰 사두마차가 아니면
吾固不出	나는 실로 나가지 못하네."
范睢曰	범수가 말하였다.
願爲君借大車駟馬於主人翁	"원컨대 주인님께 그대를 위해 큰 사두마차를 빌리겠습니다."

范睢歸取大車駟馬	범수는 돌아가면서 큰 사두마차를 가져와
爲須賈御之	수가를 위해 몰아서
入秦相府	진나라의 상부로 들어갔다.
府中望見	상부에서 바라보니
有識者皆避匿	아는 자는 모두 피하여 숨었다.
須賈怪之	수가는 이상하게 생각하였다.
至相舍門	상부의 문에 이르자
謂須賈曰	수가에게 일러 말하였다.
待我	"나를 기다리면

58 색은 유씨(劉氏)는 "아마 범수를 소자(小子)로 여겨서 말하였을 것이다."라 하였다.

我爲君先入通於相君	내 그대보다 먼저 들어가서 상군께 알리겠소.”
須賈待門下	수가는 문 아래서 기다리며
持車良久	수레를 지킨 지 한참이나 되어
問門下曰	문지기에게 물었다.
范叔不出	“범숙이 나오지 않으니
何也	어찌 된 일이오?”
門下曰	문지기가 말하였다.
無范叔	“범숙은 없습니다.”
須賈曰	수가가 말하였다.
鄕者與我載而入者	“아까 나와 수레를 타고 들어온 사람입니다.”
門下曰	문지기가 말하였다.
乃吾相張君也	“바로 우리 재상 장군입니다.”
須賈大驚	수가는 크게 놀라
自知見賣	바로 농락당하였음을 알고
乃肉袒膝行	이에 웃통을 벗어 살을 드러내고 무릎으로 기어가
因門下人謝罪	문지기를 통하여 사죄하였다.
於是范睢盛帷帳	이에 범수가 휘장을 성대하게 치고
侍者甚衆	시중드는 사람을 많이 거느리고
見之	그를 만났다.
須賈頓首言死罪	수가는 머리를 조아리고 죽을죄를 지었다고 하며
曰	말하였다.
賈不意君能自致於靑雲之上	“제가 그대가 스스로 청운의 위로 이를 수 있으리라고는 생각지도 못하였으니

賈不敢復讀天下之書	저는 감히 다시는 천하의 책을 읽지 않을 것이며
不敢復與天下之事	감히 다시는 천하의 일에 끼이지 않겠습니다.
賈有湯鑊之罪	저는 끓는 솥에 던져질 죄를 지었사와
請自屛於胡貉之地	청컨대 스스로 오랑캐 땅으로 물러날 것이니
唯君死生之	그대만이 (저를) 죽이고 살릴 수 있습니다!"
范雎曰	범수가 말하였다.
汝罪有幾	"너의 죄는 몇 가지냐?"
曰	말하였다.
擢賈之髮以續賈之罪	"제 머리카락을 뽑아 제 죄를 이어도
尙未足	부족할 것입니다."
范雎曰	범수가 말하였다.
汝罪有三耳	"너의 죄는 세 가지일 따름이다.
昔者楚昭王時而申包胥爲楚卻吳軍	옛날 초소왕 때 신포서는 초나라를 위해 오나라 군사를 물리쳤는데
楚王封之以荊五千戶	초나라 왕이 형의 땅 5천 호를 봉하자
包胥辭不受	신포서는 마다하고 받지를 않았으니
爲丘墓之寄於荊也	무덤이 형 땅에 버려질까 해서였습니다.
今雎之先人丘墓亦在魏	지금 나의 선인의 무덤 또한 위나라에 있는데
公前以雎爲有外心於齊而惡雎於魏齊	공이 전에 내가 제나라에 딴 맘을 품고 있다 하여 위나라와 제나라에 나를 모함하였으니
公之罪一也	그대의 첫 번째 죄요.
當魏齊辱我於廁中	위제가 측간에서 나를 욕보일 때
公不止	그대는 말리지 않았으니

罪二也	두 번째 죄요.
更醉而溺我	게다가 취하여 내게 소변까지 보았는데
公其何忍乎	공은 어찌 차마 그렇게 하였소?
罪三矣	(이것이) 세 번째 죄요.
然公之所以得無死者	그러나 그대가 죽지 않을 수 있는 까닭은,
以綈袍戀戀	깁 솜옷으로 불쌍히 여겨
有故人之意	옛 친구의 뜻이 있으므로
故釋公	그대를 풀어주는 것이오."
乃謝罷	이에 만남을 끝냈다.
入言之昭王	들어가 소왕에게 말하고
罷歸須賈	수가를 풀어서 돌려보냈다.

須賈辭於范雎	수가가 범수와 작별하자
范雎大供具	범수는 크게 음식을 갖추고
盡請諸侯使	제후의 사자를 모두 청하여
與坐堂上	함께 대청 위에 앉으니
食飮甚設	음식이 매우 잘 차려졌다.
而坐須賈於堂下	그리고 수가를 대청 아래에 앉히고
置莝豆其前	그 앞에 여물과 콩을 차리고
令兩黥徒夾而馬食之	묵형을 받은 죄수 두 사람에게 말처럼 먹이게 하였다.
數曰	하나하나 말하였다.
爲我告魏王	"나를 위해 위나라 왕에게 말하여
急持魏齊頭來	당장 위제의 머리를 가져오너라!
不然者	그렇지 않다면

我且屠大梁	내 대량을 도륙질할 것이다.”
須賈歸	수가는 돌아가서
以告魏齊	그대로 위제에게 말하였다.
魏齊恐	위제는 두려워서
亡走趙	조나라로 달아나
匿平原君所	평원군이 있는 곳에 숨었다.

范雎既相	범수가 재상이 되자
王稽謂范雎曰	왕계가 범수에게 말하였다.
事有不可知者三	“일에는 알 수 없는 것이 세 가지이고
有不柰何者亦三	어찌할 수 없는 것이 또한 세 가지요.
宮車一日晏駕[59]	왕이 하루아침에 돌아가시는 것이
是事之不可知者一也	일의 알 수 없는 첫 번째요.
君卒然捐館舍	그대가 갑자기 죽는 것이
是事之不可知者二也	일의 알 수 없는 두 번째요.
使臣卒然塡溝壑	신이 갑자기 죽어 골짜기를 메우게 되는 것이
是事之不可知者三也	일의 알 수 없는 세 번째입니다.
宮車一日晏駕	왕이 하루아침에 돌아가시면
君雖恨於臣	그대가 신에게 유감을 표한들
無可柰何	어찌할 수 없습니다.
君卒然捐館舍	그대가 갑자기 죽는다면

59 **집해** 응소(應劭)가 말하였다. “천자는 새벽에 일찍 일어나야 하는데 막 붕어하였으므로 늦게 멍에를 맨다고 한 것이다.” 위소(韋昭)는 말하였다. “무릇 막 붕어한 것을 ‘안거(晏駕)’라고 하는데, 신하의 마음에 궁거(宮車)에 멍에를 매어야 하는데 늦게 나온다고 말하는 것과 같다.”

君雖恨於臣	그대가 신에게 유감을 표한들
亦無可柰何	또한 어찌할 수 없습니다.
使臣卒然塡溝壑	신이 갑자기 죽어 골짜기를 메우게 된다면
君雖恨於臣	그대가 신에게 유감을 표한들
亦無可柰何	또한 어찌할 수 없습니다."
范睢不懌	범수는 기뻐하지 않고
乃入言於王曰	곧 들어가 왕에게 말하였다.
非王稽之忠	"왕계의 충심이 아니었더라면
莫能內臣於函谷關	신을 함곡관에 들일 수 없었을 것이며,
非大王之賢聖	대왕의 현명함과 성스러움이 아니었더라면
莫能貴臣	신을 총애할 수 없었을 것입니다.
今臣官至於相	지금 신은 벼슬이 재상에 이르고
爵在列侯	작위는 열후에 있는데
王稽之官尚止於謁者	왕계의 관직은 아직 알자에 머물러 있으니
非其內臣之意也	신을 들인 뜻이 아닙니다."
昭王召王稽	소왕은 왕계를 불러
拜爲河東守	하동수에 임명하고
三歲不上計[60]	3년간 고과를 매기지 않았다.
又任鄭安平	또한 정안평을 추천하고 보증을 서니
昭王以爲將軍	소왕은 장군으로 삼았다.

60 **집해** 사마표(司馬彪)는 말하였다. "무릇 군(郡)은 백성을 다스리고 현자를 천거하여 공을 권하고 송옥의 판결을 내리며 간계를 검속하는 일을 관장한다. 항상 봄이 되면 행재소에서 현으로 가 백성들에게 농상(農桑)을 권하고 먹을 것이 떨어진 자를 구휼하며, 가을에는 공정한 관리를 보내어 죄수들을 심문하고 그 죄를 공평하게 다스리어 고과의 고저를 논하며, 해가 다하면 관리를 보내어 고과를 올린다."라 하였다.

范雎於是散家財物	범수는 이에 집안의 재물을 흩어
盡以報所嘗困厄者	모두 곤경에 처했을 당시의 (잘해 주었던) 사람들에게 갚았다.
一飯之德必償	밥 한 그릇의 은덕도 반드시 갚았고
睚眥之怨必報[61]	눈을 흘길 정도의 원한도 반드시 갚았다.

范雎相秦二年	범수가 진나라의 재상이 된 둘째 해는
秦昭王之四十二年	진소왕 42년인데
東伐韓少曲,[62]高平	동으로 한나라의 소곡과 고평을 쳐서
拔之[63]	함락시켰다.

秦昭王聞魏齊在平原君所	진소왕은 위제가 평원군이 있는 곳에 있다는 말을 듣고
欲爲范雎必報其仇	범수를 위하여 반드시 그 원수를 갚아주고자 하여
乃詳爲好書遺平原君曰	이에 거짓으로 우호의 편지를 써서 평원군에게 보내어 말하였다.

61 색은 睚의 음은 애[崖賣反]이며, 眥의 음은 제[土賣反]이다. 또한 애재(崖債)라고도 한다. 애제(睚眥)는 성을 내며 성낸 눈으로 이를 가는 것을 말한다.

62 집해 서광은 "소대(蘇代)는 '소곡(少曲)에서 일어나 하루 만에 태항(大行)을 타넘었다.'라 하였다."라 하였다. 색은 소대가 "소곡(少曲)에서 일어나 하루 만에 태항(大行)을 타넘었다."라 하였으므로 유씨(劉氏)는 아마 태항산(太行山) 서남쪽에 있을 것이라 생각하였다.

63 정의 『괄지지』에서는 "남한왕(南韓王)의 옛 성은 회주(懷州) 하양현(河陽縣) 북쪽 40리 지점에 있다. 속칭 한왕성(韓王城)이라고 하는데 틀렸다. 춘추(春秋) 시에 주환왕(周桓王)이 정나라에 주었다. 『기년(紀年)』에서는 '정후(鄭侯)는 진(辰)에게 진(晉)나라 양향(陽向)을 돌려주게 하고, 이름을 고평(高平)으로 바꾼 후 함락시켰다.'라 하였으니 소곡(少曲)은 고평(高平)과 서로 가까울 것이다."라 하였다.

寡人聞君之高義	"과인은 그대의 고상한 의기(義氣)를 듣고
願與君爲布衣之友	그대와 포의지교를 맺고자 하니
君幸過寡人	그대가 다행히 과인에게 들러준다면
寡人願與君爲十日之飮	과인은 그대와 열흘 동안 술을 마셨으면 하오."
平原君畏秦	평원군은 진나라를 두려워하는 데다
且以爲然	또한 그럴 것이라 여겨
而入秦見昭王	진나라로 들어가 소왕을 만났다.
昭王與平原君飮數日	소왕은 평원군과 며칠간 술을 마셨으며
昭王謂平原君曰	소왕은 평원군에게 일러 말하였다.
昔周文王得呂尙以爲太公	"옛날에 주문왕은 여상을 얻어 태공으로 삼았고
齊桓公得管夷吾以爲仲父	제환공은 관이오를 얻어 중부로 삼았으며
今范君亦寡人之叔父也	지금 범군 또한 과인의 숙부요.
范君之仇在君之家	범군의 원수가 그대의 집에 있으니
願使人歸取其頭來	사람을 보내 돌아가 그 머리를 가져오기를 바라며,
不然	그렇지 않다면
吾不出君於關	내 그대를 관으로 내보내지 않겠소."
平原君曰	평원군이 말하였다.
貴而爲交者	"존귀한데 사귀는 것은
爲賤也	천하였었기 때문이며,
富而爲交者	부유한데 사귀는 것은
爲貧也[64]	가난하였었기 때문입니다.
夫魏齊者	저 위제는

64 색은 위의 '爲' 자는 음이 글자의 뜻대로이고, 아래의 '爲' 자는 음이 위[于僞反]이다. 부귀한데 사귀고 정이 깊은 것은 빈천할 때를 잊을 수 없기 때문이라는 말이다.

勝之友也	저의 벗으로
在	있어도
固不出也	실로 내주지 못하며
今又不在臣所	지금 또한 신이 있는 곳에 없사옵니다."
昭王乃遺趙王書曰	소왕은 이에 조나라 왕에게 편지를 보내어 말하였다.
王之弟在秦	"왕의 아우는 진나라에 있고
范君之仇魏齊在平原君之家	범군의 원수인 위제는 평원군의 집에 있소.
王使人疾持其頭來	왕은 사람을 보내어 빨리 그 머리를 가지고 올 것이며,
不然	그렇지 않으면
吾擧兵而伐趙	내 군사를 일으켜 조나라를 칠 것이며
又不出王之弟於關	또한 왕의 아우를 관으로 내보내지 않겠소."
趙孝成王乃發卒圍平原君家	조효성왕은 이에 군사를 풀어 평원군의 집을 에워쌌으며
急	급박해지자
魏齊夜亡出	위제는 밤에 도망을 쳐서
見趙相虞卿	조나라의 재상 우경을 찾았다.
虞卿度趙王終不可說	우경은 조나라 왕이 끝내 좋아할 수 없음을 헤아리고
乃解其相印	이에 재상의 인끈을 풀어
與魏齊亡	위제와 함께 도망을 쳤는데
閒行	잠행(潛行)을 하면서
念諸侯莫可以急抵者	제후국 가운데 급히 이를 만한 곳이 없음을 생각하여
乃復走大梁	이에 다시 대량으로 가서

欲因信陵君以走楚	신릉군을 통하여 초나라로 달아나려고 했다.
信陵君聞之	신릉군은 듣고
畏秦	진나라를 두려워하여
猶豫未肯見	미적거리며 만나려고 하지 않아
曰	말하였다.
虞卿何如人也	"우경은 어떤 사람인가?"
時侯嬴在旁	그때 후영이 곁에서
曰	말하였다.
人固未易知	"사람이란 확실히 알기가 쉽지 않으며
知人亦未易也	사람을 알아주는 것 또한 쉽지 않습니다.
夫虞卿躡屩檐簦	저 우경이 해진 신에 해진 갓을 하고
一見趙王	한번 조나라 왕을 만나니
賜白璧一雙	흰 벽옥 한 쌍과
黃金百鎰	황금 백 일을 내렸고,
再見	두 번 만나니
拜爲上卿	상경에 임명하였으며,
三見	세 번 만나니
卒受相印	마침내 재상의 인장을 받고
封萬戶侯	만호후에 봉하였습니다.
當此之時	이때
天下爭知之	천하에서는 다투어 그를 알고자 하였습니다.
夫魏齊窮困過虞卿	저 위제가 곤궁해져서 우경을 찾으니
虞卿不敢重爵祿之尊	위제는 높은 작록을 중히 여기지 않았으며
解相印	재상의 인끈을 풀고
捐萬戶侯而閒行	만호후를 버리고 잠행을 하였습니다.

急士之窮而歸公子	다급한 선비가 곤궁해져서 공자에게 귀의하는데
公子曰何如人	공자께서는 '어떤 사람인가?' 하십니다.
人固不易知	사람이란 확실히 알기가 쉽지 않으며
知人亦未易也	사람을 알아주는 것 또한 쉽지 않은 것입니다!"
信陵君大慚	신릉군은 크게 부끄러워하여
駕如野迎之	들로 말을 몰고 가서 그를 맞았다.
魏齊聞信陵君之初難見之	위제는 신릉군이 애초에 그를 만나는 데 난색을 표했다는 말을 듣고
怒而自剄	노하여 스스로 목을 쳐서 죽었다.
趙王聞之	조나라 왕이 듣고
卒取其頭予秦	결국 그의 머리를 가져다 진나라에 주었다.
秦昭王乃出平原君歸趙	진소왕은 이에 평원군을 내보내 조나라로 돌아가게 하였다.

昭王四十三年	소왕 43년에
秦攻韓汾陘[65]	진나라는 한나라의 분형을 쳐서
拔之	함락시키고
因城河上[66]廣武	내친김에 황하 가의 광무에 성을 쌓았다.

後五年	5년 후
昭王用應侯謀	소왕은 응후의 계책을 써서

65 **색은** 陘의 음은 형(刑)이다. 형은 한나라의 서쪽 경계에 있을 것이며 분(汾)과 가까울 것이다. **정의** 형정(陘庭)의 옛 성은 강주(絳州) 곡옥현(曲沃縣) 서북쪽 20리 분수(汾水)의 북쪽에 있다.

66 **색은** 유씨(劉氏)는 "이 하상(河上)은 아마 황하에 가까운 땅일 것으로 본래는 한나라 땅이었는데 지금 진나라가 차지하여 성을 쌓은 것이다."

縱反間賣趙	반간계를 풀어 조나라에 농간을 부렸는데
趙以其故	조나라는 이 때문에
令馬服子[67]代廉頗[68]將	마복자를 염파 대신 장수가 되게 하였다.
秦大破趙於長平	진나라는 장평에서 조나리를 대파하고
遂圍邯鄲	마침내 한단을 에워쌌다.
已而與武安君白起有隙	얼마 후 무안군 백기와 틈이 생겨
言而殺之[69]	말하여 그를 죽게 하고
任鄭安平	정안평을 써서
使擊趙	조나라를 치게 하였다.
鄭安平爲趙所圍	정안평은 조나라에 포위를 당하여
急	위급해지자
以兵二萬人降趙	2만의 군사와 함께 조나라에 항복하였다.
應侯席稿請罪	응후는 자리를 깔고 꿇어앉아 죄를 청하였다.
秦之法	진나라의 법에
任人而所任不善者	사람을 씀에 쓰인 자가 좋지 못하면
各以其罪罪之	각기 그 죄에 따라 그 벌을 받았다.
於是應侯罪當收三族	이에 응후의 죄는 삼족을 멸하는 죄에 해당하였다.
秦昭王恐傷應侯之意	진소왕은 응후의 뜻을 다칠까 매우 걱정하여
乃下令國中	이에 나라에 영을 내려

67 색은 조괄(趙括)의 호이다. 옛 (東晉) 우희(虞喜)의 『지림(志林)』에서는 "마(馬)는 군사의 우두머리이다. 호를 '마복(馬服)'이라 한 것은 군사의 우두머리를 복속시킬 수 있다는 말이다."라 하였다.

68 색은 추씨(鄒氏)는 음이 파[匹波反]라 하였다.

69 집해 서광은 "50년에 있었다."라 하였다. 색은 서광의 주에서 50년이라 한 것은 「진본기(秦本紀)」 및 연표에 의해서 알 수 있다.

有敢言鄭安平事者	“감히 정안평의 일을 말하는 자가 있으면
以其罪罪之	그 죄로 벌하겠다.”라 하였다.
而加賜相國應侯食物日益厚	그리고 상국 응후에게 먹을 것을 날로 더욱 두터이 내려
以順適其意	그 뜻을 맞추었다.
後二歲	2년 후
王稽爲河東守	왕계는 하동 태수로
與諸侯通	제후들과 사통하여
坐法誅[70]	법에 연좌되어 죽었다.
而應侯日益以不懌	이에 응후는 날이 갈수록 꺼림칙하였다.

昭王臨朝歎息	소왕이 조회에서 탄식을 하니
應侯進曰	응후가 나아가 말하였다.
臣聞主憂臣辱	“신이 듣기에 ‘임금이 근심하면 신하는 욕을 보고
主辱臣死	임금이 욕을 보면 신하는 죽는다.’고 하였습니다.
今大王中朝而憂	지금 대왕께서 조회 중에 근심하시니
臣敢請其罪	신은 감히 죄를 청하옵니다.”
昭王曰	소왕이 말하였다.
吾聞楚之鐵劍利而倡優拙[71]	“내가 듣건대 초나라의 철검은 날카롭고 창우는 서툴다는데
夫鐵劍利則士勇	대체로 철검이 날카로우면 군사가 용맹하고
倡優拙則思慮遠	창우가 서툴면 생각이 먼 법이오.
夫以遠思慮而御勇士	저 먼 생각으로 용맹한 군사를 부리니

70 집해 서광은 “52년이다.”라 하였다.

71 정의 군사가 능하고 훌륭한데 끝내 싸우지 않음을 논하였다.

吾恐楚之圖秦也	내 초나라가 진나라를 도모함을 두려워합니다.
夫物不素具	대체로 사물은 평소에 갖추어 두지 않으면
不可以應卒	갑작스런 일에 대응할 수 없는데
今武安君既死	지금 무안군은 죽었고
而鄭安平等畔	정안평 등은 등을 돌렸으니
內無良將而外多敵國	안으로는 훌륭한 장수가 없고 밖으로는 적국이 많아
吾是以憂	내 이 때문에 근심하는 것이오."
欲以激勵應侯[72]	응후를 격려하고자 한 것이었다.
應侯懼	응후는 두려워하여
不知所出	대처할 바를 몰랐다.
蔡澤聞之	채택이 듣고
往入秦也	진나라로 들어갔다.

蔡澤者	채택은
燕人也	연나라 사람이다.
游學干諸侯[73]小大甚眾	유세가로 크고 작은 제후에게 간알(干謁)함이 매우 많았지만
不遇	알아주는 사람을 만나지 못했다.
而從唐舉相[74]	그래서 당거가 관상을 보는 것을 좇아
曰	말하였다.

72 색은 激의 음은 격(擊)이다.

73 정의 예를 기다리지 않는 것을 간(干)이라 한다.

74 집해 순경(荀卿)은 "양(梁)에 당거(唐擧)가 있다."라 하였다. 색은 순경의 책에는 '당거(唐莒)'로 되어 있다.

吾聞先生相李兌	“내가 듣건대 선생께서 이태의 관상을 보고
曰百日之內持國秉	‘백 일 내에 나라의 정권을 잡을 것이다.’라 하였다는데
有之乎[75]	그런 일이 있었습니까?”
曰	말하였다.
有之	“있었소.”
曰	말하였다.
若臣者何如	“저 같은 사람은 어떻습니까?”
唐擧孰視而笑曰	당거는 한참을 보고는 웃으며 말하였다.
先生曷鼻	“선생은 코가 전갈 같고
巨肩[76]	어깨가 크며
魋顏	이마가 튀어나왔고
蹙齃[77]	콧대는 오그라들었으며
膝攣[78]	무릎은 휘었소.
吾聞聖人不相	내 듣건대 성인은 겉모습으로 상을 볼 수 없다는데
殆先生乎	아마 선생이 아니겠소?”

75 **색은** 『좌전(左傳)』에서는 “국자가 실로 제나라의 병권을 잡는다(國子實執齊秉).”라 하였다. 복건(服虔)은 “병(秉)은 권병(權柄)을 잡는 것이다.”라 하였다.

76 **집해** 서광은 “갈(曷)은 ‘게(偈)’로 된 곳도 있다. 게(偈)는 ‘앙(仰)’으로 된 곳도 있다. 거(巨)는 ‘거(渠)’로 된 곳도 있다.”라 하였다. **색은** 갈비(曷鼻)는 코가 갈충(蝎蟲)과 같은 것을 말하며, 거견(巨肩)은 어깨가 목보다 큰 것을 말하는데, 아마 목이 낮아 어깨가 솟은 것을 말할 것이다.

77 **색은** 魋의 음은 퇴[徒回反]이다. 퇴안(魋顏)은 얼굴의 모습이 돌출된 것이 오동나무 몽치와 같다는 말이다. 齃은 음이 알[烏曷反]이다. 축알(蹙齃)은 코가 눈썹 쪽으로 오그라든 것이다.

78 **집해** 련(攣)은 양 무릎이 굽은 것이다. 서광은 “‘솔(率)’로 된 판본도 있다.”라 하였다. **색은** 양 무릎이 또한 휘어서 굽은 것이다.

蔡澤知唐擧戱之	채택은 당거가 농담하는 줄 알고
乃曰	이에 말하였다.
富貴吾所自有	"부귀는 내 원래부터 가지고 있는 것이고
吾所不知者壽也	내가 모르는 것은 수명이니
願聞之	원컨대 들었으면 하오."
唐擧曰	당거가 말하였다.
先生之壽	"선생의 수명은
從今以往者四十三歲	지금 이후로 43년 남았소."
蔡澤笑謝而去	채택은 웃으며 감사를 표하고 떠나면서
謂其御者曰	그 어자에게 말하였다.
吾持粱刺齒肥[79]	"내 기장밥을 먹으며 살진 고기를 씹고
躍馬疾驅	말을 타고 질풍같이 달리며
懷黃金之印	황금 인장을 품고
結紫綬於要	허리에는 자색 인끈을 맨 채
揖讓人主之前	임금의 앞에서 읍양의 예를 주고받으며
食肉富貴	고기를 먹고 부귀를 누리기에
四十三年足矣	43년이면 충분할 것이다."
去之趙	떠나 조나라로 갔는데
見逐	쫓겨났다.
之[80]韓魏	한나라와 위나라로 갔는데

79 집해 자량(持粱)은 밥을 짓는 것이다. 자치(刺齒) 두 자는 '설(齧)' 자가 되어야 하며, 또한 '흘(齕)'이라고도 한다. 색은 지량(持粱)은 기장밥을 지어서 그 그릇으로 먹는 것을 말한다. 자치(刺齒) 두 자는 오자(誤字)로 '설(齧)' 자가 되어야 한다. 설비(齧肥)는 살진 고기를 먹는 것이다.

80 집해 지(之) 자는 어떤 판본에는 '입(入)' 자로 되어 있다.

遇奪釜鬲[81]於塗	길에서 가마솥을 빼앗겼다.
聞應侯任鄭安平王稽皆負重罪於秦	응후가 쓴 정안평과 왕계가 모두 진나라에서 중죄를 져서
應侯內慚	응후가 부끄러워한다는 말을 듣고
蔡澤乃西入秦	채택은 이에 서로 진나라에 들어갔다.

將見昭王	소왕을 만나려 하면서
使人宣言以感怒應侯曰	사람을 보내 말을 퍼뜨려 응후를 노하게 하고자 말하였다.
燕客蔡澤	“연나라의 객 채택은
天下雄俊弘辯智士也	천하의 걸출하고 달변이며 지모가 있는 선비이다.
彼一見秦王	그가 진나라 왕을 만나기만 하면
秦王必困君而奪君之位	진나라 왕은 반드시 그를 곤궁하게 하고 그 지위를 빼앗을 것이다.”
應侯聞	응후는 듣고
曰	말하였다.
五帝三代之事	“오제와 삼대의 일,
百家之說	백가의 설을
吾既知之	내 이미 알고 있으며,
眾口之辯	뭇사람들의 변론을

81 **집해** 『이아(爾雅)』에서는 “가운데가 빈 솥 다리를 역(鬲)이라 한다.”라 하였다. 곽박(郭璞)은 “정(鼎)은 다리가 굽었다.”라 하였다. **색은** 음은 부력(父歷)이다. 관(款)은 빈 것이다. 다리가 빈 것은 다리고 굽은 것인데 『이아』에 보이며, 곽씨(郭氏)는 “다리가 굽은 정이다.”라 하였다. 생각건대 관(款)을 곡(曲)으로 풀이하였으므로 ‘굽은 다리(曲腳)’라 한 것이다.

吾皆摧之	내 모두 꺾었는데
是惡能困我而奪我位乎	이 사람이 어찌 나를 곤궁하게 하고 내 지위를 빼앗을 수 있겠는가?"
使人召蔡澤	사람을 시켜 채택을 불렀다.
蔡澤入	채택은 들어와
則揖應	읍만 할 뿐이었다.
應侯固不快	응후는 매우 불쾌해하였으며
及見之	그를 만나보니
又倨	거만하기까지 하여
應侯因讓之曰	응후는 이에 그를 꾸짖으며 말하였다.
子嘗宣言欲代我相秦	"그대가 일찍이 말을 퍼뜨려 내 대신 진나라의 재상이 될 것이라 하였다는데
寧有之乎	그런 일이 있었는가?"
對曰	대답하였다.
然	"그렇습니다."
應侯曰	응후가 말하였다.
請聞其說	"그 설법이나 들어볼까."
蔡澤曰	채택이 말하였다.
吁	"아,
君何見之晚也	그대의 식견이 어찌 이리 늦습니까!
夫四時之序	대체로 사철의 순서는
成功者去	공을 이루면 떠나고
夫人生百體堅彊	대체로 사람이 살아가면서 몸이 강건하면
手足便利	수족이 편하며
耳目聰明而心聖智	이목이 총명하고 마음이 성스럽고 지혜로워지

	는 것이
豈非士之願與	어찌 선비의 바람이 아니겠습니까?"
應侯曰	응후가 말하였다.
然	"그렇소."
蔡澤曰	채택이 말하였다.
質仁秉義	"인을 바탕으로 하고 의를 잡아
行道施德	도를 행하고 덕을 베풀어
得志於天下	천하의 뜻을 얻으면
天下懷樂敬愛而尊慕之	천하에서는 즐거운 마음으로 경애하고 높이어 흠모하여
皆願以爲君王	모두 임금이 되기를 바랄 것이니
豈不辯智之期與	어찌 변설에 능하고 지혜로운 사람의 바람이 아니겠습니까?"
應侯曰	응후가 말하였다.
然	"그렇소."
蔡澤復曰	채택이 다시 말하였다.
富貴顯榮	"부와 귀를 환히 드러내고
成理萬物	만물을 잘 다스리어
使各得其所	각기 제자리를 얻게 하고,
性命壽長	생명을 길게 연장시켜
終其天年而不夭傷	천수를 누리고 요절하지 않으며,
天下繼其統	천하에서 그 통서를 잇고
守其業	그 기업(基業)을 지키며
傳之無窮	끝없이 전해 내려가고,
名實純粹	명분과 실질이 순수하여

澤流千里[82]	은택이 천 리에 흐르고
世世稱之而無絕	대대로 칭찬하여 끊어지지 않으며
與天地終始	천지와 그 처음과 끝을 함께하면
豈道德之符而聖人所謂吉祥善事者與	어찌 도덕이 부합하여 성인이 이른바 길상의 훌륭한 일이 아니겠습니까?"
應侯曰	응후가 말하였다.
然	"그렇소."

蔡澤曰	채택이 말하였다.
若夫秦之商君	"저 진나라의 상군과
楚之吳起	초나라의 오기,
越之大夫種	월나라 대부 종〔문종(文種)〕 같은 사람은
其卒然亦可願與	그렇게 죽기를 또한 바랄 수 있었겠습니까?"
應侯知蔡澤之欲困己以說[83]	응후는 채택이 말로 자신을 곤란하게 하려는 것을 알고
復謬曰	다시 속이어 말하였다.
何爲不可	"어째서 안 된다는 것이오?
夫公孫鞅之事孝公也	저 공손앙은 효공을 섬김에
極身無貳慮	죽을 때까지 두 마음을 가지지 않았고
盡公而不顧私	나라의 일을 다하고 개인적인 일을 돌아보지 않았으며,
設刀鋸以禁姦邪	칼과 톱을 설치하여 간사함을 금하고

82 **집해** 서광은 "어떤 판본에는 이 자(字)가 없다."라 하였다.

83 **집해** 음은 술[式絀反]이다.

信賞罰以致治	상벌을 밝혀 치리를 이루었으며,
披腹心	속마음을 드러내고
示情素	진실을 보였으며
蒙怨咎	원망과 책망을 당하고
欺舊友	친구를 속였으며
奪魏公子卬	위공자 앙(卬)을 빼앗고
安秦社稷	사직을 태평하게 하였으며
利百姓	백성을 이롭게 하여
卒爲秦禽將破敵	마침내 진나라를 위해 적장을 사로잡고 적을 깨뜨려
攘地千里	천 리의 땅을 넓혔소.
吳起之事悼王也	오기는 도왕을 섬김에
使私不得害公	사무(私務)가 공무를 해치지 못하게 하여
讒不得蔽忠	참소가 충성을 가리지 못하였고
言不取苟合	말은 구차히 영합함을 취하지 않았으며
行不取苟容	행동은 구차히 용납됨을 취하지 않았고
不爲危易行	위험한 일로 행동을 바꾸지 않았으며
行義不辟難[84]	정의를 실행함에 어려움을 피하지 않아
然爲霸主強國	그리하여 패주와 강국이 됨에
不辭禍凶	재화와 흉사를 마다하지 않았소.
大夫種之事越王也	대부 종은 월나라 왕을 섬김에
主雖困辱	임금이 비록 곤욕을 당했지만
悉忠而不解	충성을 다하기를 게을리 하지 않았으며,

84 집해 서광은 "어떤 판본에는 '비방을 받는 것을 어렵게 여기지 않는다(不困毀訾).'라 되어 있다."라 하였다.

主雖絕亡	임금이 비록 멸망을 당하였지만
盡能而弗離	재능을 다하여 떠나지 않았고
成功而弗矜	공을 이루고도 뻐기지 않았으며
貴富而不驕怠	부귀를 이루어도 교만하고 게으르지 않았소.
若此三子者	이 세 사람 같은 자는
固義之至也	실로 의의 지극함이요
忠之節也	충성의 증험입니다.
是故君子以義死難	그런 까닭에 군자는 의로 어려움에 죽고
視死如歸	죽음을 (집으로) 돌아가는 것처럼 여기며,
生而辱不如死而榮	살아서 욕을 보는 것이 죽어서 영예롭게 됨만 못한 것이오.
士固有殺身以成名	선비는 실로 몸을 죽여서 명예를 이루는 것이니
雖義之所在	의가 있는 곳이라면
雖死無所恨	죽어도 유감이 없는 것이오.
何爲不可哉	어째서 안 된다는 것이오?"

蔡澤曰	채택이 말하였다.
主聖臣賢	"임금이 성스럽고 신하가 현명한 것은
天下之盛福也	천하의 성대한 복이며,
君明臣直	임금이 밝고 신하가 곧은 것은
國之福也	나라의 복이고,
父慈子孝	아비가 자애롭고 자식이 효성스러우며
夫信妻貞	지아비가 신망이 있고 아내가 정조가 있는 것은
家之福也	집의 복입니다.
故比干忠而不能存殷	그러므로 비간은 충성스러웠는데도 은나라를

	존속시킬 수 없었고
子胥智而不能完吳	오자서는 지혜로웠는데도 오나라를 완정하게 할 수 없었으며
申生孝而晉國亂	신생은 효성스러웠는데도 진나라는 어지러워졌습니다.
是皆有忠臣孝子	이들 나라에는 모두 충신과 효자가 있었는데도
而國家滅亂者	나라가 망하고 어지러워진 것은
何也	어째서이겠습니까?
無明君賢父以聽之	명철한 임금과 현명한 신하가 들어주지 않았으므로
故天下以其君父爲僇辱而憐其臣子[85]	천하에서는 그 임금과 아비를 수치스럽게 생각하고 그 신하를 불쌍하게 여기는 것입니다.
今商君吳起大夫種之爲人臣	지금 상군과 오기, 대부 종이 신하가 된 것은
是也	옳습니다만
其君	그 임금은
非也	잘못되었습니다.
故世稱三子致功而不見德	그러므로 세상에서는 세 사람은 공을 이루었지만 덕을 보지 못하였다고 하는데
豈慕不遇世死乎	어찌 세상에서 알아주는 사람을 만나지 못하고 죽은 것을 부러워하겠습니까?
夫待死而後可以立忠成名	죽은 다음이라야 충성을 이루고 명예를 이룰 수 있다면
是微子不足仁	미자도 어질다 하기에 부족할 것이고

85 **색은** 비간과 오자서, 신생은 모두 지극히 충효를 다하였지만 죽고 추방을 당하였으므로 천하에서 임금과 아비 된 것이 수치스럽고 그 신하를 불쌍하게 여긴다고 말하였다.

孔子不足聖	공자도 성스럽다 하기에 부족할 것이며
管仲不足大也	관중도 위대하다고 하기에 부족할 것입니다.
夫人之立功	대체로 사람이 공을 세운다는 것이
豈不期於成全邪	어찌 완전하게 이루는 것을 바라지 않겠습니까?
身與名俱全者	몸과 이름이 다 완전해지는 것은
上也	최상입니다.
名可法而身死者	이름은 본받을 만하지만 몸이 죽는 것은
其次也	그 다음입니다.
名在僇辱而身全者	이름은 모욕을 당하지만 몸은 온전해지는 것은
下也	최하입니다."
於是應侯稱善	이에 응후는 훌륭하다고 하였다.

蔡澤少得閒	채택은 조금 뜸을 들이다가
因曰	이어서 말하였다.
夫商君吳起大夫種	"저 상군과 오기, 대부 종은
其爲人臣盡忠致功則可願矣	신하로 충성을 다하고 공을 바친 것은 바랄 만합니다만
閎夭事文王	굉요가 문왕을 섬기고
周公輔成王也	주공이 성왕을 보좌한 것은
豈不亦忠聖乎	어찌 또한 충성스럽고 성명한 것이 아니겠습니까?
以君臣論之	군신으로 논하자면
商君吳起大夫種其可願孰與閎夭周公哉	상군 및 오기, 대부 종과 굉요와 주공 중 누구를 원하겠습니까?"

應侯曰	응후가 말하였다.
商君吳起大夫種弗若也	"상군과 오기, 대부 종이 못하지요."
蔡澤曰	채택이 말하였다.
然則君之主慈仁任忠	"그렇다면 그대의 임금이 인자하여 충성을 맡기고
惇厚舊故	옛 친구에게 도타우며
其賢智與有道之士爲膠漆	현명하고 지혜로워 도덕이 있는 선비와 사귐이 칠 같고 아교와 같고
義不倍功臣	도의상 공신을 저버리지 않음이
孰與秦孝公楚悼王越王乎	진효공과 초도왕, 월왕에 비하여 어떻습니까?"
應侯曰	응후가 말하였다.
未知何如也	"어떤지 알지 못하겠소."
蔡澤曰	채택이 말하였다.
今主親忠臣	"지금의 임금이 충신을 가까이함은
不過秦孝公楚悼王越王	진효공과 초도왕, 월왕보다 낫지 못하며
君之設智	그대가 지혜를 써서
能爲主安危修政	능히 임금을 위하여 위태로움을 안정시키고 정치를 닦으며
治亂彊兵	어지러움을 다스리고 군사를 강하게 하고
批患折難[86]	근심을 물리치고 환난을 꺾으며
廣地殖穀	땅을 넓히고 곡식을 불리고
富國足家	나라를 부유하고 충족케 하며
彊主	임금을 강하게 하고

86 색은 批는 음이 별[白結反] 또는 비[豐雞反]이다. 비환(批患)은 쳐서 물리치는 것이다. 折의 음은 절[之列反]이다.

尊社稷	사직을 높이며
顯宗廟	종묘를 드러나게 하여
天下莫敢欺犯其主	천하에서 그 임금을 감히 속이어 범하지 못하고
主之威蓋震海內	임금의 위세가 온 천하를 덮고 뒤흔들어
功彰萬里之外	공이 만 리의 바깥에까지 빛나고
聲名光輝傳於千世	명성과 광휘가 천대에 걸쳐 전해질 수 있게 함이
君孰與商君吳起大夫種	그대는 상군과 오기, 대부 종에 비해 어떠합니까?"
應侯曰	응후가 말하였다.
不若	"못하지요."
蔡澤曰	채택이 말하였다.

今主之親忠臣不忘舊故不若孝公悼王句踐

"지금 임금이 충신을 가까이하고 옛 정을 잊지 못함은 효공과 도왕, 구천만 못하고

而君之功績愛信親幸又不若商君吳起大夫種

그대의 공적과 사랑, 믿음 총애는 상군 및 오기, 대부 종만 못하지만

然而君之祿位貴盛	그대의 작록과 지위의 귀하고 성함과
私家之富過於三子	사가의 부유함은 세 사람보다 나은데
而身不退者	몸이 물러나지 않으면
恐患之甚於三子	아마 근심이 세 사람보다 심하게 될 것이니
竊爲君危之	가만히 그대를 위태롭게 생각합니다.
語曰日中則移	속담에 '해가 하늘 한가운데 있으면 옮겨가고
月滿則虧』	달은 차면 이지러진다.'라 하였습니다.
物盛則衰	사물은 번성해지면 쇠하는 것이
天地之常數也	천지의 상도입니다.

進退盈縮	나아가고 물러남, 차고 축남이
與時變化	때에 따라 변화함은
聖人之常道也	성인의 상도입니다.
故國有道則仕	그러므로 '나라에 도가 있으면 벼슬을 하고
國無道則隱[87]	나라에 도가 없으면 숨는다.'라 하였습니다.
聖人曰飛龍在天	성인은 말하기를 '나는 용이 하늘에 있으니
利見大人[88]	대인을 만나봄이 이롭다.' 하였고,
不義而富且貴	'의롭지 못한 부와 귀는
於我如浮雲[89]	내게 뜬 구름과 같다.'라 하였습니다.
今君之怨已讎而德已報	지금 그대의 원수는 이미 갚았고 은덕은 이미 보답하였으며
意欲至矣	하고자 하는 뜻을 이루었습니다만
而無變計	임기응변의 계책이 없으니
竊爲君不取也	가만히 생각건대 그대가 잘못하고 있는 것입니다.
且夫翠鵠犀象	또한 저 물총새와 고니, 무소와 코끼리는
其處勢非不遠死也	그 처한 형세가 죽음에서 멀지 않은 것이 아닙니다만
而所以死者	죽게 되는 것은

87 국유도~즉은(國有道~則隱): 『논어 · 태백(論語 · 泰伯)』편에 "천하에 도가 있으면 나타나(벼슬하)고, 도가 없으면 숨어야 한다(天下有道則見, 無道則隱)."는 말이 있다. 또 「위령공(衛靈公)」편에 "군자답도다. 거백옥이여! 나라에 도가 있으면 벼슬하고, 나라에 도가 없으면 거두어 속에 감추어 두는구나!(君子哉, 蘧伯玉! 邦有道則仕, 邦無道則可卷而懷之)"라는 말이 있다.-옮긴이.

88 비룡~대인(飛龍~大人): 『주역 · 건괘(周易 · 乾卦)』의 「문언전(文言傳)」에 나오는 말이다.-옮긴이.

89 불의~여부운(不義~如浮雲): 『논어 · 술이(論語 · 述而)』편에 나오는 말이다.-옮긴이.

惑於餌也	먹이에 정신이 팔려서입니다.
蘇秦智伯之智	소진과 지백의 지혜는
非不足以辟辱遠死也	욕을 피하고 죽음을 멀리하기에 충분하지 않은 것은 아니지만
而所以死者	그래도 죽게 된 것은
惑於貪利不止也	이익을 탐함에 정신이 팔려 그치지 못하였기 때문입니다.
是以聖人制禮節欲	그러므로 성인은 예법을 제정하여 욕망을 절제하고
取於民有度	백성에게서 취함이 법도가 있으며
使之以時	부림에는 때에 맞춰서 하고
用之有止	씀에 멈춤이 있으므로
故志不溢	뜻이 넘치지 않고
行不驕	행동에 교만함이 없으며
常與道俱而不失	늘 도와 함께하여 잃음이 없으므로
故天下承而不絕	천하에서 이어서 끊임이 없습니다.
昔者齊桓公九合諸侯	옛날에 제환공은 제후들을 규합하여
一匡天下	천하를 한번 바로잡았는데
至於葵丘之會	규구의 회합에서
有驕矜之志	교만하고 뻐기는 뜻을 가지자
畔者九國	돌아선 나라가 아홉 나라였습니다.
吳王夫差兵無敵於天下	오왕 부차의 군대는 천하에서 무적이었고
勇彊以輕諸侯	날래고 강함으로 제후들을 깔보았으며
陵齊晉	제나라와 진나라를 능멸하였으므로
故遂以殺身亡國	결국 몸은 죽고 나라는 망하였습니다.

夏育太史噭叱呼[90]駭三軍	하육과 태사교는 고함을 치면 삼군을 놀라게 하였지만
然而身死於庸夫[91]	몸은 용부(庸夫)에게 죽임을 당하였습니다.
此皆乘至盛而不返道理	이는 모두 전성기를 타고 도리로 돌아오지 않았으며
不居卑退處儉約之患也	낮추어 물러나고 검약한 곳에 처하지 않은 근심 때문입니다.
夫商君爲秦孝公明法令	상군은 진효공을 위해 법령을 밝히고
禁姦本	간악함의 근본을 금하였으며
尊爵必賞	높은 작위에는 반드시 상을 내리고
有罪必罰	죄가 있으면 반드시 벌하였으며
平權衡	저울을 고르게 하고
正度量	도량을 바르게 하였으며
調輕重	경중을 고르게 하고
決裂阡陌	천맥을 허물어뜨려서
以靜生民之業而一其俗	백성들의 업을 안정시키고 습속을 통일하였으며
勸民耕農利土	백성들에게 농경과 토지의 이로움을 권하여
一室無二事	한 집에서 두 일을 못하게 하였고
力田蓄積	농사에 힘쓰게 하여 저축을 하게 하였으며
習戰陳之事	진법의 일을 익히게 하여
是以兵動而地廣	이로 인해 군사가 움직이면 땅이 넓어지고

90 색은 두 사람은 용맹한 자로 하육(夏育)과 분육(賁育)이다. 噭의 음은 교(皎)이다.
집해 서광은 말하기를 "呼는 '음(喑)'으로 된 판본도 있다."라 하였다. 정의 呼의 음은 호[火故反]이다.

91 색은 고유(高誘)는 "하육은 전박(田摶)에게 죽임을 당하였다."라 하였다. 그러나 태사교는 누구에게 죽임을 당하였는지 알지 못하며, 제양왕(齊襄王) 때의 태사가 아닐 것이다.

兵休而國富	군사가 쉬면 나라가 강하여졌으므로
故秦無敵於天下	진나라는 천하무적이 되었고
立威諸侯	제후들에게 위세를 세웠으며
成秦國之業	진나라의 기업을 이루었습니다.
功已成矣	공이 이미 이루어지자
而遂以車裂	마침내 거열형에 처하여졌습니다.
楚地方數千里	초나라는 땅이 사방 수천 리이며
持戟百萬	창을 든 병사가 백만인데
白起率數萬之師以與楚戰	백기가 수만의 군사를 거느리고 초나라와 싸워
一戰擧鄢郢以燒夷陵	첫 번째 전투에서 언영을 함락시키고 이릉을 불태웠으며
再戰南并蜀漢	두 번째 전투에서 촉과 한을 집어삼켰습니다.
又越韓, 魏而攻彊趙	또한 한나라와 위나라를 넘어 강한 조나라를 쳐서
北阬馬服	북으로 마복을 생매장시켰고
誅屠四十餘萬之衆	40여 만의 무리를 도살하였으며
盡之于長平之下	장평 아래서 몰살시켜
流血成川	피가 흘러 내를 이루었고
沸聲若雷	들끓는 소리는 우레와 같았으며
遂入圍邯鄲	마침내 들어가 한단을 에워싸
使秦有帝業	진나라가 제업을 이루게 하였습니다.
楚趙天下之彊國而秦之仇敵也	초나라와 조나라는 천하의 강국으로 진나라의 원수였는데
自是之後	이 이후로

楚趙皆懾伏不敢攻秦者	초와 조나라가 모두 두려워 엎드려 감히 진나라를 치지 못한 것은
白起之勢也	백기의 위세입니다.
身所服者七十餘城	몸으로 정복한 것이 70여 성이고
功已成矣	공이 이미 이루어졌는데도
而遂賜劍死於杜郵	결국은 칼을 받아 두우에서 죽었습니다.
吳起爲楚悼王立法	오기는 초도왕을 위하여 법을 확립시켜 주었고
卑減大臣之威重	대신의 권위를 낮추고 줄였으며
罷無能	능력이 없는 자는 파면하고
廢無用	쓸모없는 것은 철폐하였으며
損不急之官	당장 급하지 않은 관직은 줄이고
塞私門之請	사적인 청탁은 막아
一楚國之俗	초나라의 풍속을 통일시켰으며
禁游客之民	유리하는 백성을 금하였고
精耕戰之士	농사를 짓고 전투를 하는 군사를 정예화하여
南收楊越	남으로는 양월을 거두고
北并陳蔡	북으로는 진나라와 채나라를 합병하였으며
破橫散從	종횡의 유세를 깨뜨리고 흩어
使馳說之士無所開其口	유세를 위해 뛰어다니는 선비들이 그 입을 열지 못하게 하였고
禁朋黨以勵百姓	붕당을 금하여 백성을 격려하였으며
定楚國之政	초나라의 정치를 안정시켜
兵震天下	군세가 천하에 떨쳤으며
威服諸侯	위세는 제후를 굴복시켰습니다.
功已成矣	공이 이미 이루어지자

而卒枝解	결국은 사지가 찢겼습니다.
大夫種爲越王深謀遠計	대부 종은 월왕을 위하여 깊은 책략과 원대한 계획을 세워
免會稽之危	회계의 위난을 면하게 하여
以亡爲存	망해 가는 것을 존속시켰으며
因辱爲榮	치욕을 영예로 바꾸었고
墾草入邑[92]	황무지를 개척하여 읍에 편입시켰으며
辟地殖穀	땅을 열고 오곡을 늘려
率四方之士	사방의 군사를 거느렸고
專上下之力	상하의 힘을 오로지하였으며
輔句踐之賢	구천의 현명함을 보좌하였고
報夫差之讎	부차에게 원수를 갚았는데
卒擒勁吳	끝내 강한 오나라를 굴복시켜
令越成霸	월나라가 패권을 이루게 하였습니다.
功已彰而信矣	공로가 이미 드러나고 확실해지자
句踐終負而殺之	구천은 마침내 그를 등지고 죽였습니다.
此四子者	이 네 사람은
功成不去	공을 이루고도 떠나지 않아
禍至於此	화가 여기에 이르렀습니다.
此所謂信而不能詘[93]	이것이 이른바 펴서 굽힐 수 없다는 것이며
往而不能返者也	가서는 돌아올 수 없다는 것입니다.

92 색은 유씨(劉氏)는 "입(入)은 충(充)과 같은 뜻이다. 흩어진 자를 불러 성읍을 채운 것을 말한다."라 하였다.

93 색은 信은 신(申)의 뜻으로 읽는다. 詘은 굴(屈)의 뜻으로 읽는다. 뜻을 이미 폈는데도 물러나지 않음을 말한다.

范蠡知之	범려는 그것을 알고
超然辟世	초연히 세상을 피하여
長爲陶朱公	오래도록 도주공이 되었습니다.
君獨不觀夫博者乎	그대는 유독 도박꾼을 보지 못하였습니까?
或欲大投	혹자는 한판 크게 걸려 하고
或欲分功[94]	혹자는 공을 나누려 하는데
此皆君之所明知也	이는 모두 그대가 잘 아는 것입니다.
今君相秦	지금 그대는 진나라의 재상으로
計不下席	계책이 자리를 떠나지 않고
謀不出廊廟	도모함이 조정을 벗어나지 못하여
坐制諸侯	앉아서 제후들을 통제하고
利施三川	이익을 삼천에 베풀어
以實宜陽[95]	의양을 채우고
決羊腸之險	양장의 험함을 터뜨려
塞太行之道	태항의 길을 막으며
又斬范, 中行之塗	또한 범씨와 중항씨의 길을 잘라
六國不得合從	육국이 합종을 못하여 하였으며
棧道千里	천 리에 잔도를 놓아

94 **집해** 반고(班固)의 『혁지(弈指)』에서는 "박(博)은 던지는 데 달려 있으며 반드시 가는 데 있지 않다."라 하였다. 배인(裴駰)은 투(投)는 주사위를 던지는 것이라 하였다. **색은** 노름은 어떤 자는 그 주사위를 크게 던져 승을 부르려고 하고 어떤 자는 공을 나누려고 하는 것을 말하는데, 그 형세가 약해지는 것을 살펴 땅에 던져 공을 나누어 멀리서 구원하는 것을 이르며, 이 일은 『소이아(小爾雅)』에 갖추어져 있다. 『방언(方言)』에서는 "주사위를 던지는 것을 평(枰)이라고 한다."라 하였다. 평(枰)은 곧 판[局]이이라는 뜻이다.

95 **정의** 시(施)는 전(展)과 같으며, 삼천(三川)의 땅을 쳐서 얻는 것을 말한다. 그것으로 의양(宜陽)을 채운다는 것은 삼천을 펼쳐서 열어 의양을 채운다는 말이다.

通於蜀漢	촉과 한으로 통하게 하여
使天下皆畏秦	천하로 하여금 모두 진나라를 두려워하게 하고
秦之欲得矣	진나라의 욕망을 얻었고
君之功極矣	그대의 공을 지극하게 하였으니
此亦秦之分功之時也	이것 또한 진나라가 공을 나눌 때입니다.
如是而不退	이와 같은데도 물러나지 않으니
則商君白公[96]吳起大夫種是也	상군과 백공, 오기, 대부 종이 바로 이러하였습니다.
吾聞之	내가 듣건대
鑒於水者見面之容	'물에 비추어 보는 자는 얼굴 모습을 알게 되고
鑒於人者知吉與凶	사람에 비추어 보는 자는 길흉을 안다.'라 하였습니다.
書曰成功之下	『서경』에서는 말하기를 '공을 이룬 다음에는
不可久處	오래 머물러서는 안 된다.'라 하였습니다.
四子之禍	네 사람이 화를 당하였는데도
君何居焉	그대는 어찌 거기에 머물러 계십니까?
君何不以此時歸相印	그대는 어찌하여 이때 재상의 인장을 반납하여
讓賢者而授之	현자에게 양보하여 주고
退而巖居川觀	물러나 암혈에 거처하면서 시내를 구경하며,
必有伯夷之廉	반드시 백이의 청렴함을 가지고
長爲應侯	오래도록 응후가 되어
世世稱孤	대대로 고(孤, 제후)라 칭하며
而有許由延陵季子之讓	허유와 연릉 계자(季子)가 양보한 일을 하여

96 집해 서광은 "백기(白起)이다."라 하였다.

喬松之壽	왕자 교(喬)와 적송자의 수명을 누리지 않으니
孰與以禍終哉	재화로 생을 마치는 것에 비하여 어떻습니까?
即君何居焉	곧 그대는 어디에 처하시렵니까?
忍不能自離	차마 스스로 떠날 수가 없어
疑不能自決	의심하며 스스로 결단을 내리지 못하시면
必有四子之禍矣	반드시 네 사람의 화가 있게 될 것입니다.
易曰亢龍有悔	『역(易)』에서는 '높이 나는 용은 뉘우침이 있을 것이다.' 하였는데
此言上而不能下	이는 올라가서 내려올 수가 없고
信而不能詘	펴서 굽힐 수가 없으며
往而不能自返者也	가서는 스스로 돌아올 수 없음을 말하는 것입니다.
願君孰計之	원컨대 그대는 숙고하시기 바랍니다!"
應侯曰	응후가 말하였다.
善	"좋소.
吾聞欲而不知足	내가 듣건대 '가지고자 하여 만족할 줄 모르면
失其所以欲	가지려는 것을 놓치게 되고,
有而不知止	가지고서도 그칠 줄을 모르면
失其所以有	가지고 있는 것을 놓친다.'라 하였소.
先生幸教	선생께서 다행히 가르쳐주셨으니
睢敬受命	저는 삼가 명을 받들겠습니다."
於是乃延入坐	이에 곧 자리로 맞아들여
爲上客	상객으로 삼았다.

後數日	며칠 후

入朝	입조하여
言於秦昭王曰	진소왕에게 말하였다.
客新有從山東來者曰蔡澤	“산동에서 새로 온 객으로 채택이란 자가 있는데
其人辯士	그 사람은 변사로
明於三王之事	삼왕의 일과
五伯之業	오패의 왕업
世俗之變	세속의 변화에 밝아
足以寄秦國之政	진나라의 국정을 충분히 맡길 만합니다.
臣之見人甚眾	신이 사람을 만남이 매우 많았는데
莫及	아무도 미치지 못하고
臣不如也	신도 그만 못합니다.
臣敢以聞	신이 감히 알려드립니다.”
秦昭王召見	진소왕이 불러서 만나
與語	함께 얘기를 해보고
大說之	크게 기뻐하며
拜爲客卿	객경으로 임명하였다.
應侯因謝病請歸相印	응후는 이에 병으로 물러나 재상의 인장을 돌려줄 것을 청하였다.
昭王彊起應侯	소왕은 억지로 응후를 붙들었으나
應侯遂稱病篤	응후는 마침내 병이 중하다고 하였다.
范睢免相	범수가 재상을 면하자
昭王新說蔡澤計畫	소왕은 채택의 계획을 좋아하여
遂拜爲秦相	마침내 진나라 재상으로 명하여
東收周室	동으로 주나라 왕실을 거두었다.

蔡澤相秦數月	채택이 진나라 재상이 된 지 몇 달 만에
人或惡之	어떤 사람이 그를 헐뜯어
懼誅	죽게 될까 두려워하여
乃謝病歸相印	이에 병을 칭탁하여 재상의 인장을 돌려주고
號爲綱成君	강성군이라 하였다.
居秦十餘年	진나라에 10여 년을 머물면서
事昭王孝文王莊襄王	소왕과 효문왕, 장양왕을 섬겼다.
卒事始皇帝	마침내 시황제를 섬겨
爲秦使於燕	진나라를 위해 연나라에 사자로 갔는데
三年而燕使太子丹入質於秦	3년 만에 연나라는 태자 단(丹)을 진나라에 인질로 들어가게 했다.

太史公曰	태사공은 말한다.
韓子稱長袖善舞	한자(韓子)는 "소매가 길면 춤을 잘 추고
多錢善賈	돈이 많으면 장사를 잘한다."고 하였는데,
信哉是言也	이는 정말 맞는 말이다!
范睢蔡澤世所謂一切辯士	범수와 채택은 세상에서 이른바 일반적인 변사였으나
然游說諸侯至白首無所遇者	제후들을 유세하여 흰 머리가 되도록 알아주는 사람을 만나지 못한 것은
非計策之拙	계책이 서툴러서가 아니라
所爲說力少也	유세하는 힘이 적어서였다.
及二人羈旅入秦	두 사람이 떠도는 몸으로 진나라에 들어가
繼踵取卿相	잇달아 경상이 되어
垂功於天下者	공을 천하에 드리운 것은

固彊弱之勢異也	실로 강하고 약한 형세가 달랐기 때문이다.
然士亦有偶合	그러나 선비 또한 우연히 합치되는 경우가 있으니
賢者多如此二子	현명하기가 이 두 사람 같은 사람이 많은데도
不得盡意	뜻을 다 얻지 못한 것을
豈可勝道哉	어찌 이루 다 말할 수 있겠는가!
然二子不困厄	그러나 이 두 사람이 곤경에 처하지 않았더라면
惡能激乎[97]	어찌 격발할 수 있었겠는가?

97 색은 이자(二子)는 범수(范雎)와 채택(蔡澤)이다. 곧 범수는 위(魏)나라와 제(齊)나라에서 재앙을 당하여 갈비뼈가 꺾이고 이빨이 부러졌으며, 채택은 조(趙)나라에서 곤경에 처하여 쫓겨나고 솥을 빼앗긴 것을 말한다. 惡의 음은 오(烏)이고, 激의 음은 격(擊)이다.

20 ——— 악의 열전 樂毅列傳

樂毅者	악의는
其先祖曰樂羊	그 선조를 악양이라 한다.
樂羊爲魏文侯將	악양은 위문후의 장수가 되어
伐取中山[1]	중산국을 쳐서 빼앗았으며
魏文侯封樂羊以靈壽[2]	위문후는 악양을 영수에 봉하였다.
樂羊死	악양이 죽자
葬於靈壽	영수에 장사 지내고
其後子孫因家焉	그 후 자손들은 그대로 그곳에서 살았다.
中山復國	중산이 나라를 회복하자
至趙武靈王時復滅中山[3]	조무령왕 때에 이르러 다시 중산을 멸하였으며
而樂氏後有樂毅	악씨의 후손으로 악의가 있다.

樂毅賢	악의는 현능하였고

1 **정의** 지금의 정주(定州)이다.

2 **집해** 서광(徐廣)은 "상산(常山)에 속한다."라 하였다. **색은** 「지리지(地理志)」에서는 상산(常山)에 영수현(靈壽縣)이 있다고 하였으며, 중산환공(中山桓公)의 도읍이라고 하였다. **정의** 지금의 진주(鎭州) 영수(靈壽)이다.

3 **색은** 중산(中山)은 위(魏)나라가 멸하기는 하였지만 제사는 끊지 않았으므로 나중에 다시 나라를 회복하였으며 조무령왕(趙武靈王)에 이르러 다시 멸한다.

好兵	병법을 좋아하여
趙人擧之	조나라 사람이 그를 추천하였다.
及武靈王有沙丘之亂[4]	무령왕 때 사구의 난이 일어나자
乃去趙適魏	이에 조나라를 떠나 위나라로 갔다.
聞燕昭王以子之之亂而齊大敗燕	연소왕이 자지의 난으로 제나라가 연나라를 크게 깨뜨리자
燕昭王怨齊	연소왕이 제나라에 원한을 품어
未嘗一日而忘報齊也	하루도 제나라에 원수를 갚기를 잊은 적이 없다는 말을 들었다.
燕國小	연나라는 작은 데다
辟遠	구석지고 멀어서
力不能制	힘으로는 어찌할 수가 없어
於是屈身下士	이에 몸을 굽히어 선비에게 낮추어
先禮郭隗[5]以招賢者	먼저 곽외를 예우하여 현자를 초치하였다.
樂毅於是爲魏昭王使於燕	악의는 이에 위소왕을 위하여 연나라에 사신으로 갔는데
燕王以客禮待之	연나라 왕이 객의 예로 그를 대우하였다.
樂毅辭讓	악의는 사양하였지만
遂委質爲臣	결국 폐백을 바치고 신하가 되어
燕昭王以爲亞卿	연소왕이 아경으로 삼았으며
久之	한참 동안 그렇게 했다.

當是時	이때

4 집해 서광이 말하기를 "조나라에 사구궁(沙丘宮)이 있는데, 거록(鉅鹿)과 가깝다."라 하였다.

齊湣王彊	제민왕은 강하여
南敗楚相唐眛[6]於重丘[7]	남으로는 중구에서 초나라 재상 당말을 무찔렀고
西摧三晉於觀津[8]	서로는 관진에서 삼진을 꺾어
遂與三晉擊秦	마침내 삼진과 함께 진나라를 치고
助趙滅中山	조나라를 도와 중산국을 멸하였으며
破宋	송나라를 격파하여
廣地千餘里	천여 리의 땅을 넓혔다.
與秦昭王爭重爲帝	진소왕과 함께 경쟁적으로 제(帝)로 높였다가
已而復歸之	얼마 후 다시 되돌렸다.
諸侯皆欲背秦而服於齊	제후들이 모두 진나라를 등지고 제나라를 따

---

5 **정의** 『설원(說苑)』에서는 말하였다. "연소왕(燕昭王)이 곽외(郭隗)에게 물었다. '과인의 나라는 땅도 좁고 백성도 적은데 제나라 사람이 계(薊)의 여덟 성을 빼앗아갔고 흉노는 누번(樓煩)의 아래까지 말을 몰아 내치고 있소. 외롭고 불초한 몸으로 종묘를 이어받게 되었으나 사직이 위태하니 지켜낼 방도가 있겠습니까?' 곽외가 말하였다. '제왕(帝王)의 신하는 명분은 신하지만 사실은 스승이옵고, 왕자(王者)의 신하는 명분은 신하이지만 사실은 벗이며, 패자(霸者)의 신하는 명분은 신하이나 사실은 종이고, 위태롭고 곤경에 처한 나라의 신하는 명분은 신하이지만 사실은 포로입니다. 지금 왕께서 동쪽으로 얼굴을 향하여 눈빛으로만 신하를 구한다면 무덤 쓰는 일꾼 정도의 인재는 이를 것이며, 남면을 하고 조회를 들으며 읍양(揖讓)의 이치를 잃지 않고 신하를 구한다면 인신(人臣) 정도의 인재는 이를 것이고, 북면을 하여 예를 동등하게 하고 업신여기지 않는 태도로 신하를 구한다면 붕우(朋友)의 인재가 이를 것이며, 서면하여 머뭇거리며 신하를 구한다면 사부(師傅)의 인재가 이를 것입니다. 실로 왕자와 패자와 도를 같이하고자 하신다면 저를 청컨대 천하의 선비로 삼아 길을 여시기 바랍니다.' 이에 항상 곽외를 상객(上客)으로 두었다."

6 **색은** (眛의) 음은 말[莫葛反]이다.

7 **색은** 「지리지(地理志)」에서는 현(縣) 이름으로 평원(平原)에 속한다고 하였다. **정의** 기주성(冀州城) 무현(武縣)의 경계에 있다.

8 **색은** 「지리지(地理志)」에서 관진(觀津)은 현 이름으로 신도(信都)에 속하며, 한나라 초기에는 청하(淸河)에 속하였다고 하였다. **정의** 기주(冀州) 무읍현(武邑縣) 동남쪽 25리 지점에 있다.

	르려 하였다.
湣王自矜	민왕은 스스로 교만에 빠졌으며
百姓弗堪	백성들이 견디지를 못하였다.
於是燕昭王問伐齊之事	이에 연소왕이 제나라를 칠 일을 물었다.
樂毅對曰	악의가 대답하였다.
齊	"제나라는
霸國之餘業也	패국의 후예로
地大人眾	땅도 크고 백성도 많아
未易獨攻也	홀로 치기는 쉽지 않습니다.
王必欲伐之	왕께서 반드시 치시고자 한다면
莫如與趙及楚, 魏	조나라 및 초나라 위나라와 함께함만 못합니다."
於是使樂毅約趙惠文王	이에 악의로 하여금 조혜문왕과 협약을 맺게 하고
別使連楚, 魏	별도로 초나라 위나라와 연합하게 하여
令趙嚪說秦[9]以伐齊之利	조나라로 하여금 제나라를 치는 이로움으로 진나라를 꾀게 했다.
諸侯害齊湣王之驕暴	제후들은 제민왕의 교만과 포악함을 해롭게 여겨
皆爭合從與燕伐齊	모두 다투어 합종하여 연나라와 함께 제나라를 쳤다.
樂毅還報	악의가 돌아와 보고하자
燕昭王悉起兵	연소왕은 모든 군사를 일으켜
使樂毅爲上將軍	악의를 상장군으로 삼았으며

9 **집해** 서광은 "담(嚪)은 나아가 달랜다는 뜻이다."라 하였다. **색은** 담(嚪)은 '啗' 자와 같은 뜻이다.

趙惠文王以相國印授樂毅	조혜문왕은 상국의 인장을 악의에게 주었다.
樂毅於是并護[10]趙楚韓魏燕之兵以伐齊	
	악의는 이에 조와 초, 한, 위, 연나라의 군사를 한꺼번에 거느리고 제나라를 쳐서
破之濟西	제수의 서쪽에서 깨뜨렸다.
諸侯兵罷歸	제후들이 병사를 거두어 돌아가자
而燕軍樂毅獨追	연나라 군사의 악의만 홀로 좇아
至于臨菑	임치에 이르렀다.
齊湣王之敗濟西	제민왕은 제수의 서쪽에서 패하여
亡走	달아나
保於莒	거(莒)에서 지켰다.
樂毅獨留徇齊	악의만 남아 제나라에서 군사를 지휘하였는데
齊皆城守	제나라에서는 모두 성을 지키기만 하였다.
樂毅攻入臨菑	악의는 임치로 쳐들어가
盡取齊寶財物祭器輸之燕	제나라의 보물과 제기를 몽땅 가져다가 연나라로 옮겼다.
燕昭王大說	연소왕은 크게 기뻐하면서
親至濟上勞軍	친히 제수 가에 이르러 군사를 위로하고
行賞饗士	(음식을 내려) 군사를 먹였으며
封樂毅於昌國[11]	악의를 창국에 봉하고
號爲昌國君	창국군이라 하였다.

10 색은 호(護)는 통괄하는 것을 말한다.

11 집해 서광은 "제나라에 속하였다."라 하였다. 색은 「지리지(地理志)」에서는 현 이름이며 제나라에 속한 군이라 하였다. 정의 옛 창성(昌城)은 치주(淄州) 치천현(淄川縣) 동북쪽 40리 지점에 있다.

於是燕昭王收齊鹵獲以歸	이에 연소왕은 제나라의 노획물을 거두어 돌아갔으며
而使樂毅復以兵平齊城之不下者	악의로 하여금 다시 군사를 거느리고 제나라의 함락시키지 못한 성을 평정하게 하였다.

樂毅留徇齊五歲	악의는 제나라에 남아 5년간 군사를 지휘하면서
下齊七十餘城	제나라의 70여 성을 함락시켜
皆爲郡縣以屬燕	모두 군현으로 삼아 연나라에 귀속시켰는데
唯獨莒即墨未服[12]	거와 즉묵만 굴복하지 않았다.
會燕昭王死	마침 연나라 소왕이 죽고
子立爲燕惠王	아들이 즉위하여 연혜왕이 되었다.
惠王自爲太子時嘗不快於樂毅	혜왕은 태자였을 때부터 악의를 좋아하지 않았었는데
及即位	즉위하자
齊之田單聞之	제나라 전단이 듣고
乃縱反間於燕	곧 연나라에 (사람을) 풀어 반간계를 써서
曰	말하였다.
齊城不下者兩城耳	"제나라에서 함락시키지 못한 성은 두 개뿐이다.
然所以不早拔者	그러나 일찍 함락시키지 않는 것은
聞樂毅與燕新王有隙	듣자 하니 악의와 새 왕이 틈이 생겨
欲連兵且留齊	군사를 결집시켜 제나라에 남아
南面而王齊	남면하여 제나라의 왕이 되려는 것이라 한다.

12 정의 즉묵(即墨)은 지금의 내주(萊州)이다.

齊之所患	제나라가 두려워하는 것은
唯恐他將之來	다만 다른 장수가 오면 어쩌나 하는 것일 뿐이다.”
於是燕惠王固已疑樂毅	이에 연혜왕은 실로 이미 악의를 의심하여
得齊反閒	제나라의 반간계에 걸려
乃使騎劫[13]代將	즉시 기겁으로 장수를 교체하고
而召樂毅	악의를 소환하였다.
樂毅知燕惠王之不善代之	악의는 연혜왕이 좋아하지 않아 교체하는 것을 알고
畏誅	죽임을 당할까 두려워하여
遂西降趙	마침내 서쪽으로 가서 조나라에 항복하였다.
趙封樂毅於觀津	조나라에서는 악의를 관진에 봉하고
號曰望諸君[14]	망제군이라 불렀다.
尊寵樂毅以警動於燕齊	악의를 높이어 총애한 것은 연과 제나라를 뒤흔들어서였다.

齊田單後與騎劫戰	제나라 전단은 나중에 기겁과 싸워
果設詐誑燕軍	연나라 군사에게 속임수를 써서
遂破騎劫於即墨下	마침내 즉묵의 아래에서 기겁을 깨뜨렸으며
而轉戰逐燕	돌아가며 싸워 연나라 군사를 좇아
北至河上[15]	북으로 황하의 가까지 이르러
盡復得齊城	제나라의 성을 다 되찾아

13 색은 연나라 장수의 성명이다.

14 색은 망제(望諸)는 못[澤]의 이름으로, 제나라에 있다. 조나라의 소유였으므로 그렇게 불렀을 것이다. 『전국책』에는 ‘망(望)’ 자가 ‘남(藍)’ 자로 되어 있다.

15 정의 창(滄)과 덕(德) 두 주의 북하(北河)이다.

而迎襄王於莒	거에서 양왕을 맞아
入于臨菑	임치로 들어갔다.
燕惠王後悔使騎劫代樂毅	연혜왕은 기겁으로 악의를 교체하여
以故破軍亡將失齊	군사는 깨지고 장수를 잃고 제나라를 잃은 것을 후회하였으며,
又怨樂毅之降趙	또한 악의가 조나라에 항복한 것을 원망하였고
恐趙用樂毅而乘燕之獘以伐燕	조나라가 악의를 써서 연나라가 피폐해진 틈을 타 연나라를 칠까 봐 두려워하였다.
燕惠王乃使人讓樂毅	연혜왕은 이에 사람을 보내 악의를 책망하고
且謝之曰	아울러 사과하여 말하였다.
先王擧國而委將軍	"선왕께서 온 나라를 장군에게 맡김에
將軍爲燕破齊	장군은 연나라를 위해 제나라를 깨뜨려
報先王之讎	선왕의 원수를 갚아
天下莫不震動	천하가 진동하지 않음이 없었으니
寡人豈敢一日而忘將軍之功哉!	과인이 어찌 감히 하루인들 장군의 공을 잊겠소!
會先王棄群臣	마침 선왕께서 뭇 신하들을 버리고 돌아가심에
寡人新即位	과인이 막 즉위하자
左右誤寡人	좌우에서 과인을 그르쳤소.
寡人之使騎劫代將軍	과인이 기겁으로 장수를 교체한 것은
爲將軍久暴露於外	장군이 오래도록 밖에서 이슬을 맞고 있어서
故召將軍且休	장군을 불러 잠시 쉬게 하면서
計事	일을 도모하고자 함이었소.

將軍過聽	장군은 이를 잘못 알아듣고
以與寡人有隙	과인과 틈이 생겨
遂捐燕歸趙	마침내 연나라를 버리고 조나라로 갔소.
將軍自爲計則可矣	장군께서 스스로를 위해 도모하는 것은 괜찮소만
而亦何以報先王之所以遇將軍之意乎	또한 선왕께서 장군을 알아준 뜻은 어떻게 갚겠소?"
樂毅報遺燕惠王書曰	악의는 연혜왕에게 답장을 보내어 말하였다.

臣不佞	신은 재주가 없어
不能奉承王命	왕명을 받들고
以順左右之心	좌우의 마음을 따를 수가 없었으며
恐傷先王之明	선왕의 밝으심을 상하게 하고
有害足下之義	족하의 의를 해칠까 두려워하여
故遁逃走趙	조나라로 도망쳤나이다.
今足下使人數之以罪	지금 족하께서 사람을 보내어 죄를 따지니
臣恐侍御者不察先王之所以畜幸臣之理	신은 모시는 자들이 선왕께서 신을 총애한 까닭을 살피지 못하고
又不白臣之所以事先王之心	또한 신이 선왕을 섬긴 마음을 밝히지 못할까 두려워
故敢以書對	감히 편지로 대답합니다.

臣聞賢聖之君不以祿私親	신이 듣기에 현명하고 성스런 임금은 사사로이 친한 사람에게 작록을 내리지 않고
其功多者賞之	공이 많은 자에게는 상을 내리고

其能當者處之	일을 맡을 수 있는 자는 거기에 처하게 한다고 하였습니다.
故察能而授官者	그러므로 능력을 살펴 관직을 주는 자는
成功之君也	공을 이룬 임금이며,
論行而結交者	행실을 논하여 사귐을 맺는 자는
立名之士也	이름을 세운 선비입니다.
臣竊觀先王之擧也	신이 선왕께서 행하신 일을 살피니
見有高世主之心[16]	세속을 초월한 임금의 마음을 가지셨기 때문에
故假節於魏	위나라에서 부절을 빌려
以身得察於燕	몸이 연나라를 살피게 되었습니다.
先王過擧	선왕께서는 외람되이 등용하시어
廁之賓客之中	빈객 가운데 두셨다가
立之群臣之上	뭇 신하의 위에 세워
不謀父兄[17]	부형과 도모하시지도 않고
以爲亞卿	아경으로 삼으셨습니다.
臣竊不自知	신은 생각건대 확실히 알지 못하면서도
自以爲奉令承教	스스로 영을 받들어 가르침을 받으면
可幸無罪	다행히 죄가 없을 수 있으리라 생각하였으므로
故受令而不辭	영을 받고 거절하지 않았습니다.

先王命之曰	선왕께서는 명하여 말하였습니다.
我有積怨深怒於齊	"나는 제나라에 오랜 원한과 깊은 분노가 있어
不量輕弱	가볍고 약함을 헤아리지 않고

16 정의 악의는 연소왕이 세상을 초월하는 임금의 마음을 가진 것을 보고 위나라의 부절을 빌려 연나라에 사신으로 갔다.

17 정의 두예(杜預)는 "부형(父兄)은 동성의 뭇 신하들이다."라 하였다.

而欲以齊爲事	제나라를 도모하려 하오."
臣曰	신이 말하였습니다.
夫齊	"저 제나라는
霸國之餘業而最勝之遺事也	패국의 후예이며 가장 잘 이긴 나라의 후예입니다.
練於兵甲	군사 훈련이 잘 되어
習於戰攻	전쟁에 익숙합니다.
王若欲伐之	왕께서 치시고자 한다면
必與天下圖之	반드시 천하(의 나라)와 더불어 도모하십시오.
與天下圖之	천하의 나라와 도모하려면
莫若結於趙	조나라와 결탁함만 한 것이 없습니다.
且又淮北, 宋地	또한 회북과 송나라 땅은
楚魏之所欲也	초나라와 위나라가 가지고 싶어 하는 곳이니
趙若許而約四國攻之	조나라가 허락한다면 네 나라와 결탁하여 공격을 하면
齊可大破也	제나라는 크게 깨뜨릴 수 있습니다."
先王以爲然	선왕께서는 그럴듯하게 여겨
具符節南使臣於趙	부절을 갖추어 남으로 조나라에 사신으로 보내셨습니다.
顧反命	돌아와 복명을 하고
起兵擊齊	군사를 일으켜 제나라를 쳤습니다.
以天之道	하늘의 도와
先王之靈	선왕의 영험함으로
河北之地隨先王而擧之濟上[18]	하북의 땅은 선왕을 따르고 제상으로 움직였습니다.
濟上之軍受命擊齊	제상의 군사는 명을 받고 제나라를 쳐서
大敗齊人	제나라 사람을 크게 무찔렀습니다.

18 **정의** 제상(濟上)은 제수(濟水)의 가에 있다.

輕卒銳兵	날랜 군사와 정예병이
長驅至國	한달음에 도읍에까지 이르렀습니다.
齊王遁而走莒	제나라 왕은 피하여 거(莒)로 달아나고
僅以身免	겨우 몸만 건사하였으며,
珠玉財寶車甲珍器盡收入于燕	주옥과 재보, 수레며 병기, 진기한 기물은 모두 거두어 연나라로 들여보냈습니다.
齊器設於寧臺[19]	제나라의 제기는 영대에 놓였고
大呂陳於元英[20]	대려는 원영에 진열되었으며
故鼎反乎磿室[21]	옛 정은 역실로 돌아왔고
薊丘之植植於汶篁[22]	계구의 식물을 문수의 대나무로 심었으니
自五伯已來	오패 이래로
功未有及先王者也	공이 선왕에 미치는 사람이 없었습니다.
先王以爲慊於志[23]	선왕께서는 미덥지 않게 생각하시어

19 색은 연나라의 대(臺)이다. 정의 『괄지지(括地志)』에서는 "연나라의 원영(元英)과 역실(磿室) 두 궁은 모두 연나라의 궁전으로 유주(幽州) 계현(薊縣) 서쪽 4리 영대(寧臺)의 아래에 있다."라 하였다.

20 색은 대려(大呂)는 제나라의 종 이름이다. 원영(元英)은 연나라의 궁전 이름이다.

21 집해 서광은 "역(磿)은 역(歷)의 뜻이다."라 하였다. 색은 연나라의 정(鼎)은 전에 제나라로 옮겨갔는데 지금 다시 역실(磿室)로 들여온 것이다. 역실 또한 궁전 이름으로, 『전국책』에는 '역실(歷室)'로 되어 있다. 정의 『괄지지』에서는 "역실은 연나라의 궁전 이름이다."라 하였다. 고유(高誘)는 "연쾌(燕噲)가 난을 일으키자 제나라가 연나라를 쳐서 연쾌를 죽이고 정을 얻었는데 지금 다시 연나라의 옛 정을 돌려보낸 것이다."라 하였다.

22 집해 서광은 "대나무밭을 황(篁)이라 한다. 연나라의 경계를 제나라 문수까지 옮긴 것을 말한다."라 하였다. 색은 계구(薊丘)는 연나라가 도읍으로 삼은 곳이다. 연나라의 계구에 심은 것이 모두 제나라 왕의 문수 가에 심은 대나무라는 말이다. 서광의 주는 틀렸다. 정의 유주(幽州)의 계(薊) 서북쪽 모서리에 계구가 있다. 또한 문수(汶水)는 연주(兗州) 박성현(博城縣) 동북쪽의 원산(原山)에서 발원하여 서남쪽으로 흘러 제(泲)로 유입된다.

23 색은 慊의 음은 겸[苦簟反]이다. '겸(嗛)'이라고 하며 겸(嗛)은 늘 미덥지 않게 생각하여 그 뜻이 흡족하지 않은 것이다.

故裂地而封之	땅을 갈라 봉하여
使得比小國諸侯	소국의 제후에 견줄 만하게 하였습니다.
臣竊不自知	신은 생각건대 확실히 알지 못하면서도
自以爲奉命承教	스스로 영을 받들어 가르침을 받으면
可幸無罪	다행히 죄를 짓게 되지 않으리라 생각하였으므로
是以受命不辭	영을 받고 거절하지 않았습니다.

臣聞賢聖之君	신이 듣기에 현명하고 성스런 임금은
功立而不廢	공을 세우면 폐하여지지 않아
故著於春秋	역사에 드러나며,
蚤知之士	미리 (앞날을) 아는 선비는
名成而不毀	이름을 이루면 무너지지 않아
故稱於後世	후세에 일컬어진다고 하였습니다.
若先王之報怨雪恥	선왕께서 원수를 갚고 치욕을 씻으며
夷萬乘之彊國	만승의 강국을 멸하고
收八百歲之蓄積	8백 년간 쌓아놓은 것을 거둔 것과 같이 하면
及至棄群臣之日	신하들을 버리고 세상을 떠나는 날까지
餘教未衰	그 여풍은 시들지 않을 것이며,
執政任事之臣	정권을 잡고 일을 맡은 신하가
脩法令	법령을 닦고
愼庶孽	서얼들을 씀에 신중하였으며
施及乎萌隸	은혜가 백성에게 미쳤으니
皆可以教後世	모두 후세의 교훈이 될 수 있습니다.

臣聞之	신이 듣건대
善作者不必善成	일을 잘하는 사람이 반드시 잘 이루는 것은 아니며

善始者不必善終	시작이 좋은 사람이 반드시 끝도 좋은 것은 아니라 하였습니다.
昔伍子胥說聽於闔閭	지난날 오자서는 말이 합려에게 받아들여져
而吳王遠跡至郢	오왕은 멀리 자취가 영(郢)에까지 이르렀으며,
夫差弗是也	부차는 그것을 옳지 않게 여겨서
賜之鴟夷而浮之江	그에게 말가죽 부대를 내려 강에다 띄웠습니다.
吳王不寤先論之可以立功	오나라 왕은 앞선 논의가 공을 세울 수 있을 것임을 깨닫지 못하여
故沈子胥而不悔	오자서를 가라앉히고도 뉘우치지 않았으며,
子胥不蚤見主之不同量	오자서는 임금의 헤아림이 같지 않음을 미리 예견하지 못하여
是以至於入江而不化[24]	이 때문에 강에 던져져서도 바꾸지를 못하였습니다.

夫免身立功	대체로 몸이 화를 면하며 공을 세워서
以明先王之跡	선왕의 자취를 밝히는 것이
臣之上計也	신의 상책입니다.
離毀辱之誹謗[25]	(명예가) 무너지고 모욕을 당하는 비방을 만나며
墮先王之名[26]	선왕의 명성을 무너뜨리는 것은
臣之所大恐也	신이 크게 두려워하는 것입니다.
臨不測之罪	헤아릴 수 없는 죄를 당하여
以幸爲利	요행으로 이롭게 됨을 생각하는 것은
義之所不敢出也[27]	의리상 감히 하지 못하는 것입니다.

24 **색은** 오자서가 한을 품었으므로 강에 던져져서 귀신이 되어서도 바꾸지 않고 오히려 파도의 신이 되었다는 말이다.

25 **색은** 誹의 음은 비[方昧反]이다.

26 **색은** 墮의 음은 휴[許規反]이다.

臣聞古之君子	신이 듣건대 옛 군자들은
交絕不出惡聲[28]	교유를 끊더라도 나쁜 소리가 나오지 않게 하고,
忠臣去國	충신은 나라를 떠나더라도
不絜其名[29]	그 이름에 결백을 밝히지 않는다고 하였습니다.
臣雖不佞[30]	신이 비록 재주가 없사오나
數奉教於君子矣[31]	자주 군자의 가르침을 받았나이다.
恐侍御者之親左右之說	임금님을 모시는 자들이 곁에 있는 사람의 말을 가까이하고
不察疏遠之行	멀리 떨어져 있는 사람을 살피지 않을까 두려워하여
故敢獻書以聞	감히 편지를 올려 말씀드리오니
唯君王之留意焉[32]	군왕께서는 유념해 주십시오.

---

27 색은 이미 헤아릴 수 없는 죄에 임하여 요행히 면함을 이롭게 여기며, 지금 나는 여전히 선왕의 은혜를 의롭게 여겨 비록 몸은 외국에 기탁하고 있지만 마음만은 또한 감히 벗어날 수 없다는 것을 이른다.

28 정의 군자는 교유를 끊고서도 자기의 장점을 말하고 남의 단점을 이야기하지 않는다는 말이다.

29 색은 충신은 본국을 떠나도 스스로 자기의 명예를 결백하다 하고 자신은 죄가 없다고 말하지 않는 것을 말한다. 그러므로 『예기(禮記)』[「곡례(曲禮) 하(下)」]에서는 "대부는 그 나라를 떠나서도 남에게 죄가 없다고 말하지 않는다."라고 하였다. 정의 자신의 명예를 결백하게 하여 임금을 탓하지 않는 것을 말한다. 기자(箕子) 같은 사람이 차마 은나라를 나쁘게 말하지 않은 것이 바로 이를 말한다.

30 색은 불녕(不佞)은 부재(不才)와 같은 말이다.

31 색은 위의 '數'은 음이 삭(朔)이다. 나는 이미 자주 군자의 가르침을 받은 적이 있다는 말이다. 군자는 곧 예를 아는 사람이다. 자기가 나라 밖에 있다고 한 것은 자기의 죄라는 말과 같으며, 왕의 잘못이라고 말하지 않았으므로 아래에서 "멀리 떨어져 있는 사람을 살피지 않는다."라 하였는데 이 또한 충신의 절조(節操)이다.

32 집해 하후현(夏侯玄)은 말하였다. "악생[樂生: 곧 악의(樂毅)]이 연혜왕(燕惠王)에게 보낸 편지를 살펴보니 아마 기미를 알고 도에 합당하였으며 시종 예를 행한 자일 것이다! 또한 소왕(昭王)을 깨우쳐 말하기를 '이윤(伊尹)은 태갑(太甲)을 추방하기를 의심치 않았으며 태갑은 추방을 당하고서도 원망하지 않았으니 이는 대업을 보존하여 공에 이르게 하고 천하를

염두에 둔 것입니다.'라 하였다. 대체로 도덕의 헤아림을 극도로 하여 천하를 마음에 둠을 힘쓰고자 하여 반드시 그 임금에게 융성함을 바치고 선왕과 의취가 부합하여 실로 군신이 부절을 맞춘 듯 뜻을 같이하면 대업은 정하여진 것이다. 이때 악생의 뜻은 천재일우의 기회였다. 대체로 천재일우의 세상에서 또한 천년에 한번 융성할 도를 행함이 어찌 그 자취가 당시에 국한될 것이며 겸병하는 데 그치고 말 따름이겠는가! 저 겸병이라는 것은 악생이 하찮게 여긴 것이 아니며, 연나라를 강하게 하여 도를 폐한 것은 또한 악생이 추구한 것이 아니었다. 구구한 이익을 하찮게 여기지 않고 마음에 가까운 일이 없으며 작은 성취를 추구하지 않는 이런 뜻이 천하를 겸병하는 것이다. 곧 제나라를 점령한 일은 그 기미를 운용하고 사해를 움직인 것이다. 제나라를 토벌하여 연나라 왕의 의를 밝혔으니 이는 이를 위하여 군사를 일으키지 않은 것이다. 성을 에워싸고도 백성들에게는 해를 가하지 않는 것은 어진 마음이 멀리 가까이 드러난 것이다. 나라를 점령함에 그 공을 도모하지 않고 포악함을 없앰에 힘으로 위세를 드러내지 않았으니 이는 천하에 지극한 덕을 온전히 한 것이다. 덕을 온전히 세워 열국을 이끌었으니 거의 탕임금과 무왕의 일에 가깝다. 악생이 바야흐로 대강(大綱)을 회복하여 두 성을 풀어주고 백성을 거두고 믿음을 밝혀 넘어지기를 기다려 즉묵과 거(莒)의 백성들로 하여금 위로 원수를 돌아보게 하고 무기를 놓고 우리에게 의지하기를 바라서 오히려 친선으로 지키면 지혜를 베풂이 없다. 그렇다면 인을 구하여 득을 얻었으니 즉묵의 대부의 이로움이며, 벼슬을 하다가 궁하여지면 옮기니 미자(微子)가 주나라의 도를 따라간 것이다. 넓은 길을 열고서 전단(田單)의 무리를 기다리며, 선을 포용하는 풍속을 길게 하여 제나라 군사의 뜻을 폈다. 충성스런 자는 절조를 이루게 하고 용감한 자는 의를 드러나게 하여 그것을 동해에 밝히고 중화의 후예가 따르게 하면 나의 은택은 봄과 같고 백성들의 반응은 풀과 같아 빛이 우주를 비추고 현명하고 지혜로운 이들이 마음을 맡겨 이웃 나라가 경모하고 천하에서 목을 늘이고 연나라 왕을 모실 것을 생각하고 그 명성을 앙망할 것이다. 두 성이 반드시 따를 것이니 왕업이 융성해질 것이다. 비록 두 읍에 오래 머물렀지만 이것이 곧 천하로 봐서는 빠른 것이다. 불행한 변고로 세상에서 도모되지 않아 공을 이룸이 어그러졌으니 시운이 실로 그러하다. 만약에 위세로 핍박하고 군사로 협박하여 공격하여 빼앗는 일로 속히 공을 세우고자 하여, 연나라와 제나라의 군사들로 하여금 두 성 아래서 피를 흘리게 하고 지나치게 살상을 하여 온 천하 사람들에게 보여줬더라면 포악함을 자행하고 어지러움을 쉽게 행하여 사적인 마음을 이루는 것으로 이웃 나라들이 바라보기를 승냥이와 호랑이를 보는 것과 같이 하였을 것이다. 이미 거병(擧兵)하는 의(義)를 크게 떨어뜨렸으며 빠진 자를 구제하는 인(仁)을 잃었고 또한 군사를 가지런히 하는 절조를 이지러뜨렸으며 청렴하고 뛰어난 기풍을 폐하였고 관통하는 정도를 가렸으며 왕덕(王德)의 융성함을 버렸으니 비록 두 성을 거의 함락할 수 있었어도 패왕의 일은 떠나서 멀어질 것이다. 그렇다면 연나라가 비록 제나라를 겸병한다 하여도 세상의 임금과 어떻게 다르겠는가? 이웃 나라와 더불어 어떻게 서로 기울이겠는가? 악생이 어찌 두 성을 속히 점령하면 오히려 성이 함락되어도 패업이 어그러질 줄 몰랐겠는가? 어찌 속전속결을

於是燕王復以樂毅子樂閒[33]爲昌國君	
	이에 연나라 왕은 다시 악의의 아들 악간을 창국군으로 삼았으며,
而樂毅往來復通燕	악의는 왕래하면서 다시 연나라와 통하였고
燕趙以爲客卿	연나라와 조나라는 객경으로 삼았다.
樂毅卒於趙[34]	악의는 조나라에서 죽었다.

樂閒居燕三十餘年	악간이 연나라에 있은 지 30여 년 되던 해에
燕王喜用其相栗腹之計[35]	연나라 왕은 재상 율복의 계책을 쓰기를 좋아하여
欲攻趙	조나라를 공격하고자 하여
而問昌國君樂閒	창국군 악간에게 물었다.
樂閒曰	악간이 말하였다.
趙	"조나라는
四戰之國也[36]	사방으로 싸우는 나라로
其民習兵	그 백성들은 전쟁에 익숙하니
伐之不可	치는 것이 옳지 않습니다."
燕王不聽	연나라 왕은 듣지 않고

하지 않으면 변고를 초래하여 오히려 패업이 어그러짐이 변고와 같게 될 줄을 생각지 않았겠는가? 이로써 살펴보건대 악생이 두 성을 도륙하지 않은 것은 헤아릴 수가 없다."

33 **색은** 음은 간[紀閑反]이며, 악의의 아들이다.

34 **집해** 장화(張華)는 말하기를 "망제군(望諸君)의 무덤은 한단(邯鄲) 서쪽 수 리 지점에 있다."라 하였다.

35 **색은** 율(栗)은 성이고, 복(腹)은 이름이다. 한(漢)나라에 율희(栗姬)가 있다.

36 **색은** 조나라는 사방이 적과 가까우므로 '사전지국(四戰之國)'이라 하였다. **정의** 동으로는 연나라 및 제나라와 이웃하고 있고, 서로는 진(秦)나라, 누번(樓煩)과 경계를 이루며, 남으로는 한(韓)나라, 위(魏)나라와 경계가 맞닿아 있고, 북으로는 흉노(匈奴)와 가깝다.

遂伐趙	마침내 조나라를 쳤다.
趙使廉頗擊之	조나라는 염파로 하여금 그들을 치게 하여
大破栗腹之軍於鄗	호에서 율복의 군사를 크게 깨뜨리고
禽栗腹, 樂乘	율복과 악승을 사로잡았다.
樂乘者	악승은
樂閒之宗也	악간의 종친이었다.
於是樂閒奔趙	이에 악간은 조나라로 달아났으며
趙遂圍燕	조나라는 마침내 연나라를 에워쌌다.
燕重割地以與趙和	연나라가 땅을 많이 떼어 조나라와 강화하자
趙乃解而去	조나라는 이에 에움을 풀고 떠났다.

燕王恨不用樂閒	연나라 왕은 악간을 쓰지 않은 것을 한스러워했으며
樂閒既在趙	악간은 이미 조나라에 있어서
乃遺樂閒書曰	이에 악간에게 편지를 보내어 말하였다.
紂之時	"(은나라) 주(紂)임금 때
箕子不用	기자는 등용되지 않았는데도
犯諫不怠	(왕의 노여움을) 무릅쓰고 간하기를 게을리 하지 않아
以冀其聽	왕의 듣기를 바랐으며,
商容不達	상용은 현달하지 못하고
身祇辱焉	몸은 욕만 보고 있었지만
以冀其變	변화되기를 바랐소.
及民志不入	백성의 뜻이 들어가지 않고
獄囚自出[37]	옥에 갇힌 죄수들이 제멋대로 나온

然後二子退隱	다음에야 두 사람은 물러나 그만두었소.
故紂負桀暴之累	그러므로 주임금이 흉포한 죄를 졌는데도
二子不失忠聖之名	두 사람이 충성스럽고 성스러운 명성을 잃지 않았소.
何者	이는 어째서이겠소?
其憂患之盡矣	근심과 걱정을 다하였기 때문이오.
今寡人雖愚	지금 과인이 비록 어리석으나
不若紂之暴也	주임금의 포악함만 못하며,
燕民雖亂	연나라 백성이 비록 어지러우나
不若殷民之甚也	은나라 백성만큼은 심하지 않소.
室有語	집에 말이 있으면
不相盡以告鄰里[38]	다 말하지 않고 이웃에 알린다고 하였소.
二者	두 가지는
寡人不爲君取也[39]	과인이 그대에게 취하여 주지 못한 것이오."

樂閒樂乘怨燕不聽其計	악간과 악승은 연나라가 그 계책을 듣지 않은 것에 원한을 품어
二人卒留趙	두 사람은 끝내 조나라에 남았다.

37 색은 백성의 뜻이 들어가지 않는다는 것은 나라가 어지러워 사람들이 떠나 마음이 밖을 향하는 것을 이르므로 "들어가지 않는다(不入)."라 하였다. 또한 감옥의 죄수가 나왔다는 것은 정치가 어지럽고 군사들이 법을 지키지 않는 것이다.

38 정의 집에 분쟁이 생겨 해결되지 않으면 반드시 이웃에 알리므로 지금 편지를 써서 알린다는 말이다.

39 정의 두 가지는 연나라 임금이 주(紂)임금만큼은 되지 않고 연나라 백성이 은나라 백성만큼은 되지 않는다는 것이다. 다시 그대가 연나라를 저버려 임금과 백성의 악행을 의심함을 일러주는 것이 과인이 그대를 위해 취하지 않는 것이라는 말이다.

趙封樂乘爲武襄君[40]	조나라는 악승을 무양군에 봉하였다.

其明年	그 이듬해에
樂乘廉頗爲趙圍燕	악승과 염파는 조나라를 위하여 연나라를 에워쌌는데
燕重禮以和	연나라가 예물을 두터이 하여 강화하자
乃解	이에 (포위를) 풀었다.
後五歲	5년 뒤에
趙孝成王卒	조효성왕이 죽었다.
襄王使樂乘代廉頗	양왕은 악승으로 염파를 대신하였다.
廉頗攻樂乘	염파가 악승을 공격하니
樂乘走	악승은 달아났으며
廉頗亡入魏	염파는 도망쳐 위나라로 들어갔다.
其後十六年而秦滅趙	그 후 16년 만에 진나라가 조나라를 멸하였다.

其後二十餘年	그 후 20여 년 만에
高帝過趙	고제가 조나라를 지나다가
問	물어보았다.
樂毅有後世乎	"악의에게 후손이 있는가?"
對曰	대답하였다.
有樂叔	"악숙이 있습니다."
高帝封之樂卿[41]	고제는 그를 악경에 봉하고

40 **색은** 악승(樂乘)은 악의의 종인(宗人)이다.

41 **집해** 서광은 "북신성(北新城)에 있다."라 하였다. **정의** 「지리지(地理志)」에서는 신도(信都)에 악경현(樂卿縣)이 있다고 하였다.

號曰華成君	화성군이라 하였다.
華成君	화성군은
樂毅之孫也	악의의 손자이다.
而樂氏之族有樂瑕公, 樂臣公[42]	악씨의 족속에 악하공과 악신공이 있었는데
趙且爲秦所滅	조나라가 진나라에게 멸망당할 무렵
亡之齊高密	도망쳐서 제나라 고밀로 갔다.
樂臣公善修黃帝, 老子之言	악신공은 황제와 노자의 말을 잘 닦아
顯聞於齊	제나라에서 널리 알려졌으며
稱賢師	현사로 일컬어졌다.

太史公曰	태사공은 말한다.
始齊之蒯通及主父偃讀樂毅之報燕王書	처음에 제나라 괴통 및 주보언은 악의가 연나라 왕에게 보낸 편지를 읽고
未嘗不廢書而泣也	편지를 덮고 눈물을 흘리지 않은 적이 없었다.
樂臣公學黃帝, 老子	악신공은 황제와 노자를 배웠으며
其本師號曰河上丈人	그 본래의 스승은 하상장인이라고 하였는데
不知其所出	어디서 나왔는지 모르겠다.
河上丈人教安期生	하상장인은 안기생을 가르쳤고
安期生教毛翕公	안기생은 모흡공을 가르쳤으며
毛翕公教樂瑕公	모흡공은 악하공을 가르쳤고
樂瑕公教樂臣公[43]	악하공은 악신공을 가르쳤으며

42 **집해** 어떤 판본에는 '거공(巨公)'으로 되어 있다.

43 **색은** 본래 또한 '거공(巨公)'으로 되어 있다.

樂臣公教蓋公[44]	악신공은 갑공을 가르쳤다.
蓋公教於齊高密, 膠西	갑공은 제나라 고밀과 교서에서 배워
爲曹相國師	조상국의 스승이 되었다.

44 색은 蓋의 음은 갑[古闔反]이다. 갑공(蓋公)은 사서에 이름이 기록되어 있지 않다.

21 염파·인상여 열전 廉頗藺相如列傳

廉頗者	염파는
趙之良將也	조나라의 훌륭한 장수이다.
趙惠文王十六年	조혜문왕 16년(B.C. 283)에
廉頗爲趙將伐齊	염파는 조나라 장수로 제나라를 쳐서
大破之	크게 깨뜨려
取陽晉[1]	양진을 빼앗아
拜爲上卿	상경에 임명되었으며
以勇氣聞於諸侯	용맹으로 제후들에게 알려졌다.
藺相如者	인상여는
趙人也	조나라 사람으로
爲趙宦者令繆賢舍人	조나라의 환자령 무현의 사인이다.

趙惠文王時	조혜문왕 때
得楚和氏璧	초나라 화씨벽을 얻었다.

1 **색은** 양진(陽晉)은 위(衛)나라 땅으로 나중에 제나라에 속하였는데 지금 조나라가 빼앗은 것이다. (西晉) 사마표(司馬彪)의 「군국지(郡國志)」[『속한서(續漢書)』]에서는 바로 지금의 위(衛)나라 양진성(陽晉城)이 이곳이라고 하였다. 어떤 판본에는 '진양(晉陽)'으로 되어 있는데, 틀렸다. 양진은 태원(太原)에 있으며, 또한 조나라 땅이기는 하지만 제나라가 빼앗지 않았다. **정의** 옛 성은 지금의 조주(曹州) 승지현(乘氏縣) 서북쪽 47리 지점에 있다.

秦昭王聞之	진소왕이 듣고
使人遺趙王書	사람을 시켜 조나라 왕에게 편지를 보내
願以十五城請易璧	열다섯 성으로 청컨대 벽옥과 바꿀 것을 원한다고 하였다.
趙王與大將軍廉頗諸大臣謀	조왕은 대장군 염파와 대신들과 함께 상의하였다.
欲予秦	진나라에 주자니
秦城恐不可得	진나라의 성은 얻지 못하게 되고
徒見欺	사기만 당할 것 같았으며,
欲勿予	주지 않자니
即患秦兵之來	진나라 군사가 쳐들어올까 봐 걱정이 되었다.
計未定	의견이 아직 정하여지지 않아
求人可使報秦者	진나라에 사신으로 갈 사람을 구하였으나
未得	얻지 못하였다.
宦者令繆賢曰	환자령 무현이 말하였다.
臣舍人藺相如可使	"신의 사인인 인상여를 보낼 만합니다."
王問	왕이 물었다.
何以知之	"어떻게 아는가?"
對曰	대답하였다.
臣嘗有罪	"신이 일찍이 죄를 지어
竊計欲亡走燕	가만히 연나라로 달아나려는 생각을 하였사온데
臣舍人相如止臣	신의 사인인 상여가 신을 말리며
曰	말하였습니다.
君何以知燕王	'그대는 어떻게 연왕을 압니까?'

臣語曰	신이 말하였습니다.
臣嘗從大王與燕王會境上	'신이 일찍이 대왕을 따라 연왕과 국경에서 만난 적이 있는데
燕王私握臣手	연왕이 친히 신의 손을 잡으며
曰願結友	말하기를 「교유를 맺고 싶소.」라 하였소.
以此知之	이 때문에 알고
故欲往	가려고 하는 것이오.'
相如謂臣曰	상여가 신에게 일러 말하였습니다.
夫趙彊而燕弱	'조나라는 강하고 연나라는 약하며
而君幸於趙王	그대가 조왕의 총애를 받으니
故燕王欲結於君	연왕이 그대와 교유를 맺으려는 것입니다.
今君乃亡趙走燕	지금 그대가 곧 조나라서 도망쳐 연나라로 달아나면
燕畏趙	연나라는 조나라를 두려워하여
其勢必不敢留君	형편상 반드시 감히 그대를 머물게 하지 않고
而束君歸趙矣	그대를 묶어서 조나라로 돌려보낼 것입니다.
君不如肉袒伏斧質請罪	그대는 옷을 벗어 살을 드러내고 도끼 앞에 엎드려 죄를 청함만 못할 것이니
則幸得脫矣	그렇게 하면 (죄에서) 벗어날 수 있을 것입니다.'
臣從其計	신은 그 의견을 따랐으며
大王亦幸赦臣	대왕께서도 다행히 신을 용서하셨습니다.
臣竊以爲其人勇士	신이 가만히 생각건대 그 사람은 용사로
有智謀	지모도 있으니
宜可使	보낼 만할 것입니다."
於是王召見	이에 왕이 불러서 만나보고

問藺相如曰	인상여에게 물었다.
秦王以十五城請易寡人之璧	“진왕이 열다섯 성으로 과인의 벽옥과 바꿀 것을 청하니
可予不	줘야 할까 말아야 할까?”
相如曰	인상여가 말하였다.
秦彊而趙弱	“진나라는 강하고 조나라는 약하니
不可不許	허락지 않을 수 없습니다.”
王曰	왕이 말하였다.
取吾璧	“우리 벽옥을 차지하고
不予我城	우리에게 성을 주지 않으면
柰何	어떻게 하겠는가?”
相如曰	인상여가 말하였다.
秦以城求璧而趙不許	“진나라가 성으로 벽옥을 구하였는데 조나라가 허락지 않으면
曲在趙	잘못은 우리에게 있습니다.
趙予璧而秦不予趙城	조나라가 벽옥을 주었는데도 진나라가 조나라에 성을 주지 않는다면
曲在秦	잘못은 진나라에 있습니다.
均之二策	두 가지 방안을 저울질해 보건대
寧許以負秦曲	차라리 허락하여 진나라에게 잘못을 지워야 합니다.”
王曰	왕이 말하였다.
誰可使者	“누구를 보낼 만하겠는가?”
相如曰	상여가 말하였다.
王必無人	“왕께서는 필시 사람이 없을 것이니

臣願奉璧往使	신이 원컨대 벽옥을 받들고 사신으로 가겠습니다.
城入趙而璧留秦	성이 조나라에 들어오면 벽옥은 진나라에 있게 될 것이고,
城不入	성이 들어오지 않으면
臣請完璧歸趙	신은 청컨대 벽옥을 완전히 보존하여 조나라로 돌아오겠습니다."

趙王於是遂遣相如奉璧西入秦

조왕은 이에 마침내 상여에게 벽옥을 받들고 서로 진나라에 들어가게 하였다.

秦王坐章臺見相如	진왕은 장대에 앉아서 인상여를 만났으며
相如奉璧奏秦王	인상여는 벽옥을 받들어 진왕에게 바쳤다.
秦王大喜	진왕은 크게 기뻐하며
傳以示美人及左右	미인 및 좌우(의 측근)에 돌려가며 보였는데
左右皆呼萬歲	좌우에서는 모두 만세를 불렀다.
相如視秦王無意償趙城	인상여는 진왕이 조나라에게 성을 보상할 뜻이 없음을 보고
乃前曰	이에 앞으로 가서 말하였다.
璧有瑕	"벽옥에 티가 있사온데
請指示王	왕께 가리켜 보여드렸으면 합니다."
王授璧	왕이 벽옥을 주자
相如因持璧卻立	인상여는 이에 벽옥을 가지고 물러나 서서
倚柱	기둥에 기대었는데
怒髮上衝冠	노기등등하여 머리카락이 곤두서 관을 찌를 정도였으며

謂秦王曰	진왕에게 일러 말하였다.
大王欲得璧	“대왕께서 벽옥을 얻고자 하시어
使人發書至趙王	사람을 시켜 조왕에게 편지를 보내시니
趙王悉召群臣議	조왕은 뭇 신하들을 모두 불러 의논하였는데
皆曰秦貪	모두들 말하기를 ‘진나라는 탐욕스러워
負其彊	그 강함을 믿고
以空言求璧	빈말로 벽옥을 구하여
償城恐不可得	보상할 성은 얻지 못할 것이다.’라 하여
議不欲予秦璧	진나라에 벽옥을 주지 않기로 의결하였습니다.
臣以爲布衣之交尚不相欺	신은 생각하기를 포의의 사귐도 오히려 서로 속이지 않거늘
況大國乎	하물며 대국이겠는가!라 하였습니다.
且以一璧之故逆彊秦之驩	또한 벽옥 하나 때문에 강한 진나라의 환심을 거스르는 것은
不可	옳지 않다고 여겼습니다.
於是趙王乃齋戒五日	이에 조왕은 곧 닷새 동안 재계하고
使臣奉璧	신으로 하여금 벽옥을 받들게 하여
拜送書於庭	뜰에서 절을 하고 맹세하며 전송하였습니다.
何者	어째서이겠습니까?
嚴大國之威以修敬也	대국의 위엄에 존엄을 표하여 공경함을 나타내기 위함이었습니다.
今臣至	지금 신이 이르자
大王見臣列觀	대왕께서는 신을 뭇 누관에서 만나시고
禮節甚倨	예절이 매우 거만하였으며,
得璧	벽옥을 얻고는

傳之美人	미인들에게 돌리며
以戲弄臣	신을 희롱하였습니다.
臣觀大王無意償趙王城邑	신이 살펴보니 대왕께서는 조왕에게 성읍을 보상할 뜻이 없는지라
故臣復取璧	신이 다시 벽옥을 취하였습니다.
大王必欲急臣	대왕께서 반드시 신을 몰아세우려 하신다면
臣頭今與璧俱碎於柱矣	신의 머리는 지금 벽옥과 함께 기둥에서 부서질 것입니다!”
相如持其璧睨柱	인상여는 벽옥을 가지고 기둥을 노려보며
欲以擊柱	곧 기둥에 부딪칠 기세였다.
秦王恐其破璧	진왕은 그가 벽옥을 깨뜨릴까 두려워하여
乃辭謝固請	이에 사죄하며 굳이 청하고
召有司案圖	유사를 불러 지도를 꺼내어
指從此以往十五都予趙	이곳에서 열다섯 성을 가리키며 조나라에 주라고 하였다.
相如度秦王特以詐詳爲予趙城	인상여는 진왕이 다만 조나라에 성을 준다고 속이는 것이며
實不可得	실은 얻을 수 없을 것이라 생각하고
乃謂秦王曰	이에 진나라 왕에게 말하였다.
和氏璧	“화씨벽은
天下所共傳寶也	천하에게 함께 보물로 전하여 온 것인데
趙王恐	조왕이 (귀국을) 두려워하여
不敢不獻	감히 바치지 않을 수 없었습니다.
趙王送璧時	조왕이 벽옥을 보낼 때
齋戒五日	닷새 동안 재계하였으니

今大王亦宜齋戒五日	지금 대왕께서도 마땅히 닷새 동안 재계하고
設九賓於廷[2]	조정에 구빈을 설치하시면
臣乃敢上璧	신이 감히 벽옥을 올리겠습니다."
秦王度之	진왕이 헤아려 보니
終不可彊奪	끝내 강탈할 수가 없는지라
遂許齋五日	이에 닷새간 재계할 것을 허락하고
舍相如廣成傳[3]	인상여를 광성전에 묵게 하였다.
相如度秦王雖齋	인상여는 진왕이 재계는 하고 있지만
決負約不償城	결국 약속을 어기고 성을 보상해 주지 않을 것임을 헤아리고
乃使其從者衣褐	이에 그 종자에게 허름한 옷을 입히고
懷其璧	벽옥을 품고
從徑道亡	샛길로 도망치게 하여
歸璧于趙	벽옥을 조나라로 돌려보냈다.

秦王齋五日後	진왕은 닷새 동안 재계한 후
乃設九賓禮於廷	곧 궁정에 구빈의 예를 차리고
引趙使者藺相如	조나라 사자 인상여를 데려오게 하였다.
相如至	인상여는 이르러

2 **집해** 위소(韋昭)는 "구빈(九賓)은 『주례(周禮)』의 구의(九儀)이다."라 하였다. **색은** 『주례 · 대행인(周禮 · 大行人)』에서는 구빈을 구별하였는데 구복(九服)의 빈객(賓客)이라고 하였다. 『열사전(烈士傳)』에서는 구뢰(九牢)를 설치하는 것이라고 하였다. **정의** 유백장(劉伯莊)은 "구빈이라는 것은 주나라 왕이 갖추는 예로 천자가 정전(正殿)에 앉을 때 구복(九服)이 함께 모이는 것이다. 진(秦)나라와 조(趙)나라가 어떻게 구빈을 행할 수 있는가? 다만 또한 수레와 (의식용) 문물을 늘어놓는 것일 따름이다."라 하였다.

3 **색은** 광성(廣成)은 전사(傳舍)의 이름이다.

謂秦王曰	진왕에게 말하였다.
秦自繆公以來二十餘君	"진나라는 목공 이래 20여 왕이
未嘗有堅明約束者也	일찍이 굳고 확실하게 약속을 지킨 적이 없습니다.
臣誠恐見欺於王而負趙	신은 실로 왕에게 속아 조나라를 등질까 두려워하여
故令人持璧歸	사람을 시켜 구슬을 가지고 돌아가게 하였으니
閒至趙矣	조금 후면 조나라에 이를 것입니다.
且秦彊而趙弱	또한 진나라는 강하고 조나라는 약하여
大王遣一介之使至趙	대왕께서 보잘것없는 사신을 조나라에 보내었는데도
趙立奉璧來	조나라는 즉시 벽옥을 받들고 왔습니다.
今以秦之彊而先割十五都予趙	지금 진나라의 강함으로 먼저 열다섯 성을 떼어 조나라에 준다면
趙豈敢留璧而得罪於大王乎?	조나라가 어찌 감히 벽옥을 남겨 대왕께 죄를 짓겠습니까?
臣知欺大王之罪當誅	신은 대왕을 속인 죄가 사형 당해 마땅함을 알아
臣請就湯鑊	신은 끓는 솥으로 들어가기를 청하오니
唯大王與群臣孰計議之	대왕께서는 신하들과 깊이 의논해 보시기 바랍니다."
秦王與群臣相視而嘻[4]	진왕은 신하들과 서로 바라보며 놀랐다.
左右或欲引相如去	좌우에서 혹 인상여를 끌고 가려고 하자
秦王因曰	진왕이 이에 말하였다.

4 색은 음은 희(希)이다. 곧 놀라고 노한다는 말이다.

今殺相如	"지금 인상여를 죽이면
終不能得璧也	끝내 벽옥을 얻을 수 없고
而絶秦趙之驩	진나라와 조나라의 우호가 끊기게 될 것이니
不如因而厚遇之	내친김에 잘 대해 주어
使歸趙	조나라로 돌려보냄만 못하니
趙王豈以一璧之故欺秦邪	조왕이 어찌 벽옥 하나 때문에 진나라를 속이겠는가!"
卒廷見相如	마침내 조정에서 인상여를 만나보고
畢禮而歸之	예를 마친 후 돌려보냈다.

相如既歸	인상여가 돌아오자
趙王以爲賢大夫使不辱於諸侯	조왕은 현대부(賢大夫)가 제후국에 굴욕을 당하지 않았다고 생각하여
拜相如爲上大夫	인상여를 상대부로 삼았다.
秦亦不以城予趙	진나라 또한 성을 조나라에 주지 않았고
趙亦終不予秦璧	조나라도 끝내 벽옥을 진나라에 주지 않았다.

其後秦伐趙	그 후에 진나라는 조나라를 쳐서
拔石城[5]	석성을 함락시켰다.
明年	이듬해에
復攻趙	다시 조나라를 공격하여

5 **집해** 서광(徐廣)은 "혜문왕(惠文王) 18년(B.C. 281)이다."라 하였다. **색은** 유씨(劉氏)는 아마 석읍(石邑)을 이르는 것일 것이라 하였다. **정의** 옛 석성(石城)은 상주(相州) 임려현(林慮縣) 남쪽 90리 지점에 있다.

殺二萬人	2만 명을 죽였다.
秦王使使者告趙王	진나라 왕이 사자를 보내어 조왕에게 알리기를
欲與王爲好會於西河外澠池[6]	왕과 우호를 맺으려 하니 서하의 밖 면지에서 만나자고 하였다.
趙王畏秦	조왕은 진나라를 두려워하여
欲毋行	가지 않으려 하였다.
廉頗, 藺相如計曰	염파와 인상여가 논의하여 말하였다.
王不行	"왕께서 가시지 않으신다면
示趙弱且怯也	조나라가 약하고 겁먹었음을 보이는 것입니다."
趙王遂行	조왕은 마침내 갔으며
相如從	인상여가 수행하였다.
廉頗送至境	염파는 국경까지 와서 전송하면서
與王訣曰	왕과 이별하며 말하였다.
王行	"왕께서 가심에
度道里會遇之禮畢	가는 길을 헤아려 보니 회견의 예를 마치고
還	돌아오실 때까지는
不過三十日	30일을 넘기지 않을 것입니다.
三十日不還	30일이 되어도 돌아오지 않으시면
則請立太子爲王	청컨대 태자를 왕으로 세워서
以絕秦望	진나라의 바람을 끊어버리겠습니다."
王許之	왕이 허락하고

6 색은 서하(西河)의 남쪽에 있으므로 '바깥(外)'이라 하였다. 「표(表)」에 의하면 조혜문왕(趙惠文王) 20년(B.C. 279)에 있었다.

遂與秦王會澠池[7]	마침내 진왕과 면지에서 회합하였다.
秦王飮酒酣	진왕은 술이 거나해지도록 마시고는
曰	말하였다.
寡人竊聞趙王好音	"과인이 듣건대 조왕이 음악을 좋아하신다니
請奏瑟	슬을 연주해 주셨으면 하오."
趙王鼓瑟	조왕은 슬을 연주하였다.
秦御史前書曰某年月日	진나라 어사가 앞으로 나와 기록하기를 "아무 해 월일에
秦王與趙王會飮	진왕이 조왕과 만나 술을 마시고
令趙王鼓瑟	조왕에게 슬을 연주하게 하다."라 하였다.
藺相如前曰	인상여가 앞으로 나가 말하였다.
趙王竊聞秦王善爲秦聲	"조왕이 듣건대 진왕께서는 진나라 음악에 능하다고 하니
請奏盆缻秦王	청컨대 진왕께 질장구를 드리오니
以相娛樂[8]	서로 즐겁게 해주었으면 합니다."
秦王怒	진왕은 노하여
不許	허락하지 않았다.
於是相如前進缻	이에 인상여는 앞으로 나아가 질장구를 들이밀며
因跪請秦王	무릎을 꿇고 진왕에게 청하였다.
秦王不肯擊缻	진왕은 질장구를 치려고 하지 않았다.
相如曰	인상여가 말하였다.

7 집해 서광은 "20년(B.C. 279)이다."라 하였다.

8 집해 『풍속통의(風俗通義)』에서는 "부(缶)라는 것은 와기(瓦器)로 술이나 음료를 담는 것인데 진나라 사람들은 그것을 쳐서 노래의 박자를 맞추었다."라 하였다. 색은 缻의 음은 부(缶)이다. 정의 缻의 음은 병(缾)이다.

五步之內	"다섯 걸음 안에서
相如請得以頸血濺大王矣[9]	제가 청하노니 목의 피를 대왕께 뿌릴 수 있습니다!"
左右欲刃相如	좌우에서 인상여를 칼로 치려고 하였으나
相如張目叱之	인상여가 눈을 부릅뜨고 꾸짖으니
左右皆靡	좌우에서는 모두 물러섰다.
於是秦王不懌	이에 진왕은 기꺼워하지 않으면서도
爲一擊缻	질장구를 한번 쳐주었다.
相如顧召趙御史書曰某年月日	인상여는 조나라 어사를 돌아보고 불러 "아무 해 월일에
秦王爲趙王擊缻	진왕이 조왕을 위해 질장구를 치다."라 기록하게 하였다.
秦之群臣曰	진나라의 신하들이 말하였다.
請以趙十五城爲秦王壽	"조나라의 열다섯 성으로 진왕께 축수를 할 것을 청합니다."
藺相如亦曰	인상여 또한 말하였다.
請以秦之咸陽爲趙王壽	"진나라 함양으로 조왕의 축수를 할 것을 청합니다."
秦王竟酒	진왕은 술자리를 파하도록
終不能加勝於趙	끝내 조나라보다 더 우위를 점할 수가 없었다.
趙亦盛設兵以待秦	조나라 또한 군사를 크게 배치하여 놓고 진나라를 기다리니
秦不敢動	진나라는 감히 움직이지 못하였다.

9 정의 濺의 음은 찬(贊)이다.

既罷歸國	(회합을) 끝내고 귀국하자
以相如功大	인상여의 공이 크다고 하여
拜爲上卿	상경에 임명하였는데
位在廉頗之右[10]	지위가 염파의 위에 있었다.
廉頗曰	염파가 말하였다.
我爲趙將	"나는 조나라 장수로
有攻城野戰之大功	성을 공격하고 들판에서 싸운 큰 공로가 있는데
而藺相如徒以口舌爲勞	인상여는 다만 입과 혀만 수고롭게 하였을 뿐인데도
而位居我上	지위가 나의 위에 있고
且相如素賤人	또한 인상여는 본래 천인이니
吾羞	내 부끄러워
不忍爲之下	차마 그의 아래에 있지 않겠다."
宣言曰	대놓고 말하기를
'我見相如	"내 인상여를 보면
必辱之	반드시 욕을 보이겠다."라 하였다.
相如聞	인상여는 듣고
不肯與會	기꺼이 만나려 하지 않았다.
相如每朝時	인상여는 조회 때마다
常稱病	늘 병을 핑계로
不欲與廉頗爭列	염파와 자리를 다투려 하지 않았다.

10 **색은** 왕소(王劭)는 생각건대 동훈(董勛)의 『답례(答禮)』에서는 "관직이 높은 자의 이름을 위에 기록하였는데 사람으로 치면 오른쪽이었고, 관직이 낮은 자의 이름은 아래에 기록하였는데 사람으로 치면 왼쪽이다. 그러므로 아래로 옮긴 것을 왼쪽이라 하였다."라 하였다. **정의** 진한(秦漢) 이전에는 오른쪽이 위였다.

已而相如出	얼마 후 인상여는 외출을 하게 되었는데
望見廉頗	염파가 바라보이자
相如引車避匿	인상여는 수레를 끌어 피하여 숨었다.
於是舍人相與諫曰	이에 사인들이 서로 더불어 간언하였다.
臣所以去親戚而事君者	"신들이 친지 친척을 떠나 그대를 섬기는 것은
徒慕君之高義也	다만 그대의 높은 의를 앙모하기 때문입니다.
今君與廉頗同列	지금 그대는 염파와 같은 반열에 있는데
廉君宣惡言而君畏匿之	염군은 공공연히 악담을 하고 그대는 두려워 숨으며
恐懼殊甚	매우 심히 두려워하시니
且庸人尚羞之	보통 사람일지라도 오히려 부끄러워하거늘
況於將相乎	하물며 장상임이겠습니까!
臣等不肖	신 등은 불초하여
請辭去	떠날까 합니다."
藺相如固止之	인상여는 굳이 말리며
曰	말하였다.
公之視廉將軍孰與秦王	"그대들은 염 장군이 진왕에 비해 어떻다고 보오?"
曰	말하였다.
不若也	"못하지요."
相如曰	인상여가 말하였다.
夫以秦王之威	"진왕의 위엄에도
而相如廷叱之	내 조정에서 그를 꾸짖었고
辱其群臣	그의 신하들을 욕보였으니
相如雖駑	내 비록 둔하다 하나

獨畏廉將軍哉	유독 염 장군을 두려워하겠소?
顧吾念之	그러나 내 생각에
彊秦之所以不敢加兵於趙者	강한 진나라가 감히 조나라를 군사로 압박하지 않는 것은
徒以吾兩人在也	다만 우리 두 사람이 있기 때문이오.
今兩虎共鬥	지금 두 호랑이가 함께 싸우면
其勢不俱生	형세가 다 살지 못할 것이오.
吾所以爲此者	내 이런 이유로
以先國家之急而後私讎也	나라의 위급을 우선시하고 사적인 원한은 뒤로 돌리는 것이오."
廉頗聞之	염파가 듣고
肉袒負荊[11]	웃통을 벗어 살을 드러내고 등에는 가시를 진 채
因賓客至藺相如門謝罪	빈객을 통하여 인상여의 문에 이르러 사죄하여
曰	말하였다.
鄙賤之人	"비천한 사람이
不知將軍寬之至此也	장군의 너그러우심이 이 정도까지인지 몰랐습니다."
卒相與驩	마침내 서로 좋아하여
爲刎頸之交[12]	문경지교를 맺었다.

是歲	이해에
廉頗東攻齊	염파는 동으로 제나라를 쳐서

11 색은 육단(肉袒)은 옷을 벗어 살을 드러내는 것을 말한다. 부형(負荊)에서 형(荊)은 가시나무[楚]로 채찍으로 쓸 수 있다.

12 색은 최호(崔浩)는 "생사를 함께하여 목을 잘리어도 후회가 없다는 것을 말한다."라 하였다.

破其一軍	그 1군을 깨뜨렸다.
居二年	2년 만에
廉頗復伐齊幾	염파는 다시 제나라의 기를 쳐서
拔之[13]	함락시켰다.
後三年	3년 후
廉頗攻魏之防陵安陽[14]	염파는 위나라의 방릉과 안양을 공격하여
拔之	함락시켰다.
後四年	4년 후
藺相如將而攻齊	인상여는 (군사를) 거느리고 제나라를 쳐서
至平邑而罷[15]	평읍에까지 이르렀다가 돌아왔다.
其明年	그 이듬해에
趙奢破秦軍閼與下	조사는 알여의 아래쪽에서 진나라 군사를 깨뜨렸다.

13 **집해** 서광은 "기(幾)는 읍의 이름이다."라 하였다. 「조세가(趙世家)」에 의하면 혜문왕(惠文王) 23년(B.C. 276)에 염파가 장수가 되어 위나라의 기읍(幾邑)을 공격하여 빼앗았으며, 「제세가(齊世家)」 및 「연표(年表)」에는 "제나라의 기(幾)를 쳐서 함락시켰다."는 기사는 없는데, 기(幾)는 읍 이름인 것 같으며 아마 제나라에 속하였거나 위나라에 속하였을 것이며 전단(田單)이 제나라에 있었으므로 함락시키는 데까지는 이르지 못하였다. **색은** 「세가(世家)」에서는 혜문왕 23년에 염파가 장수가 되어 위나라의 기읍을 공격하여 빼앗았다고 하였는데 이 「열전(列傳)」과 부합한다. 『전국책』에서는 진(秦)나라가 알여(閼與)를 무찌르고 위(魏)나라의 기(幾)를 공격하였다고 하였다. 기 또한 위나라에 속한다. 그런데 배인(裴駰)은 「제세가」 및 「연표」의 "제나라를 치고 기를 함락시켰다."는 일을 인용하여 기가 옛 읍일 것이라고 하였는데, 아마 제나라나 위나라에 속하였었기 때문일 따름이다. **정의** (기는) 상(相)과 노(潞) 사이에 있다.

14 **집해** 서광은 "'방자(房子)'로 된 판본도 있다."라 하였다. **색은** 생각건대 방릉(防陵)은 초나라 서쪽에 있으며 한중군(漢中郡)에 속한다. 위(魏)나라에 방자(房子)가 있는데 아마 '릉(陵)' 자의 오자일 것이다. **정의** 성은 상주(相州) 안양현(安陽縣) 남쪽 20리 지점에 있으며 물을 막기 때문에 이렇게 이름을 지었다.

15 **정의** 옛 성은 위주(魏州) 창락현(昌樂縣) 동북쪽 30리 지점에 있다.

趙奢者	조사는
趙之田部吏也	조나라 전세(田稅)를 거두는 관리이다.
收租稅而平原君家不肯出租	조세를 거두는데 평원군의 집에서 세금을 내려 하지 않자
奢以法治之	조사는 법대로 다스려
殺平原君用事者九人	평원군의 일을 주관하는 사람 아홉 명을 죽였다.
平原君怒	평원군은 노하여
將殺奢	조사를 죽이려 하였다.
奢因說曰	조사가 이에 말하였다.
君於趙爲貴公子	"그대는 조나라의 귀공자인데
今縱君家而不奉公則法削	지금 그대 집을 풀어놓아 나라를 받들지 않으면 법을 침해하게 되고
法削則國弱	법을 침해하게 되면 나라가 약해지며
國弱則諸侯加兵	나라가 약해지게 되면 제후들이 군사를 들이댈 것이고
諸侯加兵是無趙也	제후들이 군사를 들이대면 조나라는 없어지게 될 것이니
君安得有此富乎	그대가 어찌 이 부(富)를 누릴 수 있겠소?
以君之貴	그대의 귀함으로
奉公如法則上下平	나라를 법대로 받들면 상하가 고르게 되고
上下平則國彊	상하가 고르게 되면 나라가 강하여질 것이며
國彊則趙固	나라가 강하여지면 조나라가 견고해질 것이고
而君爲貴戚	그대가 귀척이 되면
豈輕於天下邪	어떻게 천하의 멸시를 당하겠습니까?"
平原君以爲賢	평원군은 현명하다고 여겨

言之於王	그 사실을 왕에게 말하였다.
王用之治國賦	왕은 그를 임용하여 나라의 부세를 다스리게 하였는데
國賦大平	나라의 부세가 크게 공평해져
民富而府庫實	백성들은 부유해지고 부고는 꽉 차게 되었다.

秦伐韓	진나라가 한나라를 쳐서
軍於閼與	알여에 주둔하였다.
王召廉頗而問曰	왕이 염파를 불러서 물어보았다.
可救不	"구원할 수 있겠는가?"
對曰	대답하였다.
道遠險狹	"길이 멀고 험하고 좁아
難救	구원하기 어렵습니다."
又召樂乘而問焉	또 악승을 불러 물어보았는데
樂乘對如廉頗言	악승의 대답도 염파의 말과 같았다.
又召問趙奢	또 조사를 불러서 물어보았더니
奢對曰	조사가 말하였다.
其道遠險狹	"가는 길이 멀고 험하고 좁기가
譬之猶兩鼠鬪於穴中	비유하자면 쥐 두 마리가 구멍 속에서 다투는 것과 같으니
將勇者勝	용맹한 자가 이길 것입니다."
王乃令趙奢將	왕이 이에 조사를 장수로 삼아
救之	구원하였다.

兵去邯鄲三十里	군사가 한단에서 30리를 떠났을 때

而令軍中曰	군중에 영을 내려 말하였다.
有以軍事諫者死	"군사의 일로 간하는 자가 있으면 죽게 될 것이다."
秦軍軍武安西[16]	진나라 군사는 무안의 서쪽으로 진을 치고 있었는데
秦軍鼓譟勒兵	진나라 군사들이 북을 치고 고함을 치면서 훈련을 하느라
武安屋瓦盡振	무안에 있는 집의 기와가 모두 들썩였다.
軍中候有一人言急救武安	군중의 척후 한 사람이 급히 무안을 구원하자고 하자
趙奢立斬之	조사는 즉시 그를 참수하였다.
堅壁	방벽을 견고히 해서
留二十八日不行	28일간 머무르며 나가지 않고
復益增壘	다시 더욱 누벽을 증축했다.
秦間來入	진나라의 간첩이 들어오면
趙奢善食而遣之	조사는 그를 잘 먹여서 보냈다.
間以報秦將	간첩이 진나라 장수에게 보고하자
秦將大喜曰	진나라 장수는 크게 기뻐하여 말하였다.
夫去國三十里而軍不行[17]	"국도를 떠나 30리 되는 곳에서 군사가 움직이지 않고
乃增壘	누벽을 증축하니
閼與非趙地也	알여는 조나라 땅이 아니다."
趙奢既已遣秦間	조사는 진나라의 간첩을 보내놓고
卷甲而趨之	갑옷을 말아들고 그 뒤를 좇아

16 **집해** 서광은 "위(魏)나라에 속한 군으로 한단(邯鄲)의 서쪽에 있다."라 하였다.

17 **정의** 국(國)은 한단(邯鄲)으로 조나라의 도읍이다.

二日一夜至	이틀 낮 하룻밤 만에 이르러
令善射者去閼與五十里而軍	궁술에 뛰어난 자를 알여에서 50리 떨어진 곳에 진 치게 하였다.
軍壘成	군의 누벽이 완성되자
秦人聞之	진나라 사람들은
悉甲而至	갑옷을 말아들고 이르렀던 것을 알게 되었다.
軍士許歷請以軍事諫	군사 허력이 군사의 일로 간하기를 청하자
趙奢曰	조사가 말하였다.
內之	"들여보내라."
許歷曰	허력이 말하였다.
秦人不意趙師至此	"진나라 사람은 조나라 군사가 여기까지 이른 것을 생각지 못하여
其來氣盛	오는 기세가 성할 것이니
將軍必厚集其陣以待之	장군께서는 반드시 군진을 두터이 집중시켜 기다리셔야 합니다.
不然	그렇지 않으면
必敗	반드시 패할 것입니다."
趙奢曰	조사가 말하였다.
請受令	"명을 받아들이겠소."
許歷曰	허력이 말하였다.
請就鈇質之誅	"부질의 죽음에 나아가길 청합니다."
趙奢曰	조사가 말하였다.
胥後令邯鄲[18]	"나중에 한단에서 영을 내리겠소."
許歷復請諫[19]	허력이 다시 간언을 청하여
曰	말하였다.

先據北山上者勝[20]	“먼저 북산에 의거하여 오르는 자는 이길 것이고
後至者敗	나중에 이르는 자는 질 것입니다.”
趙奢許諾	조사는 허락하고
即發萬人趨之	즉시 만 명을 보내 달려가게 하였다.
秦兵後至	진나라 군사는 나중에 이르러
爭山不得上	산을 놓고 다투었으나 오를 수가 없었으며
趙奢縱兵擊之	조사가 군사를 풀어 그들을 쳐서
大破秦軍	진나라 군사를 크게 깨뜨렸다.
秦軍解而走	진나라는 군사를 풀고 달아나
遂解閼與之圍而歸	마침내 알여의 에움을 풀고 돌아갔다.

---

18 색은 ‘서(胥)’와 ‘수(須)’는 옛사람들이 통용하였다. 여기서 ‘서후령(胥後令)’이라 한 것은 ‘서(胥)’가 ‘수(須)’의 뜻으로 수(須)는 기다리는 것이며 나중의 명령을 기다린다는 것이다. 허력의 말이 결코 죽일 정도는 아니기 때문에 다시 나중의 명을 기다린다는 것이다.

정의 서(胥)는 수(須)와 같다. 군사가 도읍에서 30리를 떠나 움직이지 않은 것은 험하고 좁은 길을 통과함을 생각지 않아서 남들이 무안을 급히 구원하자고 할까 봐 두려워 이런 명을 내린 것이다. 지금은 전투를 앞두고 계책을 얻어야 하므로 앞의 명령이 필요가 없어졌으므로 “나중의 명령을 기다린다.”고 한 것이다.

19 색은 ‘한단(邯鄲)’ 두 글자는 ‘욕전(欲戰)’이 되어야 할 것이다. 전쟁을 앞두고 허력이 다시 간언한 것을 이른다. 왕찬(王粲)의 시에서는 “허력은 평범한 사람인데, 한마디 말로 오히려 진나라를 물리쳤네(許歷爲完士, 一言猶敗秦).”라 하였는데, 이는 조사가 그의 계책을 써서 결국 진나라 군사를 깨뜨렸다는 것을 말한다. 강수(江遂)는 말하기를 “한(漢)나라의 영에 완전히 하여 머리를 깎는 벌을 내리지 않는 것을 내(耐)라고 하는데, 이는 완사(完士)가 종군(從軍)을 면하지 못하는 것이다.”라 하였다.

20 정의 알여산(閼與山)은 낙주(洺州) 무안현(武安縣) 서남쪽 50리 지점에 있으며, 조사가 알여에서 진나라 군사와 맞섰다는 곳이 바로 이 산이다. 『괄지지(括地志)』에서는 “진나라 군사와 이 산에서 맞섰다는 것을 말한다.”라 하였는데, 아마 낙주(洺州)와 매우 가까울 것이다. 이미 한단에서 30리를 떠나 주둔하였다 하고 또 이틀 낮 하룻밤을 좇아 알여의 50리 지점까지 이르러 주둔하여 누벽을 쌓았다 하였으니, 지금 낙주는 노주(潞州)와 3백 리나 되고 상주(相州)와도 떨어져 있는 것에 의하면 아마 노주와 알여, 취성(聚城)이 맞서 근거한 곳일 것이다.

趙惠文王賜奢號爲馬服君	조혜문왕은 조사에게 마복군이란 호칭을 내렸으며
以許歷爲國尉	허력을 국위로 삼았다.
趙奢於是與廉頗, 藺相如同位	조사는 이에 염파 인상여와 지위가 같아졌다.
後四年	4년 뒤에
趙惠文王卒	조혜문왕이 죽고
子孝成王立	아들인 효성왕이 즉위하였다.
七年	7년에
秦與趙兵相距長平	진나라가 조나라 군사와 장평에서 대치하고 있었는데
時趙奢已死[21]	이때 조사는 이미 죽었고
而藺相如病篤	인상여는 병이 위독하여
趙使廉頗將攻秦	조나라는 염파를 장수로 삼아 진나라를 치게 하였으며
秦數敗趙軍	진나라는 수차례나 조나라 군사를 무찔러
趙軍固壁不戰	조나라 군사는 방벽을 굳게 하고 싸우지 않았다.
秦數挑戰	진나라가 여러 차례 싸움을 돋우어도
廉頗不肯	염파는 반응하지 않았다.
趙王信秦之閒	조왕은 진나라의 이간질을 믿었다.
秦之閒言曰	진나라는 이간질하는 말을 하여 말하였다.
秦之所惡	"진나라가 싫어하는 것은

21 **집해** 장화(張華)는 말하였다. "조사(趙奢)의 무덤은 한단 경계의 서쪽 산 위에 있는데 마복산(馬服山)이라고 한다."

獨畏馬服君趙奢之子趙括爲將耳	
	다만 마복군 조사의 아들 조괄이 장수가 되는 것을 두려워할 따름이다.”
趙王因以括爲將	조왕은 이에 조괄을 장수로 삼아
代廉頗	염파를 대신하였다.
藺相如曰	인상여가 말하였다.
王以名使括	“왕께서 명성 때문에 조괄을 쓰는 것은
若膠柱而鼓瑟耳	안족을 붙여놓고 슬을 타는 것과 같습니다.
括徒能讀其父書傳	조괄은 다만 그 아버지가 책으로 전한 것만 읽을 줄 알지
不知合變也	임기응변을 모릅니다.”
趙王不聽	왕은 듣지 않고
遂將之	결국 장수로 삼았다.

趙括自少時學兵法	조괄은 어릴 때부터 병법을 배워
言兵事	군사의 일을 말하며
以天下莫能當	천하에서 아무도 당할 수 없다고 생각하였다.
嘗與其父奢言兵事	일찍이 그 아버지 조사와 군사 일을 말한 적이 있는데
奢不能難	조사도 어찌할 수 없었지만
然不謂善	잘한다고 하지는 않았다.
括母問奢其故	조괄의 어미가 조사에게 그 까닭을 묻자
奢曰	조사가 말하였다.
兵	“군사 일은
死地也	사람의 목숨이 왔다 갔다 하는 일인데

而括易言之	조괄은 너무 쉽게 말하오.
使趙不將括即已	조나라가 괄을 장수로 쓰지 않는다면 그만이오만
若必將之	반드시 장수로 삼는다면
破趙軍者必括也	조나라 군사를 깨뜨리는 자는 반드시 괄일 것이오.”
及括將行	조괄이 떠나려 할 때
其母上書言於王曰	그 어미가 왕에게 글을 올려 말하였다.
括不可使將	“조괄을 장수로 삼을 수는 없습니다.”
王曰	왕이 말하였다.
何以	“무슨 이유요?”
對曰	대답하였다.
始妾事其父	“처음에 첩이 그 애비를 섬겼는데
時爲將	당시 장수로
身所奉飯飲而進食者以十數[22]	몸소 먹을 것을 받들어 음식을 올린 것이 열(十)을 헤아렸고
所友者以百數	벗으로 사귄 자는 백(百)을 헤아렸으며
大王及宗室所賞賜者盡以予軍吏士大夫	대왕 및 종실에서 상으로 내린 것은 모두 군리와 사대부들에게 주었고
受命之日	명을 받아든 날에는
不問家事	집안의 일은 묻지 않았습니다.
今括一旦爲將	지금 괄은 하루아침에 장수가 되더니

22 **정의** 奉의 음은 봉(捧)이다.

東向而朝	동쪽을 향하여 (앉아) 접견을 하며
軍吏無敢仰視之者	군리들은 감히 쳐다보는 자가 없고
王所賜金帛	왕께서 내리신 금과 비단은
歸藏於家	집으로 가져다 갈무리해 두고 있으며
而日視便利田宅可買者買之	매일 좋은 전답과 집을 봐두었다가 살 수 있는 것은 삽니다.
王以爲何如其父	왕께서 생각하시기에 그 애비에 비해 어떠합니까?
父子異心	부자가 (쓰는) 마음이 다르니
願王勿遣	왕께서는 부디 보내시지 말기를 바랍니다.”
王曰	왕이 말하였다.
母置之	“어미는 그만두시오.
吾已決矣	내 이미 결정했소이다.”
括母因曰	조괄의 어미가 이에 말하였다.
王終遣之	“왕께서 그를 굳이 보내시어
即有如不稱	감당할 수 없는 일이 있을지라도
妾得無隨坐乎	첩은 연좌시키지 않으실 수 있겠습니까?”
王許諾	왕은 허락하였다.

趙括既代廉頗	조괄이 염파를 대신하자
悉更約束	군령을 모두 고치고
易置軍吏	군리를 바꾸어 배치하였다.
秦將白起聞之	진나라 장수 백기가 듣고
縱奇兵	기습부대를 풀어
詳敗走	거짓으로 패하여 달아나는 척하고

而絕其糧道	양식 보급로를 끊어
分斷其軍爲二	그 군대를 둘로 끊어놓으니
士卒離心	사졸들의 마음이 떠났다.
四十餘日	40여 일 만에
軍餓	군사들이 굶주려
趙括出銳卒自博戰	조괄은 정예병을 내보내 직접 부딪쳐 싸웠는데
秦軍射殺趙括	진나라 군사가 조괄을 쏘아 죽였다.
括軍敗	조괄의 군사는 패하고
數十萬之衆遂降秦	수십만의 무리가 마침내 진나라에 항복하였는데
秦悉阬之	진나라에서는 모두 갱형(阬刑)에 처했다.
趙前後所亡凡四十五萬	조나라에서 전후로 사망한 자는 모두 45만 명이었다.
明年	이듬해에
秦兵遂圍邯鄲	진나라 군사가 마침내 한단을 에워싸
歲餘	한 해 남짓 만에
幾不得脫	거의 벗어나지 못할 지경이었다.
賴楚魏諸侯來救	초나라와 위나라 제후가 와서 구원해 준 덕분에
迺得解邯鄲之圍	겨우 한단의 에움을 풀게 되었다.
趙王亦以括母先言	조왕은 또한 조괄의 어미에게 먼저 한 말이 있어서
竟不誅也	결국 죽이지 못했다.

自邯鄲圍解五年	한단의 에움을 푼 지 5년 만에
而燕用栗腹之謀	연나라가 율복의 계책을 써서
曰'趙壯者盡於長平	"조나라의 건장한 자는 장평에서 모두 죽고

其孤未壯	남긴 아이들은 아직 자라지 않았다."며
擧兵擊趙	군사를 일으켜 조나라를 쳤다.
趙使廉頗將	조나라는 염파를 장수로 삼아
擊	쳐서
大破燕軍於鄗	연나라 군사를 호(鄗)에서 크게 깨뜨리고
殺栗腹	율복을 죽였으며
遂圍燕	마침내 연나라를 에워쌌다.
燕割五城請和	연나라가 성 다섯을 떼어주며 강화를 청하여
乃聽之	이에 들어주었다.
趙以尉文封廉頗爲信平君[23]	조나라는 울문에 염파를 봉하고 신평군으로 삼았으며
爲假相國	임시 상국으로 삼았다.

廉頗之免長平歸也	염파가 장평에서 면직되어 돌아와
失勢之時	권세를 잃었을 때
故客盡去	옛 문객들이 모두 떠났다.
及復用爲將	다시 장군으로 임용되자
客又復至	문객들이 다시 이르렀다.
廉頗曰	염파가 말하였다.
客退矣	"객들은 물러가라!"
客曰	객들이 말하였다.

23 **집해** 서광은 "읍(邑) 이름이다."라 하였다

색은 신평(信平)은 호(號)이다. 서광은 "울문(尉文)은 읍 이름이다."라 하였다. 『한서(漢書)』의 표(表)에 '울문절후(尉文節侯)'가 있는데, 남군(南郡)에 있다고 하였다. 대체로 울(尉)은 관직이고, 문(文)은 이름일 것이다. 울문이 식읍으로 삼은 읍을 취하여 다시 염파에게 봉하고 나중에 신평군으로 부른 것을 말한다.

吁	"아!
君何見之晩也	그대는 어찌 보는 것이 그리 늦습니까?
夫天下以市道交	대체로 천하는 저자의 도로 사귀는 것이니
君有勢	그대가 권세가 있으면
我則從君	나는 그대를 따르고,
君無勢則去	그대가 권세가 없으면 떠나
此固其理也	그 이치가 실로 이러하거늘
有何怨乎	무슨 원망을 하십니까?"
居六年	6년 만에
趙使廉頗伐魏之繁陽[24]	조나라는 염파로 하여금 위나라의 번양을 치게 하여
拔之	함락시켰다.

趙孝成王卒	조효성왕이 죽자
子悼襄王立	아들인 도양왕이 즉위하여
使樂乘代廉頗	악승으로 하여금 염파를 대신하게 했다.
廉頗怒	염파는 노하여
攻樂乘	악승을 쳤으며
樂乘走	악승은 달아났다.
廉頗遂奔魏之大梁	염파는 마침내 위나라 대량으로 달아났다.
其明年	그 이듬해에
趙乃以李牧爲將而攻燕	조나라는 곧 이목을 장수로 삼아 연나라를 공격하여

24 **집해** 서광은 "위(魏)나라에 속하는 군이다."라 하였다. **정의** 상주(相州) 내황현(內黃縣) 동북쪽에 있다.

拔武遂, 方城[25]	무수와 방성을 함락시켰다.
廉頗居梁久之	염파가 양에 있은 지가 오래되었지만
魏不能信用	위나라는 믿고 쓸 수가 없었다.
趙以數困於秦兵	조나라는 수차례 진나라 군사에 곤란을 겪었고
趙王思復得廉頗	조왕도 염파를 다시 얻을 생각을 하였으며
廉頗亦思復用於趙	염파 또한 조나라에서 다시 쓰일 생각을 하였다.
趙王使使者視廉頗尚可用否	조왕은 사자를 보내어 염파가 아직 쓸 만한가를 보게 하였다.
廉頗之仇郭開多與使者金	염파의 원수 곽개가 사자에게 금을 많이 주어
令毁之	그를 헐뜯게 하였다.
趙使者既見廉頗	조나라의 사자가 염파를 보니
廉頗爲之一飯斗米	염파는 한 끼에 쌀 한 말을 먹고
肉十斤	고기 60근을 먹었으며
被甲上馬	갑옷을 입고 말에 올라
以示尚可用	아직 쓸모가 있음을 보여주었다.
趙使還報王曰	조나라 사자는 돌아와 왕에게 보고하여 말하였다.
廉將軍雖老	"염 장군은 늙기는 했어도
尚善飯	아직 밥을 잘 먹습니다만
然與臣坐	신과 앉아 있는 동안
頃之三遺矢矣[26]	잠깐 만에 세 번이나 똥을 누었습니다."

25 **색은** 「지리지(地理志)」에 의하면 무수(武遂)는 하간국(河間國)에 속하고, 방성(方城)은 광양(廣陽)에 속한다. **정의** 무수는 역주(易州) 수성(遂城)이다. 방성은 유주(幽州) 고안현(固安縣) 남쪽 10리 지점에 있다.

趙王以爲老	조왕은 늙었다 생각하여
遂不召	결국 부르지 않았다.

楚聞廉頗在魏	초나라에서 염파가 위나라에 있다는 말을 듣고
陰使人迎之	몰래 사람을 보내 그를 맞았다.
廉頗一爲楚將	염파는 한번 초나라 장수가 되었지만
無功	공이 없어서
曰	말하였다.
我思用趙人	"나는 조나라 사람을 부릴 것을 생각한다."
廉頗卒死于壽春[27]	염파는 마침내 수춘에서 죽었다.

李牧者	이목은
趙之北邊良將也	조나라 북쪽 변경의 훌륭한 장수이다.
常居代鴈門	늘 대(代)의 안문에 있으면서
備匈奴[28]	흉노에 대비하였다.
以便宜置吏	관리를 둠에 편의를 위해서
市租皆輸入莫府[29]	시장의 조세를 모두 막부로 귀속시켜 들여

---

26 **색은** 자주 일어나 변을 보는 것이다. 시(矢)는 '시(屎)'로 된 판본도 있다.

27 **정의** 염파의 무덤은 수주(壽州) 수춘현(壽春縣) 북쪽 4리 지점에 있다. 인상여의 무덤은 한단(邯鄲) 서남쪽 6리 지점에 있다.

28 **정의** 지금의 안문현(鴈門縣) 대(代)에 있는 땅이므로 대(代)의 안문(鴈門)이라 하였다.

29 **집해** 여순(如淳)은 "장군은 원정을 다니느라 늘 있는 곳이 없어 있는 곳이 다스리는 곳이 되므로 '막부(莫府)'라 하였다. 막(莫)은 크다는 뜻이다." **색은** 여순은 "막은 크다는 뜻이다. ……"라고 주해하였다. 또한 최호는 "옛날에는 출정을 하면 장수가 되고 군대가 귀환하면 그만두어 늘 다스리는 곳이 없어서 장막으로 부서(府署)를 만들었으므로 '막부(莫府)'라 하였다." 하였으니 '莫' 자는 '幕'이 되어야 하며, 글자가 와전된 것이다.

爲士卒費	사졸들을 위하여 썼다.
日擊數牛饗士	하루에 소를 여러 마리나 죽여 군사들을 먹였고
習射騎	활쏘기와 말타기를 훈련시켰으며
謹烽火	봉화에 주의를 기울였고
多間諜	간첩을 많이 풀었으며
厚遇戰士	전사들을 후대하였다.
爲約曰	약속하여 말하였다.
匈奴即入盜	"흉노가 쳐들어와 노략질을 하면
急入收保	급히 보루로 들어올 것이며
有敢捕虜者斬	감히 포로를 잡는 자으려는 자는 참수하겠다."
匈奴每入	흉노가 쳐들어와
烽火謹	봉화로 알리기만 하면
輒入收保	문득 보루로 들어와
不敢戰	감히 싸우지 않았다.
如是數歲	이렇게 하여 수년 동안
亦不亡失	또한 망실되지 않았다.
然匈奴以李牧爲怯	그러나 흉노는 이목이 겁이 많다고 생각하였으며
雖趙邊兵亦以爲吾將怯	조나라 변경의 군사들도 우리 장수가 겁이 많다고 생각하였다.
趙王讓李牧	조왕이 이목을 꾸짖어도
李牧如故	이목은 이전처럼 하였다.
趙王怒	조왕은 노하여
召之	그를 불러
使他人代將	다른 사람으로 장수를 대체하게 하였다.

歲餘	한 해 남짓에
匈奴每來	흉노가 쳐들어올 때마다
出戰	나가 싸웠다.
出戰	나가 싸우면
數不利	자주 불리하여져
失亡多	망실됨이 많았다.
邊不得田畜[30]	변경에서는 농사와 목축을 할 수가 없었다.
復請李牧	다시 이목에게 청하였다.
牧杜門不出	이목은 문을 닫아걸고 나가지 않았으며
固稱疾	굳이 병을 칭탁하였다.
趙王乃復彊起使將兵	조왕이 이에 다시 억지로 기용하여 군사를 거느리게 하였다.
牧曰	이목이 말하였다.
王必用臣	"왕께서 반드시 신을 쓰시고자 하는데
臣如前	신이 전과 같이 할 수 있으면
乃敢奉令	감히 명을 받들겠습니다."
王許之	왕이 허락하였다.

李牧至	이목이 이르자
如故約	예전의 법령대로 하였다.
匈奴數歲無所得	흉노는 여러 해 동안 얻은 것이 없었다.
終以爲怯	마침내 겁이 많다고 생각하였다.
邊士日得賞賜而不用	변방의 군사들은 매일 내려 주는 상을 받았지만 쓰지 못하여

30 **정의** (畜의) 음은 휵[許六反]이다.

皆願一戰	모두 한판 싸우기를 원하였다.
於是乃具選車得千三百乘	이에 곧 제대로 병거를 가려 천3백 대를 얻고
選騎得萬三千匹	기병을 가려 만 3천 필을 얻었으며
百金之士五萬人[31]	백금의 상을 내릴 만한 군사 5만과
彀者十萬人[32]	활을 잘 쏘는 자 10만을
悉勒習戰	모두 훈련시켜 싸움을 익히게 하였다.
大縱畜牧	(사람들을) 크게 풀어 목축을 하게 하고
人民滿野	백성들이 들판에 가득하였다.
匈奴小入	흉노가 조금 들어오자
詳北不勝	패한 척하여 이기지 않고
以數千人委之[33]	수천 명을 버려두었다.
單于聞之	선우가 듣고
大率衆來入	크게 무리를 이끌고 쳐들어왔다.
李牧多爲奇陳	이목이 기이한 진형을 많이 만들어
張左右翼擊之	좌우로 날개를 펼쳐 그들을 쳐서
大破殺匈奴十餘萬騎	흉노의 10여만 기를 크게 깨뜨리고 죽였다.
滅襜襤[34]	담람을 멸하고
破東胡	동호를 깨뜨렸으며
降林胡	임호를 항복시켰고

31 집해 『관자(管子)』에서는 "적을 깨뜨리고 장수를 사로잡을 수 있는 자에게는 백금의 상을 내린다."라 하였다.

32 색은 彀의 음은 구[古候反]이다. 구(彀)는 활을 잘 쏘는 것을 말한다.

33 색은 위(委)는 버려두는 것으로 마음껏 죽이고 노략질하게 하는 것을 말한다.

34 집해 (襤 자는) 서광은 "'임(臨)'으로 된 판본도 있다."라 하였다. 내[駰]가 또 생각건대 여순은 "오랑캐의 이름으로 대(代)의 북쪽에 있다."라 하였다. 색은 여순은 "오랑캐 이름이다."라 하였다.

單于奔走	선우는 달아났다.
其後十餘歲	그 후 10여 년 동안
匈奴不敢近趙邊城	흉노는 감히 조나라 변경의 성을 가까이하지 않았다.

趙悼襄王元年	조도양왕 원년에
廉頗既亡入魏	염파는 위나라로 도망쳐 들어가
趙使李牧攻燕	조나라는 이목으로 하여금 연나라를 공격하게 하여
拔武遂, 方城	무수와 방성을 함락시켰다.
居二年	2년 만에
龐煖破燕軍[35]	방훤은 연나라 군사를 깨뜨리고
殺劇辛[36]	극신을 죽였다.
後七年	7년 후
秦破殺趙將扈輒[37]於武遂[38]	진나라는 조나라 장수 호첩을 무수에서 깨뜨려 죽이고
斬首十萬	10만을 참수하였다.
趙乃以李牧爲大將軍	조나라는 이에 이목을 대장군으로 삼아
擊秦軍於宜安[39]	의안에서 진나라 군사를 격퇴시켜

35 색은 훤(煖, 況遠反)은 곧 풍훤(馮煖)이다.

36 색은 본래 조나라 사람으로 연나라에서 벼슬을 하였다.

37 색은 호(扈)는 씨(氏)이고, 첩(輒)은 이름이다. 한(漢)나라 장이(張耳) 때 따로 호첩(扈輒)이 있었다.

38 색은 유씨(劉氏)는 "'무수(武遂)'는 원래 한(韓)나라 땅으로 조(趙)나라 서쪽에 있는데, 「지리지(地理志)」의 하간(河間)과 무수(武遂)는 아닐 것이다."라 하였다.

39 정의 환주(桓州) 고성현(槁城縣) 서남쪽 20리 지점에 있다.

大破秦軍	진나라 군을 크게 깨뜨리고
走秦將桓齮[40]	진나라 장수 환의를 달아나게 하였다.
封李牧爲武安君	이목을 무안군에 봉하였다.
居三年	3년 만에
秦攻番吾[41]	진나라는 번오를 공격하였으며
李牧擊破秦軍	이목이 진나라 군을 격파하여
南距韓, 魏	남으로 한 · 위나라와 대치하였다.

趙王遷七年	조왕(趙王) 천(遷) 7년에
秦使王翦攻趙	진나라가 왕전으로 하여금 조나라를 공격하게 하자
趙使李牧司馬尙禦之	조나라는 이목과 사마상에게 막게 하였다.
秦多與趙王寵臣郭開金	진나라는 조왕의 총신 곽개에게 금을 많이 주고
爲反間	반간계를 써서
言李牧司馬尙欲反	이목과 사마상이 반란을 일으키려 한다고 하였다.
趙王乃使趙葱及齊將顏聚代李牧	조왕은 이에 조총 및 제나라 장수 안취로 이목을 대신하게 하였다.
李牧不受命	이목이 명을 받아들이지 않자
趙使人微捕得李牧	조나라는 사람을 보내 몰래 이목을 붙잡아
斬之	참수하였다.
廢司馬尙	사마상은 폐하였다.

40 색은 (齮의) 음은 의(蟻)이다.

41 색은 현(縣) 이름이다. 「지리지(地理志)」에서 상산(常山)에 있다고 하였다. 음은 파(婆)이며, 또한 반(盤)이라고도 한다. 정의 상주(相州) 방산현(房山縣) 동쪽 20리 지점에 있다.

後三月	석 달 후
王翦因急擊趙	왕전이 급히 조나라를 쳐서
大破殺趙蔥	조총을 크게 깨뜨려 죽이고
虜趙王遷及其將顏聚	조왕 천(遷) 및 장수 안취를 사로잡아
遂滅趙	마침내 조나라를 멸하였다.

太史公曰	태사공은 말한다.
知死必勇	죽음을 알면 반드시 용감해지니
非死者難也	죽는 것이 어려운 것이 아니라
處死者難	죽음에 처하는 것이 어려운 것이다.
方藺相如引璧睨柱	바야흐로 인상여가 벽옥을 끌어안고 기둥을 흘겨보며
及叱秦王左右	진왕의 좌우를 꾸짖었을 때
勢不過誅	형세는 죽음에 지나지 않았으나
然士或怯懦[42]而不敢發	선비 가운데 혹 겁이 나고 나약한 자는 감히 이렇게 하지 못한다.
相如一奮其氣	인상여는 한번 그 기세를 떨쳐
威信敵國[43]	위세가 적국에 펼쳐졌으나
退而讓頗	물러나 염파에게 양보하여
名重太山	명예가 태산보다 중하여졌으니
其處智勇	그는 지혜와 용기에 처하여
可謂兼之矣	그것을 겸하였다고 할 만하다!

42 집해 서광은 "'굴나(掘懦)'로 된 판본도 있다."라 하였다.

43 색은 信의 음은 신(伸)이다.

22 전단 열전 田單列傳

田單者	전단은
齊諸田疏屬也	제나라(의 왕족인) 전씨들의 먼 친속이다.
湣王時	민왕 때
單爲臨菑市掾	전단은 임치의 저자의 아전이 되었는데
不見知	지우(知遇)를 받지 못하였다.
及燕使樂毅伐破齊	연나라가 악의로 하여금 제나라를 쳐서 깨뜨리게 하자
齊湣王出奔	제민왕은 달아났으며
已而保莒城	얼마 후 거성을 지켰다.
燕師長驅平齊	연나라 군사가 쉬지 않고 내달려 제나라를 평정하자
而田單走安平[1]	전단은 안평으로 달아나면서

令其宗人盡斷其車軸末而傅鐵籠[2]

자기의 종족들에게 수레바퀴의 축 끝 부분을 모두 자르고 쇠로 (굴대의) 끝을 붙이고 감싸도

---

1 집해 서광(徐廣)은 말하였다. "지금의 동안평(東安平)으로, 청주(青州) 임치현(臨菑縣) 동쪽 19리 지점에 있다. 옛 기(紀)나라의 휴읍(酅邑)인데 제나라가 안평(安平)으로 고쳤으며, 진(秦)나라가 제나라를 멸하고 동안평현으로 고쳐 제군(齊郡)에 속하게 하였는데, 정주(定州)에 안평(安平)이 있으므로 '동(東)' 자를 추가하였다." 색은 「지리지(地理志)」에 의하면 동안평은 임치국(淄川國)에 속한다.

	록 했다.
已而燕軍攻安平	얼마 후 연나라 군사가 안평을 공격하여
城壞	성이 무너지자
齊人走	제나라 사람들이 달아나느라
爭塗	길에서 다투어
以轊折車敗[3]	차축이 꺾이고 수레가 부서져
爲燕所虜	연나라의 포로가 되었으나
唯田單宗人以鐵籠故得脫	전단의 종족만은 쇠로 감싼 굴대 덕분에 벗어나
東保即墨	동으로 가서 즉묵을 지키게 되었다.
燕既盡降齊城	연나라는 제나라의 성을 모두 항복시키고
唯獨莒, 即墨不下	다만 거(莒)와 즉묵만 함락시키지 못하였다.
燕軍聞齊王在莒	연나라 군사들은 제왕이 거에 있다는 말을 듣고
并兵攻之	군사를 집중시켜 공격하였다.
淖齒[4]既殺湣王於莒	요치가 거에서 이미 민왕을 죽이고
因堅守	계속 굳게 지키며
距燕軍	연나라 군사에 맞서
數年不下	수년 동안 함락시키지 못하였다.
燕引兵東圍即墨	연나라가 군사를 이끌고 동으로 즉묵을 에워싸자

---

2 **색은** 斷의 음은 단[都緩反]이다. 그 차축을 자른 것은 길어서 서로 부딪힐까 두려워한 것이다. 쇠로 차축의 끝을 싸서 단단하게 하여 나가기 쉽게 한 것이다.

집해 서광은 "傅의 음은 부(附)이다."라 하였다. **색은** 傅의 음은 부(附)이다. 차축과 바퀴가 가지런하게끔 자르고 쇠로 차축의 끝을 싸서 쇠의 가운데 비녀장을 지르고 바퀴를 마른 것이다. 또한 『방언(方言)』에서는 "수레의 차축이 가지런한 것을 롱(籠)이라 한다."라 하였다. 곽박(郭璞)은 "차축(車軸)이다."라 하였다.

3 **집해** 서광은 "예(轊)는 차축의 끝이다."라 하였다.

4 **집해** 서광은 "거의 '도치(悼齒)'로 되어 있다."라 하였다.

即墨大夫出與戰	즉묵의 대부가 나가서 싸우다가
敗死	패하여 죽었다.
城中相與推田單	성에서는 서로 전단을 추천하여
曰	말하였다.
安平之戰	"안평에서 싸울 때
田單宗人以鐵籠得全	전단의 종족들은 쇠로 싼 차축 때문에 보전할 수 있었으니
習兵	군사에 익숙합니다."
立以爲將軍	장군으로 세워
以即墨距燕	즉묵에서 연나라와 맞섰다.

頃之	얼마 후
燕昭王卒	연나라 소왕이 죽고
惠王立	혜왕이 즉위하자
與樂毅有隙	악의와 틈이 생겼다.
田單聞之	전단은 그 말을 듣고
乃縱反間於燕	이에 연나라에 반간계를 써서
宣言曰	말을 퍼뜨려
齊王已死	"제왕은 벌써 죽고
城之不拔者二耳	함락시키지 못한 성은 두 개뿐이다.
樂毅畏誅而不敢歸	악의는 죽을까 두려워 감히 돌아가지 못하고 있으며
以伐齊爲名	제나라를 치는 것을 명분으로 삼지만
實欲連兵南面而王齊	실은 군사와 연합하여 남면하고 제나라의 왕이 되려는 것이다.

齊人未附	제나라 사람이 붙지 않으므로
故且緩攻即墨以待其事	잠시 즉묵을 치는 일을 늦추어 그 일을 기다리는 것이다.
齊人所懼	제나라 사람들이 두려워하는 것은
唯恐他將之來	다만 다른 장수가 와서
即墨殘矣	즉묵을 멸하는 것이다."라 하였다.
燕王以爲然	연왕은 그럴듯하게 여겨
使騎劫代樂毅	기겁(騎劫)으로 악의를 대체시켰다.

樂毅因歸趙	악의가 이에 조나라로 귀순하니
燕人士卒忿	연나라 사람과 사졸들은 분해하였다.
而田單乃令城中人食必祭其先祖於庭	전단은 이에 성중의 사람들에게 식사를 할 때는 반드시 뜰에서 선조를 제사 지내도록 하니
飛鳥悉翔舞城中下食	나는 새들이 모두 빙빙 돌고 춤추며 성으로 내려와 먹었다.
燕人怪之	연나라 사람들은 이상하게 생각하였다.
田單因宣言曰	전단은 이에 공언하여 말하였다.
神來下教我	"신이 와서 우리를 가르친다."
乃令城中人曰	이에 성중의 사람들에게 말하게 하였다.
當有神人爲我師	"곧 신인이 우리의 스승이 된다."
有一卒曰	어떤 한 사졸이 말하였다.
臣可以爲師乎	"제가 스승이 될 수 있을까요?"
因反走	그러고는 곧 몸을 돌려 달아났다.
田單乃起	전단이 이에 일어나

引還	데리고 돌아와서
東鄕坐	동쪽으로 향하여 앉히고
師事之	그를 스승으로 섬겼다.
卒曰	사졸이 말하였다.
臣欺君	"저는 그대를 속였으며
誠無能也	사실은 능력이 없습니다."
田單曰	전단이 말하였다.
子勿言也	"그대는 아무 말도 하지 말라!"
因師之	그대로 스승으로 삼았다.
每出約束	법령을 낼 때마다
必稱神師	반드시 신사라 칭하였다.
乃宣言曰	이에 공언하여 말하였다.
吾唯懼燕軍之劓所得齊卒	"우리는 다만 연나라 군사가 사로잡은 제나라 군사의 코를 베어
置之前行[5]	앞줄에 세우는 것을 두려워할 뿐이니
與我戰	우리와 싸우면
卽墨敗矣	즉묵은 패할 것이다."
燕人聞之	연나라 사람들은 그 말을 듣고
如其言	그 말대로 하였다.
城中人見齊諸降者盡劓	성의 사람들은 제나라의 항복한 자들이 다 코가 베인 것을 보고
皆怒	모두 노하여
堅守	굳게 지키고

5 **정의** 行의 음은 항[胡郎反]이다.

唯恐見得	사로잡힐까 두려워할 뿐이었다.
單又縱反閒曰	전단은 또 반간계를 써서 말하였다.
吾懼燕人掘吾城外冢墓	“우리가 두려워하는 것은 연나라 사람들이 우리 성 밖의 무덤을 파헤쳐
僇先人	선인들을 모욕하는 것이니
可爲寒心	정말 몸서리칠 만한 것이다.”
燕軍盡掘壟墓	연나라 군사들은 언덕의 무덤을 있는 대로 파헤쳐
燒死人	죽은 사람을 불태웠다.
即墨人從城上望見	즉묵의 사람들은 성 위에서 바라보고
皆涕泣	다들 눈물을 흘렸으며
俱欲出戰	모두 나가 싸우고자 하였으니
怒自十倍	노기가 분명코 열 배는 되었을 것이다.

田單知士卒之可用	전단은 사졸들이 쓸 만하게 되었다는 것을 알고
乃身操版插[6]	이에 직접 널빤지와 삽을 들고
與士卒分功	사졸들과 일을 나누어 하였고
妻妾編於行伍之閒	처첩들도 행렬에 편성해 넣었으며
盡散飮食饗士	음식들을 모두 병사들이 먹도록 나누어 주었다.
令甲卒皆伏	갑사들은 모두 매복시키고
使老弱女子乘城	노약자와 여자들을 성 위에 올리고
遣使約降於燕	사자를 보내 연나라에게 투항을 약속하니
燕軍皆呼萬歲	연나라 군은 모두 만세를 불렀다.

6 색은 操의 음은 조[七高反]이다. 插의 음은 삽[初洽反]이다. 정의 옛날 행군할 때는 늘 널빤지와 삽을 지고 다녔다.

田單又收民金	전단은 또한 백성들의 금을 거두어
得千溢	천 일(溢)을 얻어
令即墨富豪遺燕將	즉묵의 부호로 하여금 연나라 장수에게 주고
曰	말하게 하였다.
即墨即降	"즉묵이 항복하더라도
願無虜掠吾族家妻妾	우리 집안과 처첩만 노략질하지 않아서
令安堵	안도하게 해줬으면 합니다."
燕將大喜	연나라 장수는 크게 기뻐하여
許之	이를 허락하였다.
燕軍由此益懈	연나라 군은 이로 말미암아 더욱 느슨해졌다.

田單乃收城中得千餘牛	전단은 이에 성안의 천여 두(頭)의 소를 거두어 얻어
爲絳繒衣	붉은 비단옷을 해 입히고
畫以五彩龍文	다섯 가지 채색의 용무늬를 그려
束兵刃於其角	뿔에다 칼날을 묶고
而灌脂束葦於尾	꼬리에는 기름을 부은 갈대다발을 묶은 후
燒其端	그 끝을 살랐다.
鑿城數十穴	성에다 수십 개의 구멍을 뚫어
夜縱牛	밤에 소를 풀어놓았으며
壯士五千人隨其後	건장한 사병 5천 명이 그 뒤를 따랐다.
牛尾熱	소는 꼬리가 뜨거워지자
怒而奔燕軍	성을 내며 연나라 군 쪽으로 달렸고
燕軍夜大驚	연나라 군은 밤에 크게 놀랐다.
牛尾炬火光明炫燿	소꼬리의 횃불이 빛을 밝게 비추는데

燕軍視之皆龍文	연나라 군이 보니 모두 용무늬였으며
所觸盡死傷	받히는 자는 모두 죽거나 다쳤다.
五千人因銜枚擊之	5천 명은 재갈을 물고 쳤으며
而城中鼓譟從之	성안에서는 북소리를 시끄럽게 울리며 따르고
老弱皆擊銅器爲聲	노약자들은 모두 쇠붙이를 두드리며 소리를 내니
聲動天地	소리가 천지를 움직였다.
燕軍大駭	연나라 군은 크게 놀라
敗走	패하여 달아났다.
齊人遂夷殺其將騎劫	제나라 사람들은 마침내 그 장수인 기겁을 죽였다.
燕軍擾亂奔走	연나라 군은 어지러이 달아났고
齊人追亡逐北	제나라 사람들은 패잔병들을 뒤쫓았으며
所過城邑皆畔燕而歸田單	지나는 성읍마다 모두 연나라를 버리고 전단에게 귀순하여
兵日益多	군사가 나날이 많아졌으며
乘勝	승세를 타니
燕日敗亡	연나라는 날로 패망하여
卒至河上[7]	마침내 하상에까지 이르렀고
而齊七十餘城皆復爲齊	제나라의 70여 성은 모두 다시 제나라의 것이 되었다.
乃迎襄王於莒	이에 거에서 양왕을 맞아
入臨菑而聽政	임치로 들여 국정을 맡겼다.

7 색은 하상(河上)은 곧 제나라의 북쪽 경계로 하동(河東)에 가까우며, 제나라의 옛 땅이다.

襄王封田單	양왕은 전단을 봉하고
號曰安平君[8]	안평군이라 불렀다.

太史公曰	태사공은 말한다.
兵以正合	군사는 정공법으로 맞붙지만
以奇勝[9]	기이함으로 이긴다.
善之者[10]	능한 자는
出奇無窮[11]	기이함을 냄이 끝이 없다.
奇正還相生[12]	기이함과 정공법은 서로 번갈아 나오니
如環之無端[13]	고리가 끝이 없는 것과 같다.
夫始如處女[14]	대체로 시작은 처녀처럼 하여
適人開戶[15]	적이 문을 열게 하고,

---

8 **색은** 전단을 처음에 안평에서 기용했으므로 그렇게 부른 것이다.

9 **집해** 위무제(魏武帝)는 "처음에 나서서 싸움을 붙는 것이 정(正)이고 나중에 나서는 것이 기(奇)이다. 정(正)은 적과 맞서는 것이고, 기(奇)는 미처 대비하지 않을 때 군사로 치는 것이다."라 하였다. **색은** 기(奇)는 임기응변으로 속이는 것이다. 주에서 위무제의 말을 인용한 것은 아마 또한 군령일 것이다.

10 **색은** 군사 일이 속이는 것에 만족함이 없으므로 '능한(善之)'이라 하였다.

11 **색은** 음기응변이 많은 것을 이른다.

12 **정의** 맞서서 붙는 것과 같다. 정병(正兵)이 진을 치고 좌우익을 펼쳐 대비하지 못한 것을 덮어버리면 기이함과 정병을 합하여 적을 물리치는 것을 말한다.

13 **색은** 용병의 전술에는 정공법을 쓰기도 하고 기이한 계책을 쓰기도 하여 눈앞의 적이 헤아릴 수 없도록 하는 것이 마치 고리의 한가운데를 찾는 것처럼 그 끝을 모름을 말한다.

14 **색은** 군사가 처음에는 처녀처럼 연약하다는 것을 말한다.

15 **집해** 서광은 "적(適)은 적(敵)의 뜻으로 읽는다."라 하였다. **색은** 적(適)은 적(敵)의 뜻으로 읽는다. 내가 처녀처럼 약하다면 적이 깔보고 문을 열어 방비를 하지 않는 것이다. **정의** 적은 연나라 군을 이른다. 연나라 군이 전단의 반간계에 걸려 장수를 바꾸고 (제나라) 포로의 코를 베었으며 무덤을 불태워 제나라 군사들을 매우 논하게 한 것이 적이 전단에게 문을 열어준 것이라는 말이다.

後如脫兔	나중에는 벗어나는 토끼처럼 하여
適不及距[16]	적이 미처 맞서지 못하게 하는 것이니,
其田單之謂邪	아마 전단을 이르는 말일 것이다!

初	처음에
淖齒之殺湣王也	요치가 민왕을 죽였을 때
莒人求湣王子法章	민왕의 아들 법장을 찾아
得之太史嬓之家[17]	태사교의 집에서 찾아내었는데
爲人灌園	남의 집 밭에 물을 주고 있었다.
嬓女憐而善遇之	교의 딸이 불쌍히 여겨 그에게 잘해 주었다.
後法章私以情告女	나중에 법장이 그 딸에게 사사로이 몰래 마음을 고백하여
女遂與通	그 딸이 마침내 정을 통하였다.
及莒人共立法章爲齊王	거의 사람들이 함께 법장을 제나라 왕으로 세워서
以莒距燕	거를 거점으로 연나라에 맞섰는데
而太史氏女遂爲后	태사씨의 딸이 마침내 왕후가 되었으니
所謂君王后也	이른바 '군왕후'이다.

燕之初入齊	연나라가 처음에 제나라로 쳐들어갔을 때

16 집해 위무제는 "여자처럼 약함을 보이면 도망치는 토끼처럼 빨리 달릴 수 있다."라 하였다. 색은 적을 물리친 후 갑옷을 말아 쥐고 쫓는 것이 토끼가 (덫에서) 벗어나 질주하는 것과 같다는 것을 말한다. 적이 미처 맞서지 못하게 한다는 것은 벗어난 토끼가 별안간에 지나가서 적이 맞설 것을 잊는다는 것을 말한다.

17 정의 嬓의 음은 교(皎)이다.

聞畫邑人王蠋賢[18]	획읍(畫邑)의 사람 왕촉이 현명하다는 것을 듣고
令軍中曰環畫邑三十里無入	군중에 명하기를 “획읍의 둘레 30리에는 들어가지 말라” 하였는데
以王蠋之故	왕촉 때문이었다.
已而使人謂蠋曰	얼마 후 사람을 시켜 왕촉에게 일러 말하기를
齊人多高子之義	“제나라 사람들이 거의 그대의 의를 높이 사니
吾以子爲將	내 그대를 장수로 삼고
封子萬家	그대의 집에 만 호를 봉하겠소.”라 하였는데
蠋固謝	왕촉은 굳이 사양하였다.
燕人曰	연나라 사람이 말하였다.
‘子不聽	“그대가 듣지 않겠다면
吾引三軍而屠畫邑	내 삼군을 이끌고 획읍을 도륙할 것이오.”
王蠋曰	왕촉이 말하였다.
忠臣不事二君	“충성스런 신하는 두 임금을 섬기지 않고
貞女不更二夫	정절을 지키는 여인은 남편을 바꾸어 둘로 하지 않습니다.
齊王不聽吾諫	제나라 왕이 제가 간하는 것을 듣지 않아
故退而耕於野	물러나 들판에서 밭을 갈고 있습니다.
國既破亡	나라는 이미 깨어져 망하여
吾不能存	내 존속시킬 수 없고,

18 **집해** 유희(劉熙)는 말하였다. “제나라 서남쪽 근교의 읍이다. 畫의 음은 획(獲)이다.” **색은** 畫은 획(獲)이라는 음도 있고, 화[胡卦反]라는 음도 있다. 유희는 “제나라 서남쪽 근교의 읍이다.”라 하였다. 蠋의 음은 촉(觸)이고, 또한 촉(歜)이라고도 한다. **정의** 『괄지지(括地志)』에서는 “극리성(戟里城)은 임치(臨淄) 서북쪽 30리 지점에 있으며, 춘추시대의 극읍(棘邑)으로 또한 홰읍(澅邑)이라고도 한다.”라 하였다. 왕촉이 산 곳이 바로 이 읍인데 홰수(澅水) 때문에 이렇게 불렀다.

今又劫之以兵爲君將	지금 또 군사로 겁을 주어 그대의 장수가 되라 하니
是助桀爲暴也	이는 걸을 도와 포악한 짓을 하라는 것입니다.
與其生而無義	살아서 의롭지 못하게 될 바에야
固不如烹	실로 삶김만 못하오!"
遂經其頸[19]於樹枝	마침내 나뭇가지에 목을 매고는
自奮絕脰而死[20]	스스로 목을 잘라 죽었다.
齊亡大夫聞之	제나라의 도망쳐 숨은 대부들이 이 말을 듣고
曰	말하였다.
王蠋	"왕촉은
布衣也	포의지사인데
義不北面於燕	의리상 북으로 연나라를 섬기지 않았으니
況在位食祿者乎	하물며 벼슬을 하고 녹을 먹는 자이겠는가!"
乃相聚如莒	이에 거에 서로 모여 가서
求諸子	(민왕의) 아들을 찾아
立爲襄王	양왕으로 세웠다.

19 색은 경(經)은 맬 계(繫) 자와 같다.

20 색은 하휴(何休)는 脰는 목으로 제나라 말이다. 음은 두이다.

23 노중련·추양 열전 魯仲連鄒陽列傳

魯仲連者	노중련은
齊人也	제나라 사람이다.
好奇偉俶儻之畫策[1]	기이하고 남다른 획책을 좋아하였지만
而不肯仕宦任職	벼슬을 하여 관직을 맡으려 하지 않았고
好持高節	고상한 절개를 지키기를 좋아했다.
游於趙	조나라에서 활동하였다.

趙孝成王時	조효성왕 때

1 **색은** 『광아(廣雅)』에서는 "척당(俶儻)은 탁월하고 비범한 것이다."라 하였다. **정의** 『노중련자(魯仲連子)』에서는 말하였다. "제나라의 변사 전파(田巴)는 저구(狙丘)를 설복시키고 직하(稷下)를 의논하였으며, 오제(五帝)를 헐뜯고 삼왕(三王)을 벌하였으며, 오패(五伯)를 복종시키고 견백(堅白)의 설을 떼어놓고 다른 것을 합하여 하루에 천 명을 설복시켰다. 서겁(徐劫)이라는 사람이 있었는데 그 제자를 노중련이라 하였으며 나이가 12세였고 '천리구(千里駒)'라 불렸으며 전파에게 가서 청하였다. '신이 듣건대 대청 위에서는 떨치지 않고 교외의 풀은 김을 매지 않으며, 시퍼런 칼날이 앞에서 맞부딪치고 날아다니는 화살에서 구원할 수 없으니 다급하여 늦출 겨를이 없습니다. 지금 초나라는 남양(南陽)에 진을 치고 조(趙)나라는 고당(高唐)을 치며 연나라 군 10만이 요성(聊城)에서 떠나지 않아 나라의 멸망이 조석 간에 있으니 선생께서는 어찌하시렵니까? 할 수 없다면 선생의 말은 올빼미 울음소리와 같아 성을 나가면 사람들이 싫어할 것이니 선생께서는 부디 더 이상 말하지 마시기를 바랍니다.' 전파가 말하였다. '삼가 명을 듣겠습니다.' 전파가 서겁에게 말하였다. '선생은 곧 나는 토끼이니 어찌 다만 천리구이겠습니까!' 전파는 죽을 때까지 담론을 하지 않았다."

而秦王使白起破趙長平之軍前後四十餘萬	
	진왕이 백기로 하여금 조나라의 장평의 군사를 전후로 40여만 명을 깨뜨리게 하였으며
秦兵遂東圍邯鄲	진나라 군사가 마침내 한단을 에워쌌다.
趙王恐	조왕은 두려워하였고
諸侯之救兵莫敢擊秦軍	제후의 구원병도 감히 진나라 군을 치지 못했다.
魏安釐王使將軍晉鄙救趙	위안리왕은 장군 진비로 하여금 조나라를 구원하게 하였는데
畏秦	진나라를 두려워하여
止於蕩陰不進[2]	탕음에 눌러앉아 나아가지 않았다.
魏王使客將軍新垣衍[3]間入邯鄲	
	위왕은 객장 신원연을 한단에 잠입시켰으며
因平原君謂趙王曰	평원군을 통하여 조왕에게 말하였다.
秦所爲急圍趙者	"진나라가 급히 조나라를 에워싼 까닭은
前與齊湣王爭彊爲帝	전에 제민왕과 강함을 다투어 칭제하다가
已而復歸帝	얼마 후 다시 제에서 복귀했기 때문이며,
今齊(湣王)已益弱	지금 제(민왕)나라는 이미 더욱 약해졌고
方今唯秦雄天下	지금은 진나라만이 천하에서 강하니
此非必貪邯鄲	이는 반드시 한단을 탐내는 것이 아니라
其意欲復求爲帝	그 뜻은 다시 칭제하기를 구하려는 것입니다.
趙誠發使尊秦昭王爲帝	조나라가 실로 사신을 보내어 진소왕을 제로 높이면

2 **집해** 「지리지(地理志)」에 의하면 하내(河內)에 탕음현(蕩陰縣)이 있다. **정의** 탕(蕩)은 상주현(相州縣)이다.

3 **색은** 신원(新垣)은 성이고, 연(衍)은 이름이다. 양[梁: 위(魏)]나라의 장수이다. 옛날 한(漢)에 신원평(新垣平)이 있었다.

秦必喜	진나라는 반드시 기뻐하여
罷兵去	군사를 거두고 돌아갈 것입니다."
平原君猶預未有所決	평원군은 결정을 내리지 못하고 미적거렸다.

此時魯仲連適游趙	이때 노중련이 마침 조나라에서 활동하였는데
會秦圍趙	마침 진나라가 조나라를 에워쌌으며
聞魏將欲令趙尊秦爲帝	위나라 장수가 조나라에게 진나라를 제로 높이게 하려는 것을 듣고
乃見平原君曰	이에 평원군을 만나 말하였다.
事將柰何	"일을 어떻게 하려 하십니까?"
平原君曰	평원군이 말하였다.
勝也何敢言事	"제가 어찌 감히 일을 말하겠습니까!
前亡四十萬之衆於外	전에 밖에서 40만의 무리를 잃고
今又內圍邯鄲而不能去	지금 또 안으로 한단을 에워싸 떨쳐낼 수가 없습니다.
魏王使客將軍新垣衍令趙帝秦[4]	위왕이 객장 신원연으로 하여금 조나라더러 진나라를 제로 삼으라 하고
今其人在是	지금 그 사람이 이곳에 있으니
勝也何敢言事	제가 어찌 감히 그 일에 대하여 말하겠습니까!"
魯仲連曰	노중련이 말하였다.
吾始以君爲天下之賢公子也	"제가 처음에는 그대를 천하의 현명한 공자라 생각했습니다만

4 색은 신원연은 조나라로 하여금 진나라를 제(帝)로 높이게 하려는 것이다.

吾乃今然後知君非天下之賢公子也	
	저는 곧 지금부터 그대가 천하의 현명한 공자가 아님을 알았습니다.
梁客新垣衍安在	양나라의 객 신원연은 어디에 있습니까?
吾請爲君責而歸之	제가 청컨대 그대를 위해 꾸짖고 돌려보내도록 하겠습니다."
平原君曰	평원군이 말하였다.
勝請爲紹介[5]而見之於先生	"제가 청컨대 선생을 만나보도록 소개해 드리겠습니다."
平原君遂見新垣衍曰	평원군은 마침내 신원연을 만나서 말하였다.
東國有魯仲連先生者	"동쪽 나라에 노중련 선생이란 사람이 있는데
今其人在此	지금 그 사람이 이곳에 있어서
勝請爲紹介	제가 청컨대 소개해 드릴 테니
交之於將軍	장군께서는 사귀어 보시기 바랍니다."
新垣衍曰	신원연이 말하였다.
吾聞魯仲連先生	"내 듣자 하니 노중련 선생은
齊國之高士也	제나라의 뜻이 높은 선비라 합니다.
衍人臣也	저는 신하이고
使事有職	사자로서 직책이 있으니
吾不願見魯仲連先生	노중련 선생을 만나기를 원치 않습니다."
平原君曰	평원군이 말하였다.
勝旣已泄之矣	"제가 이미 (말을) 흘렸습니다."

5 집해 곽박(郭璞)은 "소개(紹介)는 돕는다는 것이다."라 하였다. 색은 소개(紹介)는 매개(媒介)와 같다. 또한 예(禮)에서는 빈객이 이르면 반드시 개(介)를 통하여 말을 전한다. 소(紹)라는 것은 잇는 것이다. 개(介)는 한 사람이 아니므로 예에서 "개(介)가 이어서 명을 전한다."라 하였다.

新垣衍許諾	신원연은 허락하였다.
魯連見新垣衍而無言	노중련은 신원연을 만나보고도 말이 없었다.
新垣衍曰	신원연이 말하였다.
吾視居此圍城之中者	"내가 이곳 포위된 성에 사는 자들을 보니
皆有求於平原君者也	모두 평원군에게 바라는 것이 있는데,
今吾觀先生之玉貌	이제 내가 선생의 옥모를 보건대
非有求於平原君者也	평원군에게 바라는 것이 없으니
曷爲久居此圍城之中而不去	어찌 이 포위된 성안에 오래 머물면서 떠나지 않습니까?"
魯仲連曰	노중련이 말하였다.
世以鮑焦爲無從頌而死者	"세상에서는 포초를 느긋하지 않아 죽은 것이라고 생각하는데
皆非也[6]	모두 아닙니다.
衆人不知	뭇 사람들은 알지 못하고

6 집해 포초(鮑焦)는 주(周)나라의 곧은 선비이다. 『장자(莊子)』에 보인다. 색은 종송(從頌)은 종용(從容)이라는 뜻이다. 세상 사람들이 포초의 죽음을 보기를 모두 스스로 관용할 수가 없어서 죽음을 택한 것이라고 생각하는데 이는 틀렸다는 말이다. 정의 『한시외전』에서는 말하였다. "성은 포(鮑)이고 이름은 초(焦)로 주나라 때의 은자이다. 행동을 꾸미고 세상을 비난하였으며 청렴함과 결백을 지키고 짐을 지고 땔나무를 날랐으며 도토리를 주워 배를 채웠으므로 후사를 이을 자식이 없었으며 천자의 신하가 되지 않았고 제후들과도 사귀지 않았다. 자공(子貢)이 그를 만나자 말하기를 '내가 듣건대 그 나라의 정치가 그르면 그 나라의 땅을 밟지 않고 그 임금을 더럽힌 자는 이익을 받아들이지 않는다고 하였고. 지금 그대가 그 땅을 밟고 그 이익을 누리는 것이 가하겠는가?'라 하였다. 포초가 말하였다. '내가 듣건대 청렴한 선비는 나아가는 것을 중히 여기고 물러나는 것을 가벼이 여기며 현인은 쉬 부끄러워하며 죽음을 가벼이 여긴다고 하였소.' 마침내 나무를 안고 선 채 말라죽었다." 노중련이 조나라에 남아 떠나지 않는 것은 그 한 몸을 위해서가 아니라는 것이다.

則爲一身[7]	한 몸을 위해서였다고 합니다.
彼秦者	저 진나라는
棄禮義而上首功之國也[8]	예의는 버리고 목을 베는 공을 으뜸으로 치는 나라로,
權使其士	권사(權詐)로 사병들을 부리고
虜使其民[9]	노예처럼 그 백성을 부렸습니다.
彼即肆然而爲帝[10]	저는 멋대로 제가 되었고
過[11]而爲政於天下[12]	과실로 천하를 다스리니
則連有蹈東海而死耳	내가 동해를 걸어 죽을 따름일지라도
吾不忍爲之民也[13]	나는 차마 그 백성이 되지 못합니다.
所爲見將軍者	장군을 찾아뵌 것은
欲以助趙也	조나라를 돕고자 해서입니다.”

7 **색은** 사람들은 포초의 뜻을 모르면서 포초가 부끄럽게 탁한 세상에 숨어 살았다고 생각하는데 그 한 몸만을 위해서 근심하다 죽은 것이 아니라는 말이다. 이 일은 『장자』에 보인다.

8 **집해** 초주(譙周)는 말하였다. “진나라는 위앙(衛鞅)의 계책을 써서 20등급의 작위를 제정하여 전투에서 수급(首級)을 얻은 자에게 작위를 주었다. 그런 까닭에 진나라 사람들이 싸울 때마다 노약자 및 부인이 모두 죽었으며 공을 헤아리는 자가 만(萬)에 이르게 되었다. 천하에서 ‘목을 베는 것을 으뜸으로 치는 나라’라 이른 것은 모두 미워해서 그런 것이다.” **색은** 진나라의 법은 참수를 많이 한 것이 으뜸가는 공이 된다. 한 사람을 참수하면 1급의 작위를 내리므로 진나라를 “공을 으뜸으로 치는 나라”라고 한 것이다.

9 **색은** 진나라 사람이 권모와 사술로 전사(戰士)들을 부리고, 노예와 포로로 그 사람들을 부려먹음을 말한다. 은혜로 아래를 구휼하지 않음을 말한다.

10 **색은** 사연(肆然)은 방자한 뜻[肆志]과 같은 말이다.

11 **정의** ‘과(過)’ 자에서 구절을 끊는다. 그 뜻을 방자하게 하는 것이다. 진나라가 제 마음대로 제(帝)가 되면 삶아죽이고 젓갈을 담는 형을 행함이 있고 자물쇠를 바쳐 천자의 예를 두루 행하게 될 것이라는 말이다. 과(過)는 실(失)이다.

12 **색은** 과악(過惡)을 가지고 다스리는 것을 말한다.

13 **정의** 조나라와 위나라가 진나라를 임금으로 섬겨 천하를 다스리게 되어 노중련이 동해를 걷다가 빠져 죽더라도 차마 진나라의 백성은 되지 않겠다는 것이다.

新垣衍曰	신원연이 말하였다.
先生助之將柰何	"선생께서는 어떻게 도우려 하십니까?"
魯連曰	노련이 말하였다.
吾將使梁及燕助之	"내 장차 양나라 및 연나라로 하여금 돕게 할 것이며
齊, 楚則固助之矣	제나라와 초나라는 반드시 돕게 될 것입니다."
新垣衍曰	신원연이 말하였다.
燕則吾請以從矣	"연나라는 내가 청하면 따를 것이오만,
若乃梁者	곧 양나라의 경우에는
則吾乃梁人也	내가 바로 양나라 사람이니
先生惡能使梁助之	선생께서는 어찌 양나라로 하여금 도울 수 있게 하겠소?"
魯連曰	노련이 말하였다.
梁未睹秦稱帝之害故耳	"양나라가 아직 진나라가 칭제한 해악을 못 봐서 그런데
使梁睹秦稱帝之害	양나라로 하여금 칭제한 해악을 보기만 한다면
則必助趙矣	반드시 조나라를 도울 것입니다."

新垣衍曰	신원연이 말하였다.
秦稱帝之害何如	"진나라가 칭제한 해악이 어떠하오?"
魯連曰	노련이 말하였다.
昔者齊威王嘗爲仁義矣	"옛날 제위왕은 일찍이 인의를 행하여
率天下諸侯而朝周	천하의 제후를 거느리고 주나라에 조회하였습니다.
周貧且微	주나라는 가난하고 약하여져

諸侯莫朝	제후들이 아무도 조회를 하지 않았는데
而齊獨朝之	제나라만이 조회하였습니다.
居歲餘	1년여 만에
周烈王崩[14]	주열왕이 돌아가셨는데
齊後往	제나라가 늦게 갔더니
周怒	주나라에서 노하여
赴於齊[15]曰	제나라에 부고하여 말하기를
天崩地坼	'하늘이 무너지고 땅이 갈라졌으며
天子下席[16]	천자가 자리에서 내려왔도다.
東藩之臣因齊後至	동쪽 변방의 신하인 제나라가 나중에 이르렀으니
則斮[17]	목을 베리라.'라 하였습니다.
齊威王勃然怒曰	제위왕은 벌컥 화를 내며 말하였습니다.
叱嗟	'허참,
而母婢也[18]	에미가 종년인 주제에!'
卒爲天下笑	마침내 천하의 웃음거리가 되었습니다.
故生則朝周	그러므로 살아서는 주나라를 조회하고

14 집해 서광(徐廣)이 말하였다. "열왕(烈王)은 10년에 죽었으며, 위왕(威王) 7년이다." 정의 「주본기(周本紀)」 및 「연표(年表)」에서는 열왕은 7년에 죽고 제위왕은 10년이라 하여 서광의 말과는 다르다.

15 정의 정현(鄭玄)은 말하였다. "부(赴)는 알리는 것이다." 지금은 '부(赴)' 자가 '부(訃)' 자로 되어 있다.

16 색은 열왕의 태자 안왕교(安王驕)를 말한다. 하석(下席)은 거적에서 자고 오두막에서 거처함을 말한다.

17 집해 『공양전(公羊傳)』에서는 말하였다. "삼군(三軍)을 속인 자는 참형에 처한다." 하휴(何休)는 "작(斮)은 (목을) 베는 것이다."라 하였다.

18 정의 열왕의 왕후를 욕한 것이다.

死則叱之	죽어서는 욕을 하니
誠不忍其求也	실로 그 요구를 참지 못해서입니다.
彼天子固然	저 천자란 실로 그러한 것이니
其無足怪	족히 괴이히 여길 것이 없습니다."

新垣衍曰	신원연이 말하였다.
生獨不見夫僕乎	"그대는 저 종도 보지 못하였소?
十人而從一人者	열 사람이 한 사람을 따르는 것이
寧力不勝而智不若邪	어찌 힘이 낫지 못하고 지혜가 그만 못해서이겠습니까?
畏之也[19]	두려워하기 때문입니다."
魯仲連曰	노중련이 말하였다.
嗚呼	"아아!
梁之比於秦若僕邪	양나라는 진나라에 비하면 종과 같습니까?"
新垣衍曰	신원연이 말하였다.
然	"그렇소."
魯仲連曰	노중련이 말하였다.
吾將使秦王烹醢梁王	"내 진왕으로 하여금 양왕을 삶아서 젓을 담게 하겠소."
新垣衍怏然不悅[20]	신원연은 언짢아하며 기뻐하지 않고
曰	말하였다.
噫嘻[21]	"어허,

19 색은 종 열 사람이 한 사람을 따르는 것이 어찌 힘이 낫지 못해서이겠으며 또한 지혜가 못해서도 아니며 바로 그 주인을 두려워해서일 따름이라는 말이다.

20 정의 怏의 음은 앙[於尙反]이다.

亦太甚矣先生之言也	또한 너무 심하군요, 선생의 말씀이!
先生又惡能使秦王烹醢梁王	선생께서 또한 어찌 진왕으로 하여금 양왕을 삶아서 젓을 담게 할 수 있겠소?”
魯仲魯曰	노중련이 말하였다.
固也	“애초에
吾將言之	내 말하려 하였소.
昔者九侯, 鄂侯, [22]文王	지난날 구후와 악후, 문왕은
紂之三公也	주왕의 삼공이었습니다.
九侯有子而好	구후에게는 딸이 있었고 예뻐서
獻之於紂	주에게 바쳤는데
紂以爲惡	주왕은 못났다고 하여
醢九侯	구후를 젓 담았습니다.
鄂侯爭之彊	악후가 강하게 변론하고
辯之疾	변론함이 맹렬하자
故脯鄂侯	악후의 포를 떴습니다.
文王聞之	문왕이 듣고
喟然而歎	아아 하고 탄식하였으므로
故拘之牖里之庫百日[23]	유리의 창고에 백 일이나 구금하여
欲令之死	죽게 하려 했습니다.
曷爲與人俱稱王	어찌하여 남과 함께 왕으로 일컬어지면서

21 **색은** 앞의 글자는 음이 의(依)이다. 의(噫)는 불평하는 소리이다. 뒤의 글자는 음이 희(僖)이다. 희(嘻)는 놀라고 한스러워하는 소리이다.

22 **집해** 서광은 말하였다. “업현(鄴縣)에 구후성(九侯城)이 있다. 구(九)는 ‘귀(鬼)’로 된 판본도 있다. 악(鄂)은 ‘형(邢)’으로 된 판본도 있다.” **정의** 구후성은 상주(相州) 부양현(滏陽縣) 서남쪽 50리 지점에 있다.

23 **정의** 상주(相州) 탕음현(蕩陰縣) 북쪽 9리 지점에 유성(羑城)이 있다.

卒就脯醢之地	끝내 포가 뜨이고 젓으로 담기는 지경이 되었겠습니까?
齊湣王之魯	제민왕은 노나라로 가자
夷維子[24]爲執策而從	이유자가 채찍을 잡아주고 따르면서
謂魯人曰	노나라 사람에게 말하였습니다.
子將何以待吾君	'그대는 우리 임금을 어떻게 대하려 하오?'
魯人曰	노나라 사람이 말하였습니다.
吾將以十太牢待子之君	'내 10태뢰로 그대의 임금을 대하려 하오.'
夷維子曰	이유자가 말하였습니다.
子安取禮而來待吾君	'그대는 어디서 예를 취하여 우리 임금을 대하는가?
彼吾君者	저 우리 임금으로 말할 것 같으면
天子也	천자요.
天子巡狩	천자가 순수하면
諸侯辟舍[25]	제후는 집을 비켜주고
納筦籥[26]	자물쇠와 열쇠를 바치며
攝衽抱机[27]	옷깃을 걷고 밥상을 안고서
視膳於堂下	대청 아래에서 식사하는 것을 살피다가

24 **색은** 유(維)는 동래(東萊)의 읍인데 거처하는 곳이 오랑캐 땅이기 때문에 이유자(夷維子)라 부른 것이다. 옛 안자(晏子)가 내(萊)의 이유(夷維) 사람이라는 것이 바로 이를 말한다. **정의** 밀주(密州) 고밀현(高密縣)은 옛 이안성(夷安城)이다. 응소(應劭)는 "옛 내이(萊夷) 유읍(維邑)이다."라 하였다. 아마 읍을 성으로 삼은 것일 것이다. 자(子)는 남자(男子)의 미칭이다. 또 말하기를 자는 작위라고도 한다.

25 **색은** 辟의 음은 피(避)이다. 정침(正寢)을 비켜 주는 것이다. 『예(禮)』에 의하면 "천자가 제후국에 가면 반드시 그 조묘(祖廟)를 비켜 준다."라 하였다.

26 **색은** 음은 관약(管藥)이다.

27 **색은** 음은 기(紀)이다. **정의** 衽의 음은 임[而甚反]이다.

天子已食	천자가 식사를 끝내면
乃退而聽朝也	이에 물러나 조정에서 정사를 돌보는 것이오.'
魯人投其籥	노나라 사람은 열쇠를 집어던지고
不果納[28]	결국 들이지 않았습니다.
不得入於魯	노나라에 들어가지 못하게 되자
將之薛[29]	설로 가려고
假途於鄒	추나라에서 길을 빌렸습니다.
當是時	이때
鄒君死	추나라 임금이 죽어서
湣王欲入弔	민왕이 들어가 조문하려고 하였습니다,
夷維子謂鄒之孤曰	이유자가 추나라의 태자에게 일러 말하였습니다.
天子弔	'천자가 조문을 하면
主人必將倍殯棺	주인은 반드시 초빈(草殯)의 관을 등지고
設北面於南方	남쪽에서 북쪽을 바라보는데
然后天子南面弔也[30]	그런 다음에라야 천자가 남쪽을 바라보고 조문을 하는 것이오.'
鄒之群臣曰	추나라의 신하들이 말하였습니다.
必若此	'반드시 이렇게 해야 한다면
吾將伏劍而死	우리는 칼에 엎어져 죽을 것이오.'
固不敢入於鄒	실로 감히 추나라에 들어가지 못하였습니다.

28 색은 내문을 닫고 제나라 임금을 들여보내지 않은 것을 말한다. 정의 약(籥)은 곧 열쇠이다. 열쇠를 땅에다 집어던진 것이다.

29 정의 설후(薛侯)의 옛 성은 서주(徐州) 등현(滕縣)의 경계에 있다.

30 색은 倍는 음이 배(佩)이다. 주인은 빈(殯)의 동쪽에 있지 않고 그 빈관[殯棺: 염습(殮襲)만 하고 아직 장사 지내지 않은 영구(靈柩)]을 등지고 서쪽 계단 위에 서서 북쪽을 바라고 곡을 하는 것이 배(倍)이다. 천자는 이에 동쪽 섬돌 위에서 남쪽을 바라고 조문을 한다.

鄒, 魯之臣	추와 노나라의 신하들은
生則不得事養	살아서는 섬김과 봉양을 하지 못하였고
死則不得賻襚[31]	죽어서는 부의와 수의를 바치는 예를 행하지 못하였습니다만
然且欲行天子之禮於鄒, 魯	또한 추와 노나라에서 천자의 예를 행하고자 함에
鄒, 魯之臣不果納[32]	추와 노나라의 신하들은 실로 들이지 않았습니다.
今秦萬乘之國也	지금 진나라는 만승의 나라이고
梁亦萬乘之國也	양나라도 만승의 나라입니다.
俱據萬乘之國	모두가 만승의 나라로
各有稱王之名	각자 왕이라 일컫는 명분이 있는 데도
睹其一戰而勝	한번 싸워서 이기는 것을 보고는
欲從而帝之	좇아서 제로 삼고자 하니
是使三晉之大臣不如鄒魯之僕妾也	이는 삼진의 대신이 추와 노나라의 종보다 못하게 하려는 것입니다.
且秦無已而帝	하물며 진나라를 그치게 함도 없이 제가 되면
則且變易諸侯之大臣	또한 제후의 대신을 바꿀 것입니다.
彼將奪其所不肖而與其所賢	저들은 불초한 자들에게서 빼앗아 어진 자에게

31 정의 의복(衣服)을 수(襚)라 하고 재화를 부(賻)라 하는데, 모두 산 자를 돕고 죽은 자를 보내는 예법이다.

32 색은 당시 임금은 약하고 신하는 강하였으므로 추나라와 노나라의 임금은 살아 있을 때는 신하들이 모두 섬기고 봉양을 하지 못하였으며 죽어서도 부의를 내고 수의를 바치는 예를 행하지 못하였음을 이른다. 그러나 제나라가 추나라와 노나라에서 천자의 예를 행하려 하였으므로 추나라와 노나라의 신하들은 모두 결국 들이지 않았으니 이는 오히려 예를 잡고 대체를 존속시킨 것이라는 말이다.

주고

奪其所憎而與其所愛　미워하는 자들의 것에서 빼앗아 아끼는 자에게 줄 것입니다.

彼又將使其子女讒妾爲諸侯妃姬

저들은 또한 그 자녀와 참소하는 첩을 제후들의 비희로 삼게 하여

處梁之宮　양나라의 궁전에 살게 할 것입니다.

梁王安得晏然而已乎　양왕이 어찌 편안히 있게 될 따름이겠습니까?

而將軍又何以得故寵乎　장군은 또한 어찌 옛 은총을 얻게 되겠습니까?"

於是新垣衍起　이에 신원연이 일어나

再拜謝曰　두 번 절하고 사과하여 말하였다.

始以先生爲庸人　"처음에는 선생을 보통 사람으로 생각하였지만

吾乃今日知先生爲天下之士也

내 오늘에야 선생이 천하의 선비인 줄을 알았습니다.

吾請出　내 청컨대 나가서

不敢復言帝秦　감히 다시는 진나라를 제(帝)로 하자는 말을 않도록 하겠습니다."

秦將聞之　진나라 장수가 듣고는

爲卻軍五十里　그 때문에 군사를 50리를 물렸다.

適會魏公子無忌奪晉鄙軍以救趙

마침 위나라 공자 무기(無忌)가 진비의 군사를 빼앗아 조나라를 구원하여

擊秦軍　진나라 군사를 치니

秦軍遂引而去　진나라는 마침내 (군사를) 거두어 돌아갔다.

於是平原君欲封魯連	이에 평원군은 노련을 봉하고자 하였는데
魯連辭讓者三	노련은 세 번이나 사절하고
終不肯受	끝내 받으려 하지 않았다.
平原君乃置酒	평원군은 이에 술상을 차려
酒酣起前	술이 얼큰하게 취하여 일어나 앞으로 나가
以千金爲魯連壽	천금으로 노련을 축수하였다.
魯連笑曰	노련이 웃으면서 말하였다.
所貴於天下之士者	"천하의 선비에게 귀한 것은
爲人排患釋難解紛亂而無取也	남을 위하여 어려움을 배제하고 분란을 해결해 주고 아무것도 취하지 않는 것입니다.
即有取者	취하는 것이 있다면
是商賈之事也	이는 장사치들의 일이니
而連不忍爲也	저는 차마 이런 짓을 하지 않습니다."
遂辭平原君而去	마침내 평원군과 작별하고 떠나
終身不復見	죽을 때까지 다시는 보지 않았다.

其後二十餘年	그로부터 20여 년 후
燕將攻下聊城[33]	연나라 장수가 요성을 함락시켰는데
聊城人或讒之燕	요성의 사람 중 어떤 사람이 그를 연나라에 참소하니
燕將懼誅	연나라 장수가 죽임을 당할까 두려워하여
因保守聊城	이에 요성을 지키면서
不敢歸	감히 돌아가지 않았다.

33 정의 지금의 박주현(博州縣)이다.

齊田單攻聊城[34]歲餘	제나라 전단이 요성을 공격한 지 한 해 남짓이 되도록
士卒多死而聊城不下	사졸들만 많이 죽고 요성은 함락되지 않았다.
魯連乃爲書	노련은 이에 편지를 써서
約之矢以射城中	화살에 묶어 성안으로 쏘아
遺燕將	연나라 장수에게 보냈다.
書曰	편지에서는 말하였다.

吾聞之	내가 듣자 하니
智者不倍時而棄利	지혜로운 자는 때를 어기고 이익을 버리지 않고
勇士不卻死而滅名[35]	용사는 죽음에서 물러나 이름이 사라지게 하지 않으며
忠臣不先身而後君	충신은 자기 몸을 먼저 생각하고 임금을 나중에 생각하지 않는다고 하였습니다.
今公行一朝之忿	지금 공은 하루아침의 분노를 행하여
不顧燕王之無臣	연왕이 신하가 없음을 돌아보지 않으니
非忠也	충성이 아니며,
殺身亡聊城	몸을 죽이고 요성도 망하게 하여
而威不信於齊	위엄이 제나라에서 펴지지 않으니
非勇也	용기가 아니고,
功敗名滅	공은 허물어지고 이름은 사라져서
後世無稱焉	후세에 일컬어지지 않으니

34 집해 서광은 "「연표」에 의하면 전단이 요성을 공격한 것은 장평의 전쟁이 있은 지 10여 년 후의 일이다."라 하였다. 색은 생각건대 서광은 「연표」에 의거하여 전단이 요성을 공격한 것은 장평의 전쟁이 있은 지 10여 년 후의 일일 따름이라고 생각하여 "30여 년"이라 하였는데 이는 틀렸다.

35 색은 각사(卻死)는 피하여 죽는다[避死]는 말과 같다.

非智也	지혜로운 것이 아닙니다.
三者世主不臣	이 세 가지는 세상의 임금이 신하로 여기지 않으며
說士不載	유세지사도 높이지 않으므로
故智者不再計	지혜로운 자는 다시는 도모하지 않고
勇士不怯死	용사도 죽는 것을 겁내지 않습니다.
今死生榮辱	지금 죽고 삶 영예와 욕됨
貴賤尊卑	귀하고 천함 높고 낮음은
此時不再至	이때 다시 이르지 않으니
願公詳計而無與俗同	원컨대 공께서는 상세히 생각하시어 세속과 같이 하지 마십시오.

且楚攻齊之南陽[36]	또한 초나라가 제나라의 남양을 공격하고
魏攻平陸[37]	위나라가 평륙을 공격하는데
而齊無南面之心	제나라는 남면하려는 마음이 없고
以爲亡南陽之害小	남양을 잃는 해가 작아서
不如得濟北之利大[38]	제북을 얻는 이익보다 크지 않다고 생각하기 때문에
故定計審處之	계책을 정하여 살피어 처하는 것입니다.
今秦人下兵	지금 진나라 사람이 군사를 내려보내면
魏不敢東面	위나라는 감히 동쪽을 보지 못하고,
衡秦之勢成[39]	진나라와 연횡하는 형세가 이루어졌으니

36 색은 곧 제나라의 회북(淮北), 사상(泗上)의 땅이다.

37 색은 평륙(平陸)은 읍 이름인데 서쪽 경계에 있다. 정의 연주현(兗州縣)이다.

38 색은 곧 요성(聊城)의 땅이다. 정의 제나라가 남쪽을 향하여 초나라와 위나라를 공격하려는 마음이 없음을 말하며, 남양(南陽)과 평륙의 해는 작아서 요성의 이익의 큼만 못하다고 하여 반드시 공격할 것이라는 말이다.

39 색은 이때 진나라는 제나라와 화해하였으므로 "진나라와 연횡하는 형세가 이루어졌다."고 말한 것이다.

楚國之形危	초나라의 형세가 위태로워졌습니다.
齊棄南陽[40]	제나라는 남양을 버렸으며
斷右壤[41]	오른쪽 땅을 단념하고
定濟北[42]	제북을 평정하면
計猶且爲之也	계획이 오히려 또한 그렇게 할 만합니다.
且夫齊之必決於聊城	또한 저 제나라는 반드시 요성에서 결판을 낼 것이니
公勿再計	그대는 다시 생각지 마십시오.
今楚魏交退於齊	지금 초나라와 위나라는 다 제나라에서 물러났으며
而燕救不至[43]	연나라의 구원은 이르지 않았습니다.
以全齊之兵	온 제나라의 군사를 가지고
無天下之規	천하의 책략 따위는 보지 않으며
與聊城共據期年之敝	요성과 1년이나 피폐한 것을 함께 다투니
則臣見公之不能得也	제가 보건대 공은 얻을 수 없습니다.
且燕國大亂	또한 연나라는 크게 어지럽고
君臣失計	임금과 신하가 계책을 잃었으며
上下迷惑	위아래가 미혹되어
栗腹以十萬之衆五折於外[44]	율복은 10만의 군사로 다섯 번 밖에서 꺾이고
以萬乘之國被圍於趙	만승의 나라가 조나라에 포위당하였으며
壤削主困	땅은 깎이고 임금은 곤경에 처하여

40 **색은** 초나라가 공격한 사상(泗上)을 버리는 것이다.

41 **색은** 또한 위나라가 공격한 제나라 오른쪽 땅인 평륙을 단절하는 것이다. 오른쪽 땅을 단념하고 버려서 구원하지 않는다는 말이다.

42 **색은** 뜻이 요성을 공격하고 제북을 평정하는 데 있는 것이다.

43 **색은** 교(交)는 함께[俱]라는 뜻이다. 전에 초나라는 남양(南陽)을 공격하고, 위나라는 평륙을 공격하였는데 지금 두 나라 군사는 모두 물러났으며 연나라의 구원병은 또한 이르지 않았으니 이것이 형세가 위태로운 것이다.

44 **집해** 서광은 "이 일은 장평(長平)의 일과 10년의 시차가 있다."라 하였다.

爲天下僇笑	천하의 치욕과 비웃음거리가 되었습니다.
國敝而禍多	나라는 피폐해지고 화는 많으며
民無所歸心	백성들은 마음을 돌릴 곳이 없습니다.
今公又以敝聊之民距全齊之兵	지금 공은 또한 피폐한 요성의 백성을 가지고 전 제나라 군사와 맞서고 있으니
是墨翟之守也[45]	이는 묵적이 지키는 것입니다.
食人炊骨	사람을 잡아먹고 뼈를 때어 밥을 하는데도
士無反外之心	군사들은 배반하려는 마음이 없으니
是孫臏之兵也[46]	이는 손빈의 병사들입니다.
能見於天下	능력이 천하에 드러났습니다.
雖然	비록 그러하나
爲公計者	공을 위한 계책으로는
不如全車甲以報於燕	병거와 갑병을 온전히 하여 연나라에 보답함만 못합니다.
車甲全而歸燕	병거와 갑병을 온전히 하여 연나라로 돌아가면
燕王必喜	연왕이 반드시 기뻐할 것이며,
身全而歸於國	몸을 온전히 하여 나라로 돌아가면
士民如見父母	군사와 백성들이 부모를 보듯 할 것이며
交游攘臂而議於世	교유하는 자들이 팔을 걷어붙이고 세상에서 의논할 것이니
功業可明	공업을 밝힐 수 있습니다.
上輔孤主以制群臣	위로는 외로운 임금을 도와 뭇 신하들을 통제하고
下養百姓以資說士[47]	아래로는 백성들 길러 유세하는 선비를 도우니
矯國更俗[48]	나라를 바로잡고 풍속을 바꾸어

45 **정의** 묵적이 송(宋)나라를 지키는 것과 같아 초나라 군사가 물러난다는 것이다.

46 **정의** 손빈(孫臏)이 사졸들을 잘 어루만져 사졸들이 두 마음을 품지 않았다는 말이다.

功名可立也	공명을 세울 수 있습니다.
亡意亦捐燕棄世	뜻이 없으시면 또한 연나라와 세상을 버려두고
東游於齊乎[49]	동으로 제나라에 갈 만할 것이오?
裂地定封	땅을 갈라주고 봉지를 정하여
富比乎陶, 衛[50]	부는 위염과 위앙에 비길 것이며
世世稱孤	대대로 고(孤, 제후)라 칭하며
與齊久存	제나라와 더불어 오래도록 남아 있을 것이니
又一計也	또한 한 가지 계책입니다.
此兩計者	이 두 가지 계책은
顯名厚實也	이름을 드러내고 부유하게 되는 것이니
願公詳計而審處一焉	원컨대 공께서는 꼼꼼히 따져 신중히 한군데에 처하십시오.

且吾聞之	또한 내가 듣건대
規小節者不能成榮名	작은 절개에 얽매이는 자는 영예로운 명성을 이룰 수 없고
惡小恥者不能立大功	작은 부끄러움을 미워하는 자는 큰 공을 세울 수 없

47 색은 백성을 기르고 또한 유세하는 선비들을 지원하여 결국 나라를 강하게 하려는 것이라는 말이다. 유씨(劉氏)는 '說士'를 '예사(銳士)'로 읽어야 한다고 하였는데 의미는 비록 편하지만 글자대로 보는 것만 못하다.

48 색은 연나라 장수로 하여금 연나라로 돌아가게 하려는 것이 나라의 일을 바로잡고 허물어진 풍속을 바로잡는 것이라는 것이다.

49 색은 亡의 음은 무(無)이다. 반드시 연나라로 돌아가려는 뜻이 없다면 연나라를 버리고 동으로 제나라로 가는 것이 어떻겠느냐는 말이다.

50 색은 연독(延篤)은 『전국책』에 주석을 달고 "도(陶)는 도주공(陶朱公也)이며, 위(衛)는 위공자형(衛公子荊)이다."라 하였는데 틀렸다. 왕소(王劭)는 "위염(魏冉)은 도에 봉하여졌고, 상군(商君)의 성은 위(衛)이다."라 하였다. 부유하기가 도(陶) · 위(衛)에 비긴다는 것은 이를 이른다.

다고 하였습니다.

昔者管夷吾射桓公中其鉤 옛날 관이오가 환공을 쏘아 대구(帶鉤)를 맞힌 것은

簒也 찬탈하기 위해서였고,

遺公子糾不能死 공자 규(糾)를 버려두고 죽을 수 없었던 것은

怯也[51] 비겁한 행동이었으며,

束縛桎梏 차꼬와 수갑에 묶였던 것은

辱也 욕을 본 것입니다.

若此三行者 이 세 가지 행동과 같은 것은

世主不臣而鄉里不通 세상의 임금은 신하로 여기지 않을 것이고 향리에서는 교왕하지 않을 것입니다.

鄉使管子幽囚而不出 그때 관자가 갇혀서 나갈 수 없었고

身死而不反於齊 몸이 죽어 제나라로 돌아가지 못했더라면

則亦名不免爲辱人賤行矣 또한 명성이 천박하고 욕된 사람이라는 것을 면치 못했을 것입니다.

臧獲且羞與之同名矣[52] 종도 그와 이름이 같음을 부끄러워할 것인데

況世俗乎 하물며 세속에서이겠습니까!

故管子不恥身在縲紲之中而恥天下之不治

그러므로 관자는 몸이 묶여 있는 것을 부끄러워하지 않았고 천하가 다스려지지 않은 것을 부끄러워하였으며,

不恥不死公子糾而恥威之不信於諸侯

공자 규를 위해 죽지 않은 것을 부끄러워하지 않았고 위명(威名)이 제후들에게 펴지지 않음을 부끄러

---

51 **색은** 유(遺)는 버린다는 뜻이다. 자규(子糾)를 버리고 소백(小白)을 섬긴 것을 이른다. **정의** 관중(管仲)은 자규(子糾)의 스승이었는데 노나라에서 그를 죽이자 자규를 따라 죽을 수가 없었는데 이는 겁이 많고 죽음을 두려워해서이다.

52 **집해** 『방언(方言)』에서는 "형(荊), 회(淮), 해(海), 대(岱), 연(燕), 제(齊)나라 사이에서는 남자 종을 장(臧)이라 하고 여자 종을 획(獲)이라 하였다."라 하였다.

	위했으므로
故兼三行之過而爲五霸首[53]	세 가지 과실을 다 가지고도 오패의 으뜸으로 만들었으며
名高天下而光燭鄰國	명성이 천하에 높았고 광채가 이웃 나라를 비추었습니다.
曹子[54]爲魯將	조자는 노나라의 장수로
三戰三北	세 번 싸워 세 번 패하였고
而亡地五百里	5백 리의 땅을 잃었습니다.
鄉使曹子計不反顧	그때 조자가 돌이켜 생각해 보지 않고
議不還踵	발걸음을 돌리지 않으려 하여
刎頸而死	목을 쳐서 죽었더라면
則亦名不免爲敗軍禽將矣	또한 이름이 패한 군대의 사로잡힌 장수를 면치 못하였을 것입니다.
曹子棄三北之恥	조자는 세 번 패하였다는 치욕을 버리고
而退與魯君計	물러나 노나라 임금과 꾀하였습니다.
桓公朝天下	환공이 천하(의 제후)를 조현하고
會諸侯	제후를 회합하였을 때
曹子以一劍之任	조자는 칼 한 자루에 몸을 맡기고
枝桓公之心[55]於壇坫之上	회맹의 단대(壇臺)에서 환공의 마음을 제지하면서도
顏色不變	안색이 변하지 않았으며
辭氣不悖	말투가 흔들리지 않았고
三戰之所亡一朝而復之	세 번 싸워서 잃은 것을 하루아침에 되돌려
天下震動	천하가 진동하고

53 **정의** 제환공(齊桓公)이 가장 처음 주양왕(周襄王)으로부터 문왕과 무왕을 제사 지낸 고기와 붉은활과 화살, 대로(大輅)를 하사받았으므로 오패(五伯)의 으뜸이 되는 것이다.

54 **색은** 바로 노나라 장수 조매(曹昧: 曹沫을 말하는 것 같다.-옮긴이)이다.

55 **색은** 지(枝)는 의(擬)와 같다.

諸侯驚駭	제후들이 경악하여
威加吳, 越	위명이 오나라와 월나라까지 떨쳤습니다.
若此二士者	이 두 사람 같은 자는
非不能成小廉而行小節也	작은 결백을 이루고 작은 절개를 이룰 수 없었던 것이 아니라
以爲殺身亡軀	몸이 죽어 없어져
絕世滅後	세대가 끊기고 후세가 사라지는 것을 생각하였으며,
功名不立	공명을 세우지 못하면
非智也	지혜롭지 못하다 여긴 것입니다.
故去感忿之怨	그러므로 분개를 느낀 원한을 떨쳐내고
立終身之名	필생의 명성을 세웠으며,
棄忿悁之節[56]	분노의 절조를 버리고
定累世之功	여러 세대에 이어질 공을 정하였습니다.
是以業與三王爭流	그런 까닭에 공업이 삼왕과 품류를 다투고
而名與天壤相獘也	명성이 천지와 함께 남아 있는 것입니다.
願公擇一而行之	그대는 하나를 택하여 행하시길 바랍니다.

燕將見魯連書	연나라 장수는 노련의 편지를 보고
泣三日	사흘간 울면서
猶豫不能自決	우물쭈물 스스로 결정을 내릴 수 없었다.
欲歸燕	연나라로 돌아가려니
已有隙	이미 틈이 생겨
恐誅	죽임을 당할까 두려웠고,
欲降齊	제나라에 항복하자니

56 **정의** 忿의 음은 분[敷粉反]이다. 悁의 음은 연[於緣反]이다.

所殺虜於齊甚衆	죽인 제나라의 포로가 너무 많아
恐已降而後見辱	항복한 뒤에 욕을 볼까 두려워하였다.
喟然歎曰	아아! 하고 탄식하며 말하였다.
與人刃我	"남이 나를 찔러 죽게 하느니
寧自刃	차라리 스스로 찔러 죽겠다."
乃自殺	이에 자살하였다.
聊城亂	요성은 어지러워지고
田單遂屠聊城	전단은 마침내 요성을 도륙하였다.
歸而言魯連	돌아가서 노련에게 말하고
欲爵之	작위를 내리려 하였다.
魯連逃隱於海上	노련은 바닷가로 도망쳐 숨고는
曰	말하였다.
吾與富貴而詘於人	"내가 부귀로 남에게 굽히느니
寧貧賤而輕世肆志焉[57]	빈천하더라도 세상을 깔보며 뜻대로 하겠다."

鄒陽者	추양은
齊人也	제나라 사람이다.
游於梁	양나라에서 활동하였으며

與故吳人莊忌夫子淮陰枚生[58]之徒交

옛 오나라 사람 장기부자 · 회음매생의 무리와 교유하였다.

---

57 **색은** 사(肆)는 방(放)과 같은 뜻이다.

58 **색은** 기(忌)는 회계(會稽) 사람으로, 성은 장(莊)씨이고 자가 부자(夫子)이다. 나중에 한명제(漢明帝)의 휘를 피하여 성을 엄(嚴)으로 바꾸었다.

색은 (淮陰枚生의) 이름은 승(乘)이고 자는 숙(叔)이며, 그 아들 고(皋)는 『한서(漢書)』에 전이 있다. 아마 함매씨(銜枚氏)에서 성을 얻었을 것이다.

上書而介於羊勝, 公孫詭之間[59]	
	글을 올려 양승과 공손궤 사이에 양다리를 걸쳤다.
勝等嫉鄒陽	양승 등이 추양을 미워하여
惡之梁孝王	양효왕에게 그를 나쁘게 말하였다.
孝王怒	효왕이 노하여
下之吏	옥리에게 내려 보내
將欲殺之	죽이려 하였다.
鄒陽客游	추양의 나그네살이를 하다가
以讒見禽	참언으로 잡혀
恐死而負累[60]	죽어서 누명을 쓸까 봐
乃從獄中上書曰	이에 옥에서 글을 지어 올렸다.

臣聞忠無不報	신이 듣건대 충성은 보답 받지 않음이 없고
信不見疑	신의는 의심을 받지 않는다고 하였는데
臣常以爲然	신은 늘 그렇다고 생각하였사오나
徒虛語耳	다만 빈말일 따름이었습니다.
昔者荊軻慕燕丹之義	옛날에 형가는 연단의 의기(義氣)를 그리워하여
白虹貫日	흰 무지개가 해를 꿰뚫었으나
太子畏之[61]	태자는 두렵게 여겼으며,
衛先生爲秦畫長平之事	위 선생은 진나라를 위해 장평의 일을 꾸며
太白蝕昴	태백성이 묘수를 침식(侵蝕)하였으나

---

59 색은 추양이 글을 올려 스스로 이르러 두 사람 사이에 놀면서 어떨 때는 저리 갔다가 어떨 때는 이리 갔다가 한다는 것을 말한다. 개(介)라는 것은 그 사이에 틈이 있음을 말하기 때문에 두예(杜預)는 "개(介)는 간(間)과 같다."라 하였다.

60 정의 모든 죄를 짓지 않은 것을 누(累)라 한다.

而昭王疑之[62]	소왕은 그를 의심하였습니다.
夫精變天地而信不喻兩主	정성이 천지를 변하게 하였으나 신의가 두 임금을 깨치지 못하였으니

---

61 **집해** 응소는 말하였다. "연나라 태자 단(丹)은 진나라의 볼모로 있었는데 진시황이 그에게 무례하게 대하여 단(丹)이 도망을 쳐서 형가를 잘 길러 서쪽으로 가서 진왕을 저격하게 하였다. 정성이 하늘을 감동시켜 흰 무지개가 그것 때문에 해를 꿰었다." 여순(如淳)은 말하였다. "흰 무지개는 병(兵)의 상(象)이다. 해는 임금이다." 『열사전(烈士傳)』에서는 말하였다. "형가가 출발한 후 태자가 기상을 관찰하여 보았더니 무지개가 해를 꿰는데 꿰뚫지 못하는 것을 보고 말하기를 '내 일이 이루어지지 않겠구나.'라 하였다. 나중에 형가가 죽고 일이 이루어지지 않았다는 말을 듣고 말하기를 '내 그리 될 줄 알았다.'라 하였다."

색은 『열사전(烈士傳)』에서는 말하였다. "형가가 출발한 후 태자가 기상을 관찰하여 보았더니 무지개가 해를 꿰는데 꿰뚫지 못하는 것을 보고 말하기를 '내 일이 이루어지지 않겠구나.'라 하였다. 나중에 형가가 죽고 일이 이루어지지 않았다는 말을 듣고 말하기를 '내 그리될 줄 알았다.'라 하였다."라 하였는데, 이것이 두려워한 것이다. 또한 왕소는 "형가는 진나라에 들어가려고 하면서 그 빈객을 기다리면서 출발하지 않았다. 태자 단(丹)이 그가 두려워한다고 의심하였으므로 두려워하는 것이라고 한 것이다."라 하였는데, 그 해석은 "무지개가 해를 꿰었는데 꿰뚫지 못했다."라는 것만 못하다. 『전국책』에서는 또한 말하기를 "섭정(聶政)이 한괴(韓傀)를 찔러 죽였다."라 하고는 또한 "흰 무지개가 해를 꿰뚫었다."라 하였다.

62 **집해** 소림(蘇林)은 말하였다. "백기(白起)가 진나라를 위하여 조나라를 공격하여 장평의 군사를 격파하고 마침내 조나라를 멸하고자 하였는데, 위 선생을 보내어 소왕(昭王)에게 군량을 더하라고 유세하였으나 양후(穰侯)의 방해로 일이 이루어지지 않았다. 그 정성이 위로 하늘에까지 다다랐으므로 태백성이 그 때문에 묘수를 침식한 것이다. 묘수(昴宿)는 조나라 땅의 분야(分野)이다. 장수에게는 군사가 있으므로 태백성이 묘수를 침식한 것이다. 식(食)은 소요시키는 것이다." 여순은 말하였다. "태백(太白)은 곧 하늘의 장군이다."

색은 복건(服虔)은 말하였다. "위 선생은 진나라 사람이다. 백기가 장평에서 조나라 군사를 공격하자 위 선생을 보내어 소왕(昭王)에게 군량을 더하라고 유세하였으나 양후(穰侯)의 방해로 일이 이루어지지 않았다. 정성이 하늘을 감동시켰으므로 태백성이 묘수(昴宿)를 침식한 것이다. 묘수는 조나라의 분야(分野)이다." 여순은 말하였다. "태백성은 서방을 주관하고 진나라가 서쪽에 있으니 조나라를 패하게 할 조짐이다. 식(食)은 소요시킨다는 것을 말한다." 또한 왕충(王充)은 말하였다. "흰 무지개가 해를 꿰고 태백성이 묘수(昴宿)를 침식하였다고 한 것은 사실이다. 형가의 계책과 위 선생의 책모가 황천(皇天)을 감동시켜 해를 꿰고 묘수를 침식하였다는 것은 허구이다."

豈不哀哉	어찌 슬프지 않겠습니까!
今臣盡忠竭誠	지금 신은 충성을 다하고
畢議願知[63]	의견을 다하여 알아주기를 바랐으나
左右不明[64]	좌우에서 밝지 못하여
卒從吏訊	결국 옥리로부터 신문을 받아
爲世所疑	세상의 의심을 사게 되었으니
是使荊軻, 衛先生復起	이는 형가와 위 선생이 다시 일어난다 해도
而燕, 秦不悟也	연나라와 진나라가 깨닫지 못할 것입니다.
願大王孰察之	원컨대 대왕께서는 잘 살펴주십시오.

昔卞和獻寶	옛날에 변화(卞和)는 보물을 바쳤는데도
楚王刖之[65]	초왕이 월형을 가하였고,
李斯竭忠	이사는 충성을 다하였는데도
胡亥極刑	호해가 극형에 처하였습니다.
是以箕子詳狂[66]	그런 까닭에 기자는 거짓으로 미친 척하였고
接輿辟世[67]	접여는 세상을 피하였으니

63 **집해** 장안(張晏)은 "그 계책을 다하여 왕이 알아주기를 바란 것이다."라 하였다.

64 **색은** 좌우에서 밝지 못하여 왕을 드러내고자 하지 않았음을 말한 것이다.

65 **집해** 응소는 말하였다. "변화(卞和)가 박옥(璞玉)을 얻어 무왕(武王)에게 바쳤다. 무왕이 옥인(玉人)에게 보였더니 옥인이 말하기를 '돌입니다.'라 하였다. 오른발에 월형(刖刑)을 가하였다. 무왕이 죽고 다시 문왕(文王)에게 바쳤더니 옥인이 다시 말하기를 '돌입니다.'라 하였다. 왼발에 월형을 가하였다. 성왕(成王) 때에 이르러 변화가 박옥을 안고 교외에서 소리 내어 울어 이에 옥윤(玉尹)에게 가공하게 하여 마침내 보옥(寶玉)을 얻었다." **색은** 초나라 사람 변화가 박옥을 얻은 일은 『국어(國語)』 및 『여씨춘추』에 보인다. 「세가(世家)」에 의하면 초무왕(楚武王)의 이름은 웅통(熊通)이다. 문왕(文王)의 이름은 현(貲)으로 무왕의 아들이다. 성왕(成王)은 문왕의 아들로 이름이 운(惲)이다.

66 **색은** 詳의 음은 양(陽)이다. 미친 척 속인 것이다. 사마표(司馬彪)는 "기자(箕子)의 이름은 서여(胥餘)이다."라 하였는데 옳다.

恐遭此患也	이런 환란을 당할까 두려워해서였습니다.
願大王孰察卞和, 李斯之意	원컨대 대왕께서는 변화와 이사의 뜻을 익히 살피시고
而後楚王, 胡亥之聽[68]	초왕과 호해의 들음을 뒤로 밀쳐
無使臣爲箕子, 接輿所笑	신이 기자와 접여의 비웃음을 사는 일이 없게끔 해주십시오.
臣聞比干剖心	신이 듣건대 비간은 심장이 갈라지고
子胥鴟夷[69]	자서는 말가죽 부대에 담겼다 하는데
臣始不信	신은 처음에는 믿지 않았으나
乃今知之	지금은 알게 되었습니다.
願大王孰察	원컨대 대왕께서는 익히 살피시어
少加憐焉	조금만 불쌍히 여겨주십시오.

諺曰	속담에서 말하기를
有白頭如新[70]	"흰 머리가 되도록 새로운 것 같고
傾蓋如故[71]	일산(日傘)을 기울일 정도였는데 오래된 것 같다."라 하였으니
何則	어째서이겠습니까?

---

67 **집해** 장안은 말하였다. "초나라의 현자로 거짓으로 미친 척하고 세상을 피하였다."
색은 장안은 "초나라의 현자"라 하였다. 바로 『고사전(高士傳)』에서 "초나라 사람 육통(陸通)으로 자는 접여(接輿)이다."라 한 사람이다.

68 **색은** 초왕(楚王)과 호해(胡亥)가 따른 것이 잘못되었다고 생각하였으므로 뒤로 미루어 놓고 쓰지 말라고 한 것이다. 후(後)는 하(下)와 같다.

69 **색은** 위소(韋昭)는 "가죽을 올빼미 모양으로 만들어서 '치이(鴟夷)'라고 한다. 치이(鴟夷)는 가죽 부대이다."라 하였다. 복건은 말하기를 "말가죽으로 자루를 만들어 시체를 싸서 강에다 던졌다."라 하였다.

70 **색은** 복건은 "사람이 서로 알지 못하다가 첫 사귐에서 백발이 되기까지가 마치 처음과 같은 것이다."라 하였다.

知與不知也[72]	알고 알지 못하고의 차이입니다.
故昔樊於期逃秦之燕	그러므로 옛날에 번오기는 진나라에서 도망쳐 연나라로 가서
藉荊軻首以奉丹之事[73]	형가에게 머리를 대주어 단의 일을 받들었고,
王奢去齊之魏	왕사는 제나라를 떠나 위나라로 가서
臨城自剄以卻齊而存魏[74]	성에 다다라 스스로 목을 쳐서 제나라를 물리고 위나라를 존속시켰습니다.
夫王奢, 樊於期非新於齊, 秦而故於燕, 魏也	저 왕사와 번오기는 제나라, 진나라와는 새롭고 연나라, 위나라와는 오래전부터 아는 사이도 아닌데
所以去二國死兩君者	두 나라를 떠나 두 임금을 위하여 죽은 것은
行合於志而慕義無窮也	행동이 뜻에 맞아 의를 흠모함이 끝이 없었기 때문입니다.
是以蘇秦不信於天下	이 때문에 소진은 천하의 불신을 샀지만
而爲燕尾生[75]	연나라를 위하여 미생이 되었고,
白圭戰亡六城	백규는 전투에서 여섯 성을 잃었지만

---

71 색은 복건은 말하였다. "오나라 계찰(季札)과 정나라 자산[子産: 이름은 교(僑)] 같은 것이다." 『가어(家語)』에 의하면 "공자가 길에서 정자(程子)를 만나 일산(日傘)이 기울어질 때까지 이야기하였다."라 하였다. 또한 『지림(志林)』에서는 "경개(傾蓋)라는 것은 길을 가다가 서로 만나 수레를 세우고 마주보며 이야기하는데 두 수레의 일산이 딱 붙어 조금 기울어졌으므로 기울어졌다고 하는 것이다."라 하였다.

72 집해 (後漢) 환담(桓譚)의 『신론(新論)』에서는 "안으로 서로 알아주는가의 여부는 새로움에 있지 않기 때문이라는 말이다."라 하였다.

73 색은 藉의 음은 자[子夜反]이다. 위소는 말하였다. "번오기가 진나라에서 달아나 연나라로 가서 머리를 형가에게 주어 진나라로 들어가 믿음을 보이게 한 것을 이른다."

74 집해 『한서음의(漢書音義)』에서는 말하였다. "왕사(王奢)는 제나라 사람으로 달아나 위나라에 이르렀다. 그 후 제나라가 위나라를 치자 왕사는 성에 올라 제나라 장수에게 말하기를 '지금 그대가 온 것은 나 때문에 지나지 않는다. 의리를 지켜 구차하게 살아 위나라의 누가 되지 않겠다.'라 하고 마침내 스스로 목을 쳤다."

爲魏取中山[76]	위나라를 위하여 중산국을 빼앗았습니다.
何則	어째서이겠습니까?
誠有以相知也	실로 알아줌이 있어서였습니다.
蘇秦相燕	소진이 연나라의 재상이 되었을 때
燕人惡之於王	연나라 사람이 왕에게 그를 나쁘게 말하자
王按劍而怒	왕은 검을 어루만지며 노하였고
食以駃騠[77]	결제의 고기를 먹도록 내주었으며,
白圭顯於中山	백규가 중산에서 현귀해졌을 때
中山人惡之魏文侯	중산의 사람들이 위문후에게 그를 나쁘게 말하자
文侯投之以夜光之璧	문후는 그에게 야광의 벽옥을 내렸습니다.
何則	어째서이겠습니까?
兩主二臣	두 임금과 두 신하가
剖心坼肝相信	속마음을 갈라 서로 믿어서였으니
豈移於浮辭哉	어찌 뜬 말에 움직였겠습니까!

故女無美惡	그러므로 여자는 잘생기고 못나고를 막론하고
入宮見妒	궁중에 들어가면 시기를 당하게 되고,

75 색은 복건은 말하였다. "소진은 제나라에서 그 믿음을 드러내지 못하였는데 연나라에서는 미생(尾生)의 믿음을 나타냈다." 위소는 말하였다. "미생은 신의를 지켜 죽은 자이다." 생각건대 소진이 연나라에서 특히 미생 같은 신의를 지켰음을 말하기 때문에 "연나라의 미생이 되었다."라 하였다.

76 집해 장안은 말하였다. "백규(白圭)는 중산(中山)의 장수로 여섯 성을 잃어 임금이 죽이려 하자 위나라로 도망쳐 들어갔는데 문후가 잘 대해 주어 도리어 중산을 함락시켰다." 색은 이 일은 『전국책』 및 『여씨춘추』에 보인다.

77 집해 『한서음의』에서는 말하였다. "결제(駃騠)는 준마로, 난 지 이레면 그 어미를 뛰어넘는다. 소진을 중시하여 참소와 비방이 있어도 진기한 음식을 먹도록 한 것이다." 색은 『자림(字林)』에서는 말하기를 "결제는 북적(北狄)의 양마(良馬)로 아비는 말이고 어미는 노새이다."라 하였다. 정의 食의 음은 사(寺)이다. 駃騠의 음은 결제(決蹄)이다. 북적의 양마이다.

士無賢不肖	선비는 현명하고 불초하고를 막론하고
入朝見嫉	조정에 들어가면 질투를 당하게 됩니다.
昔者司馬喜髕腳於宋	옛날에 사마희는 송나라에서 월형을 당하였지만
卒相中山[78]	끝내 중산의 재상이 되었고,
范睢摺脅折齒[79]於魏	범수는 위나라에서 늑골이 분질러지고 이가 부러졌지만
卒爲應侯	마침내 응후가 되었습니다.
此二人者	이 두 사람은
皆信必然之畫	모두 반드시 그렇다는 생각을 믿고
捐朋黨之私	붕당의 사사로움을 버렸으며
挾孤獨之位	고독한 지위를 끼고 있었으므로
故不能自免於嫉妒之人也	스스로 질투하는 사람들에게서 벗어날 수가 없었습니다.
是以申徒狄自沈於河[80]	그러므로 신도적은 스스로 황하에 투신하였고
徐衍負石入海[81]	서연은 돌을 지고 바다로 들어갔습니다.
不容於世	세상에서 용납되지 않았으나

78 집해 진작(晉灼)은 "사마희(司馬喜)는 중산(中山)에서 세 번 재상을 지냈다."라 하였다. 소림은 "육국(六國) 때 사람으로 이 형벌을 당하였다."라 하였다. 색은 이 일은 『전국책』 및 『여씨춘추』에 보인다. 소림은 "육국 때의 사람으로 중산의 재상이다."라 하였다.

79 색은 바로 「응후전(應侯傳)」에서 "늑골을 분지르고 이를 부러뜨렸다(折脅摺齒)."라 한 것이다. 『설문(說文)』에서는 "랍(拉)은 부러뜨리는 것이다."라 하였으며, 음은 랍[力答反]이다.

80 집해 『한서음의(漢書音義)』에서는 "은(殷)나라 말기의 사람이다."라 하였다. 색은 신도적(申屠狄)이다. 『장자』에 의하면 "신도적은 간언이 쓰이지 않자 돌을 지고 황하에 투신하였다."라 하였다. 위소는 "육국 때의 사람이다."라 하였다. 『한서』에서는 "옹하(雍河)에서 스스로 투신하였다." 하였고, 복건은 옹주(雍州)의 하(河)라 하였으며, 또한 『신서(新序)』에서는 "독을 안고 스스로 황하로 투신하였다." 하여 서로 같지 않다.

81 집해 『열사전(列士傳)』(列은 아마 烈 자의 오기인 듯하다.-옮긴이)에서는 "주(周)나라 말기의 사람이다."라 하였다. 색은 또한 『장자』에 보인다. 장안은 "돌을 진 것은 물에 빠지려는 것이다."라 하였다.

義不苟取	의리상 구차하게 취하여져
比周於朝	조정에서 당파를 만들어
以移主上之心	임금의 마음을 움직이지 않았습니다.
故百里奚乞食於路	그러므로 백리해는 길에서 먹을 것을 구걸하였는데도
繆公委之以政	목공은 그에게 정치를 맡겼으며,
甯戚飯牛車下	영척은 수레 아래서 소를 먹였는데도
而桓公任之以國[82]	환공은 그에게 나라를 맡겼습니다.
此二人者	이 두 사람이
豈借宦於朝	어찌 조정에서 벼슬아치들의 힘을 빌렸으며
假譽於左右	좌우에서 영예를 빌린
然後二主用之哉	다음에야 두 임금이 그들을 썼겠습니까?
感於心	마음에 감응되고
合於行	행동에 합치됨이
親於膠漆	아교나 칠보다 친하고
昆弟不能離	형제라도 떨어지게 할 수 없으니
豈惑於衆口哉	어찌 뭇 사람들의 입에 미혹되었겠습니까?
故偏聽生姦	그러므로 한쪽만 들으면 간사함이 생기고

---

82 **집해** 응소는 말하였다. "제환공(齊桓公)이 밤에 나가 손님을 맞이하는데 영척(甯戚)이 그가 기르는 소의 뿔을 빠르게 두드리며 상가(商歌)를 노래했다. '남산(南山)의 돌 깨끗하고 흰 돌 빛나는데 나서 요와 순 선양함 못 만났다네. 짧은 베옷 홑적삼은 정강이까지 닿고 저물녘부터 소 먹여 한밤중 가까워 오니 간밤 하염없어 언제나 아침 되려나?' 환공이 불러 함께 이야기해 보고는 기뻐하여 대부로 삼았다." **색은** 이 일은 『여씨춘추』에 보인다. 상가(商歌)는 상성(商聲)으로 노래를 하는 것이며, 어떤 사람은 상려(商旅: 행상)의 노래라고도 하는데 두 설은 모두 통한다. 矸의 음은 간[公彈反]이다. 간(矸)은 희고 깨끗한 것이다. 고야왕(顧野王)은 또한 음을 안(岸)이라고 보았다. 禪의 음은 선(膳)인데 글자의 뜻대로 읽으니, 협운(協韻)이 잃었기 때문이다. (삼국시대 魏나라 張揖의) 『비창(埤蒼)』에서는 "한(骭)은 정강이[脛]이다."라 하였다. 『자림(字林)』에서 음은 한[下諫反]이라 하였다.

獨任成亂	한 사람에게만 맡기면 어지러워지게 됩니다.
昔者魯聽季孫之說而逐孔子[83]	옛날에 노나라는 계손의 말을 듣고 공자를 쫓아냈으며
宋信子罕之計而囚墨翟[84]	송나라는 자한의 계책을 믿고 묵적을 가두었습니다.
夫以孔, 墨之辯	대체로 공자와 묵적의 변설로도
不能自免於讒諛	헐뜯고 아첨하는 말에서 벗어날 수 없어서
而二國以危	두 나라가 위태로워졌습니다.
何則	어째서이겠습니까?
衆口鑠金[85]	여러 사람의 말은 쇠도 녹이고
積毁銷骨也[86]	쌓인 비방은 뼈마저 녹이기 때문입니다.
是以秦用戎人由余而霸中國	그런 까닭에 진나라는 융인(戎人) 유여를 써서 중국에서 패권을 잡았고
齊用越人蒙而彊威, 宣[87]	제나라는 월나라 사람 몽을 써서 위왕과 선왕을 강

83 색은 『논어』에서는 "제(齊)나라 사람이 여자 악공을 보내자 계환자(季桓子)가 그것을 받고 사흘 동안 조회를 하지 않으니 공자가 떠났다."라 하였다.

84 색은 『좌씨(左氏)』에 의하면 사성자한(司城子罕)은 성이 악(樂)이고 이름이 희(喜)로, 곧 송나라의 현신(賢臣)이다. 『한서』에는 '자염(子冉)'으로 되어 있다. 자염이 어떤 사람인지는 모른다. 문영(文穎)은 말하기를 "자염(子冉)은 자한(子罕)이다."라 하였다. 또한 「순경전(荀卿傳)」에 의하면 "묵적(墨翟)은 공자 때의 사람으로, 혹자는 공자의 후대에 있었다고도 한다."라 하였다. 또한 양공(襄公) 29년의 『좌전(左傳)』에 의하면 "송나라에 기근이 들자 자한(子罕)이 곡식을 낼 것을 청하였다."고 한다. 생각건대 당시 공자는 겨우 8세였으니 묵적은 자한과 서로 응대하는 연배가 될 수 없으며, 혹자는 자염(子冉)이 이 사람일 것이라 하였다.

85 색은 『국어』에 의하면 "뭇 사람의 마음은 성을 이루고, 뭇 사람의 입은 쇠를 녹인다."라 하였다. 가규(賈逵)는 "삭(鑠)은 녹이는 것이다. 여러 사람의 입으로 나쁘게 말하면 쇠라도 그것 때문에 녹아서 없어지는 것이다."라 하였다. 또한 『풍속통(風俗通)』[『풍속통의(風俗通義)』]에서는 "누군가 여기에 좋은 금이 있다고 말하였는데 여러 사람이 혹 함께 헐뜯어 말하기를 순금이 아니라고 한다면 파는 자가 그것을 반드시 팔고자 하여 이 때문에 취하여 녹여보고 그것이 진짜인가 볼 것이니 이것이 여러 사람의 입이 금을 녹이는 것이다."라 하였다.

86 색은 대안(大顔: 顏師古의 숙부인 顏遊秦)은 말하였다. "남을 참소하여 헐뜯는 말이 오래 쌓이면 부형과 백숙(伯叔)이 서로 죽이게 되어 골육도 그 때문에 망하여 없어진다."

	하게 하였습니다.
此二國	이 두 나라가
豈拘於俗	어찌 세속에 얽매이고
牽於世	세상일에 끌려 다녀
繫阿偏之辭哉	아부하고 치우친 말에 매였겠습니까?
公聽並觀	공정하게 듣고 두루 살피어
垂名當世[88]	당세에 이름을 드리운 것입니다.
故意合則胡越爲昆弟	그러므로 뜻이 맞으면 호와 월도 형제가 되니
由余, 越人蒙是矣	유여와 월인 몽이 이러하고,
不合	맞지 않으면
則骨肉出逐不收	골육마저 쫓아내어 거두지 않으니
朱, 象, 管, 蔡是矣	단주(丹朱)와 상, 관, 채가 이렇습니다.
今人主誠能用齊, 秦之義	지금 임금께서 실로 제나라와 진나라의 의를 쓰시고
後宋, 魯之聽	송나라와 노나라가 들은 것을 뒤로 밀칠 수만 있다면
則五伯不足稱	오패로도 칭찬하기에 모자랄 것이고
三王易爲也	삼왕도 쉽게 될 것입니다.

是以聖王覺寤	그런 까닭에 성스런 임금은 자각하여
捐子之之心[89]	자지의 마음을 버리고
而能不說於田常之賢[90]	전상의 현명함을 기뻐하지 않을 수 있으며,

87 **색은** 월인(越人) 몽(蒙)은 나온 곳을 알지 못한다. 『한서』에는 '자장(子臧)'으로 되어 있다. 또한 장안은 "자장(子臧)은 월나라 사람이다."라 하였다. 아마 몽(蒙)의 자일 것이다.

88 **색은** 소안(小顔: 顔師古)은 말하였다. "공청(公聽)은 사사로운 것을 말하지 않는 것이고, 병관(並觀)은 보는 것이 나란히 일치한다는 것이다."

89 **집해** 서광은 말하였다. "연왕(燕王)은 나라를 그 대신 자지(子之)에게 물려주었다."

90 **집해** 응소는 말하였다. "전상(田常)은 제간공(齊簡公)을 섬겨 간공이 그를 좋아하였는데도 간공을 죽였다. 임금으로 하여금 이 마음을 없애게 하면 국가가 안전해질 것이다."

封比干之後	비간의 후대를 봉하고
修孕婦之墓[91]	회임한 부녀자의 무덤을 수축하므로
故功業復就於天下	공업이 다시 천하에서 이루어졌습니다.
何則	어째서이겠습니까?
欲善無厭也	선을 행하려는 것이 만족함이 없기 때문입니다.
夫晉文公親其讎	저 진문공은 그 원수를 가까이하여
彊霸諸侯	제후들 중 강해져서 패업을 이루었고,
齊桓公用其仇	제환공은 그 원수를 등용하여
而一匡天下[92]	천하를 한번 바로잡았습니다.
何則	어째서이겠습니까?
慈仁慇勤	인자하고 은근하여
誠加於心	성실함으로 마음을 채우고
不可以虛辭借也	빈말로 빌리지 않았기 때문입니다.

至夫秦用商鞅之法	저 진나라로 말할 것 같으면 상앙의 법을 써서
東弱韓, 魏	동으로 한나라와 위나라를 약하게 하고
兵彊天下	군사는 천하에서 강하게 되었지만
而卒車裂之	끝내 (상앙을) 거열형에 처하였고,
越用大夫種之謀	월나라는 대부종의 계책을 써서
禽勁吳	강한 오나라를 굴복시키고
霸中國	중국에서 패업을 이루었지만

91 집해 응소는 말하였다. "주(紂)는 임신한 사람의 배를 갈라 그 태아를 관찰하였다."
색은 비간(比干)의 후예는 나중에는 아들이라 하였는데 그 글이 보이지 않는다. 『상서(尙書)』에서는 비간의 무덤을 봉하였으며 또한 다만 임신한 부녀자의 배를 갈랐다고만 하였으니 무왕(武王)은 비록 상나라의 정치에 반대하였지만 또한 반드시 임신한 부녀자의 무덤을 쌓아주지는 않았다.

92 집해 진나라의 시인(寺人) 발제(勃鞮)와 제나라의 관중(管仲)이다.

而卒誅其身	끝내 몸은 죽임을 당하였습니다.
是以孫叔敖三去相而不悔[93]	그런 까닭에 손숙오는 세 번 재상에서 물러났어도 후회하지 않았고
於陵子仲辭三公爲人灌園[94]	오릉자중은 삼공을 물리치고 남의 밭에 물을 주었던 것입니다.
今人主誠能去驕傲之心	지금 임금이 실로 교만한 마음을 버리고
懷可報之意	보답할 수 있는 뜻을 품으며
披心腹	속마음을 드러내고
見情素	본심을 보이며
墮肝膽	마음을 내려놓고
施德厚	은덕을 두터이 베풀어
終與之窮達	마침내 궁함과 통달함을 함께하고
無愛於士	선비에게 아낌이 없다면
則桀之狗可使吠堯[95]	걸의 개로 하여금 요를 보고 짖게 할 수 있을 것이고
而蹠之客可使刺由[96]	도척의 문객으로 하여금 유를 찌르게 할 수 있을 것이니

93 색은 세 번 재상이 되어도 기뻐하지 않은 것은 그 재주가 자득함을 안 것이며, 세 번 재상을 떠나면서도 후회하지 않은 것은 자기의 죄가 아님을 알았기 때문이었다.

94 집해 『열사전』에서는 말하였다. "초나라의 오릉자중은 초나라 왕이 재상으로 삼고자 하였으나 허락지 않고 남의 밭에 물을 대주었다." 색은 『맹자(孟子)』에 의하면 제나라 진씨(陳氏)의 족속이다. 형이 제나라의 경이 되었는데 중자(仲子)는 의롭지 않게 여기고 이에 초나라로 가서 오릉에 거처하면서 스스로 오릉자중이라고 하였다. 초나라 왕이 그를 재상으로 불렀으나 자중은 마침내 부부가 함께 도망쳐서 남의 밭에 물을 주었다. 『열사전』에서는 자를 자종(子終)이라 한다고 하였다.

95 집해 위소는 말하였다. "은덕이 두터우면 부리지 않음이 없다는 말이다." 색은 아래의 "도척의 문객으로 하여금 유를 찌르게 할 수 있을 것이다."라 한 것은 모두 『전국책』에 보인다. 복건은 중유(仲由)라고 하였다. 응소는 허유(許由)라고 하였다.

96 집해 응소는 말하였다. "척(跖)의 문객이 그 사람을 위하여 유(由)를 찌르게 하는 것이다. 유(由)는 허유(許由)이다. 척(跖)은 도척(盜跖)이다."

況因萬乘之權	하물며 만승의 권세에 기대고
假聖王之資乎	성왕의 바탕을 빌리겠습니까?
然則荊軻之湛七族[97]	그렇다면 형가가 7족을 멸족시키고
要離之燒妻子[98]	요리가 처자를 불태워 죽인 것이야
豈足道哉	어찌 말할 것이 있겠습니까!

臣聞明月之珠	신이 듣건대 밝은 달 같은 구슬과
夜光之璧	밤에도 빛나는 벽옥을
以闇投人於道路	몰래 도로에서 사람들에게 던져 놓는다면
人無不按劍相眄者	칼집을 어루만지며 둘러보지 않는 사람이 없다고 합니다.
何則	어째서이겠습니까?
無因而至前也	아무 까닭도 없이 앞에 이르게 되었기 때문일 것입니다.
蟠木根柢	구부러진 나무뿌리가
輪囷[99]離詭[100]	울퉁불퉁 못생긴 대로 있다가

---

97 집해 응소는 말하였다. "형가는 연나라를 위하여 진시황을 저격하였는데 이루지 못하고 죽었으며 그 일족이 연좌되어 멸족을 당하였다. 오왕(吳王) 합려(闔閭)가 왕자 경기(王子慶忌)를 죽이고자 하여 요리(要離)가 거짓으로 도망쳐 오왕(吳王)으로 하여금 그 처자를 불태워 죽이게 하고 요리는 경기에게로 달아나 칼로 그를 찔러 죽였다." 장안은 말하였다. "칠족은 위로 증조까지이고 아래로 증손자까지이다." 색은 湛의 음은 침(沈)이다. 장안은 말하기를 "칠족은 위로 증조까지이고 아래로 원손[元孫: 현손(玄孫)]까지이다."라 하였다. 또 일설에 따르면 부친의 족속이 첫째이고, 고(姑)의 아들이 둘째이며, 자매의 아들이 셋째, 딸의 아들이 넷째, 모친의 족속이 다섯째, 종자(從子)가 여섯째, 처부모에 이르기까지 모두 일곱이라 하였다.

98 색은 이 일은 『여씨춘추』에 보인다.

99 색은 맹강(孟康)은 말하였다. "서리어 맺힌 나무이다." 진작은 말하였다. "반저(槃柢)는 나무뿌리이다."

而爲萬乘器者	만승의 (천자에게 없어서는 안 될 요긴한) 기물이 되는 것은
何則	어째서이겠습니까?
以左右先爲之容也[101]	좌우에 있는 사람들이 먼저 그것을 아름답게 다듬었기 때문입니다.
故無因至前	그러므로 까닭 없이 앞에 이르게 되면
雖出隨侯之珠	수후의 구슬과
夜光之璧	밤에도 빛나는 벽옥을 꺼낸다 해도
猶結怨而不見德	오히려 원한이 맺히고 덕을 보지 못할 것입니다.
故有人先談	그러므로 어떤 사람이 먼저 말하면
則以枯木朽株樹功而不忘	고목과 썩은 그루터기의 공이라도 잊혀지지 않을 것입니다.
今夫天下布衣窮居之士	지금 천하의 포의와 궁하게 사는 선비들은
身在貧賤	몸이 빈천한 데 처하여
雖蒙堯, 舜之術[102]	요임금과 순임금의 재주를 입고
挾伊, 管之辯	이윤과 관중의 변재(辯才, 말재주)를 끼며
懷龍逢, 比干之意	용봉과 비간의 뜻을 품고
欲盡忠當世之君	당세의 임금에게 충성을 다하고자 하나
而素無根柢之容	평소에 나무뿌리를 용납함이 없으며,
雖竭精思	비록 정력과 생각을 다하여
欲開忠信	충성과 신의를 열고
輔人主之治	임금의 다스림을 보좌하고자 하나
則人主必有按劍相眄之跡	임금은 반드시 검을 어루만지고 서로 곁눈질하는

100 **집해** 장안은 말하였다. "근저(根柢)는 나무뿌리이다. 윤균이궤(輪囷離詭)는 구부러져 빙빙 돌며 어그러진 것이다."

101 **색은** 좌우에서 먼저 아로새긴 것으로 이것이 그것을 꾸민 것이다.

102 **색은** 비록 요와 순의 도를 입었다 하더라도, 라는 말이다.

자취를 가질 것이니

是使布衣不得爲枯木朽株之資也

이는 포의로 하여금 고목이나 썩은 그루터기의 바탕이 되지 못하게 하는 것입니다.

是以聖王制世御俗	그런 까닭에 성왕은 세속을 제어하고
獨化於陶鈞之上[103]	유독 도기를 만드는 활차 위에서 조화를 부려,
而不牽於卑亂之語	비속하고 어지러운 말에 끌려 다니지 않고
不奪於衆多之口	많은 사람의 구설에 빼앗기지 않습니다.
故秦皇帝任中庶子蒙嘉之言	그러므로 진황제는 중서자 몽가의 말을 써서
以信荊軻之說	형가가 하는 말을 믿었다가
而匕首竊發[104]	비수에 암살당할 뻔하였고,
周文王獵涇, 渭	주문왕은 경수와 위수에서 사냥을 하다가
載呂尙而歸	여상을 수레에 태우고 돌아와
以王天下	천하를 다스리게 된 것입니다.
故秦信左右而殺	진나라는 측근의 말을 믿고 저격을 당하였고
周用烏集而王[105]	주나라는 오합지중을 써서 왕이 되었습니다.
何則	어째서이겠습니까?
以其能越攣拘之語	걸리어 구애되는 말을 초월하여

103 **집해** "도가(陶家)에서는 아래로 가로놓여 둥글게 돌아가는 것을 균(鈞)이라 하며, 그릇을 크고 작게 만들 수 있으므로 하늘에 비겼다." **색은** 장안은 말하였다. "도(陶)는 만드는 것이고, 균(鈞)은 틀이다. 기물을 만드는 데 아래에서 돌리는 것을 균이라 한다." 위소는 말하였다. "도(陶)는 기와를 굽는 가마이다. 균(鈞)은 나무의 길이가 일곱 자로 줄이 있는데 기구를 고르는 것이다." 최호(崔浩)는 말하였다. "균(鈞)을 가지고 모든 다른 기물을 만들므로 조화와 같다."

104 **색은** (後漢 말 服虔의) 『통속문(通俗文)』에 의하면 "그 끄트머리가 숟가락과 비슷하므로 비수(匕首)라 하며, 짧고 쓰기에 편하다."라 하였다.

馳域外之議	역외의 의논으로 달려
獨觀於昭曠之道也	홀로 밝고 넓은 도를 살폈기 때문입니다.

今人主沈於諂諛之辭	지금의 임금은 아첨하는 말에 빠지고
牽於帷裳之制[106]	휘장에 싸인 신첩들의 견제를 당하여
使不羈之士與牛驥同皁[107]	매이지 않은 선비들을 소와 천리마가 여물통을 함께하는 것같이 하니
此鮑焦所以忿於世而不留富貴之樂也[108]	이것이 포초가 세상을 원망하고 부귀의 즐거움에 미련을 두지 않은 까닭입니다.

臣聞盛飾入朝者不以利汙義	신이 듣건대 성장을 하고 입조하는 자는 이익 때문

---

105 집해 『한서음의(漢書音義)』에서는 말하였다. "태공망(太公望)은 길에서 졸지에 만나 함께 왕의 공업을 이루었는데 까마귀가 갑자기 모여든 것이나 같았다." 색은 위소는 말하였다. "여상(呂尙)이 주나라에 간 것은 까마귀가 모인 것과 같았다."

106 집해 『한서음의』에서는 말하였다. "좌우 측근의 편벽되고 휘장을 친 곳에서 모시는 신첩(臣妾)에 의해 견제된다는 말이다."

107 집해 『한서음의』에서는 말하였다. "마소를 먹이는 그릇으로 나무로 만들며 구유와 같다." 색은 준마는 굴레로 얽어맬 수 없음을 말하며 재주가 초일한 사람을 비유한다. 응소는 "조(皁)는 구유[櫪]이다."라 하였다. 위소는 "조(皁)는 말을 먹이는 관리로 하사(下士)이다."라 하였다. 말을 먹이는 관리는 그 옷이 검은색이다. 또한 곽박은 "조(皁)는 말을 먹이는 그릇이다."라 하였다. 정의 안(顏)은 말하였다. "불기(不羈)는 재식(才識)이 높고 멀어 얽매일 수 없다는 말이다. 皁의 음은 조[在早反]이다. 『방언(方言)』에서는 '양(梁)나라와 송(宋), 제(齊), 초(楚), 연(燕)나라 사이에서는 말구유를 조(皁)라 한다.'라 하였다."

108 집해 여순이 말하였다. "『장자』[「도척(盜跖)」]에서는 포초는 행실을 꾸미고 세상을 비난하다가 나무를 안고 죽었다(飾行非世, 抱木而死)고 하였다." 색은 진작은 말하였다. "『열사전』에서는 말했다. 포초는 세상에서 자신을 기용하지 않는 것을 원망하여 길에서 푸성귀를 뜯었다. 자공(子貢)이 비난하여 말하기를 '그 세상이 아닌데 그 푸성귀를 뜯으니 이를 그대가 한단 말인가?'라 하니, 그 푸성귀를 버리고 이에 낙수(洛水) 가에 고목처럼 서 있었다." 이 일은 『장자』 및 『설원(說苑)』, 『한시외전』에 보이는데 약간 차이가 있을 뿐이다.

에 의를 더럽히지 않으며

砥厲名號者不以欲傷行	이름을 갈고 닦는 자는 욕심 때문에 품행을 손상시키지 않는다고 하였으므로
故縣名勝母[109]而曾子不入[110]	현의 이름이 승모이므로 증자는 들어가지 않았으며
邑號朝歌而墨子回車[111]	읍의 이름이 조가이므로 묵자는 수레를 돌렸습니다.
今欲使天下寥廓之士	지금 천하의 포부가 큰 선비들로 하여금
攝於威重之權	엄중한 권세에 휘둘리게 하고
主於位勢之貴	지위와 권세의 존귀함에 복종되게 하므로
故回面[112]汙行以事諂諛之人而求親近於左右	얼굴을 돌리고 행동을 더럽게 함으로써 아첨하는 사람을 섬기고 임금의 측근과 가까워지기를 구한다면
則士伏死堀穴巖藪之中耳[113]	선비들이 동굴과 수풀 속에서 엎드려 죽기나 할 따름이지
安肯有盡忠信而趨闕下者哉	어찌 충성과 신의를 기꺼이 다하고자 대궐로 달려가는 자가 있겠습니까!

書奏梁孝王 　글을 양효왕에게 아뢰자

109 **집해** 『한서』에서는 이(里)의 이름이 승모(勝母)라고 하였다. **정의** 『염철론(鹽鐵論)』에서는 모두 이(里)의 이름이라고 하였고, 『시자(尸子)』 및 이 전에서는 현(縣)의 이름이라고 하였는데 상세하지 않다.

110 **색은** 『회남자(淮南子)』 및 『염철론』에서는 모두 이(里)의 이름이 승모(勝母)라고 하여 증자가 들어가지 않았다고 하였는데, 아마 그 이름이 불순(不順)했기 때문일 것이다. 『시자(尸子)』에서는 공자가 승모현(勝母縣)에 이르러 저물어도 자지 않았다고 하여 같지 않다.

111 **집해** 진작은 말하였다. "조가(朝歌: 아침 노래)라는 것은 때에 맞지 않은 것이다."
정의 조가는 지금의 위주현(衛州縣)이다.

112 **색은** 두예는 말했다. "회(回)는 사벽(邪僻)한 것이다."

113 **집해** 『시(詩)』[「소아 · 절피남산(小雅 · 節彼南山)」]에서는 말했다. "높은 저 남산에는, 바위 켜켜이 쌓여 있네(節彼南山, 維石巖巖)."

孝王使人出之	효왕은 사람으로 하여금 그를 꺼내게 하여
卒爲上客	마침내 상객으로 삼았다.

太史公曰	태사공은 말한다.
魯連其指意雖不合大義	노중련은 그 가리키는 뜻이 비록 대의와 맞지는 않지만
然余多其在布衣之位	내 그가 포의의 선비로 있으면서
蕩然肆志	뜻을 거침없이 펴고
不詘於諸侯	제후에게 꺾이지 않으며
談說於當世	당세에서 담설을 하고
折卿相之權	경상의 권위를 꺾은 것을 높이 샀다.
鄒陽辭雖不遜	추양은 말은 비록 불손하였지만
然其比物連類	비슷한 사물을 잘 끌어다 이어
有足悲者	슬프게 할 만한 것이 있는 데다
亦可謂抗直不橈矣	또한 강직하여 꺾이지 않는다 할 만하므로
吾是以附之列傳焉	내 그런 까닭에 열전에 덧붙여 둔다.

24 굴원·가생 열전 屈原賈生列傳

屈原者	굴원은
名平	이름이 평(平)으로
楚之同姓也[1]	초나라 왕실과 성이 같았다.
爲楚懷王左徒[2]	초회왕의 좌도가 되었다.
博聞彊志	아는 것이 많았고 기억력이 강하였으며
明於治亂	치란에 밝았고
嫺[3]於辭令	외교사령에 능숙하였다.
入則與王圖議國事	입조하면 왕과 나라의 일을 도모하여
以出號令	정령을 내었고,
出則接遇賓客	조정을 나서면 빈객들을 접대하여
應對諸侯	제후들과 응대하였다.
王甚任之	왕이 그를 매우 신임하였다.

上官大夫與之同列	상관대부가 그와 같은 반열이었는데

1 정의 굴(屈)과 경(景), 소(昭)씨는 모두 초나라 왕실의 종족이다. 왕일(王逸)은 말하였다. "초왕은 처음에 모두 이러하였는데 자하(子瑕)가 나서 굴(屈)을 경(卿)으로 받아들여 이로 인해 씨(氏)로 삼았다."

2 정의 아마 지금의 좌우습유(左右拾遺) 따위일 것이다.

3 집해 『사기음은(史記音隱)』에서는 "음은 한(閑)이다."라 하였다.

爭寵而心害其能	총애를 다투어 마음속으로 그 재능을 시기하고 있었다.
懷王使屈原造爲憲令	회왕이 굴원에게 법령을 만들게 하여
屈平屬草稿[4]未定	굴평이 초고를 지었으나 아직 확정짓지는 않았다.
上官大夫見而欲奪之[5]	상관대부가 보고 빼앗고자 하였는데
屈平不與	굴평이 주지 않자
因讒之曰	이에 참소하여 말하였다.
王使屈平爲令	"왕께서 굴평에게 법령을 만들게 한 것은
衆莫不知	알지 못하는 사람들이 없는데
每一令出	법령이 하나씩 나올 때마다
平伐其功	굴평은 그 공을 자랑하여
以爲非我莫能爲也	'내가 아니면 아무도 할 수 없다.'라 합니다."
王怒而疏屈平	왕이 노하여 굴평을 멀리하였다.

屈平疾王聽之不聰也	굴평은 왕이 듣는 것이 총명하지 못하고
讒諂之蔽明也	참소하고 아첨하는 자들이 밝음을 가리며
邪曲之害公也	바르지 못한 자들이 공정함을 해치고
方正之不容也	반듯하고 바른 사람이 용납되지 않는 것을 통한하여
故憂愁幽思而作離騷[6]	근심하고 깊이 생각하여 「이소」를 지었다.
離騷者	이소라는 것은

4 색은 屬의 음은 촉(燭)이다. 초고(草稿)는 법령을 창제하는 근본이라는 말이다. 『한서(漢書)』에는 '초구(草具)'로 되어 있다. 최호(崔浩)는 일을 시작하는 것을 이른다고 하였다.

5 정의 왕일은 상관근상(上官靳尙)이라 하였다.

猶離憂也	근심에 걸린다는 것과 같다.
夫天者	저 하늘은
人之始也	사람의 시작이며,
父母者	부모는
人之本也	사람의 근본이다.
人窮則反本	사람은 궁하게 되면 근본으로 돌아가므로
故勞苦倦極	수고롭고 고생하며 지치고 괴로우면
未嘗不呼天也	하늘을 부르지 않은 적이 없으며,
疾痛慘怛[7]	병으로 아파서 애처롭고 슬퍼지면
未嘗不呼父母也	부모를 부르지 않은 적이 없다.
屈平正道直行[8]竭忠盡智以事其君	
	굴평은 정도로 바로 가고 충성과 지혜를 다하여 그 임금을 섬겼는데
讒人閒之	참소하는 자가 이간질을 하였으니
可謂窮矣	궁하다 할 만하다.
信而見疑	신의가 있는데 의심을 받고
忠而被謗	충성을 다하였는데 비방을 받았으니
能無怨乎	원한이 없을 수 있겠는가?
屈平之作離騷	굴평이 「이소(離騷)」를 지은 것은

6 색은 소(慅)는 또한 '소(騷)'라고도 한다. 『초사(楚詞)』[『초사(楚辭)』](이하 같음)에는 '소(慅)'가 '소(騷)'로 되어 있는데, 음은 소[素刀反]이다. 응소(應劭)는 "이(離)는 만나는 것이고, 소(騷)는 근심이다."라 하였다. 또한 『이소서(離騷序)』에서는 "이(離)는 헤어지는 것이고, 소(騷)는 근심이다."라 하였다.

7 정의 앞의 자는 음이 참[七感反]이고, 뒤의 자는 음이 달[丁達反]이다. 참(慘)은 독(毒)의 뜻이다. 달(怛)은 아픈 것이다.

8 정의 음은 항[寒孟反]이다.

蓋自怨生也	대체로 원망에서 나온 것이다.
國風好色而不淫	「국풍(國風)」은 여색을 좋아하지만 음란하지 않으며
小雅怨誹而不亂[9]	「소아(小雅)」는 비방을 원망하지만 어지러움이 없다.
若離騷者	「이소」 같은 것은
可謂兼之矣	이를 겸하였다고 할 수 있다.
上稱帝嚳	위로는 제곡을 칭송하고
下道齊桓	아래로는 제환공을 말하였으며
中述湯武	중간에서는 탕왕과 무왕을 서술하여
以刺世事	세상일을 풍자하였다.
明道德之廣崇	도덕이 넓고 숭고함과
治亂之條貫	다스려지고 어지러운 조리를 밝혀
靡不畢見	다 드러나지 않음이 없었다.
其文約	그 문장은 간략하고
其辭微	말은 미묘하며
其志絜	뜻은 깨끗하고
其行廉	행실은 청렴하며
其稱文小而其指極大	그 문장은 작으나 그 가리키는 것은 매우 크고
擧類邇而見義遠	예로 든 사례는 가까우나 드러난 뜻은 멀다.
其志絜	그 뜻이 깨끗하기 때문에
故其稱物芳	사물을 일컬음이 향기로웠다.
其行廉	그 행실이 청렴하였으므로

9 정의 誹의 음은 비[方畏反]이다.

故死而不容自疏	죽을 때까지 (나라를) 스스로 멀리함을 용납지 않았다.
濯淖[10]汙泥[11]之中	더러운 진흙 속에 몸을 담그고서도
蟬蛻於濁穢[12]	더러운 곳에서 허물을 벗고
以浮游塵埃之外	티끌세상 바깥에서 마음껏 놀았으며
不獲世之滋垢	세속의 때에 물들지 않고
皭然[13]泥而不滓者也[14]	진흙에서 깨끗하게 벗어나 더럽혀지지 않았다.
推此志也	이 뜻을 미루어보건대
雖與日月爭光可也[15]	해와 달과 함께 그 빛을 다툰다 할 수 있을 것이다.

屈平既絀	굴평이 내쳐지고
其後秦欲伐齊	그 뒤에 진나라는 제나라를 치고자 하였는데
齊與楚從親[16]	제나라가 초나라와 합종을 맺어 친하게 지내니
惠王患之	혜왕이 이를 근심하여
乃令張儀詳去秦	이에 장의를 거짓으로 진나라를 떠나
厚幣委質事楚	폐백을 두터이 하여 바치고 초나라를 섬기게 하고

---

10 색은 위의 글자는 음이 탁(濁)이고 아래 글자는 음이 뇨(鬧)이다.

11 색은 앞의 자는 음이 오[烏故反]이고 뒤의 자는 음이 니[奴計反]이다.

12 정의 蛻의 음은 세(稅)로, 껍질을 벗는 것이며, 또한 음을 태[他臥反]라고도 한다.

13 집해 서광(徐廣)은 말하였다. "작(皭)은 트이고 깨끗한 모양이다." 색은 皭의 음은 작[自若反]이다. 서광은 "트이고 깨끗한 모양"이라고 하였다.

14 색은 泥는 또한 음을 열(涅)이라고도 하며, 滓는 또한 음을 치(淄)라고도 하며, 또한 모두 글자 그대로 읽기도 한다.

15 정의 굴평이 탁한 세상에서 벼슬을 하면서도 때를 벗겨내고 티끌세상의 밖에 있었다는 말이다. 그 뜻을 미루어보면 비록 해나 달과 그 빛을 다툰다 하더라도 될 것이라는 말이다.

16 정의 위의 글자는 음이 종[足松反]이다.

曰	말하였다.
秦甚憎齊	"진나라는 제나라를 몹시 미워하고 있는데
齊與楚從親	제나라가 초나라와 합종으로 친하게 지내니
楚誠能絕齊	초나라가 실로 제나라와 관계를 끊기만 하면
秦願獻商於之地六百里	진나라는 상(商)과 어(於)의 땅 6백 리를 바치기를 원합니다."
楚懷王貪而信張儀	초회왕은 탐욕을 부려 장의의 말을 믿어
遂絕齊	마침내 제나라와 관계를 끊고
使使如秦受地	사자를 진나라로 보내 땅을 받게 하였다.
張儀詐之曰	장의가 그를 속여 말하였다.
儀與王約六里	"저는 왕에게 6리를 약속하였지
不聞六百里	6백 리(라는 말)는 듣지 못했습니다."
楚使怒去	초나라 사자는 노하여 떠나
歸告懷王	돌아가 회왕에게 보고하였다.
懷王怒	회왕은 노하여
大興師伐秦	크게 군사를 일으켜 진나라를 쳤다.
秦發兵擊之	진나라는 군사를 보내어 그들을 쳐서
大破楚師於丹淅[17]	단과 석에서 초나라 군사를 대파하고
斬首八萬	8만 명을 참수하였으며
虜楚將屈匄[18]	초나라 장수 굴개를 사로잡고
遂取楚之漢中地[19]	마침내 초나라의 한중 땅을 빼앗았다.

17 색은 두 강의 이름이다. 단수(丹水)의 북쪽, 석수(淅水)의 남쪽을 말한다. 단수와 석수는 모두 현 이름으로 홍농(弘農)에 있는데, 이른바 단양(丹陽)과 석(淅)이다. 정의 단양은 지금의 지강(枝江)의 옛 성이다.

18 색은 굴(屈)은 성이다. 개(匄)는 이름인데, 음은 개(蓋)이다.

懷王乃悉發國中兵以深入擊秦	회왕은 이에 나라의 군사를 모두 일으켜 깊이 들어가 진나라를 쳐
戰於藍田	남전에서 싸웠다.
魏聞之	위나라가 듣고
襲楚至鄧[20]	초나라를 습격하여 등에 이르렀다.
楚兵懼	초나라 군사는 두려워하여
自秦歸	진나라에서 돌아왔다.
而齊竟怒不救楚	제나라는 끝내 노하여 초나라를 구원하지 않아
楚大困	초나라는 큰 곤경에 처하였다.

明年	이듬해에
秦割漢中地與楚以和	진나라는 한중의 땅을 떼어 초나라와 강화하였다.
楚王曰	초왕은 말하였다.
不願得地	"땅을 얻는 것은 바라지 않고
願得張儀而甘心焉	원컨대 장의를 얻는다면 달갑겠소."
張儀聞	장의가 듣고
乃曰	이에 말하였다.
以一儀而當漢中地	"제 한 몸이 한중의 땅과 맞먹는다면
臣請往如楚	신은 청컨대 초나라로 가겠습니다."
如楚	초나라로 가서

19 **색은** 서광은 말하였다. "초회왕 16년에 장의가 와서 재상이 되었으며, 17년에 진나라는 굴개를 무찔렀다." **정의** 양주(梁州)이다.

20 **색은** 이 등(鄧)은 한수(漢水) 북쪽에 있으며 옛 등후성(鄧侯城)이다.

又因厚幣用事者臣靳尙	또 집정대신 근상에게 폐백을 두터이 풀어
而設詭辯於懷王之寵姬鄭袖	회왕의 총희 정수에게 궤변을 늘어놓았다.
懷王竟聽鄭袖	회왕은 마침내 정수의 말을 따라
復釋去張儀	다시 장의를 풀어주었다.
是時屈平既疏	이때 굴평은 이미 소원하여져서
不復在位	더는 관위에 있지 못하고
使於齊	제나라에 사신으로 갔다가
顧反	돌아와
諫懷王曰	회왕에게 간하여 말하였다.
何不殺張儀	"어째서 장의를 죽이지 않았습니까?"
懷王悔	회왕이 후회하고
追張儀不及[21]	장의를 쫓았지만 미치지 못하였다.

其後諸侯共擊楚	그 후 제후들이 함께 초나라를 쳐서
大破之	크게 격파하고
殺其將唐昧[22]	그 장수인 당말을 죽였다.

時秦昭王與楚婚	그때 진소왕은 초나라와 혼인을 맺어
欲與懷王會	회왕과 만나려고 하였다.
懷王欲行	회왕이 가려고 하자
屈平曰	굴평이 말하였다.
秦虎狼之國	"진나라는 범과 이리 같은 나라로

21 색은 「장의전(張儀傳)」에는 이 말이 없다.

22 집해 서광은 말하였다. "28년에 당말(唐昧)을 무찔렀다." 정의 眛의 음은 말[莫葛反]이다.

不可信 믿을 수가 없으니

不如毋行[23] 가시지 않음만 못합니다."

懷王稚子子蘭勸王行 회왕의 어린 아들 자란은 왕에게 갈 것을 권하였다.

柰何絕秦歡 "어떻게 진나라의 환심을 끊겠습니까!"

懷王卒行 회왕은 마침내 갔다.

入武關 무관으로 들자

秦伏兵絕其後 진나라의 복병이 그 뒤를 끊고

因留懷王[24] 회왕을 억류시켜

以求割地 땅을 떼어줄 것을 요구했다.

懷王怒 회왕은 노하여

不聽 듣지 않았다.

亡走趙 도망쳐 조나라로 달아났는데

趙不內 조나라에서는 (받아)들이지 않았다.

復之秦 다시 진나라로 가서

竟死於秦而歸葬 결국 진나라에서 죽어 돌아와 장례를 치렀다.

長子頃襄王立[25] 장자인 경양왕이 즉위하여

以其弟子蘭爲令尹 그의 아우 자란을 영윤으로 삼았다.

楚人既咎子蘭以勸懷王入秦而不反也

초나라 사람들은 이미 자란이 회왕이 진나라로

---

23 색은 「초세가(楚世家)」에서 소휴(昭睢)가 이 말을 하였는데, 대체로 두 사람이 함께 왕에게 간언하였으므로 이곳저곳에서 각기 따라 수록한 것일 것이다.

24 집해 서광은 말하였다. "30년에 진나라로 들어갔다."

25 색은 이름은 횡(橫)이다.

	들어가도록 권하여 돌아오지 못하였음을 탓하였다.
屈平既嫉之	굴평은 통한해하여
雖放流	쫓겨나 떠돌아다니면서도
睠顧楚國	초나라를 돌아보며
繫心懷王	회왕이 마음에 걸려
不忘欲反	돌아가려는 것을 잊지 않았으며
冀幸君之一悟	임금이 한번 깨달아
俗之一改也	풍속이 한번 바뀌기를 바랐다.
其存君興國而欲反覆之	임금을 살리고 나라를 일으켜 엎어진 것을 되돌리고자
一篇之中三致志焉	한 편(一篇)의 글 가운데서도 세 번이나 뜻을 드러내었다.
然終無可柰何	그러나 끝내 어찌할 수가 없었으므로
故不可以反	돌아갈 수가 없었고
卒以此見懷王之終不悟也	결국 이로써 회왕이 끝내 깨닫지 못하였음을 알았다.
人君無愚智賢不肖[26]	임금은 어리석고 지혜롭고 현명하고 불초함을 막론하고
莫不欲求忠以自爲	충신을 구하여 자기를 위하고
擧賢以自佐	현자를 등용하여 자기를 보좌하고자 하지 않음이 없지만
然亡國破家相隨屬	나라를 잃고 국가가 깨지는 일이 서로 잇따르고

26 색은 이 이하는 태사공이 회왕이 현자를 임용하지 않고 참소를 믿어 국론을 되돌리지 못한 것을 가슴 아파한 것이다.

而聖君治國累世而不見者	성군의 나라를 다스림은 여러 세대 동안 보이지 않는 것은
其所謂忠者不忠	이른바 충성스런 자가 충성스럽지 않고
而所謂賢者不賢也	이른바 현자가 현명하지 않아서이다.
懷王以不知忠臣之分	회왕은 충신을 분별할 줄 몰랐기 때문에
故內惑於鄭袖	안으로는 정수에게 미혹되고
外欺於張儀	밖으로는 장의에게 속아
疏屈平而信上官大夫令尹子蘭	굴평을 멀리하고 상관 대부와 영윤 자란을 믿었다.
兵挫地削	군사는 꺾이고 땅은 깎여 나가
亡其六郡	여섯 군을 잃고
身客死於秦	몸은 진나라에서 객사하여
爲天下笑	천하의 웃음거리가 되었다.
此不知人之禍也	이는 사람의 화를 알지 못한 것이다.
易曰	『역(易)』에서는 말하였다.
井泄不食[27]	"우물을 쳐도 먹지 못하여
爲我心惻[28]	내 마음이 슬프니
可以汲[29]	길어낼 만하다.
王明	왕이 밝으면

27 **집해** 상수(向秀)는 말하였다. "설(泄)은 깊이 쳐서 더러운 진흙을 없애는 것이다."
색은 상수(向秀)는 자가 자기(子期)이며 진(晉)나라 사람으로 『역(易)』에 주석을 달았다.

28 **집해** 장번(張璠)은 말하였다. "슬퍼질 수 있으니, 도가 행하여지지 않음을 슬퍼하는 것이다." **색은** 장번(張璠) 또한 진(晉)나라 사람으로 『역(易)』에 주석을 달았다.

29 **색은** (前漢) 경방(京房)의 『역장구(易章句)』에서는 "나의 도를 길어서 쓸 만한 것이다."라 하였다.

並受其福[30]	그 복을 함께 받는다.”
王之不明	왕이 밝지 못하니
豈足福哉[31]	어찌 족히 복되리!
令尹子蘭聞之大怒	영윤 자란이 듣고 크게 노하여
卒使上官大夫短屈原於頃襄王	마침내 상관 대부로 하여금 경양왕에게 굴원의 단점을 말하게 하니
頃襄王怒而遷之[32]	경양왕이 노하여 그를 옮겼다.
屈原至於江濱	굴원이 강변에 이르렀는데
被髮行吟澤畔	머리를 풀어헤치고 못 가에서 가다가 읊조리다 하였다.
顏色憔悴	안색은 핼쑥하고
形容枯槁	몸은 바짝 말랐다.
漁父[33]見而問之曰	어부가 보고는 물었다.
子非三閭大夫歟[34]	“그대는 삼려대부가 아닙니까?

---

30 집해 『역상(易象)』에서는 말하였다. “왕이 현명하여 복을 받기를 바라는 것이다.” 색은 경방(京房)의 『장구(章句)』에서는 “위에 밝은 왕이 있어서 나의 도를 길어서 쓰니 천하가 모두 그 복을 받을 것이므로 ‘왕이 현명하면 그 복을 다 받는다.’라 하였다.”라 하였다.

31 집해 서광은 말하였다. “‘不足福’으로 된 판본도 있다.” 정의 초왕이 충신을 잘 알아보지 못하나 어찌 복을 받을 수 있겠는가 하는 말이며 그 때문에 굴원이 모래를 품고 스스로 투신한 것이라는 말이다.

32 집해 『이소서(離騷序)』에서는 말하였다. “강남(江南)으로 옮겨갔다.”

33 색은 음은 보(甫)이다.

34 집해 『이소서(離騷序)』에서는 말하였다. “삼려(三閭)의 직책은 왕족의 세 성을 관장하는데 소(昭)씨와 굴(屈)씨, 경(景)씨로 그 족보의 소속을 정리하고 현량한 자를 이끌고 국사(國士)를 격려한다.”

何故而至此	무슨 까닭으로 이 지경이 되었습니까?”
屈原曰	굴원이 말하였다.
擧世混濁而我獨清	“온 세상이 혼탁한데 나만 맑고
衆人皆醉而我獨醒	뭇 사람들이 다 취하였는데 나만 깨어 있어서
是以見放	그런 까닭에 쫓겨났습니다.”
漁父曰	어부가 말하였다.
夫聖人者	“대체로 성인은
不凝滯於物而能與世推移	사물에 엉기지 않고 세상과 더불어 옮겨갈 수 있습니다.
擧世混濁	온 세상이 흐리다면
何不隨其流[35]而揚其波	어째서 그 물결을 타고 물장구를 치지 않습니까?
衆人皆醉	뭇 사람들이 다 취하였다면
何不餔其糟而啜其醨	어째서 그 지게미를 먹고 탁주를 마시지 않습니까?
何故懷瑾握瑜[36]而自令見放爲	무엇 때문에 아름다운 옥을 품고 옥을 쥐고서도 스스로 쫓겨나게 하였습니까?”
屈原曰	굴원이 말하였다.
吾聞之	“내가 듣자 하니
新沐者必彈冠	막 머리를 감은 사람은 반드시 갓을 털고
新浴者必振衣	막 몸을 씻은 사람은 옷을 떤다고 하였는데
人又誰能以身之察察[37]	사람이라면 또 누가 깨끗하디 깨끗한 몸으로

35 색은 『초사(楚詞)』에는 ‘滑其泥’로 되어 있다.

36 색은 『초사(楚詞)』에는 이 ‘懷瑾握瑜’가 ‘深思高擧’로 되어 있다.

37 집해 왕일은 말하였다. “몸이 깨끗한 것이다.”

受物之汶汶者乎[38]	더럽디 더러운 것을 받아들일 수 있겠습니까!
寧赴常流[39]而葬乎江魚腹中耳	차라리 긴 강물로 달려가 강의 물고기 배 속에 장사를 지낼 따름이언정
又安能以皓皓之白而蒙世俗之溫蠖乎[40]	또한 어찌 밝디밝은 깨끗함으로 세속의 먼지를 뒤집어쓸 수 있겠습니까!"

乃作懷沙之賦[41]	이에 「회사부(懷沙賦)」를 지었다.
其辭曰	그 글은 다음과 같다.

陶陶孟夏兮	초여름 무르익음이여,
草木莽莽[42]	초목 우거졌다네.
傷懷永哀兮	마음 아파 길이 슬퍼함이여,
汩徂南土[43]	급히 남쪽 땅으로 간다네.
眴兮窈窈[44]	눈 깜짝이며 보아도 까마득함이여,

38 **집해** 왕일은 말하였다. "더러운 먼지를 쓴 것이다." **색은** 汶汶은 음이 민(閔)이다. 문문(汶汶)은 혼암(昏暗)과 같다.

39 **색은** 상류(常流)는 장류(長流)와 같다.

40 **색은** 蠖의 음은 확[烏廓反]이다. 온확(溫蠖)은 혼분(惛憒)과 같다. 『초사(楚詞)』에는 "세상의 먼지를 뒤집어쓰고 있구나(蒙世之塵埃哉)."로 되어 있다.

41 **색은** 『초사 · 구회(楚辭 · 九懷)』에서는 "모래와 자갈 품고 스스로 가라앉았다(懷沙礫以自沉)."라 하였는데, 바로 이 뜻이다.

42 **집해** 왕일은 말하였다. "도도(陶陶)는 양기가 성한 모양이다. 망망(莽莽)은 무성한 모양이다." **색은** 음은 모(姥)이다. **정의** 음은 모[莫古反]이다.

43 **집해** 왕일은 말하였다. "골(汩)은 가는 모양이다." **색은** 왕사숙(王師叔)은 말하였다. "골(汩)은 가는 모양이다." 『방언(方言)』에서는 말하였다. "빨리 가는 것을 말한다."

44 **집해** 서광은 말하였다. "현(眴)은 곧 현(眩)과 같다." **색은** 眴의 음은 순(舜)이다. 서씨(徐氏)는 말하였다. "眴은 현(眩)이다. 窈의 음은 요[烏鳥反]이다."

孔靜幽墨[45]	아주 조용하고 잠잠하다네.
冤結紆軫兮	억울함 맺혀 아픔 얽매임이여,
離慜之長鞠[46]	근심 만나 길이 다하였고,
撫情效志兮	마음 어루만지고 뜻 생각해 봄이여,
俛詘以自抑	근심하면서 스스로 억제하네.

刓方以爲圜兮	모난 것 깎아 둥글게 만듦이여,
常度未替[47]	일정한 법도 바뀌지 않았고,
易初本由兮	처음의 길 바꿈이여,
君子所鄙[48]	군자 부끄럽게 여긴다네.
章畫職墨兮	밝게 꾀하고 법도 지킴이여,
前度未改[49]	앞의 법 아직 고치지 않았고,
內直質重兮	안으로 곧고 바탕 중후함이여,
大人所盛[50]	대인이 훌륭하게 여기는 것이라네.
巧匠不斲兮	솜씨 좋은 장인 깎지 않음이여,

45 **집해** 왕일은 말하였다. "공(孔)은 매우라는 뜻이다. 묵(墨)은 소리가 나지 않는 것이다." **정의** 공(孔)은 매우라는 뜻이다. 묵(墨)은 소리가 나지 않는 것이다. 강남(江南)은 산이 높고 못이 깊어 보면 아찔하고, 들이 매우 맑고 깨끗하여 감탄하여 사람 소리가 나지 않는다는 것을 말하였다.

46 **집해** 왕일은 말하였다. "국(鞠)은 궁(窮)의 뜻이다. 우(紆)는 굽었다는 것이다. 진(軫)은 아프다는 뜻이다. 민(慜)은 병이라는 뜻이다." **색은** 이민(離湣)과 같다. 민(湣)은 병(病)이라는 뜻이다. 국(鞠)은 궁(窮)이라는 뜻이다.

47 **집해** 왕일은 말하였다. "완(刓)은 깎는 것이고, 도(度)는 법이며, 체(替)는 폐하는 것이다. 사람이 모난 나무를 깎아 둥글게 만들려 하는데 그 일정한 법도는 아직 폐하여지지 않았다는 것을 말한다." **색은** 刓의 음은 완[五官反]이다. 모난 나무를 깎아 둥글게 만들려 하는데 그 일정한 법도는 아직 폐하여지지 않았다는 것을 이른다.

48 **집해** 왕일은 말하였다. "유(由)는 길이다." **정의** 본(本)은 상(常)이다. 비(鄙)는 부끄러운 것이다. 사람이 무도한 세상을 만나 처음 행하던 것을 바꾸고 밝은 길을 등지는 것을 군자는 부끄러워한다는 말이다.

孰察其揆正	누가 그 법도 올바름 살피겠는가?
玄文幽處兮	검은 무늬 어두운 곳에 있음이여,
矇謂之不章[51]	당달봉사 빛나지 않는다 하고,
離婁微睇兮	이루 눈 가늘게 뜨고 한쪽 눈으로 봄이여,
瞽以爲無明[52]	봉사 밝지 않다고 생각하네.
變白而爲黑兮	흰색 변하여 검게 됨이여,
倒上以爲下[53]	위 거꾸로 하여 아래 되었다네.
鳳皇在笯兮[54]	봉황 새장에 있음이여,
雞雉翔舞[55]	닭과 꿩 빙빙 돌며 춤춘다네.

49 집해 왕일은 말하였다. "장(章)은 밝은 것이다. 도(度)는 법이다. 계획에 밝으며 그 법도를 생각하고 전인(前人)의 법을 닦아 그 도를 바꾸지 않음에 뛰어나면 굽은 나무가 곧아지고 나쁜 나무가 좋아진다는 것을 말한다." 색은 장(章)은 밝은 것이다. 획(畫)은 계획이다. 『초사(楚詞)』에는 '직(職)'이 '지(志)'로 되어 있다. 지(志)는 생각하는 것이다. 나머지는 주(注)의 풀이와 같다.

50 집해 왕일은 말하였다. "사람의 바탕과 본성이 돈후하고 심지가 정직하며 행실에 과오가 없는 것은 대인과 군자가 매우 아름답게 느끼는 것이라는 말이다."

51 집해 왕일은 말하였다. "현(玄)은 검은 것이다. 몽(矇)은 봉사이다. 『시경』에 '봉사가 공에게 아뢴다(矇瞍奏公).'는 말이 있다. 장(章)은 밝은 것이다."

52 집해 왕일은 말하였다. "이루(離婁)는 옛날의 눈이 밝은 자이다. 고(瞽)는 봉사이다." 정의 睇의 음은 제[田帝反]이며, 애꾸라는 뜻이다.

53 색은 음은 호(戶)이다.

54 집해 서광은 말하였다. "노(笯)는 '교(郊)'로 된 판본도 있다." 생각건대 왕일은 "노(笯)는 새장[籠落]이다."라 하였다. 색은 笯의 음은 노(奴)이며, 또한 나[女加反]라고도 한다. 서(徐)씨는 말하기를 '교(郊)'라고 하였다. 농락(籠落)은 등나무와 담쟁이덩굴로 만든 새장이다. 정의 『응서도(應瑞圖)』에서는 말하였다. "황제(黃帝)가 천호(天老)에게 물었다. '봉조(鳳鳥)는 어떤가?' 천로가 말하였다. '앞모양은 기러기이고 뒷모양은 기린이며, 목은 뱀이고 꼬리는 물고기이고 용의 무늬에 거북의 몸을 하고 있으며, 제비와 메추리 같고 부리는 닭과 같습니다. 머리에는 덕을 이고 있고, 목은 의를 드러내고 등에는 인(仁)을 지고 있으며 마음에는 믿음이 들어 있고 날개는 순풍을 기다리며 발은 바름을 밟고 꼬리에는 무(武)가 달려 있는데, 작은 소리를 내면 쇠 같고 큰 소리를 내면 북 같으며 목을 늘이고 날개를 떨치며 오색을 갖추어 납니다.'"

同糅玉石兮	옥과 돌 한데 섞음이여,
一概而相量[56]	함께 깎아 헤아린다네.
夫黨人之鄙妒兮	저 당인들 비열함이여,
羌不知吾所臧[57]	나의 훌륭함 알지 못한다네.

任重載盛兮	무거운 짐 질만함이여,
陷滯而不濟[58]	빠지고 막혀 건너지 못하고,
懷瑾握瑜兮	아름다운 옥 품고 쥐고 있음이여,
窮不得余所示[59]	궁하여 내 말하여 보이지 못한다네.
邑犬群吠兮	고을의 개 떼 지어 짖음이여,
吠所怪也	이상한 것 짖고,
誹駿疑桀兮	준걸 헐뜯고 호걸 의심함이여,
固庸態也[60]	실로 용렬한 자의 작태라네.
文質疏內兮	무늬와 바탕 안으로 소통됨이여,
衆不知吾之異采[61]	뭇사람들 나의 문채 다름 알지 못하고,

55 **색은** 『초사(楚詞)』에는 '치(雉)'가 '목(鶩)'으로 되어 있다.

56 **집해** 왕일은 말하였다. "충성과 아첨이 다르지 않은 것이다."

57 **집해** 왕일은 말하였다. "아무도 나의 훌륭한 뜻을 환히 밝히지 못하는 것이다." **색은** 왕사숙은 "강(羌)은 초나라 사람의 어사(語辭)이다."라 하였다. 그대는 어찌하여라는 뜻이다. **정의** 羌의 음은 강(彊)이다.

58 **집해** 왕일은 말하였다. "자기의 재력(才力)이 한창 성하여 무거운 짐을 질 수 있는데 몸이 빠지고 막혀 본래의 뜻을 이룰 수 없다는 것을 말한다."

59 **집해** 왕일은 말하였다. "시(示)는 말하는 것이다."

60 **집해** 왕일은 말하였다. "천 사람을 준(俊)이라 하고, 온 나라에서 높은 사람이 걸(桀)이다. 용(庸)은 어리석고 천한 사람이다." **색은** (전국시대 齊나라 尹文의) 『윤문자(尹文子)』에 의하면 "천 사람을 준(俊)이라 하고, 만 사람을 걸(桀)이라 한다."라 하였다. 지금 곧 준걸을 헐뜯고 호걸을 의심하는 것은 실로 용렬한 사람의 태도라는 것이다.

61 **집해** 서광은 말하였다. "이(異)는 어떤 판본에는 '오(奧)'로 되어 있다." 내가 보건대 왕일은 "채(采)는 문채이다."라 하였다.

材樸委積兮	켜지 않은 재목 쌓여 있음이여,
莫知余之所有	내가 가진 것 아무도 모른다네.
重仁襲義兮	인 포개지고 의 미침이여,
謹厚以爲豐[62]	삼가고 돈후함으로 풍부하게 하고,
重華不可牾兮[63]	중화 만날 수 없음이여,
孰知余之從容	누가 나의 도 종용함을 알랴!
古固有不並兮	예로부터 실로 함께하지 못함이여,
豈知其故也[64]	어찌 그 까닭을 알겠는가?
湯禹久遠兮	탕임금과 우임금 오래고 멂이여,
邈不可慕也	까마득하여 그릴 수 없다네.
懲違改忿兮	어긋남 뉘우치고 성냄 고침이여,
抑心而自彊	마음 억누르고 스스로 강하게 하고,
離湣而不遷兮	근심 만나도 옮기지 않음이여,
願志之有象[65]	뜻 본받음 있기를 바라네.
進路北次兮[66]	길 나아가 북쪽에 머묾이여,
日昧昧其將暮	해 어둑어둑 저물려 하고,
含憂虞哀兮[67]	근심 머금고 슬픔 즐김이여,
限之以大故[68]	큰 변고 있을 때까지 하려네.

62 집해 왕일은 말하였다. "중(重)은 포개는 것이다. 습(襲)은 미치는 것이다."

63 집해 왕일은 말하였다. "오(牾)는 만나는 것이다." 색은 『초사(楚詞)』에는 '오(牾)'가 '악(遻)'으로 되어 있는데 모두 음은 오[吳故反]이다. 왕사숙은 "오(牾)는 만나는 것이다."라 하였다.

64 색은 『초사(楚詞)』에는 "어찌된 까닭인지 아무도 모르네(莫知其何故)."로 되어 있다.

65 집해 왕일은 말하였다. "상(象)은 법이다."

66 정의 북에 머무는 것은 나아가려는 것이다.

67 색은 『초사(楚詞)』에는 "근심 펴고 슬픔 즐긴다(舒憂娛哀)."로 되어 있다. 娛의 음은 우(虞)이다. 오(娛)는 즐기는 것이다.

68 집해 왕일은 말하였다. "오(娛)는 즐기는 것이다. 대고(大故)는 사망하는 것을 이른다."

亂曰[69]	요약하여 말한다.
浩浩沅湘兮[70]	원수와 상수 넘실넘실함이여,
分流汨兮[71]	나뉘어 흐른다네.
脩路幽拂兮[72]	길 길고 깊숙이 덮여 있음이여,
道遠忽兮	길 멀고 흐릿하다네.
曾吟恆悲兮	거듭 신음하고 길이 슬퍼함이여,
永歎慨兮	영원히 탄식하고 개탄한다네.
世旣莫吾知兮	세상 이미 나 알아주지 않음이여,
人心不可謂兮[73]	사람 마음 말할 수 없다네.
懷情抱質兮	정 품고 바탕 안음이여,
獨無匹兮	나만 짝이 없다네.
伯樂旣歿兮	백락 이미 죽었음이여,
驥將焉程兮[74]	천리마 어디로 가려는가?
人生稟命兮	사람 나서 명 받음이여,
各有所錯兮[75]	각자 편안히 여김 있다네.

69 색은 왕사숙은 말하였다. "난(亂)은 다스리는 것이다. 말의 뜻을 다스리어 그 요점을 총괄하고 앞에서 말한 뜻을 거듭 다스리는 것이다."

70 색은 두 하천의 이름이다. 「지리지(地理志)」에 의하면 상수(湘水)는 영릉(零陵)의 양해산(陽海山)에서 발원하여 북으로 장강에 유입된다. 원수는 곧 상수의 뒤로 흐른다. 정의 『설문(說文)』에서는 말하였다. "원수(沅水)는 장가(牂柯)에서 발원하여 동북쪽으로 흘러 장강으로 유입된다. 상수는 영릉현 양해산(陽海山)에서 발원하여 북으로 장강에 유입된다." 두 하천은 모두 악주(岳州)를 거쳐 대강(大江)으로 유입된다.

71 집해 왕일은 말하였다. "골(汨)은 흐르는 것이다."

72 색은 『초사(楚詞)』에는 '유폐(幽蔽)'로 되어 있다.

73 집해 왕일은 말하였다. "위(謂)는 말씀 설(說) 자와 같다." 색은 『초사(楚詞)』에는 '증음(曾吟)' 이하 21자가 없다.

74 집해 왕일은 말하였다. "정(程)은 헤아리는 것이다."

75 집해 왕일은 말하였다. "착(錯)은 편안한 것이다."

定心廣志	마음 정하고 뜻 넓혔으니,
餘何畏懼兮[76]	나머지야 어찌 두려워하리?
曾傷爰哀	거듭 다치고 이에 슬퍼하여,
永歎喟兮[77]	영원히 탄식한다네.
世溷不吾知	세상 흐려 나 알아주지 못하니,
心不可謂兮	마음 말할 수 없다네.
知死不可讓兮	죽음 내줄 수 없음 앎이여,
願勿愛兮	부디 사랑하지 말지어다.
明以告君子兮	명확히 군자에게 알림이여,
吾將以爲類兮[78]	내 같은 모범으로 삼으려네.

於是懷石遂自沈汨羅以死[79] 이에 돌을 품고 마침내 스스로 멱라수에 가라앉아 죽었다.

---

76 색은 『초사(楚詞)』에는 '여(餘)' 자가 모두 '여(余)' 자로 되어 있다.

77 집해 왕일은 말하였다. "위(喟)는 탄식하는 것이다."

78 집해 왕일은 말하였다. "유(類)는 본받는 것이다." 정의 유(類)는 법식이라는 뜻이다. 충신은 어지러운 임금을 섬기지 않는 것을 법식으로 삼는다는 것이다.

79 집해 응소는 말하였다. "멱수(汨水)는 나(羅)에 있으므로, 멱라(汨羅)라고 한다." 색은 멱수(汨水)는 나(羅)에 있으므로, 멱라(汨羅)라고 한다. 「지리지(地理志)」에 의하면 장사(長沙)에 나현(羅縣)이 있는데, 나자(羅子)가 옮긴 것이다. (南朝 劉宋 盛弘之의) 『형주기(荊州記)』에서는 "나현(羅縣) 북쪽은 멱수(汨水)를 띠고 있다."라 하였다. 汨의 음은 멱(覓)이다.

정의 옛 나현의 성은 악주(岳州) 상음현(湘陰縣) 동북쪽 60리 지점에 있다. 춘추시대 나자국(羅子國)으로 진나라 때 장사군(長沙郡)을 설치하여 현이 되었다. 현 북쪽에 멱수(汨水) 및 굴원의 사당이 있다. (南朝 梁나라 吳均의) 『속제해기(續齊諧記)』에서는 말하였다. "굴원이 5월 5일에 멱라수에 투신해서 죽자 초나라 사람들이 그를 불쌍하게 여겨 매년 이날이 되면 대나무 통에 쌀을 넣어 물에 던져 제사를 지내 주었다. 한(漢)나라 건무(建武) 연간에 장사(長沙)의 구회(區回)에게 한낮에 불현듯 한 사람이 나타났는데 자칭 삼려대부라고 하였다. 구회에게 일러 말하였다. '그대가 늘 제사를 지내 준다는 말을 들었는데 아주 좋소. 그러나 해마다 보내주는 것을 모두 교룡에게 빼앗기니 이제 은혜를 베풀려거든 대나무 잎으로 위

屈原既死之後	굴원이 이미 죽은 뒤에
楚有宋玉唐勒景差[80]之徒者	초나라에는 송옥과 당륵, 경차 같은 무리가 있었는데
皆好辭而以賦見稱	모두 문사를 좋아하여 부(賦)로 일컬어졌으며,
然皆祖屈原之從容辭令	다만 모두 굴원의 종용한 사령을 조종으로 삼아
終莫敢直諫	끝내 아무도 감히 직간하지 못하였다.
其後楚日以削	그 후로 초나라는 날로 쇠약해져
數十年竟爲秦所滅	수십 년 만에 마침내 진나라에게 멸망당하였다.

自屈原沈汨羅後百有餘年	굴원이 멱라수에 빠져 죽은 후 백여 년이 지나
漢有賈生	한나라에서 가생이 나왔는데
爲長沙王太傅	장사왕 태부가 되어
過湘水	상수를 지나다가
投書以弔屈原	글을 (지어) 던져 넣어 굴원을 조문하였다.

賈生名誼[81]	가생의 이름은 의(誼)로
雒陽人也	낙양 사람이다.
年十八	나이 열여덟 살에

를 막고 오색실로 동여매 줄 수 있다면 이것은 교룡이 꺼리는 것이오.' 구회는 그 말대로 하였다. 세상 사람들이 5월 5일에 종자(糉子)를 만들고 아울러 오색실 및 대나무 잎으로 매는 것은 모두 멱라의 유풍이다."

80 **집해** 서광은 말하였다. "'경(慶)' 자로 된 것도 있다." **색은** 양자[楊子: 양웅(揚雄)]의 『법언(法言)』 및 『한서 · 고금인표(漢書 · 古今人表)』에는 모두 '경차(景瑳)'로 되어 있는데, 여기서 '차(差)'라 한 것은 글자를 줄인 것일 따름이다. 또 생각건대 서(徐)와 배(裴), 추(鄒)의 삼가(三家)는 모두 음의 표기가 없는데 글자의 뜻대로 읽은 것이다.

81 **색은** 이름은 의(義)이다. 『한서』에는 모두 '의(誼)'로 되어 있다.

以能誦詩屬書聞於郡中	시를 외고 글을 지을 수 있다고 온 고을에 알려졌다.
吳廷尉爲河南守	오정위가 하남 태수가 되자
聞其秀才[82]	그의 재주가 빼어나다는 것을 듣고
召置門下	문하로 초치하여
甚幸愛	매우 총애하고 아꼈다.
孝文皇帝初立	효문 황제가 막 즉위하여
聞河南守吳公[83]治平爲天下第一	하남 태수 오공의 치적이 천하의 으뜸이며
故與李斯同邑而常學事焉	옛날에 이사와 같은 고을이고 늘 거기서 배운다는 것을 듣고
乃徵爲廷尉	이에 정위로 불렀다.
廷尉乃言賈生年少	정위는 이에 가생이 나이는 어리지만
頗通諸子百家之書	자못 제자백가의 책에 달통하였다고 말하였다.
文帝召以爲博士	문제가 불러서 박사로 삼았다.

是時賈生年二十餘	이때 가생의 나이는 스물 남짓이었으며
最爲少	가장 어렸다.
每詔令議下	조령으로 의제가 내려올 때마다
諸老先生不能言	여러 노선생은 말할 수 없었는데
賈生盡爲之對	가생은 거기에 모두 대답하였으며
人人各如其意所欲出	사람들은 각자 말하려던 뜻과 같다고 여겼다.

82 정의 안(顔)은 말하였다. "수(秀)는 아름답다는 뜻이다." 응소는 말하였다. "광무(光武)의 휘를 피하여 '무재(茂才)'로 고쳤다."

83 색은 오(吳)는 성이다. 사관이 이름을 실전(失傳)하였으므로 공이라고 칭하였다.

諸生於是乃以爲能	제생은 이에 곧 능력이
不及也	미치지 못한다고 생각하였다.
孝文帝說之	효문제는 기뻐하여
超遷	파격적으로 승신시켜
一歲中至太中大夫	1년 만에 태중대부에 이르렀다.

賈生以爲漢興至孝文二十餘年

	가생은 한나라가 흥하고 효문제에 이르러 20여 년이라 하여
天下和洽	천하가 화목하고 융화되어
而固當改正朔	실로 역법(曆法)을 고치고
易服色	복색을 바꾸며
法制度	제도를 정립하고
定官名	관명을 정하며
興禮樂	예악을 일으켜야 한다고 하고
乃悉草具其事儀法	이에 그 일의 의식과 법식을 갖추어 초안을 잡아
色尙黃	색은 황색을 숭상하였고
數用五[84]	수는 5를 썼으며
爲官名	관명을 지어
悉更秦之法	진나라의 법을 모두 바꾸었다.
孝文帝初即位	효문제는 막 즉위하였으므로
謙讓未遑也	겸양하여 경황이 없었다.
諸律令所更定	여러 율령이 고쳐서 정해지고
及列侯悉就國	열후가 모두 봉지로 나아가니

84 정의 한문제(漢文帝) 때 황룡(黃龍)이 성기(成紀)에 나타났으므로 토덕(土德)으로 바꾸었다.

其說皆自賈生發之	그 견해가 모두 가생에게서 나온 것이었다.
於是天子議以爲賈生任公卿之位	이에 천자는 가생을 공경의 지위에 임명할 것을 제의했다.
絳灌東陽侯馮敬之屬盡害之[85]	강후와 관영, 동양후, 풍경의 무리가 모두 해롭게 여겨
乃短賈生曰	이에 가생의 단점을 말하였다.
雒陽之人	"낙양 사람은
年少初學	나이가 어리고 학문도 미숙한데
專欲擅權	하고 싶은 대로 하고 권력을 주물러
紛亂諸事	모든 일을 어지럽히고 있습니다."
於是天子後亦疏之	이에 천자는 나중에 또한 그를 멀리하여
不用其議	그의 제의를 쓰지 않았고
乃以賈生爲長沙王太傅	곧 가생을 장사왕 태부로 삼았다.
賈生既辭往行	가생이 이미 작별하고 길을 떠남에
聞長沙卑溼	장사가 지대가 낮고 습하다는 것을 듣고
自以壽不得長	스스로 오랜 수명을 누리지 못할 것이라 생각하였으며
又以適去[86]	또한 폄적되어 떠나는 것이어서
意不自得	뜻이 절로 편치가 않았다.

85 **정의** 강(絳)과 관(灌)은 주발(周勃)과 관영(灌嬰)이다. 동양후(東陽侯)는 장상여(張相如)이다. 풍경(馮敬)은 당시 어사대부(御史大夫)였다.

86 **집해** 서광은 말하였다. "適의 음은 적[竹革反]이다." 위소(韋昭)는 말하였다. "적(謫)은 견책된 것이다." **색은** 위소는 말하였다. "적(謫)은 견책된 것이다." 『자림(字林)』에서는 말하였다. "음은 적[丈厄反]이다."

及渡湘水	상수를 건널 때
爲賦以弔屈原	부를 지어 굴원을 애도하였다.
其辭曰	그 글에서 말하였다.

共承嘉惠兮[87]	삼가 아름다운 은혜 받듦이여,
俟罪長沙	장사에서 죄 기다린다네.
側聞屈原兮	언뜻 굴원 들었음이여,
自沈汨羅	스스로 멱라에 빠져 죽었다네.
造託[88]湘流兮	상수에 와서 기탁함이여,
敬弔先生	삼가 선생 조문한다네.
遭世罔極兮	바르지 못한 세상 만났음이여,
乃隕厥身	이에 그 목숨 잃었다네.
嗚呼哀哉	아아 슬프도다,
逢時不祥	때 만남 상서롭지 못함이!
鸞鳳伏竄兮[89]	난새와 봉새 몸 엎드리고 숨김이여,
鴟梟翱翔	부엉이와 올빼미 높이 빙빙 도는구나.
闒茸尊顯兮[90]	둔하고 용렬한 자들 존귀해지고 현달함이여,
讒諛得志	참소하고 아첨하는 자들 뜻 얻고,
賢聖逆曳兮	현자와 성인들 거꾸로 끌려 다님이여,
方正倒植[91]	바르고 곧은 이들 거꾸로 처박혔다네.

87 **집해** 장안(張晏)은 말하였다. "공(恭)은 경(敬)의 뜻이다."

88 **색은** 造의 음은 조[七到反]이다.

89 **색은** 찬(竄)은 본자의 뜻대로 읽으며, 또 최[七外反]라고도 한다.

90 **색은** 闒의 음은 탑[天臘反]이다. 茸의 음은 용[而隴反]이다. 응소와 호광(胡廣)은 "탑용(闒茸)은 재주가 없는 사람으로, 양 날개를 펴고 높이 빙빙 나는 쓰임도 없는데 도리어 존귀해진 것이다."라 하였다. 『자림』에서는 "탑용(闒茸)은 불초(不肖)한 사람"이라고 하였다.

世謂伯夷貪兮	세상에서 말하기를 백이 탐욕스럽다 함이여,
謂盜跖廉[92]	도척 청렴하다 하고,
莫邪爲頓兮[93]	막야 둔하다고 함이여,
鉛刀爲銛[94]	납 칼 날카롭다 하네.
于嗟嚜嚜兮	아아 시무룩함이여,
生之無故[95]	선생 아무 잘못 없도다!
斡棄周鼎兮寶康瓠[96]	주나라의 정 버림이여 진흙 항아리 보배로 삼고,
騰駕罷牛兮驂蹇驢[97]	지친 소에 멍에 얹음이여 저는 나귀 곁말로 삼으며,

---

91 **색은** 호광은 말하였다. "역예(逆曳)는 길을 바른 방향으로 따라 갈 수 없는 것이다. 도식(倒植)은 현명한 사람과 불초한 자가 지위가 전도되어 바뀐 것이다."

92 **색은** 『한서』에는 "수(隨)와 이(夷)가 혼탁함이여 척(跖)과 교(蹻)가 청렴하다 하네."로 되어 있다, 한 구절에 모두 두 사람이다. 수(隨)는 변수(卞隨)이다. 이(夷)는 백이(伯夷)이다. 척(跖)은 도척(盜跖)이다. 교(蹻)는 장교(莊蹻)이다.

93 **집해** 응소는 말하였다. "막야(莫邪)는 오나라 대부인데 보검을 만들었기 때문에 이름의 앞에 두었다." 찬(瓚)은 말하였다. "허신(許愼)은 막야는 대극(大戟: 큰 갈래창)이라고 하였다." **색은** 응소는 말하였다. "막야(莫邪)는 오나라 대부인데 보검을 만들었기 때문에 칼의 이름으로 삼았다." 찬(瓚)은 말하였다. 『오월춘추(吳越春秋)』에서는 말하였다. "오왕(吳王)이 간장(干將)에게 검 두 자루를 만들게 했는데 하나는 간장(干將)이고 하나는 막야(莫邪)이다." 막야(莫邪)와 간장(干將)은 검의 이름이다. 둔(頓)은 둔(鈍)한 것이다.

94 **집해** 서광은 말하였다. "음은 섬[思廉反]이다." 내가 생각건대 『한서음의(漢書音義)』에서는 "섬(銛)은 날카롭다는 것이다."라 하였다. **색은** 연(鉛)은 주석이다. 섬(銛)은 날카로운 것이다. 어둡고 의혹된 것을 말한다.

95 **집해** 응소는 말하였다. "묵묵(嚜嚜)은 스스로 뜻을 얻지 못한 것이다." 찬(瓚)은 말하였다. "생(生)은 굴원을 이른다."

96 **집해** 여순(如淳)은 말하였다. "알(斡)은 도는 것이다. 『이아(爾雅)』에서는 '강호(康瓠)를 일러 계(甈)라고 한다.'라 하였는데, 큰 표주박이다." 응소는 말하였다. "강(康)은 포용하는 것이다. 斡은 음이 관(筦)이다. 관(筦)은 도는 것이다. 혹자는 강(康)은 빈 것이라 하였다." **색은** 알(斡)은 도는 것으로, 음은 알[烏活反]이다. 『이아』에서는 "강호(康瓠)를 계(甈)라 한다."고 하였다. 甈의 음은 계[丘列反]이다. 이순(李巡)은 "강(康)은 큰 표주박을 이른다."라 하였다. 강(康)은 비었다는 뜻이다. 진작(晉灼)은 "알(斡)은 옛 '관(管)' 자이다."라 하였다.

97 **정의** 罷의 음은 피(皮)이다.

驥垂兩耳兮服鹽車[98]	천리마 두 귀 늘어뜨림이여 소금수레 끈다네.
章甫薦屨兮[99]	장보관 신발 아래 깖이여,
漸不可久[100]	점점 심해져 오래갈 수 없고,
嗟苦先生兮	아, 선생 괴로워하였음이여,
獨離此咎[101]	홀로 이 재앙 만났다네!

訊曰[102]	뜻을 펴서 말한다.
已矣	끝났도다!
國其莫我知	나라에서 나 알아주지 못하니,
獨堙鬱兮[103]其誰語	홀로 답답해함이여 누구에게 말하겠는가?
鳳漂漂其高逝[104]兮	봉황 훨훨 높이 날아가 버림이여,
夫固自縮而遠去[105]	실로 스스로 움츠리어 멀리 떠났다네.
襲九淵之神龍兮[106]	깊은 못 속의 신룡 따름이여,
沕[107]深潛以自珍[108]	아득히 깊이 숨어 자중한다네.

98 색은 『전국책』에서는 말하였다. "천리마가 소금수레를 끌고 태산의 언덕길을 올라가는데 멈칫거리며 끌채를 지고 올라갈 수가 없어 백락(伯樂)이 수레에 내려 통곡을 하였다."

99 집해 응소는 말하였다. "장보(章甫)는 은(殷)나라의 관(冠)이다."

100 집해 유향(劉向)의 『별록(別錄)』에서는 말하였다. "이로써 스스로 깨우치고 스스로 한하는 것이다."

101 집해 응소는 말하였다. "차(嗟)는 탄식하는 것이다. 고(苦)는 노고(勞苦)이다. 굴원이 이 어려움을 만났다는 것을 말한다."

102 집해 이기(李奇)는 말하였다. "신(訊)은 알리는 것이다." 장안은 말하였다. "신(訊)은 「이소(離騷)」 하장(下章)의 난사(亂辭)이다." 색은 일러 말하는 것이다. 이기(李奇)는 말하였다. "수(誶)는 알린다는 것이며, 음은 신(信)이다." 장안은 말하였다. "신(訊)은 「이소(離騷)」 하장(下章)의 난사(亂辭)이다." 유백장(劉伯莊)은 음은 새[素對反]라 하였다. 신(訊)은 선(宣)과 같으며, 그 뜻을 거듭 펴는 것이다. 주성(周成)과 사고(師古)는 음이 쇄(碎)라 하였다.

103 색은 『한서』에는 '일울(壹鬱)'로 되어 있는데 뜻이 또한 통한다.

104 색은 음은 서(逝)이다.

105 색은 축(縮)은 『한서』에는 '인(引)'으로 되어 있다.

彌融爚[109]以隱處兮[110] 밝은 곳 떠나 숨어 삶이여,
夫豈從螘與蛭螾[111] 어찌 개미와 지렁이 따르겠는가?
所貴聖人之神德兮 귀하게 여김 성인의 신령스런 덕이여,
遠濁世而自藏 흐린 세상 멀리하고 스스로 숨어버린다네.
使騏驥可得係羈兮 천리마 재갈에 물리게 하였음이여,
豈云異夫犬羊[112] 어찌 저 개나 양과 다르다 하는가!

---

106 집해 등전(鄧展)은 말하였다. "습(襲)은 겹치는 것이다." 혹자는 습(襲)을 덮는 것이라 하였다. 살핀다는 말과 같다. 색은 습은 다시라는 뜻이다. 『장자(莊子)』에서는 "천금의 값어치가 나가는 구슬은 반드시 구중의 연못, 검은 용의 턱 아래에 있다."라 하였다. 그러므로 "구연(九淵)의 신룡(神龍)"이라 하였다.

107 집해 서광은 말하였다. "음은 밀[亡筆反]이다."

108 집해 서광은 말하였다. "밀(沕)은 가라앉아 몸을 숨기는 것이다." 색은 장안은 말하였다. "밀(沕)은 가라앉아 몸을 숨기는 것이다. 음은 밀(密)이고, 또 음을 물(勿)이라고도 한다."

109 집해 서광은 말하였다. "어떤 판본에서는 '偭蟂獺'이라 하였다."

110 집해 서광은 말하였다. "어떤 판본에는 '彌蝎爚以隱處'로 되어 있다." 색은 『한서』에는 '면효달(偭蟂獺)'로 되어 있다. 서광은 또 어떤 판본에는 '彌蝎爚以隱處'로 되어 있다고 하여, 대체로 세 판본이 모두 같지 않다. 소림(蘇林)은 "偭의 음은 면(面)이다."라 하였다. 응소는 "면(偭)은 등지는 것이다. 효달(蟂獺)은 물벌레로 물고기에게 해를 끼치는 것이다. 악을 등지고 선을 따르는 것을 말한다."라 하였다. 곽박(郭璞)은 『이아(爾雅)』에 주를 달고 "새와 비슷한데 강동(江東)에서는 어교(魚䲶)라 한다."고 하였다.

정의 고야왕(顧野王)은 말하였다. "미(彌)는 멀다는 뜻이다. 융(融)은 밝은 것이다. 약(爚)은 빛나는 것이다." 깊이 감추고 스스로 보배로 여기며 밝은 빛을 멀리하고 숨는 것이다.

111 집해 『한서』에는 '의(螘)' 자가 '하(蝦)' 자로 되어 있다. 위소는 말하였다. "하(蝦)는 하마(蝦蟆: 두꺼비)이다. 질(蛭)은 물벌레이다. 인(螾)은 지렁이이다." 색은 螘의 음은 의(蟻)이다. 『한서』에는 '하(蝦)'로 되어 있다. 蟂獺과 관계를 끊을지언정 하물며 두꺼비와 지렁이를 따르겠는가라는 말이다. 蛭의 음은 질(質)이다. 螾의 음은 인(引)이다. 정의 차라리 투신하여 신룡과 만날지언정 어찌 땅에서 개미와 지렁이를 따라 장례를 치르겠는가라는 말이다.

112 정의 천리마로 하여금 굴레에 묶이게 한다면 개나 양과 다를 것이 없다. 굴원이 탁한 세상을 떠나 숨지 않은 것을 책망한 것이다. 천리마의 무늬는 연둣빛과 같다. 기(驥)는 천리마이다.

般紛紛其離此尤兮[113]	어지러이 이 허물 만났음이여,
亦夫子之辜也[114]	또한 부자의 허물이로다!
瞝九州[115]而相君兮	구주 돌아다니며 임금 보좌할 것이여,
何必懷此都也	어찌 반드시 이 도읍 품었던가?
鳳皇翔于千仞之上兮	봉황 천 길 위 빙빙 낢이여,
覽德煇而下之[116]	덕 빛남 보고 내려앉고,
見細德之險徵兮	잔단 덕 험한 조짐 봄이여,
搖增翮[117]逝而去之[118]	더 힘껏 날갯짓하여 떠나가 버린다네.
彼尋常之汙瀆兮[119]	저 평범한 물웅덩이여,
豈能容呑舟之魚	어찌 배 삼킬 만한 물고기 받아들이겠는가!
橫江湖之鱣鱏兮[120]	강과 호수 가로지르는 전어며 고래여,

113 **집해** 소림은 말하였다. "般의 음은 반(盤)이다." 맹강(孟康)은 말하였다. "般의 음은 반(班)이다." 혹자는 말하기를 서성이면서 떠나지 않아 분분하게 참소하는 뜻에 걸린 것이라 하였다. **색은** 般의 음은 반(班)이며, 또한 음을 반(盤)이라고도 하는데, 반환(槃桓: 서성임)이라는 뜻이다. 紛紛은 자자(藉藉)와 같으며, 참소하는 뜻에 걸린 것이다. 우(尤)는 원한과 허물이다.

114 **색은** 『한서』에는 '고(辜)'가 '고(故)'로 되어 있다. 부자(夫子)는 굴원(屈原)을 이른다. 이기(李奇)는 말하였다. "또한 부자(夫子)가 기린과 봉황이 날고 가는 것만 못하기 때문에 이런 잘못에 걸린 것이다."

115 **색은** 瞝의 음은 치[丑知反]이다, 두루 보는 것을 이른다. 『한서』에는 '역구주(歷九州)'로 되어 있다.

116 **색은** 봉황이 공중을 선회하다가 임금이 덕이 있음을 보면 곧 내려온다는 것을 말한다. 그러므로 『예(禮)』에서 "덕과 빛이 안에서 움직인다(德煇動乎內)."라 하였다.

117 **집해** 서광은 말하였다. "어떤 판본에는 '요증격(遙增擊)'으로 되어 있다."

118 **정의** 요(搖)는 움직이는 것이다. 증(增)은 더하는 것이다. 덕이 작은 사람을 보고 또 험난한 기미가 일어나는 것을 보면 날개를 더욱 많이 움직여 멀리 날아가 버린다는 것을 말한다.

119 **집해** 응소는 말하였다. "8(八)척을 심(尋)이라 하고 심의 배를 상(常)이라 한다." **색은** 음은 오독(烏獨)이다. 오(汙)는 더러운 것이고, 독(瀆)은 작은 시내이다.

120 **집해** 여순은 말하였다. "큰 물고기이다." 찬(瓚)은 말하였다. "심어(鱏魚)는 비늘이 없고 입이 배 쪽에 가깝다."

固將制於蟻螻[121]	실로 개미와 땅강아지에게 제압당하리.

賈生爲長沙王太傅[122]三年	가생이 장사왕 태부가 된 지 3년 만에
有鴞飛入賈生舍	어떤 올빼미가 가생의 집으로 날아들어
止于坐隅	자리의 모서리에 앉았다.
楚人命鴞曰服[123]	초나라 사람들은 올빼미를 '복'이라고 불렀다.
賈生既以適居長沙	가생이 이미 장사에 폄적되고부터
長沙卑溼	장사는 지대가 낮고 습하여

121 색은 『장자』에서는 경상초(庚桑楚)가 제자들에게 말하기를 "배를 삼키는 물고기가 흔들려 물을 잃으면 개미도 제압할 수 있다."라 하였다. 『전국책』에서 제나라 사람들이 정곽군(靖郭君)을 유세한 것 또한 같다. 생각건대 작은 나라의 혼암한 임금은 충신을 포용하지 못하며 참소하고 해치는 작은 신하에게 해를 당하는 것을 비유한다.

122 색은 장사부(長沙傅)가 된 것이다. 가의가 부(傅)가 된 것은 오예(吳芮)의 현손 산(產)이 장사왕(長沙王)을 세습하였을 때이며 경제(景帝)의 아들 장사왕(長沙王) 발(發)이 아니다. 『형주기(荊州記)』에서는 "장사성(長沙城) 서북쪽 모서리에 가의의 집 및 가의의 돌 침상[石床]이 있다."고 하였다. 정의 한문제(漢文帝)의 연표에서는 오예의 현손 차(差)가 장사왕을 세습하였다고 하였다. 부(傅)가 된 것은 장사정왕(長沙靖王) 차(差)의 2년째 되던 해이다. 『괄지지(括地志)』에서는 "오예의 옛 성은 담주(潭州) 장사현(長沙縣) 동남쪽 3백리 지점에 있다. 가의의 집은 현 남쪽 30보 지점에 있다. 『상수기(湘水記)』에서는 '가의의 집에는 우물이 하나 있는데 가의가 판 것으로 매우 작고 깊으며 위는 좁고 아래는 커서 그 형상이 병과 같다. 곁에는 다리 달린 석상(石床)이 하나 있는데 한 사람을 수용하는데 형태가 옛 법식을 따랐으며 가의가 앉던 곳이라고 전하여 왔다.'라 하였다."라 하였다.

123 집해 진작(晉灼)은 말하였다. "『이물지(異物志)』에 산효(山鴞)가 있는데, 몸에는 무늬와 색이 있고 현지에서는 모양 때문에 복(服)이라고 하였다. 멀리 날 수 없고, 다닐 때는 구역을 벗어나지 않는다." 색은 등전(鄧展)은 말하기를 "까치와 비슷한데 더 크다."라 하였다. 진작(晉灼)은 "(삼국시대 蜀나라 譙周의) 『파촉이물지(巴蜀異物志)』에 닭[小雞] 같은 새가 있는데, 몸에는 무늬와 색이 있고 현지에서는 모양 때문에 복(服)이라고 하였다. 멀리 날 수 없고, 다닐 때는 구역을 벗어나지 않는다."라 하였다. 『형주기(荊州記)』에서는 "무현(巫縣)에는 암탉 같은 새가 있는데 그 이름을 효(鴞)라 하였으며, 초나라 사람들은 복(服)이라고 하였다."라 하였다. 『오록(吳錄)』에서는 "복(服)은 검은색인데 울 때 스스로 그렇게 부른다."라 하였다.

自以爲壽不得長	스스로 수명대로 오래 살 수 없을 것이라 여겨
傷悼之	슬퍼하여
乃爲賦以自廣[124]	이에 부(賦)를 지어 스스로 누그러뜨렸다.
其辭曰	그 글에서 말하였다.

單閼之歲兮[125]	정묘년
四月孟夏	4월 초여름
庚子日施兮[126]	경자일이 저물어 감에
服集予舍	올빼미가 나의 집에 이르러
止于坐隅	한쪽 구석에 앉았는데
貌甚閒暇	그 모습이 매우 여유로웠다.
異物來集兮	이상한 것이 날아와
私怪其故	가만히 그 까닭을 이상히 여기어
發書占之兮	책을 꺼내 점을 쳐보고
筴言其度[127]	점서의 말을 헤아려보았다.
曰野鳥入處兮	말하기를 "들새가 들어와 살면
主人將去	주인이 떠날 것이다."라 하였다.

124 색은 요씨(姚氏)는 "광(廣)은 관(寬)과 같은 뜻이다."라 하였다.

125 집해 서광은 말하였다. "묘(卯)의 해를 단알(單閼)이라 한다. 문제(文帝) 6년은 정묘년이다." 색은 『이아(爾雅)』에서는 "묘의 해를 단일(單閼)이라고 한다."라 하였다. 이순(李巡)은 "단알(單閼)은 일어나는 것이며, 양기가 만물을 밀어 일으키므로 단일이라고 한다."라 하였다. 손염(孫炎) 본에는 '선언(蟬焉)'으로 되어 있다. 선(蟬)은 신(伸)과 같다. 정의 閼의 음은 알[烏葛反]이다.

126 집해 서광은 말하였다. "이(施)는 '사(斜)'로 된 판본도 있다." 색은 施의 음은 이(移)이다. 이(施)는 서(西)로 기울었다는 것과 같다. 『한서』에는 '사(斜)'로 되어 있다.

127 색은 『한서』에는 '참(讖)'으로 되어 있다. 『설문(說文)』에서는 "참(讖)은 징조를 나타내는 말이다."라 하였다. 지금 이 '협(筴)'은 아마 여러 가지 점서의 말을 말하는 것일 것이다. 정의 책수(策數)의 책을 꺼내어 그 헤아린 효험을 점친 것이다.

請問于服兮[128]	올빼미에게 물어보았다.
予去何之	“내가 떠나면 어디로 가는가?
吉乎告我	길하다면 내게 알려 주고
凶言其菑[129]	흉하다면 재앙을 말해다오.
淹數之度兮	오랠 것인지 빠를 것인지
語予其期[130]	내게 그 기한을 말해다오.”
服乃歎息	올빼미가 이에 한숨을 쉬고
擧首奮翼	머리를 들고 날개를 떨치며
口不能言	입으로는 말을 할 수 없고
請對以意[131]	뜻으로 대답할 것을 청하였다.

萬物變化兮	만물은 변화하여
固無休息	실로 쉼이 없습니다.
斡流而遷兮[132]	유전되어 옮기어가니
或推而還	어떨 때는 밀려갔다 돌아오기도 합니다.
形氣轉續兮	형체와 기운에 돌아가며 이어지니
變化而嬗[133]	변화하여 허물을 벗는 것 같습니다.
沕穆無窮兮[134]	깊고 아득하여 끝이 없으니

128 색은 우(于)는 어(於)이다. 『한서』의 판본에는 ‘자복(子服)’으로 된 것이 있는데, 소안(小顏)은 말하기를 “자(子)는 아름다움을 다한 말이다.”라 하였다.

129 정의 재(災)의 뜻으로 읽는다.

130 집해 서광은 말하였다. “삭(數)은 빠른 것이다.”

131 색은 協은 음이 억(臆)이다. 정의 協은 음이 억(臆)이다.

132 색은 斡의 음은 알[烏活反]이다. 알(斡)은 도는 것이다.

133 집해 복건은 말하였다. “嬗의 음은 선(蟬)과 같으며 허물을 벗고 변하는 것이다.” 혹자는 말하기를 선은 뻗어서 서로 이어진 것이라고 하였다. 색은 위소는 말하였다. “이(而)는 여(如) 자와 같은 뜻이다. 매미가 허물을 벗고 변하는 것과 같은 것이다.” 소림은 말하였다. “嬗의 음은 선(蟬)이며, 서로 돌아가며 주는 것을 이른다.”

胡可勝言	어찌 이루 다 말하겠습니까!
禍兮福所倚[135]	화는 복이 기대어 있고
福兮禍所伏[136]	복은 화가 기대어 있으니,
憂喜聚門兮	슬픔과 기쁨이 문에 모여 있고
吉凶同域[137]	길함과 흉함이 같은 곳에 있습니다.
彼吳彊大兮	저 오나라는 강대하였는데
夫差以敗	부차는 이로써 패하였으며,
越棲會稽兮	월나라는 회계에 깃들었지만
句踐霸世	구천은 세상을 제패했습니다.
斯游遂成兮	이사는 유세하여 마침내 성공하였지만
卒被五刑[138]	끝내 오형을 당하였고,
傅說胥靡兮[139]	부열은 부형을 당하였습니다만
乃相武丁	곧 무정의 재상이 되었습니다.

---

134 **색은** 『한서』에는 '무궁(無窮)'이 '무간(無間)'으로 되어 있다. 沕의 음은 밀(密)이며, 또한 매(昧)라고도 한다. 밀목(沕穆)은 깊이 숨은 모양이다. 그 이치가 깊이 숨어 다 말할 수 없다는 것을 말한다. **정의** 沕의 음은 물이다.

135 **정의** 음은 의[於犧反]이며, 기댄다는 뜻이다.

136 **색은** 이는 『노자』의 말이다. 그러나 '화(禍)' 자는 고자(古字) 자인 '화(旤)'로 되어 있다. 의(倚)는 몸을 세우는 것이다. 복(伏)은 몸을 낮추는 것이다. 화와 복이 번갈아 오는 것이 섰다가 숨었다가 하는 것과 같다는 말이다.

137 **정의** 화와 복이 서로 잇달아 오고 길흉은 정하여짐이 없다는 말이다.

138 **집해** 위소가 말하였다. "사(斯)는 이사(李斯)이다."

139 **집해** 서광은 말하였다. "부형(腐刑)이다." **색은** 서광은 말하였다. "서미(胥靡)는 부형(腐刑)이다."진작은 말하였다. "서(胥)는 상(相)의 뜻이다. 미(靡)는 수(隨)의 뜻이다. 옛날의 가벼운 형벌에 서로 연좌되는 것을 이른다." 『묵자(墨子)』[「상현(尚賢) 중(中)」]에서는 "부열(傅說)은 베옷을 입고 새끼를 매고 부암(傅巖)에서 담쌓는 일을 하고 있었다."라 하였다. 부암(傅巖)은 하동(河東) 태양현(太陽縣)에 있다. 또한 하정(夏靖)의 글에서는 "의지(猗氏)에서 60리 떨어진 황하(黃河)의 서안 오판(吳阪)의 아래에서 숨은 굴을 찾아내었는데 곧 부열이 몸을 숨긴 곳이었다."라 하였다.

夫禍之與福兮	대체로 화는 복과 함께하니
何異糾纆[140]	얽혀 있는 것과 무엇이 다르겠습니까?
命不可說兮	명을 말할 수 없으니
孰知其極	누가 그 끝을 알겠습니까?
水激則旱兮	물은 격해지면 사나워지고
矢激則遠[141]	화살은 격해지면 멀리 나갑니다.
萬物回薄兮	만물은 돌고 돌아
振蕩相轉	요동치며 서로 돕니다.
雲蒸雨降兮	구름이 올라가 비를 내리니
錯繆相紛	얽히어 서로 어지럽습니다.
大專槃物兮[142]	자연이 사물을 돌리는 것은

140 **집해** 응소는 말하였다. "복과 화는 서로 표리가 되는데 이를테면 새끼줄을 꼬면 서로 붙고 모이는 것과 같은 것이다." 찬(瓚)이 말하였다. "규(糾)는 꼬는 것이다. 묵(纆)은 밧줄이다." **색은** 위소는 말하였다. "묵(纆)은 끈이다." 또한 『통속문(通俗文)』에서는 말하였다. "끈을 꼬는 것을 규(糾)라고 한다." 『자림』에서는 말하였다. "끈을 세 번 꼬는 것이며 음은 묵(墨)이다." 糾의 음은 규(九)이다.

141 **색은** 이 말은 바로 『회남자(淮南子)』 및 (楚나라) 『갈관자(鶡冠子)』의 글이다. 그곳에서는 '水激則悍'으로 되어 있다. 그리고 『여씨춘추』에는 '질(疾)'로 되어 있다. 물이 격하고 빨라지면 빠르게 떠나서 스며들 수가 없으며, 화살이 격하고 빠르면 떠나서 어긋난다는 말이다. 『설문(說文)』에는 '旱'과 '悍'의 음이 같으며, 물과 화살이 흐르고 나는 것은 본래 막힘이 없이 통하게 되는데 지금 사물을 만나 닿게 되면 격노하여 더욱 세고 빨라져 사납게 어긋남이 사람이 어쩌다 화로 인해 복을 얻게 되고 기대로 엎드림이 무상하다는 것을 말한다.

142 **집해** 『한서』에는 '전(專)' 자가 '균(鈞)'으로 되어 있다. 여순은 말하였다. "도공은 균에서 기물을 만드는데, 여기서는 조화를 대균(大鈞)으로 생각한 것이다." **색은** 『한서』에서는 "대균(大鈞)이 사물을 돌린다."라 하였는데, 이 '전(專)' 자는 '균(鈞)' 자로 읽는다. 반(槃)은 전(轉) 자와 같고 파(播) 자의 뜻과도 같다. 여순은 말하였다. "도공은 균에서 기물을 만드는데, 여기서는 조화를 대균(大鈞)으로 생각한 것이다." 우희(虞喜)의 『지림(志林)』에서는 말하였다. "대균(大鈞)은 조화의 신으로 만물을 빚어 만들어 뭇 형태를 부여하는 자이다." 위 「추양전(鄒陽傳)」의 주에서는 "도가(陶家)에서는 아래로 가로놓여 둥글게 돌아가는 것을 균(鈞)이라 하며, 그릇을 크고 작게 만들 수 있으므로 하늘에 비겼다."라 하였다.

坱軋無垠[143]	아득하여 끝이 없습니다.
天不可與慮兮[144]	하늘은 미리 생각할 수가 없고
道不可與謀	도는 미리 도모할 수 없습니다.
遲數有命兮	장수와 요절도 명이 있으니
惡識其時	어찌 그때를 알겠습니까?

且夫天地爲鑪兮	또한 저 천지는 화로이고
造化爲工[145]	조화는 공인이며,
陰陽爲炭兮	음양은 숯이고
萬物爲銅[146]	만물은 구리입니다.
合散消息兮	합하였다가 흩어지고 성하였다가 쇠하니
安有常則[147]	어찌 일정한 법칙이 있을 것이며,
千變萬化兮	천만번 변화하니
未始有極[148]	시작도 끝도 없습니다.

143 **집해** 응소는 말하였다. "그 기운이 끝이 없어 검속(檢束)함이 없다." 坱의 음은 약(若)이다. 央軋의 음은 약을(若乙)이다. **색은** 앙알(坱圠)은 끝이 없는 것이다. 응소는 말하였다. "그 기운이 끝이 없어 검속(檢束)함이 없다." 무은(無垠)은 끝의 경계가 없는 것이다. 『설문(說文)』에서는 "은(垠)은 기(圻)이다."라 하였다. 곽박은 『방언(方言)』의 주에서 "앙알(坱圠)은 헤아리지 못하는 것이다."라 하였다. 왕일은 『초사(楚詞)』의 주에서 "앙알(坱圠)은 운무(雲霧)의 기가 어두운 것이다."라 하였다. **정의** 坱의 음은 앙[烏郎反]이다. 軋의 음은 엄[於點反]이다.

144 **색은** 與의 음은 예(預)이다.

145 **색은** 이는 『장자』의 문장이다.[「대종사(大宗師)」에 나오는데 약간 다르다.-옮긴이]

146 **색은** 이미 도야(陶冶)로 조화를 비유하였으므로 음양(陰陽)을 숯이라 하였고, 만물을 구리라 하였다.

147 **색은** 『장자』[「지북유(知北遊)」]에서는 말하였다. "사람이 나는 것은 기가 모이는 것인데, 모이면 살고 흩어지면 죽는다."

148 **색은** 『장자』[「대종사(大宗師)」]에서는 말하였다. "사람의 형체는 천변만화하여 시작도 끝도 없다."

忽然爲人兮	별안간 사람이 되었다고
何足控摶[149]	어찌 족히 아낄 만하겠으며,
化爲異物兮[150]	이물로 바뀌었다고 해서
又何足患[151]	또한 어찌 근심할 만하겠습니까!
小知自私兮	작은 지혜로 자신을 아끼니
賤彼貴我[152]	저를 천하게 여기고 나를 귀하게 여기며,
通人大觀兮	달인이 크게 보면
物無不可[153]	안 되는 일이 없습니다.
貪夫徇財兮	탐욕스런 사람은 재물을 따르지만
烈士徇名[154]	열사는 명예를 따릅니다.
夸者死權兮[155]	허영심이 있는 사람은 권세에 죽지만
品庶馮生[156]	보통 사람은 삶에 연연합니다.
怵迫之徒兮	유혹되고 압박되는 무리들은

149 **집해** 여순은 말하였다. "공(控)은 당기는 것이다. 공단(控摶)은 사는 것을 가지고 놀며 아끼는 것이다." **색은** 공(控)은 당기는 것이다. 摶의 음은 단[徒端反]이다. 공단(控摶)은 당겨서 가지고 스스로 즐기는 것으로 사는 것을 귀하게 여긴다는 뜻이다. 또한 본래 '공췌(控揣)'로 되어 있다. 揣의 음은 췌[初委反]이며, 또한 음을 좌[丁果反]라고도 한다. 췌(揣)는 헤아리는 것이다. 그러므로 진작은 "어쩌다 그렇게 사람이 되어 이 삶을 매우 가볍게 여길 따름이니 어찌 족히 사물을 끌어다 자기 수명의 길고 짧음을 헤아려 애석해하겠는가!라는 것을 말한다."라 하였다.

150 **색은** 죽어서 형체가 귀신으로 변하는 것을 말하며, 이것이 이물(異物)이다.

151 **색은** 협음은 환(環)이다.

152 **색은** 『장자』「추수(秋水)」에서 "사물을 가지고 살피어 스스로를 귀하게 여기고 서로 천하게 여긴다."한 것이다.

153 **색은** 『장자』「제물론(齊物論)」에서는 "사물에는 실로 그런 것이 있으며 사물에는 실로 옳은 것이 있고 그렇지 않은 것이 없으며 옳지 않은 것이 없다."라 하였다.

154 **집해** 응소는 말하였다. "순(徇)은 경영하는 것이다." 찬(瓚)은 말하였다. "몸으로 사물을 좇는 것을 순(徇)이라 한다." **색은** 이 말 또한 『장자』에 나온다. 신찬(臣瓚)은 "몸을 망쳐 가며 사물을 좇는 것을 순(殉)이라 한다."라 하였다.

或趨西東[157]	동분서주하기도 하지만,
大人不曲兮[158]	대인은 잘못하는 일이 없이
億變齊同	온갖 변화에도 한결같습니다.
拘士繫俗兮	얽매인 선비는 세속에 매여
攌如囚拘[159]	울짱에 갇힌 듯 살지만,
至人遺物兮	지인은 사물을 버려두고

---

155 집해 응소는 말하였다. "과(夸)는 스러진다는 뜻이다. 권세와 이익에 죽을힘을 다하기를 좋아하는 것이다." 찬(瓚)은 말하였다. "과(夸)는 크게 하는 것이다. 『장자』「서무귀(徐无鬼)」에서는 '권세가 왕성하지 않으면 자랑하는 자는 슬퍼한다.'라 하였다." 색은 자랑하기 좋아하는 자는 권세와 이익에 죽는다는 것을 말하며 이는 권세를 탐하여 스스로 자랑하는 자는 죽을 때까지 그치지 않는다는 말이다. 건위사인(犍爲舍人)의 『이아(爾雅)』 주에서는 "과비(夸毗)는 몸을 낮추고 자기를 구부리는 것이다."라 하였다. 조대가(曹大家)는 "몸을 부드럽게 구부리는 자가 자랑하는 것이다."라 하였다. 우(尤)는 심하다는 뜻이다. 세력에 아주 심하게 쓰이지 않으면 자랑하는 자는 슬퍼한다는 말이다.

156 집해 맹강은 말하였다. "빙(馮)은 탐내는 것이다." 색은 『한서』에는 '每生'으로 되어 있으며, 음은 매[謀在反]이다. 맹강은 "매(每)는 탐내는 것이다."라 하였다. 복건(服虔)은 "매(每)는 생각이 생기는 것이다."라 하였다. 추탄(鄒誕)본 또한 '매(每)'로 되어 있는데 오직 생각을 할 따름이라는 말이다. 지금 여기서는 '빙(馮)'이라 하였는데, 빙(憑) 또한 생각을 지니고 있다는 뜻이다. 그러나 『방언(方言)』에 의하면 '매(每)' 자는 손 수(手) 방을 따르는 것이 옳으며, 每의 음은 매[莫改反]이다. 정의 馮의 음은 빙(憑)이다.

157 집해 맹강은 말하였다. "출(怵)은 이익에 꾀어 두려운 것이다. 박(迫)은 빈천에 핍박되어 분주히 동서로 이익을 좇는 것이다." 색은 『한서』에서는 또한 '사동(私東)'으로 되어 있다. 응소는 말하였다. "제후를 위해 벼슬살이를 하는 것이 사(私)이다. 당시 천자는 장안(長安)에 있었고, 여러 왕은 모두 관동(關東)에 있었는데, 작은 무리들이 두려워하여 안으로 사가(私家)의 압박을 당하여 즐겨 제후의 벼슬을 살았으므로 '출박사동(怵迫私東)'이라 하였다." 이기(李奇)는 말하였다. "'사(私)'는 거의 '서(西)'로 되어 있는데, 동서로 이익을 좇는 것이다." 怵의 음은 출(黜)이다. 또한 출(怵)은 꾀는 것을 말한다.

158 색은 장기(張機)는 말하였다. "덕이 포함하지 않는 것이 없어서 영부(靈府)가 크고 넓어지므로 '대인(大人)'이라고 하는 것이다."

159 집해 서광은 말하였다. "攌의 음은 환[華板反]이며, 도한 완(脘)이라고도 한다." 색은 攌의 음은 환[和板反]이다. 『설문(說文)』에서는 "환(攌)은 큰 목책(木柵)이다."라 하였다. 『한서』에는 '군(儶)'으로 되어 있으며, 음은 군[去隕反]이다.

獨與道俱[160]	홀로 도와 함께합니다.
衆人或或兮	뭇사람들은 미혹되어
好惡積意[161]	좋고 나쁨을 마음속에 쌓아두지만,
眞人淡漠兮	진인은 편안하고 담담하여
獨與道息[162]	홀로 도와 함께 쉽니다.
釋知遺形兮	지혜를 놓고 형체를 버리니
超然自喪[163]	초연히 스스로를 잊으며,
寥廓忽荒兮	아득히 넓어 경계가 없으니
與道翶翔	도와 함께 높이 선회합니다.
乘流則逝兮	흐름을 타면 가고
得坻則止[164]	구덩이를 만나면 그치며,

160 색은 『장자』에서는 말하였다. "옛날의 지인(至人)은 먼저 그것을 자신에게 간직하고 나중에 남에게 간직한다." 장기(張機)는 말하였다. "몸이 성스러움을 다하여 덕의 아름다움을 지극히 하는 것을 지인(至人)이라고 한다."

161 집해 이기(李奇)는 말하였다. "혹혹(或或)은 동서(東西)이다. 좋아하고 싫어함이 억만(億萬)으로 쌓인 것이다." 찬(瓚)은 말하였다. "뭇 사람들의 회포가 좋아하고 싫어함이 마음속에 쌓인 것을 말한다." 정의 생각건대 意 자는 합운(合韻)으로 음은 억(億)이다.

162 색은 『장자』에서는 말하였다. "옛날의 진인은 삶을 기뻐할 줄 모르고 죽음을 미워할 줄 모르며 (분별하려는) 마음으로 도를 버리지 않고 인위로 자연을 돕지 않는다." 『여씨춘추』에서는 말하였다. "정기(精氣)가 날로 새로워지고 사기(邪氣)가 다 없어져 그 천수로 돌아가는 것을 일러 진인이라고 한다."

163 집해 복건은 말하였다. "성스러움을 끊고 지혜를 버려 그 몸을 잊은 것이다." 색은 석지(釋智)는 성스러움을 끊고 지혜를 버리는 것이다. 유형(遺形)은 "형체를 일부러 마른 나무처럼 할 수 있다."는 것이다. 자상(自喪)은 "마음을 죽은 재처럼 하는 것"이다. 『장자』「제물론(齊物論)」에서는 "이제 나는 나를 잊었으니 그대는 그것을 아는가?"라 하였다.

164 집해 서광은 말하였다. "지(坻)는 '감(坎)'으로 된 판본도 있다." 장안은 "지(坻)는 구중의 작은 모래섬이다."라 하였다. 색은 『한서』에는 '지(坻)'가 '감(坎)'으로 되어 있다. 『주역 · 감(周易 · 坎)』에서 "9 · 2는 험함이 있다."라 하였는데, 군자는 험함을 보면 그친다는 것을 말한다.

縱軀委命兮	몸을 풀어 목숨을 맡기며
不私與己	사사로움을 두지 않습니다.
其生若浮兮	삶은 떠 있는 것과 같고
其死若休[165]	죽음은 쉬는 것과 같으며,
澹乎若深淵之靜	안전하기는 깊은 못이 고요한 것과 같고,
氾乎若不繫之舟[166]	뜬 것은 매어놓지 않은 배와 같습니다.
不以生故自寶兮[167]	삶으로 인해 스스로 보배롭게 여기지 않고
養空而浮[168]	빈 것을 길러 부유하고,
德人無累兮[169]	덕인은 얽매임이 없어
知命不憂	명을 알아 근심하지 않습니다.
細故蔕薊兮	잔일이나 하찮은 일로
何足以疑[170]	어찌 족히 의심하겠습니까!

後歲餘	1년 남짓 만에
賈生徵見	가생은 부름을 받았다.
孝文帝方受釐[171]	효문제가 바야흐로 제사를 지낸 고기를 받고

165 색은 『장자』[「대종사(大宗師)」]에서는 "삶으로 나를 수고롭히고 죽음으로 나를 쉬게 한다."라 하였다.

166 색은 『장자』에서 나왔다.

167 색은 등전(鄧展)은 말하였다. "자보(自寶)는 스스로 귀하게 여기는 것이다."

168 집해 『한서음의(漢書音義)』에서는 말하였다. "배가 빈 것과 같다." 색은 몸소 바른 도를 행하는 사람은 다만 빈 본성을 길러 마음이 뜬 배와 같다는 것을 말한다.

169 색은 덕인(德人)은 상덕(上德)의 사람으로, 마음속으로 걸리는 것이 없어 도를 얻은 선비이다.

170 집해 위소는 말하였다. "蔕의 음은 새[士介反]이다." 색은 薊의 음은 개(介)이다. 『한서』에는 '개(介)'로 되어 있다. 장즙(張楫)은 말하였다. "체개(遰介)는 생선 가시이다. 자질구레한 일로 나의 마음을 찌를 수 없으므로 '어찌 족히 의심을 하겠는가'라 하였다." 정의 蔕의 음은 애[忍邁反]이다. 薊의 음은 개[加邁反]이다.

坐宣室[172]	선실에 앉아 있었다.
上因感鬼神事	임금은 귀신의 일에서 느낀 것이 있어서
而問鬼神之本	귀신의 근본을 물었다.
賈生因具道所以然之狀	가생은 이에 그렇게 되는 형상을 다 말해 주었다.
至夜半	한밤중이 되자
文帝前席	문제는 자리로 다가왔다.
既罷	(얘기를) 끝내자
曰	말하였다.
吾久不見賈生	"내 오래도록 가생을 보지 못하여
自以爲過之	스스로 그보다 낫다고 여겼는데
今不及也	지금 보니 미치지 못하도다."
居頃之	얼마 후
拜賈生爲梁懷王太傅[173]	가생을 양회왕의 태부로 임명하였다.
梁懷王	양회왕은
文帝之少子	문제(文帝)의 어린 아들로
愛	사랑하였고
而好書	책읽기를 좋아하였으므로
故令賈生傅之	가생이 스승이 되게 하였다.

171 **집해** 서광은 말하였다. "제사를 지낸 음복과 고기이다." 여순은 "한나라에서는 천지의 오치(五畤)에서만 제사를 지냈는데 황제는 직접 가지 않고 사당에 음복만 돌려보낸다."라 하였다. 釐의 음은 희(僖)이다.

172 **집해** 소림은 말하였다. "미앙전(未央殿) 앞의 정실(正室)이다." **색은** 『삼보고사(三輔故事)』에서는 말하였다. "선실(宣室)은 미앙전(未央殿) 북쪽에 있다." 응소는 말하였다. "釐는 제사를 지낸 고기이다. 음은 희(僖)이다."

173 **색은** 양회왕(梁懷王)은 이름이 즙(楫)이며, 문제(文帝)의 아들이다.

文帝復封淮南厲王子四人皆爲列侯	문제가 다시 회남(淮南) 여왕(厲王)의 아들 네 사람을 봉하여 모두 열후가 되었다.
賈生諫	가생이 간하여
以爲患之興自此起矣	환난이 여기에서 일어나게 될 것이라고 하였다.
賈生數上疏	가생은 여러 번 소장을 올려
言諸侯或連數郡	제후들 가운데 혹 여러 군을 아우르기도 하였는데
非古之制	이는 옛 제도가 아니며
可稍削之	조금 깎아야 한다고 말하였다.
文帝不聽	문제는 듣지 않았다.

居數年	몇 년 만에
懷王騎	회왕이 말을 타다가
墮馬而死[174]	말에서 떨어져 죽었는데
無後	후사가 없었다.
賈生自傷爲傅無狀	가생은 스승이 되어 가시적인 성과가 없었음을 스스로 슬퍼하여
哭泣歲餘	한 해 남짓 곡을 하며 울다가
亦死	또한 죽었다.
賈生之死時年三十三矣	가생이 죽었을 때 나이가 33세였다.
及孝文崩	효문제가 죽고
孝武皇帝立	효무 황제가 즉위하자
擧賈生之孫二人至郡守	가생의 손자 두 사람을 천거하여 군수로 발탁

174 **집해** 서광은 말하였다. "문제(文帝) 11년(B.C. 169)이다."

	하였는데
而賈嘉最好學	가가가 가장 학문을 좋아하여
世其家	가풍을 계승하였으며
與余通書	나와 편지를 주고받았다.
至孝昭時	효소제에 이르러
列爲九卿	구경(九卿)의 반열에 올랐다.
太史公曰	태사공은 말한다.
余讀離騷天問招魂哀郢	내 「이소」와 「천문(天問)」, 「초혼(招魂)」, 「애영(哀郢)」을 읽어보고
悲其志	그 뜻을 슬퍼하였다.
適長沙	장사로 가서
觀屈原所自沈淵[175]	굴원이 스스로 가라앉은 못을 보고
未嘗不垂涕	일찍이 눈물을 흘리지 않은 적이 없었으며
想見其爲人	그 사람됨을 생각해 보았다.
及見賈生弔之	가생이 그를 조문한 것을 보자
又怪屈原以彼其材	또한 굴원이 그런 재주를 가지고
游諸侯	제후들을 유세하였는데
何國不容	어떤 나라도 받아들이지 않고
而自令若是	스스로 이런 지경이 되게끔 하였는지 이상하게 여겼다.
讀服鳥賦	「복조부(服鳥賦)」를 읽어 보았더니

175 색은 『형주기(荊州記)』에서는 말하였다. "장사(長沙) 나현(羅縣)은 북으로 멱수(汨水)를 띠고 있다. 현에서 40리 떨어진 곳이 굴원이 스스로 빠져죽은 곳이며 북쪽 물가에 사당이 있다."

同死生	죽음과 삶을 같이 여기고
輕去就	떠나고 나아감을 가벼이 여겼으니
又爽[176]然自失矣	(나의 고뇌) 또한 시원하게 절로 없어졌다.

176 **집해** 서광은 말하였다. "어떤 판본에는 '석(奭)'으로 되어 있다."

25 여불위 열전 呂不韋列傳

呂不韋者	여불위는
陽翟[1]大賈[2]人也	양적의 대상인이다.
往來販賤賣貴[3]	오가며 싼 것을 사서 비싸게 팔아
家累千金	집에 천금을 축적했다.

秦昭王四十年	진소왕 40년(B.C. 267)에
太子死	태자가 죽었다.
其四十二年	42년(B.C. 265)에는
以其次子安國君[4]爲太子	차자인 안국군을 태자로 삼았다.

1 색은 음은 적(狄)이며, 속음으로는 택(宅)이라고도 한다. 「지리지(地理志)」에 의하면 현(縣) 이름으로 영천(潁川)에 속하였다. 『전국책』에서는 여불위를 복양(濮陽) 사람이라 하였으며, 또한 그 사적의 기록이 많은데 이 전과는 같지 않다. 반고(班固)는 비록 태사공이 『전국책』에서 취재하였다고 하였지만 이 전에는 따로 보고 들은 것이 있을 것이므로 온전히 그 설에 따르지 않는다. 혹자는 유향(劉向)이 『전국책』을 편정할 때 자기가 달리 들은 것을 가지고 그 책을 고쳐서 마침내 『사기』와 합치되지 않게 하였다고 한다. 정의 양적(陽翟)은 지금의 하남(河南) 부현(府縣)이다.

2 색은 (賈의) 음은 고(古)이다. 정현(鄭玄)은 『주례(周禮)』의 주에서 "행상(行商)을 상(商)이라 하고 좌판(坐板)을 고(賈)라고 한다."라 하였다.

3 집해 서광(徐廣)은 말하였다. "어떤 판본에는 '양적의 대상인으로 오가며 싸게 사서 비싸게 팔았다(陽翟大賈也, 往來賤買貴賣).'라 하였다." 색은 왕소(王劭)는 賣의 음이 육(育)이라 하였다. 육(育)과 매(賣)는 뜻이 같으므로 지금 이 뜻을 따른다.

4 색은 이름은 주(柱)로 나중에 즉위하게 되니 바로 효문왕(孝文王)이다.

安國君有子二十餘人	안국군에게는 아들이 20여 명 있었다.
安國君有所甚愛姬	안국군에게는 매우 사랑하는 첩이 있었는데
立以爲正夫人	정부인으로 세웠으며
號曰華陽夫人	화양부인이라고 하였다.
華陽夫人無子	화양부인에게는 아들이 없었다.
安國君中男名子楚[5]	안국군에게는 중간쯤 되는 자초라는 이름의 아들이 있었는데
子楚母曰夏姬	자초의 어머니는 하희로
毋愛	사랑을 받지 못하였다.
子楚爲秦質[6]子於趙	자초는 조나라의 인질이 되었다.
秦數攻趙	진나라가 여러 차례 조나라를 공격하여
趙不甚禮子楚	조나라는 자초를 그리 예우하지 않았다.

子楚	자초는
秦諸庶孼孫[7]	진나라 왕실의 서얼로
質於諸侯	제후국의 인질이 되었는데
車乘進用[8]不饒	거마의 비용이 풍족하지 못하여
居處困	거처하기가 어려웠고

---

5 **색은** 곧 장양왕(莊襄王)이다. 『전국책』에서는 본명이 이인(異人)이라고 하였으며, 나중에 조나라에서 돌아왔을 때 여불위가 초나라의 복장으로 뵙게 하였더니 왕후가 기뻐하여 말하기를 "내가 초나라 사람이니 자(子) 자로 부르겠다."라 하여 이에 그 이름을 자초로 바꾸었다.

6 **색은** 옛 음은 치(致)인데 지금은 이에 의거하여 읽는다. 『곡량전(穀梁傳)』에서는 "인질의 교환이 이백(二伯)에 미치지 못하였다."라 하였다. 『좌전(左傳)』에서는 "신의가 맞아떨어지지 않으면 인질이 도움이 되지 않는다."라 하였다.

7 **색은** 「한왕신전(韓王信傳)」에서도 "한신(韓信)은 양왕(襄王)의 얼손(孼孫)이다."라 하였다. 장안(張晏)은 "유자(孺子)를 얼자(孼子)라 한다."라 하였다. 하휴(何休)는 『공양전(公羊傳)』의 주에서 "얼(孼)은 천한 자식이다. 적자[嫡正]가 아니므로 얼(孼)이라 하였다."라 하였다.

不得意	뜻을 펴지 못하였다.
呂不韋賈邯鄲	여불위는 한단에서 장사를 하였는데
見而憐之	보고 불쌍하게 여겨
曰此奇貨可居[9]	"이는 유치해 둘 만한 가치가 있는 기이한 재화로다."라 하였다.
乃往見子楚	이에 가서 자초를 만나보고
說曰	말하였다.

8 **색은** 아래에서는 "5백금을 진용(進用)으로 삼았다."라 하였으니, 소안(小顏)의 설에 의거하여 '보배 신(賮)' 자로 보아야 하며, 음은 진[才刃反]이다. 진(進)은 재물[財]이라는 뜻으로 고자(古字)를 가차한 것이다.

9 **집해** 자초(子楚)를 재화(財貨)에 비긴 것이다. **정의** 『전국책』에서는 말하였다. "복양(濮陽) 사람 여불위는 한단에서 장사를 하다가 진나라의 인질 이인(異人)을 보고 그 아버지에게 말하였다. '농사를 짓는 이익은 몇 배나 될까요?' 아버지가 말했다. '열 배이다.' '주옥(珠玉)의 이문은 몇 배나 될까요?' 말하였다. '백 배는 될 것이다.' '임금을 세우고 나라를 정하면 이익이 몇 배나 될까요?' 말하였다. '헤아릴 수 없을 것이다.' 여불위가 말하였다. '지금 농사를 지어 열심히 일을 해도 따뜻하게 입고 배불리 먹을 수가 없으며, 나라를 정하고 임금을 세우면 은택이 후세에까지 끼칠 것이니 가서 섬기기를 바랍니다.' 진나라의 이인은 조나라에 인질로 와서 묘성(廟城)에서 거처하였으므로 가서 유세하였다. 이에 진나라 왕후의 아우인 양천군(陽泉君)을 유세하여 말하였다. '그대의 죄는 사형에 이를 것인데 그대는 아시는지요? 그대의 문하에는 고관대작에 처하지 않음이 없고 태자의 문하에는 귀한 자가 없는데, 준마가 마구간을 채우고 미녀는 후정을 채우고 있습니다. 왕의 춘추는 높은데 어느 날 산릉이 무너지고 태자가 권력을 잡으면 그대는 계란을 포개놓은 것처럼 위태롭고 조생(朝生)의 수명도 누리지 못할 것입니다. 여기 그대에게 천만금의 부를 누릴 수 있게 하고 태산보다 편안하여 망하고 위태롭게 하지 않을 계책이 있습니다.' 양천군이 말하였다. '그 말대로 하기를 청하오.' 여불위가 말하였다. '왕은 나이가 많고 왕후는 아들이 없습니다. 자혜(子傒)는 나라를 잇는 업을 가지고 있고 사창(士倉)이 또 그를 보좌합니다. 왕이 어느 날 산이 무너지듯 죽으면 자혜가 즉위하고 사창은 실권을 잡을 것이고 왕후의 문에는 반드시 쑥대가 날 것입니다. 자초 이인은 현명한 인재인데 조나라에 버려져 있으며 목을 빼고 서쪽을 바라며 돌아가게 되기를 바라고 있습니다. 왕후께서 실로 청하여 세우면 이는 이인으로서는 나라가 없다가 나라가 생기는 것이며 왕후로서는 자식이 없다가 자식이 생기는 것입니다.' 양천군이 말하였다. '좋소.' 들어가서 왕후를 유세하여 초나라에 청하여 귀국하도록 하였다."

吾能大子之門	"저는 그대의 문을 넓힐 수 있습니다."
子楚笑曰	자초가 웃으면서 말하였다.
且自大君之門	"그대의 문이나 넓히지
而乃大吾門	그래 나의 문을 넓히겠는가!"
呂不韋曰	여불위가 말하였다.
子不知也	"그대는 모르는 것이
吾門待子門而大	나의 문은 그대의 문을 기다려 커집니다."
子楚心知所謂	자초는 내심 말하는 것을 알아채고
乃引與坐	이에 이끌어 앉히고는
深語[10]	깊은 대화를 나누었다.
呂不韋曰	여불위는 말하였다.
秦王老矣	"진왕은 늙었으며
安國君得爲太子	안국군이 태자가 되었습니다.
竊聞安國君愛幸華陽夫人	가만히 듣자 하니 안국군은 화양부인을 총애한다는데
華陽夫人無子	화양부인은 아들이 없으며
能立適嗣者[11]獨華陽夫人耳	적장자를 세울 수 있는 사람은 화양부인뿐이라고 합니다.
今子兄弟二十餘人	지금 그대의 형제는 20여 명인데
子又居中	그대는 또한 중간에 있는 데다가
不甚見幸	그다지 총애를 받지 못하며
久質諸侯	오랫동안 제후국의 인질로 있습니다.

---

10 색은 이미 여불위가 말하는 뜻을 알아듣고 마침내 함께 몰래 깊은 말로 모의하는 것을 이른다.

11 정의 適의 음은 적(嫡)이다.

即大王薨	대왕께서 돌아가시고
安國君立爲王	안국군이 왕으로 즉위하게 된다면
則子毋幾得與長子[12]及諸子旦暮在前者爭爲太子矣	그대는 장자 및 여러 아들들로 아침저녁으로 앞에 있는 자들과 태자가 되기를 다툼을 바랄 수 없게 될 것입니다.”
子楚曰	자초가 말하였다.
然	“그렇소.
爲之柰何	이를 어찌해야 하겠소?”
呂不韋曰	여불위가 말하였다.
子貧	“그대는 가난하고
客於此	이곳에서 객지 생활을 하니
非有以奉獻於親及結賓客也	어버이께 바칠 것과 빈객을 사귈 자금이 없습니다.
不韋雖貧	제가 비록 가난하지만
請以千金爲子西游	천금으로 그대를 위해 서쪽으로 가서
事安國君及華陽夫人	안국군 및 화양부인을 섬기며
立子爲適嗣	그대를 적장자로 세우도록 해보겠습니다.”
子楚乃頓首曰	자초가 이에 머리를 조아리며 말하였다.
必如君策	“그대의 계책대로 되기만 한다면
請得分秦國與君共之	진나라를 나누어 그대에게 줄 것을 청하겠소.”

12 색은 毋의 음은 무(無)이다. 幾의 음은 기(冀)이다. 기(幾)는 바라는 것이다. 『좌전』에서는 “날과 달로 바란다.”라 하였다. 『전국책』에서는 “자혜(子傒)가 나라의 업을 이었다.”라 하였다. 고유(高誘)의 주에서는 “자혜는 진나라 태자 이인의 이복형제이다.”라 하였다.
정의 자초가 태자가 되기를 바라지 않는다는 것을 말한다.

呂不韋乃以五百金與子楚	여불위는 곧 5백금을 자초에게 주어
爲進用	비용으로 삼아
結賓客	빈객을 사귀게 하였으며,
而復以五百金買奇物玩好	다시 5백금으로 기이한 물건과 기이한 보물을 사서
自奉而西游秦	직접 받들고 서로 진나라에 가서
求見華陽夫人姊	화양부인의 언니를 만나기를 청하고
而皆以其物獻華陽夫人	그 물건을 모두 화양부인에게 바쳤다.
因言子楚賢智	이어서 자초가 현명하고 지혜로우며
結諸侯賓客遍天下	온 천하의 제후의 빈객과 사귄다고 말하고,
常曰楚也以夫人爲天	늘 말하기를 "초(楚)는 부인을 하늘로 생각하고 있으며
日夜泣思太子及夫人	밤낮으로 울면서 태자 및 부인을 그리워한다." 고 하였다.
夫人大喜	부인은 크게 기뻐하였다.
不韋因使其姊說夫人[13]曰	여불위는 내친김에 그 언니에게 부인을 권하게 하여 말하였다.
吾聞之	"내가 듣건대
以色事人者	미색으로 사람을 섬기는 자는
色衰而愛弛	미색이 시들면 사랑이 식는다고 하였습니다.
今夫人事太子	지금 부인이 태자를 섬기는데
甚愛而無子	매우 사랑하지만 자식이 없으니
不以此時蚤自結於諸子中賢孝者	이때 일찌감치 여러 아들 가운데 현명하고 효성스러운 자와 스스로 관계를 맺어

13 색은 『전국책』에는 "진나라 왕후의 아우인 양천군(陽泉君)에게 유세하였다."라 하였다.

擧立以爲適而子之[14]	그를 적자로 세워 자식으로 삼지 않습니까?
夫在則重尊	지아비가 있으면 존중을 받고
夫百歲之後	장부가 세상을 떠난 후에
所子者爲王	자식으로 삼은 자가 왕이 되면
終不失勢	끝내 권세를 잃지 않을 것이니
此所謂一言而萬世之利也	이것이 이른바 한마디 말로 만세의 이익을 누리는 것입니다.
不以繁華時樹本	꽃이 한창일 때 뿌리를 굳건히 세워두지 않으면
即色衰愛弛後	미색이 시들고 사랑이 식은 후에는
雖欲開一語	입을 열어 한마디 하려고 해도
尙可得乎	어찌 되겠습니까?
今子楚賢	지금 자초는 현명하고
而自知中男也	스스로 서열이 중간이고
次不得爲適	앞으로 적자가 될 수 없음을 알고 있으며
其母又不得幸	그 어머니도 총애를 받지 못하여
自附夫人	스스로 부인에게 붙고자 하니
夫人誠以此時拔以爲適	부인께서 실로 이때 적자로 발탁하면
夫人則竟世有寵於秦矣	부인은 죽을 때까지 진나라에서 총애를 받게 될 것입니다."
華陽夫人以爲然	화양부인은 그럴듯하게 생각하여
承太子閒	태자가 한가한 틈을 타서
從容[15]言子楚質於趙者絕賢	조용히 조나라에 인질로 있는 자초가 매우 현

14 색은 이렇게 한 구절로 본다. 자(子)는 양자로 삼는 것을 이른다. 그러나 '立以爲適'을 위의 구절로, '子之夫在則尊重'를 아래 구절로 삼으려 하여도 뜻이 통한다.

15 색은 閒의 음은 한(閑)이다. 從의 음은 종[七恭反]이다.

	명하여
來往者皆稱譽之	내왕하는 자들이 모두 칭찬한다고 말하였다.
乃因涕泣曰	그러고는 계속하여 이어서 눈물을 흘리며 말하였다.
妾幸得充後宮	“첩이 다행히 후궁에 있게 되었으나
不幸無子	불행히도 자식이 없사오니
願得子楚立以爲適嗣	자초를 적장자로 세워
以託妾身	첩의 몸을 기탁하였으면 합니다.”
安國君許之	안국군은 허락하였고
乃與夫人刻玉符	이에 부인에게 옥(玉) 부절을 새겨주어
約以爲適嗣	적장자로 할 것을 약속하였다.
安國君及夫人因厚餽遺子楚	안국군 및 부인은 이에 자초에게 재물을 두터이 보내고
而請呂不韋傅之	여불위에게 스승이 되기를 청하니
子楚以此名譽益盛於諸侯	자초는 이로 인해 제후들 사이에서 명예가 더욱 성하여졌다.

呂不韋取邯鄲諸姬絕好善舞[16]者與居

	여불위는 한단의 여인들 중 절색에 춤을 잘 추는 자를 취하여 함께 살았는데
知有身	아이를 가졌음을 알았다.
子楚從不韋飮	자초가 여불위를 좇아 술을 마시다가
見而說之	보고 좋아하여
因起爲壽	이에 일어나 축수하고

16 **색은** 자태와 용모가 매우 아름답고 춤까지 잘 추었다는 것을 말한다.

請之	그 여자를 청하였다.
呂不韋怒	여불위는 화가 났으나
念業已破家爲子楚	가산을 이미 탕진하다시피 하여 자초를 위하여
欲以釣奇[17]	기이한 것을 낚으려 한다는 것을 생각하고
乃遂獻其姬	이에 마침내 그 여자를 바쳤다.
姬自匿有身	여자는 아이 가진 것을 숨기고
至大期時[18]	12개월이 되었을 때
生子政	아들 정(政)을 낳았다.
子楚遂立姬爲夫人	자초는 마침내 여인을 부인으로 세웠다.

秦昭王五十年	진소왕 50년(B.C. 257)에
使王齮圍邯鄲	왕기로 하여금 한단을 에워싸게 하였는데
急	위급하여지자
趙欲殺子楚	조나라는 자초를 죽이려 하였다.
子楚與呂不韋謀	자초는 여불위와 계책을 세워
行金六百斤予守者吏	금 6백 근을 써서 감옥을 지키는 관리에게 주어
得脫	벗어날 수 있었고
亡赴秦軍	진나라 군에게로 달아나
遂以得歸	마침내 돌아갈 수 있게 되었다.
趙欲殺子楚妻子	조나라는 자초의 처자를 죽이려고 하였는데

17 **색은** 조(釣)는 물고기를 잡는 것을 가지고 비유하였다. 기(奇)는 위에서 말한 "이 투자할 만한 기이한 재화(此奇貨可居)"이다.

18 **집해** 서광은 말하였다. "기(期)는 열두 달이다." **색은** 서광은 "열두 달이다."라 하였다. 초주(譙周)는 말하기를 "사람은 10개월이면 태어나는데 여기서는 두 달을 넘겼으므로 '대기(大期)'라 한 것이다."라 하였다. 아마 그럴 것이다. 이미 임신한 몸이라는 사실을 숨겼다 하였으니 정(政)을 낳은 것이 실로 보통의 기일을 넘겼음이 분명하다.

子楚夫人趙豪家女也　자초의 부인이 조나라 부호의 딸이어서

得匿　(몸을) 숨길 수가 있었으며

以故母子竟得活　이 때문에 모자가 마침내 살 수 있게 되었다.

秦昭王五十六年　진소왕은 (재위) 56년(B.C. 251)에

薨　죽었으며

太子安國君立爲王　태자 안국군이 왕으로 즉위하고

華陽夫人爲王后　화양부인은 왕후가 되었으며

子楚爲太子　자초는 태자가 되었다.

趙亦奉子楚夫人及子政歸秦　조나라 또한 자초의 부인 및 아들 정을 진나라로 돌려보냈다.

秦王立一年　진왕은 즉위한 지 1년 만에

薨　세상을 떠났는데

謚爲孝文王　시호가 효문왕이었다.

太子子楚代立　태자 자초가 대신 즉위하였는데

是爲莊襄王　바로 장양왕이다.

莊襄王所母[19]華陽后爲華陽太后

장양왕이 어머니로 삼은 화양후는 화양태후가 되었고

眞母夏姬尊以爲夏太后　생모인 하희는 하태후로 높여졌다.

莊襄王元年　장양왕 원년에

以呂不韋爲丞相[20]　여불위를 승상으로 삼고

封爲文信侯　문신후에 봉하였으며

---

19 색은 유씨(劉氏)의 판본에는 '소생모(所生母)'로 되어 있는데, '생(生)' 자는 연문이다. 지금 여러 판본을 검증해 보아도 모두 '생(生)' 자가 없다.

食河南雒陽[21]十萬戶	하남 낙양 10만 호를 식읍으로 삼았다.

莊襄王即位三年	장양왕은 즉위하고 3년 만에
薨	죽고
太子政立爲王[22]	태자 정이 왕으로 즉위하였으며
尊呂不韋爲相國	여불위를 상국으로 높이고
號稱'仲父'[23]	'중부'라 일컬었다.
秦王年少	진왕이 어렸을 때
太后時時竊私通呂不韋	태후는 때때로 몰래 여불위와 사통하였다.
不韋家僮萬人	여불위의 집에는 종이 만 명이었다.

當是時	이때
魏有信陵君[24]	위나라에는 신릉군이 있었고

20 색은 아래의 문장에서는 "상국으로 높였다(尊爲相國)."라 하였다. 「백관표(百官表)」[『한서(漢書)』]에 의하면 "모두 진(秦)나라의 관직으로 금 도장에 보라색 인끈이며 천자가 모든 기밀을 다스리는 것을 보좌하는 일을 하였다. 진나라는 좌우에 두었으며 고제(高帝)는 하나만 두었는데, 나중에는 또 상국으로 이름을 바꾸었고 애제(哀帝) 때는 대사도(大司徒)로 이름을 바꾸었다."라 하였다.

21 색은 『전국책』에서는 "남전(藍田)의 12현을 식읍으로 삼았다."라 하였다. 그러나 「진본기(秦本紀)」에서는 장양왕(莊襄王) 원년 초에 삼천군(三川郡)을 두었다 하였고, 「지리지(地理志)」에서는 고조가 이름을 하남(河南)으로 바꾸었다고 하였다. 이것이 진대(秦代)에 '하남'이라 부르게 된 것이며 『사기』는 나중에 지어져서 한나라의 군(郡)에 의거하여 그렇게 말한 것일 따름이다.

22 집해 서광은 말하였다. "당시 나이가 13세였다."

23 정의 중(仲)은 중(中)으로 차부(次父)라는 뜻이다. 제환공(齊桓公)이 관중(管仲)을 중부라고 한 것을 흉내 낸 것일 것이다.

24 정의 「연표(年表)」에서는 진소왕(秦昭王) 56년(B.C. 251)에 평원군이 죽었으며, 시황(始皇) 4년(B.C. 243)에 신릉군이 죽었고, 시황 9년(B.C. 238)에 이원(李園)이 춘신군을 죽였다. 맹상군은 진소왕 24년(B.C. 283) 이후에 죽었을 것이니 가장 이르다.

楚有春申君	초나라에는 춘신군이 있었으며
趙有平原君	조나라에는 평원군이
齊有孟嘗君[25]	제나라에는 맹상군이 있었다.
皆下士喜賓客以相傾	모두 선비에게 몸을 낮추어 빈객을 좋아하여 서로 경쟁하였다.
呂不韋以秦之彊	여불위는 진나라의 강함으로
羞不如	그만 못함을 부끄럽게 여겨
亦招致士	또한 선비들을 초치하여
厚遇之	후대하니
至食客三千人	이른 식객이 3천 명이었다.
是時諸侯多辯士	이때 제후국에는 변사가 많았으며
如荀卿之徒	순경과 같은 무리는
著書布天下	책을 지어 천하에 유포하였다.
呂不韋乃使其客人人著所聞	여불위는 이에 식객들로 하여금 각자 들은 것을 책으로 짓게 하여
集論以爲八覽六論十二紀	「팔람(八覽)」과 「육론(六論)」, 「십이기(十二紀)」를 집론하였는데
二十餘萬言[26]	20여만 언(言)이나 되었다.
以爲備天地萬物古今之事	천지만물의 고금의 일을 갖추었다고 생각하였으며
號曰呂氏春秋	『여씨춘추(呂氏春秋)』라 불렀다.

25 색은 왕소에 의하면 "맹상군과 춘신군은 죽은 지 이미 오래되었다." 「연표」 및 「전」에 의하면 맹상군과 평원군의 죽음은 조금 앞에 있다. 신릉군은 다섯 나라의 군사를 가지고 진나라의 하외(河外)를 공격하였는데 바로 장양왕이 있을 때였고 여불위는 이미 재상이었다. 또한 춘신과 여불위는 동시에 각기 재상이 되어 10여 년을 지냈으므로 죽은 지 오래되었다는 것은 말이 안 된다.

布咸陽[27]市門	함양의 저자 문에 유포하여
懸千金其上	그 위에 천금을 걸어놓고
延諸侯游士賓客有能增損一字者予千金	제후의 유사와 빈객을 불러 한 글자라도 더하거나 뺄 수 있는 자에게 천금을 주었다.

始皇帝益壯	시황제는 건장해져 갔지만
太后淫不止	태후의 음행은 그치지 않았다.
呂不韋恐覺禍及己	여불위는 발각되어 화가 자기에게 미칠까 두려워하여
乃私求大陰人嫪毐以爲舍人	이에 몰래 음경이 큰 노애라는 자를 찾아 사인으로 삼았는데
時縱倡樂	이따금 배우들로 음악을 연주하게 하고
使毐以其陰關桐輪而行[28]	노애에게는 음경으로 오동나무 바퀴를 끼우고 다니게 하여
令太后聞之	태후에게 이를 듣게 하여
以啗太后	태후에게 (미끼를) 물게 하였다.
太后聞	태후는 듣고

26 **색은** 「팔람(八覽)」은 「유시(有始)」와 「효행(孝行)」, 「신대(愼大)」, 「선식(先識)」, 「심분(審分)」, 「심응(審應)」, 「이속(離俗)」 그리고 「시군(時君)」이다. 「육론(六論)」은 「개춘(開春)」과 「신행(愼行)」, 「귀직(貴直)」, 「불구(不苟)」, 「이순(以順)」과 「사용(士容)」이다. 「십이기(十二紀)」는 열두 달을 기록한 것으로 그 책에는 「맹춘(孟春)」 등의 기록이 있다. 20여 만 언, 26권이다.

27 **색은** 「지리지(地理志)」의 우부풍(右扶風)과 위성현(渭城縣)은 옛 함양(咸陽)인데, 고제(高帝)가 신성(新城)으로 이름을 바꾸었고 경제(景帝)는 위성(渭城)으로 이름을 바꾸었다. 함(咸)의 뜻은 모두[皆]인데 그 땅이 위수(渭水)의 북쪽 북판(北阪)의 남쪽에 있으며, 물의 북쪽을 양(陽)이라 하고 산의 남쪽도 양이라 하므로 모두 두 가지의 양(陽)에 있음을 말한다.

28 **정의** 오동나무로 만든 작은 수레바퀴이다.

果欲私得之	과연 몰래 가지려고 하였다.
呂不韋乃進嫪毐	여불위는 이에 노애를 바쳐
詐令人以腐罪[29]告之	거짓으로 사람을 시켜 부형의 죄로 고발하게 하였다.
不韋又陰謂太后曰	여불위는 또 몰래 태후에게 일러 말하였다.
可事詐腐	"거짓으로 부형의 죄를 받게 할 수만 있다면
則得給事中	궁중에서 모시게 할 수 있습니다."
太后乃陰厚賜主腐者吏	태후는 이에 몰래 부형을 주관하는 관리에게 두터운 뇌물을 주고
詐論之	거짓으로 논하게 하여
拔其鬚眉爲宦者	수염과 눈썹을 뽑아 환관으로 만들어
遂得侍太后	마침내 태후를 모시게 되었다.
太后私與通	태후는 사사로이 그와 간통하여
絕愛之	몹시 사랑하였다.
有身	아기를 가지자
太后恐人知之	태후는 남들이 알까 두려워하여
詐卜當避時	거짓으로 점을 쳐서 피해야 할 때라 하고
徙宮居雍[30]	궁을 옮겨 옹에서 거주하였다.
嫪毐常從	노애가 늘 따랐으며
賞賜甚厚	상으로 내린 것이 매우 많았고
事皆決於嫪毐	일이 모두 노애에게서 결정되었다.
嫪毐家僮數千人	노애 집의 종은 수천 명이었고

29 정의 腐(fǔ)의 음은 보(輔, fǔ)로 궁형(宮刑)을 말한다.

30 정의 옹(雍)의 옛 성은 기옹현(岐雍縣) 남쪽 7리 지점에 있으며 진나라 도읍의 대정궁(大鄭宮)이 있다.

諸客求宦爲嫪毐舍人千餘人	벼슬을 구하고자 노애의 사인이 된 빈객들이 천여 명이었다.
始皇七年	시황 7년(B.C. 236)에
莊襄王母夏太后薨	장양왕의 어머니 하태후가 죽었다.
孝文王后曰華陽太后	효문황후를 화양태후라 하였는데
與孝文王會葬壽陵[31]	효문왕과 함께 수릉에 합장하였다.
夏太后子莊襄王葬芷陽[32]	하태후의 아들 장양왕은 지양에 장사 지냈으므로
故夏太后獨別葬杜東[33]	하태후만 따로 두원(杜原)의 동쪽에 장사 지냈는데
曰東望吾子	말하기를 "동으로는 내 아들을 바라보고
西望吾夫	서로는 내 남편을 바라볼 수 있다.
後百年	백 년 후에는
旁當有萬家邑[34]	곁에 만 호(戶)의 고을이 있게 될 것이다."라 하였다.

31 정의 진효문왕릉(秦孝文王陵)은 옹주(雍州) 만년현(萬年縣) 동북쪽 25리 지점에 있다.

32 색은 芷의 음은 지(止)이다. 「지리지(地理志)」의 경조(京兆) 영릉현(霸陵縣)의 옛 지양(芷陽)이다. 장안(長安) 동쪽에 있다. 정의 진장양릉(秦莊襄陵)은 옹주(雍州) 신풍현(新豐縣) 서남쪽 35리 지점에 있다. 시황(始皇)은 북쪽에 있으므로 세속에서는 또한 '견자릉(見子陵: 아들이 보이는 능)'이라고도 한다.

33 색은 두원(杜原)의 동쪽이다. 정의 하태후(夏太后)의 능은 만년현(萬年縣) 동남쪽 25리 지점에 있다.

34 색은 선제(宣帝) 원강(元康) 원년(B.C. 65)에 두릉(杜陵)의 공사를 시작하였다. 『한구의(漢舊儀)』에서는 무(武), 소(昭), 선(宣)의 세 릉이 모두 3만 호라고 하였는데, 지금부터 백60여 년의 시차가 있다.

始皇九年	시황 9년(B.C. 238)에
有告嫪毐實非宦者	누가 노애는 사실 환관이 아니며
常與太后私亂	늘 태후와 사통하여
生子二人	두 아들을 낳아
皆匿之	모두 숨겼다고 고발하였다.
與太后謀曰王即薨	태후와 모의하여 "왕이 죽으면
以子爲後[35]	아들을 후사로 삼자."라고 한다 하였다.
於是秦王下吏治	이에 진왕은 하옥하여 다스리게 하여
具得情實	실정을 다 알게 되었는데
事連相國呂不韋	일이 상국 여불위와 연관이 있었다.
九月	9월에
夷嫪毐三族	노애의 삼족을 멸하고
殺太后所生兩子	태후가 낳은 두 아들을 죽였으며
而遂遷太后於雍[36]	마침내 태후를 옹으로 옮겼다.
諸嫪毐舍人皆沒其家而遷之蜀[37]	노애의 사인들은 모두 가산을 몰수하고 촉으

35 집해 『설원(說苑)』[「정간(正諫)」]에서는 말하였다. "노애는 시중 및 좌우의 귀한 신하들과 노름을 하고 술을 마시며 취했다 하면 언쟁을 하며 싸웠는데 눈을 부릅뜨고 큰소리로 꾸짖어 말하기를 '나는 곧 황제의 가부(假父)인데 하찮은 녀석들이 어찌 감히 나와 맞서려느냐!'라 하였다. 다투던 자들이 달려가 시황에게 일러바쳤다." 색은 유씨(劉氏)는 窶의 음은 구[其矩反]라고 하였다. 지금의 속본(俗本)에는 거의 '누(屨)' 자로 되어 있는데, 서로 착오를 일으킨 것 같으며 말의 뜻이 가깝지 않다. 지금 생각건대 『설원』에는 '구자(窶子)'로 되어 있는데, 시중(侍中)들을 깔보아 가난한 집의 자식이라고 한 것이다.

36 색은 『설원』에서는 태후를 역양궁(棫陽宮)으로 옮겼다고 하였다. 「지리지(地理志)」에서는 옹현(雍縣)에 역양궁(棫陽宮)이 있으며, 진소왕(秦昭王)이 세웠다고 하였다.

37 색은 가(家)는 가산(家產)과 물자를 말하며, 모두 관청으로 몰수하여 들였으며 사람들은 촉으로 옮긴 것이다.

	로 옮겼다.
王欲誅相國	왕은 상국을 죽이려다가
爲其奉先王功大	선왕을 받든 공로가 큰 데다가
及賓客辯士爲游說者眾	또한 빈객과 변사들이 유세해 준 것이 많아
王不忍致法	왕은 차마 법대로 다스리지 못하였다.

秦王十年十月	진왕 10년(B.C. 237) 10월에
免相國呂不韋	상국 여불위를 면직시켰다.
及齊人茅焦說秦王	제나라 사람 모초가 진왕에게 말하자
秦王乃迎太后於雍	진왕은 이에 옹에서 태후를 맞아들여
歸復咸陽[38]	함양으로 돌아오게 하였으며
而出文信侯就國河南	문신후를 내쫓아 봉지인 하남으로 가게 하였다.

歲餘	한 해 남짓 만에
諸侯賓客使者相望於道	제후의 빈객과 사자들이 길에서 서로 바라보며
請文信侯	문신후에게 청하였다.
秦王恐其爲變	진왕은 그가 변란을 일으킬까 두려워
乃賜文信侯書曰	곧 문신후에게 편지를 내려 말하였다.
君何功於秦	"그대가 진나라에 무슨 공이 있어서
秦封君河南	진나라가 그대를 하남 땅에 봉하고
食十萬戶	10만 호를 식읍으로 내렸는가?
君何親於秦	그대가 진나라와 무슨 친족 관계가 있어서
號稱仲父	중부라고 부르는가?

38 **집해** 서광은 말하였다. "남궁(南宮)으로 들어갔다."

其與家屬徙處蜀　가솔과 함께 촉으로 가서 살라!"
呂不韋自度稍侵　여불위는 스스로 차츰 압박감을 느껴
恐誅　죽임을 당할까 두려워하여
乃飮酖而死[39]　곧 짐새(酖, 鴆)의 독을 마시고 죽었다.
秦王所加怒呂不韋嫪毐皆已死
　진왕이 노했던 여불위와 노애가 모두 죽고 나자
乃皆復歸嫪毐舍人遷蜀者　이에 촉으로 옮겼던 노애의 사인들을 모두 돌아오게 하였다.

始皇十九年　시황 19년(B.C. 228)에
太后薨　태후가 죽었는데
謚爲帝太后[40]　시호를 제태후라 하였으며
與莊襄王會葬茝陽[41]　장양왕과 함께 신양에 합장하였다.

太史公曰　태사공은 말한다.
不韋及嫪毐貴　여불위와 노애는 현귀하였을 때
封號文信侯[42]　문신후에 봉하여졌다.

---

39 **집해** 서광은 말하였다. "12년(B.C. 235)이다." 내가 생각건대 『황람(皇覽)』에서는 "여불위의 무덤은 하남(河南) 낙양(洛陽) 북망(北邙)의 길 서쪽에 있는 큰 무덤이다. 백성들은 여모총(呂母冢)이라고 전한다. 여불위의 처를 먼저 장사 지냈으므로 그 무덤을 '여모(呂母)'라 하는 것이다."라 하였다.

40 **색은** 왕소는 "진나라는 시법(謚法)을 쓰지 않았으니 이는 아마 호일 따름일 것이다."라 하였는데, 그 뜻이 타당하다. 시황이 황제라 칭한 뒤였으므로 그 어미를 제태후(帝太后)라 부른 것이지 어찌 살아 있을 때의 행적을 뇌사로 열거한 것을 이르겠는가!

41 **집해** 서광은 말하였다. "'지양(芷陽)'으로 된 판본도 있다."

42 **색은** 문신후(文信侯)는 여불위의 봉호이다. 노애의 봉호는 장신후(長信侯)이다. 위에서 이미 여불위의 봉호를 말하였는데 이 찬에서는 노애가 총애를 얻어 귀하여진 것은 여불위로 말미암은 것일 따름이어서 지금 여기서는 '장신후(長信侯)'로 합칭한 것이다.

人之告嫪毐	사람이 노애를 고발하자
毐聞之	노애는 그것을 알았다.
秦王驗左右	진왕은 좌우에 심문해 보고
未發	손을 쓰지는 않았다.
上之雍郊	왕이 옹의 교외로 가자
毐恐禍起	노애는 화가 일어날까 두려워하여
乃與黨謀	이에 일당과 모의하여
矯太后璽發卒以反蘄年宮[43]	태후의 인새를 가탁하여 군사를 일으켜 기년궁에서 반기를 들었다.
發吏攻毐	군사를 보내 노애를 공격하니
毐敗亡走	노애는 패망하여 달아났는데
追斬之好畤[44]	호치까지 쫓아가 그를 참하고
遂滅其宗	마침내 그 종족을 멸족시켰다.
而呂不韋由此絀矣	그리고 여불위는 이로 말미암아 쫓겨났다.
孔子之所謂聞者	공자가 이른바 "알려졌다."라는 것이
其呂子乎[45]	어찌 여자를 두고 하는 말이 아니겠는가?

43 **정의** 기년궁(蘄年宮)은 기주성(岐州城) 서쪽의 옛 성 안에 있다.

44 **색은** 「지리지(地理志)」에 보면 부풍(扶風)에 호치현(好畤縣)이 있다.

45 **집해** 『논어』[「안연(顏淵)」]에서는 말하였다. "알려졌다는 것은 안색은 인을 취하나 행실은 위배되며 그대로 머물면서 의심을 하지 않는 것이니 나라에 있어도 알려지게 되고 집안에서도 반드시 알려지게 되어 있다(夫聞也者, 色取仁而行違, 居之不疑, 在邦必聞, 在家必聞)."라 하였다. 마융(馬融)은 말하였다. "이는 간사한 사람을 말하는 것이다."

옮긴이 **장세후**

경북 상주에서 태어나 영남대학교 중어중문학과를 졸업하고, 같은 대학 대학원에서 석사학위와 박사학위(『주희 시 연구』)를 취득하였다. 영남대학교 겸임교수와 경북대학교 연구초빙교수를 거쳐 지금은 경북대학교 퇴계연구소의 전임연구원으로 재직하고 있다. 2003년 대구매일신문에서 선정한 대구 · 경북지역 인문사회분야의 뉴리더 10인에 포함된 바 있다.

저서로는 『이미지로 읽는 한자 · 1~2』(연암서가, 2015~2016)가 있고, 주요 역서로는 『한학 연구의 길잡이(古籍導讀)』(이회문화사, 1998), 『초당시(初唐詩, *The Poetry of the Early T'ang*)』(Stephen Owen, 中文出版社, 2000), 『퇴계 시 풀이 · 1~6』(이장우 공역, 영남대학교 출판부, 2006~2011), 『고문진보 · 전집』(황견 편, 공역, 을유문화사, 2001), 『朱熹 詩 譯註 · 1~2』(이회문화사, 2004~2006), 『퇴계잡영』(공역, 연암서가, 2009), 『唐宋八大家文抄-蘇洵』(공역, 전통문화연구회, 2012), 『춘추좌전 · 상』(을유문화사, 2012), 『춘추좌전 · 중』(을유문화사, 2013), 『춘추좌전 · 하』(을유문화사, 2013), 『도산잡영』(공역, 연암서가, 2013), 『주자시 100선』(연암서가, 2014), 『사마천과 사기』(연암서가, 2015) 등이 있다.

사기열전 1

2017년 2월 25일 초판 1쇄 발행
2018년 5월 15일 초판 2쇄 발행

지은이 | 사마천
옮긴이 | 장세후
펴낸이 | 권오상
펴낸곳 | 연암서가

등록 | 2007년 10월 8일(제396-2007-00107호)
주소 | 경기도 고양시 일산서구 호수로 896, 402-1101
전화 | 031-907-3010
팩스 | 031-912-3012
이메일 | yeonamseoga@naver.com

ISBN 979-11-6087-002-2 04910
ISBN 979-11-6087-001-5 (세트)
값 35,000원